BERNER KOMMENTAR

KOMMENTAR ZUM SCHWEIZERISCHEN PRIVATRECHT

BERNER KOMMENTAR

KOMMENTAR ZUM SCHWEIZERISCHEN PRIVATRECHT

BEGRÜNDET VON † PROF. DR. M. GMÜR, FORTGEFÜHRT DURCH
† DR. DR. H.C. H. BECKER

UNTER MITWIRKUNG VON

† Prof. Dr. E. BECK; Dr. W. BÜHLER, Oberrichter in Zürich; Prof. Dr. E. BUCHER in Bern; PD Dr. P. FORSTMOSER in Zürich; Prof. Dr. H.-P. FRIEDRICH in Basel; Dr. G. GAUTSCHI, Rechtsanwalt in Zürich; a. Bundesrichter Dr. S. GIOVANOLI in Lausanne; Dr. E. GÖTZ, Vorsteher des Zivilstandsamtes in Basel; Prof. Dr. C. HEGNAUER in Zürich; † Prof. Dr. Ed. HIS; Prof. Dr. H. HUBER in Bern; Dr. H. HUBER, Notariatsinspektor in Zürich; Prof. Dr. P. JÄGGI in Freiburg; † Dr. A. JANGGEN; † Dr. J. KAUFMANN; Prof. Dr. M. KUMMER in Bern; Bundesrichter Dr. P. LEMP in Lausanne; Prof. Dr. P. LIVER in Bern; Prof. Dr. A. MEIER-HAYOZ in Zürich; Prof. Dr. H. MERZ in Bern; † Prof. Dr. P. MUTZNER; Prof. Dr. V. PICENONI, Rechtsanwalt in Zürich; Prof. Dr. B. SCHNYDER in Freiburg; Prof. Dr. E. W. STARK in Zürich; a. Bundesrichter Dr. W. STAUFFER in Lausanne; † Prof. Dr. P. TUOR; a. Bundesrichter Dr. A. ZIEGLER in Lausanne

HERAUSGEGEBEN
VON

DR. ARTHUR MEIER-HAYOZ

PROFESSOR DER RECHTE
IN ZÜRICH

BAND IV

DAS SACHENRECHT

VERLAG STÄMPFLI & CIE AG, BERN

SCHWEIZERISCHES ZIVILGESETZBUCH

DAS SACHENRECHT

1. ABTEILUNG

DAS EIGENTUM

2. TEILBAND

GRUNDEIGENTUM I

ARTIKEL 655 – 679 ZGB

ERLÄUTERT VON

DR. ARTHUR MEIER-HAYOZ

PROFESSOR AN DER UNIVERSITÄT ZÜRICH

DRITTE, VÖLLIG NEU BEARBEITETE AUFLAGE
DES VON PROF. DR. HANS LEEMANN BEGRÜNDETEN
KOMMENTARS ZUM SACHENRECHT

NACHDRUCK 1974
MIT NACHTRÄGEN 1964–1973

VERLAG STÄMPFLI & CIE AG · BERN 1974

Unveränderter Nachdruck 1974
der dritten Auflage von 1964

Gesamtherstellung: Stämpfli & Cie AG, Bern
Printed in Switzerland
ISBN 3-7272-0039-1

VORWORT

Das Recht der unbeweglichen Sachen ist in Bewegung geraten. Die Dynamik unserer Zeit erfasst auch die statische Ordnung des Bodenrechts (vgl. ZBGR 1964 1ff; ZSGV 1964 1ff). Auch die Privatrechtskodifikation bleibt davon nicht unberührt. Die ersten grösseren Revisionen des Zivilgesetzbuches erfolgen gerade auf dem Gebiet des Grundstückrechts. Dem Institut der Baurechtsdienstbarkeit soll eine erweiterte gesetzliche Grundlage gegeben werden (BBl 1963 I 1008ff). Das Miteigentumsrecht (Art. 646–651) wird abgeändert und ergänzt und das Stockwerkeigentum wird neu eingeführt (Art. 712a–712t). Diese Erweiterung des 19. Titels über das Grundeigentum um einen dritten, neunzehn Artikel umfassenden Abschnitt über das Stockwerkeigentum lässt die Aufteilung des Kommentars zum Grundeigentumsrecht in zwei handliche Bände als wünschbar erscheinen.

Im vorliegenden Band werden die bisher erschienenen zwei Lieferungen zum Grundeigentum vereinigt: Lieferung 1 von 1961 (Art. 655–666; S. 1–244) und Lieferung 2 von 1963 (Art. 667–679; S. 245–388). Im Sachregister sind wichtigere Ergänzungen aus der Zwischenzeit nachgetragen worden.

Von den in diesem Band kommentierten Artikeln ist durch Gesetzesrevision nur ein einziger betroffen worden, und auch dieser in nur formeller Hinsicht. Mit der Stockwerkeigentumsnovelle ist dem Art. 655 in Abs. 2 neu eine Ziffer 4 angefügt worden, wonach ausdrücklich als Grundstücke im Sinne dieses Gesetzes bezeichnet werden:

«4. die Miteigentumsanteile an Grundstücken».

Materiell ist damit am bisherigen Rechtszustand nichts geändert worden (hinten Art. 655 N. 3).

Meilen, im August 1964. ARTHUR MEIER-HAYOZ

VORWORT ZUM ZWEITEN UNVERÄNDERTEN NACHDRUCK DER 3. AUFLAGE

Eine Neubearbeitung dieses Teils des Sachenrechtskommentares drängt sich auch heute, ein Jahrzehnt nach Erscheinen der dritten Auflage, noch nicht auf. Die Hinweise auf die in der Zwischenzeit erschienene Literatur und veröffentlichte Rechtsprechung können allerdings nicht mehr wie beim ersten Neudruck im Sachregister vorgenommen werden, sondern erfolgen in einem am Schluss angefügten Supplement. So kann es als Separatdruck auch denen zugänglich gemacht werden, die im Besitz einer früheren Ausgabe des Bandes sind.

Das Supplement ist von meinen Assistenten lic. iur. Ursula M. Falkner, Dr. iur. Dieter Zobl und lic. iur. Edi Vögeli zusammengestellt worden. Die Auseinandersetzung mit der aufgeführten Literatur und Judikatur erfolgt erst im Rahmen einer späteren Neuauflage.

Eine einzige Berichtigung drängt sich heute schon auf: N. 49 zu Art. 657, wonach die Übertragung eines Kaufrechts nur der einfachen Schriftform bedürfe, ist zu streichen. In N. 53 zu Art. 683, in Zusammenhang mit N. 99f zu Art. 681, habe ich dargelegt, weshalb ich eine öffentliche Beurkundung für erforderlich halte (vgl. auch Supplement zu Art. 657 Ziff. III).

Meilen, im September 1973 — Arthur Meier-Hayoz

INHALTSVERZEICHNIS

VERZEICHNIS DER ABKÜRZUNGEN

I. Allgemeines, Gesetze, Zeitschriften, Sammlungen

A. (oder Aufl.)	Auflage
a (alt)	frühere Fassung des betreffenden Gesetzes (z. B. aOR)
a. A.	am Anfang
a. a. O. (= l. c.)	am angeführten Ort (loco citato)
ABGB	Allgemeines Bürgerliches Gesetzbuch für Österreich, vom 1. Juni 1811
ABl	Amtsblatt
Abs.	Absatz
Abschn.	Abschnitt
Abt.	Abteilung
AcP	Archiv für die civilistische Praxis (Heidelberg 1820 ff; Tübingen 1878 ff; n. F. 1923 ff)
a. E. (oder i. f.)	am Ende (in fine)
a. F.	alte Folge
AG	Aktiengesellschaft
AGVE	Aargauische Gerichts- und Verwaltungsentscheide (Aarau 1947 ff; früher = VAR)
AHVG	BG über die Alters- und Hinterlassenenversicherung, vom 20. Dezember 1946
AHVV	Vollziehungsverordnung zum AHVG, vom 31. Oktober 1947
Al.	Alinea
a. M.	anderer Meinung
Anm.	Anmerkung
aOR	altes schweizerisches Obligationenrecht = BG über das Obligationenrecht, vom 14. Brachmonat 1881
APLR	Allgemeines Landrecht für die preussischen Staaten, vom 7. Februar 1794
Arch.	Archiv
Arch. bürg. R.	Archiv für bürgerliches Recht (Berlin 1889–1919)
Arch. Sch. K.	Archiv für Schuldbetreibung und Konkurs (Bern 1892 bis 1912)
ARS	Archiv für Rechts- und Sozialphilosophie (Berlin 1907 ff)
Art.	Artikel
AS	Eidgenössische Gesetzessammlung (Bern 1848 ff), seit 1948: «Sammlung der eidgenössischen Gesetze»
ASA	Archiv für schweizerisches Abgaberecht (Bern 1932/33 ff)
ASR	Abhandlungen zum schweizerischen Recht (begründet von Prof. Dr. Max Gmür, fortgesetzt durch Prof. Dr. Theo Guhl, herausgegeben von Prof. Dr. Hans Merz; Verlag Stämpfli & Cie, Bern)
B	Beschluss
BankG	BG über die Banken und Sparkassen, vom 8. November 1934

Basler Studien	Basler Studien zur Rechtswissenschaft (herausgegeben von Mitgliedern der juristischen Fakultät der Universität Basel; Helbing & Lichtenhahn, Basel)
BB	Bundesbeschluss (Beschluss der schweizerischen Bundesversammlung)
BBG	BG über die Schweiz. Bundesbahnen, vom 23. Juni 1944
BBl	Bundesblatt
Bd.	Band
Beitr.	Beitrag, Beiträge
Bem.	Bemerkung
Berner Kommentar	Kommentar zum schweizerischen Privatrecht (begründet von Prof. Dr. Max Gmür, fortgesetzt von Dr. H. Becker, hg. von Prof. Dr. A. Meier-Hayoz; Verlag Stämpfli & Cie, Bern)
Bern. Notar	Der Bernische Notar, Zeitschrift (bis 1960 Mitteilungen) des Verbandes bernischer Notare (Thun 1940 ff)
bes.	besonders
betr.	betreffend
BG	Bundesgesetz (mit Datum der Annahme durch die Bundesversammlung)
BGB	Bürgerliches Gesetzbuch für das Deutsche Reich, vom 18. August 1896
BGB-RGRK	Das Bürgerliche Gesetzbuch, Kommentar, hg. von Reichsgerichtsräten und Bundesrichtern (11. A., Berlin 1959 ff)
BGE	Entscheidungen des Schweizerischen Bundesgerichts. Amtliche Sammlung (Lausanne 1875 ff)
BGer	Bundesgericht
BGG	Bonner Grundgesetz, vom 23. Mai 1949
BGHZ	Entscheidungen des deutschen Bundesgerichtshofes in Zivilsachen (Köln/Berlin 1951 ff)
BJM	Basler Juristische Mitteilungen (Basel 1954 ff)
BK	Bundeskanzlei
BlHE	Blätter für handelsrechtliche Entscheidungen (Zürich 1882 bis 1901)
BlSchK	Blätter für Schuldbetreibung und Konkurs (Wädenswil 1937 ff)
Botsch	Botschaft des Bundesrates an die Bundesversammlung zu einem Gesetzesentwurf enthaltend das Schweizerische Zivilgesetzbuch, vom 28. Mai 1904
BR	Bundesrat
BRB	Bundesratsbeschluss
BRV	Bundesrätliche Verordnung
BS	Bereinigte Sammlung der Bundesgesetze und Verordnungen 1848–1947 (Bern 1949–1955)
BStP	BG über die Bundesstrafrechtspflege, vom 15. Juni 1934 (Bundesstrafprozess)
BüG	BG über Erwerb und Verlust des Schweizerbürgerrechts, vom 29. September 1952
Bull	Bulletin
BV	Bundesverfassung der Schweizerischen Eidgenossenschaft, vom 29. Mai 1874

BVerfGE	Entscheidungen des Bundesverfassungsgerichts (Tübingen 1952 ff)
BVers	Bundesversammlung
BZP	BG über den Bundeszivilprozess, vom 4. Dezember 1947
bzw.	beziehungsweise
c.	contra
ca.	zirka
can	canon (= Artikel des Codex Iuris Canonici)
CCfr	Code civil français, vom 21. März 1804, mit seitherigen Änderungen
cfr.	confer = vergleiche
CCit	Codice civile italiano, vom 16. März 1942
CComfr	Code de commerce français, vom 28. August 1807, mit seitherigen Änderungen
D	Dekret
ders.	derselbe Autor
Diss	Dissertation (thèse)
DJT	Deutscher Juristentag
DJZ	Deutsche Juristen-Zeitung (Berlin 1896–1936)
DP	DALLOZ Périodique (Paris 1845–1940)
DRpfleger	Der deutsche Rechtspfleger (Bielefeld 1948 ff)
E	Entwurf
EbG	Eisenbahngesetz, vom 20. Dezember 1957
EG	Kantonales Einführungsgesetz (ohne bes. Angabe jenes zum ZGB)
EGG	BG über die Erhaltung des bäuerlichen Grundbesitzes, vom 12. Juni 1951
EHG	BG betreffend die Haftpflicht der Eisenbahn- und Dampfschiffahrtsunternehmungen und der Post, vom 28. März 1905 (Eisenbahnhaftpflichtgesetz)
eidg. (oder eidgen.)	eidgenössisch
Einleitungsband	Berner Kommentar zu den Art. 1–10 ZGB, bearbeitet von P. LIVER, A. MEIER-HAYOZ, H. MERZ, P. JÄGGI, H. HUBER, H.-P. FRIEDRICH und M. KUMMER (Bern 1962; Neudruck 1966)
EJPD	Eidg. Justiz- und Polizeidepartement
ElG	BG über die elektrischen Stark- und Schwachstromanlagen, vom 24. Juni 1902 (Elektrizitätsgesetz)
EntG	BG über die Enteignung, vom 20. Juni 1930 (Enteignungsgesetz)
Erl	Schweizerisches Zivilgesetzbuch. Erläuterungen zum Vorentwurf des Eidgenössischen Justiz- und Polizeidepartements (von EUGEN HUBER), 2 Bde., 2. A., Bern 1914
Erw	Erwägung
ETrG	BG betreffend den Transport auf Eisenbahnen und Schiffen, vom 11. März 1948 (Eisenbahntransportgesetz)
ETr Reg	Reglement über den Transport auf Eisenbahnen und Schiffen, vom 24. Juni 1949 (Transportreglement)
EV	Einführungsverordnung

EVGE	Amtliche Sammlung der Entscheide des Eidgenössischen Versicherungsgerichts (Bern 1927–1969)
ExpKom	Expertenkommission
f (ff)	und nächstfolgende Seite(n) bzw. und nächstfolgende(r) Artikel
FG	BG betreffend die Arbeit in den Fabriken, vom 18. Juni 1914/27. Juni 1919 (Fabrikgesetz)
G	Gesetz
GB	Geschäftsbericht
GBV	Verordnung betreffend das Grundbuch, vom 22. Februar 1910
GebT	Gebührentarif zum Schuldbetreibungs- und Konkursgesetz, vom 6. September 1957
Gen	Genossenschaft
gl. M.	gleicher Meinung
GmbH	Gesellschaft mit beschränkter Haftung
GOG	Gerichtsorganisationsgesetz
GRReg	Güterrechtsregister
GRRegV	Verordnung betreffend das Güterrechtsregister, vom 27. September 1910
Gruch. Beitr.	Beiträge zur Erläuterung des deutschen Rechts, begründet von GRUCHOT (Berlin 1872–1933)
Grünhuts Z	Zeitschrift für das Privat- und öffentliche Recht, begründet von GRÜNHUT (Wien 1874–1916)
GSchG	BG über den Schutz der Gewässer gegen Verunreinigung, vom 16. März 1955; s. nun auch Neufassung vom 8. Oktober 1971
GV	Generalversammlung
GVG	Gerichtsverfassungsgesetz
GVP/GR	Gerichts- und Verwaltungspraxis des Kantons Graubünden (Chur 1935–1941; später = PKG)
H.	Heft
HB	Handbuch
HdbDStR	Handbuch des Deutschen Staatsrechts, hg. von GERHARD ANSCHÜTZ und RICHARD THOMA, 2 Bde. (Tübingen 1930/32)
hg.	herausgegeben
HGB	Handelsgesetzbuch für das Deutsche Reich, vom 10. Mai 1897
HGer	Handelsgericht
HGF	Handels- und Gewerbefreiheit
HReg	Handelsregister
HRegV	V über das Handelsregister, vom 7. Juni 1937
HWB RW	Handwörterbuch der Rechtswissenschaft, 7 Bände (Berlin und Leipzig 1926–1931)
i. a.	im allgemeinen
i. e.	id est
i. e. S.	im engern Sinne
i. f. (= a. E.)	in fine (am Ende)
insbes.	insbesondere

i. w. S.	im weitern Sinne
IPR	Internationales Privatrecht
JBl	Juristische Blätter (Wien 1872–1938 und 1946 ff)
Jher. Jahrb.	Jherings Jahrbücher für die Dogmatik (Jena 1857 ff; n. F. 1874–1943)
Journ. not.	Journal des notaires et des avocats et journal du notariat (Paris 1815 ff)
JT	Journal des Tribunaux (Lausanne 1853 ff)
JVG	BG über Jagd und Vogelschutz, vom 10. Juni 1925
JW	Juristische Wochenschrift (Berlin 1872 ff, Leipzig 1920–1939)
JZ	Juristen-Zeitung (Tübingen 1951 ff)
KassGer	Kassationsgericht
KGer	Kantonsgericht
KoV	V des Bundesgerichtes über die Geschäftsführung der Konkursämter, vom 13. Juli 1911 / 24. April 1961
KRB	Kantonsratsbeschluss
KS	Kreisschreiben
KUVG	BG über die Kranken- und Unfallversicherung, vom 13. Juni 1911
KV	Kantonsverfassung
l. c. (= a. a. O.)	loco citato (am angeführten Ort)
LEG	BG über die Entschuldung landwirtschaftlicher Heimwesen, vom 12. Dezember 1940 (Entschuldungsgesetz)
LEV	V dazu, vom 16. Januar 1945
LFG	BG über die Luftfahrt, vom 21. Dezember 1948 (Luftfahrtgesetz)
LG	BG betreffend die Lotterien und die gewerbsmässigen Wetten, vom 8. Juni 1923
LMG	BG über den Verkehr mit Lebensmitteln und Gebrauchsgegenständen, vom 8. Dezember 1905
LMV	V zum LMG, vom 26. Mai 1936
Luz Max	Grundsätzliche Entscheidungen des luzernischen Obergerichtes und seiner Abteilungen (Luzern 1882 ff)
LV	VV zum BG über die Lotterien und die gewerbsmässigen Wetten, vom 27. Mai 1924
M	Marginale, Randtitel der amtlichen Ausgabe der Gesetze
m. a. W.	mit andern Worten
MBVR	Monatsschrift für bernisches Verwaltungsrecht und Notariatswesen (Bern 1903 ff)
MDR	Monatsschrift für Deutsches Recht (Hamburg 1947 ff)
m. E.	meines Erachtens
MMG	BG betreffend die gewerblichen Muster und Modelle, vom 30. März 1900 (Muster- und Modellgesetz)
MO	Militärorganisation der schweizerischen Eidgenossenschaft, vom 12. April 1907 mit seitherigen Änderungen
Mot	Motive
MSchG	BG betreffend den Schutz der Fabrik- und Handelsmarken, vom 26. September 1890 (Markenschutzgesetz)
N.	Note (Fussnote oder Randnote)

NAG	BG betreffend die zivilrechtlichen Verhältnisse der Niedergelassenen und Aufenthalter, vom 25. Juni 1891
n.F.	Neue Folge
NJW	Neue Juristische Wochenschrift (München und Berlin 1948 ff)
NotZD	Zeitschrift des deutschen Notarvereins (Halle 1901–1933); Deutsche Notar-Zeitschrift (a. F. München 1933–1944, n. F. München 1950 ff)
NotZOe	Österreichische Notariatszeitung, Monatsschrift für Notariat und freiwillige Gerichtsbarkeit (Wien 1949 ff)
NR	Nationalrat
Nr.	Nummer(n)
Nrn.	Nummern
o. D. (o. J. = s.a.)	ohne Datum (ohne Jahr; sine anno)
OG	BG über die Organisation der Bundesrechtspflege, vom 16. Dezember 1943
OGer	Obergericht
ÖJZ	Österreichische Juristenzeitung (Wien 1946 ff)
OLG	Oberlandesgericht
OR (revOR)	revidiertes Schweizerisches Obligationenrecht = BG über das Obligationenrecht, vom 30. März 1911/18. Dez. 1936
PatG	BG betreffend die Erfindungspatente, vom 25. Juni 1954 (Patentgesetz)
PGB	Privatrechtliches Gesetzbuch für den Kanton Zürich, von 1853–1855 beziehungsweise vom 4. September 1887
PKG	Die Praxis des Kantonsgerichtes Graubünden (Chur 1942 ff; früher = GVP)
Plan	Plan, Zeitschrift für Landes-, Regional- und Ortsplanung (Solothurn 1943 ff)
Pra	Die Praxis des schweizerischen Bundesgerichtes (Basel 1912 ff)
Prot	Protokoll
ProtExpKom	Protokoll der Expertenkommission für das ZGB (autographisch vervielfältigter Text)
PTT-OG	BG über die Organisation der Post-, Telephon- und Telegraphenbetriebe (PTT-Organisationsgesetz), vom 6. Oktober 1960
PVG	BG betreffend den Postverkehr, vom 2. Oktober 1924 (Postverkehrsgesetz)
R	Reglement
RabelsZ	Zeitschrift für ausländisches und internationales Privatrecht (Berlin 1927–1942, 1949 ff)
RB	Rechenschaftsbericht
RDAF	Revue de droit administratif et droit fiscal (Lausanne 1945 ff)
Rep	Repertorio di Giurisprudenza patria (Bellinzona 1869 ff)
Rép. prat. not.	Répertoire général pratique du notariat et de l'enregistrement (Paris 1881 ff)
revOR	OR
Revue	Revue der Gerichtspraxis im Gebiete des Bundeszivilrechts (Beilage zur ZSR, Basel 1883–1911)

Rev. crit.	Revue critique de législation et de jurisprudence (n. F. Paris 1871 ff)
Rev. gén.	Revue générale du droit, de la législation et de la jurisprudence en France et à l'étranger (Paris 1877–1938)
Rev. de droit comparé	Revue internationale de droit comparé (Paris 1949 ff)
Rev. not. enreg.	Revue du notariat et de l'enregistrement (Paris 1861 ff)
Rev. trim. dr. civ.	Revue trimestrielle de droit civil (Paris 1902 ff)
Rev. val.	Revue valaisanne de jurisprudence (Sion 1967 ff)
RGZ	Entscheidungen des Deutschen Reichsgerichts in Zivilsachen (Leipzig 1880 ff, Berlin 1938–1945)
Riv. dir. civ.	Rivista di diritto civile (Mailand 1909 ff)
Riv. dir. com.	Rivista del diritto commerciale e del diritto generale delle obbligazioni (Mailand 1903 ff)
RR	Regierungsrat
RRB	Regierungsratsbeschluss
RvglHWB	Rechtsvergleichendes Handwörterbuch, hg. von Schlegelberger (Berlin 1929 ff)
S.	Seite
s.	siehe
SA	Sonderabdruck
s. a. (= o. J.)	sine anno (ohne Jahr)
SAG	Die Schweizerische Aktiengesellschaft (Zürich 1928 ff; eine Zeitschrift)
sc.	scilicet = nämlich
SchKG	BG betreffend Schuldbetreibung und Konkurs, vom 11. April 1889/28. September 1949 (Schuldbetreibungs- und Konkursgesetz)
SchKK	Schuldbetreibungs- und Konkurskammer des Bundesgerichts
SchlT	Schlusstitel
SchRegG	BG über das Schiffsregister, vom 28. September 1923
s. d.	siehe dort
Sem (= Semjud)	La Semaine Judiciaire (Genf 1879 ff)
Seuff. Arch.	Seufferts Archiv für Entscheidungen der obersten Gerichte in den deutschen Staaten (n. F. München 1901–1944)
Seuff. Bl.	Seufferts Blätter für Rechtsanwendung (Nürnberg 1907 ff)
SHAB	Schweizerisches Handelsamtsblatt
SJIR	Schweizerisches Jahrbuch für internationales Recht (Zürich 1944 ff)
SJK	Schweizerische Juristische Kartothek (Genf 1941 ff)
SJZ	Schweizerische Juristen-Zeitung (Zürich 1904 ff)
s. l. (= o. O.)	sine loco (ohne Ort)
Slg	Sammlung
Sp.	Spalte
SSG	BG über die Seeschiffahrt unter der Schweizerflagge, vom 24. September 1953 (Seeschiffahrtsgesetz)
StenBullNR	Amtliches Stenographisches Bulletin der Bundesversammlung, Nationalrat
StenBullStR	Amtliches Stenographisches Bulletin der Bundesversammlung, Ständerat

Steuer Revue	Steuer Revue (Bern 1946 ff)
StGB	Schweizerisches Strafgesetzbuch, vom 21. Dezember 1937
StPO	Strafprozessordnung
StR	Ständerat
SVG	BG über den Strassenverkehr, vom 19. Dezember 1958
SVZ	Schweizerische Versicherungs-Zeitschrift
Syst. Teil	Systematischer Teil im 1. Teilband dieses Kommentars zum Sachenrecht
TVG	BG betreffend den Telegraphen- und Telephonverkehr, vom 14. Oktober 1922
URG	BG betreffend das Urheberrecht an Werken der Literatur und Kunst, vom 7. Dezember 1922 (Urheberrechtsgesetz)
u. U.	unter Umständen
UWG	BG über den unlautern Wettbewerb, vom 30. September 1943
V	Verordnung
VAR	Vierteljahrsschrift für aargauische Rechtsprechung (Aarau 1901–1945; später = AGVE)
VAS	Entscheidungen schweizerischer Gerichte in privaten Versicherungsstreitigkeiten (Bern 1905 ff)
VE	Vorentwurf zum ZGB, vorgelegt vom Eidgenössischen Justiz- und Polizeidepartement, vom 15. November 1900
VEB	Verwaltungsentscheide der Bundesbehörden (Bern 1927 ff)
Vf	Verfügung
VV	Vollziehungsverordnung
VVAG	Verordnung über die Pfändung und Verwertung von Anteilen an Gemeinschaftsvermögen, vom 17. Januar 1923
VVDStRL	Veröffentlichungen der Vereinigung der Deutschen Staatsrechtslehrer (Berlin 1924 ff, 1950 ff)
VVG	BG über den Versicherungsvertrag, vom 2. April 1908 (Versicherungsvertragsgesetz)
VZEG	BG über Verpfändung und Zwangsliquidation von Eisenbahn- und Schiffahrtsunternehmungen, vom 25. September 1917
VZG	Verordnung über die Zwangsverwertung von Grundstücken, vom 23. April 1920
WEG	Wohnungseigentumsgesetz (deutsches vom 15. März 1951; österreichisches vom 8. Juli 1948)
WR	Wirtschaft und Recht, Zeitschrift für Wirtschaftspolitik und Wirtschaftsrecht mit Einschluss des Sozial- und Arbeitsrechts (Zürich 1949 ff)
WRG	BG über die Nutzbarmachung der Wasserkräfte, vom 22. Dezember 1916
Z	Zeitschrift
z. B.	zum Beispiel
ZBGR	Schweizerische Zeitschrift für Beurkundungs- und Grundbuchrecht (Wädenswil 1920 ff)
ZBJV	Zeitschrift des Bernischen Juristenvereins (Bern 1865 ff)
Zbl	Zentralblatt für Staats- und Gemeindeverwaltung (Zürich 1900 ff)
ZGB	Schweizerisches Zivilgesetzbuch, vom 10. Dezember 1907

ZHR	Zeitschrift für das gesamte Handelsrecht; seit 1907: Zeitschrift für das gesamte Handelsrecht und Konkursrecht; seit 1962: Zeitschrift für das gesamte Handelsrecht und Wirtschaftsrecht (Erlangen 1858 ff, Stuttgart 1875 ff)
Ziff.	Ziffer
zit.	zitiert
ZPO	Zivilprozessordnung
ZR	Blätter für zürcherische Rechtsprechung (Zürich 1902 ff)
ZSR	Zeitschrift für Schweizerisches Recht (Basel 1852 ff; n.F. Basel 1882 ff; die Bandnummern beziehen sich stets auf die neue Folge)
ZStrR	Schweizerische Zeitschrift für Strafrecht (Bern 1888 ff)
ZStV	V über das Zivilstandswesen, vom 1. Juni 1953
ZT	BG betreffend den schweizerischen Zolltarif (Zolltarifgesetz), vom 19. Juni 1959
z. T.	zum Teil
Zürcher Beiträge	Zürcher Beiträge zur Rechtswissenschaft (herausgegeben von Mitgliedern der rechts- und staatswissenschaftlichen Fakultät der Universität Zürich)
Zürcher Kommentar	Kommentar zum Schweizerischen Zivilgesetzbuch (Verlag Schulthess & Co. AG, Zürich)
ZVW	Zeitschrift für Vormundschaftswesen (Zürich 1946 ff)
z. Zt.	zur Zeit
ZZW	Zeitschrift für Zivilstandswesen (Bern 1933 ff)

II. Schrifttum

Die nachfolgend aufgeführten Werke werden nur mit dem Verfassernamen beziehungsweise mit dem beigefügten Zusatz zitiert. Sonderliteratur wird jeweils bei den einzelnen Abschnitten und Artikeln angegeben.

BARASSI, Diritti reali	Diritti reali e possesso, 2 Bde. (4. A., Mailand 1952)
BARASSI, Proprietà	Proprietà e comproprietà (Mailand 1951)
BAUR	Lehrbuch des Sachenrechts (3. A., München/Berlin 1966); s. nun auch 7. A., 1973
BECK	Berner Kommentar; Schlusstitel, 2. Abschnitt: Einführungs- und Übergangsbestimmungen (Bern 1932)
BECKER	Berner Kommentar; Obligationenrecht, Allgemeine Bestimmungen (2. A., Bern 1941); Die einzelnen Vertragsverhältnisse (1. A., Bern 1934)
BIERMANN	Das Sachenrecht des Bürgerlichen Gesetzbuches (3. A., 1914)
BLUM/PEDRAZZINI	Das schweizerische Patentrecht, Bd. I (Bern 1957), Bd. II (Bern 1959), Bd. III (Bern 1961)
BRANCA	Comunione/Condominio negli edifici, in Commentario del Codice civile von SCIALOJA und BRANCA, Bd. III (4. A., Bologna/Rom 1965)
BURCKHARDT	Kommentar der Schweizerischen Bundesverfassung (3. A., Bern 1931)
VON BÜREN	Schweizerisches Obligationenrecht, Allgemeiner Teil (Zürich 1964), Besonderer Teil (Zürich 1972)
BÜRGI	Zürcher Kommentar; Die Aktiengesellschaft. Rechte und Pflichten der Aktionäre (Zürich 1957); Organisation der AG (Zürich 1960 ff)
CARBONNIER	Droit Civil II: Les Biens et les Obligations (3. A., Paris 1962); s. nun auch 6. A., 1969
COLIN/CAPITANT	Traité de droit civil; Bd. I; Neubearbeitung durch Léon Julliot de la Morandière (Paris 1953); s. nun auch Neubearbeitung, 1957
CROME	System des Deutschen Bürgerlichen Rechts, Bd. III: Rechte an Sachen und Rechten (Tübingen 1905)
CURTI-FORRER	Schweizerisches Zivilgesetzbuch mit Erläuterungen (Zürich 1911)
DERNBURG, Pandekten	Pandekten, 1. Teil (8. A., bearbeitet von SOKOLOWSKI, Berlin 1912)
DERNBURG SR	Das Sachenrecht des Deutschen Reichs und Preussens (4. A., Berlin 1908)
DE RUGGIERO/MAROI	Istituzioni di diritto privato (8. A., Mailand/Messina 1957)
DILCHER	Sachenrecht in programmierter Form (2. A., Berlin/New York 1972)

EGGER	Zürcher Kommentar; Einleitung und Personenrecht (2.A., Zürich 1930); Eherecht (2.A., Zürich 1936); Verwandtschaftsrecht (2.A., Zürich 1943); Vormundschaftsrecht (2.A., Zürich 1948)
EHRENZWEIG	System des österreichischen allgemeinen Privatrechts, Bd.I, 1.Hälfte: Allgemeiner Teil (2.A., Wien 1951); 2. Hälfte: Das Sachenrecht (2. A., Wien 1957): Bd. II, 1. Hälfte: Das Recht der Schuldverhältnisse (Wien 1928)
EICHLER	Institutionen des Sachenrechts, Bd.I: Grundlagen des Sachenrechts (Berlin 1954); Bd.II, 1.Halbband: Besitz und Eigentum (1957), 2.Halbband: Die dinglichen Rechte (1960)
ENDEMANN	Lehrbuch des Bürgerlichen Rechts, Bd.II 1 (8./9.A., Berlin 1905)
ENGEL	Traité des obligations en droit suisse (Neuenburg 1973)
ENNECCERUS/ NIPPERDEY	Allgemeiner Teil des Bürgerlichen Rechts, Lehrbuch des Bürgerlichen Rechts Bd.I, 1.Halbband (15.A., Tübingen 1959); Bd.I, 2.Halbband (15.A., Tübingen 1959)
ERMAN	Handkommentar zum BGB (3.A., 2 Bde., Münster/Westf. 1962); s. nun auch 5.A., 1972
ESCHER	Zürcher Kommentar; Erbrecht (3.A., 1.Halbband, Zürich 1959; 2.Halbband, Zürich 1960)
FIKENTSCHER	Das Schuldrecht (3.A., Berlin/New York 1971).
FLEINER	Institutionen des Deutschen Verwaltungsrechts (8.A., Neudruck für die Schweiz, Zürich 1939)
FRIEDRICH, Einleitungsband	Berner Kommentar, Einleitungsband (Bern 1962) Art. 7 ZGB
FRITZSCHE	Schuldbetreibung, Konkurs und Sanierung nach schweizerischem Recht, Bd.I (Zürich 1954), Bd.II (Zürich 1955); s. nun auch 2.A., Bd.I, 1967; Bd.II, 1968
GAUTSCHI	Berner Kommentar; Der einfache Auftrag (Bern 1960); s. auch 3.A., 1971; Der Kreditbrief und der Kreditauftrag, der Mäklervertrag, der Agenturvertrag, die Geschäftsführung ohne Auftrag (Bern 1964); Besondere Auftrags- und Geschäftsführungsverhältnisse sowie Hinterlegung (Bern 1962); Der Werkvertrag (Bern 1967)
GIERKE DPR	OTTO VON GIERKE, Deutsches Privatrecht, Bd.I: Allgemeiner Teil (Leipzig 1895); Bd.II Sachenrecht (Leipzig 1905); Bd.III Schuldrecht (München und Leipzig 1917)
GIACOMETTI, Bundesstaatsrecht	Schweizerisches Bundesstaatsrecht (Zürich 1949; unveränderter Nachdruck, Zürich 1965)
GIACOMETTI, Kant. Staatsrecht	Das Staatsrecht der schweizerischen Kantone (Zürich 1941)
GIACOMETTI, Verwaltungsrecht	Allgemeine Lehren des rechtsstaatlichen Verwaltungsrechts Bd.I (Zürich 1960)
GIOVANOLI	Berner Kommentar; Das neue Bürgschaftsrecht (Bern 1942)
GMÜR	Berner Kommentar; Das Eherecht (2.A., Bern 1923)
GMÜR/HAFTER	Berner Kommentar; Einleitung und Personenrecht (2.A., Bern 1919)

GONVERS/SALLAZ	Le registre foncier suisse (Lausanne 1938)
GÖTZ	Berner Kommentar; Das Eherecht, 1. Teilband, 1. Hälfte (Bern 1964)
GUHL	Das schweizerische Obligationenrecht (5. A., Zürich 1957); s. nun auch GUHL/MERZ/KUMMER (6. A., Zürich 1972)
GULDENER, Zivilprozessrecht	Das schweizerische Zivilprozessrecht (2. A., Zürich 1958); mit Supplement II (Zürich 1964)
GULDENER, Freiwillige Gerichtsbarkeit	Grundzüge der freiwilligen Gerichtsbarkeit (Zürich 1954)
GULDENER, Beweiswürdigung	Beweiswürdigung und Beweislast nach schweizerischem Zivilprozessrecht (Zürich 1955)
HAAB	Zürcher Kommentar; Sachenrecht (2. A., Zürich 1929 bis 1937); Lieferungen 1–6 (S. 1–656)
HAAB/SIMONIUS	7. Lieferung des von HAAB begonnenen Kommentars (S. 657 bis 689, Zürich 1948)
HAAB/SCHERRER	8./11. Lieferung des HAABschen Kommentars (S. 690–988, Zürich 1953–1958)
HARTMANN	Berner Kommentar; Die Kollektiv- und Kommanditgesellschaft (Bern 1943)
HAUSER/HAUSER	Kommentar zum zürcherischen Gerichtsverfassungsgesetz (3. A., Zürich 1960 ff)
HECK	Grundriss des Sachenrechts (Tübingen 1930; unveränderter Neudruck, Aalen 1960)
HEDEMANN, Sachenrecht	Sachenrecht des Bürgerlichen Gesetzbuches (3. A., Berlin 1960)
HEDEMANN, Schuldrecht	Schuldrecht des Bürgerlichen Gesetzbuches (3. A., Berlin 1949)
HEDEMANN, Fortschritte	Die Fortschritte des Zivilrechts im 19. Jahrhundert; Zweiter Teil: Die Entwicklung des Bodenrechts von der Französischen Revolution bis zur Gegenwart, 1. Hälfte: Das materielle Bodenrecht (Berlin 1930); 2. Hälfte: Das formelle Bodenrecht (Berlin 1935)
HEGNAUER	Berner Kommentar; Die Verwandtschaft: 1. Teilband (Bern 1964); 2. Teilband, 1. Lieferung (Bern 1969)
HIS	Berner Kommentar; Handelsregister, Geschäftsfirmen und kaufmännische Buchführung (Bern 1940)
HOMBERGER	Zürcher Kommentar; Besitz und Grundbuch (2. A., Zürich 1938)
HUBER SPR	System und Geschichte des Schweizerischen Privatrechts, 4 Bde. (Basel 1886–1893)
HUBER, Sachenrecht	Zum schweizerischen Sachenrecht (Bern 1914)
HUBER H., Einleitungsband	Berner Kommentar; Einleitungsband (Bern 1962) Art. 6 ZGB
HUBER/MUTZNER	System und Geschichte des schweizerischen Privatrechts, 2. A., Bd. I, Lieferungen 1–3 (Basel 1932–1937)
JAEGER	Das Bundesgesetz betreffend Schuldbetreibung und Konkurs, 3 Bde. (3. A., Zürich 1911/12)

JAEGER/DAENIKER	Schuldbetreibungs- und Konkurspraxis der Jahre 1911 bis 1945, 2 Bde. (Zürich 1947)
JÄGGI	Zürcher Kommentar; Die Wertpapiere (Zürich 1959)
JÄGGI, Einleitungsband	Berner Kommentar; Einleitungsband (Bern 1962) Art. 3 ZGB
JANGGEN/BECKER	Berner Kommentar; Die Gesellschaft mit beschränkter Haftung (Bern 1939)
KAUFMANN J.	Berner Kommentar; Die Vormundschaft (2.A., Bern 1924)
KAUFMANN O.K.	Das neue ländliche Bodenrecht der Schweiz (St. Gallen 1946)
KLANG	Kommentar zum Allgemeinen Bürgerlichen Gesetzbuch (2.A., Wien 1948 ff)
KUMMER, Einleitungsband	Berner Kommentar; Einleitungsband (Bern 1962) Art. 8, 9 und 10 ZGB
LARENZ	Lehrbuch des Schuldrechts, Bd. I (7.A., München/Berlin 1964); Bd. II (6.A., München/Berlin 1964); s. nun auch 10.A., 1970
LEEMANN	Berner Kommentar; Das Eigentum (2.A., Bern 1920); Die beschränkten dinglichen Rechte (1.A., Bern 1925)
LEHMANN AT	Allgemeiner Teil des Bürgerlichen Gesetzbuches (14.A., Berlin 1963); s. nun auch 15.A., 1966, bearbeitet von HÜBNER
LEMP	Berner Kommentar; Das Eherecht; 2. Teilband (3.A., Bern 1963)
LENT/SCHWAB	Sachenrecht, Kurzlehrbuch (10.A., Berlin und München 1964); s. nun auch 12.A., 1968
LEUCH	Die Zivilprozessordnung für den Kanton Bern (3.A., Bern 1956)
LIVER	Zürcher Kommentar; Dienstbarkeiten und Grundlasten (Zürich 1951 ff)
LIVER, Einleitungsband	Berner Kommentar; Einleitungsband (Bern 1962) Allgemeine Einleitung und Art. 5 ZGB
MARTY/RAYNAUD	Droit civil, Bd. II: Les biens (Paris 1965)
MEIER-HAYOZ	Berner Kommentar; Das Eigentum; 1. Teilband: Systematischer Teil und Allgemeine Bestimmungen (4.A., Bern 1966); 3. Teilband: Grundeigentum II; 1. Lieferung; 2. Lieferung (3.A., Bern 1967, 1973)
MEIER-HAYOZ, Einleitungsband	Berner Kommentar; Einleitungsband (Bern 1962) Art. 1 und 4 ZGB
MESSINEO	Manuale di diritto civile e commerciale, 6 Bde. (8./9.A., Mailand (1954/72)
MERZ, Einleitungsband	Berner Kommentar; Einleitungsband (Bern 1962) Art. 2 ZGB
MUTZNER	Berner Kommentar, Schlusstitel, 1. Abschnitt: Anwendungs- und Einführungsbestimmungen (2.A., Bern 1924)
NIEDERER	Einführung in die allgemeinen Lehren des internationalen Privatrechts (3.A., Zürich 1961)
OFTINGER	Zürcher Kommentar; Das Fahrnispfand (2. A., Zürich 1952)

OFTINGER, Haftpflichtrecht	Schweizerisches Haftpflichtrecht, 2. A., Bd. I: Allgemeiner Teil (Zürich 1958); Bd. II: Besonderer Teil (2. A.), 1. Hälfte (1960), 2. Hälfte (1962); s. nun auch Bd. I, 3. A., 1969
OSER/SCHÖNENBERGER	Zürcher Kommentar; Obligationenrecht, Allgemeiner Teil (2. A., Zürich 1929); Die einzelnen Vertragsverhältnisse (2. A., 1. Halbband Zürich 1936, 2. Halbband Zürich 1945)
OSTERTAG	Berner Kommentar; Besitz und Grundbuch (2. A., Bern 1917)
PALANDT	Kurzkommentar zum Bürgerlichen Gesetzbuch, Sachenrecht, bearbeitet von HOCHE (24. A., München und Berlin 1965); s. nun auch 32. A., 1973
DU PASQUIER	Introduction à la théorie générale et à la philosophie du droit (3. A., Paris/Neuenburg 1948); s. nun auch 4. A., 1967
PLANCK	Kommentar zum Bürgerlichen Gesetzbuch, Bd. III: Sachenrecht, bearbeitet von BRODMANN, FLAD und STRECKER (5. A., Berlin und Leipzig 1932/38)
PLANIOL/RIPERT/BOULANGER	Traité élémentaire de droit civil, Bd. I (6. A., Paris 1956, avec mise à jour 1960); Bd. II (5. A., Paris 1957); Bd. III (5. A., Paris 1958)
PLANIOL/RIPERT/PICARD	Traité pratique de droit civil français, Bd. III (2. A., Paris 1952; mise à jour 1962)
RANDA, Eigentum	Das Eigentumsrecht in besonderer Rücksicht auf die Wertpapiere des Handelsrechts, nach österreichischem Rechte mit Berücksichtigung des gemeinen Rechts und der neueren Gesetzbücher (2. A., Leipzig 1893)
RANDA, Besitz	Der Besitz nach österreichischem Rechte mit Berücksichtigung des gemeinen Rechts (4. A., Leipzig 1895)
REGELSBERGER	Pandekten Bd. I (Leipzig 1893)
ROSSEL/MENTHA	Manuel du droit civil suisse, 3 Bde. (2. A., Lausanne/Genf 1922)
SCHNITZER	Handbuch des internationalen Privatrechts, 2 Bde. (4. A., Basel 1957/58)
SCHÖNENBERGER/JÄGGI	Zürcher Kommentar, Obligationenrecht, Allgemeiner Teil (3. A., Zürich 1961 ff)
SCYBOZ/GILLIÉRON	Code civil suisse et Code des obligations annotés. Edition entièrement nouvelle, publiée sous la direction de Pierre Cavin (Lausanne 1972)
SIEGWART	Zürcher Kommentar; Die Personengesellschaften (2. A., Zürich 1938); Die Aktiengesellschaft. Allgemeine Bestimmungen (2. A., Zürich 1945); fortgesetzt von BÜRGI, s. d.
SILBERNAGEL/WÄBER	Berner Kommentar; Die Verwandtschaft (2. A., Bern 1927)
SÖRGEL/SIEBERT	Kommentar zum Bürgerlichen Gesetzbuch, 5 Bde. (9. A., Stuttgart und Köln 1959 ff); s. nun auch 10. A., Stuttgart 1967–1971
STAUDINGER	Kommentar zum Bürgerlichen Gesetzbuch, Bd. I: Allgemeiner Teil, bearbeitet von BRÄNDL und COING (11. A., Berlin 1957); Bd. III, 1. Teil, bearbeitet von BERG, RING und SEUFERT (11. A., Berlin 1956), 2. Teil bearbeitet von DITTMANN, GLASER usw. (11. A., Berlin 1963)

STAUFFER	Berner Kommentar; Obligationenrecht. Schluss- und Übergangsbestimmungen (Bern 1940)
VON STEIGER	Zürcher Kommentar; Gesellschaft mit beschränkter Haftung (Zürich 1965)
STRÄULI/HAUSER	Gesetze über die zürcherische Rechtspflege, Bd. II: Gesetz betreffend den Zivilprozess (Zürich 1939)
TROLLER	Immaterialgüterrecht. Patent-, Marken-, Muster- und Modell-, Wettbewerbsrecht. Bd. I (Basel 1959), Bd. II (Basel 1962); s. nun auch 2. A.: Bd. I, 1968; Bd. II, 1971
VON TUHR BGB	Der Allgemeine Teil des Deutschen Bürgerlichen Gesetzbuches, Bd. I (Leipzig 1910), Bd. II, 1. Hälfte (München und Leipzig 1914), Bd. II, 2. Hälfte (München und Leipzig 1918)
VON TUHR/SIEGWART	Allgemeiner Teil des Schweizerischen Obligationenrechts, Bd. I und II (2. A., Zürich 1942 und 1944)
TUOR ZGB	Das Schweizerische Zivilgesetzbuch (7. A., bearbeitet von BERNHARD SCHNYDER, hg. von PETER JÄGGI, Zürich 1965); s. nun auch 8. A., 1968
TUOR	Berner Kommentar; Erbrecht. Die Erben (2. A., Bern 1952)
TUOR/PICENONI	Berner Kommentar; Erbrecht. Der Erbgang (2. A., Bern 1964)
WESTERMANN	Lehrbuch des Sachenrechts (5. A., Karlsruhe 1966)
WEISS	Sammlung eidgenössischer und kantonaler Entscheidungen... 1912–1921, Bd. II (Zürich 1928); desgleichen für 1922–1937, Bd. III (Zürich 1951)
WEISS AG	Berner Kommentar; Aktiengesellschaft, Lieferung 1 (Bern 1956)
WIELAND	Kommentar zum Sachenrecht (Zürich 1909)
WIELAND HR	Handelsrecht, Bd. I: Das kaufmännische Unternehmen und die Handelsgesellschaften (München und Leipzig 1921); Bd. II: Die Kapitalgesellschaften (München und Leipzig 1931)
WINDSCHEID/KIPP	Lehrbuch des Pandektenrechts (8. A., 3 Bde., Frankfurt a. M. 1900/01; 9. A., 1906)
WOLF	Lehrbuch des Sachenrechts (Köln/Bonn/Berlin/München 1971)
WOLFF/RAISER	Sachenrecht. Bd. III des Lehrbuches des Bürgerlichen Rechts von ENNECCERUS, KIPP und WOLFF (10. A., Tübingen 1957)
ZIEGLER	Berner Kommentar; Anleihensobligationen (Bern 1950)

Neunzehnter Titel

Das Grundeigentum

INHALTSÜBERSICHT

Zur Systematik der das Eigentum behandelnden Abteilung in einen den 1
Allgemeinen Bestimmungen, einen dem Grundeigentum und einen dem Fahrniseigentum gewidmeten Titel siehe Bd. I S. 8 N. 3 und S. 93 f N. 202.

Der das Grundeigentum regelnde neunzehnte Titel ist (vorläufig noch) in 2
zwei Abschnitte gegliedert. Im kürzeren ersten Abschnitt (12 Artikel: 655 bis 666) werden der Gegenstand, der Erwerb und der Verlust des Grundeigentums behandelt. Der umfangreichere zweite Abschnitt (46 Artikel: 667 bis 712) bezieht sich auf den Inhalt und die Beschränkungen des Grundeigentums, mit Einschluss der Rechtsverhältnisse an Quellen und Brunnen. Ein neu einzuführender dritter Abschnitt (Art. 712a ff) soll dem Stockwerkeigentum gewidmet werden.

I. ERSTER ABSCHNITT (ART. 655–666)

1. Gegenstand des Grundeigentums

sind nach dem technischen Sprachgebrauch des Gesetzes die Grundstücke. 3
Zu diesen zählt Art. 655 (in nicht voll gerechtfertigter Übereinstimmung mit der entsprechenden grundbuchrechtlichen Anordnung von Art. 943 I: Art. 655 N. 3) ausser den Liegenschaften als Teilen von Grund und Boden (und damit als eigentlichen unbeweglichen Sachen), – in Anlehnung an die Verliegenschaftung von Rechtsamen im deutschen Recht (Gmür Max, Rechtsame und Gerechtigkeiten, Festgabe für Lotmar, 1920; Heusler, Institutionen I 336 ff) und entsprechend den wirtschaftlichen Bedürfnissen – auch bestimmte Rechte an Grundstücken, nämlich die in das Grundbuch aufgenommenen selbständigen und dauernden Rechte. Schliesslich erwähnt das Gesetz (als Überbleibsel einer in den Entwürfen enthaltenen eingehenden eidgenössischen Regelung) die Bergwerke als Objekte des Grundeigentums, was in der heutigen Ordnung im Sinne der Bergwerksberechtigung zu verstehen ist (Art. 655 N. 54 ff).

2. Erwerb und Verlust im allgemeinen

4 Von den Arten des Eigentumserwerbs an Grundstücken behandelt das Gesetz ausdrücklich den Erwerb durch Rechtsgeschäft (Art. 656 I, 657, 665 I und III), durch Zwangsvollstreckung (Art. 656 II, 665 II), durch richterliches Urteil (Art. 656 II, 665 I und II), durch Erbgang (Art. 656 II, 665 II), durch Aneignung (Art. 656 II, 658, 664 III, 665 II), durch Bildung neuen Landes (wie Anschwemmung, Anschüttung usw., Art. 659), durch Ersitzung (Art. 661–663) und durch Enteignung (Art. 656 II, 665 II, 666 II). Seltener vorkommende Erwerbstatbestände wie etwa die Fusion (vgl. Art. 656 N. 85; Art. 657 N. 70), der Heimfall (vgl. Art. 656 N. 94) und die Eingemeindung (vgl. Art. 656 N. 95) werden nicht erwähnt.

5 Den Verlust des Grundeigentums behandelt das Gesetz in aller Kürze. Ausser den beiden absoluten Verlustgründen des vollständigen Unterganges der Sache und der Dereliktion (durch die nicht etwa nur das Eigentum in der Person des bisher Berechtigten, sondern das Eigentum an der Sache als solches zum Erlöschen gebracht wird; Art. 666 I) erwähnt es lediglich einen einzigen Grund relativen Eigentumsverlustes: Die Enteignung (Art. 666 II). Dabei hat man es nur scheinbar mit einer Lücke zu tun, denn all die vorstehend in N. 4 erwähnten Tatbestände des Eigentumserwerbs stellen, vom Standpunkte des bisher Berechtigten aus gesehen, zugleich Tatbestände des Eigentumsverlustes dar. Implicite ist somit auch in diesen Fällen der Verlust des Eigentums geregelt.

6 Eine massgebliche Rolle für den Erwerb und den Verlust des Grundeigentums bildet das Grundbuch, dessen eingehende Regelung im 25. Titel (Art. 942–977) enthalten ist. Konstitutives Erfordernis für den Eigentumserwerb ist die Eintragung im Grundbuch zwar nur für einen Teil der rechtsgeschäftlichen Übertragung (absolutes Eintragungsprinzip, Art. 656 N. 1, 7 ff; Art. 665 N. 3, 7 ff). Die andern Erwerbs- und Verlustarten vollziehen sich ausserhalb des Grundbuches; doch besteht auch bei diesen ein Zwang zur Eintragung insofern, als der Erwerber, solange diese nicht erfolgt ist, grundbuchlich nicht über das Grundstück verfügen kann (relatives Eintragungsprinzip, Art. 656 N. 2 f, 66 ff; Art. 665 N. 2, 19 ff). So sehr angesichts dieser Bedeutung des Grundbuches in der folgenden Kommentierung immer wieder auch zu grundbuchrechtlichen Problemen Stellung genommen werden muss, ist doch mit Absicht von einer eingehenden Auseinandersetzung mit den innerhalb des Grundbuchrechts näher zu behandelnden Fragen abgesehen worden.

3. Der Vorgang des rechtsgeschäftlichen Eigentumserwerbs im besonderen

Die Unumgänglichkeit einer wenigstens grundsätzlichen Mitberücksichtigung von Vorschriften aus dem Grundbuchrecht zeigt indessen namentlich der Vorgang des rechtsgeschäftlichen Eigentumserwerbs, der nur durch gemeinsame Betrachtung genügend erhellt werden kann. Eine gültige rechtsgeschäftliche Eigentumsübertragung setzt voraus: 7

- das Verfügungsrecht des Veräusserers bzw. bei seinem Fehlen den guten Glauben des Erwerbers (ZGB 965 I und II, 973; Systematischer Teil S.19 N.30), 8
- einen Rechtsgrund, d.h. ein materiell gültiges und in der richtigen Form zustande gekommenes (meist öffentlich beurkundetes: ZGB 657 I) obligatorisches Rechtsgeschäft (ZGB 965 I und III, 974 II; Systematischer Teil S.24f N.42ff), 9
- eine Verfügung bestehend in der ein einseitiges Rechtsgeschäft darstellenden schriftlichen Erklärung des bisherigen Eigentümers, auf Grund deren die für den Eigentumserwerb in der Regel konstitutiv wirkende (Art.656 N.7ff) Grundbucheintragung vorgenommen wird (ZGB 963, 656 I; Art.656 N.34, 44ff); im Falle der Weigerung des Veräusserers zur Abgabe dieser Erklärung kann sich der durch das Rechtsgrundgeschäft als berechtigt Ausgewiesene das Eigentum durch den Richter zusprechen lassen (ZGB 665 I; Art.665 N.3f, 7ff). 10

Übereinstimmung mit fremden Rechten besteht diesbezüglich insofern, als der auf Übereignung von Grundstücken gerichtete obligatorische Vertrag grundsätzlich einer qualifizierten Form bedarf (BGB § 313; ABGB § 432; seit 1955 auch in Frankreich: Art.4 du décret-loi du 4 janvier 1955 portant réforme de la publicité foncière, Journal Officiel 1955 S.346 ff). Das Eintragungsprinzip (Systematischer Teil S.21 N.33; Ausführungen zu Art.656) und der Schutz des öffentlichen Glaubens des Grundbuches (Systematischer Teil S.19 N.30) sind in ähnlicher Weise verwirklicht wie im deutschen und österreichischen Recht (vgl. Predari Caesar, «Grundbuch», RvglHWB Bd.III 807ff; Friedrich Rudolf, «Übereignung», RvglHWB Bd.VI 606ff). Hinsichtlich der übrigen Ausgestaltung der rechtsgeschäftlichen Übereignung von Grundstücken zeigt das schweizerische Sachenrecht indessen eine zum Teil ausgeprägte Eigenständigkeit: 11

Im Unterschied zu den romanischen Rechten ist das schweizerische stärker durch den Publizitätsgedanken geprägt (dazu allgemein im Systematischen Teil S.17ff N.22ff). Das französische Recht lässt das Eigentum schon durch den Abschluss des obligatorischen Vertrages übergehen; das gültig zustande 12 gekommene Verpflichtungsgeschäft bewirkt den Übergang des Eigentums vom Veräusserer auf den Erwerber (Art. 1138 und 1583 CCfr). Die dadurch bedingte Unsicherheit und Unübersichtlichkeit im französischen Grundstücksrecht sind allerdings mehr und mehr durch entsprechende Einschränkungen des Vertragsprinzipes gemildert worden. So zunächst durch weitgehenden Ausschluss der Wirkung für Dritte und neuerdings durch starke Annäherung an das Grundbuchsystem; vgl. Art. 1141 CCfr und den vorstehend N. 11 erwähnten décret-loi, der prinzipiell das Personalfolium und für städtische Grundstücke das Realfolium einführt; die Wirksamkeit gegenüber Dritten beruht auf der publicité foncière; hat der Veräusserer zwei Übereignungsverträge abgeschlossen, so erwirbt nicht etwa derjenige, mit welchem er zuerst kontrahierte, sondern derjenige, welcher zuerst registriert wird. Damit ist das Vertragsprinzip praktisch in sein Gegenteil verwandelt und auch theoretisch in Frage gestellt: «Qu'est ce qu'un droit réel qui n'existe pas à l'égard de tous»? (CARBONNIER JEAN, Droit civil, t. II/1 [Paris 1957] 123). Übersicht über die heutige Regelung u. a. bei JULLIOT DE LA MORANDIÈRE, Précis Dalloz de droit civil III (Paris 1958) 436 ff; dort in einem Addendum von Ende 1959 (S. 11 ff) über die durch drei Erlasse aus dem Jahre 1959 herbeigeführten Ergänzungen und Modifikationen, die erkennen lassen, dass der Weg des Grundbuchsystems in Frankreich nunmehr weiter verfolgt wird. Kurze Orientierung auch durch BÄRMANN in Arch. civ. Pr. *155* 440 f.

13 In Übereinstimmung mit dem deutschen werden auch im schweizerischen Recht Verpflichtung und Verfügung auseinandergehalten, aber zwei konstruktive Überspannungen des BGB glücklich vermieden: Das Abstraktionsprinzip (nachfolgend N. 14) und das materielle Konsensprinzip (unten N. 15).

14 Die Trennung von obligatorischem Rechtsgrundgeschäft und dinglicher Perfektion hat den schweizerischen Gesetzgeber nicht gehindert, der natürlichen Wechselwirkung dieser beiden Vorgänge auch in der rechtlichen Ausgestaltung gerecht zu werden: Durch Festlegen der kausalen Natur der Verfügung. Das Verfügungsgeschäft ist in seinem rechtlichen Bestande abhängig von der Existenz eines gültigen Rechtsgrundes (ZGB 974 II). Das hat die für den Veräusserer vorteilhafte, aber für den Rechtsverkehr nachteilige Folge, dass jeder Mangel des zugrunde liegenden Verpflichtungsgeschäftes auch die Verfügung in Mitleidenschaft zieht. Der Gesichtspunkt der Verkehrssicherheit bleibt aber auch im schweizerischen Recht genügend gewahrt. Statt durch das starre, den Einzelfällen vielfach nicht gerecht werdende Abstraktionsprinzip (Systematischer Teil S. 24 ff N. 42 ff) erfährt er durch den Gutglaubensschutz die sachgemässe Berücksichtigung (Systematischer Teil S. 19 N. 30).

Wird die Verfügung nicht auf sich selbst gestellt, sondern bleibt sie in Abhängigkeit von der vertraglichen Verpflichtung, kann viel eher auf ihre vertragliche Ausgestaltung verzichtet werden. Im Unterschied zum deutschen System, wo die Verfügung in einer Einigung zwischen dem berechtigten und dem verpflichteten Teil über den Eintritt der Eigentumsübertragung besteht (in der sogenannten Auflassung, einem besonders formalisierten, unmittelbar auf die Herbeiführung der Eigentumsänderung gerichteten sachenrechtlichen Vertrag; vgl. PREDARI CAESAR, «Auflassung», RvglHWB Bd. II 269ff) zeichnet sich das in der Schweiz die Eigentumsübertragung bewerkstelligende Rechtsgeschäft durch seine Einseitigkeit aus: Es besteht in der vom bisher Berechtigten dem Grundbuchamt abgegebenen Erklärung (vgl. Art. 656 N. 34). 15

4. Die herrenlosen und öffentlichen Sachen

erfahren in Art. 664 eine – wenn auch nur oberflächliche – Berücksichtigung. 16 Die einzige materiellrechtliche Anordnung des Bundesrechts besteht in der Statuierung einer Rechtsvermutung zugunsten der Öffentlichkeit der natürlichen Gewässer und des der Kultur nicht fähigen Landes (Abs. II). Im übrigen wird das öffentliche Recht der Kantone vorbehalten, indem einerseits der auch ohne ausdrückliche Erwähnung geltende Grundsatz ausgesprochen wird, die herrenlosen und öffentlichen Sachen unterstünden dem Recht des Kantons, in dessen Gebiet sie sich befinden (Abs. I), und indem den Kantonen zur Pflicht gemacht wird, die Aneignung des herrenlosen Landes und die Ausbeutung und den Gemeingebrauch der öffentlichen Sachen zu regeln (Abs. III).

Das Recht der öffentlichen Sachen gehört in der Schweiz zu den wissen- 17 schaftlich unterentwickelten Gebieten. Die heute herrschenden Ansichten entstammen weitgehend einem fremden Geist und einer überholten Zeit (vgl. OFTINGER, Lärmbekämpfung 31f; dafür, dass die herkömmliche Lehre heute auch in ihrem Ursprungsland als reformbedürftig empfunden wird, vgl. statt vieler FORSTHOFF 309ff). Der von der Verwaltungsrechtswissenschaft vorzunehmenden Neubesinnung hat der Privatrechtskommentator im gegenüber dem Bisherigen etwas erweiterten, aber doch immer noch engen Rahmen der Auslegung von ZGB 664 nicht vorgreifen wollen – ne sutor ultra crepidam.

II. ZWEITER ABSCHNITT (ART.667–712)

18 Dieser gliedert sich in drei Unterabschnitte, die den Inhalt (Art. 667–679) und die Beschränkungen des Grundeigentums (Art. 680–703) und die Rechte an Quellen und Brunnen (Art. 704–712) ordnen. Doch ist wie anderswo auch hier die systematische Gliederung nicht auf die Spitze getrieben worden. Die Bestimmungen über den Inhalt und die Beschränkungen des Grundeigentums fliessen oft ineinander über. So begründen die Art. 669, 670 und 674 III, die in dem Unterabschnitt A über den Inhalt des Grundeigentums enthalten sind, zugleich nachbarrechtliche Eigentumsbeschränkungen (Unterabschnitt B). Ebenso stellen die in dem Unterabschnitt C (Rechte an Quellen und Brunnen) enthaltenen Art. 705–712 Beschränkungen des Eigentums teils öffentlichrechtlicher (Art. 705, 711, 712), teils privatrechtlicher Natur (Art. 706–710) dar.

1. Inhalt des Grundeigentums (Art. 667–679)

19 Nicht den Inhalt im juristisch-technischen Sinne des Wortes hat dieser Unterabschnitt zum Gegenstand, sondern vor allem den *Umfang der Herrschaft des Grundeigentümers* (wie das im französischen Text mit der Bezeichnung «étendue» zutreffend zum Ausdruck gebracht wird). Auf die Abgrenzung in der Horizontallinie beziehen sich die Art. 668–670. Hinsichtlich der vertikalen Erstreckung bricht Art. 667 I mit der hergebrachten gemeinrechtlichen Auffassung, wonach sich das Grundeigentum nach oben und unten unbegrenzt fortsetzt («cuius est solum, eius est usque ad coelum»), indem er eine Erweiterung auf den Luftraum und das Erdreich nur insoweit anerkennt, als für die Ausübung ein Interesse besteht.

20 Bauten, Pflanzen und Quellen bilden – wie im gemeinen Recht («*superficies solo cedit*») – Bestandteile des Bodens und teilen somit von Gesetzes wegen sein rechtliches Schicksal (Art. 642, 667 II, 704). Die Bestandteilsqualität der Bauten und Pflanzen ist jedoch an die Voraussetzung dauernder (nicht bloss vorübergehender) Verbindung mit dem Boden geknüpft (vgl. Art. 675, 677, 678). Auch für Bauten, die auf fremdem Boden oder mit fremdem Material errichtet worden sind, hält das Gesetz am Akzessionsprinzip fest, ist aber bestrebt – in Ergänzung der sonst allein anwendbaren allgemeinen Normen über unerlaubte Handlung und ungerechtfertigte Bereicherung – einen möglichst sachgemässen und gerechten Ausgleich der Interessen des Material- und Bodeneigentümers herbeizuführen (Art. 671–673). Sodann

anerkennt das ZGB mit Rücksicht auf die wirtschaftlichen Bedürfnisse eine Reihe von Ausnahmen vom Akzessionsprinzip, die teils unmittelbar auf dem objektiven Recht des Bundes oder der Kantone beruhen (Art. 670: Grenzvorrichtungen; Art. 674 III: Grenzüberbau; Art. 687, 688: überragende Pflanzen; Art. 691, 676 II: kraft Nachbarrechts gestattete Leitungen), teils die Errichtung einer entsprechenden Dienstbarkeit voraussetzen (Art. 674 I und II: Recht auf den Überbau; Art. 675: Baurecht; Art. 676: Leitungsbaurecht).

Art. 679 statuiert eine *Verantwortlichkeit des Grundeigentümers* für die 21
Überschreitung nachbarrechtlicher Befugnisse, die sich insofern von den sonst anwendbaren Art. 41 ff OR unterscheidet, als das haftungsbegründende Ereignis von ihm nicht schuldhaft herbeigeführt worden sein muss, und als neben dem Schadenersatzanspruch dem Verletzten ein Anspruch auf Beseitigung des rechtswidrigen Zustandes und dem erst mit Schaden Bedrohten ein Anspruch auf Schutz gegen den drohenden Schaden gewährt wird.

2. Beschränkungen des Grundeigentums

Die Art. 681–703 sind vom Gesetz in vier Gruppen aufgeteilt worden:

a) **Veräusserungsbeschränkungen** (Art. 681–683)

Das sind Beschränkungen in der rechtlichen Verfügung über eine Sache. 22
Abgesehen vom Vorkaufsrecht des Miteigentümers (Art. 682) handelt es sich dabei aber nicht um gesetzliche, sondern um gewillkürte Eigentumsbeschränkungen, deren Regelung richtigerweise nicht in diesem Zusammenhang, sondern im OR hätte erfolgen sollen. (Zur systematischen Stellung von Art. 681 s. dort.)

Andere gesetzliche Veräusserungsbeschränkungen werden ausserhalb des 23
ZGB normiert, wie z. B. die Einschränkung betreffend Weiterveräusserung landwirtschaftlicher Grundstücke im Obligationenrecht (Art. 218–218ter), die agrarrechtlichen Vorkaufsrechte im BG über die Erhaltung des bäuerlichen Grundbesitzes (EGG Art. 6 ff) und die Beschränkungen des Erwerbs von Schweizerboden durch Personen mit Wohnsitz im Ausland in einem heute (anfangs 1961) im Stadium der parlamentarischen Beratung stehenden BB (vgl. BBl 1960, 1261 ff).

b) **Nachbarrecht** (Art. 684–698)

Dem Nachbarrecht als der Gesamtheit der Benutzungsbeschränkungen 24
des Grundeigentums, welche die Rücksichtnahme auf einen engeren oder

weiteren Kreis benachbarter Grundeigentümer erfordert, sind neben den Art. 684 ff namentlich auch Art. 669, 679 und Art. 706–710 (Quellennachbarrecht) zuzuzählen. Die nähere Ordnung und der weitere Ausbau sind in verhältnismässig weitem Umfange dem kantonalen Recht und dem Ortsgebrauch (ZGB 5 II) überlassen (vgl. Art. 684 II, 686, 688, 695, 697 II, 709). Die Kantone sind jedoch, soweit das ZGB dies nicht ausdrücklich vorbehält, nicht befugt, das Grundeigentum privatrechtlich noch mehr zu beschränken.

c) **Recht auf Zutritt und Abwehr** (Art. 699–701)

25 Diese Bestimmungen beschränken das Grundeigentum insofern, als der Grundeigentümer verpflichtet wird, das Betreten seiner Liegenschaft zu dulden – und zwar nicht nur von seiten eines Nachbarn, sondern auch von seiten jedes Dritten, der ein von den Art. 699–701 anerkanntes Interesse daran hat. Der Unterschied gegenüber den nachbarrechtlichen Duldungspflichten besteht im wesentlichen also nur im grösseren Kreis der berechtigten Rechtssubjekte.

d) **Öffentlichrechtliche Beschränkungen** (Art. 702 und 703)

26 Hier wird nur eine einzige öffentlichrechtliche Beschränkung statuiert, der Beitrittszwang zu Meliorationsunternehmen (Art. 703). Im übrigen wird lediglich das öffentliche Recht des Bundes, der Kantone und der Gemeinden generell vorbehalten (Art. 702) und damit festgehalten, was auch ohne diese ausdrückliche Formulierung rechtens wäre. Weitere auf öffentlichem Recht beruhende Eigentumsbeschränkungen finden sich in Art. 705, 711, 712 und 724 II.

3. Rechte an Quellen und Brunnen

27 In den Art. 704–712 ordnet das ZGB als kleinen Ausschnitt aus dem gesamten Wasserrecht die Rechtsverhältnisse an Quellen, mit Einschluss der Brunnen und des Grundwassers. Schon diese wenigen Bestimmungen sind durchsetzt mit öffentlichrechtlichen Vorschriften (vgl. Art. 705, 711 und 712) und mit Vorbehalten zugunsten des kantonalen Rechts (Art. 705 und 709). Aber auch hier noch dem Privatrecht vorbehaltene Gebiete sind in zunehmendem Masse dem öffentlichen Recht (namentlich dem kantonalen) unterstellt worden: So erfasst Art. 704 III, dessen Wortlaut noch ganz allgemein das Grundwasser den Quellen gleichstellt, nach heute unbestrittener Ansicht nur noch die kleinen Grundwasservorkommen; Grundwasserströme und Grundwasserbecken von grösserer räumlicher Ausdehnung und Mächtigkeit werden vom öffentlichen Recht beherrscht. Auch die oberirdischen

Seen, Flüsse und Bäche sind heute in der Regel öffentliche Gewässer (vgl. Art. 664 N. 152 ff). Das gesamte schweizerische Wasserrecht krankt an einem unübersichtlichen und zum Teil unbefriedigenden Zusammenspiel von kantonalem und eidgenössischem Recht, von privatem Recht (das im letzten Jahrhundert noch weitgehend vorherrschte; vgl. über die Entwicklung des Wasserrechts MITTEIS HEINRICH, Deutsches Privatrecht [München 1959] 84 ff) und öffentlichem Recht (das mehr und mehr überhandnimmt; LIVER, Die ehehaften Wasserrechte in der Schweiz, Festgabe für Gieseke [Karlsruhe 1958] 225 ff mit weiteren Nachweisen).

Dem Wasserrecht zugehörende oder für das Wasserrecht bedeutsame Vor- 28
schriften finden sich auch an andern Stellen des ZGB. So in

- Art. 655 und 943 (Behandlung der selbständigen und dauernden Quellenrechte als Grundstücke),
- Art. 659 (Bildung neuen Landes aus öffentlichen Gewässern),
- Art. 664 (Rechtsvermutung zugunsten der Öffentlichkeit der natürlichen Gewässer und der Gletscherquellen),
- Art. 698–693 (nachbarrechtliche Ordnung des Wasserlaufes, der Entwässerung und der Durchleitung),
- Art. 695 und 740 (kantonale Tränke-, Tränkweg- und Wässerungsrechte),
- Art. 703 (Ordnung der Gewässerkorrektionen, der Bewässerungs- und Entwässerungsanlagen).

Die Wasserbaupolizei ist zum Teil durch das kantonale, zum Teil durch 29
das eidgenössische Recht geregelt (vgl. BV 24; BG über die Wasserbaupolizei von 1877/1953: BS *4* 931 und AS *1953* 950). Für die Inanspruchnahme der Gewässer zur Erzeugung nutzbarer Kraft steht dem Bunde das Oberaufsichtsrecht zu (BV 24bis); von seiner Ermächtigung zur Grundsatzgesetzgebung hat er mit dem am 1. Januar 1918 in Kraft getretenen BG über die Nutzbarmachung der Wasserkräfte vom 22. Dezember 1916 Gebrauch gemacht (vgl. BS *4* 729 und AS *1952* 1015). Schliesslich hat der Bund, gemäss der ihm durch BV 24^{quater} erteilten Befugnis, gesetzliche Bestimmungen zum Schutze der ober- und unterirdischen Gewässer gegen Verunreinigung erlassen: BG über den Schutz der Gewässer vor Verunreinigung vom 16. März 1955.

Das wasserrechtliche Schrifttum ist zusammengestellt bei Art. 664 (hinten S. 145 ff).

III. DRITTER ABSCHNITT (ART. 712 a ff)

30 Über den Stand der Vorarbeiten Ende 1958 zum BG über die Partialrevision des vierten Teils des Zivilgesetzbuches, welches u.a. die Bestimmungen über Inhalt und Beschränkungen des Grundeigentums in einem neu einzuführenden 3. Abschnitt durch eine Neuregelung des Stockwerkeigentums ergänzen soll: Bd. I Vorbemerkungen zu Art. 646 ff N. 43. Der nach Durchführung des Vernehmlassungsverfahrens vom Gesetzesredaktor und der kleinen Expertenkommission nunmehr bereinigte Entwurf wird vom Bundesrat voraussichtlich im Laufe des Jahres 1961 den eidgenössischen Räten unterbreitet.

Erster Abschnitt

Gegenstand, Erwerb und Verlust des Grundeigentums

Chapitre premier

De l'objet, de l'acquisition et de la perte de la propriété foncière

Capo primo

Oggetto, acquisto e perdita della proprietà fondiaria

Art. 655

A. Gegenstand

Gegenstand des Grundeigentums sind die Grundstücke.
Grundstücke im Sinne dieses Gesetzes sind:

1. **die Liegenschaften,**
2. **die in das Grundbuch aufgenommenen selbständigen und dauernden Rechte,**
3. **die Bergwerke.**

A. Objet de la propriété foncière

La propriété foncière a pour objet les immeubles.
Sont immeubles dans le sens de la présente loi:

1. **Les biens-fonds;**
2. **Les droits distincts et permanents, immatriculés au registre foncier;**
3. **Les mines.**

A. Oggetto

La proprietà fondiaria ha per oggetto i fondi.
Sono fondi nel senso di questa legge:

1. **i beni immobili;**
2. **i diritti per sè stanti e permanenti intavolati nel registro fondiario;**
3. **le miniere.**

Materialien: VE 658; E 649; Erl II 77ff, 366ff; StenBullNR *16* 527; StenBullStR *16* 1261; BRB betreffend Korrektur des italienischen Textes von Ziff. 2 des Art. 655; SJZ 7 391.

Literatur

Bauer K., Staat und Bergbauberechtigung in der Schweiz, mit rechtsvergleichenden Ausblicken (Essen 1931); Brassert O., Das Bergrecht der Schweiz, Zeitschrift für Bergrecht *11* (1871) 411ff; *36* (1896) 1ff; *40* (1900) 56f; Christen M., Kantonale Regalien und Bundespolizeirecht (Diss Bern 1950); Couchepin Louis, Le droit minier en Suisse dans ses rapports avec le Code civil (Diss Bern 1922); Elser, Ein Bergbaugesetz für den Kanton St. Gallen, ZSGV *20* 133ff; Gmür Max,

Rechtsame und Gerechtigkeiten, Festgabe für Lotmar (Bern 1920) 11ff; GUHL THEO, Die Verselbständigung der dinglichen Rechte im schweizerischen Zivilgesetzbuch, Festgabe für Eugen Huber (Bern 1919) 55ff; HAGENBÜCHLE ANTON, Das Bergrecht mit besonderer Berücksichtigung der Erdölschürfung, ZSR *76* 1aff; HESS FRITZ, Das Bergrecht des Kantons Zürich (Heft 25 der Beiträge zur schweizerischen Verwaltungskunde, Zürich 1926; dasselbe auch in ZSGV *26* 449ff, 481ff, 513ff, 553ff, 577ff, 602ff, 625ff); HOMBERGER/MARTI, SJK Nr. 317 (Genf 1942); HUBER EUGEN, Zum schweizerischen Sachenrecht (Bern 1914) 13ff; derselbe, SPR III 639ff; IV 213f; IMBODEN MAX, Der verwaltungsrechtliche Vertrag (Basel 1958; dasselbe auch in ZSR *77* 1aff); ITEN FRIEDRICH, Die Wasserrechtsverleihung als selbständiges und dauerndes Recht (Diss Fribourg 1924); KARRER H., Das Bergbauregal im Kanton Aargau (Diss Zürich 1922); LEEMANN HANS, Können selbständige und dauernde Rechte erst nach der Anlegung des Grundbuches dinglich belastet werden? SJZ *16* 377; LEEMANN/HUBER, Grundbuch- und Vermessungsrecht (vom Akademischen Kulturingenieur-Verein herausgegebene Vorlesung, Zürich 1959); LIVER PETER, Der Prozess des Müllers Arnold und das geltende private Wasserrecht, ZBJV *82* 97ff und 145ff; derselbe, Die Entwicklung des Wasserrechts in der Schweiz seit hundert Jahren, ZSR *71* 318ff; derselbe, Öffentliches Grundwasserrecht und privates Quellenrecht, ZBJV *89* 1ff; derselbe, Das Recht der Ausnutzung von Naturkräften und Bodenschätzen (Zürich 1953; Sonderdruck aus «Der schweizerische Energiekonsument»); derselbe, Die ehehaften Wasserrechte in der Schweiz, Festschrift für Paul Gieseke (Karlsruhe 1958) 225ff; derselbe, Über die Baurechtsdienstbarkeit, ZBJV *94* 377ff; MEYER VON SCHAUENSEE, Art. 655 ZGB und die Bereinigung der luzernischen Grundbücher, SJZ *27* 11ff; NUSSBAUM, Die Rechte an Quellen und Brunnen und ihre Darstellung im Grundbuch, ZBGR *1* 133ff und 178ff; PFISTER HEINRICH, Der Inhalt der Dienstbarkeit, ZSR *52* 325ff; SCHMID HANS, Das Bergrecht in der Schweiz, SJZ *17* 57ff, 85ff und 102ff; STOECKLIN JOSEPH, Die Begründung von Baurechten unter Bedingungen und Auflagen sowie Beschränkungen des Inhaltes und der Übertragbarkeit, Abh. schweiz. R. Heft 321 (Bern 1956); SINTZEL KURT, Die Sondernutzungsrechte an öffentlichen Sachen im Gemeingebrauch im Kanton Zürich (Diss Zürich 1961); VOLLENWEIDER, Etude sur les droits distincts et permanents en droit civil suisse (Diss Lausanne 1923); VUILLEUMIER JACQUES, Vers un régime juridique propre à la recherche et à l'exploitation des gisements de pétrole, ZSR *76* 185aff; WALDMEYER E., Das Salzregal in der Schweiz (Bern 1927); ZWAHLEN HENRI, Le contrat de droit administratif, ZSR *77* 461aff.

Rechtsvergleichung

Eine dem Art. 655 entsprechende Umschreibung des Grundstückbegriffes im materiellen Sachenrecht kennen andere Kodifikationen nicht. Doch werden in Spezialbestimmungen auch in andern Rechtsordnungen die für die Liegenschaften aufgestellten Normen auf den Verkehr mit bestimmten Rechten für anwendbar erklärt. Das ist im österreichischen wie im deutschen Recht namentlich in bezug auf das Baurecht der Fall: Österreichisches G über das Baurecht vom 26. April 1912 (dazu KLANG V 139ff) und deutsche V über das Erbbaurecht vom 15. Januar 1919, insbesondere §§ 11 und 14 (dazu STAUDINGER/RING S. 864ff). Daneben wird insbesondere noch für gewisse althergebrachte Rechte (wie Erbpachtrechte, Fischreigerechtigkeiten, Realgewerberechte) die Möglichkeit liegenschaftsgleicher Behandlung im Rechtsverkehr vorgesehen (ABGB § 298 und dazu KLANG II 33; EGBGB Art. 63, 67, 68). Vgl. im übrigen PREDARI CAESAR, RvglHWB III 825f.

Übersicht

I. INHALT UND BEDEUTUNG VON ART. 655

Die vom Gesetzgeber vorgenommene Zweiteilung der Eigentumsordnung 1
(19. Titel: Grundeigentum; 20. Titel: Fahrniseigentum) erfordert eine eindeutige Festlegung der beiden Anwendungsbereiche, d.h. eine Umschreibung der Rechtsobjekte, welche den Bestimmungen des einen und des andern Titels unterliegen. Das geschieht für das Recht des Grundeigentums in Art. 655 – allerdings nicht vollständig (N. 3) und in nicht ganz gelungener Formulierung (N. 2 a. E.).

Nach dem juristisch üblichen Sprachgebrauch wären Gegenstand des 2
Grundeigentums die «unbeweglichen Sachen», die «Immobilien». Das Gesetz vermeidet jedoch den Ausdruck «unbewegliche Sache» als Gegensatz zu den in Art. 713 so genannten «beweglichen Sachen» (vgl. zur Abgrenzung allgemein: Systematischer Teil S. 44ff N. 93ff). Das nicht nur, weil er sprachlich unschön wäre, sondern vornehmlich deswegen, weil den unbeweg-

lichen Sachen zum Teil Rechte an solchen gleichgestellt werden. Als Gegenstände des Grundeigentums bezeichnet das ZGB nämlich neben den *Liegenschaften* als Teilen des Erdkörpers (N. 6 ff) *die in das Grundbuch aufgenommenen selbständigen und dauernden Rechte* an Liegenschaften, die (wie etwa Baurechte und Wasserrechtsverleihungen) in ihrer wirtschaftlichen Bedeutung den Liegenschaften durchaus nahekommen (N. 144 ff), und sodann die *Bergwerke* im Sinne der Bergbauberechtigung (N. 54 ff). Diese Sachen und Rechte zusammen nennt das Gesetz «Grundstücke» (in Anlehnung an die Ausdrücke «Grundeigentum», «Grundpfand», «Grundbuch»). Die Bezeichnung ist identisch mit derjenigen, welche das Gesetz für all diejenigen Gegenstände gebraucht, die in das Grundbuch aufgenommen und in diesem durch ein eigenes Blatt individualisiert sind. Das Gesetz wiederholt denn auch innerhalb des Grundbuchrechts in Art. 943 I diese Anordnung, wobei es die fragwürdige Formulierung von Art. 955 («Grundstücke im Sinne dieses Gesetzes *sind*...»; s. auch unten N. 5) durch eine zutreffendere Wendung ersetzt («Als Grundstücke werden in das Grundbuch aufgenommen...»).

3 Dadurch, dass auch im materiellen Sachenrecht der Grundstückbegriff von der grundbuchtechnischen Seite her erfasst worden ist (vgl. Erl II 78: «Alle Grundstücke unterliegen dem Grundbuchrecht, alles, was dem Grundbuchrecht unterliegt, ist Grundstück»), ist eine Lücke entstanden, die sonst hätte vermieden werden können. Materiellrechtlich stehen nämlich den Grundstücken im Sinne von ZGB 655 die Miteigentumsanteile an solchen gleich (vgl. Art. 646 N. 40 und 45), grundbuchrechtlich dagegen (vorläufig noch) nicht. Die Miteigentumsanteile an Grundstücken könnten also ohne materielle Änderung des heutigen Rechtszustandes in Ziffer 4 von Art. 655 aufgeführt werden; in Art. 943 aber erst, wenn im Zusammenhang mit der Wiedereinführung des Stockwerkeigentums (Vorbemerkungen zu Art. 646 ff N. 37 ff) Miteigentumsanteile auf selbständigem Blatt in das Grundbuch aufgenommen werden können.

4 Sodann ist eine Präzisierung in der Hinsicht erforderlich, dass die Rechtsordnung auch bei andern Rechtsobjekten, die ihrer Natur nach nicht unbewegliche Sachen darstellen, eine mehr oder weniger weit gehende «Immobilisierung» vornehmen kann und tatsächlich auch schon vorgenommen hat. Das ist namentlich für die im Schiffsregister aufgenommenen Binnen- und Seeschiffe (vgl. Systematischer Teil S. 45 f N. 97; S. 237 N. 50) und neuerdings für die im Luftfahrzeugbuch eingetragenen Flugzeuge der Fall (vgl. BG über das Luftfahrzeugbuch vom 7. Oktober 1959: AS 1960, 1245 ff; VV vom 2. September 1960: AS 1960, 1257; dazu Egli Arthur, Die Luftfahrzeugverschreibung nach dem Entwurf eines Bundesgesetzes über das Luftfahrzeugbuch, Diss Zürich 1958). Betreffend Zugehör hinten N. 13.

Zufolge der Einbeziehung der in das Grundbuch aufgenommenen selbständigen und dauernden Rechte und der Bergbauberechtigungen unter die Gegenstände des Grundeigentums finden die Vorschriften des 19. Titels auf diese Rechte entsprechende Anwendung, währenddem sie ohne diese Anordnung wie andere Rechte beurteilt werden müssten. Entgegen dem Gesetzeswortlaut sind sie aber nicht Grundstücke im eigentlichen Sinne, sondern werden zum Teil nur so behandelt, wie wenn sie Grundstücke wären. Man muss sich bei der Beurteilung der in das Grundbuch aufgenommenen selbständigen und dauernden Rechte bewusst bleiben, dass sie, soweit sie Dienstbarkeiten sind, beschränkte dingliche Rechte bleiben, und dass sie, soweit sie öffentlichrechtlicher Natur sind, diese Eigenschaft beibehalten. Die Rechtsverhältnisse des aus einem selbständigen und dauernden Rechte Berechtigten zum Eigentümer des belasteten Grundstückes und zu den andern beschränkt dinglich Berechtigten am gleichen Grundstück werden daher durch die Eröffnung eines eigenen Grundbuchblattes nicht berührt. Der *Inhalt* des liegenschaftsgleich gewordenen Rechts wird im allgemeinen nicht verändert; die Unterwerfung unter das Grundbuch hat grundsätzlich nur Besonderheiten mit Bezug auf die Stellung des Rechts im *Rechtsverkehr* (Erwerb, Verlust, Belastung; N. 35ff) zur Folge (vgl. BGE *49* III 182f; *85* I 291). Das wird bis in die neueste Zeit hinein immer noch zu wenig beachtet (vgl. die zutreffende Kritik von Liver, ZBJV *94* 379f und 384ff an einer Monographie über Baurecht). 5

II. DIE LIEGENSCHAFTEN (ZIFF. 1)

Gegenstand des Grundeigentums sind vor allem die Liegenschaften, als körperliche (unbewegliche) Einzelsachen. 6

1. Begriff

a) Im Sinne des materiellen Rechts

Eine Begriffsbestimmung der Liegenschaft, des Grundstücks im eigentlichen Sinne, gibt das Gesetz nicht. Liegenschaften sind nicht von Natur gegeben, sondern künstlich durch räumliche Abgrenzung der Erdoberfläche geschaffen. Unter Liegenschaften sind demnach räumlich abgegrenzte Teile der Erdoberfläche zu verstehen (d.h. Erdausschnitte, die zwar mit dem 7

Erdkörper fest zusammenhängen, die für den Sachbegriff erforderliche Selbständigkeit aber dadurch erlangen, dass jeder einzelne Teil durch eine in sich zurücklaufende geometrische Linie gegen die ihn umgebenden Teile der Oberfläche abgegrenzt wird, PLANCK, BGB III 102). Über die Begrenzung in der horizontalen Linie vgl. die Art. 668–670 und VermInstr 9ff. Ein Grundstück ist natürlich auch dann vorhanden, wenn die Grenzen noch nicht äusserlich markiert, sondern sonstwie rechtsverbindlich festgestellt, d.h. bestimmbar sind (DERNBURG, Bürgerliches Recht III 9; Pandekten I § 76). Dementsprechend definiert die GBV in Art. 1 II: «Liegenschaft ist jede Bodenfläche mit genügend bestimmten Grenzen.»

8 Diese Begriffsumschreibung bedarf dahingehend der Präzisierung, dass die Liegenschaft nicht eine zwei-, sondern eine dreidimensionale Erscheinung, nicht nur eine Bodenfläche (Ebene), sondern ein körperliches Gebilde (Raum) darstellt (vgl. HAAB, Art. 655 N. 2). Im Gegensatz zur horizontalen Linie fehlt es bei der vertikalen aber an einer festen Begrenzung. Nach oben wie nach unten wird die Grenze durch das – von Fall zu Fall zu bestimmende – Interesse des Eigentümers an der Ausübung seines Rechts festgelegt (ZGB 667).

b) Im Sinne des Grundbuchrechts

9 Liegenschaft i. S. von Grundbuchparzelle ist «derjenige abgegrenzte Teil der Bodenfläche, der als in sich abgeschlossenes Ganzes den Gegenstand dinglicher Rechte bildet» (GUHL, Politisches Jahrbuch *30* 127; HAAB, Art. 655 N. 3). Das ergibt sich einerseits aus dem Realfoliensystem (wonach im Hauptbuch jede Liegenschaft ein eigenes Blatt und eine eigene Nummer hat; ZGB 945) und andererseits aus dem Prinzip der Einheitlichkeit des Hauptbuchblattes (wonach ein auf diesem Blatt eingetragenes dingliches Recht grundsätzlich die gesamte Liegenschaft erfasst).

10 Liegenschaften im Sinne des Grundbuchrechtes können auch (natürliche und künstliche, private und öffentliche) Gewässer (Seen, Flüsse, Bäche, Kanäle, Teiche), mit Ausnahme der Quellen (vgl. Art. 704 I), sein.

11 Über Widersprüche zwischen der räumlichen Abgrenzung der Erdoberfläche und den aus den Grundbuchplänen ersichtlichen Grenzen einer Liegenschaft vgl. Bemerkungen zu ZGB 668 II (wonach die Richtigkeit des Grundbuches vermutet wird).

2. Umfang

12 Das Grundeigentum ergreift die Liegenschaft in ihrem gesamten Bestande, mit allen ihren Bestandteilen, wie Bauten, Pflanzen, Quellen und Grundwasser (ZGB 642, 667 II, 704 I und III), jedoch mit Ausschluss der Fahrnis-

bauten (ZGB 677) sowie der Fahrnispflanzen (ZGB 678 I). Der öffentliche Glaube des Grundbuches (ZGB 973) erstreckt sich jedoch nicht auf die Angaben über Grundstücksbestandteile.

Nicht zu den unbeweglichen Sachen gehört die Grundstückszugehör; der 13
Zugehörbegriff ist auf bewegliche Sachen beschränkt (s. Art. 645 N. 9). Indessen erfahren die Zugehörqualität aufweisenden beweglichen Sachen eine weitgehende «Immobilisierung» (vgl. Art. 645 N. 39 ff).

III. DIE SELBSTÄNDIGEN UND DAUERNDEN RECHTE (ZIFF. 2)

Es entspricht deutschrechtlicher Tradition und einem aktuellen wirt- 14
schaftlichen Bedürfnis (N. 2), selbständige und dauernde Rechte durch Aufnahme auf ein eigenes Folium des Grundbuches (GBV 9) den für Liegenschaften geltenden Vorschriften zu unterstellen, namentlich bezüglich der Belastung mit Pfandrechten, aber auch sonst grundsätzlich ganz allgemein hinsichtlich ihrer Stellung im Rechtsverkehr.

1. Voraussetzungen

a) Eintragung einer entsprechenden Dienstbarkeit auf dem Blatt des belasteten Grundstückes (N. 15–18) oder Konzession (N. 19)

Die Dienstbarkeit (bzw. die Grundlast; dazu hinten N. 47) muss auf dem 15
Blatt des belasteten Grundstückes eingetragen sein. An diesem Eintragungserfordernis ist auch für altrechtliche Dienstbarkeiten festzuhalten (Homberger, Art. 943 N. 9 unter Hinweis auf Erl II 421 und 432 f und entgegen Haab, Art. 655 N. 6 und SJZ *50* 195 f Nr. 102).

Wie sich aus ZGB 943 Ziff. 2 (wo von selbständigen und dauernden Rechten 16
an Grundstücken die Rede ist) ergibt, können nicht nur an Liegenschaften, sondern an Grundstücken überhaupt selbständige und dauernde Rechte als Grundstücke ins Grundbuch aufgenommen werden. So kann beispielsweise zulasten eines als Grundstück ins Grundbuch aufgenommenen Quellenrechts ein selbständiges und dauerndes Wasserbezugsrecht zugunsten eines Dritten bestellt (Leemann, Art. 780 N. 29) und dieses wiederum als Grundstück ins Grundbuch aufgenommen werden (ebenso Haab, Art. 655 N. 6; Liver, Art. 730 N. 3; Nussbaum, ZBGR 1 193 f; a. M. Homberger, Art. 943 N. 9,

dessen Hinweise auf das geringe praktische Bedürfnis und die Komplizierung der Grundbuchverhältnisse zwar zutreffend sind, aber die klare gesetzliche Regelung nicht aus der Welt schaffen können).

17 Die Errichtung einer solchen Dienstbarkeit unterliegt übrigens den gewöhnlichen Regeln (vgl. ZGB 731 und 732). Danach bedarf der Dienstbarkeitsvertrag zu seiner Gültigkeit auch hier lediglich der schriftlichen Form; öffentliche Beurkundung ist nicht erforderlich (BGE *39* II 698; GBV 19; Leemann, SJZ *10* 172; Ostertag, Art. 943 N. 8 und 965 N. 26; Haab, Art. 657 N. 6. Anders Wieland, Art. 779 N. 6b und mit eingehender Begründung Liver, ZBGR *26* 121 ff. Trotz der überzeugenden Argumente zugunsten der strengeren Form darf aus Gründen der Rechtssicherheit heute nicht ohne Gesetzesänderung von der einfachen Schriftform zum Beurkundungszwang übergegangen werden). Auch für die Eröffnung des besonderen Grundbuchblattes (hinten N. 27) ist nicht etwa eine spezielle Begründungsform einzuhalten (wie in ZBGR *5* 95 ff zu Unrecht angenommen wurde).

18 Einer andern Behandlung unterliegen die Korporationsteilrechte (hinten N. 49). Sie werden von der herrschenden Ansicht nicht als dingliche Rechte aufgefasst, sondern einerseits als Nutzungsrechtseinheiten, andererseits aber auch als Inbegriff der Mitgliedschaftsrechte vermögensrechtlicher und nichtvermögensrechtlicher Art (vgl. Liver, Einleitung, S. 47f N. 122f). Über die Art der Aufnahme solcher Rechte ins Grundbuch oder in ein besonderes Register können die Kantone nach ZGB 949 II und im Rahmen des übrigen Bundesrechts spezielle Vorschriften aufstellen (dazu Homberger, Art. 943 N. 22 ff, Art. 949 N. 4; Haab, Art. 655 N. 23).

19 Weist das Recht öffentlichrechtlichen Charakter auf (ist es beispielsweise eine Wasserrechtsverleihung oder ein anderes konzediertes Recht; vgl. Art. 664 N. 189 ff), so kann es ohne weiteres, d. h. ohne Begründung einer Dienstbarkeit, in das Grundbuch aufgenommen werden (vgl. SJZ *11* 278 Nr. 71).

b) Selbständigkeit des Rechts

20 Das Recht muss selbständig (für sich übertragbar) sein, d. h. weder zugunsten eines herrschenden Grundstücks noch ausschliesslich zugunsten einer bestimmten Person errichtet sein (GBV 7 II Ziff. 1). Rechte, die von Gesetzes wegen (z. B. Nutzniessung oder Wohnrecht; ZGB 758 und 776) oder kraft Rechtsgeschäftes unübertragbar sind, können nicht als Grundstücke behandelt werden. Wohl aber solche, bei denen die Abtretbarkeit auf einen bestimmten Kreis von Personen beschränkt wird, und solche, die als unverpfändbar bezeichnet werden. Grunddienstbarkeiten sind notwendigerweise (vgl. Liver, Art. 730 N. 34 ff mit zutreffender Kritik an ZBGR *19* 42 ff und *25* 96 ff), irreguläre Personaldienstbarkeiten im Zweifel unübertragbar. Die

hier erforderliche Verselbständigung erlangen Grunddienstbarkeiten daher nur, wenn sie in eine inhaltlich gleiche Personaldienstbarkeit gemäss ZGB 781 umgewandelt werden (was nur unter Zustimmung der am herrschenden Grundstück dinglich Berechtigten geschehen kann; LEEMANN, Art. 730 N. 13; LIVER, Art. 730 N. 38 und 39) und ihre Übertragbarkeit festgelegt wird (ZBJV *52* 258 ff).

Ob das Recht den am belasteten Grundstück bestehenden beschränkten dinglichen Rechten im Range vor- oder nachgeht, ist für den Begriff der Selbständigkeit unerheblich; die Selbständigkeit hat mit der Rangordnung nichts zu tun (BGE *39* II 696; LEEMANN, Art. 779 N. 30 und 34). 21

c) Dauer

Das Recht muss dauernd, d.h. auf wenigstens dreissig Jahre oder auf unbestimmte Zeit begründet sein (GBV 7 II Ziff. 2; betreffend Wasserrechtsverleihungen s. WRG 58 I und 59). Das Erfordernis der Dauer ist nicht erfüllt, 22

- wenn das Recht nur prekaristisch, d.h. mit freiem Widerrufsrecht zugunsten des belasteten Grundeigentümers eingeräumt ist (SJZ *13* 367; *14* 10; BlZR *17* Nr. 106; ZBGR *2* 66 f; *6* 4 ff; MBVR *15* Nr. 48; *15* Nr. 96); 23
- wenn der Bestand des Rechts von einer Resolutivbedingung abhängig gemacht wird (ZBGR *1* 3; *2* 109 ff; *3* 156 ff; *4* 25; *6* 47 f; *9* 140; *10* 149 ff; MBVR *32* 476; dazu HAAB, Art. 655 N. 8 am Ende; vgl. demgegenüber PFISTER, ZSR *52* 369 f; LIVER, Art. 730 N. 80). 24

Betreffend Errichtung eines Baurechtes gegen jährliche Rente: BGE *52* II 27 ff. 25

Die Minimaldauer von dreissig Jahren bemisst sich nicht vom Zeitpunkt der Blatteröffnung (nachstehend N. 27 ff) an (vgl. HAAB, Art. 655 N. 9). 26

d) Eröffnung eines selbständigen Hauptbuchblattes

α) Die Aufnahme des Rechts ins Grundbuch erfolgt nicht von Amtes wegen, sondern nur auf Begehren des zur Zeit aus der Dienstbarkeit Berechtigten (GBV 7 I; für die Wasserrechtsverleihungen kann das kantonale Recht die Aufnahme von Amtes wegen vorschreiben). Ein solches Begehren kann jederzeit angebracht werden, sei es im Zusammenhang mit einer Verfügung über das Recht, sei es ohne eine solche (unzutreffend ZBGR *4* 178 f; wie hier SJZ *50* 196 Nr. 102; HAAB, Art. 655 N. 9 und HOMBERGER, Art. 943 N. 12). Es bedarf der schriftlichen Form. Es gilt in der Praxis als im Begehren um Eintragung einer Verfügung über das Recht mitenthalten (GUHL 91 f). 27

Steht das Recht mehreren anteilmässig (nicht zu gesamter Hand) zu, so kann jeder selbständig, unabhängig vom Willen der Mitberechtigten, Auf- 28 nahme seines Anteils als Grundstück verlangen (vgl. Vorbemerkungen zu den Art. 646ff N. 11). Die übrigen Anteilrechte sind, wenn später ebenfalls ihre Aufnahme verlangt wird, auf das gleiche Blatt aufzunehmen (vgl. Art. 646 N. 22).

29 *β)* Ob die Voraussetzungen der Blatteröffnung vorliegen, untersucht der Grundbuchverwalter von Amtes wegen. Im Streitfalle entscheidet die Aufsichtsbehörde, nicht der Zivilrichter über die Zulässigkeit der Aufnahme (BGE *39* II 698; HOMBERGER, Art. 943 N. 14).

30 *γ)* Nicht erforderlich ist die Zustimmung des belasteten Grundeigentümers zur Aufnahme des Rechts als Grundstück, da dadurch ja keine Mehrbelastung entsteht (SJZ *50* 196 Nr. 102; ZBGR *6* 229). Ebensowenig die Zustimmung der Inhaber vorgehender beschränkter dinglicher Rechte (BGE *39* II 696); indessen ist diese für die Rangordnung ausschlaggebend und spielt daher für den Fall einer späteren Verwertung des belasteten Grundstückes eine Rolle (vgl. ZGB 812 II; SchKG 141; GUHL 92).

31 *δ)* Das Bundesgericht hat die liegenschaftsgleiche Behandlung von selbständigen und dauernden Rechten von der Einführung des eidgenössischen Grundbuches abhängig machen wollen (BlZR *18* Nr. 42). Zu Unrecht. Es handelt sich hier um eine Frage des materiellen Rechts (SchlT 47). Die herrschende Ansicht steht zutreffend auf dem Standpunkte der Zulässigkeit der Aufnahme solcher Rechte auch dort, wo das eidgenössische Grundbuch noch nicht eingeführt wurde: LEEMANN, SJZ *16* 377f; LIVER, Art. 730 N. 17; HAAB, Art. 655 N. 10; HOMBERGER, Art. 943 N. 16.

32 *ε)* Ein Verzicht auf die Blatteröffnung im Dienstbarkeitsvertrag – wenn die Voraussetzungen dafür sonst gegeben wären – ist zulässig (HOMBERGER, Art. 943 N. 13 a. E.).

33 *ζ)* Über die hier nicht zu behandelnden spezifisch grundbuchtechnischen Fragen: NUSSBAUM, ZBGR *1* 192ff; LEEMANN, SJZ *16* 378; OSTERTAG, Art. 943 N. 10ff; HOMBERGER, Art. 943 N. 14 und 15.

2. Wirkungen

34 Über das Grundlegende vorn N. 5.

a) Erwerb und Verlust

35 des verselbständigten Rechts richten sich nach den für Immobilien geltenden Rechtssätzen. Das gilt für den Erwerbsgrund (z. B. öffentliche Beurkundung des obligatorischen Veräusserungsgeschäftes, Anwendung der Vorschriften über den Grundstückkauf) wie für den Erwerbsakt (Eintragung im Grund-

buch; namentlich auch für die Wirkungen des Grundbucheintrages: ZGB 937 betreffend die Vermutung aus dem Eintrag und ZGB 661 betreffend die Tabularersitzung). Der Schutz des gutgläubigen Erwerbs vom Nichtberechtigten ist dagegen keine Folge der Eröffnung eines selbständigen Hauptbuchblattes (HOMBERGER, Art. 943 N. 19). Das zeigt sich gerade auch darin, dass bei Diskrepanz zwischen den Einträgen auf dem Grundbuchblatt des belasteten Grundstückes und denjenigen auf dem selbständigen Blatt jene vorgehen, der gute Glaube auf diese insoweit also ungeschützt bleibt (LEEMANN, Art. 779 N. 89; HOMBERGER, Art. 943 N. 17). – Betr. Verzicht vgl. Art. 666 N. 18.

b) Belastungen

des auf eigenem Blatt im Grundbuch aufgenommenen Rechts erfolgen in 36
Art und Ausmass wie solche einer Liegenschaft. Grundsätzlich können deshalb begründet werden (wobei es von der konkreten Ausgestaltung des in Frage stehenden selbständigen und dauernden Rechts abhängt, ob von dieser prinzipiellen Zulässigkeit im Einzelfall Gebrauch gemacht werden kann):

- *Pfandrechte* in der Form von Grundpfandverschreibung, Schuldbrief und 37
  (im Falle eines Baurechts) Gült; neben den rechtsgeschäftlichen auch die mittelbar gesetzlichen (wobei das Bauhandwerkerpfandrecht das Vorliegen eines entsprechenden Werkes voraussetzt). Vor der Blatteröffnung ist eine Verpfändung des selbständigen und dauernden Rechts nur gemäss ZGB 899ff möglich (ZBGR *11* 254; ZSGV *31* 311).
- *Dienstbarkeiten*, sei es in der Form der Grunddienstbarkeit, sei es der Per- 38
  sonalservitut, sei es des selbständigen und dauernden Rechts. Zur letzterwähnten Möglichkeit vorn N. 16. Was die Bestellung von Grunddienstbarkeiten und namentlich die Zulässigkeit subjektiv-dinglicher Verknüpfung anbelangt: GUHL 95; HAAB, Art. 655 N. 15.
- *Grundlasten* (vgl. BGE *52* II 33ff: Belastung eines Baurechts mit einer 39
  Grundlast).
- *Vormerkungen* (ZGB 681, 683, 959ff). 40

c) Prozess- und Vollstreckungsrecht

Rechte an selbständigen und dauernden Rechten unterstehen nach der 41
Blatteröffnung dem Gerichtsstand der gelegenen Sache. In der Zwangsvollstreckung werden die verselbständigten Rechte – ohne Rücksicht auf den Wortlaut der einschlägigen Bestimmungen des SchKG und der Verordnungen, wo oft nur von Liegenschaften und nicht von Grundstücken die

Rede ist – nach den Regeln über die Immobiliarexekution behandelt (zutreffend die Umschreibung des sachlichen Geltungsbereiches in VZG 1 I).

d) Abgaberecht

42 Das öffentliche Recht *kann* die Fiktion des Zivilrechts übernehmen (vgl. z.B. Art. 31 des Wehrsteuerbeschlusses; Art. 53 II des bernischen Steuergesetzes vom 29. Oktober 1944, 13. Mai 1956; SJZ *27* 366f Nr. 73), muss es aber nicht tun (Haab, Art. 655 N. 17; fragwürdig BGE *85* I 276ff wegen Fehlens der gesetzlichen Grundlage).

3. Selbständige und dauernde Rechte des Bundesrechts

Der liegenschaftsgleichen Behandlung sind zugänglich:

a) Das Baurecht,

43 das ist das Recht, auf oder unter einem fremden Grundstück ein Bauwerk zu errichten oder beizubehalten (ZGB 675 und 779). Ausgeschlossen ist jedoch das Überbaurecht (Art. 674) sowie das Baurecht an einzelnen Stockwerken eines Gebäudes (ZGB 675 II).

b) Das Quellenrecht,

44 das ist das Recht der Aneignung und Ableitung des Wassers einer auf fremdem Grundstück entspringenden Quelle (ZGB 704 II, 780).

c) Die Wasserrechtsverleihung,

45 das ist das Recht der Nutzbarmachung der Wasserkraft eines öffentlichen Gewässers (Art. 59 des BG über die Nutzbarmachung der Wasserkräfte vom 22. Dezember 1916 [=WRG], der Art. 56 SchlT ZGB ersetzt hat; vgl. Haab, Art. 655 N. 18–20; Homberger, Art. 943 N. 28–32).

d) Alle andern selbständigen und dauernden Nutzungsrechte

46 Das ZGB bestimmt zwar nur bezüglich des Bau- und Quellenrechts (oben N. 43, 44), dass diese Rechte ins Grundbuch aufgenommen werden können. Indessen hat die ausdrückliche Erwähnung dieser Rechte nur exemplifikative Bedeutung. Das Gesetz will damit keineswegs die Fälle, in denen selbständige und dauernde Rechte ins Grundbuch aufgenommen werden dürfen,

abschliessend festlegen, sondern lediglich die wichtigsten dieser Rechte hervorheben. Für diese Auffassung spricht entscheidend die abstrakte Ausdrucksweise des Gesetzes (vgl. Art. 655 Ziff. 2 und 943 Ziff. 2), die gerade deshalb gewählt wurde, um die Behandlung jedes Nutzungsrechts an Grundstücken, sofern es selbständigen und dauernden Charakter hat, als Grundeigentumsobjekt zu ermöglichen (vgl. ProtExpK 399; HUBER 25). Dafür spricht auch der Wortlaut von GBV 7 I, wo Bau- und Quellenrecht lediglich als Beispiele erwähnt werden. In diesem Sinne denn auch die herrschende Lehre: GUHL 90ff; OSTERTAG, Art. 943 N. 5; HOMBERGER, Art. 943 N. 8; HAAB, Art. 655 N. 5; VOLLENWEIDER 52f (vgl. demgegenüber WIELAND, Art. 781 N. 4; ROSSEL/MENTHA in der 1. Auflage, II 31; ZBGR *4* 38). Als weitere solche Rechte können namentlich die in Art. 781 genannten Personalservituten andern Inhalts in Betracht kommen, so z. B. das Recht auf Gewinnung von Materialien (Steine, Sand, Lehm, Torf, Streue), Weiderechte, Waldnutzungsrechte (siehe LEEMANN, Art. 781 N. 58 und 59), Leitungsrechte (s. zu Art. 676).

e) Personalgrundlasten

Die Möglichkeit der Verselbständigung von Grundlastberechtigungen wird häufig verneint, einerseits unter Hinweis auf den Wortlaut von GBV 7 II Ziff. 1 (wo nur von Dienstbarkeiten die Rede ist), andererseits mit dem teleologischen Argument, die durch Aufnahme als Grundstück geförderte Perpetuierung widerspräche der Tendenz zur Ablösung derartiger Belastungen (vgl. LEEMANN in der Vorauflage Art. 655 N. 13; ferner Art. 783 N. 44; OSTERTAG, Art. 943 N. 7; HOMBERGER, Art. 943 N. 8). Es rechtfertigt sich indessen nicht, aus dem Stillschweigen der GBV auf die Nichtzulassung von Personalgrundlasten zu schliessen; denn die Verordnung hat die weite Fassung des Gesetzes nicht einschränken können. Im übrigen wird durch ein Zulassen der Verliegenschaftung von Grundlasten die Ablösungstendenz des Gesetzes kaum ernstlich gefährdet, wohl aber können so im (praktisch ja ohnehin höchst selten vorkommenden) Einzelfall berechtigte wirtschaftliche Interessen befriedigt werden. Ihnen ohne klare gegenteilige gesetzliche Stellungnahme den Schutz zu versagen, ist nicht angebracht (gl. M. HAAB, Art. 655 N. 5, 6 und 8). 47

4. Selbständige und dauernde Rechte des kantonalen Rechts

Nach kantonalem Recht sind der Verliegenschaftung fähig (wobei diese 48
durch Eintragung entweder im Grundbuch oder in einem speziellen Register

bewerkstelligt werden kann: vorn N. 18; HOMBERGER, Art. 943 N. 23ff; HAAB, Art. 655 N. 25):

a) Korporationsanteilsrechte,

49 d.h. die den Mitgliedern einer Körperschaft im Sinne von ZGB 59 III an deren Grundstücken zustehenden Nutzungsrechte, insbesondere Holzgerechtigkeiten, Alprechte, Kuhrechte, Seyrechte und dergleichen. Vgl. darüber BGE *83* II 353ff und dazu LIVER in ZBJV *95* 3f; LEEMANN, Art. 796 N. 22ff; HAAB, Art. 655 N. 22f; LIVER, Einleitung S. 47f N. 122f; HOMBERGER, Art. 943 N. 22 ff; an diesen Orten die Hinweise auf die Rechtsquellen, auf Präjudizien und auf die einschlägigen Monographien. S. ferner vorn N. 18 und Vorbemerkungen zu Art. 646ff N. 6.

b) Ehehafte Wasser-, Tavernen- und Fischereirechte

50 Ehehafte Rechte sind private Rechte, die nach geltender Rechtsordnung nicht mehr begründet werden können, unter dem früheren Recht aber rechtskräftig errichtet worden sind und deshalb als wohlerworbene Rechte weiterbestehen (vgl. LIVER, Festschrift Gieseke 225f). Auch diesen dauernden Rechten wird eine liegenschaftsgleiche Behandlung nur zuteil, soweit sie sich als selbständige Rechte erweisen. Die Selbständigkeit fehlt, wenn die Rechte dem jeweiligen Eigentümer einer bestimmten Liegenschaft zustehen.

51 Daher ist es unrichtig, wenn die aargauische Justizdirektion ehehafte Wasserrechte subjektivdinglicher Natur (= Bewässerungsrechte und Wasserkraftwerke für Radwerke wie z. B. Mühlen) als Grundstücke in das Grundbuch aufnehmen lässt (vgl. ZBGR *25* 96ff; *25* 113f; darüber, dass bei den Wasserrechten eine Verselbständigung nur ausnahmsweise vorliegt, LIVER, Festschrift Gieseke 245f und ZSR *71* 323ff; zutreffend St. Gallen in ZBGR *40* 180f; das Vorliegen eines selbständigen und dauernden Wassernutzungsrechts ist bejaht worden in PKG *1956* 51f).

52 Deswegen können auch die meisten ehehaften Tavernenrechte (= Realwirts- oder Realpintenrechte; das sind Rechte, die dem jeweiligen Eigentümer eines Gebäudes die Befugnis geben, ohne Einholung einer Polizeierlaubnis und ohne Entrichtung von Gebühren zu wirten) nur nach GBV 39 im Grundbuch angemerkt, aber nicht auf einem selbständigen Blatt als Grundstücke aufgenommen werden (vgl. SJZ *11* 316 Nr. 257; *47* 349 Nr. 123; ZBGR *8* 61; VAR *14* 149; KORNER O., Die luzernischen Realwirtsrechte [1915] 114ff). Vgl. aber demgegenüber die Verhältnisse nach zürcherischem Recht: BILLETER GUSTAV, Die ehehaften Tavernenrechte im Kanton Zürich (Diss Zürich 1928) 103ff. Über die Realwirtsrechte im allgemeinen s. auch LIVER, Einleitung S. 49f N. 127 und 128.

Die ehehaften Fischereirechte (= Fischenzen oder Fischezen; das sind zeitlich und inhaltlich unumschränkte, aber örtlich begrenzte Rechte an dem in einem Gewässer vorhandenen Fischbestand) sind in der Regel verselbständigt (SJZ *50* 195 Nr. 102). Über die von Kanton zu Kanton und zum Teil innerhalb der Kantone voneinander abweichenden Rechtsverhältnisse vgl. folgende Aufsätze und Monographien: 53

GAUGLER HANS VIKTOR, Die privaten Fischereigerechtigkeiten am Oberrhein zwischen Basel und dem Untersee (Diss Basel 1926; in Maschinenschrift);

GMÜR RUDOLF, Die Abgrenzung des Fischereiregals von den privaten Fischenzen im Kanton Bern (ASR n. F. Heft 263, Bern 1949);

ITEN ALPHONSE, Die ehemaligen Fischereirechte der Stadt Zug im Zuger See (Diss Freiburg 1920);

LEUTHARD PAUL, Die Fischereirechte im Freiamt und in Mellingen (Diss Zürich 1928);

MEYER VON SCHAUENSEE P., Über die rechtliche Natur der am Vierwaldstättersee bestehenden Fischenzen, SJZ *9* 204ff;

PETER HANS, Die Fischereiberechtigung nach schweizerischem Recht (Diss Zürich 1907);

STOFFEL FELIX, Die Fischereiverhältnisse des Bodensees (ASR n. F. Heft 13, Bern 1906);

WINIKER VINZENZ, Die Fischereirechte am Vierwaldstättersee (ASR n. F. Heft 24, Bern 1908);

ZUMBACH ERNST, Die Fischereirechte des Aegerisees (Diss Freiburg 1922).

IV. DIE BERGWERKE (ZIFF. 3)

1. Begriff

Bergwerk im Sinne von Art. 655 Ziff. 3 ZGB (und von Art. 943 Ziff. 3) ist das Recht zur bergbautechnischen Ausbeutung von im Erdinnern befindlichen Rohstoffen (metallischen Erzen, fossilen Brenn- und Leuchtstoffen, Salzen, Solen, Mineralwassern usw.). Dabei wird in bezug auf den Gegenstand des Bergbaues die Grenze danach gezogen werden müssen, ob der Betrieb auf bergmännisch-technische Weise geführt wird. Wo die Gewinnung der Stoffe ohne bergbauliche Vorkehrungen (Bohrlöcher usw.) erfolgt, da kann von Bergbau und Bergwerk nicht gesprochen werden. Die Abgrenzung wird nötigenfalls Sache der technischen Expertise sein (vgl. E 940/41; Erl II 368). Torfstiche, Steinbrüche, Lehm- und Sandgruben 54 fallen danach jedenfalls nicht unter den Begriff des Bergbaus. Doch kann auch in diesem Falle ein Grundstück für den Berechtigten gebildet werden durch Begründung einer übertragbaren Personalservitut nach ZGB 781 und Aufnahme dieses (selbständigen und dauernden) Rechts ins Grundbuch nach Ziffer 2 von Art. 655 (vorn N. 15 ff).

55 Neben oder statt der Bergbauberechtigung (Konzession) wird ab und zu (vgl. LEEMANN in der Vorauflage Art. 655 N. 25; OSTERTAG, Art. 943 N. 20 und HAAB, Art. 655 N. 26) unter Bergwerk i. S. des ZGB auch die Minerallagerstätte selbst verstanden, die bergbautechnisch ausgebeutet wird. Die hiefür vorgebrachten Gründe sind aber – wie schon verschiedentlich dargetan wurde – nicht überzeugend; nachdem die in den Entwürfen vorgesehene ausführliche Regelung des Bergrechts nicht zustande kam (nachstehend N. 56), müssen namentlich die Gesetzesmaterialien mit kritischer Zurückhaltung verwertet werden. Vgl. COUCHEPIN 84 ff; HESS, ZSGV *26* 516; SCHMID, SJZ *17* 63; HOMBERGER, Art. 943 N. 36; HAGENBÜCHLE, ZSR *76* 573 ff.

2. Bundesrecht und kantonales Recht

56 Mit Ausnahme des in den Art. 655 und 943 je Ziff. 3 ausgesprochenen Grundsatzes, wodurch die Bergwerke den Bestimmungen über das Grundeigentum unterstellt werden (und des Art. 771 über die Nutzniessung an Bergwerken) ist durch das ZGB ein eidgenössisches Bergrecht nicht gebildet worden (vgl. dagegen noch VE 944–960 und E 940–956). Die Ordnung des Bergrechts blieb sowohl in öffentlichrechtlicher wie in privatrechtlicher Hinsicht wie bis anhin Sache des kantonalen Rechts. Nach diesem entscheidet sich die Frage, ob das Verfügungsrecht über die Objekte des Bergbaus dem Staate zusteht (Bergregal) oder ob sie (wie beispielsweise in den Kantonen Graubünden, Wallis und Genf) Bestandteil des Grundeigentums oder herrenlos seien (vgl. HUBER, SPR III 643 ff; Erl II 366 ff). Ferner bestimmt das kantonale Recht den Inhalt der Bergbauberechtigung, und es entscheidet über die Zulässigkeit von Verfügungen darüber. Nur «insoweit die Bergwerke tatsächlich zum Rechtsverkehr zugelassen sind, richtet sich dieser nach dem vom Bundesrecht für die Veräusserung und Belastung von Grundstücken aufgestellten Normen» (BGE *63* II 297; vgl. auch BGE *44* I 167 ff). In dieser Unterwerfung der Bergwerke unter die bundesrechtlichen Vorschriften über den Grundstückverkehr erblickt das Bundesgericht den Sinn der Anordnung von ZGB 655 Ziff. 3 und 943 Ziff. 3.

57 Weil danach jede Verfügung über eine Bergbauberechtigung von Bundesrechts wegen nur nach Immobiliarrecht erfolgen dürfte, *müsste* sie im Grundbuch aufgenommen werden, sobald sie übertragen oder verpfändet werden

wollte (Couchepin 80f; Haab, Art. 655 N. 27; Homberger, Art. 943 N. 38). Die ratio der vom Gesetzgeber geschaffenen Möglichkeit der Verliegenschaftung von Bergbaukonzessionen (darin bestehend, ihre Negotiabilität zu fördern und die Beschaffung von Hypothekarkredit zu erleichtern) verlangt indessen den damit von der herrschenden Ansicht postulierten Buchungszwang nicht. Es genügt auch hier die in GBV 7ff für selbständige und dauernde Rechte und für Wasserrechtsverleihungen vom eidgenössischen Recht festgelegte Eintragungsfähigkeit von Berechtigungen, die auf mindestens dreissig Jahre oder auf unbestimmte Zeit begründet werden. Eine Eintragungspflicht kann dagegen vom kantonalen Recht statuiert werden. Danach werden – unter Vorbehalt des kantonalen Bergrechts – in mobiliarrechtlicher Form übertragen und belastet:

- die nicht buchungsfähigen Bergberechtigungen von unter dreissig Jahren Dauer und
- die zwar buchungsfähigen, aber tatsächlich nicht eingetragenen Bergkonzessionen (ebenso Hagenbüchle, ZSR *76* 59a ff).

V. ÜBERGANGSRECHT

Hervorzuheben ist, dass die Behandlung der selbständigen und dauernden Rechte als Grundstücke die Existenz des Grundbuches im Sinne des ZGB nicht voraussetzt; vielmehr genügen auch hiefür die nach Art. 48 SchlT von den Kantonen bezeichneten Publizitätsformen (vgl. vorn N. 31). 58

VI. INTERNATIONALES PRIVATRECHT

Die Frage, ob man es mit einem Grundstück zu tun habe, beurteilt sich nicht nach der lex fori, sondern nach der lex rei sitae (Syst. Teil S. 129f N. 279; s. auch ABGB § 300). 59

Art. 656

B. Erwerb
I. Eintragung

Zum Erwerbe des Grundeigentums bedarf es der Eintragung in das Grundbuch.

Bei Aneignung, Erbgang, Enteignung, Zwangsvollstreckung oder richterlichem Urteil erlangt indessen der Erwerber schon vor der Eintragung das Eigentum, kann aber im Grundbuch erst dann über das Grundstück verfügen, wenn die Eintragung erfolgt ist.

B. Acquisition de la propriété foncière

I. Inscription

L'inscription au registre foncier est nécessaire pour l'acquisition de la propriété foncière.

Celui qui acquiert un immeuble par occupation, succession, expropriation, exécution forcée ou jugement en devient toutefois propriétaire avant l'inscription, mais il n'en peut disposer dans le registre foncier qu'après que cette formalité a été remplie.

B. Acquisto della proprietà fondiaria

I. Iscrizione

Per l'acquisto della proprietà fondiaria occorre l'iscrizione nel registro fondiario.

Nei casi di occupazione, successione, espropriazione, esecuzione forzata o sentenza, l'acquirente diventa proprietario già prima dell'iscrizione, ma può disporre del fondo nel registro fondiario solo dopo che l'iscrizione fu eseguita.

Materialien: VE 659; E 650; Erl II 79ff.

Literatur

AMMANN FRITZ, Treuhand und Grundbuch (Diss Zürich 1946); ANDERMATT ALFRED, Die grundbuchliche Anmeldung nach schweizerischem Recht (Diss Fribourg 1938); derselbe, Die Aktiengesellschaft im Verkehr mit dem Grundbuch (Zürich 1940); AUER JOACHIM, Die Prüfungspflicht des Grundbuchverwalters (ASR n.F. Heft 75, Bern 1932); FLACHSMANN WALTER, Die Auswirkung von Vorgängen bei der Gesellschaft auf die Vermögensverschiebung und deren grundbuchliche Behandlung (Diss Zürich 1929); GLOOR ALBERT, Der aussergrundbuchliche Eigentumserwerb nach schweizerischem Recht (Diss Zürich 1929); GONVERS-SALLAZ, Le registre foncier suisse (Lausanne 1938); GRUNAUER F., Übersicht über die Form der Ausweise für Grundbucheintragungen unter Berücksichtigung der Basler Grundbuchpraxis (Basel 1959); GUHL THEO, Persönliche Rechte mit verstärkter Wirkung, Berner Festgabe für das Bundesgericht (Bern 1924) 93ff; HOMBERGER/MARTI, Grundeigentum II (Erwerb), SJK 318 (Genf 1942); JENNY FRANZ, Der öffentliche Glaube des Grundbuches (ASR n. F. Heft 17, Bern 1926); derselbe, Das Legalitätsprinzip im schweizerischen Grundbuchrecht, ZBGR *11* 185ff und 233ff; LEEMANN/HUBER, Grundbuch- und Vermessungsrecht (Zürich 1959); LIVER PETER, Über die Formen der Begründung und Übertragung von dinglichen Rechten an Grundstücken, ZBGR *26* 65ff; LUCK WOLFGANG, Das Verfahren vor dem Grundbuchamt (Diss Basel 1942; in Maschinenschrift); MERZ HANS, Die Übertragung des Grundeigentumsg estützt auf gesetzliche Erbfolge, Testament, Erbvertrag oder Auflösung des Güterstandes infolge Todes eines Ehegatten, ZBGR *36* 121ff; NUSSBAUM HEINRICH, Der Nachweis des materiellen Verfügungsrechts nach Art. 965 ZGB, insbesondere im Güterrecht und bei den Handelsgesellschaften (Diss Zürich 1950); PETERMANN PIERRE Gläubiger und Grundbuch, ZBGR *32* 65ff; SCHATZMANN ALBERT HANS, Eintragungsfähigkeit der dinglichen Rechte und Prüfungspflicht des Grundbuchverwalters (ASR n. F. Heft 148, Bern 1939); SCHÖNBERG S., Die Grundbuchpraxis (Aarau 1924); VON TUHR ANDREAS, Die Eigentumsübertragung nach schweizerischem Recht, ZSR *40* 40ff; WEISS GOTTFRIED, Die Eintragungswirkungen des Güterrechtsregisters und ihre Beziehungen zum Grundbuchrecht (Diss Zürich 1915).

Vgl. namentlich auch die Kommentare zu ZGB 963 und 965.

Rechtsvergleichung

Vgl. die Ausführungen auf S. 3 ff N. 11 ff in der Inhaltsübersicht zum 19. Titel. Dazu für das deutsche Recht die Kommentare zu den §§ 873ff, 925, 925a, 928, 1942 BGB und WESTERMANN §§ 4 und 74ff; WOLFF/RAISER § 38; EICHLER II/2 334ff; für das österreichische Recht Kommentar KLANG zu den §§ 287, 423–425, 431ff ABGB und EHRENZWEIG §§ 217ff. S. auch Kommentar HOMBERGER, S. 144 mit weiteren Hinweisen und MENGIARDI P., Der Ausschluss der Verjährung im Sachenrecht (Diss Bern 1953) 140ff.

Über die Schwierigkeiten, die im türkischen Recht die Veräusserung der im Grundbuch noch nicht aufgenommenen Grundstücke mit sich bringt: VELIDEDEOGLU H. V., Le problème de l'acquisition et de l'enregistrement des fonds de terre non inscrits au registre foncier, Annales de la Faculté de Droit d'Istanbul 1955 235ff; einige Bemerkungen auch bei HIRSCH, SJZ *50* 343f.

Übersicht

B. Eigentumserwerb ohne Eintragung

(Geltungsbereich des relativen Eintragungsprinzips)

I. ALLGEMEINES

1. Inhalt von Art. 656

Art. 656 statuiert das Eintragungsprinzip: Der Eigentumserwerb an Grundstücken bedarf der Eintragung im Grundbuch (über das Eintragungsprinzip als Ausfluss des allgemeinen, das ganze Sachenrecht beherrschenden Publizitätsgedankens s. Systematischer Teil S. 17f N. 22ff und S. 21 N. 33). Von dem in Abs. I aufgestellten absoluten Eintragungszwang werden in Abs. II bedeutsame Ausnahmen festgelegt. Daraus ergibt sich, dass das absolute Eintragungsprinzip des Abs. I beschränkt bleibt auf die auf Rechtsgeschäft beruhende Eigentumsübertragung; nur hier begründet in der Regel erst die Grundbucheintragung das dingliche Recht, nur hier hat der Eintrag konstitutive Wirkung (N. 7ff). 1

Für den auf anderem Rechtsgrund basierenden Eigentumserwerb begnügt sich das Gesetz mit dem relativen Eintragungsprinzip: Der Erwerb des Eigentums vollzieht sich unabhängig vom Grundbuch. Ein Zwang zur Eintragung besteht nur insofern, als der Erwerber erst nach erfolgter Eintragung im Grundbuch über das Grundstück verfügen kann, währenddem vor diesem Zeitpunkt der materiell nicht mehr Berechtigte, aber im Grundbuch noch Eingetragene in den meisten Fällen gutgläubigen Dritten gegenüber gültige Verfügungen treffen kann (N. 66ff). 2

Entgegen der in BGE *76* I 183 (zu dem entsprechenden Art. 665 II) geäusserten Ansicht hat die Aufzählung von Anwendungsfällen in Abs. II nicht limitativen Charakter. Jeder auf anderer als rechtsgeschäftlicher Grundlage sich vollziehende Eigentumserwerb untersteht dem relativen Eintragungsprinzip. 3

2. Die entsprechende Regelung des Erwerbs beschränkter dinglicher Rechte

Die rechtsgeschäftlich begründete Entstehung beschränkter dinglicher Rechte an Grundstücken vollzieht sich wie der rechtsgeschäftliche Erwerb von Grundeigentum durch Eintragung im Grundbuch. Dem Abschluss des obligatorischen Rechtsgrundgeschäftes (Art. 657 N. 7) hat die konstitutiv wirkende Eintragung im Grundbuch zu folgen. Das absolute Eintragungsprinzip wird ausdrücklich angeordnet für die Errichtung der Grunddienstbarkeiten (ZGB 731 I), der Grundlasten (ZGB 783 I) und der Grundpfandrechte (799 I). 4

5 Für die Fälle nichtrechtsgeschäftlichen Erwerbs gilt auch bei den beschränkten dinglichen Rechten das relative Eintragungsprinzip: Der ausserbuchlich vollzogenen Entstehung des Rechts folgt die Grundbucheintragung mit bloss deklaratorischer Bedeutung. Entsprechende Verweisungen auf Art. 656 II enthält das Recht der Dienstbarkeiten (ZGB 731 II, 746 II, 776 III, 781 III; BGE *84* II 8f) und der Grundlasten (ZGB 783 III). Aber auch für das Grundpfandrecht ist die analoge Anwendung zu bejahen, obwohl eine ausdrückliche gesetzliche Anordnung fehlt (so zutreffend BGE *78* I 447 im Zusammenhang mit Art. 665 I).

3. Bedeutung für das Abgaberecht

6a Die rechtsgeschäftliche Eigentumsübertragung wird von den meisten Kantonen mit Abgaben belegt, sei es mit einer Gebühr, einer Steuer oder einer Gemengsteuer, sei es mit mehreren Abgaben zugleich (z. B. Kanzleigebühr, Handänderungsabgabe im Sinne einer Gemengsteuer und Grundstückgewinnsteuer). Durch ZGB 954, der nur von Gebühren spricht, ist die kantonale Steuerhoheit in keiner Weise beeinträchtigt worden. Soweit die Erhebung der kantonalen Abgaben ausdrücklich an die zivilrechtlichen Vorgänge anknüpft, ist ein abgabepflichtiger Tatbestand rechtsgeschäftlicher Eigentumsübertragung nur anzunehmen, wenn er dem nachfolgend N. 7ff umschriebenen Bereich des absoluten Eintragungsprinzipes zugeordnet werden kann. Wo es an eindeutigen anderslautenden Anordnungen des kantonalen Gesetzgebers fehlt, ist es angesichts des Grundsatzes der Gesetzmässigkeit der Verwaltung (BGE *80* I 327; *82* I 27f; *84* I 93) den rechtsanwendenden Behörden nicht erlaubt, den Begriff der rechtsgeschäftlichen Eigentumsübertragung extensiv zu interpretieren. Die vom Bundesgericht vertretene Ansicht, «es sei vom Standpunkt des Art. 4 BV nicht zu beanstanden, die Handänderungssteuer ausser bei der zivilrechtlichen Handänderung auch bei der Übertragung der Aktien einer Gesellschaft, deren einziges Aktivum eine Liegenschaft bildet, zu erheben, *und zwar auch ohne dass eine ausdrückliche Vorschrift ein solches Abweichen vom zivilrechtlichen Begriff der Handänderung gestattet*» (ZBGR *35* 276 unter Hinweis auf unpublizierte Urteile; vgl. auch BGE *84* I 137; *85* I 280) ist in dieser allgemeinen Formulierung anfechtbar. Eine Besteuerung darf hier nur im Falle einer Gesetzesumgehung eintreten (vgl. allgemein zum Problem der Steuerumgehung: Wackernagel Jacob, Die Steuerumgehung und ihre Verhütung, Basel 1949; Giacometti, Verwaltungsrecht 223 N. 104; zutreffend auch die in anderem Zusammenhang formulierte Umschreibung in BGE *83* I 343 E 1 a. E.; über die Grenzen der sogenannten wirtschaftlichen Betrachtungsweise s. auch Studer Walter in ASA *29* 35ff).

Den kantonalen Gesetzgebern steht es allerdings frei, andere Abgrenzungskriterien zu treffen und eine Abgabepflicht zu statuieren, auch wo unter privatrechtlichem Gesichtspunkt das Vorliegen eines Eigentumserwerbs durch rechtsgeschäftliche Übertragung verneint werden muss. Wie allgemein im Abgaberecht verstösst es auch hier nicht gegen BV 4, wenn der kantonale Gesetzgeber nicht auf die äussere zivilrechtliche Form, sondern auf den wirtschaftlichen Charakter einer Erscheinung abstellt. So ist es zulässig, den Handänderungen solche Rechtsgeschäfte gleichzustellen, bei denen zwar der im Grundbuch eingetragene Eigentümer nicht wechselt, also keine zivilrechtliche Eigentumsübertragung stattfindet, die aber bezüglich der Verfügungsgewalt über Grundstücke tatsächlich und wirtschaftlich wie Handänderungen an solchen wirken (so etwa im Kt. Zürich: § 161 II lit. *a* des Steuergesetzes). Bei solcher gesetzlicher Grundlage können beispielsweise Handänderungssteuern auch bei Kaufverträgen mit Substitutionsklauseln erhoben werden, wenn dadurch dem Käufer die Möglichkeit geboten ist, Dritten das Grundstück anzubieten und den Zwischengewinn für sich zu behalten (BlZR *42* Nr. 120; *47* Nr. 25 und 26; *52* Nr. 185; *58* Nr. 41). Die Gefahr, dass willkürliche Besteuerungen auf derartige Sondernormen abgestützt werden, ist allerdings nicht zu unterschätzen (vgl. BlZR *59* Nr. 24 mit zutreffender Stellungnahme einer Minderheit der Oberrekurskommission). 6b

Kann der Abgabepflichtige sich auch zu seinen Gunsten auf eine wirtschaftliche Betrachtungsweise berufen? In dieser Beziehung halten ab und zu selbst Behörden, die pro fisco unbedenklich eine von zivilrechtlichen Schranken freie Auffassung vertreten, am formellen Standpunkte fest und betonen, die Handänderungssteuer sei eine Abgabe auf dem formaljuristischen Eigentumswechsel (BlZR *33* Nr. 52). So wird in der Regel eine zivilrechtliche Handänderung auch dann besteuert, wenn sie treuhänderischer Natur ist (BlZR *46* Nr. 48; *47* Nr. 25; *47* Nr. 139; *51* Nr. 130). Im Falle richterlicher Überprüfung steuerbehördlicher Entscheide gelangen indessen oft die zutreffenden rechtsstaatlichen Prinzipien zum Durchbruch: BlZR *54* Nr. 154; ZSGV *61* 393 ff. Doch ist auch das bedauerlicherweise nicht immer der Fall: BGE *86* I 18 ff. Die Wahl der Auslegungsart davon abhängig zu machen, ob man im Einzelfall zu einem für den Fiskus vorteilhaften Ergebnis gelange, ist krasse Willkür. Auf die Unhaltbarkeit solchen Vorgehens in einem Rechtsstaat weist namentlich auch Giacometti (Verwaltungsrecht 129) hin. 6c

Bundesrechtlich unzulässig ist jede fiskalische Belastung, die sich als ungebührliche Erschwerung zivilrechtlicher Vorgänge erweist (Art. 652 N. 61 a. E.; hinten N. 45; Art. 665 N. 40). 6d

Die Erhebung von Gebühren und Gemengsteuern setzt ferner voraus, dass tatsächlich eine Inanspruchnahme der öffentlichen Verwaltung vorliegt. 6e

Weil beim Ein- und Austritt von Kollektiv- und Kommanditgesellschaftern, welche keine Firmaänderung bewirken, die Dienste des Grundbuchamtes nicht in Anspruch genommen werden müssen, dürfen Handänderungsgebühren nicht erhoben werden (vgl. H. HUBER, ZBGR *34* 252 ff mit zutreffender Kritik an der bisherigen zürcherischen Praxis).

6f Über die abgaberechtliche Behandlung von Handänderungen bei Gesamthandsverhältnissen Art. 652 N. 61 ff. Seither BGE *84* I 134 ff, zutreffend kritisiert durch VON STEIGER in ZBJV *96* 6 f; ZBGR *39* Nr. 28 ff. Im übrigen sei verwiesen auf die in jenem Zusammenhang schon erwähnten Publikationen von HEINRICH GUHL, HANS HUBER, FERDINAND ZUPPINGER und ferner auf MEIER W., Die bernischen Handänderungs- und Pfandrechtsabgaben (ASR n. F. Heft 234, Bern 1946), REIMANN AUGUST, Überblick über Grundstückgewinn und Handänderungssteuer im Kanton Zürich, ZBGR *34* 121 ff, SCHÖNENBERGER JAKOB, Die st. gallische Handänderungssteuer (Zürich 1960), und die Kommentare zu ZGB 954. Bemerkungen zum Abgaberecht auch hinten N. 45, in Art. 655 N. 42, in Art. 657 N. 75, 144, 148, 154, in Art. 665 N. 40 und in Art. 666 N. 31.

6g Zur Abgrenzung der Steuerhoheit der Kantone bei Eigentumsübertragung an Grundstücken vgl. BGE *79* I 31, 140, 145 ff; *83* I 184 ff, 265 f, 333 f, wonach ein Gewinn aus der Veräusserung von Liegenschaften grundsätzlich im Kanton der gelegenen Sache zu versteuern ist. Der Veräusserung einer Liegenschaft stellt das Bundesgericht diesbezüglich den Verkauf sämtlicher Aktien einer Einmannimmobilien-AG gleich: BGE *85* I 100.

6h Über die Unzulässigkeit, die zürcherische Grundstückgewinnsteuer bei der Berechnung des wehrsteuerpflichtigen Liegenschaftsgewinnes abzuziehen: BGE *83* I 136 ff.

A. Eigentumserwerb durch Eintragung

(Geltungsbereich des absoluten Eintragungsprinzips)

II. ANWENDUNGSGEBIET

7 Das absolute Eintragungsprinzip gilt für die meisten Fälle der rechtsgeschäftlichen Eigentumsübertragung (und nur für sie: vorn N. 3), d. h. also regelmässig da, wo das Eigentum an einem Grundstück von einer Person auf Grund eines Rechtsgeschäftes auf eine andere übertragen werden soll.

1. Person des Erwerbers

In persönlicher Hinsicht wird vorausgesetzt, dass der Erwerber die Fähigkeit hat, Subjekt eines Eigentumsrechts zu sein (vgl. Art. 641 N. 4 ff). Die Eintragung einer noch nicht existierenden Stiftung kann nach Ansicht des Bundesgerichtes (vgl. BGE *81* II 577 ff) jedoch im Zeitpunkt der Erlangung der Rechtspersönlichkeit gültig werden. 8

2. Gegenstand

Als Objekte des Eigentumserwerbs nach Art. 656 kommen in Betracht: 9

- Grundstücke im Sinne von ZGB 655, also Liegenschaften und Liegenschaftsbestandteile (ohne Rücksicht auf ihren Umfang und Wert), Bergwerksberechtigungen und in das Grundbuch aufgenommene selbständige und dauernde Rechte;
- Miteigentumsanteile an Grundstücken im Sinne von ZGB 646 (hinten N. 18 und 19).

Dem Eintragungszwang unterliegt auch die Übertragung des Eigentums an Grundstücken, die dem Buchungszwang unterliegen, aber versehentlich nicht in das Grundbuch aufgenommen sind; diese müssen daher vorerst gebucht werden. Dasselbe gilt auch für die Übertragung öffentlicher Grundstücke, und zwar selbst im Falle der Übertragung von einem Hoheitsträger auf einen andern, wo das buchungsfreie Grundstück also auch in den Händen des Erwerbers buchungsfrei bleibt. Das Grundstück ist zum Zwecke der Eintragung des Erwerbers in das Grundbuch aufzunehmen und nachher wieder auszubuchen. Anders nur, wenn die grundbuchliche Behandlung durch einen andern Verwaltungsakt oder einen Akt der Gesetzgebung ersetzt wird. So mit überzeugender Argumentation der zürcherische Notariatsinspektor und das Obergericht in ZBGR *30* 185 ff anlässlich der Übertragung eines dem öffentlichen Gebrauche dienenden Grundstückes vom Kanton Zürich auf die Stadt Winterthur. Vgl. auch Art. 664 N. 233 und 238. Betreffend Wechsel der Zuordnung eines Grundstückes innerhalb des gleichen Hoheitsträgers vgl. hinten N. 30. 10

3. Das die Eigentumsübertragung vermittelnde Rechtsgeschäft

a) **Dem absoluten Eintragungsprinzip unterliegt** der rechtsgeschäftliche Erwerb des Eigentums, wenn und soweit – formaljuristisch betrachtet – an 11

Stelle des früheren ein neues Rechtssubjekt tritt (ebenso Haab, Art. 656 N. 6 mit zutreffender Ablehnung wirtschaftlicher Gesichtspunkte, wie sie bei der steuerrechtlichen Betrachtung von Handänderungen im Vordergrund zu stehen pflegen: vorn N. 6 a ff). Das ist der Fall bei folgenden Rechtsgeschäften:

12 – Kaufvertrag (OR 184 ff);

13 – freiwillige (öffentliche oder private) Steigerung (OR 229 ff; hinten N. 103);

14 – Freihandverkauf im Konkursverfahren (SchKG 256; hinten N. 102);

15 – Tausch (OR 237 f; Art. 657 N. 19);

16 – Schenkung (OR 239 ff; Art. 657 N. 20);

17 – Vermächtnis (ZGB 484, 562);

18 – Änderung von Miteigentumsquoten und Veräusserung von Miteigentumsanteilen an einem Grundstück (Art. 646 N. 40; über die Rechtsverhältnisse im Falle des Verzichts eines Miteigentümers auf seinen Anteil Art. 646 N. 46 f), Aufhebung von Miteigentum (Art. 651 N. 9; anders bei richterlicher Aufhebung: Art. 651 N. 18), Veräusserung eines ganzen in Miteigentum stehenden Grundstückes an einen Dritten oder an einen Miteigentümer;

19 – Umwandlung von Miteigentum in Gesamteigentum, auch dann, wenn das Grundstück bisher im Miteigentum der jetzigen Gesamthänder stand, oder umgekehrt (SJZ *27* 84 Nr. 59; MBVR *16* Nr. 26; ZBGR *4* 162; Art. 652 N. 51; Haab, Art. 656 N. 6 a. E.);

20 – Illationsvertrag (Art. 652 N. 39 und 42; Art. 657 N. 30);

21 – die während des Bestehens oder bei der Liquidation einer Gesamthandschaft erfolgende Veräusserung eines im Gesamteigentum stehenden Grundstückes an einen oder mehrere Dritte oder an einen oder mehrere Gesamthänder (zu Allein-, Mit- oder Gesamteigentum; Art. 652 N. 42, 49, 50; Art. 654 N. 3), abgesehen allerdings von den Fällen der An- und Abwachsung (Art. 652 N. 45, 46, 52; Art. 654 N. 46, 54 ff).

22 – Umwandlung der Gesellschaftsform, sofern die Rechtspersönlichkeit nicht die gleiche bleibt, so bei Umwandlung einer Genossenschaft in eine Aktiengesellschaft oder eines Vereins in eine Genossenschaft (vgl. Art. 657 N. 37), einer Aktiengesellschaft in eine Gesellschaft mit beschränkter Haftung oder umgekehrt (BGE *86* I 22; über eine Ausnahme N. 88), einer Kollektiv- oder Kommanditgesellschaft in eine Aktiengesellschaft (Art. 657 N. 38) oder umgekehrt (Art. 657 N. 39). Über Ausnahmen hinten N. 87 ff;

23 – Aufhebung einer juristischen Person, wenn die Übereignung an einen andern Anfallberechtigten als das Gemeinwesen (ZGB 57) erfolgt (hinten N. 94);

- Übereignung der Grundstücke einer Einmanngesellschaft auf den Alleinaktionär (SJZ *9* 341 Nr. 308; Art. 657 N. 40); 24
- Übertragung des Eigentums an den gewidmeten Grundstücken vom Stifter auf die Stiftung (vgl. Art. 657 N. 35); 25
- Sacheinlage- und Sachübernahmeverträge im Gesellschaftsrecht; 26

b) Kein rechtsgeschäftlicher Erwerb von Grundeigentum liegt vor, weshalb **kein Eintragungszwang** besteht: 27

- bei Übertragung sämtlicher Aktien einer Aktiengesellschaft, in deren Eigentum sich Grundstücke befinden. Juristisch handelt es sich auch dann, wenn sich das Gesellschaftsvermögen auf Grundeigentum beschränkt, um eine Übertragung von Wertpapieren ohne Änderung der Person des Eigentümers (vgl. BGE *45* II 34f);
- entsprechend ist die Rechtslage bei Wechsel der hinter andern juristischen Personen stehenden natürlichen Personen: bei der Gesellschaft mit beschränkter Haftung und bei der Genossenschaft (BlZR *20* Nr. 142; *21* Nr. 143); 28
- bei der blossen Änderung einer Firma (ZBGR *15* 181ff; MBVR *12* 45ff); 29
- bei der Übertragung von einer Verwaltungsabteilung auf eine andere desselben Gemeinwesens bzw. von einer unselbständigen Anstalt auf eine andere (BGE *55* I 425; BURCKHARDT, Bundesrecht II 640); 30
- wenn ein Gesamthandsverhältnis durch ein anderes ersetzt wird, wie etwa bei der Umwandlung einer Personengesellschaft in eine andere auf dem Gesamthandsprinzip aufbauende Gesellschaft (Art. 652 N. 46ff), sowie wenn ein Grundstück von einem Gesamthandsverhältnis auf ein anderes, aus den gleichen Personen bestehenden übertragen wird (Art. 652 N. 45, Art. 657 N. 65). 31

Über die weiteren Ausnahmen vom absoluten Eintragungsprinzip vgl. die Ausführungen zu Abs. II von Art. 656 (N. 66ff; Aufzählung der wichtigsten Anwendungsfälle ausserbuchlichen Erwerbs in N. 76–100). 32

III. BEDEUTUNG DES EINTRAGUNGSERFORDERNISSES IM RAHMEN DES GESAMTEN ÜBERTRAGUNGSVORGANGES

Der Eintragung des Erwerbers im Grundbuch kommt keine formale Rechtskraft zu; vielmehr stellt sie nur einen von mehreren Faktoren der 33

Eigentumsübertragung dar. Damit Eigentum übergeht, müssen als weitere Voraussetzungen gegeben sein: Das Verfügungsrecht des Tradenten bzw. bei seinem Fehlen der gute Glaube des Erwerbers, ein gültiger Rechtsgrund und eine schriftliche Erklärung des bisherigen Eigentümers (vgl. vorn S. 3 N. 7–10).

34 Bei rechtsgeschäftlichem Eigentumsübergang erfolgt die Grundbucheintragung somit in der Regel nur auf Anmeldung des bisher eingetragenen Eigentümers hin (ZGB 963 I). Diese Anmeldung erschöpft sich nun nicht in ihrer Funktion als formeller Antrag an das Grundbuchamt, eine Änderung im Grundbuch vorzunehmen; sie kann gleichzeitig auch eine materielle Verfügung über das eingetragene Eigentum darstellen (= Eintragungsbewilligung) und ist dann als solche ein einseitiges Rechtsgeschäft (Gegensatz zur Zweiseitigkeit der Zession: BGE *84* II 363). «Mit ihr verfügt der Veräusserer über sein Eigentum und führt die im obligatorischen Vertrag übernommene Verpflichtung aus» (Guhl 106). «Die Anmeldung stellt die rechtsgeschäftliche Verfügung dar, sie ist eine Übertragungshandlung entsprechend der Besitzübergabe an Fahrnis» (BGE *74* II 232). Die materielle Eintragungsbewilligung kann zwar auch mit dem obligatorischen Rechtsgrundgeschäft verbunden werden oder selbständig auftreten; in der Regel aber ist sie mit dem formellen Antrag an das Grundbuchamt verknüpft. Deshalb hat das ZGB nicht zwischen formellem Antrag und materieller Eintragungsbewilligung unterschieden, «sondern bezeichnet in Art. 963 beide Erklärungen – mögen sie auch inhaltlich je nach der angemeldeten Eintragung verschiedene Bedeutung haben – als „Anmeldungen“. Diese einfache und im schweizerischen Grundbuchsystem wohlbegründete Auffassung hat auch die Grundbuchverordnung beibehalten, und von einer besonderen Eintragungsbewilligung, die zur Anmeldung hinzutreten würde, ist nirgends die Rede. Vielmehr haben Gesetz und Verordnung gerade im Hinblick darauf, dass die Anmeldung unter Umständen nicht nur einen nebensächlichen, formellen Antrag an die Organe der Grundbuchführung, sondern eine ausserordentlich wichtige Verfügung über das materielle Recht darstellt, mit ganz besonderer Sorgfalt in Art. 963 Abs. 1 und 2 ZGB und in Art. 11–17 Grundbuchverordnung das Anmeldungsrecht geordnet und dafür gesorgt, dass die Grundbuchverwalter nur solche Anmeldungen entgegennehmen, die von der grundbuchlich verfügungsberechtigten Person ausgehen. Wäre die Anmeldung nur ein formeller Antrag an das Grundbuchamt zum Tätigwerden, nicht zugleich auch, im Falle eines rechtsbegründenden Eintrages, die materielle Verfügung über das dingliche Recht, so hätte diese eingehende und sorgfältige Ordnung des Anmeldeverfahrens im Bundesrecht keinen Zweck, sondern müsste vom Verkehr als unnötiges Hemmnis empfunden werden.» (Bundesrat in SJZ *13* 181 ff.)

IV. RECHTSSTELLUNG DER PARTEIEN VOR DER EINTRAGUNG DES ERWERBERS

1. Obligatorische Berechtigung des Erwerbers

Durch den Abschluss eines auf Eigentumsübertragung gerichteten Rechtsgeschäftes entsteht zwischen den Parteien ein rein obligatorisches Rechtsverhältnis. Anders als die Rechtsordnungen romanischer Länder folgt ja das schweizerische Recht nicht dem sogenannten Vertragsprinzip, nach welchem das Eigentum im Augenblick des Zustandekommens des Rechtsgeschäftes auf den Erwerber übergeht (vorn S. 3f N.12). Der Erwerber hat gegen den Veräusserer nur einen persönlichen Anspruch auf Erfüllung (d.h. auf Tradition und Eintragung im Grundbuch) und bei Weigerung des Eigentümers das Recht auf gerichtliche Zusprechung des Eigentums (ZGB 665 I). Das Fehlen dinglicher Berechtigung des Erwerbers vor der Grundbucheintragung zeigt sich unter anderem darin, dass der Veräusserer anderweitig über das Grundstück verfügen kann. Er kann es nochmals verkaufen oder es mit beschränkten dinglichen Rechten belasten oder beispielsweise ein Vorkaufsrecht zugunsten eines Dritten begründen und es im Grundbuch vormerken lassen (ZBGR *35* 36f). Der Erwerber, welcher mit dieser Möglichkeit rechnen muss, wird – wenn er sich eintretendenfalls nicht mit blossen Schadenersatzansprüchen gegenüber dem Veräusserer zufrieden geben will – zur Sicherung seiner Rechte eine Verfügungsbeschränkung im Grundbuch vormerken lassen (ZGB 960 Ziff. 1; vgl. im einzelnen Homberger, Art. 960 N.11ff; Ostertag, Art. 960 N.9ff). Die in Verletzung der vorgemerkten Beschränkung erfolgende spätere Veräusserung des Grundstückes ist dem vorgemerkten Erwerber gegenüber unwirksam (wobei für die Wirksamkeit der Vormerkung aber nicht etwa der Tag der Eintragung im Hauptbuch, sondern der Tag der Einschreibung im Tagebuch massgebend ist: hinten N.63f). Die Möglichkeit der Realexekution (ZGB 665 I) besteht für ihn trotz Weiterveräusserung (über die Frage, ob sich die Vormerkung gemäss Art. 960 Ziff. 1 nicht nur auf die freiwillige Veräusserung, sondern auch auf die Zwangsverwertung beziehe vgl. BGE *72* III 7; *81* III 103f). 35

2. Folgen der Tradition des noch nicht auf den Namen des Erwerbers eingetragenen Grundstückes

Auch die auf Grund des Rechtsgrundgeschäftes erfolgte Besitzübertragung des Grundstückes verschafft – solange die Eintragung nicht statt- 36 gefunden hat – noch kein Eigentum (BGE *86* II 230). Immerhin ist sie nicht ohne jede rechtliche Wirkung zugunsten des Besitzers:

37 a) Sie gewährt ihm **Besitzesschutz.** Die Art. 926–929 gelten gemäss ZGB 937 II für Grundstücke in gleicher Weise wie für Fahrnis. Da wie dort knüpft das Gesetz die Besitzesschutzansprüche an die tatsächliche Gewalt über die Sache im Sinne von ZGB 919 (ZBJV *54* 81; OSTERTAG, Art. 937 N. 15; HOMBERGER, Art. 937 N. 14ff). Der Besitzesrechtsschutz der Art. 930 bis 936 steht dagegen nur dem im Grundbuch eingetragenen Besitzer zu (ZGB 937 I, hinten N. 57).

38 b) Gegenüber dem Herausgabeanspruch des eingetragenen Veräusserers hat der Besitzer – sofern das Rechtsgeschäft, beispielsweise der Kaufvertrag, gültig ist – die **exceptio rei venditae et traditae** (wie im römischen Recht bei fehlender mancipatio, vgl. SCHNEIDER, Kommentar zum zürcherischen PGB § 92 N. 4; DERNBURG, Pandekten I §§ 193 und 216; STAUDINGER/KOBER § 986 N. 1; ebenso HAAB, Art. 656 N. 32). Diese Einrede kann auch vom Universal- und vom Singularsukzessor des Erwerbers (RGZ *105* 19ff) und gegen den Universalsukzessor des Eigentümers erhoben werden. Dem Herausgabeanspruch von seiten des Singularsukzessors des Veräusserers kann unter Umständen die exceptio doli entgegengehalten werden (vgl. BlZR *2* Nr. 181; JOSEF, Die Rechtsstellung des besitzenden Käufers gegenüber dem dritten Erwerber des Grundstückes, GRUCHOTS Beiträge *51* 531ff).

39 c) Besondere Verhältnisse liegen vor im Falle der **Zwangsvollstreckung** gegen den nichtbesitzenden Eigentümer. Bezüglich des Konkurses s. namentlich SchKG 211, wonach Umwandlung der Pflicht zur Eigentumsübertragung in eine Geldforderung von entsprechendem Wert eintritt, sofern die Konkursverwaltung nicht von dem ihr eingeräumten Recht Gebrauch macht, die Verpflichtung des Gemeinschuldners zu erfüllen. Der Erwerber kann also, auch wenn er den Erwerbspreis vollgültig bezahlt hat, gegenüber der Vindikation der Konkursmasse des Eigentümers nicht durchdringen, denn nach dem Vermögensbegriff des Art. 197 SchKG kommt es nur darauf an, ob die Sache im Eigentum des Gemeinschuldners (im formaljuristischen Sinne) stehe, und nicht darauf, ob sie ihm wirtschaftlich noch «gehöre».

40 d) Über die Bedeutungslosigkeit des Besitzes für die Parteirollenverteilung im **Widerspruchs- und Lastenbereinigungsverfahren** hinten N. 60.

41 e) Der Verkäufer verliert das gesetzliche **Rücktrittsrecht** im Falle des Verzuges des Käufers nicht mit dem Besitzübergang (wie das OR 214 III für den Fahrniskauf festlegt), sondern erst mit der Eintragung des Käufers im Grundbuch (BGE *86* II 235).

3. Übergang von Nutzen und Gefahr

Für die Gefahrtragung ist auszugehen vom Grundsatz «casum sentit dominus». Bis zum Zeitpunkt des Eigentumsübergangs hat der Veräusserer, von da ab der Erwerber für den durch Zufall eintretenden Untergang der Sache (bzw. deren Verschlechterung) einzustehen. Ausnahmen von diesem Prinzip kennt jedoch das Recht des Kaufvertrages: OR 185 («periculum est emptoris»; Übergang der Gefahr im Augenblick des Abschlusses des öffentlich beurkundeten Vertrages) und OR 220 (Übergang der Gefahr im Momente der Besitzübertragung dann, wenn für die Tradition ein bestimmter Zeitpunkt vertraglich festgestellt worden ist). 42

Für den Übergang des Nutzens sind die gleichen Regeln massgebend, entsprechend dem Grundsatz «cuius est periculum eius est commodum».

Sollen auch nach der Eigentumsübertragung Nutzen und Gefahr beim früheren Eigentümer verbleiben, so kann das nur durch Begründung eines besonderen Rechtsverhältnisses (Abschluss eines Nutzniessungs-, Pacht- oder Garantievertrages) erreicht werden. 43

V. VORAUSSETZUNGEN DER EINTRAGUNG

Darüber eingehend die Kommentare zu ZGB 963 und 965.

Die Eintragung erfolgt nur auf schriftliche Anmeldung hin, die unbedingt und vorbehaltlos sein muss. Der Antragende hat sich über sein Verfügungsrecht und über das Vorliegen eines gültigen Rechtsgrundes auszuweisen. Diese Voraussetzungen müssen im Zeitpunkt der Anmeldung vorliegen (BGE *79* I 188). Konvaleszenz tritt nur im Falle fehlender Verfügungsberechtigung ein, wenn der zunächst zu Unrecht Verfügende nachträglich verfügungsberechtigt wird (BGE *55* II 69). – Die Eintragung des Käufers einer mit dem agrarrechtlichen Vorkaufsrecht belasteten Liegenschaft kann erst nach Ablauf von drei Monaten seit der Anmeldung des Kaufvertrages beim Grundbuchamt vorgenommen werden (EGG 13 f; Kommentar Jost S. 76 ff). 44

Die Kantone sind nicht befugt, weitere Voraussetzungen aufzustellen, die verhindern sollen, dass durch den Eintrag Rechte Dritter gefährdet werden. Als bundesrechtswidrig und darum nichtig ist deshalb eine kantonale Vorschrift erklärt worden, die bestimmte, dass alle Anmeldungen der Eintragung vorgängig vom Grundbuchamt der Aufsichtsbehörde zu unterbreiten und zwecks Ermöglichung von Einsprachen zu veröffentlichen seien: BGE *66* I 88 ff; vgl. auch BGE *83* I 210 f. Dagegen können die Kantone die Eintragung des Erwerbers von der Bezahlung der Grundbuchgebühren und der 45

Entrichtung der Handänderungssteuern abhängig machen, soweit dadurch die Anwendung des Bundesrechts nicht ungebührlich erschwert wird (BGE *48* I 540f; *55* I 369; *79* I 19; *83* I 208ff; ZBGR *6* 232f; *7* 51; BJM *1960* 49 Ziff. 3; Haab, Art. 656 N. 22; vgl. auch VZG 66 IV).

1. Antragsprinzip

46 Die Eintragung setzt einen Antrag voraus. Der Grundbuchverwalter darf grundsätzlich nur auf Anmeldung hin etwas in das Grundbuch eintragen (ZGB 963 I; GBV 11). Einer besonderen Anmeldung bedarf es nur dort nicht, wo nach kantonalem Recht die öffentliche Beurkundung durch den Grundbuchverwalter vermittelst Einschreibung in das Urkundenprotokoll erfolgt (ZGB 948 III, 972 III); denn hier gilt, falls nicht ausdrücklich etwas anderes bestimmt ist, die Beurkundung zugleich als Anmeldung der Eintragung (GBV 14 III; ZBGR *1* 102ff; *3* 18f; Jenny, ZBGR *11* 190).

2. Wesen und Bedeutung der Anmeldung

47 Darüber dass die Anmeldung nicht nur formeller Antrag an den Grundbuchverwalter ist, eine Änderung im Grundbuch vorzunehmen, sondern gleichzeitig die materielle Verfügung über das eingetragene Eigentum darstellen kann, vorn N. 34.

3. Legitimation zur Anmeldung

48 Zur Anmeldung befugt ist der im Grundbuch als Eigentümer eingetragene Veräusserer (ZGB 963 I; GBV 15 I). Der Grundbuchverwalter hat die Identität des Verfügenden mit dem Eingetragenen festzustellen (GBV 15 II), nicht aber die bestehende Buchung von neuem auf ihre materielle Berechtigung hin zu untersuchen (BGE *53* II 215). Der Berechtigte kann auch durch einen Stellvertreter handeln, insbesondere auch den Erwerber zur Anmeldung ermächtigen (GBV 16 II). Der gesetzliche Vertreter hat einen Ausweis über das Vertretungsverhältnis, der vertragliche Vertreter eine Vollmacht beizubringen (GBV 16 I). Der nicht bevollmächtigte Käufer oder derjenige, dessen Baurecht durch Eintrag auf dem berechtigten Grundstück erst begründet werden soll, sind dagegen nicht zur Anmeldung berechtigt, und dementsprechend fehlt ihnen im Falle der Abweisung der Anmeldung auch das Recht, Beschwerde zu führen (BGE *58* I 333; *60* I 139; *72* I 235; ZBGR *33*

320 mit einer de lege ferenda beachtlichen redaktionellen Anmerkung). Dasselbe gilt für die anmeldende Urkundsperson (BGE *55* I 342; *60* I 139; ZBGR *26* 219; *33* 206; *37* 33).

Die Anmeldung ist im Grundbuch zu vollziehen, auch wenn der Anmeldende nach erfolgter Anmeldung, aber vor der Einschreibung im Grundbuch stirbt (ZBGR *37* 60) oder in Konkurs gerät. Stirbt der Veräusserer eines Grundstückes vor Abgabe der schriftlichen Erklärung an das Grundbuchamt, steht das Verfügungsrecht den Erben zu, die aber eine wirksame Anmeldung erst abgeben können, nachdem sie sich selbst als Eigentümer im Grundbuch haben eintragen lassen. Auch die Eintragung eines Vermächtnisnehmers als Eigentümer setzt eine Anmeldung der (zuvor im Grundbuch eingetragenen) Erben voraus (BGE *56* I 483). Der Willensvollstrecker ist zur Verfügung über Nachlassgrundstücke befugt, ohne der Zustimmung der Erben zu bedürfen (BGE *61* I 382; *74* I 424f). Er ist kraft eigenen Rechts namentlich zur Anmeldung des Erbganges und zur Anmeldung der zur Ausrichtung von Vermächtnissen (nicht aber der zur Vornahme der Teilung) erforderlichen Verfügungen legitimiert (VEB *1930* Nr. 50; *1936* Nr. 69; ZBGR *17* Nr. 58; MBVR *24* Nr. 38). Ob er dabei pflichtgemäss handle, hat der Grundbuchführer nicht zu prüfen (BGE *61* I 382). 49

Die vom Beistand der verfügungsberechtigten Person ausgehende Anmeldung darf nicht mit der Begründung zurückgewiesen werden, dass nur ein Vormund diese Person gültig vertreten könne; wohl aber damit, dass eine Bescheinigung über die Zustimmung der Vormundschaftsbehörde gemäss ZGB 421 Ziff. 9 nicht beigebracht wurde (BGE *79* I 182ff). 50

Beschränkungen der Handlungsfähigkeit und der Verfügungsmacht, beispielsweise aus ehelichem Güterrecht, sind auch dann zu beachten, wenn sie nicht aus dem Grundbuch hervorgehen (BGE *65* I 31; betr. Verfügungsbefugnis der Ehegatten über Grundstücke des ehelichen Vermögens Lemp, Art. 202 N. 4, 15, 35 und Art. 204 N. 3, 12, 13, 37). Betreffend Prüfung der Dispositionsbefugnis bei Verfügungen ausländischer Ehegatten: VEB *1932* Nr. 93. 51

Über die Befugnis zur Vertretung einer Gemeinde bei der Grundbuchanmeldung: BGE *78* I 277f E. 3. 52

Im Falle der freiwilligen Steigerung ist gemäss OR 235 II die Versteigerungsbehörde zur Anzeige an den Grundbuchverwalter berechtigt und verpflichtet. 53

4. Inhalt und Form

Darüber, dass die grundsätzlich unbedingt und vorbehaltlos abzugebende Anmeldung zur Eintragung schriftlich erfolgen muss, sei es auf besonderer 54

Urkunde, namentlich auf dem hiefür geschaffenen Formular, sei es auf dem Rechtsgrundausweis s. GBV 12ff; OSTERTAG, Art. 963 N. 15ff; HOMBERGER, Art. 963 N. 5ff; BGE *84* II 195.

5. Widerruf

55 Da der Eigentumserwerb im Zeitpunkt der Eintragung im Hauptbuch erfolgt (vgl. hinten N. 63), ist – nach herrschender, aber nicht über alle Zweifel erhabener Ansicht – der Widerruf der Anmeldung möglich bis zum Augenblick der Eintragung im Hauptbuch (BGE *83* II 15; *85* I 168; OSTERTAG, Art. 963 N. 46; HOMBERGER, Art. 963 N. 8; HAAB, Art. 656 N. 14).

VI. WIRKUNGEN DER EINTRAGUNG

1. Rechtsvermutung zugunsten des Eingetragenen

56 Die Grundbucheintragung hat im Grundstückrecht weitgehend die gleichen Aufgaben wie der Besitz im Fahrnisrecht. Beides sind Legitimationsmittel. Sie sind der Schein einer Berechtigung, hinter dem in der Regel – aber nicht notwendigerweise – die wirkliche Berechtigung steht. Äusserer Tatbestand (Besitz, Grundbucheintrag) und wirkliche Rechtslage (Eigentum, beschränktes dingliches Recht) brauchen nicht übereinzustimmen. Aber weil sie regelmässig korrespondieren, stellt die Rechtsordnung die Vermutung auf, hinter der äusseren Erscheinungsform liege die materielle Berechtigung. Wie vom Besitzer einer beweglichen Sache vermutet wird, dass er ihr Eigentümer sei (ZGB 930 I), besteht hinsichtlich der im Grundbuch aufgenommenen Grundstücke eine Vermutung des Rechtes für denjenigen, der eingetragen ist (ZGB 937 I). Für das Nähere s. OSTERTAG N. 2ff und HOMBERGER N. 2ff zu Art. 937.

2. Rechtsschutz des Eingetragenen

57 Der Besitzesschutz (ZGB 926–939) knüpft auch bei Grundstücken schon an den Besitz als solchen an (vorn N. 37); der Rechtsschutz dagegen (ZGB 930–936) an die Eintragung. ZGB 937 I gewährt «eine Klage aus dem Besitze nur für denjenigen, der eingetragen ist». Dazu HOMBERGER N. 9ff und OSTERTAG N. 8ff zu Art. 937.

3. Schutz gutgläubiger Dritter

Die Eintragung legitimiert den Eingetragenen im Rechtsverkehr gegenüber gutgläubigen Dritten als Eigentümer. «Wer sich in gutem Glauben auf einen Eintrag im Grundbuch verlassen und daraufhin Eigentum oder andere dingliche Rechte erworben hat, ist in diesem Erwerbe zu schützen» (ZGB 973; Syst. Teil S. 19 N. 30). Diese Publizitätswirkung besteht allerdings in jenen Kantonen nicht, die weder das Grundbuch eingeführt noch das kantonale Register mit Grundbuchwirkung ausgestattet haben (SchlT 48 III). 58

4. Voraussetzung für die Tabularersitzung

Die Eintragung verhilft dem ungerechtfertigt Eingetragenen zu ordentlicher Ersitzung (ZGB 661; BGE *50* II 149). Während der Ersitzungszeit ist er aber der Grundbuchberichtigungsklage nach ZGB 975 ausgesetzt: BGE *45* II 30. Vgl. Art. 661 N. 10 ff. 59

5. Änderung der Parteirollenverteilung im Widerspruchs- und Lastenbereinigungsverfahren

Bei der Verteilung der Parteirollen im Widerspruchs- und Lastenbereinigungsprozess kommt es – entgegen einer früheren Praxis des Bundesgerichts (vgl. BGE *30* I 221 f; *37* I 328; *38* I 280 f; *54* III 191) – nicht auf den Gewahrsam im üblichen Sinne (d. h. auf die rein tatsächliche Verfügungsgewalt) an, sondern auf die Eintragung im Grundbuch. Derjenige, dessen Rechtsbehauptung den Eintragungen im Grundbuch widerspricht, ist zur Klage aufzufordern (zutreffend BGE *72* III 44 ff). 60

Dass Grundstücke, die im Grundbuch auf einen andern Namen als denjenigen des Schuldners eingetragen sind, gepfändet werden dürfen, ist in VZG 10 vorgesehen, und zwar für die Fälle, dass der Gläubiger glaubhaft zu machen vermag, 61

a) der Schuldner habe das Eigentum ohne Eintragung im Grundbuch erworben (dazu hinten N. 71 und 75 ff), oder
b) das Grundstück hafte kraft ehelichen Güterrechts für die Schulden des betriebenen Schuldners, oder
c) der Grundbucheintrag sei unrichtig.

Diese Aufzählung ist aber nicht abschliessend. Von der ratio dieser Bestimmung ausgehend gelangt das Bundesgericht beispielsweise zu analoger

Anwendung auf eine nach SchKG 285ff anfechtbare Veräusserung durch den Schuldner an den jetzt eingetragenen Eigentümer (BGE *81* III 98ff, wobei die Frage, ob im Falle der Anrufung eines Anfechtungstatbestandes ebenfalls blosse Glaubhaftmachung genüge, um die Pfändung zu rechtfertigen, oder ob es eines rechtskräftigen, die Anfechtbarkeit bejahenden Urteils bedürfe, dahingestellt blieb).

6. Erwerb von Zugehör

62 Der Erwerber erlangt mangels einer gegenteiligen Verabredung mit dem Eigentum am Grundstück auch das Eigentum an dessen Zugehör. Vgl. Art. 644/45 N. 41.

VII. ZEITPUNKT DES EIGENTUMSERWERBS

63 Entscheidend ist das Datum der Eintragung in das Hauptbuch (ZGB 972 I; BGE *74* I 331ff; anders noch VE 1014). Da jedoch einerseits zwischen der Einschreibung der angemeldeten Rechtsgeschäfte in das Tagebuch (vgl. Art. 948 I) und der Eintragung in das Hauptbuch selbst je nach der Geschäftslast oder aus andern zufälligen Gründen mehr oder weniger Zeit verstreichen wird, anderseits aber für den definitiven Erwerb des Eigentums die Eintragung ein wesentliches Moment bildet, so ist zum Schutze des bisherigen Eigentümers sowohl als des Erwerbers die Bestimmung getroffen, dass die Wirkung der Eintragung in das Hauptbuch auf den Zeitpunkt der Einschreibung in das Tagebuch zurückbezogen wird, sofern die erforderlichen Ausweise beigebracht sind (ZGB 972 II), also auf den Tag des Eingangs der Anmeldung, die sofort in das Tagebuch einzutragen ist (ZGB 948; GBV 14). Die Eintragungen in das Hauptbuch sind in der Reihenfolge der entsprechenden Einschreibungen im Tagebuch vorzunehmen und enthalten das Datum dieser Einschreibungen (GBV 26 III).

64 Die Voraussetzungen für die Buchung der Anmeldung müssen lediglich im Zeitpunkt der Anmeldung, nicht auch noch im Zeitpunkt der Eintragung vorliegen (ZBGR *15* 183; Homberger, Art. 966 N. 5). Ist also die Einschreibung in das Tagebuch auf Grund der gesetzlich geforderten Belege erfolgt, so sind in der Zwischenzeit bis zur Eintragung in das Hauptbuch eintretende Änderungen, insbesondere Verlust der Handlungsfähigkeit oder Verfügungsfähigkeit, Konkurs des Veräusserers, Tod desselben oder des Vollmacht-

gebers (dazu ZGBR *37* 60), richterliche Anordnung einer Verfügungsbeschränkung gemäss ZGB 960 Ziff. 1 (unrichtig ZBGR *41* 73; zutreffende Kritik von HUBER ebenda S. 76), ohne Einfluss; mit andern Worten: die Eintragung ist ohne Rücksicht auf solche Veränderungen vorzunehmen.

Der Zeitpunkt des Eigentumsübergangs ist auch von Bedeutung 65

- für die Verjährung der Pflicht zur Gewährleistung für die Mängel eines Gebäudes nach OR 219 III;
- für den Übergang von Nutzen und Gefahr (abgesehen von den vorn N. 41 erwähnten Ausnahmen);
- für die Möglichkeit des Rückzuges der Anmeldung (vorn N. 55);
- für die Möglichkeit der formlosen Aufhebung des obligatorischen Rechtsgrundgeschäftes gemäss OR 115 (vgl. Art. 657 N. 76);
- für den Verlust des gesetzlichen Rücktrittsrechts des Verkäufers bei Verzug des Käufers (vorn N. 41).

Näheres in den Kommentaren zu den Art. 948 und 972 ZGB.

B. Eigentumserwerb ohne Eintragung

(Geltungsbereich des relativen Eintragungsprinzips)

VIII. RECHTSSTELLUNG DER PARTEIEN VOR DER EINTRAGUNG

Der Erwerber, der das Eigentum aussergrundbuchlich erlangt hat, steht 66 in den gleichen Rechten und Pflichten wie der Bucheigentümer mit der einzigen Ausnahme, dass ihm die grundbuchliche Verfügungsbefugnis fehlt:

- Er kann als Eigentümer alle Rechte ausüben, die ohne grundbuchliche 67 Eintragung denkbar sind (vgl. etwa Art. 641 II, 674 III, 676, 664ff).
- Er vererbt sein Recht auf seine Nachfolger. 68
- Er kann persönliche Ansprüche einräumen in bezug auf sein Grundstück. 69
- Er hat Nutzen, Lasten und Gefahr als Eigentümer, untersteht also na- 70 mentlich der Kausalhaftung von ZGB 679 und OR 58.
- Gerät der noch nicht eingetragene Eigentümer in Konkurs, so wird das 71 Grundstück zur Konkursmasse gezogen (SchKG 197). Auch eine Pfän-

dung ist möglich, sofern es dem Gläubiger gelingt, glaubhaft zu machen, dass der Schuldner das Eigentum ohne Eintragung im Grundbuch erworben hat; doch muss das Betreibungsamt in diesem Falle sofort das Widerspruchsverfahren gemäss SchKG 109 einleiten (VZG 10 und Anleitung dazu Art. 9). Ebenso setzt Arrestierung eine entsprechende Glaubhaftmachung voraus (BlZR *40* Nr. 14). Für den Fall, dass vor dem ausserbuchlichen Eigentumsübergang eine Betreibung auf Grundpfandverwertung angehoben wurde vgl. SchKG 153 und VZG 100. Wird nach dem ausserbuchlichen Eigentumsübergang eine Betreibung gegen den noch eingetragenen früheren Eigentümer eingeleitet, muss die erfolgte Pfändung im Widerspruchsverfahren, im Konkurs die erfolgte Admassierung im Aussonderungsverfahren wieder aufgehoben werden (SchKG 225, 242; KV 34, 45 ff).

72 Der nicht eingetragene Eigentümer kann aber nicht nur nicht über das Grundstück grundbuchlich verfügen, sondern er muss u. U. auch riskieren, dass der noch eingetragene, materiell nicht mehr berechtigte Eigentümer über das Grundstück in einer für gutgläubige Dritte verbindlichen Weise verfügt (Art. 973), so z. B. beim Eigentumserwerb durch Expropriation oder Urteil. Darin liegt ein indirekter Zwang zur Eintragung des Eigentumserwerbs.

73 Da die Eintragung nur deklarative Bedeutung hat (Bestätigung der wirklichen Rechtslage) und Art. 656 Abs. II eine blosse Ordnungsvorschrift darstellt, ist ein Verstoss dagegen unschädlich, d.h. die durch die Verfügung des nichteingetragenen Eigentümers bezweckte Rechtsänderung tritt gleichwohl ein (z. B. im Falle der Eintragung von Vermächtnisnehmer oder Käufer eines Erbschaftsgrundstückes, ohne dass der Pflicht zur vorherigen Eintragung der Erbengemeinschaft [dazu Art. 665 N. 30] nachgekommen wurde).

IX. VORAUSSETZUNGEN DER EINTRAGUNG

74 Im Unterschied zur Stellung des rechtsgeschäftlichen Erwerbers kann der Erwerber, der das Eigentum ausserbuchlich erworben hat, die Eintragung von sich aus erwirken (ZGB 665 II). Da der Eigentumserwerb schon vollzogen ist, bedarf es einer materiellen Verfügung des bisherigen Eigentümers über das Recht nicht mehr, sondern nur noch der formellen Anpassung des Grundbuches an die schon bestehende Rechtslage. Betreffend die für die Eintragung nachzuweisenden Erwerbstatsachen s. Art. 665 N. 20 ff. Im übrigen ist entsprechend anwendbar, was vorn N. 44 ff zu den Eintragungsvoraussetzungen bemerkt wurde. Vgl. auch HOMBERGER, Art. 963 N. 22 ff.

X. TATBESTÄNDE DES AUSSERBUCHLICHEN ERWERBS

Abs. II erwähnt als ausserbuchliche Erwerbstatbestände die Aneignung, den Erbgang, die Enteignung, die Zwangsvollstreckung und das richterliche Urteil. Diese Aufzählung ist aber nicht abschliessend (vorn N. 3). Der Geltungsbereich des relativen Eintragungsprinzipes erstreckt sich auf sämtliche nicht ausdrücklich anders geregelten Tatbestände des nichtrechtsgeschäftlichen Eigentumserwerbs. Unabhängig vom Grundbuch wird danach das Eigentum an Grundstücken erworben durch: 75

1. Aneignung

herrenloser, im Grundbuch eingetragener Grundstücke: ZGB 658. Der Eigentumserwerb tritt hier unmittelbar durch Besitzergreifung ein, eventuell schon mit der Dereliktion, wenn das kantonale Recht einen ipso iure sich vollziehenden Anfall an das Gemeinwesen vorsieht (Art. 658 N. 9). 76

2. Bildung neuen Landes

Vgl. Art. 659, insbesondere N. 12 ff. 77

3. Erbgang

Die Erben werden mit dem Tode des Erblassers ohne weiteres Eigentümer aller Erbschaftssachen, also auch der Grundstücke. Dieser in ZGB 560 ausgesprochene Grundsatz («Der Tote erbt den Lebendigen», «Le mort saisit le vif») bezieht sich auf den Erwerb sowohl der gesetzlichen wie der eingesetzten Erben (BGE *41* II 209; SJZ *12* 76 Nr. 13 E. 2). Jeder andere mit dem Erbgang in Zusammenhang stehende Eigentumserwerb setzt dagegen eine Eintragung im Grundbuch gemäss ZGB 656 I voraus, so namentlich derjenige des Vermächtnisnehmers (ZGB 562; GBV 18; BGE *56* I 483 f; ZBGR *4* 132; *7* 43 ff; *8* 59 f; MBVR *11* Nr. 156) und derjenige des Erben kraft Erbteilung, und zwar auch dann, wenn es sich handelt um die Ausführung einer erblasserischen Teilungsanordnung im Sinne von ZGB 608 (BGE *58* II 403 f; ZBGR *4* 204 ff; *5* 197 ff; *6* 74; *8* 165 ff; SJZ *15* 280 Nr. 66). 78

4. Eheliches Güterrecht

79 Im Falle der Begründung von Gütergemeinschaft geht das in Allein- oder Miteigentum der Ehegatten stehende Grundstück erst mit der Eintragung im Güterrechtsregister und der anschliessenden Publikation (ZGB 248) in ihr Gesamteigentum über (Art. 652 N. 13).

80 Entsprechend ist die Rechtslage im Falle der Begründung von Einheitsgut bei der Gütereinheit (LEMP, Art. 199 N. 11).

81 Bei der fortgesetzten Gütergemeinschaft entsteht Gesamteigentum des überlebenden Ehegatten und der Nachkommen im Augenblicke des Todes des andern Ehegatten: Art. 652 N. 37.

82 Auch bei nachträglichem Vermögensanfall erfolgt der güterrechtliche Erwerb bei Bestehen von externer Gütergemeinschaft aussergrundbuchlich. So entsteht bei Anfall eines Grundstückes während der Ehe – sofern nicht die Voraussetzungen eines Erwerbs zu Sondergut gegeben sind – auch dann ohne weiteres Gesamteigentum, wenn ein Ehegatte allein das entsprechende Rechtsgeschäft abgeschlossen hat und im Grundbuch eingetragen wird (vgl. WEISS GOTTFRIED, Die Eintragungswirkungen des Güterrechtsregisters und ihre Beziehungen zum Grundbuch, Diss Zürich 1915 66ff; OSTERTAG, Exkurs zu Art. 965 N. 32; HAAB, Art. 652/54 N. 38).

83 Der Eigentumserwerb vollzieht sich dagegen nicht ausserbuchlich bei Rechtsgeschäften unter Ehegatten, welche, ohne den vertraglichen Übergang zum externen Güterstand der Gütergemeinschaft oder der Gütereinheit herbeizuführen, die Eigentumsverhältnisse an Grundstücken verändern (ZBJV *56* 606ff; ZBGR *31* 113f; WEISS a.a.O. 36f, 69; HAAB, Art. 652/54 N. 38 a.E.; HOMBERGER, Art. 965 N. 63).

84 Vgl. im übrigen Art. 665 N. 44ff und über Eigentumsänderungen im Falle der Auflösung einer Gütergemeinschaft Art. 654 N. 15ff.

5. Fusion

85 zweier Aktiengesellschaften (OR 748ff), zweier Kommanditaktiengesellschaften oder zweier Genossenschaften (OR 914), sofern keine Liquidation stattfindet, es sich also nicht um eine uneigentliche Fusion handelt, sondern entweder um eine Annexion oder um eine Kombination. In diesen beiden Fällen hat man es mit Universalsukzession zu tun: Die Eigentumsänderung an Grundstücken vollzieht sich im Zeitpunkt der Fusion. Vgl. die Belege in N. 70 von Art. 657.

6. Umwandlung von Gesellschaften

im Sinne der Änderung der Gesellschaftsform unter fortdauernder Identität 86
des Unternehmens. Grundsätzlich vollzieht sich zwar der Eigentumsübergang von der alten auf die neue Gesellschaft im Wege der Singularsukzession, so dass bei Grundstücken der Erwerb des Eigentums erst mit der Eintragung im Grundbuch erfolgt (vorn N. 22 und Art. 657 N. 37). Doch bestehen (ausser dem in N. 85 erwähnten Tatbestand der Fusion noch) zahlreiche Ausnahmen (s. auch Art. 657 N. 72ff):

a) So selbstverständlich bei der (gar keine Eigentumsübertragung herbei- 87
führenden; vorn N. 31) Umwandlung einer Personengesellschaft in eine andere auf dem Gesamthandsprinzip aufbauende Gesellschaft (Art. 652 N. 46–49).

b) Bei der Umwandlung einer Aktiengesellschaft in eine Gesellschaft mit 88
beschränkter Haftung gemäss OR 824ff (Janggen/Becker, Art. 826 N. 1).

c) Bei der Umwandlung einer Kommanditaktiengesellschaft in eine Aktien- 89
gesellschaft und umgekehrt. Dieser Vorgang untersteht den für die Annexion von Aktiengesellschaften massgebenden Grundsätzen (OR 750 II; vorstehend N. 85; VEB *1929* Nr. 40).

d) Als Universalsukzession ist auch ausgestaltet die Übernahme von Aktien- 90
gesellschaften und Genossenschaften durch Körperschaften des öffentlichen Rechts (OR 751 und 915).

e) Betreffend Übergang des Sicherungsfonds einer Lebensversicherungs- 91
gesellschaft im Falle der Übertragung des Versicherungsbestandes gemäss Art. 27/28 des BG über die Sicherstellung von Ansprüchen aus Lebensversicherungen inländischer Lebensversicherungsgesellschaften vom 25. Juni 1930 vgl. Haab, Art. 656 N. 44.

7. Wechsel bei Gesamthandsverhältnissen,

und zwar, wenn ein bisheriger Teilhaber aus der Gemeinschaft ausscheidet 92
oder ein neuer aufgenommen wird (Art. 652 N. 45; Art. 657 N. 65), ja sogar, wenn alle Gemeinschafter bis auf einen ausscheiden und von diesem abgefunden werden (Art. 654 N. 54ff; Art. 657 N. 66). Über andere Änderungen von Gesamthandsverhältnissen, die keine Eigentumsänderungen darstellen vorn N. 31.

Dagegen unterliegen dem absoluten Eintragungsprinzip die zwischen der 93
Gesamthand auf der einen und einem oder mehreren Teilhabern auf der an-

dern Seite abgeschlossenen Rechtsgeschäft betreffend Änderung am Bestande des unbeweglichen Gesamthandsvermögens (Art. 652 N. 42, 49, 50, 51; Art. 654 N. 3, 46).

8. Heimfall

94 an das Gemeinwesen bei Aufhebung einer juristischen Person (ZGB 57; anders bei Übergang an das in den Statuten oder vom zuständigen Organ bestimmte Rechtssubjekt: Haab, Art. 656 N. 42) sowie im Falle des Rückkaufes und des Heimfalles einer Wasserrechtsverleihung (WRG 56f, 67f; Wettstein B., Rückkauf und Heimfall im Wasserrecht [Diss Zürich 1925] 48, 83); Gadient Ulrich, Der Heimfall im Wasserrecht des Bundes und der Kantone [Diss Zürich 1958]).

9. Eingemeindung

95 Über diesen, verwandte Züge mit der Fusion aufweisenden öffentlichrechtlichen Tatbestand der Universalsukzession Haab, Art. 656 N. 41; Feldmann M., Eingemeindungen und Zweckverbände, ZSGV *35* 337 ff.

10. Enteignung

96 Der Zeitpunkt des Eigentumserwerbs bestimmt sich nach den Vorschriften des im einzelnen Fall anwendbaren Enteignungsgesetzes. Im allgemeinen vollzieht sich die infolge Expropriation eintretende Rechtsänderung im Augenblicke der Bezahlung oder Hinterlegung der Entschädigungssumme (Art. 666 N. 23). Entsprechendes gilt im Falle des Abschlusses eines Expropriationsvertrages (dazu Art. 666 N. 32ff und Art. 657 N. 81), bei der sogenannten Wiederenteignung (vgl. Art. 666 N. 36), bei der Änderung der Eigentumsverhältnisse nach Art. 7 und 26 EntG und bei den Anwendungsfällen der sogenannten Impropriation (vgl. die Hinweise in Art. 666 N. 35). In all diesen Fällen vollzieht sich der Eigentumserwerb unabhängig vom Grundbuch. Die Eintragung des Erwerbers im Grundbuch und die bei Vorliegen der Voraussetzungen von ZGB 944 vorzunehmende Ausschliessung aus dem Grundbuch haben keine Konstitutivwirkung.

Siehe im übrigen die Ausführungen über die Enteignung im Syst. Teil S. 96ff N. 208ff und dazu noch Art. 666 N. 22ff.

11. Richterliches Urteil oder Urteilssurrogate

Hier wird das Eigentum mit dem Eintritt der formellen Rechtskraft des Urteils erworben (über die Rechtskraft im allgemeinen vgl. GULDENER, Zivilprozessrecht 299ff). In der Regel ist ein Urteil rechtskräftig, wenn es durch ein ordentliches Rechtsmittel nicht mehr angefochten werden kann; indessen kann bei den ausserordentlichen Rechtsmitteln (Kassation, Revision, Erläuterung usw.) meist durch besondere Verfügung der Rechtsmittelinstanz der Eintritt der Rechtskraft gehemmt werden. Über den Zeitpunkt des Eintrittes der Rechtskraft, den die einzelnen Prozessordnungen verschieden bestimmen vgl. GULDENER 326ff. Nach rechtskräftiger Erledigung eines Prozesses besteht auch noch die Möglichkeit der Restitution (vgl. GULDENER, SJZ *37* 320). 97

Nach den massgebenden Prozessgesetzen entscheidet sich auch die Frage, ob gerichtliche Vergleiche und Anerkenntnisse sowie schiedsgerichtliche Urteile den richterlichen Urteilen hinsichtlich der Rechtskraft gleichgestellt sind (GULDENER 287ff für den Vergleich, 294ff für Klagerückzug und Klageanerkennung und 572f für Entscheidungen von Schiedsgerichten; vgl. ferner HAAB, Art. 656 N. 68; HOMBERGER, Art. 963 N. 32ff; BGE *71* I 454ff). Der gerichtlichen Bestätigung eines Liquidationsvergleichs ist dagegen mit HAAB, Art. 656 N. 67 die Kraft eines richterlichen Gestaltungsurteils abzusprechen. 98

Voraussetzung des unmittelbaren Eigentumserwerbs durch Urteil ist jedoch, dass es sich um ein Gestaltungsurteil handelt, ein Urteil also, das, sobald es in Rechtskraft erwächst, die Rechtsänderung selbst herbeiführt und nicht noch der Vollstreckung bedarf (vgl. GULDENER 257f). Das ist beispielsweise der Fall bei dem das Eigentum direkt zusprechenden Urteil gemäss ZGB 665 I (vgl. Art. 665 N. 16), beim Grenzscheidungsurteil nach ZGB 669 oder bei dem die Aufhebung von Miteigentum anordnenden Urteil (Art. 651 N. 11ff). In gleicher Weise kommen nur Urteilssurrogate in Frage, die in Änderung der bisherigen Eigentumsverhältnisse dem Erwerber das ihm vorher nicht zugekommene Eigentum zusprechen. Die Zuerkennung eines bloss obligatorischen Anspruches auf Eigentumsübertragung durch Leistungsurteil oder ihm gleichwertige Urkunden genügt dagegen nicht (vgl. BGE *71* I 458). Auch um ein Feststellungsurteil kann es sich hier nicht handeln, weil darin ja nur schon bestehendes Eigentum bekräftigt, nicht aber dadurch neues Eigentum geschaffen wird (über die Eigentumsfeststellungsklage Art. 641 N. 87). 99

Über die zur Grundbucheintragung auf Grund des Urteils verlangten Erfordernisse s. Art. 665 N. 38.

12. Zwangsvollstreckung

100 im Betreibungs- und Konkursverfahren: Der Eigentumserwerb vollzieht sich hier mit dem eine amtliche Verfügung des Betreibungs- oder Konkursamtes darstellenden Zuschlag. Dieser kann – abgesehen vom Fall der Verfügung des Betreibungsamtes oder der Konkursverwaltung bei nicht rechtzeitiger Zahlung (SchKG 143, 156, 259; VZG 63, 102, 130) – nur auf dem Beschwerdeweg (SchKG 136bis) aufgehoben werden (BGE *40* III 342; *41* III 41 ff; *47* III 147; *51* III 16; *82* III 34). Eine solche Aufhebung ist auch nach Abschluss der Betreibung bzw. des Konkurses möglich (vgl. BGE *52* III 146 ff; *72* III 42 ff), doch kann nach Auffassung des Bundesgerichts ein Steigerungszuschlag wegen eines fehlerhaften Verfahrens, für das der Erwerber nicht verantwortlich ist, mindestens dann nicht mehr mit Erfolg angefochten werden, wenn seit der Verwertung und der Verteilung mehr als ein Jahr verstrichen ist (BGE *73* III 23 ff). Die Gutheissung der Beschwerde kann immer nur zur Aufhebung des Zuschlages und zur Anordnung einer neuen Steigerung führen; die Aufsichtsbehörde kann das Grundstück nicht etwa dem Beschwerdeführer zusprechen, auch dann nicht, wenn dieser der zweithöchste Bieter gewesen ist (BGE *57* III 130). Im Falle der Aufhebung des Zuschlages sind die schon erbrachten Leistungen (Steigerungspreis und Steigerungsobjekt) gegenseitig zurückzugeben. Ist das Grundstück schon in den Händen eines gutgläubigen Dritterwerbers, müssen sich die geschädigten Personen mit einer Schadenersatzklage zufrieden geben (vgl. BGE *44* III 153 ff; *53* III 148 f).

101 Der Eintritt eines Dritten in die durch den Zuschlag erworbenen Rechte ist unstatthaft. Eine Weiterübertragung kann nur erfolgen durch Abschluss eines öffentlich beurkundeten Vertrages mit nachfolgender Eintragung (VZG 67; BGE *51* III 14). Über die Frage, ob der Höchstbieter sein Recht *auf* den Zuschlag abtreten könne vgl. HAAB, Art. 656 N. 60 a. E.

102 Der im Konkursverfahren zulässige Verkauf aus freier Hand (SchKG 256) unterliegt dem absoluten Eintragungsprinzip. Der öffentlich zu beurkundende Vertrag (Art. 657 N. 28) begründet daher nicht Eigentum, sondern verschafft nur den persönlichen Anspruch auf die dann konstitutiv wirkende Grundbucheintragung.

103 Auch die freiwillige Steigerung gehört zu den Rechtsgeschäften, für welche das absolute Eintragungsprinzip massgebend ist. Die Eintragung im Grundbuch, nicht schon der Abschluss des Vertrages (der bei öffentlicher Steigerung ohne, bei privater Steigerung nur durch öffentliche Beurkundung gültig zustande kommt) verschafft Eigentum (vgl. Art. 657 N. 27 und 61).

Art. 657

Der Vertrag auf Eigentumsübertragung bedarf zu seiner Verbindlichkeit der öffentlichen Beurkundung.

Die Verfügung von Todes wegen und der Ehevertrag bedürfen der im Erbrecht und im ehelichen Güterrecht vorgeschriebenen Formen.

II. Erwerbsarten
1. Übertragung

II. Modes d'acquisition

1. Actes translatifs de propriété

Les contrats ayant pour objet le transfert de la propriété ne sont valables que s'ils sont reçus en la forme authentique.

Les dispositions pour cause de mort et le contrat de mariage demeurent soumis aux formes qui leur sont propres.

II. Modi d'acquisto

1. Trasmissione

Il contratto traslativo della proprietà richiede per la sua validità l'atto pubblico.

Le disposizioni a causa di morte e le convenzioni matrimoniali devono essere fatte nelle forme prescritte dal diritto successorio e matrimoniale.

Materialien: VE 663; E 654; Erl II 79, 82; Botsch 63; StenBullNR *16* 528; StenBullStR *16* 1262; Botsch revOR 1905 24f.

Literatur

Bertoni Brenno, De l'acte authentique en droit suisse, ZSR *40* 146a ff; Blumenstein Ernst, Die Einheit des Aktes im bernischen Notariatsprozess, MBVR *10* 465ff; derselbe, Zur Frage der örtlichen Zuständigkeit des bernischen Notariates, MBVR *11* 241ff; derselbe, Zuständigkeit zur öffentlichen Beurkundung von Liegenschaftsverträgen im interkantonalen Verkehr, MBVR *19* 209ff; derselbe, Die Verbesserung von Irrtümern in Notariatsurkunden, MBVR *21* 417ff; derselbe, Urkundpflicht, Rogation und Verantwortlichkeit im bernischen Notariatsrecht, MBVR *47* 1ff; derselbe, Die Prüfung der eigenen Zuständigkeit durch den Notar, MBVR *47* 209ff; Bolla Augusto, L'acte authentique cantonal comme titre pour les inscriptions au registre foncier, ZBGR *32* 241ff; Borella Achille, Il notariato nel cantone Ticino (Diss Bern 1934); Brunner Max, Grundstückkauf (3. A., Rorschach 1940); Bürgisser Werner, Der Grundstückkauf (Diss Zürich 1924); Comment Albert, Grundstückkauf, Formvorschriften, SJK 225 (Genf 1942); Dénéréaz Jean David, Promesse de vente, pacte d'emption et pratique notariale (Diss Lausanne 1941); Escher Arnold, Zur Geschichte des zürcherischen Fertigungsrechtes (Zürich 1907); Flückiger Paul, Die Einheit des Aktes bei der öffentlichen Beurkundung, SJZ *18* 104ff; derselbe, Die Bedeutung der Form im Verurkundungsverfahren, MBVR *24* 97ff; derselbe, Das Verurkundungsverfahren, Festschrift des Verbandes bernischer Notare, «Notar und Recht» (Bern 1953) 45ff; Gautschi Edwin, Die öffentliche Beurkundung der Verfügung von Todes wegen nach dem schweizerischen ZGB (Diss Zürich 1932); Graber J. P., Histoire du Notariat dans le Canton de Neuchâtel (Diss Zürich 1955); Guhl Theo, Die interkantonale Bedeutung der öffentlichen Urkunde, MBVR *18* 257ff und 305ff; derselbe, Die Zuständigkeit zur Beurkundung von Rechtsgeschäften über dingliche Rechte an Grundstücken nach dem Entwurf zum neuen Obligationenrecht, MBVR *25* 49ff; Guldener Max, Grundzüge der freiwilligen Gerichtsbarkeit der Schweiz (Zürich 1954); derselbe,

Müssen bei öffentlicher Beurkundung von Verträgen die Kontrahenten gleichzeitig anwesend sein? ZBGR *38* 347f; Haccius Walter, Die öffentliche Beurkundung als Form der Rechtsgeschäfte im Schweizerischen Zivilgesetzbuch und im Deutschen Bürgerlichen Gesetzbuch (Diss Heidelberg 1915); Herz Wilhelm, Die Bedeutung der Form des Formalgeschäfts nach deutschem und schweizerischem Recht (Diss Basel 1934; in Maschinenschrift); Homberger/Marti, SJK 318 (Genf 1942); Huber Ernst, Das Recht der Urkundspersonen in den schweizerischen Kantonen (Diss Zürich 1910); Jakob E., Das Notariatsrecht des Kantons Basel-Stadt (Diss Basel 1935; in Maschinenschrift); Kellerhals Adolf, Simulation im Grundstückkauf (Diss Bern 1952); Kratzer Jean, L'acte authentique en droit suisse (Diss Lausanne 1930); Kunz Hans, Öffentliche Vertragsbeurkundung und ihre Gültigkeit nach schweizerischem Recht (Diss Bern 1928); Lapeyre André, Le notariat dans l'ordre social actuel, Semjud 1955 625 ff; Leemann Hans, Die Folgen der Simulation bei formalen Rechtsgeschäften, SJZ *13* 273ff; derselbe, Die Zuständigkeit zur Beurkundung von Veräusserungs- und Belastungsverträgen über Grundstücke nach schweizerischem Recht, SJZ *17* 321ff; derselbe, Nichtigkeit des Grundstückkaufes wegen unrichtiger Beurkundung des Kaufpreises? SJZ *20* 269f; Liver Peter, Über die Formen der Begründung und Übertragung von dinglichen Rechten an Grundstücken, ZBGR *26* 65 ff; Leemann/Huber, Grundbuch- und Vermessungsrecht (Zürich 1959); Marti Hans, Die Rogation des Notars, MBVR *38* 321ff; derselbe, Der Notar des Kantons Bern, Festschrift des Verbandes bernischer Notare, «Notar und Recht» (Bern 1953) 15ff; Merz Hans, Die Übertragung des Grundeigentums gestützt auf gesetzliche Erbfolge, Testament, Erbvertrag oder Auflösung des Güterstandes infolge Todes eines Ehegatten, ZBGR *36* 121ff; Müller Peter, Die Heilung formwidriger Rechtsgeschäfte durch Erfüllung (Diss Fribourg 1938); Mutzner Paul, Die öffentliche Beurkundung im schweizerischen Privatrecht, ZSR *40* 103aff; Nussbaum Heinrich, Beispiele mit Anmerkungen und Erläuterungen über öffentliche Beurkundungen, mit einer einleitenden Darstellung des massgebenden Rechts (2.A., Aarau 1949); derselbe, Die aargauische Urkundsperson in der Praxis, ZBGR *7* 113ff und 201ff; Oertly, Die Vornahme öffentlich zu beurkundender Rechtsgeschäfte in ausländischen Formen (Diss Bern 1921); Reichel Hans, Zur Behandlung formnichtiger Verpflichtungsgeschäfte, Arch. civ. Pr. *104* 1ff; Rennefahrt H., Aus der Geschichte des bernischen Notariates (Bern 1946); de Riedmatten J., Le notaire valaisan (Diss Bern 1938); Rink Felix, Tragweite der Formvorschrift der öffentlichen Beurkundung bei Grundstückveräusserungsverträgen unter besonderer Berücksichtigung der Praxis des Schweizerischen Bundesgerichts (Diss Basel 1951; in Maschinenschrift); Schellenberg Arthur, Öffentliche Beurkundung von Rechtsgeschäften, insbesondere nach zürcherischem Recht (Diss Zürich 1930); Schneider Max, Formbedürftige Rechtsgeschäfte nach schweizerischem Zivilrecht (Diss Zürich 1913); Spielmann Fritz, L'organisation du Notariat en Suisse (2.A., Lausanne 1936); Stauffer W., Darf ein bernischer Notar Kaufverträge über ausländische Grundstücke verurkunden? MBVR *24* 369 ff; derselbe, Gültigkeit eines in der Schweiz unter Beobachtung der schweizerischen Formen geschlossenen Veräusserungsvertrages über ein deutsches Grundstück, MBVR *25* 205ff; Steiner E., Die Einheit des Aktes bei der öffentlichen Beurkundung, SJZ *18* 67ff; von Tuhr Andreas, Die Eigentumsübertragung nach schweizerischem Recht, ZSR *40* 40ff; Weber K.E., Locus regit actum und seine Bedeutung für die öffentliche Beurkundung, ZBGR *21* 1ff; Weyermann Hans, Die öffentliche Beurkundung als Form der Rechtsgeschäfte im Deutschen Bürgerlichen Gesetzbuch und im Schweizerischen Zivilgesetzbuch (Diss Leipzig 1919); Wild Walter, Kantonale Beurkundung und Grundbuchführung, ZBGR *32* 301ff; Wigger Franz, Die Anfänge des öffentlichen Notariates in der Westschweiz bis zur Mitte des 14. Jahrhunderts (Diss Fribourg 1951); Zingg Ernst, Handbuch für Notare und andere Urkundsbeamte (Weinfelden 1934).

Vgl. auch die Kommentare zu Art. 216 OR und zu Art. 55 SchlT ZGB.

Rechtsvergleichung

Dazu in der Inhaltsübersicht zum 19. Titel vorn S. 3 N. 11 und allgemein noch die Artikel «Formvorschriften» und «Kaufvertrag» im RvglHWB III 454ff und IV 730f. Für Deutschland vgl. ausser den Kommentaren zu § 313 und den Lehr- und Handbüchern zum allgemeinen Schuldrecht noch Boehmer Gustav, Grundlagen der bürgerlichen Rechtsordnung, Bd. II/2 (Tübingen 1952) 93ff mit weiteren Nachweisen. S. auch hinten N. 131, 134, 141.

Über die Handhabung der dem Art. 657 entsprechenden Vorschrift des türkischen ZGB: Hirsch, SJZ *50* 343 und Thilo, JT 1955 I 580f.

Übersicht

I. ALLGEMEINES

1. Inhalt

1 Art. 657 I verlangt im Anschluss an die meisten Grundbuchrechte als Voraussetzung für die Verbindlichkeit des obligatorischen Grundstückveräusserungsvertrages die Erfüllung einer bestimmten Form: öffentliche Beurkundung. Der Immobiliarveräusserungsvertrag kann nur unter Mitwirkung eines hierzu kompetenten öffentlichen Organs abgeschlossen werden. Diese Vorschrift begründet somit eine der namentlich im Sachenrecht zahlreichen wichtigen Ausnahmen von dem das Obligationenrecht beherrschenden Prinzip der Formfreiheit (OR 11 I).

Abs. II von Art. 657 statuiert einen Vorbehalt für die Form der Eigentumsübertragung kraft Verfügung von Todes wegen (öffentliche letztwillige Verfügungen und Erbverträge) und kraft Ehevertrages, ohne im übrigen auf die zahlreichen weiteren Ausnahmen von dem in Abs. I niedergelegten Prinzip hinzuweisen (darüber namentlich hinten N. 45 ff).

2. Zweck

Der gesetzgeberische Zweck dieser Bestimmung ist ein dreifacher:

a) Schutz der Parteien vor unbedachten Vertragsabschlüssen (Unterdrückung der Wirtshausgeschäfte, der Güterschlächterei; Rücksichtnahme auf mangelnde Geschäftskundigkeit, namentlich in ländlichen Verhältnissen). «Die Formvorschrift der öffentlichen Beurkundung bezweckt im wesentlichen, die Beteiligten vor Übereilung zu schützen, und dieser Zweck wird, soweit er vermittelst gesetzlicher Formvorschriften überhaupt möglich ist, schon durch die blosse Tatsache der Beurkundung erreicht. Die damit verbundene Umständlichkeit, wie das Erscheinen vor der Urkundsperson und die Besprechung des Vertragsinhaltes vor ihr, gibt den Beteiligten genügend Gelegenheit, sich das Kaufgeschäft zu überlegen und ihren hierauf gerichteten Willen möglichst unbeeinflusst von Zufälligkeiten und Stimmungen frei zu bilden.» (BGE *50* II 146/47). Entscheidend für diesen Formzwang ist weniger der meist erhebliche Wert der Grundstücke – auch Mobilien (z.B. Wertpapiere, Juwelen) können ja sehr wertvoll sein und gleichwohl auf formfreie Weise ihren Eigentümer wechseln –, als vielmehr die soziale Bedeutung des Grundeigentums: Der Grundbesitz ist die natürliche Grundlage für die Sesshaftigkeit der Bevölkerung, er ist regelmässig für die Lebensstellung und den Beruf des Eigentümers von ausschlaggebender Bedeutung (vgl. Mot z. BGB II 190). Der Staat hat somit ein hervorragendes Interesse daran, dass der Verkehr mit Grundstücken in festen Formen sich abwickelt. Demgemäss ist die Formvorschrift des Art. 657 um der öffentlichen Ordnung willen aufgestellt (BGE *39* II 226; *82* II 553; BlZR *37* Nr. 129 S. 264; s. auch hinten N. 145 und N. 157). 2

b) Förderung der Präzision des Vertrages, um Streitigkeiten vorzubeugen. 3
Dank der Mitwirkung einer Urkundsperson wird auf die klare Erfassung der übereinstimmenden Willen der Parteien und auf eine unmissverständliche Formulierung viel grössere Sorgfalt verwendet. Der Beurkundungszwang führt sodann zu einer scharfen Trennung zwischen eigentlichem Vertragsabschluss und den ihm vorangehenden Verhandlungen. Die Gefahr, dass der öffentlich beurkundete Vertrag aus der Berücksichtigung der Vorverhandlungen eine auf Grund des Wortlautes nicht zu erwartende Sinndeutung erhält, ist geringer als beim Vertrag mit einfacher Schriftform oder gar beim bloss mündlich abgeschlossenen Rechtsgeschäft (zur Frage der Auslegung des beurkundeten Vertrages und der Bedeutung, welche den Vorverhandlungen dabei zukommen kann, s. hinten N. 115 ff). Mit der erhöhten Präzision des öffentlich beurkundeten Vertrages hängt seine privilegierte Beweiskraft zusammen (vgl. Art. 9 ZGB).

4 **c) Herstellung einer sicheren Grundlage für die Eintragung im Grundbuch** (ZGB 965 I und III). Indem der Beurkundungszwang dazu führt, dass der Wille der Vertragschliessenden vollständig und richtig zum Ausdruck gelangt, wird damit zugleich, im Interesse der Rechtssicherheit, der Grundbucheintrag gehörig vorbereitet. Dabei ist zu beachten, dass die Bedeutung des obligatorischen Vertrages auf Eigentumsübertragung sich nicht darin erschöpft, Grundlage des mit hoher Publizitätswirkung versehenen Grundbucheintrages (vgl. ZGB 973) in dem Sinne zu sein, dass er dem Erwerber einen persönlichen Anspruch auf Eintragung im Grundbuch verleihen würde; der öffentlich beurkundete Vertrag verschafft dem Erwerber vielmehr (im Falle der Weigerung des Veräusserers) ein Recht auf gerichtliche Zusprechung des Eigentums (vgl. ZGB 665 I). Mit dieser umfassenden Funktion dient die öffentliche Beurkundung der «Erhöhung der Rechtssicherheit im Liegenschaftenverkehr im Interesse der Allgemeinheit» (BGE *78* II 224) und ist daher Bestandteil des schweizerischen ordre public (vorn N. 2 a. E.).

3. Systematische Stellung

5 Da Art. 657 sich lediglich mit der Form des kausalen Rechtsgeschäfts der Eigentumsübertragung befasst, hätte die Vorschrift über die Form des Vertrages ebensogut dem Obligationenrecht zugewiesen werden können. Eine entsprechende Bestimmung über den Grundstückkaufvertrag findet sich denn auch innerhalb des Kaufrechtes: Art. 216 I OR. Ihre Einfügung ins Sachenrecht rechtfertigt sich indessen durch den Zusammenhang mit dem Grundbuchrecht insofern, als die Formvorschrift nicht nur für die Verbindlichkeit des obligatorischen Verhältnisses aufgestellt ist, sondern zugleich die formelle Voraussetzung und materielle Grundlage der grundbuchlichen Eintragung darstellt, d. h. ein wesentliches Moment für den Eigentumserwerb bildet (vgl. Art. 965 I, 974 II, 975; Erl II 82; Botsch 63). Die enge Beziehung zum Sachenrecht erhellt sodann daraus, dass die öffentliche Urkunde in der Form des Belegs zu einem Bestandteil des Grundbuches wird (ZGB 942).

4. Bundesrecht und kantonales Recht

6 Der Bund ordnet hier in Art. 657 an, *dass* der Vertrag auf Eigentumsübertragung der öffentlichen Beurkundung bedarf, überlässt es aber in Art. 55 SchlT (in Bekräftigung der schon von Bundesverfassungs wegen bestehenden Ordnung; dazu MARTI, Notar und Recht 22 ff) den Kantonen, zu bestimmen, *wo*, *von wem* und *wie* die öffentliche Beurkundung hergestellt wird. Das eid-

genössische Recht enthält sich hier also grundsätzlich jeglicher Einmischung ins Verfahrensrecht. Anders als bei einigen andern beurkundungsbedürftigen Rechtsgeschäften (vgl. betreffend öffentliche letztwillige Verfügungen, Erb- und Verpfründungsverträge ZGB 499ff, 512 und OR 522 I, bezüglich Eheverträge ZGB 181 I und hinsichtlich Gemeinderschaftsverträgen ZGB 337) stellt hier das Bundesrecht – von den hinten N.107 erwähnten Ausnahmen abgesehen – nicht selbst Normen über die Art und Weise der Beurkundung auf. Das Beurkundungsrecht ist somit kantonales Recht und unterliegt als solches nicht der Überprüfung des Bundesgerichtes als Berufungsinstanz (BGE *84* II 640f). Der Kognition des Bundesgerichtes unterliegen nur die Fragen betreffend Begriff (vgl. N.92; zu Unrecht missachtet in BGE *46* II 230ff, was schon von HAAB, Art.657 N.14 zutreffend kritisiert worden ist), Anwendungsbereich (N.11ff) und Wirkungen der Nichterfüllung der öffentlichen Beurkundung (vgl. N.127ff).

5. Andere Anwendungsfälle der öffentlichen Beurkundung

a) Im Sachenrecht wird die öffentliche Beurkundung nicht nur für die Ver- 7
träge auf Eigentumsübertragung an Grundstücken in all den hinten N.11ff aufgezählten Anwendungsfällen gefordert. Auch die Verträge, welche ein beschränktes dingliches Recht an Grundstücken zur Entstehung bringen wollen, bedürfen grundsätzlich der öffentlichen Beurkundung. So

- der Nutzniessungsvertrag (ZGB 746),
- der Wohnrechtsvertrag (ZGB 776),
- der Grundlastvertrag (ZGB 783) und
- der Grundpfandvertrag (ZGB 799).

Nur für den Grunddienstbarkeitsvertrag genügt die Form der einfachen Schriftlichkeit (ZGB 732; zutreffende Kritik an diesem gesetzgeberischen Missgriff bei LIVER, Art.732 N.69ff); öffentliche Beurkundung wird nur verlangt für die schenkungsweise Einräumung einer Dienstbarkeit (OR 243 II) und für die Aufhebung oder Abänderung gesetzlicher Eigentumsbeschränkungen (ZGB 680 II; s. dort).

Das kantonale Recht kann öffentliche Beurkundung im Rahmen der Massnahmen zur Bodenverbesserung im Sinne von Art.703 ZGB vorsehen (vgl. Bern EG 98; ZBGR *9* 264).

b) In den übrigen Gebieten des ZGB wird die öffentliche Beurkundung 8
(allerdings mit zum Teil besonderer Ausgestaltung) vorgeschrieben für:

- die Errichtung einer Stiftung (ZGB 81; hinten N.35),

- den Abschluss, die Abänderung oder die Aufhebung eines Ehevertrages (ZGB 181; hinten N.82),
- die Errichtung eines Inventars über das eingebrachte Gut (ZGB 197),
- die Adoption (ZGB 267),
- die Anerkennung eines ausserehelichen Kindes (ZGB 303 II),
- den Gemeinderschaftsvertrag (ZGB 337),
- die öffentlichen letztwilligen Verfügungen (ZGB 499 ff) und den Erbvertrag (ZGB 512; hinten N.82).

9 **c) Im Obligationenrecht** wird die Form der öffentlichen Beurkundung angeordnet für:

- all diejenigen Verträge, deren Gültigkeit kraft Parteiwillens von der Einhaltung dieser Form abhängig sind (OR 16),
- den Grundstückkaufvertrag (OR 216; dabei handelt es sich aber nur um einen Anwendungsfall von ZGB 657, der nicht besonders hätte erwähnt werden müssen; vgl. die Übersicht über den Anwendungsbereich von ZGB 657 hinten N.15 ff),
- die Bürgschaft (OR 493),
- den Verpfründungsvertrag (OR 522),
- bestimmte Generalversammlungsbeschlüsse bei der Aktiengesellschaft (OR 637, 638, 647, 736 Ziff. 2), der Kommanditaktiengesellschaft (OR 764), der Gesellschaft mit beschränkter Haftung (OR 779, 784, 820 Ziff. 2),
- die Beschlüsse der Gläubigergemeinschaft bei Anleihensobligationen (OR 1169; VO des Bundesrates über die Gläubigergemeinschaft bei Anleihensobligationen vom 9. Dezember 1949, Art. 6).

6. Strafrechtliches

10 Über die Erschleichung einer falschen Beurkundung eines Grundstückkaufvertrages nach StGB 253: BGE *78* IV 105 ff; *84* IV 163 ff; BlZR *55* Nr. 39; *59* Nr. 60; ZBGR *33* 77 ff; *41* 158 f; ZSGV *61* 22 f. Der Notar ist für Falschbeurkundungen nach StGB 316 strafbar (der Amtsnotar als «Beamter», der freie Notar als «Person öffentlichen Glaubens»).

II. ANWENDUNGSGEBIET DES BEURKUNDUNGSZWANGES

1. Hinsichtlich des Objektes der Eigentumsübertragung

Das Formerfordernis des Art. 657 findet – dem Grundstückbegriff des Art. 655 entsprechend – nicht nur Anwendung auf die Übertragung der Liegenschaften (und zwar ohne Rücksicht auf ihren Umfang oder Wert und ungeachtet der Tatsache, ob sie im Zeitpunkt des Abschlusses des Veräusserungsvertrages im Grundbuch figurieren oder nicht), sondern auch auf diejenige der in das Grundbuch aufgenommenen selbständigen und dauernden Rechte und der Bergwerksberechtigungen und darüber hinaus auch auf diejenige von Miteigentumsanteilen an diesen Objekten (s. Art. 655 N. 3). Dagegen erstreckt sich der Beurkundungszwang nicht auf die Begründung eines selbständigen und dauernden Rechts (für die es nur der einfachen Schriftform bedarf: Art. 655 N. 17; beurkundungsbedürftig ist nur die Übertragung des einmal begründeten, gebuchten Rechts: Art. 655 N. 35). 11

Nicht von Bedeutung ist, ob das Grundstück dem Veräusserer bereits gehört, oder ob es sich um einen Veräusserungsvertrag über ein fremdes Grundstück handelt. Vgl. z. B. unten N. 16 a. E. 12

Auch die Veräusserung von Rechts- und Sachgesamtheiten, z. B. eines Geschäfts, zu dem Grundstücke gehören, bedarf der Form des Art. 657, selbst wenn die Grundstücke nach ihrem wirtschaftlichen Zwecke den nebensächlichen Bestandteil des Vertrages bilden (nicht eindeutig genug: ZBGR *23* 45). 13

Nicht anwendbar ist dagegen die Vorschrift auf Verträge über Veräusserung von Bestandteilen eines Grundstücks, wie Früchte auf dem Halm, Holz auf dem Stamm, Material auf Abbruch oder aus Steinbrüchen. Solche Verträge haben in Wirklichkeit nicht Teile eines Grundstücks, sondern zukünftige bewegliche Sachen zum Gegenstande, stehen also auch mit dem Grundbuchrecht in keinem Zusammenhang (vgl. OR 187 II; Art. 642 N. 41; Art. 643 N. 27). 14

2. Hinsichtlich der Art der Eigentumsübertragung

a) Erforderlich ist die öffentliche Beurkundung (unter Vorbehalt der hinten N. 45 ff aufgezählten Ausnahmen) für jeden Vertrag auf Eigentumsübertragung an Grundstücken, ohne Rücksicht auf die juristische Form, in die er gekleidet ist, so namentlich für:

15 – den *Kaufvertrag* (OR 216 II);

16 – den *Vorvertrag* (OR 22 II und 216 II; BGE *39* II 224; *84* II 640; SJZ *51* 299 Nr. 147 und 300 Nr. 155; BlZR *13* Nr. 43; Sem *77* 596; Rep *72* 420; ROTH, Der Vorvertrag [ASR n. F. Heft 37, Bern 1928] 346ff; MUTZNER, ZSR *40* 136af; s. noch hinten N. 97). Vorvertrag ist auch derjenige Vertrag, in welchem die eine Partei verspricht, der andern ein zu bildendes Grundstück zu verkaufen und diese dessen Kauf zusichert: ZBGR *32* 93f. Ein öffentlich zu beurkundender Vorvertrag ist sodann zu erblicken in der Verpflichtung eines B gegenüber einem A, die dem C gehörende Liegenschaft zu kaufen und dem D weiter zu veräussern: BGE *57* II 502ff;

17 – den *Kaufrechtsvertrag* (OR 216 II; BGE *84* II 249ff; *86* II 36ff; ZBGR *36* 47; BECKER, Art. 216 N. 3; MATILE JACQUES, La forme des pactes d'emption en droit vaudois; JT *103* [1955] III 10ff); hinten N. 98;

18 – den *Rückkaufsvertrag* (OR 216 II; BECKER, Art. 216 N. 3) und die Begründung eines *Rückverkaufsrechts* (vgl. hinten zu Art. 683);

19 – den *Tauschvertrag* (OR 237; BlZR *37* Nr. 129);

20 – das *Schenkungsversprechen* (OR 243 II; Rep *83* 26; OSER/SCHÖNENBERGER, Art. 243 N. 7, 9). Eine Schenkung von Hand zu Hand gibt es bei Grundstücken nicht: BECKER, Art. 242 N. 3; OSER/SCHÖNENBERGER, Art. 242 N. 6, 7;

21 – die *Auslobung* (OR 8), die sich auf ein Grundstück bezieht;

22 – den *aussergerichtlichen Vergleich* (MEIER-HAYOZ, Vergleich, SJK 463 S. 4f);

23 – das *aussergerichtliche Anerkenntnis;*

24 – die Verpflichtung, einen Käufer für ein bestimmtes Grundstück zu beschaffen und für das Erfüllungsinteresse einzustehen, falls ein unbestimmter Dritter den Kaufvertrag mit dem festgelegten Inhalt nicht abschliesse (BGE *50* II 250ff);

25 – die Übertragung von Liegenschaften zu Lebzeiten an die präsumptiven Erben, lebzeitige Teilungen, Verkäufe unter Anrechnung auf den Erbteil (BGE *45* III 164; *57* II 142; ZBGR *10* 50f);

26 – den *Grenzregulierungsvertrag*, durch den die Nachbarn gegenseitig Teile des Grundstückes abtreten (MBVR *11* Nr. 196; Seuff. Arch. *61* Nr. 223; wobei die Kantone ein vereinfachtes Verurkundungsverfahren vorsehen können), sofern nicht nach kantonalem Recht eine öffentlich-rechtliche Abtretungs- und Übernahmepflicht begründet wird;

27 – die *freiwillige private Steigerung* (= Kaufvertrag auf einer Steigerung, die nicht öffentlich ausgekündigt oder bei der die Zulassung der Bieter beschränkt worden ist; OR 229 II; MBVR *10* Nr. 82; STÄGER, Der Steige-

rungskauf [Diss Zürich 1916] 28, 83; HAAB, Art. 657 N. 4 und 10; BECKER, Art. 235 N. 2; OSER/SCHÖNENBERGER, Vorbemerkungen zu Art. 229–236 N. 18 und Art. 235 N. 7), mit Ausnahme derjenigen unter Miterben (BGE *83* II 363 ff);

- den *Freihandverkauf im Konkursverfahren* gemäss SchKG 256 (BGE *50* III 110; *60* III 198; LEEMANN SJZ *28* 257; BECK, Art. 55 N. 57 lit. *i*; zu Unrecht glaubt HAAB, Art. 656 N. 64 im Anschluss an BLUMENSTEIN, Handbuch 440, angesichts der vollstreckungsrechtlichen Natur dieses Rechtsgeschäftes auf die Erfordernisse der öffentlichen Beurkundung und der konstitutiven Grundbucheintragung verzichten zu können); 28
- das Versprechen eines Dritten gegenüber einer Gruppe von Grundpfandgläubigern eines Schuldners, die Liegenschaft des Schuldners nach der Ersteigerung durch die Hypothekargläubiger diesen zu einem bestimmten Preise abzukaufen (Rep *72* 420); 29
- den *Illationsvertrag*, durch den sich ein oder mehrere Gemeinschafter bei oder nach Gründung einer Gesamthandschaft zur Einbringung eines in ihrem Allein- oder Miteigentum stehenden Grundstückes ins Gesamteigentum der Gesamthandsgemeinschaft verpflichten: Art. 652 N. 39 und 42; 30
- die während des Bestehens oder bei der Liquidation einer Gesamthandschaft erfolgende *Veräusserung eines im Gesamteigentum stehenden Grundstückes* an einen oder mehrere Dritte oder an einen oder mehrere Gesamthänder (zu Allein-, Mit- oder Gesamteigentum) oder die Umwandlung des Gesamteigentums aller Gemeinschafter in Miteigentum aller (Art. 652 N. 42, 49, 50 und 51; Art. 654 N. 3; über die Umwandlung von Gesamt- in Miteigentum s. noch SJZ *27* 84 Nr. 59 = Rep *63* 339), abgesehen allerdings von den Fällen der An- und Abwachsung (Art. 652 N. 45, 46, 52; Art. 654 N. 46, 54 ff; ZSGV *61* 249), der Teilung (Art. 652 N. 54 f; Art. 654 N. 52 f) und des Übergangs aus dem Gesamteigentum einer Gesamthandschaft in das Gesamteigentum einer aus den gleichen Personen gebildeten andern Gesamthandschaft (Art. 652 N. 40, 46 ff); 31
- die *Änderung von Miteigentumsquoten* und die *Veräusserung eines Miteigentumsanteils* an einem Grundstück (Art. 646 N. 40); 32
- die *Veräusserung eines ganzen in Miteigentum stehenden Grundstückes* an einen Dritten oder an einen Miteigentümer; 33
- den Vertrag über die *Aufhebung von Miteigentum* (Art. 651 N. 9; anders bei richterlicher Aufhebung: Art. 651 N. 18); 34
- die Übertragung des Eigentums an den gewidmeten Grundstücken *vom Stifter auf die Stiftung* (wobei aber die nach ZGB 81 öffentlich zu beurkundende Stiftungsurkunde die Errichtung einer besonderen Urkunde über 35

den Veräusserungsvertrag überflüssig macht: HAAB, Art. 657 N. 4). Vgl. hinten N. 91;

36 – die *Sacheinlage- und Sachübernahmeverträge* im Gesellschaftsrecht, wenn Gegenstand des Vertrages ein Grundstück ist (WILD, ZBGR *32* 315; SIEGWART, Art. 628 N. 18 und 52 a. E.);

37 – die Übertragung von Grundeigentum bei *Umwandlung einer juristischen Person in eine andere:* So z. B. bei Umwandlung einer Genossenschaft in eine Aktiengesellschaft (MBVR *24* 42 = SJZ *22* 284f Nr. 51) oder bei Umwandlung eines Vereins in eine Genossenschaft (VEB 1935 Nr. 74). Ausnahmen von dieser Regel in N. 72, 73 und 74;

38 – die Eigentumsübertragung an Grundstücken *von einer aufgelösten Kollektiv- oder Kommanditgesellschaft an eine neu gegründete Aktiengesellschaft* (VEB 1935 Nr. 72; ZBGR *16* 66). Anders wäre es nur, wenn die Aktiengesellschaft zuerst als Kommanditärin in die Kommanditgesellschaft einträte und dann unter Ausschluss der Liquidation die andern Gesellschafter abfinden würde (Art. 654 N. 57);

39 – die Übertragung des Grundeigentums *von einer aufzulösenden Aktiengesellschaft auf* die sämtliche Aktiven und Passiven übernehmende *Kollektivgesellschaft* (VEB 1936 Nr. 71; ZBGR *4* 255);

40 – die Übertragung des Grundeigentums *einer Aktiengesellschaft auf einen Aktionär*, der alle Aktien erworben hat (BR in SJZ *9* 341 Nr. 308);

41 – den Vertrag über die *Richtigstellung des* auf Grund eines unverbindlichen Rechtsgeschäftes erfolgten *Grundbucheintrages* (Syst. Teil S. 94 N. 203);

42 – den Vertrag über die *Aufhebung eines schon durch Eintragung ins Grundbuch erfüllten Vertrages* (SJZ *12* 202 Nr. 166; *27* 117 Nr. 90; ZBJV *52* 355; ZBGR *7* 160, 181 und 185);

43 – die *Wiederherstellung des* (durch Rücktrittserklärung gemäss OR 107) *aufgehobenen Grundstückkaufvertrages* (SJZ *26* 266 Nr. 50);

44 – die *Abänderung eines objektiv oder subjektiv wesentlichen Punktes des Grundstückkaufvertrages* (ZBGR *7* 145f; SJZ *9* 124 Nr. 103), es sei denn, es handle sich um die Aufhebung eines solchen in der Zeit zwischen Vertragsabschluss und Grundbucheintragung (was gemäss OR 115 formlos geschehen kann: hinten N. 76 und 149; vgl. ferner N. 80 über die Möglichkeit analoger Anwendung von OR 115). Zu den entsprechenden Verhältnissen bei Änderung von Grundpfandverträgen: BGE *75* I 340.

b) Nicht der öffentlichen Beurkundung bedürfen:

45 – der *Vorkaufsvertrag* (OR 216 III; BGE *83* II 14; *85* II 568ff), auch wenn in diesem zum vornherein der Kaufpreis oder sonstige Kaufsbedingungen festgesetzt werden (BGE *48* II 229ff und *54* II 326f; an dieser für das limi-

tierte Vorkaufsrecht durch die bundesgerichtliche Praxis geschaffenen Rechtslage ist – obwohl sie nicht zu befriedigen vermag – aus Gründen der Rechtssicherheit festzuhalten: MEIER-HAYOZ, ZBJV *91* 312ff);

- die *Ausübung eines Vorkaufs-, Kaufs- oder Rückkaufsrechts*, weil durch die Ausübungserklärung kein neuer Kaufvertrag zustande kommt, sondern bloss ein schon in aller Form abgeschlossener, aber bisher aufschiebend bedingter Kaufvertrag zu einem unbedingten wird (BGE *73* II 165ff; ZBGR *25* 39; *25* 59; SJZ *17* 139; MEIER-HAYOZ, ZBJV *91* 307ff; a.M. ZBGR *25* 58; BECKER, Art. 216 N. 3); 46
- das *Versprechen, ein Grundstück nicht zu kaufen oder zu verkaufen* (soweit eine solche Verpflichtung rechtlich überhaupt zulässig ist: ZGB 27); 47
- die *Abtretung der Rechte des Erwerbers* aus dem formrichtigen Veräusserungsvertrag (BÜRGISSER 13; OSER/SCHÖNENBERGER, Art. 216 N. 10) sowie der *Schuldübernahmevertrag* (d. h. die Übernahme der Verpflichtung, das Eigentum zu übertragen). In beiden Fällen wird eine neue Verpflichtung zur Eigentumsübertragung nicht erzeugt. Unzulässig ist dagegen der Eintritt eines Dritten in die durch den Zuschlag an einer Zwangsversteigerung erworbenen Rechte (Art. 656 N. 101); 48
- die *Abtretung eines* (für sich oder einen zu nennenden Dritten erworbenen) *Kaufsrechtes*, die durch privatschriftliche Erklärung erfolgen kann: JT *105* (1957) III 9; 49
- die *Zustimmung eines Dritten* zu einer Übertragung von Grundeigentum (so BGE *52* II 190; *59* II 10; *84* II 157 bezüglich der ehemännlichen Einwilligung zur Verfügung über eine Liegenschaft des Frauengutes); 50
- bei einem Grundstückveräusserungsvertrag zugunsten eines Dritten (OR 112) dessen Erklärung, von dem ihm eingeräumten Recht Gebrauch machen zu wollen; 51
- die *Erteilung einer Vollmacht oder eines Auftrages* zum Abschluss eines Grundstückveräusserungsvertrages (BGE *57* II 504ff; *65* II 163f; *81* II 231f; *84* II 157; *86* II 33ff; BlZR *22* Nr. 142 S. 274; SJZ *12* 80f Nr. 19; VAR 1938 126; BECKER, Art. 216 N. 6; GAUTSCHI, Art. 395 N. 49a). Anders nur im Falle vertraglich vereinbarter Unwiderruflichkeit der Vollmacht oder des Auftrages und dann, wenn mit dem Auftrag der Abschluss eines Kaufvertrages angestrebt wird, der sonst am Erfordernis der öffentlichen Beurkundung scheitern müsste; 52
- der *gerichtliche Vergleich*. Der im Rahmen eines Prozessvergleichs abgeschlossene Vertrag über die Veräusserung von Grundstücken ist verbindlich, wenn die für den gerichtlichen Vergleich geltenden Formvorschriften erfüllt sind: BlZR *44* Nr. 111; MEIER-HAYOZ, SJK 463 4f; a.M. SCHULTZ HANS, Der gerichtliche Vergleich [Diss Bern 1939] 105ff; 53

54 – die *Klageanerkennung*, d.h. die einseitige Erklärung des Beklagten an das Gericht, dass der vom Kläger geltend gemachte Anspruch ganz oder zum Teil bestehe;

55 – die Verträge über angefallene Erbanteile, und zwar nicht nur für die Verträge unter Miterben, für welche Abs. I von Art. 635 ausdrücklich die
56 Schriftform vorschreibt, sondern auch für die Verträge mit Dritten nach Abs. II von Art. 635. So die herrschende Lehre (TUOR, Art. 635 N. 29; TUOR, ZGB 410; ANNEN, Die objektiv und subjektiv beschränkte Teilung der Erbengemeinschaft [Diss Fribourg 1941] 90), der ESCHER – obwohl er grundsätzlich auch für den Fall von Art. 635 Abs. II die Schriftform bejaht (Art. 635 N. 29) – insoweit widersprochen hat, als zum Erbteil Grundstücke gehören (Art. 635 N. 30). Unentschieden das eidgenössische Grundbuchamt in ZBGR *35* 309. Zutreffend BlZR *59* Nr. 119.

57 – die *Realteilung* (Art. 652 N. 54 und Art. 654 N. 52);

58 – der *schriftliche Teilungsvertrag* (Art. 652 N. 55 und Art. 654 N. 53; seither BGE *83* II 363ff und *84* II 421; im ersterwähnten Entscheid lässt das BGer für die sonst der öffentlichen Beurkundung bedürftige freiwillige private Steigerung die einfache Schriftform genügen, wenn die Versteigerung von Erbschaftsgrundstücken unter Miterben allein im Rahmen einer einem eigentlichen Erbteilungsvertrag gleichzuachtenden Verein-
59 barung stattfindet; vgl. dazu MERZ, ZBJV *95* 15f). Die einfache Schriftform ist auch dann als genügend anzusehen, wenn die Zuteilung eines Grundstückes an den überlebenden Ehegatten (jedenfalls dann, wenn er Erbe ist) im Zusammenhang mit der (mit der erbrechtlichen verbundenen) güterrechtlichen Auseinandersetzung erfolgt; MERZ ZBGR *36* 132f;

60 – die einseitige Erklärung, das Eigentum an einem Grundstück aufzugeben (= *Dereliktion;* s. Art. 666 N. 5);

61 – der Kaufvertrag auf einer *freiwilligen, öffentlich ausgekündigten Versteigerung*, an der jedermann bieten kann (OR 229 II; SJZ *12* 53). Der Vertrag wird dadurch perfekt, dass der Veräusserer den Zuschlag erklärt; der Nachweis über das Vorliegen des Rechtsgrundes für die Grundbucheintragung wird regelmässig durch das Steigerungsprotokoll erbracht (OR 235 II; dazu eingehend HAAB, Art. 657 N. 10). Anders die freiwillige private Steigerung: vorn N. 27;

62 – das Eingehen der *Verpflichtung, an einer Grundstücksteigerung zu bieten* (ROTH, Der Vorvertrag [ASR n. F. Heft 37, Bern 1928] 360);

63 – der *Zuschlag in der Zwangsvollstreckung* (Art. 656 N. 100);

64 – der «*Abtretungsvertrag*» *zwischen Konkursverwaltung und Erben* nach Einstellung der konkursamtlichen Liquidation einer ausgeschlagenen Ver-

lassenschaft mangels hinreichender Aktiven (SchKG 230; VZG 133; entgegen Haab, Art.657 N.5 jedoch nicht, wenn die Konkursverwaltung statt mit den Erben mit Erbschaftsgläubigern kontrahiert: entsprechend vorn N.28);

65 – der *Ein- und Austritt von Teilhabern bei einer Gemeinschaft zur gesamten Hand.* Der Wechsel im Bestande der Gemeinschafter stellt keine Eigentumsübertragung dar, sondern bewirkt für die Anteile der in Gemeinschaft verbleibenden Teilhaber lediglich Akkreszenz oder Dekreszenz (Art.652 N.45);

66 – die Übertragung eines Grundstückes infolge *Übernahme* aller Aktiven und Passiven *durch einen Teilhaber an einer Gemeinschaft zur gesamten Hand.* Auch dieser Vorgang ist als Akkreszenz zu betrachten (Art.654 N.54ff);

67 – der *Wechsel des Gesamthandverhältnisses* (Art.652 N.46ff) und die Übertragung eines Grundstückes von einer weiterbestehenden Gesamthandschaft an eine von den gleichen Personen gebildete andere Gesamthandgemeinschaft (Art.652 N.40);

68 – die Vereinbarung, wonach die Beteiligten ein *Stockwerkeigentum des alten kantonalen Zivilrechts* (über das sonst nur noch in den Formen des heutigen Rechts verfügt werden kann: Vorbem. zu Art.646ff N.28) *in Miteigentum* umwandeln (vgl. BGE *81* II 611f, wo die von den Parteien beobachtete Schriftform als genügend anerkannt wurde);

69 – der *Gesellschaftsvertrag zum Zwecke des Erwerbs und der Weiterveräusserung von Grundstücken* (SJZ *42* 169 Nr.63; Becker, Art.530 N.11; Hartmann, Art.552 N.10);

70 – die Übertragung von Grundstücken infolge *Fusion zweier Aktiengesellschaften;* und zwar sowohl bei der Annexion (bei welcher eine Aktiengesellschaft von einer andern mit Aktiven und Passiven ohne Liquidation übernommen wird; OR 748) wie auch bei der Kombination (bei der mehrere Gesellschaften durch eine neu zu gründende in der Weise übernommen werden, dass deren Vermögen ohne Liquidation an die neue Gesellschaft übergeht; OR 749). In beiden Fällen ist Universalsukzession anzunehmen; der Fusionsvertrag kann formlos abgeschlossen werden: Salis/Burckhardt Nr.1535 III; ZBGR *4* 215; *7* 47ff; VEB 1935 Nr.73; Funk, Art.748 N.7 und Art.749 N.4; Frehner R.W., Die aktienrechtliche Fusion nach schweizerischem Recht (Diss Zürich 1945) 63. Dagegen erfordert der fusionsähnliche Vermögensübernahmevertrag öffentliche Beurkundung, wenn er Grundstücke zum Gegenstand hat: Irminger Elisabeth, Die fusionsähnliche Vermögensübertragung bei Aktiengesellschaften (Diss Zürich 1952) 87ff, 97f.

Gleiches gilt für die *Fusion von Genossenschaften* im Sinne von OR 914.

71 Bei der *Gesellschaft mit beschränkter Haftung* ist eine Verschmelzung nur in der Form der uneigentlichen Fusion (d.h. mit Liquidation) möglich, so dass auch die Grundstücke nach den Grundsätzen der Einzelrechtsnachfolge übertragen werden müssen;

72 – die Eigentumsübertragung bei Übernahme von Aktiengesellschaften und Genossenschaften durch Körperschaften des öffentlichen Rechts (OR 751 und 915);

73 – die Übertragung des Grundeigentums einer *Kommanditaktiengesellschaft* bei deren Umwandlung *in eine Aktiengesellschaft* und umgekehrt (OR 750; VEB 1929 Nr.40 = SJZ *31* 153; ZSGV *60* 19f);

74 – die Eigentumsübertragung bei *Umwandlung einer Aktiengesellschaft in eine Gesellschaft mit beschränkter Haftung* i. S. von OR 824–826 (Janggen/Becker, Art.826 N.1);

75 – der mit dem *Verkauf aller Aktien* einer Einmann-Immobiliengesellschaft sich vollziehende Wechsel des sie wirtschaftlich beherrschenden Rechtssubjektes (BGE *45* II 33ff; über die nach wirtschaftlichen Gesichtspunkten ausgerichtete Betrachtungsweise des Fiskalrechts BGE *85* I 91ff mit Nachweis der früheren Rechtsprechung und mit Hinweisen auf die einschlägige Literatur; leider zeichnet sich aber auch hier – vgl. zum Grundsätzlichen Art.656 N.6a–6c – die Tendenz des Steuerrechts ab, nach Durchbrechung der Dämme des Zivilrechts die Devise «Recht ist, was dem Fiskus nützt» zur obersten Richtschnur werden zu lassen: BlZR *59* Nr.24);

76 – die *vor der Eintragung ins Grundbuch erfolgende vertragsmässige Aufhebung* des nach OR 657 formgültig abgeschlossenen Vertrages (OR 115; SJZ *10* 224 Nr.207; *13* 93 Nr.75; ZBJV *52* 355; ZBGR 7 160, 181 und 185; *11* Nr.36 = SJZ *27* 117 Nr.90);

77 – die *Einigung über die Rückgewähr* eines verkauften Grundstückes wegen Mängeln desselben (Wandelung) vor der Eintragung im Grundbuch, sofern nur das Verlangen des Käufers begründet ist (das Einverständnis des Verkäufers mit der Wandelung ist dann lediglich eine gesetzliche Folge nach OR 205 und 208);

78 – die *Anerkennung der Rückgabeverbindlichkeit* auf Grund eines paulianischen Anfechtungsanspruches (SchKG 285ff, 291) oder wegen Willensmangels (OR 23ff) vor der Eintragung im Grundbuch;

79 – die *gleichzeitige oder nachträgliche Ergänzung eines* formell ordnungsgemäss zustande gekommenen *Grundstückkaufvertrages mit Nebenabreden*, d.h. mit Punkten, die weder subjektiv noch objektiv wesentlich sind und nicht im Widerspruch stehen mit den Bestimmungen des öffentlich beurkun-

deten Vertrages, wie z. B. das Versprechen eines Trinkgeldes an die Ehefrau des Verkäufers: SJZ *11* 244 Nr. 192, oder die Abrede, der Verkäufer könne einen im Gebäude befindlichen Gegenstand entfernen und für sich behalten: ZBGR *27* 317;

- die *zum voraus erfolgende Beschränkung einer in ihrem möglichen Maximalumfang beurkundeten Verpflichtung* für den Fall des Eintrittes eines künftigen ungewissen Ereignisses (in analoger Anwendung von OR 115: BGE *75* II 144 ff). Ungültig ist aber die *vor* der Verurkundung des Kaufvertrages getroffene formlose Abrede, wonach der in der öffentlichen Urkunde genannte Kaufpreis ganz oder teilweise erlassen werden soll (BGE *78* II 225). Dazu auch hinten N. 86; 80
- die Verträge, die zwischen dem Exproprianten und dem Expropriaten innerhalb des Enteignungsverfahrens abgeschlossen werden. Denn diese Vereinbarungen mit verfahrenserledigender Funktion gehören – wie die Expropriation selbst – dem öffentlichen Rechte an, stellen sogenannte öffentlichrechtliche Verträge dar (vgl. SJZ *6* 352; ZBGR *10* 64; SALIS/BURCKHARDT Nr. 1355; BlZR *33* Nr. 1; MBVR *23* Nr. 43 = SJZ *21* 291; IMBODEN MAX, Der verwaltungsrechtliche Vertrag [Basel 1958] 138 ff). Nach eidgenössischem EntG (vgl. Art. 54) bedürfen Expropriationsverträge zu ihrer Verbindlichkeit der schriftlichen Form. Aber auch nach kantonalem Recht kann die einfache Schriftform genügen (Zürich EG § 248, Schwyz EG § 233). Mit einem der blossen Schriftform unterliegenden Enteignungsvertrag i. e. S. hat man es aber nur zu tun, wenn das betreffende Grundstück Gegenstand eines formgerecht eröffneten Enteignungsverfahrens ist. Vor der Verfahrenseröffnung oder ausserhalb des Enteignungsverfahrens abgeschlossene Vereinbarungen unterstehen ausschliesslich dem Privatrecht und unterliegen namentlich auch der Form des Art. 657. Öffentliche Beurkundung verlangt grundsätzlich auch der Verzicht auf die Wiederenteignung (IMBODEN 145 f). S. auch Art. 666 N. 32 ff. 81

c) Besondere Formen gelten

α) nach eidgenössischem Recht, abgesehen von den in N. 45–81 aufgezählten Fällen bei den in Abs. II des Art. 657 erwähnten Eigentumsübertragungen kraft Ehevertrages und kraft Verfügung von Todes wegen (vorn N. 6; HAAB, Art. 657 N. 6 und 7). 82

Zur Form des Ehevertrages vgl. ZGB 181, ferner ZGB 179, 199, 215, 237–239, 241 und die Kommentare zu diesen Bestimmungen, insbesondere LEMP, N. 7 ff zu Art. 181.

Zur Form der Verfügungen von Todes wegen vgl. ausser den Kommentaren TUOR und ESCHER zu Art. 499–503 (öffentliche letztwillige Verfügungen) und zu Art. 512 (Erbverträge) namentlich Merz Hans, Die Übertragung des Grundeigentums gestützt auf gesetzliche Erbfolge, Testament, Erbvertrag oder Auflösung des Güterstandes infolge Todes eines Ehegatten, ZBGR *36* 121 ff. Der besonderen Form der Erbverträge werden auch unterstellt die Schenkung auf den Todesfall (OR 245 II) und der Verpfründungsvertrag (OR 522; vgl. u. a. ZBJV *91* 115 ff; Voraussetzung ist jedoch nicht nur materiell das Vorliegen der Elemente der Verpfründung, sondern auch formell das Vorhandensein eines zweiseitigen Vertrages: ZBGR *41* 24 ff), nicht aber schlechthin jeder Vertrag, der die Bindung zur Übertragung von Grundeigentum auf den Tod des Verkäufers stellt (vgl. BGE *84* II 247 ff, insbesondere aber die für die künftige Behandlung des Problems richtungweisenden Bemerkungen dazu von Merz in ZBJV *95* 426 ff; ferner ZBJV *96* 521 ff).

83 *β) nach kantonalem Recht:* Der kantonale Gesetzgeber kann für gewisse dem öffentlichen Recht angehörende Rechtsgeschäfte besondere Formerfordernisse aufstellen. So namentlich für die vorn N. 81 erwähnten Expropriationsverträge und für die durch Bodenverbesserungen nach Art. 703 ZGB veranlassten Eigentumsänderungen (vgl. z. B. Thurgau EG § 102 III, Schaffhausen EG § 111, Bern EG § 98 und dazu SJZ *14* 15 Nr. 8 und ZBGR *9* 264).

3. Hinsichtlich der Elemente des Vertrages auf Eigentumsübertragung

84 **a)** Dem Formzwang des Art. 657 unterstehen alle **objektiv wesentlichen Bestandteile** des Geschäfts (essentialia negotii), so namentlich die Bestimmung (Bestimmbarkeit) des Veräusserungsobjekts und der Gegenleistung; würde z. B. in dem beurkundeten Vertrag bezüglich der Bestimmung der Gegenleistung auf eine privatschriftliche oder formlose Verabredung verwiesen, so wäre der Vertrag nichtig (BlZR *37* Nr. 129). Der wahre, wirkliche Kaufpreis muss beurkundet werden (BGE *53* II 164; *68* II 233; *75* II 148; *78* II 224; ZBJV *77* 274 f; vgl. noch bezüglich der Simulation des Kaufpreises hinten N. 148 ff). Ausnahmsweise ist die ziffermässig genaue Angabe des Kaufpreises nicht erforderlich und dessen Bestimmbarkeit genügend (vgl. OR 184 III); das aber nur dann, wenn im Zeitpunkt der Vornahme der Beurkundung der Preis noch nicht feststeht, sondern erst später noch bestimmt werden muss (so Kellerhals 92 f unter Hinweis auf BlZR *25* Nr. 166 S. 269; vgl. auch BGE *84* IV 165). Ungenügend ist namentlich auch der Vermerk in der öffentlichen Urkunde, der Preis sei «bezahlt», «verrechnet» oder dergleichen (vgl. SJZ *28* 69 Nr. 19; a. M. Leemann in der Vor-

auflage, Berichtigung zu Art. 657 N. 15, auf S. VIII unter Hinweis auf SJZ *16* 42 Nr. 9; wie LEEMANN auch HOMBERGER, Art. 965 N. 45 und SJZ *24* 67 Nr. 63).

Beim Austausch von Grundstücken bedarf es dagegen der Wertangabe nicht, wenn die Parteien sich darüber einig sind, dass die Werte sich ausgleichen.

b) Zu beurkunden sind sodann all **jene Bestimmungen, «welche Leistung und Gegenleistung präzisieren oder die Leistungspflicht bekräftigen»** (HAAB, Art. 657 N. 17; BECKER, Art. 216 N. 4). Dazu gehören neben besonderen Zahlungsbedingungen vor allem auch das Versprechen einer Konventionalstrafe für den Fall der Weigerung einer Partei, zum formrichtigen Abschluss des Vertrages Hand zu bieten (SJZ *51* 300 Nr. 155; BlZR *37* Nr. 129; ZBJV *59* 33f; Rep *72* 420) oder eines Reugeldes für den Fall des Rücktrittes (BGE *39* II 224ff; *84* II 154ff; ZBGR 7 239; vgl. auch Rechenschaftsbericht Zug 1953/54, 72ff betreffend Ungültigkeit einer nicht öffentlich beurkundeten Abrede, wonach die Anzahlung an den Kaufpreis eines noch zu erwerbenden Grundstückes dem Verkäufer verfallen sollte) oder einer zusätzlichen Leistung des Käufers im Falle des Eintritts eines künftigen ungewissen Ereignisses (BGE *86* II 258ff). 85

Was die Abreden anbelangt, welche zum voraus eine verurkundungsbedürftige Verpflichtung lediglich mindern, ist – entgegen einer verbreiteten Ansicht: VON TUHR/SIEGWART I; HAAB, Art. 657 N. 19; BGE *75* II 146ff – nicht generell die analoge Anwendung von OR 115 zu befürworten. Wenn das Bundesgericht in BGE *75* II 147 erklärte: «Ist eine nachträgliche Einschränkung oder Herabsetzung einer formbedürftigen Verpflichtung formlos möglich, so muss es auch zulässig sein, eine in ihrem möglichen Maximalumfang verurkundete Verpflichtung zum voraus formlos zu beschränken», so hat es bei dieser Argumentation den von der Form angestrebten Schutz beider Parteien nicht in Betracht gezogen. Diese (übrigens nicht zur ratio decidendi gehörenden) zu allgemeinen Formulierungen hat das Bundesgericht in BGE *78* II 226 zurückgenommen und seinen Standpunkt dahingehend präzisiert, dass es zwar statthaft sei, «einen in seiner möglichen maximalen Höhe verurkundeten Kaufpreis bezüglich eines Teilbetrages durch gleichzeitige formlose Vereinbarung von einer Bedingung abhängig zu machen». «Das läuft dem von der Form angestrebten Schutz beider Parteien nicht zuwider, da eine Verschiedenheit des Kaufpreises je nach dem Ausfall der Bedingung als innerlich gerechtfertigt erscheint. Anders verhält es sich dagegen mit der formlos zum voraus vereinbarten bedingungslosen Herabsetzung des verurkundeten Kaufpreises. Hier wird wohl die Verpflichtung des Käufers vermindert, gleichzeitig aber die Stellung des Verkäufers verschlechtert, da er bei Gültigkeit der formlos vereinbarten Preisfestsetzung 86 die Liegenschaft zu einem geringeren als dem verurkundeten Preis übertragen müsste. Dem Schutzzweck der Formvorschrift wäre somit in bezug auf den Verkäufer nicht genügt.» (BGE *78* II 226.)

87 c) Auch objektiv unwesentliche **Punkte, die jedoch die Parteien zur conditio sine qua non des Geschäftsabschlusses gemacht haben,** müssen beurkundet werden (so die Rechtsprechung: BGE *39* 226; *41* II 256; *42* II 374; *45* II 565; *53* II 164; *54* II 303; *68* II 233; *75* II 148; *78* II 224; *78* II 439; *84* IV 164; *86* II 36f; *86* II 231; *86* II 260; BlZR *37* Nr. 129; ZBGR *7* 240; *41* 193; MBVR *14* Nr. 162 und die herrschende Lehre: OSER/SCHÖNENBERGER, Art. 11 N. 10 und Art. 216 N. 5 und 9; SCHNEIDER 33; KUNZ 83; WIELAND, Art. 657 N. 7. Demgegenüber will HAAB [Art. 657 N. 15ff], dass der Umfang des Beurkundungszwanges objektiv und nicht subjektiv umschrieben werde; nach ihm sind nur die essentialia und die wesentlichen Vertragsmodalitäten im Sinne der vorstehenden Umschreibung in den N. 84 und 85 zu beurkunden. Vgl. die Abwägung von pro und contra der beiden Theorien bei KELLERHALS 26ff).

88 Als subjektiv wesentlich gelten «jene Vertragspunkte, die den Parteien gleich wichtig sind wie die essentialia, von denen also anzunehmen ist – und zwar auf Grund des erklärten Parteiwillens oder, beim Fehlen einer solchen Erklärung, nach der sachlichen Wichtigkeit eines Vertragspunktes für die Parteien – dass eine Partei den Vertrag ohne Einigung darüber nicht abschliessen würde oder nicht abgeschlossen hätte» (BGE *68* II 233; wörtliche Wiederholung in BGE *78* II 439).

89 Deshalb ist auch ein formgerecht abgeschlossener Vertrag nichtig, wenn ein nach dem Willen der Beteiligten mit ihm in untrennbarem Zusammenhang stehender zweiter Vertrag der Form entbehrt. Geht das formlose Versprechen wahlweise auf die Verpflichtung zur Eigentumsübertragung oder zur Zahlung einer bestimmten Geldsumme, so kann die letztere Forderung nur erhoben werden, wenn anzunehmen ist, dass die Beteiligten sie auch ohne die erstere Abrede begründet haben würden. Im Einzelfall kann es oft schwierig sein, zu entscheiden, ob man es bei einer separat abgeschlossenen Vereinbarung mit einem für den Eigentumsveräusserungsvertrag wesentlichen Punkt zu tun hat.

90 Soweit Willensäusserungen der Kontrahenten weder objektiv noch subjektiv wesentliche Punkte betreffen, sind sie nicht formbedürftig. In BGE *73* II 20ff hat das BGer die Formbedürftigkeit verneint für die Vergütung, welche der Übernehmer eines landwirtschaftlichen Grundstückes einem konkurrierenden Miterben für dessen Zustimmung und Verzicht versprochen hat, in BGE *78* II 435ff für eine Zusatzvereinbarung zum Kaufvertrag, die eine Provisionsabrede für den Fall des Weiterverkaufs enthielt, in ZBGR *27* 317 wurde die Gültigkeit einer bloss mündlich getroffenen Nebenabrede

bejaht, wonach der Verkäufer einen im Gebäude befindlichen Gegenstand entfernen und für sich behalten konnte (weitere Beispiele: SJZ *9* 124 Nr. 103; *18* 145 Nr. 34; BlZR *2* Nr. 162; *4* Nr. 75; *12* Nr. 11). Die Tatsache, dass der Vertragsinhalt nicht restlos mit den beurkundeten Bestimmungen identisch zu sein braucht, ist namentlich für die Vertragsauslegung beachtlich (hinten N. 115 ff).

4. Hinsichtlich der Person des Erwerbers

Gleichgültig ist, ob die Übertragung an den andern Vertragschliessenden 91
oder einen Dritten erfolgen soll, und ob die Person des Erwerbers bereits bekannt und bestimmt ist oder von dem andern Teil erst noch ermittelt oder bestimmt werden soll (vgl. vorn N. 48). Bezüglich des Abschlusses eines Grundstückkaufvertrages zwischen den Vertretern einer noch nicht entstandenen und daher der Rechtspersönlichkeit entbehrenden «Stiftung» und den Stiftern: BGE *81* II 577 ff (wo das Bundesgericht Gültigwerden des Vertrages mit dem Zustandekommen der Stiftung annimmt).

III. BEGRIFF UND BEDEUTUNG DER ÖFFENTLICHEN BEURKUNDUNG

1. Begriff

Was unter öffentlicher Beurkundung («forme authentique», «atto pub- 92
blico») zu verstehen sei, sagt das ZGB nicht (so wenig, wie es den Begriff der öffentlichen Urkunde präzisieren würde; dazu die Kommentare zu Art. 9), sondern überlässt es den Kantonen, zu bestimmen, in welcher Weise auf ihrem Gebiete die öffentliche Beurkundung hergestellt wird (SchlT Art. 55 und dazu Beck N. 1 ff; Botsch 63; BGE *47* II 383; *84* II 640; über die Wünschbarkeit einer bundesrechtlichen Definition vgl. Blumenstein, MBVR *2* 517 ff; *3* 86 ff). Dennoch handelt es sich hierbei um einen Begriff des Bundesrechtes (BGE *84* II 636; Rep *81* 346 = SJZ *45* 326 Nr. 146; Beck, SchlT Art. 55 N. 5; Haab, Art. 657 N. 11; Mutzner 118*a*; Bertoni 148*a*; Oser/Schönenberger, Art. 11 N. 19; Kratzer 32 ff; Kunz 10 f; Kellerhals 16 ff; a.M. BGE *57* II 146), dessen Umschreibung mangels eines positiven Rechtssatzes an Hand allgemeiner Rechtsgrundsätze durch Doktrin und Judikatur zu erfolgen hat. Öffentliche Beurkundung ist danach Festlegung rechtlich relevanter Tatsachen und rechtsgeschäftlicher Erklärungen durch

eine Urkundsperson innerhalb ihrer Zuständigkeit und in der vorgeschriebenen Form (Beck, SchlT Art. 55 N. 4; Haab, Art. 657 N. 11; Blumenstein, Handbuch, 300; Guldener, Freiwillige Gerichtsbarkeit, 93; Mutzner 118 a; Marti in Notar und Recht, 18f; Flückiger, MBVR *24* 97ff; vgl. auch deutsche ZPO 415; CCfr 1317). Bei der öffentlichen Beurkundung des Art. 657 ZGB handelt es sich nicht um eine Sachbeurkundung (= Beurkundung einer blossen Tatsache, wie z.B. die Beglaubigung einer Unterschrift), sondern um eine Beurkundung rechtsgeschäftlicher Erklärungen, um die Mitwirkung einer Person öffentlichen Glaubens bei der schriftlichen Festlegung von Willensäusserungen (vgl. Leemann, SJZ *11* 1ff; Haab, Art. 657 N. 13; unzutreffend BGE *46* II 230ff). Sie gehört der freiwilligen Gerichtsbarkeit an (BGE *23* I 487f; *49* II 435; *73* I 371) und ist als solche eine amtliche Funktion, selbst in jenen Kantonen, in welchen sie nichtbeamteten Notaren oder Anwälten übertragen ist. Sie steht daher nicht unter dem Schutz der Garantie der Gewerbefreiheit und der Freizügigkeit der wissenschaftlichen Berufsarten (vgl. BGE *73* I 366ff). Für seine Verrichtungen hat auch der freie Notar Anspruch auf eine «Gebühr», nicht etwa auf ein «Honorar» (BGE *83* I 86f; a.M. Gautschi, Art. 394 N. 31 *b* und *c*). Nur die Haftung des freien Notars beurteilt sich grundsätzlich nach Bundesprivatrecht, das vom kantonalen Recht allerdings präzisiert und verschärft werden kann (BGE *70* II 225; Gautschi, Art. 394 N. 31 *c*).

2. Bedeutung

93 Die Bedeutung der öffentlichen Beurkundung zeigt sich darin,

- dass sie ein privilegiertes Beweismittel im Sinne von ZGB 9 schafft (Egger, Art. 9 N. 10f),
- dass sie aber keineswegs nur Beweisform, sondern Gültigkeitsform für das auf Übertragung von Grundeigentum gerichtete Verpflichtungsgeschäft ist; nur durch sie kann die obligatorische Bindung der Parteien gültig zustande kommen,
- dass sie sodann den Erwerbs- oder Rechtsgrund herstellt, auf Grund dessen der Erwerber vom Veräusserer die Eintragung im Grundbuch und bei unbegründeter Weigerung gerichtliche Zusprechung des Eigentums unabhängig vom kantonalen Vollstreckungsrecht verlangen kann (Art. 665 I mit N. 3f, 7ff),
- dass sie darüber hinaus – angesichts der Abhängigkeit des Verfügungs- vom Verpflichtungsgeschäft (Kausalitätsprinzip, Syst. Teil S. 24f N. 42ff) – Voraussetzung für die dingliche Wirkung des Grundbucheintrages ist;

der formungültige obligatorische Vertrag lässt den Erwerber trotz Eintragung im Grundbuch prinzipiell nicht Eigentümer werden (hinten N.127 ff; Ausnahmen nur unter dem Gesichtspunkt von ZGB 2: hinten N.140 ff),

– dass schliesslich die öffentliche Urkunde nach erfolgter Eintragung – in der Form eines Belegs – einen Bestandteil des Grundbuches bildet (ZGB 942).

Über den Platz der öffentlichen Beurkundung des obligatorischen Grundgeschäftes im Gesamtrahmen des rechtsgeschäftlichen Eigentumserwerbs s. auch vorn Inhaltsübersicht S. 3 N. 7 ff.

Im Verhältnis zum dinglichen Recht (Eigentumsrecht) ist negativ fest- 94
zustellen, dass dieses durch den formgerechten Abschluss des Veräusserungsvertrages nicht beeinflusst wird. Der obligatorische Vertrag hat keine translative Wirkung (vgl. Art. 656 N.35). Das grundbuchliche Verfügungsrecht des als Eigentümer eingetragenen Veräusserers bleibt unberührt, so dass dieser nicht gehindert ist, das Grundstück, über das er bereits einen Kaufvertrag abgeschlossen hat, einem Dritten zu verkaufen und diesen als Eigentümer in das Grundbuch eintragen zu lassen (vgl. Bundesrat in SJZ *11* 7; über die Rechtslage bei Vormerkung einer Verfügungsbeschränkung im Sinne von ZGB 960 Ziff. 1 vgl. SJZ *14* 262 Nr. 78; ZBGR *9* 74; VAR *20* 121). S. auch Art. 656 N. 35, 63 f.

IV. ZUSTÄNDIGKEIT

1. Sachliche Zuständigkeit

Die hiefür massgebenden kantonalen Rechte weisen verschiedene Rege- 95
lungen auf. Freie Berufsnotare sind zuständig in den Kantonen Aargau, Basel-Stadt, Bern, Freiburg, Genf, Neuenburg, Solothurn, Tessin, Uri, Waadt und Wallis. In den Kantonen Zürich, Graubünden, Schwyz, Nidwalden und Thurgau sind es beamtete Notare. In andern Kantonen, die das Institut des Notariates überhaupt nicht kennen (Luzern, Obwalden, Glarus, Zug, Basel-Land, Schaffhausen, Appenzell A.-Rh., Appenzell I.-Rh. und St. Gallen) ist das Beurkundungsgeschäft Sache anderer Beamter. Im Sinne von ZGB 948 III haben einige Kantone (so Basel-Land, St. Gallen, Graubünden, Schwyz, Solothurn) die öffentliche Beurkundung den Grundbuchverwaltern übertragen, wobei die Beurkundung vermittelst Einschreibung in das Urkundenprotokoll erfolgt, so dass sie im Zweifel als Anmeldung gilt und an die Stelle der Einschreibung in das Tagebuch tritt (ZGB 972 III; GBV 14 III).

2. Örtliche Zuständigkeit

96 **a)** Im **innerkantonalen** Verhältnis haben die Kantone völlig freie Hand. Jeder kantonalen Urkundsperson kann die Kompetenz verliehen werden, im ganzen Kantonsgebiet Beurkundungen vorzunehmen. Sie kann aber auch beschränkt werden auf die Vornahme von Beurkundungen im eigenen Amtskreis.

97 Die für den Hauptvertrag getroffene Ordnung dürfte regelmässig auch für den auf den Abschluss eines solchen Hauptvertrages gerichteten Vorvertrag anwendbar sein (BGE *47* II 390; SCHNEITER, Örtliche Zuständigkeit zur Verurkundung von Kaufvorverträgen, Der Bernische Notar *1950* 173ff; anders im Kt. Waadt kraft ausdrücklicher gesetzlicher Anordnung bezüglich der promesses de vente: Art. 6 des Notariatsgesetzes von 1940).

98 Auch für die Einräumung eines Kaufrechtes wird in der Regel die für den Abschluss eines Kaufvertrages vorgesehene Urkundsperson zuständig sein (zu dieser in der Waadt umstrittenen Frage: MATILE JACQUES, La forme des pactes d'emption en droit vaudois, JT *1955* III 10ff).

99 Besondere Regeln ordnen die Frage der Beurkundung bei Liegenschaften, die sich über mehrere Amtskreise erstrecken (nach zürcherischem EG zum ZGB § 237 ist beispielsweise derjenige Notar zuständig, in dessen Kreis der grössere und nach Art. 2 des bernischen Notariatsgesetzes derjenige, in dessen Kreis der wertvollere Teil gelegen ist), und die Kompetenz im Falle von Geschäften über mehrere, in verschiedenen Kreisen liegende Grundstücke (ob über jedes Grundstück ein besonderer, vom jeweils zuständigen Beamten beurkundeter Vertrag abgeschlossen werden, oder ob uno actu alle zusammen erfasst werden dürfen: vgl. MBVR *10* Nr. 74; *10* Nr. 225; *18* Nr. 145; ZBGR *4* 253).

100 **b)** Für das **interkantonale** Verhältnis enthält die Bundesgesetzgebung keine ausdrückliche Regelung. Die im Entwurf zum revOR als Art. 12 aufgenommene Ergänzung von Art. 55 SchlT zum ZGB (vgl. ProtExpK 898ff; Botsch 151; GUHL, MBVR *25* 49ff; VOLKART, ZBGR *1* 77ff; HAAB, Art. 657 N. 30) ist nicht Gesetz geworden. Nach der Praxis steht es dem Kanton der gelegenen Sache frei, für die seiner Gebietshoheit unterworfenen Grundstücke entweder die Regel «locus regit actum» anzuwenden oder zu verlangen, die öffentliche Beurkundung eines Liegenschaftsvertrages habe durch die Urkundsperson des Ortes der gelegenen Sache und nach der lex rei sitae zu erfolgen (BGE *46* II 395f; *47* II 384ff; Bundesgericht in BlZR *37* Nr. 129 S. 263; Bundesrat in SJZ *12* 358ff Nr. 87; zürcherischer Regierungsrat in SJZ *12* 340). In der Lehre gehen die Ansichten auseinander. Im Sinne der Rechtsprechung äussern sich BLUMENSTEIN, MBVR *11* 241ff und MBVR *19* 209ff; GUHL, MBVR *18* 266; HAAB, Art. 657 N. 23ff; KUNZ 74ff; MARTI,

Notar und Recht, 25; OSER/SCHÖNENBERGER, Allgemeine Einleitung N. 48; REICHEL, Art. 55 SchlT N. 4; STAUFFER, MBVR *24* 396 ff; WIELAND, Art. 657 N. 6. Demgegenüber wird von zahlreichen Autoren geltend gemacht, ein Liegenschaftsvertrag könne von Bundesrechts wegen an jedem beliebigen Ort der Schweiz von der dort zuständigen Urkundsperson nach der lex loci actus gültig beurkundet werden, wobei allerdings einer ausserhalb des Kantons der gelegenen Sache vorgenommenen Beurkundung insofern eine beschränkte Wirkung zukomme, als sie zwar eine obligatorische Bindung herbeiführe, aber nicht als solche für die Grundbucheintragung schon unbedingt genüge. Vgl. BECK, Art. 55 SchlT N. 24 ff; HUBER, Sachenrecht, 100; LEEMANN in der Vorauflage Art. 657 N. 32 f und in SJZ *17* 321; MUTZNER, ZSR *62* 124 *a* ff. Bedenken gegenüber der Rechtsprechung hat auch GULDENER, Das internationale und interkantonale Zivilprozessrecht der Schweiz, 189 N. 5 und Freiwillige Gerichtsbarkeit, 24.

Die gründliche Untersuchung der Rechtslage (wie sie im «Berner Kommentar» von BECK vorgenommen wurde: SchlT Art. 55 N. 21–31) führt in der Tat zu einer Kritik der heutigen Praxis. Der obligatorische Vertrag über ein in der Schweiz gelegenes Grundstück sollte überall im Inland ohne Rücksicht auf die kantonale lex rei sitae nach den am Ort des Vertragsabschlusses geltenden Vorschriften durch das dort sachlich zuständige Organ beurkundet werden dürfen. Für diese Lösung sprechen insbesondere: 101

- die Tatsache, dass Art. 55 SchlT in Abs. 1 zweifellos das Prinzip der vollständigen Freizügigkeit statuiert und dass der Gesetzgeber nirgends erklärt hat, für die öffentliche Beurkundung von Liegenschaftsverträgen gelte diesbezüglich etwas anderes als für die übrigen Rechtsgeschäfte; 102
- der Umstand, dass «die öffentliche Beurkundung lediglich als Form von Verträgen erscheint, die Grundsätze des Privatrechts aber den Abschluss von Verträgen gestatten, ohne die Möglichkeit des Vertragsabschlusses räumlich zu beschränken» (GULDENER, Freiwillige Gerichtsbarkeit, 24). Weder die Verfassung noch das ZGB geben den Kantonen das Recht, die Herbeiführung der obligatorischen Bindung der Vertragschliessenden territorial zu beschränken; 103
- die Tatsache, dass eine solche örtliche Einschränkung der Verurkundungsmöglichkeit nicht nur den Grundstückverkehr ganz allgemein ausserordentlich beeinträchtigt, sondern noch besondere Schwierigkeiten verursacht für die Beurkundung von Rechtsgeschäften über Liegenschaften, die nicht nur in einem Kantonsgebiet liegen, und vor allem den Abschluss von Kauf- und Tauschverträgen über in verschiedenen Kantonen gelegene Grundstücke in *einem* Akt verunmöglicht (vgl. SJZ *33* 256; BlZR *37* Nr. 129; ZBGR *2* 21 ff; *7* 245; *21* 132). Interkantonale Vereinbarungen zur 104

Vermeidung derartiger Schwierigkeiten sind vereinzelt und selten so umfassend, dass alle Hindernisse beseitigt würden. Als Beispiele seien erwähnt:

ZBGR *7* 245 und MBVR *11* Nr. 157 über die Anwendbarkeit eines Konkordates vom 13. Juli 1818 für das Verhältnis zwischen den Kantonen Bern und Solothurn;

ZBGR *8* 67f: Übereinkunft zwischen den Kantonen Zürich und Thurgau betreffend die Beurkundung und die grundbuchliche Behandlung von Rechtsgeschäften über Grundstücke, die in beiden Kantonen liegen, vom 24. Dezember 1926/27. Januar 1927;

ZBGR *22* 215: Übereinkommen zwischen den Kantonen Appenzell A.-Rh. und St. Gallen;

ZBGR *32* 307: Konkordat zwischen den Kantonen Zürich und Aargau aus dem Jahre 1865, das nach einer gewissen Zeit der Unsicherheit über die Weitergeltung nunmehr von beiden Seiten als hinfällig betrachtet wird.

105 Eine andere Frage ist die, ob das zur Errichtung öffentlicher Urkunden über Immobiliarsachenrechte zuständige Organ die Beurkundung ausserhalb des Kantons vornehmen dürfe. Da die Gültigkeit eines solchen Geschäftes nach Art. 55 SchlT sich nach dem Gesetz des eigenen Kantons beurteilt, kommt nur dieses, nicht auch das Gesetz des andern (auswärtigen) Kantons für die Entscheidung der Frage in Betracht (a. M. Beck, Art. 55 N. 27; Haab, Art. 657 N. 28). Nach zürcherischem Recht z. B. kann die Frage bejaht werden, d. h. die Beurkundung des Geschäfts über eine zürcherische Liegenschaft kann als gültig anerkannt werden, wenn sie durch den zuständigen zürcherischen Beamten ausserhalb des Kantons vorgenommen wurde (vgl. SJZ *15* 88 Nr. 61 = ꝒlZR *16* Nr. 212). Auch im bernischen Recht ist anzunehmen, dass der Notar der gelegenen Sache Geschäfte des Liegenschaftsverkehrs ausserhalb des Kantonsgebietes verurkunden dürfe (vgl. ZBJV *76* 32; Flückiger, Notar und Recht, 57; an der Richtigkeit dieser Auffassung zweifelt jedoch Marti, Notar und Recht, 25). Anders als in Zürich und Bern sind die Verhältnisse im Kanton Aargau (Nussbaum ZBGR *7* 118).

106 c) Über Fragen des **internationalen** Rechts s. hinten N. 157/58.

V. VERFAHREN

107 Vgl. zum folgenden namentlich Guldener, Freiwillige Gerichtsbarkeit, 93ff mit Hinweisen auf die Quellen des kantonalen Rechts.

Bis auf wenige Ausnahmen wird das bei der öffentlichen Beurkundung nach ZGB 657 zu beobachtende Verfahren durch das kantonale Recht geregelt (SchlT 55 I; vorn N. 6). Auf Bundesrecht beruht nur:

- die Möglichkeit einer vereinfachten Beurkundungsart (vgl. hinten N. 113 a. E.),
- die Pflicht zur Aufstellung ordnender Bestimmungen für die Errichtung von öffentlichen Urkunden in fremder Sprache (SchlT 55 II; Beck N. 59 zu Art. 55),
- der ungeschriebene Rechtssatz, wonach durch kantonale Anordnungen die Wirksamkeit des Bundeszivilrechts nicht beeinträchtigt werden darf (vgl. die Kritik Leemanns im Anschluss an einen unzutreffenden Entscheid in SJZ *17* 361 Nr. 273; Mutzner 113*a* ff; Haab, Art. 657 N. 31 a. E.).

1. Rogation

Das Beurkundungsverfahren wird ausgelöst durch das Begehren einer **108**
Person an den Urkundsbeamten um Vornahme eines in seine Zuständigkeit fallenden Aktes öffentlichen Charakters (= Rogation oder Urkundsauftrag). «Eine ohne Rogation aufgenommene Urkunde besitzt keinen öffentlichen Charakter und kann ihn auch nicht dadurch erhalten, dass der Notar nachträglich beauftragt wird.» (Marti, Die Rogation des Notars, MBVR *38* 322.)

2. Prüfungspflicht des Urkundsbeamten

Dem Urkundsbeamten obliegt von Amtes wegen regelmässig die Prüfung **109**

- der eigenen Zuständigkeit (darüber vorn N. 95 ff),
- der Frage, ob in seiner Person ein Ausstandsgrund gegeben sei (Guldener, Freiwillige Gerichtsbarkeit, 34 f),
- der Identität des Erklärenden,
- der Vertretungsmacht eines eventuellen Stellvertreters (vgl. ZBGR *26* 177 betreffend mandatum post mortem),
- der Handlungs- und Urteilsfähigkeit des Erklärenden,
- der Übereinstimmung von Wille und Erklärung jedes Beteiligten (wozu es der Einvernahme des Erklärenden bedarf: BlZR *22* Nr. 15. Der blosse Hinweis im öffentlich beurkundeten Vertrag auf eine privatschriftliche Vereinbarung der Parteien, welche der Urkundsbeamte in seinen Einzelheiten nicht kennt, ist daher ungenügend: BlZR *37* Nr. 129. Vom Urkunds-

beamten grundsätzlich nicht zu prüfen ist, ob ein Rechtsgeschäft die wirtschaftlichen Interessen der Beteiligten genügend befriedige; doch wird er sich weigern, einen offensichtlich unrichtigen Kaufpreis zu beurkunden: zutreffend HAAB, Art. 657 N. 41 mit weiteren Zitaten; kaum haltbar BGE *50* II 147),

- der gegenseitigen Übereinstimmung vertraglicher Willensäusserungen der Beteiligten,
- des Inhaltes des Rechtsgeschäftes auf eventuelle Verstösse gegen Recht oder Sitte (beispielhaft ist die Formulierung dieser Pflicht in § 278 Ziff. 1 des baselstädtischen EG zum ZGB: «Sie [sc. die Notare] dürfen zu nichts Hand bieten, was mit Recht und guter Sitte unvereinbar ist; vielmehr haben sie in ihrem Bereiche nach Kräften dafür zu sorgen, dass im Rechtsleben öffentliche Treue und Glauben gewahrt sind.») In Zweifelsfällen hat der Urkundsbeamte auf dringenden Wunsch der Beteiligten allerdings die Beurkundung trotz Rechts- oder Sittenwidrigkeit des Geschäftes vorzunehmen, jedoch nur unter Anführung seiner Bedenken in der Urkunde; letztlich ist es Sache des Zivilrichters diese Frage zu entscheiden: ZBGR *32* 218. Rundweg ablehnen darf der Beamte die Beurkundung nur dann, «wenn die Erklärung *offenkundig* einen unmöglichen oder rechtswidrigen Inhalt hat oder *offenkundig* gegen die guten Sitten verstösst». (GULDENER, Freiwillige Gerichtsbarkeit, 41; vgl. auch ZBGR *7* 97; *30* 189.)

3. Vollzug der Beurkundung

110 Die Urkundsperson hat durch Unterschrift und Siegel zu bekräftigen, dass die Urkunde den ihr mitgeteilten Parteiwillen enthalte. Ihre Tätigkeit darf sich von Bundesrechts wegen auf keinen Fall auf die Beglaubigung der Unterschriften der Beteiligten beschränken. Die Beglaubigung ist zwar auch Beurkundung; sie unterscheidet sich von dieser aber wesentlich dadurch, dass sie sich nur auf die Unterschrift, nicht auf den Inhalt der Urkunde bezieht. Sie vermag deshalb auch nicht einer Privaturkunde den Charakter einer öffentlichen Urkunde zu verleihen; nur der Beglaubigungsvermerk selbst ist eine öffentliche Urkunde (vgl. LEEMANN in SJZ *11* 1 ff; in diesem Sinne auch BGE *78* IV 110 und 111: «Alle Tatsachen von rechtlicher Bedeutung, über welche die Schrift Auskunft gibt, werden vom Notar [öffentlich] beurkundet, gleichgültig, ob er die Vertragsbestimmungen mitunterschreibt oder ob seine Unterschrift nur eine diese Bestimmungen einrahmende oder ihnen angehängte Formel deckt. ... Der Notar genügte seiner Pflicht, diesen öffentlich zu beurkunden, nicht, wenn der Sinn seiner Tätigkeit nicht darin bestünde, Beweis für alle in der Schrift bezeugten, den Kaufvertrag aus-

machenden Tatsachen zu schaffen.» Unzutreffend dagegen BGE *46* II 230 ff, wo das Bundesgericht eine die Echtheit der Unterschriften der Kontrahenten bezeugende Erklärung des kantonalen Urkundsbeamten als öffentliche Beurkundung gelten liess).

Hinsichtlich des Beurkundungsvollzugs regelt das kantonale Recht namentlich: 111

- ob der Urkundsbeamte die Urkunde selbst aufzusetzen und vorzulesen habe und bei der Unterzeichnung durch die Parteien anwesend sein müsse (vgl. BGE *84* II 636 ff; Sem *1955* 600 f; *1959* 334 ff mit redaktioneller Anmerkung über die Fragwürdigkeit der genferischen Praxis),
- welche Anforderungen an die Genauigkeit der Beschreibung des zu veräussernden Grundstückes gestellt werden (ZBJV *92* 239),
- ob und wie weit dem Urkundsbeamten eine Belehrungspflicht zukomme,
- ob die Urkunde von ihm oder den Beteiligten vorzulesen sei,
- ob bei der Beurkundung Zeugen (Urkunds- oder blosse Unterschriftszeugen) mitzuwirken haben,
- ob der zuständige Urkundsbeamte schon beim ganzen Vorverfahren mitzuwirken habe (ZBJV *96* 297 f),
- ob die Urkunde von den Parteien zu unterzeichnen sei,
- ob gleichzeitige Anwesenheit der Parteien oder ihrer Vertreter erforderlich sei (vgl. Guldener, ZBGR *38* 347 f),
- ob das Verfahren unterbrochen werden dürfe (wo seine Durchführung ohne wesentliche Unterbrechung angeordnet wird, ist das immerhin so zu verstehen, dass nur die Einheit des Aktes mit einer Partei gewahrt werden muss, nicht etwa die unmittelbar aufeinanderfolgenden Willensäusserungen sämtlicher Beteiligter gefordert wird: MBVR *44* Nr. 75; ZBGR *27* 204, *27* 298; Flückiger, Notar und Recht, 50 ff; Guldener, Freiwillige Gerichtsbarkeit, 95 f; Beck, Art. 55 SchlT N. 10 mit weiteren Literaturhinweisen; vgl. ferner BGE *60* II 274; *63* II 361; ZBGR *7* 152; *7* 215; *11* 169),
- wie die Urschriften aufzubewahren seien,
- unter welchen Umständen eine Berichtigung der Urkunden vorgenommen werden dürfe (vgl. dazu Blumenstein, MBVR *21* 417 ff).

4. Ausserordentliches Verfahren

Sonderformen der öffentlichen Beurkundung sind notwendig, um gewisse 112
Mängel in der Person eines Beteiligten zu überbrücken. Sie bestehen im Falle von Analphabeten, von Blinden, Tauben und Stummen meist im

Beizug von Zeugen und Sachverständigen (VOGEL, Die privatrechtliche Stellung des Taubstummen und Blinden, Diss Zürich 1912; SPAHR E., Die rechtliche Stellung des Blinden, Diss Bern 1917). Beherrscht eine der Parteien die Sprache nicht, in der verurkundet wird, und ist andererseits der Urkundsbeamte ausserstande, die Übersetzung in die Sprache der Urkundspartei vorzunehmen, ist ein Dolmetscher beizuziehen (FLÜCKIGER, Notar und Recht, 63ff; GULDENER 97).

5. Vereinfachtes Verfahren

113 Für die Eigentumsübertragung von kleineren Grundstücken, namentlich auch für die Grenzregulierungen, kann ein vereinfachtes Verfahren vorgesehen werden (ein Recht, von dem einige Kantone, darunter der Kt. Bern in einem Dekret vom 16. November 1925, Gebrauch machten). Dabei kann es sich aber immer nur um eine Vereinfachung der Beurkundung, nicht um einen Verzicht auf die öffentliche Beurkundung überhaupt handeln (vgl. WILD, ZBGR *32* 313 mit Hinweis auf den misslungenen Versuch des Kt. St. Gallen, Handänderungen über kleine Grundstücke ohne öffentliche Beurkundung gelten zu lassen).

Vereinfachte Arten der öffentlichen Beurkundung sieht auch das Bundesrecht vor: Vgl. ZGB 948 III und dazu ZGB 972 III und GBV 14 III und 30; ferner Landwirtschaftsgesetz Art. 81 (kritisiert von HUBER in ZBGR *35* 62f).

VI. AUSLEGUNG DES ÖFFENTLICH BEURKUNDETEN VERTRAGES

114 Erst wenn feststeht, dass ein konkretes Rechtsgeschäft der Form bedurfte und dass diese Form gewahrt worden ist, stellt sich die Frage nach der Auslegung seines Inhaltes. Ist diese Form nicht eingehalten, so liegt ein ungültiges Rechtsgeschäft vor (hinten N. 127ff), und bei einem solchen ist eine Vertragsinterpretation nicht mehr erforderlich.

1. Grundsätzliche Massgeblichkeit der üblichen Interpretationsmethode

115 Die Vertragsauslegung erfolgt grundsätzlich bei formellen nicht anders als bei formfreien Verträgen. Massgebend ist im schweizerischen Recht da

wie dort das sogenannte Vertrauensprinzip (vgl. die Hinweise in ZSR *78* 95 N.4). Eine vertragliche Willensäusserung wird so ausgelegt, wie sie von einem vernünftigen und korrekten Partner unter den gegebenen Umständen nach Treu und Glauben verstanden werden durfte oder musste. Massgebend ist also weder der subjektive Wille des Äussernden noch das subjektive Verständnis des Adressaten, sondern der – unter Beachtung der individuellen Umstände – nach objektiven Gesichtspunkten ermittelte Gehalt der Erklärung. Das Vertrauensprinzip verlangt gerade auch bei formellen Rechtsgeschäften, dass nicht etwa nur der fixierte Wortlaut einer Willensäusserung, sondern die Gesamtheit der konkreten Verhältnisse und Begleiterscheinungen beachtet werden. Der verurkundete Vertragsinhalt muss in einen grösseren Rahmen hineingestellt werden. Den Worten ist diejenige Bedeutung beizulegen, welche die Parteien nach den besonderen Verhältnissen ihnen beilegen durften oder mussten (vgl. SJZ *23* 125f Nr.26). Die den beiden Kontrahenten erkennbaren Umstände, aus denen heraus der Vertrag entstanden ist und in die er hineingehört, sind als Auslegungsmaterial heranzuziehen.

Unter diesem Gesichtspunkt kann auf vorher oder nebenher getroffene 116
Abreden zurückgegriffen werden. Wer sich aber auf solche Verhandlungen oder Abreden beruft, hat sie im Streitfall zu beweisen, denn das formell abgefasste Geschäft hat die Vermutung der Vollständigkeit für sich (Haab, Art.657 N.20). Aus dem Zweck der gesetzlichen Form, die Parteien vor Übereilung zu schützen, folgt, dass objektiv und subjektiv wesentliche vertragliche Abmachungen nie in dem Sinne ergänzt werden dürfen, «dass auf Grund mündlicher Vereinbarungen... eine weitergehende Verpflichtung der in Betracht kommenden Partei angenommen wird, als sich aus dem schriftlich fixierten Vertragsinhalt ergibt» (so BGE *39* II 699).

Ähnlichen Schranken unterliegt die aus dem Vertragszweck heraus er- 117
folgende Interpretation. Auch beim formbedürftigen Geschäft muss zwar eine unklare Einzelstelle so ausgelegt werden, dass der durch den Vertrag erstrebte, erkennbare Geschäftszweck erreicht wird. Jedoch dürfen aus dem erkennbaren Zweck des Vertrages dort, wo der sinngemäss interpretierte Vertragswortlaut eine Bestimmung nicht mehr enthält, keine Ergänzungen von wesentlichen Punkten vorgenommen werden, auch dann nicht, wenn es nicht zweifelhaft sein kann, in welchem Sinne die Ergänzung erfolgt wäre, wenn der ungeregelte Punkt in Betracht gezogen worden wäre.

Die die Vertragsauslegung beherrschenden Grundsätze, die sie leitenden 118
Gesichtspunkte und die in ihrem Dienste stehenden Hilfsmittel sind somit grundsätzlich auch bei öffentlich beurkundeten Verträgen über Grundstücke zu berücksichtigen; nur ihrer Auswirkung auf das Auslegungsergebnis sind hier notwendigerweise Schranken gesetzt, weil dem öffentlich be-

urkundeten Wortlaut ein Vorrang zukommt, den der Wortlaut sonst nicht aufweist. Andere Auslegungsmittel können unbeschränkt nur beigezogen werden zur Verdeutlichung und Klärung des qualifizierten Wortlautes; zur Ergänzung des Vertrages sind sie nur zulässig, soweit objektiv wie subjektiv unwesentliche Punkte in Frage stehen, und zur Berichtigung und Änderung des Wortlautes besteht – abgesehen von Ausnahmen der in N. 124 erwähnten Art – keine Möglichkeit.

119 Das Wesen des Vertrauensprinzipes besteht in einer Verbindung individualisierender und objektivierender Elemente (vgl. Meier-Hayoz, Das Vertrauensprinzip beim Vertragsabschluss [Diss Zürich 1948] 25). Soweit die Rücksichtnahme auf die individuellen Umstände die undeutlichen und unvollständigen Vertragsabmachungen noch nicht restlos klarlegt, darf zur weiteren Abklärung nicht auf subjektive Vorgänge abgestellt werden. Der Erklärungsempfänger hat vielmehr – wenn nicht besondere individuelle Umstände dies ausschliessen – die Worte des Erklärenden stets im objektiven Sinne aufzufassen. Durch einige spezielle Auslegungsgrundsätze wird dieses Postulat der Objektivierung verwirklicht. Diese erleiden bei formellen Verträgen weniger Einschränkungen als die dem Postulat der Individualisierung entspringenden Regeln. Hinzuweisen ist namentlich auf die Verkehrssitte, die im Liegenschaftenverkehr übliche Handlungsweise. Solange nicht besondere Umstände auf eine individuelle Gestaltung des Vertrages hinweisen, kommt den Willensäusserungen der verkehrsübliche Sinn zu. Steht ein örtlich begrenzter Kreis in Frage, so ist auf einen eventuellen Ortsgebrauch Rücksicht zu nehmen: Auf das, was in einer bestimmten Gegend üblich und gebräuchlich ist.

120 Nicht von Bedeutung ist bei öffentlich beurkundeten Verträgen die Auslegungsregel «in dubio contra stipulatorem». Die für die Anwendbarkeit dieses Satzes vorausgesetzte Einseitigkeit in der Abfassung des Vertragstextes (wie sie beispielsweise bei Versicherungsverträgen regelmässig vorhanden ist) dürfte dank der Mitwirkung einer öffentlichen Urkundsperson bei den Verträgen auf Grundeigentumsübertragung kaum vorkommen.

2. Widerspruch zwischen dem übereinstimmend Gewollten und dem in der Urkunde gemeinsam Erklärten

Ergibt sich zwischen dem aus den Umständen ersichtlichen übereinstimmenden wirklichen Willen der Parteien und dem verurkundeten Willen ein Widerspruch, so sind folgende Tatbestände zu unterscheiden:

121 *a)* Wenn es sich dabei um einen verurkundeten unwesentlichen Vertragspunkt handelt, tritt gemäss OR 18 Nichtigkeit ein, die aber nicht den

ganzen Vertrag, sondern im Sinne von OR 20 II nur den betreffenden Punkt erfasst.

b) Handelt es sich um einen Punkt, der subjektiv oder objektiv wesentlich 122
ist, und ist der Widerspruch zwischen wirklichem und verurkundetem Willen durch Simulation hervorgerufen, gelten die Ausführungen hinten N. 146ff.

c) Hat man es mit einem wesentlichen Punkt zu tun, hinsichtlich dessen 123
übereinstimmender wirklicher Wille und in der öffentlichen Urkunde niedergelegter Wille infolge Irrtums auseinandergehen, so liegt ein Anwendungsfall der in Art. 18 OR enthaltenen Parömie «falsa demonstratio non nocet» vor. Diese will (entgegen ihrer allgemeinen Fassung) nicht etwa besagen, dass jedes Vergreifen im Ausdruck unbeachtlich bleibe, sondern ist nur für diejenigen Fälle anwendbar, in welchen zwei Voraussetzungen erfüllt sind: Es muss dem Gegenkontrahenten erkennbar sein, dass zwischen Wille und Äusserung des Erklärenden Diskrepanz besteht, und es muss für ihn zudem der wirkliche Wille des Erklärenden erkennbar sein. Es handelt sich mit andern Worten stets um Irrtumsfälle, bei denen nicht nur der Irrtum, sondern auch der wirkliche Wille des Irrenden für den Nichtirrenden erkennbar ist. Es bedarf daher weder einer Anfechtung des Vertrages wegen Irrtums noch des Abschlusses eines neuen Vertrages, sondern es ist einfach der bestehende Vertrag zu berichtigen. Bei formbedürftigen Verträgen ergibt sich nun die Besonderheit, dass die falsa demonstratio insofern schadet, als der Widerspruch zwischen formell Erklärtem und von den Kontrahenten übereinstimmend wirklich Gewolltem Ungültigkeit des Vertrages zur Folge hat. Es gilt weder das, was erklärt wurde (denn es ist aus den Umständen ersichtlich, dass es nicht richtig gewollt ist), noch gilt das, was erkennbarerweise gewollt ist (denn es ist nicht in der verlangten Form erklärt). Vgl. BGE *41* II 361.

Dieser Grundsatz ist indessen von der Rechtsprechung abgeschwächt worden. Mit Recht haben sich die Gerichte in folgenden Fällen von Billigkeitsüberlegungen leiten lassen:

– Ist im öffentlich beurkundeten Kaufvertrag über ein bäuerliches Heim- 124
wesen, entgegen dem übereinstimmenden Willen der Vertragsparteien, von der Urkundsperson ein Grundstück versehentlich nicht aufgeführt worden, so gilt dieses trotzdem als mitverkauft (SJZ *51* 93f Nr. 72 = AGVE *1952* 65ff; ähnlich auch SJZ *23* 125ff Nr. 26 = VAR 1926 Nr. 14).

– Das veräusserte Grundstück wird in der Vertragsurkunde auf Grund eines 125
Versehens der Parteien oder der Urkundsperson falsch bezeichnet; die Parteien wollen die Parzellennummer 35 verkaufen, während in der Urkunde die Nr. 36 als verkauft bezeichnet wird. Die irrige Bezeichnung des

beiderseits gewollten Vertragsgegenstandes beeinflusst die Gültigkeit des Vertrages nicht (vgl. SJZ *9* 51; RGZ *60* 339; Seuff. Arch. *62* Nr. 223; DANZ, Auslegung der Rechtsgeschäfte [3. Aufl., Jena 1911], 167f; OERTMANN, Rechtsordnung und Verkehrssitte, 142ff; GUTBROD 93f). Dagegen ist der Eintrag im Grundbuch, der infolge der irrtümlich falschen Bezeichnung des Grundstückes im Vertrage auf einem andern Grundstückblatt bewirkt worden ist, als dem für das veräusserte Grundstück angelegten, ungerechtfertigt, weil er ohne zugehörigen Rechtsgrund erfolgt ist (ZGB 974 II, 975).

126 Methodisch einwandfrei ist das Vorgehen des Richters in diesen Fragen dann, wenn er die Berufung auf den Mangel der gesetzlichen Form auch in diesen Fällen (wie hinten N. 140ff) unter dem Gesichtspunkt des Rechtsmissbrauches prüft (Ansatzpunkt in SJZ *51* 94 Ziff. 4). Ergänzung und Berichtigung des formellen Vertrages aus dem übereinstimmenden wirklichen Willen der Parteien ist dann und nur dann zulässig, wenn das Festhalten am beurkundeten Wortlaut gegen Treu und Glauben verstossen würde.

VII. FOLGEN DER NICHTBEACHTUNG DER FORM

127 Eigentliche Formmängel haben die Ungültigkeit des formbedürftigen Rechtsgeschäftes zur Folge. Keine Partei kann von der andern Erfüllung oder Schadenersatz wegen Nichterfüllung verlangen, und jede Partei ist berechtigt, nach Bereicherungsgrundsätzen zurückzuverlangen, was sie der Gegenpartei auf Grund des ungültigen Vertrages schon geleistet hat. Die Ungültigkeit des mangelhaften Geschäftes kann nur dann nicht geltend gemacht werden, wenn in der Berufung auf den Formmangel angesichts der besonderen Umstände ausnahmsweise ein Verstoss gegen ZGB 2 erblickt werden muss. Einer näheren Untersuchung bedürfen in diesem Zusammenhang namentlich die Fragen, was als eigentlicher Formmangel zu betrachten (N. 128f), wie die dadurch hervorgerufene Ungültigkeit beschaffen sei (N. 130ff), welche Folgen sie zeitige (N. 135ff) und wann in der Berufung auf einen Formmangel ein Rechtsmissbrauch erblickt werden müsse (N. 140ff). Der Tatbestand der Simulation ist sodann – seiner praktischen Bedeutung wegen – gesondert zu betrachten (N. 146ff).

1. Eigentliche Formmängel

Als solche erscheinen:

a) Verletzungen bundesrechtlicher Formvorschriften

Wird ein der vorn N. 15–44 aufgezählten Verträge auf Übertragung von Grundeigentum nicht öffentlich beurkundet, dann ist das ganze Geschäft ungültig. Wird zwar eine öffentliche Beurkundung vorgenommen, aber ein bestimmtes Vertragselement nicht aufgenommen, ist in analoger Anwendung von OR 20 II zu prüfen, ob die Ungültigkeit den ganzen Vertrag oder nur einen Teil davon erfasse (vgl. BGE *58* II 365ff; *60* II 98ff). 128

b) Verletzungen kantonalrechtlicher Formvorschriften

Das kantonale Recht kann im Rahmen seines Kompetenzbereiches (SchlT Art. 55) bestimmen, welche Regeln betreffend das Beurkundungsverfahren blosse Ordnungsvorschriften und welche Gültigkeitsvorschriften darstellen, wobei es frei ist, für deren Missachtung die Sanktion nach eigenem Gutdünken aufzustellen: 129

- BGE *72* II 39ff: Nichtigkeit eines Grundstückkaufvertrages, weil entgegen den Vorschriften des kantonalen Beurkundungsrechts der Knecht des Verkäufers bei der öffentlichen Beurkundung als Zeuge mitwirkte;
- BGE *84* II 636ff: Anfechtbarkeit von Verträgen, bei deren Abschluss der verurkundende Notar nicht zugegen war und sich daher nicht vergewissern konnte, ob die Parteien vom Inhalt der Urkunden Kenntnis genommen und ihn genehmigt hatten;
- Sem *77* 596; *81* 334: Nichtigkeit der promesse de vente immobilière, die in Abwesenheit des Notars dessen erster Angestellter durch die Parteien hat unterzeichnen lassen;
- VAR 1915 18ff betreffend Streichungen und Einschaltungen in der Urkunde;
- VAR 1916 27 betreffend das Erfordernis der Einheit der Handlung;
- SJZ *10* 34 betreffend die Beiziehung eines Übersetzers;
- ZBGR *31* 135f: Amtshandlungen, welche ein Notarstellvertreter ausserhalb der ordentlichen Bureaustunden und vor seiner Beeidigung vornimmt;
- ZBJV *77* 568: Mitwirkung eines Notars, gegen den ein Ausschliessungsgrund vorlag;

  s. ferner Beck, Art. 55 N. 15 und Haab, Art. 657 N. 21 und 33, beide mit weiteren Hinweisen.

2. Ungültigkeit sui generis

130 Das Bundesgericht bezeichnet mit der herrschenden Lehre die bei Vorliegen eines eigentlichen Formmangels eintretende Form der Ungültigkeit als Nichtigkeit (vgl. u.a. BGE *51* II 570ff; *78* II 226f; *85* II 565ff; LEEMANN in der Vorauflage Art. 657 N. 43; BECK, Art. 55 N. 49; OSTERTAG, Art. 974 N. 7; BECKER, Art. 11 N. 8; WIELAND, Art. 657 N. 10 lit. *b*; HOMBERGER, Art. 974 N. 5; OSER/SCHÖNENBERGER, Art. 11 N. 28 und Art. 216 N. 13; VON TUHR/SIEGWART I § 30 III). Zutreffend hat aber KUNZ (132f) im Anschluss an ein unpubliziertes Gutachten von THEO GUHL vom 3. Juli 1925 darauf hingewiesen, dass die Nichtigkeitstheorie nicht voll zu befriedigen vermag, und dass das Gesetz der Annahme einer andern Ungültigkeitsform nicht im Wege steht. In der Folge sind HAAB (Art. 657 N. 34–40), HERZ (194) und KELLERHALS (38ff) auf diesem Wege weitergegangen, und in ZBJV *96* 457 betont MERZ die Beachtlichkeit dieser Lehre (vgl. in diesem Sinne auch SJZ *31* 362f Nr. 75; noch im Sinne der herrschenden Ansicht LIVER, Art. 732 N. 98, allerdings unter weitgehender Anerkennung der Überzeugungskraft des von HAAB vertretenen Standpunktes in N. 101 eodem). In der Tat können die Folgen der Verletzung von Formvorschriften nur dann einwandfrei konstruiert werden, wenn man im Formfehler nach ZGB 657 nicht einen Grund für die Nichtigkeit im gewöhnlichen Sinne erblickt, sondern für eine Ungültigkeit sui generis: Die Ungültigkeit des formwidrigen Vertrages wirkt zwar jedermann gegenüber (insofern besteht Übereinstimmung mit der Form der Nichtigkeit), bedarf jedoch der Geltendmachung durch eine der Parteien im Wege der Einrede (ist also nicht wie die Nichtigkeit von Amtes wegen zu berücksichtigen und kann daher auch nicht von Drittpersonen angerufen werden. Eine Ausnahme besteht nur insofern, als der Grundbuchverwalter selbstverständlich den Formmangel eines zur Eintragung angemeldeten Vertrages von Amtes wegen beachten muss: ZGB 965 I und III). Und zwar ist die nähere Ausgestaltung so, dass der gegen Formvorschriften verstossende Vertrag als zunächst unwirksam anzusehen ist, dann aber wirksam werden kann, wenn der Formmangel nicht geltend gemacht wird bzw. aus den hinten in N. 140ff erwähnten Gründen nicht geltend gemacht werden kann. Der Vertrag ist mit andern Worten «von Anfang an ungültig, entfaltet hingegen solange normale Rechtswirkungen, als die Ungültigkeit nicht geltend gemacht wird» (KELLERHALS 76/77). Über die Unterschiede dieser Art Ungültigkeit von der Anfechtbarkeit (namentlich derjenigen nach ZGB 519/20) und von der Unverbindlichkeit im Sinne von OR 31 vgl. KELLERHALS 50ff.

131 Der Wortlaut des Gesetzes kann keineswegs zugunsten der Nichtigkeitstheorie angeführt werden. Indem verlangt wird, der Vertrag auf Eigentums-

übertragung bedürfe zu seiner Verbindlichkeit der öffentlichen Beurkundung, wird auf den Begriff der Unverbindlichkeit angespielt. Ebenso fehlt in den beiden hier mitzuberücksichtigenden Art. 11 und 216 I OR eine für die Interpretation von ZGB 657 bindende Stellungnahme. Die Frage nach der Art der Ungültigkeit wird an diesen Stellen vom Gesetzestext offengelassen (im Gegensatz zum deutschen Recht, wo aus § 313 in Verbindung mit § 125 klar hervorgeht, dass das BGB sich für die Nichtigkeit ausspricht).

Teleologische Überlegungen sprechen gegen die Annahme einer absoluten Nichtigkeit. In der vom Grundsatz der Formfreiheit beherrschten schweizerischen Rechtsordnung (vgl. OR 11) haben gesetzliche Formvorschriften stets Ausnahmecharakter. Sowohl ihr Anwendungsbereich wie namentlich auch die an ihre Verletzung geknüpften Rechtswirkungen haben im Rahmen des Zweckes zu bleiben, der mit der Statuierung eines Formzwanges erstrebt wird. Das gesetzgeberische Zweckbestreben zielt nun aber bei Art. 657 nicht direkt auf den Schutz Dritter, am Vertrag nicht beteiligter Personen und verlangt (mit Ausnahme des Grundbuchverwalters) kein Einschreiten staatlicher Organe von Amtes wegen (vgl. vorn N. 2ff; ebenso Haab, Art. 657 N. 35). Es ist denn auch keineswegs so, dass die Missachtung der Formvorschriften zu wenig geahndet wäre, wenn man die Verletzung der Form nicht als Nichtigkeitsgrund gelten liesse (vgl. Kellerhals 56ff; a. M. allerdings Müller 27). 132

Entscheidendes Argument gegen die Nichtigkeitstheorie ist jedoch ihr Unvermögen, das Problem der Heilung des Formmangels befriedigend zu lösen. Es gibt Tatbestände, bei denen sich die Berufung auf einen Formmangel als rechtsmissbräuchlich darstellt (vgl. hinten N. 140ff). Auch in diesen Fällen ist und bleibt nach der Nichtigkeitstheorie der Vertrag auf Grundeigentumsübertragung nichtig; der Erwerber kann nie Eigentum erwerben – sofern ihm der gute Glaube fehlt nicht einmal durch Ersitzung! Der Veräusserer bleibt Eigentümer, kann aber die Grundbuchberichtigung nicht verlangen, weil seinem Anspruch ZGB 2 entgegensteht. 133

Rechtsvergleichende Betrachtungen vermögen die Richtigkeit der Annahme einer Ungültigkeit eigener Art nur zu unterstützen. Ein oberflächlicher Blick auf das deutsche Recht könnte zwar dazu führen, die dort vorgesehene Nichtigkeit auch für das schweizerische Recht zu postulieren. Im BGB ist aber die Nichtigkeit nur deswegen am Platz, weil es den Eigentumsübergang abstrakt ausgestaltet hat: Der mit Formfehlern behaftete obligatorische Vertrag wird durch Grundbucheintrag geheilt (§ 313). Dass die Verletzung von Formvorschriften der Natur der Sache nach nicht notwendigerweise Nichtigkeit des Rechtsgeschäfts zur Folge haben muss, zeigt sodann ein Blick auf das österreichische Recht, wo davon ausgegangen wird, der an einem Formmangel leidende Vertrag lasse immerhin eine Naturobligation 134 entstehen, weshalb dann eine Erfüllung des formungültigen Vertrages trotzdem Rechtswirkungen hervorzurufen vermag (vgl. KELLERHALS 70f mit Hinweisen auf die österreichische Doktrin).

3. Folgen der Ungültigkeit

135 *a)* Die Ungültigkeit kann geltend gemacht werden auf dem Wege der Feststellungsklage oder in Form einer Einrede gegen die Klage auf Erfüllung, so namentlich gegen die Klagen auf Kaufpreiszahlung, auf Zusprechung des Eigentums, auf irgendwelche Nebenleistung des Veräusserers oder Erwerbers, auf Bezahlung eines Reugeldes oder einer Konventionalstrafe (vgl. darüber vorn N.85). Namentlich kann auch dann die Einrede erhoben werden, wenn auf Vollziehung der Form geklagt wird (vgl. BGE *49* II 64; *50* II 253). Schliesslich dient sie zur Abwehr von Begehren zur Vormerkung einer Verfügungsbeschränkung (ZGB 960 Ziff. 1) oder einer vorläufigen Eintragung (ZGB 961, 966) auf Grund des ungültigen Vertrages.

136 *b)* Auch der Klage auf Schadenersatz wegen Nichterfüllung kann die Einrede des Formmangels entgegengehalten werden. Wer sich auf die Ungültigkeit des Vertrages beruft und so seine Vollziehung hindert, ist nicht schadenersatzpflichtig. Es liegt weder eine Vertragsverletzung noch ein Verstoss gegen die guten Sitten vor. Er haftet nicht einmal auf das negative Vertragsinteresse, wenn der Gegenkontrahent nach Abschluss des formungültigen Vertrages vermögensrechtliche Massnahmen im Hinblick auf die bevorstehende Beurkundung getroffen hat. Eine Ausnahme besteht nur dann, wenn die Voraussetzungen für eine Haftung nach den Grundsätzen der sogenannten culpa in contrahendo vorliegen. So kann Ersatz des Vertrauensschadens verlangt werden, wenn eine Partei von der andern absichtlich in den Glauben versetzt wurde, der Vertrag sei gültig, wenn eine Partei den Formmangel in arglistiger Weise herbeigeführt oder die Gegenpartei sonstwie betrogen hat (vgl. BGE *49* II 54ff; SJZ *51* 299 N.147; ZBGR 7 80; *29* 81; RGZ *56* 51; BECKER, Art. 11 N. 15); oder wenn der eine den andern arglistig von der Ersteigerung einer Liegenschaft abgehalten hat (Rep *79* 482). Unter Umständen kann eine Partei auch Ersatz ihrer Aufwendungen nach den Regeln über den Auftrag verlangen, z.B. wenn sie vom Gegner beauftragt worden war, einen Vertragsentwurf ausarbeiten zu lassen. Vorbehalten bleiben sodann nach kantonalem Recht zu beurteilende Schadenersatzansprüche gegen die Urkundsperson.

137 *c)* Sind auf Grund des ungültigen Vertrages schon Leistungen erbracht worden, so ist die Feststellungsklage mit der Leistungsklage auf Rückgabe zu verbinden. Die Rechte und Pflichten des besitzenden Erwerbers gegen-

über dem das Grundstück zurückfordernden Eigentümer bestimmen sich nach ZGB 938–940, nicht nach OR 62 ff (vgl. BGE *84* II 377 ff; demgegenüber kann der Käufer, der dem Verkäufer den Kaufpreis ganz oder zum Teil bezahlt hat, die Leistung mit der Klage aus ungerechtfertigter Bereicherung zurückverlangen).

Die exceptio rei venditae et traditae steht dem Erwerber, der den Besitz 138 am Grundstück erlangt hat, nicht zu, da diese Einrede einen gültigen Veräusserungsvertrag voraussetzt (vgl. Art. 656 N. 38).

Ist die Eintragung im Grundbuch schon erfolgt, so kann der Veräusserer 139 auf Löschung des ungerechtfertigten Eintrages klagen, unter Vorbehalt der von gutgläubigen Dritten durch Eintragung erworbenen dinglichen Rechte (ZGB 975, 973). Betreffend die vorläufige Sicherung des Eigentumsrechtes des Veräusserers durch Vormerkung einer vorläufigen Eintragung s. Art. 961 Ziff. 1.

4. Rechtsmissbräuchliche Berufung auf einen Formmangel

Wer sich auf die Verletzung einer Formvorschrift beruft, verstösst an und 140 für sich nicht gegen Treu und Glauben, auch dann nicht, wenn diese Haltung für den Gegenkontrahenten schwerwiegende Folgen mit sich bringt. Angesichts der besonderen Umstände eines Falles kann jedoch die Anrufung eines Formmangels als rechtsmissbräuchlich erscheinen und die Einrede nach ZGB 2 gegeben sein. In all diesen Fällen tritt Heilung der Ungültigkeit ein (vorn N. 133). So wenig wie sonst lassen sich hier allgemeine Regeln darüber aufstellen, was als rechtsmissbräuchlich angesehen werden müsse. «Ob ein Rechtsmissbrauch vorliege, hat der Richter ohne Bindung an starre Regeln in jedem einzelnen Falle unter Würdigung der gesamten Umstände nach freiem Ermessen zu prüfen» (BGE *78* II 227; *84* II 375 und 641). Bei dieser Prüfung der Umstände und Abwägung des Interesses der beiden Kontrahenten hat der Richter aber namentlich folgende Punkte besonders in Betracht zu ziehen:

a) Die beidseitige freiwillige Erfüllung des Vertrages

Ist der Kaufpreis bezahlt, der Eigentumsübergang im Grundbuch ein- 141 getragen und hat der Erwerber seine Eigentumsrechte ungehindert schon ausgeübt, so erscheint die spätere Geltendmachung des Formmangels häufig als rechtsmissbräuchlich (vgl. BGE *50* II 148; *53* II 165 f; *72* II 43; *81* II 577). Zwar steht fest, dass die Ungültigkeit des Veräusserungsvertrages durch die Eintragung in das Grundbuch im schweizerischen Recht (im Gegensatz zum deutschen: § 313 BGB) nicht geheilt wird (BGE *50* II 147). Der Eintrag ist ungerechtfertigt (ZGB 974 II), das Eigentum somit nicht auf den Erwerber übergegangen. Weder die Eintragung als solche noch die Erfüllung als Ganzes vermögen den Formmangel zu heilen (SJZ *20* 359ff Nr. 72; Becker, Art. 11 N. 10). Beides pflegt nur im Rahmen der übrigen Umstände ein wichtiges Element für die Beurteilung des Rechtsmissbrauches zu sein. Entscheidend ist unter anderem, ob und wie weit die Parteien durch Erfüllungshandlungen und ganz allgemein durch das Verhalten nach der Erfüllung (BGE *84* II 376) zum Ausdruck gebracht haben, dass sie die Verpflichtungen aus dem Vertrag anerkennen. Die Geltendmachung des Formmangels darf nicht einen Verstoss gegen eigenes bisheriges Verhalten (BGE *86* II 233) oder gegen ein bei der Gegenpartei erwecktes Vertrauen darstellen (Sem *1955* 601ff). Insofern haben wir es mit einem Anwendungsfall des Verbotes des venire contra factum proprium zu tun. Auf den Schutz von durch die Gegenpartei erwecktem Vertrauen kann sich aber nicht berufen, wer selber das nach Treu und Glauben bei der Vertragsabwicklung geforderte Verhalten nicht beobachtet hat (zutreffend in diesem Sinne BGE *84* II 376f; die Einrede des Rechtsmissbrauchs kann eben immer nur erheben, wer selbst in keiner Weise rechtsmissbräuchlich gehandelt hat – ein Gedanke, der auch für den Entscheid BGE *84* II 636ff grundlegend gewesen sein dürfte: vgl. dort S. 644 a.E.).

142 Ist einerseits in der Berufung auf den Formmangel bei einem vollständig erfüllten Vertrag keineswegs immer ein Verstoss gegen ZGB 2 zu erblicken, so kann andererseits eine missbräuchliche Rechtsausübung vorliegen, auch wenn das Rechtsgeschäft erst teilweise oder überhaupt noch nicht erfüllt ist. So ist als offenbarer Rechtsmissbrauch angesehen worden die Berufung auf den Formmangel gegenüber einer Klage des Verkäufers auf Kaufpreisbezahlung, wenn der Käufer das Grundstück schon einem gutgläubigen Dritten weiterverkauft hat (ZBJV *84* 450ff). Vgl. ferner: BGE *53* II 162ff; SJZ *26* 8 Nr. 1; BlZR *27* Nr. 92; ZBGR *13* 39ff.

b) Das Verschulden an der Herbeiführung des Formmangels

143 Rechtsmissbräuchlich ist zweifellos die nachträgliche Geltendmachung von Formverstössen durch diejenige Partei, welche beim Vertragsabschluss den Formfehler zum eigenen Vorteil gewollt hat (BGE *53* II 166; *72* II 43; *78* II 228f; *84* II 642; ZBJV *78* 477f; *84* 450ff). Nicht anders wird in der Regel der Tatbestand zu beurteilen sein, wenn der Formfehler zwar nicht geradezu gewollt, aber doch in Kauf genommen wurde. Schon aus der im Rahmen des (letztlich ja auch auf ZGB 2 abgestützten) Vertrauensprinzipes von der schweizerischen Gerichtspraxis anerkannten Haftung für culpa in contra-

hendo wäre in vielen Fällen trotz Verneinung vertraglicher Bindungen das Bestehen von Schadenersatzpflichten zu bejahen (vorn N.136). Entgegen vereinzelten deutschen Konstruktionsversuchen (vgl. TASCHE, Jher. Jahrb. *90* 101 ff) ist aber die Heilung der Formnichtigkeit auch in diesen Fällen direkt aus ZGB 2 herzuleiten und nicht in einer Weiterentwicklung der Lehre vom Verschulden beim Vertragsabschluss zu suchen.

Nach Auffassung des Zürcher Obergerichtes ist die Geltendmachung des **144** Formmangels dann in der Regel missbräuchlich, wenn der Kaufpreis nach dem Willen beider Parteien lediglich zum Zweck der Umgehung der Handänderungssteuer nicht in vollem Umfange öffentlich beurkundet worden ist (BlZR *41* Nr. 51).

c) Die Zweckwidrigkeit der Rechtsausübung

Rechtsmissbrauch ist sodann anzunehmen, «wenn die den Formfehler **145** anrufende Vertragspartei daran kein schutzwürdiges Interesse hat, so dass durch die Vertragsanfechtung die Form einem ihr fremden Zwecke dienstbar gemacht wird» (BGE *72* II 43). Das ist der Fall, wenn sich eine Partei auf den Formfehler beruft, um sich die Änderungen in der Preisgestaltung auf dem Liegenschaftsmarkt, das Steigen oder Sinken der Bodenpreise zunutze zu machen (vgl. BGE *50* II 148), oder um sich wegen nachträglich entdeckten materiellen Mängeln des Rechtsgeschäftes von demselben lossagen zu können, ohne dartun zu müssen, dass dieser Mangel tatsächlich bestand (BGE *52* II 60 ff; *53* II 162 ff; in Übereinstimmung mit der Vorinstanz: BlZR *27* Nr. 92; BGE *78* II 229; SJZ *31* 362 f Nr. 75) oder um sich nur eigenen Verpflichtungen aus dem Vertrag zu entziehen, gleichzeitig aber die Vorteile des Geschäftes zu behalten (ZBJV *72* 735 ff; *84* 450 ff) oder um damit in einer Auseinandersetzung über ganz andere Fragen einen für sie günstigen Entscheid herbeizuführen (BGE *81* II 583 f). Der Formmangel darf nur zum Erreichen jener Zwecke geltend gemacht werden, denen die Form dient. Der Verstoss gegen ZGB 2 liegt hier in der Zweckwidrigkeit der Rechtsausübung. Dabei ist allerdings zu beachten, dass die Form der öffentlichen Beurkundung im Verkehr mit Grundstücken nicht nur einen Übereilungsschutz und die Garantie fachmännischer Beratung bezweckt, sondern auch Klarheit über Zustandekommen und Inhalt des Vertrages anstrebt und damit der Beweissicherung und der Rechtssicherheit dient (BGE *84* II 642; vgl. vorn N. 4).

VIII. SIMULATION

146 Ein eigentlicher Formmangel, der die in N. 127ff dargelegten Rechtsfolgen auslöst, liegt namentlich auch dann vor, wenn die Parteien bezüglich eines objektiv oder subjektiv wesentlichen Punktes ihren wirklichen Willen in der öffentlichen Urkunde aus Simulationsabsicht nicht zum Ausdruck bringen (OR 18).

Eine derartige Simulation liegt vor, «wenn beide Vertragsparteien darüber einig sind, dass die gegenseitigen Erklärungen nicht gelten, sondern nur gegenüber Dritten den Schein eines Rechtsgeschäftes erwecken sollen. Das simulierte Geschäft ist nichtig. Die Gültigkeit des möglicherweise dahinterstehenden dissimulierten Geschäftes, das dem wirklichen Willen der Parteien entspricht, hängt von der Erfüllung allfälliger Formerfordernisse ab, die das Gesetz für Geschäfte der in Frage stehenden Art aufstellt. Ist das dissimulierte Geschäft eine Liegenschaftsschenkung, so bedarf sie daher zu ihrer Gültigkeit der öffentlichen Beurkundung. Dabei genügt es nicht, wenn auch für ein Geschäft von der Art des simulierten diese Form erforderlich ist und im konkreten Fall tatsächlich eingehalten wurde. Vielmehr muss der wirkliche und übereinstimmende Wille der Parteien, also die dissimulierte Vereinbarung, in die vom Gesetz geforderte Form gekleidet sein, um Gültigkeit zu haben. Lassen die Parteien also einen Grundstückkauf öffentlich beurkunden, während sie in Wirklichkeit eine Schenkung vornehmen wollen, so sind sowohl der Grundstückkauf wie die Schenkung nichtig, jener wegen Simulation, diese wegen Nichterfüllung der vom Gesetz vorgeschriebenen Form» (BGE *71* II 100). Zusammenfassend lässt sich sagen: Das Beurkundete gilt nicht, weil es nicht gewollt (OR 18), das Gewollte nicht, weil es nicht beurkundet ist (ZGB 657).

Das gilt einmal bezüglich der von den Parteien für die Übertragung des Grundeigentums gewählten Vertragsart (N. 147). Praktisch besonders bedeutsam sind sodann die Fälle der Kaufpreissimulation (N. 148ff; dazu namentlich die Monographie von ADOLF KELLERHALS mit eingehendem Literaturnachweis und Verarbeitung der Gerichtspraxis).

1. Simulation der Vertragsart

147 Weil ein öffentlich beurkundeter Vertrag nur dann eine gültige Grundlage der Eigentumsübertragung darstellt, wenn er den wahren Rechtsgrund enthält, ist jedes Rechtsgeschäft ungültig, bei welchem der öffentlich beurkundete Rechtsgrund nicht gewollt, der gewollte aber nicht beurkundet ist.

Beispiele:

- Gewollt ist der Abschluss eines Kaufvertrages, beurkundet wird die Einräumung eines Kaufsrechtes: BGE *41* II 356ff.
- Gewollt ist Schenkung, beurkundet wird Kauf: BGE *45* II 27ff.
- Gewollt ist ein Vertrag auf freiwillige Berichtigung des Grundbuches, auf Herstellung der Übereinstimmung zwischen der buchmässigen und der schon vorher als bestehend angenommenen ausserbuchlichen Rechtslage; beurkundet wird ein Kaufvertrag: BGE *46* II 30ff.
- Gewollt ist eine fiduziarische Eigentumsübertragung (Verwaltungstreuhand); beurkundet wird ein Kaufvertrag: BGE *71* II 99ff.
- Der wirkliche Wille geht auf Abschluss einer fiduziarischen Schenkung, beurkundet wird ein Kaufvertrag: BGE *72* II 358ff.
- Gewollt ist Kauf, beurkundet wird die Bestellung eines Baurechts (in BGE *85* II 481f erwogen, aber im konkreten Fall verneint).
- Gewollt ist der Abschluss einer blossen Sicherstellungsvereinbarung, verurkundet wird ein Kaufvertrag (BGE *86* II 221ff).

2. Kaufpreissimulation

Die Parteien lassen einen andern als den wirklich vereinbarten Kaufpreis 148 beurkunden, ab und zu einen höheren, sehr oft aber einen niedereren. Letzteres hauptsächlich (aber nicht ausschliesslich, vgl. ZBJV *72* 736; *77* 275) deswegen, um die an den Tatbestand der Handänderung anknüpfenden und von der Höhe des Kaufpreises abhängigen staatlichen Abgaben nicht voll entrichten zu müssen. Dass grundsätzlich auch in diesem Falle sowohl das verurkundete Geschäft (wegen Simulation) wie das wirklich gewollte (wegen Fehlens der öffentlichen Beurkundung) ungültig sind, ist unbestritten:

a) Bezüglich der *Verurkundung eines zu hohen Preises* vgl. ZBJV *78* 477f; 149 *79* 264ff. Dabei lehnt das Bundesgericht die von A. von Tuhr (ZSR *40* 45 N.10b) in Erwägung gezogene Auffassung unter Hinweis auf den Zweck des Formerfordernisses ab, «der Formvorschrift bei Verurkundung eines höheren als des wirklich gewollten Kaufpreises sei genügt, weil dieser in jenem enthalten sei. Es würde dem Schutzzweck der Formvorschrift zuwiderlaufen, wenn man den Veräusserer verpflichten wollte, das Eigentum an einem Grundstück gestützt auf eine formlose Vereinbarung zu einem niedrigeren als dem in der Urkunde genannten Preis zu übertragen (vgl. RGZ *78*

119 ff). Zum selben Ergebnis führt auch die Überlegung, dass der Kaufpreis nicht einen Rahmenbegriff darstellt, sondern in einem bestimmten Betrag besteht, der als solcher verurkundet werden muss» (BGE *78* II 224 f). Anders ist es natürlich dann, wenn der zunächst wirklich gewollte und verurkundete Kaufpreis nachträglich von den Parteien reduziert werden will. Ein solcher teilweise Erlass einer Kaufpreisforderung aus Grundstückkauf durch formlose Abrede ist gemäss OR 115 durchaus zulässig.

150 *b)* Bezüglich der *Nennung eines zu niederen Preises* vgl. BGE *51* II 570 ff; *53* II 162 ff; *68* II 233; *75* II 148; *78* II 224; *78* IV 105; *84* II 373 ff; *84* IV 164 ff; SJZ *26* 8 Nr. 1; *26* 89 f Nr. 17; *31* 362 f Nr. 75; BlZR *18* Nr. 26; *21* Nr. 45; *27* Nr. 92; ZBJV *62* 552; *77* 273 ff; *84* 450 ff.

151 Umstritten war bis 1960 die Frage, ob Ungültigkeit auch dann anzunehmen sei, wenn der Käufer dem Verkäufer die Differenz zwischen dem vereinbarten und dem verurkundeten Preis *vor* der öffentlichen Beurkundung bezahlt hat. Das Bundesgericht pflegte bei formloser Vereinbarung eines höheren Kaufpreises, Leistung einer Anzahlung und nachheriger Verurkundung des noch verbleibenden niedrigeren Preises keine Simulation anzunehmen: BGE *49* II 469; *50* II 148; *52* II 61. Kantonale Gerichte folgten ihm in dieser Rechtsprechung, weniger, weil sie von der Überzeugungskraft seiner Argumente beeindruckt waren, als vielmehr, weil sie es um der Rechtssicherheit willen als geboten erachteten (vgl. z. B. ZBJV *77* 273). Hinter dem BGer standen auch doktrinelle Äusserungen: von Tuhr/Siegwart I 226 N. 39; Oser/Schönenberger, Art. 216 N. 7; Kunz 84. Die Gerichtspraxis war jedoch keineswegs unangefochten geblieben. Eine Sonderbehandlung der umstrittenen Tatbestände lehnten namentlich ab: Leemann, SJZ *13* 273; *20* 269 f; Haab, Art. 257 N. 40; Herz 151 ff; Kellerhals 113 ff; Gaudy Walther, Die rechtliche Behandlung der Simulation nach OR Art. 18 (Diss Zürich 1927) 49; Ehrenzeller Max, Die Simulation von Verträgen nach schweizerischem Recht (Diss Bern 1951) 64 f. Nachdem das Bundesgericht in BGE *76* II 224 lit. *b* und *84* II 374 durchblicken liess, dass es seiner bisherigen Rechtsprechung nicht mehr ganz unkritisch gegenüberstehe, und nachdem der Kassationshof sich von der herkömmlichen Auffassung der Zivilabteilung distanzierte (BGE *78* IV 105; *84* IV 164 ff; dazu die Bemerkungen von Secrétan in JT 1959 322 ff), ist in BGE *86* II 37 nunmehr die Praxisänderung (allerdings nur in einem obiter dictum) zum Ausdruck gebracht worden. Zutreffend wird also die Kaufpreissimulation nun ganz unter dem Gesichtspunkt von ZGB 2 betrachtet. Vgl. auch noch BGE *86* II 231 f.

152 Einer kritischen Prüfung vermögen die zugunsten der früheren bundesgerichtlichen Auffassung angeführten Argumente in der Tat nicht stand-

zuhalten. Nach Ansicht des BGer konnte es «nach dem allgemeinen Grundsatze der Vertragsfreiheit, den Parteien in einem solchen Falle nicht verwehrt werden, die ursprüngliche Vereinbarung in bezug auf den schon bezahlten Teil des Kaufpreises als gegenstandslos zu behandeln, das aus dieser Vereinbarung sich ergebende Schuldverhältnis anlässlich seiner formellen Begründung der nunmehrigen Sachlage anzupassen, es gewissermassen zu novieren und so beurkunden zu lassen, wie es sich praktisch äussern soll, mit andern Worten: als Kaufpreis den Betrag einzustellen, den der Käufer noch zu bezahlen hat» (BGE *49* II 469). Zu Unrecht wurde hier mit der Novation argumentiert. Wollte man wirklich einen Vertrag annehmen, durch welchen das bisherige Schuldverhältnis untergeht und ein neues zur Entstehung gelangt, so hätte das BGer nicht gleichzeitig die Rückforderung der auf Grund des untergegangenen Schuldverhältnisses geleisteten Anzahlung ablehnen können (vgl. BGE *49* II 469/70 und dazu Herz 154). Den Sinn der Nennung des Kaufpreises in der öffentlichen Urkunde erblickte das BGer darin, «dass durch die öffentliche Beurkundung, gleichwie die Pflicht des Verkäufers, dem Käufer das Eigentum an der Kaufsache zu verschaffen, so auch die hauptsächlichste Pflicht des Käufers bestimmt werde. Hat jedoch der Käufer im Zeitpunkt der öffentlichen Beurkundung bereits eine Teilzahlung geleistet, so beschränkt sich seine Zahlungsverpflichtung auf den noch nicht bezahlten Rest des Kaufpreises» (BGE *52* II 63). Die Vorinstanz hatte in jenem Fall zutreffend darauf hingewiesen, dass bei solcher Betrachtungsweise Kaufpreis und Kaufpreisschuld miteinander verwechselt würden (BlZR *25* Nr. 166). Zudem wurden die wirklichen Zwecke der öffentlichen Beurkundung (Schutz vor Übereilung und Präzision) missachtet (vgl. Kellerhals 116ff mit weiteren Hinweisen). Wenn das BGer (vgl. *50* II 146) schliesslich darauf hinwies, es genüge, wenn der Kaufpreis bestimmbar sei (und das sei er auch dann, wenn er in Verbindung mit Urkunden auf Grund von schon gemachten Zahlungen festgesetzt werden könne), so ging es dabei vom unhaltbaren Standpunkt aus, mit der Bestimmbarkeit dürfe man sich selbst dann begnügen, wenn der wirklich gewollte Kaufpreis im Zeitpunkt der Beurkundung ziffernmässig genau feststehe (dazu vorn N. 84). Das für die frühere bundesgerichtliche Judikatur letzten Endes wohl massgebende, durchaus unterstützungswürdige Streben nach Rechtssicherheit und Stabilität des Grundbuches (der infolge Kaufpreissimulation ungültige Vertrag lässt den Käufer nicht Eigentümer werden, und zwar wegen Fehlens des guten Glaubens nicht einmal durch Ersitzung) wird auch auf dem Wege des Verbots rechtsmissbräuchlicher Berufung auf Simulation und Formmangel zum Ziele führen.

3. Keine Geltendmachung wider Treu und Glauben

153 Auch bei der Simulation tritt Ungültigkeit dann nicht ein, wenn ihre Berücksichtigung gegen Treu und Glauben verstossen würde. Die diesbezüglichen Ausführungen in den N. 140ff sind auch hier anwendbar. Vgl. namentlich BlZR *41* Nr. 51, wo der Grundatz, welcher die Berufung auf einen Formverstoss durch diejenige Partei, welche ihn bei Vertragsabschluss zu eigenem Vorteil gewollt hat, nicht zulässt, dahin konkretisiert wird: Die Geltendmachung des Formmangels sei missbräuchlich, «wenn der Kaufpreis lediglich zum Zwecke der Umgehung der Handänderungsgebühr nicht in vollem Umfang öffentlich beurkundet wird, oder wenn der Mehrbetrag bezahlt worden ist».

Hier – wie überall bei der Anwendung der Generalklausel von ZGB 2 – wird man sich jedoch vor Schematismus hüten müssen. Die Anwendung eines solchen aus Treu und Glauben hergeleiteten Satzes ist stets daraufhin zu prüfen, ob sie im Einzelfall wirklich mit Treu und Glauben übereinstimme.

4. Simulation bei Kaufverträgen, die einen Vorkaufsfall darstellen

154 Darüber Jost, Kommentar EGG, Art. 12 N. 5 und 6.

5. Simulation bei Kaufverträgen über land- und forstwirtschaftliche Grundstücke während der Kriegs- und Nachkriegszeit

155 Während der Geltungsdauer des BRB über Massnahmen gegen die Bodenspekulation und die Überschuldung sowie zum Schutze der Pächter vom 19. Januar 1940 (AS *56* 74ff; aufgehoben auf 1. Januar 1953, den Zeitpunkt des Inkrafttretens des EGG; vgl. dessen Art. 42) war für die ihm unterstehenden land- und forstwirtschaftlichen Grundstücke nur der im öffentlich beurkundeten Vertrag festgesetzte und behördlich genehmigte Kaufpreis geschuldet. Behördlich nicht genehmigte Nebenabreden, durch welche ein zusätzlicher Kaufpreis vereinbart wurde, waren nichtig; darin versprochene Leistungen konnten nicht gefordert und in ihrer Erfüllung schon erbrachte Leistungen binnen 10 Jahren zurückverlangt werden (vgl. Art. 42 BRB; aus der Praxis: SJZ *40* 145 Nr. 83; ZBGR *24* 75ff; AGVE *1947* 13f Nr. 2; *1948* 17ff Nr. 3; *1948* 156ff Nr. 34; dazu auch Kellerhals 161ff; zu übergangsrechtlichen Fragen: BGE *84* II 179ff).

IX. ÜBERGANGSRECHT

Ein vor dem 1. Januar 1912 abgeschlossener Vertrag auf Übertragung von 156
Grundstücken unterliegt grundsätzlich dem früheren (eidgenössischen und kantonalen) Recht. Vgl. dazu und über die Ausnahmen im Falle einer noch durch das kantonale Recht beherrschten bedingten Schenkung: BGE *85* II 609ff.

Jede nach Inkrafttreten des ZGB vorgenommene Änderung an einem vor diesem Zeitpunkt abgeschlossenen Grundstückveräusserungsvertrag unterliegt ausschliesslich dem heutigen Recht.

X. INTERNATIONALES RECHT

Die Formgültigkeit von Verträgen über Immobilien richtet sich nach der 157
lex rei sitae (BGE *82* II 553 und ausser den dort Zitierten: Niederer 177 und 183; Schnitzer II 589f; kritisch Lachenal, ZBGR *41* 7ff). Dementsprechend gilt das von Art. 657 um der öffentlichen Ordnung willen aufgestellte Erfordernis der öffentlichen Beurkundung für sämtliche (vorn N. 11ff näher umschriebenen) Veräusserungsverträge über in der Schweiz liegende Grundstücke (nicht aber für in der Schweiz abgeschlossene Verträge bezüglich ausländischer Grundstücke).

Mit Beck (Art. 55 N. 37–41; dort die Hinweise auf und die Auseinander- 158
setzung mit Gegenmeinungen) und Schnitzer (II 590) ist die Möglichkeit obligatorischer Bindung der Parteien durch Vertragsabschluss im Ausland zu bejahen, sofern das ausländische Recht eine der schweizerischen öffentlichen Beurkundung entsprechende Form zur Verfügung stellt. Die ausländische Beurkundung begründet aber immer nur die Pflicht zur Wiederholung der öffentlichen Beurkundung am Orte der gelegenen Sache und stellt nicht schon als solche die unmittelbare Grundlage für die Grundbucheintragung dar.

Grundlegend zu den internationalrechtlichen Fragen und mit eingehender Dokumentation Bärmann Johannes, Die Freizügigkeit der notariellen Urkunde, Arch. civ. Pr. *159* 1ff.

Art. 658

2. Aneignung **Die Aneignung eines im Grundbuch eingetragenen Grundstückes kann nur stattfinden, wenn dieses nach Ausweis des Grundbuches herrenlos ist.**

Die Aneignung von Land, das nicht im Grundbuch aufgenommen ist, steht unter den Bestimmungen über die herrenlosen Sachen.

2. Occupation

Un immeuble immatriculé ne peut être acquis par occupation que s'il résulte du registre foncier que cet immeuble est devenu chose sans maître.

L'occupation des portions du sol qui ne sont pas immatriculées est soumise aux règles concernant les choses sans maître.

2. Occupazione

L'acquisto per occupazione di un fondo intavolato nel registro fondiario può solo avvenire allorquando risulti dal registro stesso che è cosa senza padrone.

L'occupazione di un terreno non intavolato nel registro soggiace alle disposizioni circa le cose senza padrone.

Materialien: VE 660; E 651; Erl II 81.

Literatur

Gloor Albert, Der aussergrundbuchliche Eigentumserwerb nach schweizerischem Recht (Diss Zürich 1929) 127ff.

Rechtsvergleichung

Dazu allgemein: Stulz Günter, Aneignung, RvglHWB II (Berlin 1929) 182 f.

Dem französischen Recht ist die Aneignung von Grundstücken unbekannt. Derelinquierte unbewegliche Sachen fallen dem Gemeinwesen anheim (Planiol/Ripert/Picard 602).

In Österreich spricht zwar das Gesetz nur von Aneignung beweglicher Sachen (ABGB § 386). Die herrschende Lehre bejaht jedoch die Möglichkeit der Dereliktion (vgl. die Bemerkungen hinten S. 232f zu Art. 666) und der freien Aneignung auch von unbeweglichen Sachen (Klang § 387 N. 3 lit. *a* mit weiteren Zitaten; a. M. Ehrenzweig I 2 314).

Nach deutschem Recht steht ein dingliches Aneignungsrecht dem Landesfiskus zu. Er erwirbt das Eigentum dadurch, dass er sich als Eigentümer des derelinquierten Grundstückes in das Grundbuch eintragen lässt (BGB § 928 II). Nach Landesrecht kann das Okkupationsrecht aber andern Personen zugewiesen werden (EG zum BGB § 129). Zulässig ist auch, dass der Fiskus das ihm zustehende Aneignungsrecht im Einzelfalle abtritt (RGZ *82* 74). Vgl. Manigk Alfred, Das rechtswirksame Verhalten (Berlin 1939) 366ff; Süss Theodor, Durchgangs-Herrenlosigkeit. Zur Problematik von Aneignung und Ersitzung, insbesondere des § 927 BGB, Arch. civ. Pr. *151* 1ff; Westermann § 87; Wolff/Raiser § 63; Wolff Karl, Juristische Person und aufgegebenes Grundstück (Wien 1927).

Übersicht

I. ALLGEMEINES

Art. 658 behandelt die älteste, in der Gegenwart jedoch praktisch sehr seltene Erwerbsart von Grundeigentum: Die Aneignung (Okkupation) von herrenlosem Land, d.h. von Land, das überhaupt nie einen Eigentümer gehabt hat oder zwar in jemandes Eigentum stand, aber infolge Dereliktion (ZGB 666 I) herrenlos geworden ist. 1

Das Gesetz unterscheidet zwischen den im Grundbuch aufgenommenen (Abs. I) und den nicht aufgenommenen Grundstücken (Abs. II; wobei es darunter aber nur die dem Buchungszwang nicht unterstehenden ungebuchten Grundstücke versteht: nachfolgend N. 2 und hinten N. 17) und unterwirft jede der beiden Gruppen einer anderen rechtlichen Behandlung.

Weder Abs. II noch Abs. I von Art. 658 sind anwendbar auf nichtgebuchte, aber dem Buchungszwang unterliegende Grundstücke. Versehentlich nicht eingetragene Grundstücke können also nicht okkupiert werden; nach Bundesrecht nicht, weil Abs. I ausdrücklich nur eingetragene Grundstücke erfasst (N. 5), nach kantonalem Recht nicht, weil Abs. II sich nur auf die nicht im Eigentum Privater stehenden Grundstücke bezieht (N. 17). Bei den versehentlich nicht gebuchten Grundstücken ist ausser der Extratabularersitzung (ZGB 662; Haab, Art. 658 N. 8) die weitere Möglichkeit in Betracht zu ziehen, die Aufnahme des Grundstückes im Grundbuch zu verlangen (dem Grundbuchführer obliegt ja die Pflicht zur Aufnahme von Amtes wegen: GBV 1 I) und dann die Aneignung zu vollziehen. 2

II. ANEIGNUNG EINGETRAGENER GRUNDSTÜCKE (ABS. I)

Die Aneignung i. S. von Art. 658 I stellt sich dar als die Inbesitznahme eines herrenlosen im Grundbuch eingetragenen Grundstückes in der Absicht des Eigentumserwerbes. 3

1. Gegenstand der Aneignung

4 **a)** Aneignungsfähig nach Art. 658 I sind **Grundstücke.** Der Begriff des Grundstückes ist hier aber nicht im weiteren Sinne des Art. 655 zu verstehen; er ist in diesem Zusammenhang identisch mit Liegenschaft. Denn der Aneignung unterliegen nur körperliche Sachen (HAAB, Art. 658 N. 3). Deshalb ist auch die Okkupation von Dienstbarkeiten oder Grundlasten (entgegen LIVER, Einleitung, N. 24) und von Miteigentumsanteilen ausgeschlossen. Ein Miteigentumsanteil, auf den verzichtet wird, wächst vielmehr den verbleibenden Miteigentümern im Verhältnis ihrer Quoten an (s. Art. 646 N. 46). Die Aneignung von Fahrnis richtet sich nach ZGB 718. Registrierte Schiffe können nicht okkupiert, sondern höchstens – in entsprechender Anwendung von ZGB 661 – ersessen werden (SchRG 20 und 33; SCHERRER, Art. 718/19 N. 15).

5 **b)** Von Art. 658 I werden nur **gebuchte** Grundstücke erfasst. Nichtgebuchte unterstehen entweder dem kantonalen Recht (sofern sie dem Buchzwang nicht unterstehen) oder können vor ihrer Aufnahme im Grundbuch überhaupt nicht angeeignet, sondern nur ersessen werden (wenn sie versehentlich nicht eingetragen wurden). Vorn N. 2.

6 **c)** Voraussetzung der Aneignung ist, dass es sich um ein **derelinquiertes** Grundstück handelt. Der Eigentümer muss auf das Eigentum förmlich verzichtet haben, indem er die Löschung des Eintrages im Grundbuch bewirkte (zur Dereliktion s. Art. 666 N. 3 ff). Eine blosse Unklarheit bezüglich der Person des Eigentümers macht das Grundstück nicht aneignungs-, sondern höchstens (nach ZGB 662) ersitzungsfähig (HAAB, Art. 658 N. 3). Grundstücke von im Handelsregister gelöschten Aktiengesellschaften und Genossenschaften dürfen daher – entgegen ZBGR *27* 239 – nicht als herrenloses Gut betrachtet werden.

7 **d)** Aneignungsfähig wird das derelinquierte Grundstück nur, wenn es auch **herrenlos** wird. Zur res nullius wird es aber dann nicht, wenn nach kantonalem Recht im Augenblick der Dereliktion das Gemeinwesen (Kanton, Bezirk, Gemeinde oder eine andere öffentlichrechtliche Körperschaft) ipso iure Eigentum erwirbt. Entsprechend der germanischrechtlichen Auffassung (vgl. GIERKE, DPR II § 127 und auch CCfr 539; über das frühere kantonale Recht HUBER, SPR III 15) weisen einzelne Kantone solche Grundstücke dem Kanton als unmittelbares Staatseigentum zu; so z. B. Bern (EG 77; vgl. BGE *85* I 263); Freiburg (EG 206 II) und Basel-Stadt (EG 155: «Wird ein im Grundbuch eingetragenes Grundstück nach Ausweis des Grundbuches herrenlos, so fällt es in das Eigentum des Kantons»), während Glarus das Eigentum auf die Gemeinden und Tagwen übergehen lässt

(EG 190: « Geben infolge von Überschwemmungen oder aus andern Gründen Korporationen oder Private das Eigentumsrecht an ihren wuhrpflichtigen Liegenschaften auf, so geht es mit der Wuhrpflicht auf diejenigen Tagwen oder Gemeinden über, in deren Huben die Liegenschaft gelegen ist»).

2. Person des Aneignungsberechtigten

Wer zur Aneignung herrenloser Grundstücke befugt ist, sagt das ZGB 8
nicht. Es steht den Kantonen kraft ihrer Gebietshoheit frei, durch generell-abstrakte Vorschriften (nicht aber – wie in ZBGR *20* 19 angenommen wird – von Fall zu Fall) die Person des Aneignungsberechtigten zu bestimmen, soweit sie nicht schon einen ipso iure sich vollziehenden Anfall an das Gemeinwesen vorsehen (vorstehend N. 7). Dabei kann das Recht zur Aneignung ausschliesslich oder in erster Linie öffentlichrechtlichen Körperschaften vorbehalten werden. Soweit das kantonale Recht nichts anderes bestimmt, ist – nach einem auch heute noch massgebenden gemeinrechtlichen Grundsatz – zur Aneignung herrenloser Grundstücke jedermann (primus occupans) befugt. Vgl. VEB 1929 Nr. 42 a. E.

3. Form der Aneignung

Wo die herrenlosen Grundstücke nach dem kantonalen Recht dem 9
Kanton oder der Gemeinde gehören (s. vorn N. 7), vollzieht sich der Erwerb des Eigentums von Rechts wegen sofort mit der Dereliktion; es bleibt also kein Raum für einen Zwischenzustand der Herrenlosigkeit (gleich wie im Falle des Art. 659 I). Im übrigen erfolgt der Eigentumserwerb wie bei der Aneignung einer beweglichen Sache (Art. 718) durch Besitznahme mit dem Willen, das Eigentum zu erlangen. Die Besitzergreifung zusammen mit dem animus rem sibi habendi ist eine Rechtshandlung, auf welche die Grundsätze über die Rechtsgeschäfte entsprechend anwendbar sind. Urteilsunfähige können daher nicht okkupieren; Urteilsfähige nur im Rahmen von ZGB 19 (Scherrer, Art. 718/19 N. 29).

Der Aneignende braucht die Herrenlosigkeit nicht zu kennen, es genügt 10
die Aneignungsabsicht, wenn nur das Grundstück wirklich in Besitz genommen und nach Ausweis des Grundbuches herrenlos ist (plus est in re quam in opinione; s. Leemann, Art. 718 N. 8; Scherrer, Art. 718/19 N. 32 mit einer für das Recht der unbeweglichen Sachen nicht relevanten Differenzierung).

Eintragung des Okkupanten als Eigentümer ist nicht erforderlich, solange 11
der Erwerber über das Grundstück nicht dinglich verfügen will (ZGB 656 II);

alsdann genügt zur Eintragung der schriftliche Antrag des Eigentümers (ZGB 665 II; GBV 13). Der Antrag (Anmeldung zur Eintragung) muss unbedingt und vorbehaltlos sein (GBV 12 I). Das waadtländische EG (Art. 137 und 139) gestattet die Eintragung nur auf Verfügung des Richters nach vorausgegangener amtlicher Auskündung, wie bei der ausserordentlichen Ersitzung nach Art. 662 III. In andern Kantonen wird die Eintragung unter Umständen davon abhängig gemacht, dass die schriftlichen Zustimmungen der Nachbarn des okkupierten Grundstückes beigebracht werden (vgl. ZBGR *12* 222).

12 Lässt sich, bevor der erste Okkupant sich anmeldet, ein anderer im Grundbuch als Eigentümer eintragen, so steht dem primus occupans die Grundbuchberichtigungsklage zur Verfügung (ZGB 975). Die inzwischen von gutgläubigen Dritten erworbenen Rechte kann er aber nicht mehr beseitigen (ZGB 973).

4. Wirkungen

13 Der Okkupant erwirbt originäres Eigentum, da das Eigentum des Derelinquenten erloschen ist. Dies gilt auch in dem Falle, wo das Eigentum von Gesetzes wegen dem Staate oder der Gemeinde zufällt (oben N. 7; von Tuhr, BGB II 41). Mehrere Personen erlangen durch die Besitznahme Miteigentum (ZGB 646 ff) oder – sofern sie eine Gesamthandsgemeinschaft bilden – Gesamteigentum (ZGB 652 ff).

14 Die Rechte Dritter am Grundstück (Dienstbarkeiten, Grundlasten, Grundpfandrechte, vorgemerkte persönliche Rechte) werden weder durch die Aufgabe des Eigentums des frühern Eigentümers (s. Art. 666 N. 12) noch durch die Aneignung berührt, denn die dinglichen Rechte verleihen eine von der Person des jeweiligen Eigentümers unabhängige Herrschaft und überdauern daher den Zeitraum der Herrenlosigkeit der Sache (BGE *50* II 235; *85* I 262 ff; Gierke, DPR II, § 139; Liver, Einleitung N. 22 ff mit weiteren Nachweisen, und Art. 730 N. 19). Der Aneignende erhält also nicht notwendig lastenfreies Eigentum (vgl. ebenso in bezug auf Fahrnis Leemann, Art. 718 N. 12 und 729 N. 13).

15 Persönliche Ansprüche eines Dritten gegen den früheren Eigentümer des Grundstücks können nach wie vor nur gegen den persönlich Verpflichteten geltend gemacht werden. Umgekehrt verbleiben persönliche Ansprüche gegen einen Dritten auf Schadenersatz wegen Beschädigung des Grundstücks dem früheren Eigentümer, wenn sie vor der Eigentumsaufgabe bereits begründet waren.

16 Mit dem Eigentum an der Sache erwirbt der Okkupant die damit subjektiv-dinglich verknüpften Rechte. Denn diese Rechte stehen ohne Rück-

sicht auf den Erwerbstatbestand dem jeweiligen Eigentümer zu (von Tuhr, BGB I 77; II 42 N. 39*a*). Das gilt auch für die Grunddienstbarkeiten, auf welche durch die Dereliktion nicht verzichtet worden ist (ebenso im Anschluss an die herrschende deutsche Lehre Haab, Art. 658 N. 7 und Art. 666 N. 13; anders Liver, Art. 730 N. 20 und Art. 734 N. 135–144, der in Anlehnung an die italienische Doktrin die Möglichkeit der Löschung im Grundbuch durch den Eigentümer des belasteten Grundstückes bejaht).

III. ANEIGNUNG NICHT EINGETRAGENER GRUNDSTÜCKE (ABS. II)

Art. 658 II, der von der Aneignung von Land spricht, «das nicht im Grund- 17
buch aufgenommen ist», bezieht sich nicht auf ungebuchte Grundstücke schlechthin, sondern nur auf solche, die deswegen nicht eingetragen sind, weil sie dem Buchungszwang nicht unterliegen (ZGB 944). Für diese wird die Unterstellung unter die Vorschriften über die herrenlosen Sachen angeordnet: Massgebend ist danach das kantonale Recht (ZGB 664 III; BGE *41* II 659 ff; vgl. insbesondere Art. 664 N. 206 ff und ferner N. 35, 98, 100, 107, 138, 141 ff).

Art. 659

Entsteht durch Anschwemmung, Anschüttung, Bodenverschiebung, Veränderungen im Lauf oder Stand eines öffentlichen Gewässers oder in anderer Weise aus herrenlosem Boden der Ausbeutung fähiges Land, so gehört es dem Kanton, in dessen Gebiet es liegt. 3. Bildung neuen Landes

Es steht den Kantonen frei, solches Land den Anstössern zu überlassen.

Vermag jemand nachzuweisen, dass Bodenteile seinem Eigentume entrissen worden sind, so kann er sie binnen angemessener Frist zurückholen.

3. Formation de nouvelles terres

Les terres utilisables qui se forment dans les régions sans maître par alluvion, remblais, glissements de terrain, changements de cours ou de niveau des eaux

3. Formazione di nuovi terreni

I terreni utilizzabili formatisi sopra un'area senza padrone a seguito di alluvione, colmata, spostamento di terra, cambiamento di corso o di livello di

publiques, ou d'autre manière encore, appartiennent au canton dans lequel elles se trouvent.

Le droit cantonal peut attribuer ces terres aux propriétaires des fonds contigus.

Celui qui prouve que des parties de son immeuble en ont été détachées a le droit de les reprendre dans un délai convenable.

un'acqua pubblica o per simile causa, appartengono al Cantone nel cui territorio si trovano.

Il diritto cantonale li può assegnare ai fronteggianti.

Chiunque possa provare che porzioni di terreno furono staccate dalla sua proprietà le può riprendere entro un congruo termine.

Materialien: VE 661; E 652; Erl II 81f.

Literatur

Gloor Albert, Der aussergrundbuchliche Eigentumserwerb nach schweizerischem Recht (Diss Zürich 1929) 139ff; Hefti F., Das Wasserrecht des Kantons Glarus (Diss Bern 1922) 98ff; Huber SPR III 169ff; Iten W.E., Das Wasserrecht nach zugerischem EG zum ZGB (Diss Zürich 1914) 230ff.

Vgl. ferner das Schrifttum zum Wasserrecht i.a. bei Art. 664 (S. 145ff).

Rechtsvergleichung

Das schweizerische Recht nimmt in bezug auf die Regelung des Eigentumserwerbs nach Uferrecht insofern eine Sonderstellung ein, als es im Gegensatz zu andern, römischrechtlichem (Jörs/Kunkel/Wenger, Römisches Recht, 3.A., Berlin 1949, 133) oder deutschrechtlichem (Stobbe, DPR III § 91) Vorbild folgenden Rechtsordnungen nicht vom Grundsatze ausgeht, dass Alluvionen als Akzessionen des Grundstückes in das Grundstückseigentum fallen (vgl. namentlich Gieseke Paul, Anlandung, RvglHWB II [Berlin 1929] 218ff). Doch kennen auch fremde Rechte einzelne Ausnahmen von diesem Prinzip. So erwirbt in Frankreich nicht der Ufereigentümer, sondern der Staat Eigentum an Anlandungen des Meeres (CCfr 557 II); ebenso dann, wenn es sich um atterrissement infolge öffentlicher Arbeiten handelt (wobei aber dem Ufereigentümer ein gesetzliches Vorkaufsrecht zusteht: loi du 8 avril 1898, § 38). Auch die deutschen Landesrechte weisen ausnahmsweise Bestimmungen auf, durch die das Eigentum an neu gebildetem Land dem Staate zugewiesen wird (vgl. für das deutsche Recht Wolff/Raiser § 100 mit weiteren Hinweisen). Nach heute geltendem österreichischem Recht ist der Bund Eigentümer von in öffentlichen Gewässern entstehenden Inseln (der anderslautende § 407 ABGB ist stillschweigend aufgehoben; Klang § 407 Bem. III) und regelmässig auch an verlassenen Betten öffentlicher Gewässer (Klang N. 1 zu § 409).

Vgl. ferner die rechtsvergleichenden Hinweise hinten in den N. 6, 7, 9 und 25.

Übersicht

I. INHALT

Art. 659 ordnet einen weitern Fall von originärem Grundeigentumserwerb: Den Erwerb an neu gebildetem Land, insbesondere den Erwerb nach Ufer- und Wasserrecht. (Über das schweizerische Wasserrecht i.a. vgl. N. 27–29 der Inhaltsübersicht [S. 8f] und die Zusammenstellung der Literatur bei Art. 664 [S. 145 ff].) Danach unterliegt das neu gewonnene Land weder der freien Okkupation, noch wächst es dem anstossenden Grundeigentum zu, sondern es wird ipso iure Eigentum des Kantons, in dessen Gebiet es liegt (Abs. I), sofern das kantonale Recht nicht etwas anderes bestimmt (Abs. II). Das neue Land kann entweder aus herrenlosem, d.h. nicht nutzbarem Boden, insbesondere aus dem Boden eines öffentlichen Gewässers (s. Art. 664 N. 152 ff) gebildet sein oder in Bodenteilen bestehen, die von einem im Privateigentum stehenden Ufergrundstück abgerissen und einem fremden Ufergrundstück angetrieben worden sind. In diesem Falle tritt der Eigentumserwerb nicht sofort ein, sondern erst dann, wenn das losgerissene Landstück vom bisherigen Eigentümer nicht binnen angemessener Frist zurückgeholt worden ist (Abs. III). 1

Die Folgen des umgekehrten Vorganges, dass ein Grundstück oder ein Grundstücksteil untergeht (z.B. infolge Versinkens, Abspülens, Vorrückens von Gletschern oder dauernder Überflutung, sei es wegen natürlicher Wasserstauungen, sei es wegen künstlicher Stauseen) behandelt ZGB 666 I in Verbindung mit ZGB 664 (s. Art. 666 N. 19 ff). 2

II. BILDUNG NEUEN LANDES

1. Begriff

Mit neuem Land im Sinne des Art. 659 hat man es nur dann zu tun, wenn es der Ausbeutung fähig ist. Nicht erforderlich ist, dass es kulturfähig sei 3 (anders VE 661 I). Die Fähigkeit der Ausbeutung liegt vor, wenn das neu entstandene Land die Gewähr dauernden Bestandes in sich trägt. Sie fehlt, wenn das Land jederzeit wieder unter Wasser gesetzt werden kann. Zeitweilig trocken liegende Sand- und Kiesablagerungen z. B. sind kein neues Land, sondern Bestandteile des Wasserbettes. Neues Land liegt vielmehr erst vor, wenn das neu gebildete Land sich über die festgesetzte Uferlinie oder in Ermangelung einer solchen über den normalen (mittleren oder höchsten) Wasserstand erhebt (vgl. unten N. 6).

4 Die Entstehung von neuem Land kann ihre Ursache in Naturereignissen oder in künstlichen Anlagen haben. Selbstverständlich kann der Staat als Gewässereigentümer die Neubildung von Land in den öffentlichen Gewässern verhindern und allfällige Anschwemmungen beseitigen, solange diese nicht nach kantonalem Recht (Abs. II) Eigentum eines andern geworden sind (vgl. hinten N. 14 a. E.).

2. Anwendungsfälle

5 Nach der Form der Entstehung von neuem Land sind folgende Tatbestände zu unterscheiden:

6 **a) Verlandung.** Darunter ist die Erweiterung des Ufers zu verstehen, die durch allmähliches Anspülen fremder Erdbestandteile (alluvio) oder durch Zurücktreten des Wassers (relais; vgl. u. a. waadtländisches EG 136) hervorgerufen wird. Die Verlandung wird dann perfekt, wenn die natürliche Uferlinie bleibend zurückgeht, oder wenn die angeschwemmten Erdbestandteile mit dem Ufer zusammenhängen und sich dauernd über den Wasserspiegel erheben. Ob dies der Fall ist, lässt sich da, wo die Uferlinie vermarkt ist, unschwer feststellen. Wo dagegen eine solche administrative Feststellung der Uferlinie nicht erfolgt ist, wird die Uferlinie und damit die Grenze zwischen dem Gewässerbett und dem Ufer entweder durch den mittleren oder durch den höchsten Wasserstand bestimmt. Welcher Wasserstand massgebend ist, entscheidet das kantonale Recht; denn dieses bestimmt – im Rahmen des Bundesrechts: Art. 664 N. 154 – die Abgrenzung des Umfangs der öffentlichen Gewässer gegenüber dem Festland. So heisst es z. B. im bernischen EG 77 III (in Anlehnung an das französische Recht: Planiol/Ripert/Picard 259): «Ufergebiete, die durch das Hochwasser regelmässig überflutet werden, gehören zum Fluss- oder Seebett.» Beim Fehlen einer abweichenden besonderen Bestimmung muss nach allgemeinen Grundsätzen auf den mittleren Wasserstand, d. h. auf den zwischen dem niedrigen und dem höchsten Wasserstande die Mitte haltenden, abgestellt werden (so auch das Bundesgericht in BGE *26* II 826; SJZ *24* 85 Nr. 83; Haab, Art. 659

N. 2; ebenso RGZ *2* 316; DERNBURG, BürgR III § 94 Anm. 5; KLOESS 190; ITEN 20 ff; KLANG zu § 411; zur Rechtsvergleichung GIESEKE 219). Die Uferlinie wird danach regelmässig da zu suchen sein, wo das überwiegend zeitlich von Wasser bespülte Land sich von dem überwiegend zeitlich wasserfreien Lande scheidet. Diese Stelle lässt sich in der Regel leicht an der Vegetation feststellen.

b) Landversetzung (Abriss, avulsio), das ist die Anschwemmung eines 7
ganzen Stückes Land (CCfr 559: «une partie considérable et reconnaissable»; ABGB 412: «ein merklicher Erdteil»), das von einem fremden Ufergrundstück abgerissen wurde. Das Abrissland ist jedoch erst dann neues Land im Sinne des Art. 659, wenn dessen Eigentümer von seinem Rückholungsrecht nicht rechtzeitig Gebrauch gemacht hat (Abs. III; s. hinten N. 23 ff).

c) Veränderung des Wasserlaufs. Sie tritt ein, wenn ein Wasserlauf 8
dauernd sein Bett verlässt (alveus derelictus). Die Gewähr der Dauer ist gegeben, wenn angenommen werden muss, dass der Wasserlauf ohne künstliche Einwirkung nicht mehr in das alte Bett zurückkehren werde. Die Ursache der Veränderung kann in einem Naturereignis (Erdrutsch, Bodensenkung) oder in einer künstlichen Anlage (Flussregulierung, Durchstich) liegen.

d) Inselbildung (insula in flumine nata). Eine Insel im Rechtssinne ent- 9
steht, wenn sich eine Erderhöhung in einem Gewässer auf die Dauer ohne jeden Zusammenhang mit dem Festland über den mittleren Wasserstand erhebt (sei es infolge Absenkung des Wasserspiegels, sei es infolge Anschüttung). Die sogenannten Abrissinsel, die dadurch entsteht, dass infolge Uferdurchbruchs (Bifurkation) oder anderer Umstände ein Stück Ufergrund vom Festland losgetrennt wird, ist keine Insel im Rechtssinne; sie bleibt daher im Privateigentum (so auch schon der Sachsenspiegel II, 56, § 2; BLUNTSCHLI, DPR § 64 Anm. 5; ebenso das römische Recht: Dig. 41, 1; 30, 2; CCfr Art. 562; solothurnisches ZGB Art. 726).

e) Landanlagen in Seen, Trockenlegung eines Flusses oder Sees, Auffüllen 10
des Bettes, Gewässerkorrektionen, Entwässerungen (dazu namentlich HAAB, Art. 659 N. 10; SINTZEL KURT, Die Sondernutzungsrechte an öffentlichen Sachen im Gemeingebrauch [Diss Zürich 1961] § 21; s. auch hinten N. 15).

f) Zurückgehen von Gletschern. 11

III. EIGENTUMSERWERB AN NEU GEBILDETEM LAND

1. Nach Bundesrecht (Abs. I)

12 Das neu gebildete Land wird, vorbehältlich anderer Bestimmungen des kantonalen Rechts (s. unten N. 17), Eigentum des Kantons, in dessen Gebiet es liegt, und zwar fiskalisches (dem Privatrechtsverkehr unterworfenes) Eigentum (vgl. Art. 664 N. 150).

13 Die Zuweisung des Eigentums an den Kanton beruht auf der Überlegung, dass die vom Kanton über die öffentlichen Gewässer ausgeübte Herrschaft (Art. 664) sich grundsätzlich auch auf alles Land erstrecke, das in diesen Gewässern entsteht. Sie ist aber auch praktisch gerechtfertigt durch die Erwägung, dass der Staat das Recht und die Pflicht hat, die für die Erhaltung und Verbesserung der öffentlichen Wasserstrassen notwendigen Massregeln zu treffen, Überschwemmungen zu begegnen, den Verkehr auf den Gewässern vor Hindernissen zu bewahren. Zu diesem Zwecke muss er über das durch das Gewässer hervorgebrachte Land frei verfügen können.

2. Nach kantonalem Recht (Abs. II)

14 Die Kantone können über das neu gewonnene Land frei verfügen (ZGB 641 I), nicht etwa nur – wie der Wortlaut von Art. 659 II nahelegen könnte – «den Anstössern überlassen». Sie können es entweder als Fiskalgut behalten oder zu einer öffentlichen Sache im engeren Sinne machen (vgl. Syst. Teil S. 52 f N. 112) oder endlich den Anstössern, andern Privaten, den Gemeinden oder Bezirken überlassen (vgl. hierzu unten N. 17). Die Überlassung an die Anstösser rechtfertigt sich namentlich da, wo die Ufereigentümer nach kantonalem Recht mit der Wuhrpflicht belastet sind; ferner bei Veränderung eines Wasserlaufes (s. vorn N. 8) sowie in dem Falle, wo ein privater oder öffentlicher Unternehmer eine Gewässerkorrektion durchgeführt oder auf Grund einer ihm vom Staate erteilten Konzession eine Landanlage erstellt hat. Vgl. Zug EG 88 II; Freiburg EG 202–204; Solothurn EG 255; Graubünden EG 126; Waadt EG 135/136; Genf EG 82–86; zürcherisches Wasserbaugesetz von 1901, § 59; Wasserbaupolizeigesetz des Kantons Obwalden von 1877 Art. 9. – Luzern EG 98 räumt dem Anstösser für den Fall, dass der Staat das Land veräussert, ein Vorkaufsrecht ein.

Auch wenn der Kanton das Eigentum am neu gebildeten Land anderen Personen überlässt, ist er – unter Vorbehalt entgegenstehender gesetzlicher oder vertraglicher Pflichten – berechtigt, Vorkehrungen zu treffen, welche die Bildung solchen Landes verhindert, z. B. das Ausbaggern von Kies und Sand anzuordnen (vgl. BGE *53* II 454ff).

Die Überlassung des Landes kann vom Staate mit bestimmten Auflagen 15
zur Wahrung der öffentlichen Interessen verknüpft werden (z. B. Pflicht zur Uferunterhaltung, Recht des Staates auf jederzeitige unentgeltliche Verfügung über das Land zur Korrektion des Gewässers). Das geschieht namentlich auch in den Konzessionsbedingungen zur Bewilligung von Landanlagen (über diese Konzessionen vgl. u. a. Zürich, Wasserbaugesetz von 1901 §§ 53ff, Abdruck der von der Direktion der öffentlichen Bauten des Kantons Zürich festgelegten Allgemeinen Bedingungen vom 27. Februar 1948 für Landanlagen und für Bauten auf solchen bei Sintzel [zit. vorn N. 10] im Anhang; Zug EG 88; Nidwalden EG 123; Obwalden, Wasserpolizeigesetz von 1877 Art. 2; Luzern, Gesetz über die Wasserrechte von 1875 § 3). Solche Auflagen können nach ZGB 962 im Grundbuch angemerkt werden (für die zürcherischen Verhältnisse vgl. § 54 Ziff. 3 der inzwischen aufgehobenen Geschäftsordnung für die Notariate und Grundbuchämter und BlZR *41* Nr. 50), binden aber auch ohne Anmerkung den Rechtsnachfolger desjenigen, welchem die Bewilligung erteilt wurde. Denn sie sind mit Haab (Art. 659 N. 10) als öffentlichrechtliche Eigentumsbeschränkungen zu betrachten, und zwar als mittelbare (vgl. Liver, Einleitung, N. 109).

3. Form des Erwerbs

a) durch den Kanton. Der Kanton erwirbt das Eigentum, sofern er darauf 16
nicht von vornherein gesetzlich verzichtet hat, kraft Gesetzes; einer besondern Erwerbshandlung (Besitznahme oder Eintragung in das Grundbuch) bedarf es nicht (vgl. die entsprechende Rechtslage bei der Aneignung: Art. 658 N. 7 und 9). Der Erwerb ist originär, da das Land eine neue Sache ist. Der Staat kann die Aufnahme des Landes als Grundstück in das Grundbuch verlangen (vgl. nachstehend N. 18).

b) durch Dritte. Hinsichtlich der Überlassung des Landes an Dritte kann 17
das kantonale Recht bestimmen, dass das Land, statt dem kantonalen Fiskus, den Anstössern oder demjenigen, der die Gewässerkorrektion ausgeführt oder auf Grund staatlicher Konzession eine Landanlage erstellt hat, unmittelbar zufällt, oder dass diese Personen sich das Land aneignen dürfen oder ihnen ein Kaufs- oder Vorkaufsrecht zusteht (Haab, Art. 659 N. 7).

c) Grundbuchliche Behandlung. Das neu gewonnene Land ist, wenn es ein 18
selbständiges Grundstück bildet (Insel, verlassenes Flussbett, Landanlage;

Alluvionen und Avulsionen nur, wenn sie nicht den Anstössern zufallen) auf Antrag des Eigentümers nach erfolgter Nachführung des Planes (VermInstr 66f) in das Grundbuch auf ein besonderes Blatt aufzunehmen (ZGB 943; GBV 1 I). Eine Vereinigung (Zusammenlegung) mit der anstossenden, dem gleichen Eigentümer gehörenden Liegenschaft ist aber ohne weiteres möglich (GBV 91ff; Haab, Art. 659 N. 9).

19 Sofern das durch Anschwemmung und Bodenverschiebung entstandene Land nach kantonalem Recht den Anstössern zufällt, bildet es einen Bestandteil des Ufergrundstückes und erhält daher kein eigenes Grundbuchblatt; die Vergrösserung wird nach Neuvermessung (VermInstr 66f) im Grundbuch vermerkt. Die auf dem Ufergrundstück ruhenden Belastungen erstrecken sich ohne weiteres auch auf den Zuwachs (vgl. Dernburg § 94 Ziff. 5; Endemann 516).

20 Löst sich die zugewachsene Fläche später wieder ganz oder teilweise vom Ufer, so dauern die bisherigen Rechtsverhältnisse (Eigentum, Pfandrechte usw.) an ihr fort (Dernburg § 94 Anm. 7; Iten 236).

4. Weiterveräusserung

21 Für die vertragliche Veräusserung des neu gewonnenen Landes durch den Staat gelten die gewöhnlichen Formvorschriften (öffentliche Beurkundung und Eintragung: Art. 657 I und 656 I).

5. Ersitzung

22 Über die Möglichkeit der Ersitzung des Eigentums an neu gebildetem Land für den Fall, dass dessen Aufnahme in das Grundbuch unterlassen worden ist, s. Art. 662 N. 4.

IV. RECHT DES EIGENTÜMERS AUF RÜCKHOLUNG ABGERISSENER BODENTEILE (ABS. III)

23 Das abgerissene Land (s. vorn N. 7) fällt dem Staat oder dem neuen Ufereigentümer nicht ohne weiteres zu, sondern verbleibt vorerst als bewegliche Sache dem bisherigen Eigentümer. Dieser ist berechtigt, das Landstück binnen angemessener Frist zurückzuholen. Dritte dürfen daher, solange das

Rückholungsrecht besteht, über das Land nicht verfügen. Der Ufereigentümer sowie der Staat sind verpflichtet, dem bisherigen Eigentümer oder Besitzer (Pächter, Nutzniesser), die Wegschaffung des Materials zu gestatten gegen Ersatz des dadurch entstehenden Schadens (ZGB 700).

Eine Pflicht zur Wegnahme besteht nicht. Der Eigentümer kann daher 24
nicht gezwungen werden, das Land wegzunehmen oder auf die Wegnahme und damit auf das Eigentum zu verzichten.

Das Rückholungsrecht ist zeitlich beschränkt, d.h. an eine angemessene 25
Frist geknüpft. Die Dauer der Frist kann verschieden sein, je nach der Natur des Materials und der Stellung des Verlierenden gegenüber dem Erwerbenden (ProtExpK 30; die kantonalen Rechte fixierten die Frist auf ein Jahr; ebenso CCfr 559 und ABGB 412).

Das Rückholungsrecht ist jedenfalls dann als verwirkt zu erachten, wenn 26
das abgerissene Landstück mit dem fremden Ufergrundstück bereits völlig verwachsen, zu einer ununterscheidbaren Einheit mit dem Ufer verschmolzen ist. Im Streitfalle entscheidet der Richter unter Berücksichtigung der konkreten Umstände nach freiem Ermessen (ZGB 4).

Macht der Eigentümer oder sonstige Berechtigte das Rückholungsrecht 27
nicht rechtzeitig geltend, so erlischt das bisherige Eigentum an dem Landstück, und dieses fällt ins Eigentum des Kantons oder des vom kantonalen Recht bestimmten Berechtigten. Auch dieser Eigentumserwerb ist mithin originär; es findet keine Rechtsnachfolge statt. Der Eigentumserwerb setzt auch hier weder eine Aneignungshandlung noch eine Grundbucheintragung voraus.

V. ENTSTEHUNG VON LAND AUS PRIVATGEWÄSSERN

Auf die Entstehung von Land aus Privatgewässern (Privatbächen, 28
Teichen, Kanälen) finden nicht die Bestimmungen des Art. 659 Anwendung, sondern die allgemeinen Regeln: Neben Art. 642 also insbesondere noch Art. 660, wonach durch Verschiebungen des Bodens (Anschwemmungen usw.), keine Änderung der Grundstücksgrenzen bewirkt wird (Iten 244ff). Ist das Privatgewässer nach kantonalem Recht kein selbständiges Grundstück, sondern gehört es den jeweiligen Eigentümern der Ufergrundstücke (so z.B. die im Privateigentum stehenden Bäche in den Kantonen Zug EG 131 I; Glarus, EG 169; Schwyz EG 194), so fällt das aus dem Gewässer entstandene Land ohne weiteres in das Eigentum der Anstösser nach Massgabe ihres Eigentums am Gewässer.

Art. 660

Boden-verschiebung

Bodenverschiebungen von einem Grundstück auf ein anderes bewirken keine Veränderung der Grenzen.

Bodenteile und andere Gegenstände, die hiebei von dem einen Grundstück auf das andere gelangt sind, unterliegen den Bestimmungen über die zugeführten Sachen oder die Sachverbindungen.

4. Glissements de terrain

Les glissements de terrain ne modifient pas les limites des immeubles.

Les terres et les autres objets ainsi transportés d'un immeuble sur un autre sont soumis aux règles concernant les épaves ou l'accession.

4. Spostamenti di terreno

Gli spostamenti di terreno dall'uno all'altro fondo non producono alcuna modificazione dei confini.

Le porzioni di terreno ed altri materiali che per tali spostamenti passano dall'uno all'altro fondo sono soggetti alle disposizioni sulle cose trasportate e sull'unione di cose.

Materialien: VE 662; E 653; Erl II 81f; StenBullStR *16* 1262ff.

Rechtsvergleichung

S. nachstehend N. 3.

I. ALLGEMEINES

1 Die Vorschrift des Art. 660 bezieht sich auf Verschiebungen des Bodens, die zwischen Privatgrundstücken (mit Einschluss der im Privateigentum stehenden Gewässer: Art. 659 N. 28) eintreten: durch Naturgewalt oder zufällige Ereignisse (wie durch Erdschlipfe, infolge heftiger Regengüsse oder in Verbindung mit Schneerutsch, Erdbeben und Grabungen) oder durch willkürliche Einwirkung.

2 Art. 660 bezieht sich aber nur auf die kleineren, oberflächlichen Bodenverschiebungen von Grundstück zu Grundstück, nicht etwa auf die umfangreichen, oft Jahre beanspruchenden Bodenbewegungen, durch welche die topographischen Verhältnisse grosser Gebiete völlig geändert werden können (StenBull StR *16* 1262ff). In diesen Fällen würde ein Festhalten an den ursprünglichen Grenzen mehr Verwirrung als Ordnung stiften und wegen der Unmöglichkeit der Wiederherstellung des früheren Zustandes (Rückholen des Bodenmaterials, Zurückversetzen von Wegen und Häusern an den alten

Standort) als unbillig erscheinen (so auch HAAB, Art. 660 N. 2). Das Eidgenössische Grundbuchamt verweist in VEB 1954 159 f für diese Fälle auf ZGB 703 und auf von den Kantonen anzuordnende Massnahmen.

II. ABSATZ I

Mit der Bestimmung, dass durch Verschiebungen des Bodens die Grenzen 3
der Grundstücke nicht verändert werden, also jeder Grundeigentümer sein Eigentum innerhalb der alten Grenzen behält, wird eine Unklarheit bebehoben, die sich bei Überschwemmungen und Erdschlipfen hie und da bemerkbar gemacht hat (Erl II 82). Im Grunde genommen ist diese Bestimmung allerdings selbstverständlich; ausländische Gesetzgeber haben es nicht für notwendig erachtet, sie ausdrücklich festzuhalten. Sie ergibt sich schon daraus, dass die Liegenschaften unbeweglich sind und das Eigentum an ihnen sich nicht nur auf die Oberfläche erstreckt (Art. 667 I).

Die Erneuerung der durch die Bodenverschiebung beseitigten oder ver- 4
schobenen Grenzzeichen sowie die Feststellung der allfällig ungewiss gewordenen Grundstücksgrenzen erfolgen nach den Grundsätzen der Art. 668 und 669.

III. ABSATZ II

Da durch die Verschiebung des Bodens die Grenzen keine Modifikation er- 5
leiden, bedürfen die Rechtsverhältnisse in bezug auf die auf das fremde Grundstück gelangten Bodenteile und andern Gegenstände (z. B. Bäume, Weinstöcke, Sträucher, Mauern, Zäune, Gebäudeteile) einer besondern Ordnung. Diese ist in dem Sinne getroffen, dass die erwähnten Gegenstände den Bestimmungen über die zugeführten Sachen (ZGB 700 und 725; nachstehend N. 6) und die Sachverbindungen (ZGB 642, 667, 671–674; unten N. 7 ff) unterstehen.

Danach hat der Besitzer des Grundstücks, auf das die Gegenstände ge- 6
langt sind, die Pflichten und Rechte eines Finders (vgl. hierüber die Kommentare LEEMANN und SCHERRER zu Art. 725). Er ist nach Art. 700 ausserdem verpflichtet, dem Berechtigten das Aufsuchen und die Wegschaffung der zugeführten Bodenteile und andern Gegenstände zu gestatten gegen Ersatz des ihm hieraus entstehenden Schadens und hat hierfür an diesen Gegenständen ein Retentionsrecht (s. Bem. zu Art. 700; BGE *80* II 216 ff). Die

Gegenstände werden, wenn der Eigentümer nicht festgestellt werden kann, mit Ablauf von fünf Jahren Eigentum desjenigen, in dessen Gewahrsam sie durch die Zuführung gelangt sind (Art. 722 I).

7 Ausnahmsweise verliert der bisherige Eigentümer das Eigentum schon früher und damit das Recht der Aufsuchung und Wegschaffung, sobald das Bodenmaterial mit dem fremden Grundstück fest verbunden (verwachsen) ist, d.h. Bestandteil desselben geworden ist (Akzessionsprinzip, Art. 642, 667).

8 Möglich ist auch, dass der Eigentümer auf das Rückholen des Bodenmaterials und damit auf sein Eigentum verzichtet (s. Leemann, Art. 729 N. 4ff). Dadurch werden die Gegenstände herrenlos und okkupationsfähig (Scherrer, Art. 725 N. 3).

9 Bei Verwendung der zugeführten Massen für eigene Bauten ist auf Art. 671–673 abzustellen (Scherrer, Art. 725 N. 24).

10 Unter Umständen ist auch Art. 674 zu berücksichtigen (Haab, Art. 674 N. 5).

Art. 661

5. Ersitzung
a) Ordentliche Ersitzung

Ist jemand ungerechtfertigt im Grundbuch als Eigentümer eingetragen, so kann sein Eigentum, nachdem er das Grundstück in gutem Glauben zehn Jahre lang ununterbrochen und unangefochten besessen hat, nicht mehr angefochten werden.

5. Prescription

a) Ordinaire

Les droits de celui qui a été inscrit sans cause légitime au registre foncier comme propriétaire d'un immeuble ne peuvent plus être contestés lorsqu'il a possédé l'immeuble de bonne foi, sans interruption et paisiblement pendant dix ans.

5. Prescrizione acquisitiva

a) Prescrizione ordinaria

Ove taluno sia indebitamente iscritto nel registro quale proprietario, la sua proprietà non può più essergli contestata se egli ha posseduto il fondo in buona fede, pacificamente e senza interruzione per anni dieci.

Materialien: VE 664; E 655; Erl II 82ff; Botsch 63f; StenBullNR *16* 528ff; StenBullStR *16* 1262.

Literatur

Gloor Albert, Der aussergrundbuchliche Eigentumserwerb nach schweizerischem Recht (Diss Zürich 1928); Guhl Theo, Die Ersitzung von Grundeigentum und Grunddienstbarkeiten nach schweizerischem ZGB, ZBJV *65* 241 ff; HUBER, SPR III 191 ff; JENNY FRANZ, Die Grundeigentumsersitzung und das Grundbuch, SJZ *39* 173 ff und 189 ff; LIVER PETER, Fragen aus dem Recht der Ersitzung von Grundeigentum und Dienstbarkeiten (Vortrag 1950; in Maschinenschrift); derselbe, Rechte Gewere und Ersitzung, Festschrift für Hermann Rennefahrt (Bern 1958) 439 ff; MENGIARDI PEIDER, Der Ausschluss der Verjährung im Sachenrecht (Diss Bern 1953); PFISTER WALTHER, Die Ersitzung nach schweizerischem Recht (Diss Zürich 1931); REISOGLU SAFA, La prescription extraordinaire et le transfert des immeubles non immatriculés en droit suisse et en droit turc (Diss Lausanne 1956); SALVIONI S., Profilo di una sistematica sulle limitazioni temporali dei diritti (Diss Bern 1960); SCHILLER M., Die Unrichtigkeit des Grundbuches (Diss Zürich 1928); STAUB MAX, Der Zeitablauf als rechtsverändernde Tatsache im Sachen- und Obligationenrecht (Diss Basel 1950; in Maschinenschrift).

Rechtsvergleichung

Dazu allgemein: PFEIFER RUDOLF, RvglHWB III (Berlin 1931) 188 ff.

Die Ersitzung, durch die ein tatsächlicher Zustand (ein während bestimmter Zeit andauernder Besitz an einer Sache) rechtliche Anerkennung (Erwerb des Eigentums oder eines beschränkten dinglichen Rechts) erhält, ist den meisten modernen Rechtsordnungen bekannt. Doch ist ihre Bedeutung überall dort, wo ein gutgläubiger Eigentumserwerb anerkannt wird, stark zurückgegangen. Wegen des Gutglaubensschutzes glaubten gewisse Gesetzgeber (wenigstens beim Erwerb beweglicher Sachen) die Ersitzung ausschliessen zu können (s. PFEIFER 190).

Abgesehen davon, dass in Frankreich und Österreich die Ersitzung als eine Art Verjährung behandelt wird (vgl. Art. 663 N. 1), stimmen das französische, das österreichische und das deutsche Recht in den allgemeinsten Grundzügen weitgehend mit unserer Ordnung überein; in der Einzelausgestaltung ergeben sich indessen zum Teil erhebliche Abweichungen. So verlangen das französische und das österreichische Recht für die ordentliche Ersitzung neben den andern Voraussetzungen einen sogenannten Titel, d. h. einen die Ersitzung rechtfertigenden Grund (CCfr 2265 bis 2267; ABGB 1461, wo von «rechtmässigem» Besitz die Rede ist). Was die Gutgläubigkeit des Ersitzungsprätendenten anbelangt, begnügt sich das französische Gesetz (CCfr 2269) im Gegensatz zum schweizerischen (Art. 661 N. 25) und zum deutschen und österreichischen Recht mit dem Vorhandensein des guten Glaubens im Augenblick des Besitzerwerbes und fordert nicht seinen Fortbestand während der Ersitzungszeit. Was die Wirkungen der Ersitzung anbetrifft, so zeigt sich im französischen Recht die zu weit getriebene Übereinstimmung von Verjährungs- und Ersitzungsrecht im Verbot ihrer Berücksichtigung von Amtes wegen (CCfr 2223) – eine Gleichstellung, die der schweizerische Gesetzgeber angesichts der grundlegenden Unterschiede zwischen jenem auf das Schuldrecht und diesem auf das Sachenrecht zugeschnittenen Institut vermieden hat. Doch ist in einem Punkte auch das schweizerische Recht in der Verweisung auf verjährungsrechtliche Regeln zu weit gegangen: Art. 663 N. 4.

Vgl. im übrigen die Handbücher und Kommentare zu BGB §§ 900 und 927, zu ABGB §§ 1452–1477 und zu CCfr art. 2219–2281. Weitere rechtsvergleichende Hinweise in Art. 661 N. 6, 20, 25 und Art. 663 N. 1.

Über die besondere Bedeutung der Extratabularersitzung im türkischen Recht vgl. die im Literaturverzeichnis vorstehend angeführte Arbeit von REISOGLU mit weiterem Schrifttumsnachweis.

Übersicht

I. ALLGEMEINES

1 Auch in einem Grundbuchsystem mit weitgehender Verwirklichung des Schutzes gutgläubigen Erwerbs und des Eintragungsprinzipes (dazu die Ausführungen zu Art. 656) kann das Institut der Ersitzung nicht völlig entbehrt werden:

Einmal ist es notwendig in dem Fall, wo ein Eintrag im Grundbuch ohne gültigen Rechtsgrund erfolgt ist. Dem Grundbucheintrag fehlt die materielle Grundlage; er vermag – weil er nicht mit formaler Rechtskraft ausgestattet ist – zugunsten des Eingetragenen kein Recht zu schaffen. Er schützt wohl denjenigen, welcher auf Grund dieses Eintrages in gutem Glauben vom Eingetragenen erwirbt, nicht aber diesen selbst. Der Eingetragene ist in einem solchen Falle selbst bei gutem Glauben der Klage des eigentlichen Berechtigten ausgesetzt (vgl. ZGB 973–975). Diese Unsicherheit muss mit dem

Ablauf einer gewissen Zeit ein Ende nehmen; das Recht soll mit dem tatsächlichen Zustand in Übereinstimmung gebracht werden. Zu diesem Zwecke begnügt sich das Gesetz nicht mit einer blossen Verjährung der grundbuchlichen Anfechtungsklage (vgl. hinten N. 27), sondern lässt auf Grund des ungerechtfertigten Eintrages die Ersitzung eintreten. Der Mangel des Eigentumserwerbs wird durch die heilende Macht der Zeit behoben.

Sodann ist das Institut der Ersitzung unentbehrlich mit Rücksicht darauf, dass es Grundstücke geben kann, die (obwohl dem Buchungszwang unterstehend) nicht in das Grundbuch aufgenommen sind, oder deren Eigentümer nicht bekannt ist, etwa weil der frühere Eigentümer gestorben ist, ohne Erben zu hinterlassen (vgl. Art. 662 N. 7). In diesen Fällen versagt die Publizität des Grundbuches.

Demgemäss unterscheidet das Gesetz zwei Arten der Ersitzung: eine ordentliche und eine ausserordentliche.

Durch die ordentliche Ersitzung wird ein ungerechtfertigter Eintrag im Grundbuch mit der tatsächlichen Lage der Dinge in Einklang gebracht, das Scheinrecht des Eingetragenen in wahres Recht verwandelt (auch Tabular- oder Buchersitzung genannt, weil sie sich an den Buchzustand – tabula – anlehnt): Art. 661. Sie erfordert gutgläubigen, zehn Jahre dauernden Eigenbesitz und verschafft dem Eingetragenen ohne weiteres das Eigentum; ein Auskündungsverfahren ist nicht erforderlich.

Die ausserordentliche Ersitzung (= Extratabular- oder Blankoersitzung) setzt weder Eintragung noch guten Glauben, noch einen Erwerbsgrund voraus, sondern lediglich Eigenbesitz während dreissig Jahren, nach deren Ablauf der Besitzer von Gesetzes wegen Eigentümer wird und sich – in der Regel nach Durchführung eines Auskündungsverfahrens – im Grundbuch als solcher eintragen lassen kann: Art. 662.

Die sogenannte Kontratabularersitzung, bei welcher der nicht eingetra- 2
gene Besitzer das Eigentum an einem im Grundbuch figurierenden Grundstück mit eingetragenem, bekanntem Eigentümer erwirbt, ist dagegen im schweizerischen Recht nicht vorgesehen (hinten N. 15).

Noch grösser als dort, wo das eidgenössische Grundbuch eingeführt ist 3
oder ein mit voller Grundbuchwirkung ausgestattetes kantonales Register i. S. von SchlT 46 besteht, ist die Notwendigkeit des Ersitzungsinstitutes überall da, wo noch eine kantonale Publizitätseinrichtung ohne Grundbuchwirkung gegenüber gutgläubigen Dritten gemäss SchlT 48 besteht. Dort ist nicht nur derjenige, welcher auf Grund eines unverbindlichen Rechtsgeschäftes oder ohne Rechtsgrund erwirbt, sondern auch derjenige, welcher von diesem ungerechtfertigt Eingetragenen gutgläubig erwirbt, für den gültigen Eigentumserwerb auf die heilende Macht der Zeit angewiesen. S. dazu noch hinten N. 11 und 34.

4 Praktisch ebenso bedeutsam wie für das Eigentumsrecht ist die Ersitzung für das Recht der Dienstbarkeiten. Nach Art. 731 (dessen Abs. III allerdings den in ihm enthaltenen Sinn nicht richtig wiedergibt: LIVER, Art. 731 N. 120) finden die Art. 661–663 entsprechende Anwendung auf die Ersitzung von Servituten (eingehend LIVER, Art. 731 N. 91–140; MENGIARDI 104ff, 157ff). Auch Grundlasten (vgl. ZGB 783 III) nicht aber Pfandrechte (LEEMANN, Art. 799 N. 10) können ersessen werden.

5 Über Zusammenhänge und Unterschiede zwischen dem Institut der Ersitzung und dem in der Schweiz zu Unrecht völlig aus dem Sachenrecht verbannten Institut der Verjährung vgl. namentlich MENGIARDI 25ff, 94 ff und LIVER, Art. 734 N. 181 ff; ferner HAAB, Art. 661/63 N. 1 mit weiteren Angaben. S. auch hinten Art. 663 N. 1ff.

II. VORAUSSETZUNGEN DER ERSITZUNG

1. Ersitzungsfähigkeit

6 Nicht jeder, der tatsächlich eine Sache innehaben kann, ist auch fähig, sie zu ersitzen. Auf die Ersitzung finden die Vorschriften über Rechtsgeschäfte entsprechend Anwendung. Nur der Urteilsfähige kann (in den Grenzen des Art. 19 ZGB) selbständig ersitzen; der Urteilsunfähige lediglich durch seinen gesetzlichen Vertreter (in diesem Sinne auch § 1453 ABGB im Gegensatz zu andern Rechtsordnungen: PFEIFER 191).

2. Ersitzbarer Gegenstand

7 Im Wortlaut von Art. 661 ist von der Ersitzung von Grundstücken die Rede. (Die Ersitzung von beweglichen Sachen richtet sich nach ZGB 728.) Indessen kann nicht alles, was nach ZGB 655 zu den Grundstücken gezählt wird, ersessen werden:

- Die Bergwerke können nicht Objekt der Ersitzung sein, da der Erwerb dieser Konzessionen nicht durch die Normen des ZGB beherrscht wird (Art. 655 N. 56 f);
- Ebensowenig die öffentlichen und die i. S. von ZGB 664 herrenlosen Sachen (Art. 664 N. 145).

8 Dagegen ist die für die Ersitzung von Erbschaftssachen in Art. 599 II angebrachte Einschränkung (keine Berufung auf Ersitzung gegenüber der

Erbschaftsklage) für das Grundstücksrecht ohne Belang: TUOR/PICENONI, Art. 599 N. 38.

Andererseits ist der Ausdruck «Grundstück» in diesem Zusammenhang zu eng, weil nicht nur 9

- *Liegenschaften* (zum Begriff der Liegenschaft vgl. Art. 655 N. 6 ff) und
- *selbständige und dauernde Rechte* (wobei zu unterscheiden ist zwischen dem als Dienstbarkeitsersitzung zu beurteilenden Erwerb des Rechts vom Eigentümer des belasteten Grundstückes einerseits und dem unmittelbar nach ZGB 661 zu beurteilenden Verhältnis des bisherigen Inhabers des selbständigen und dauernden Rechts und seinem Rechtsnachfolger; HAAB, Art. 661/63 N. 7) der Ersitzung zugänglich sind, sondern auch
- *reale Liegenschaftsteile* (eine Teilparzelle kann gestützt auf einen mangelhaften Rechtsgrund einem anstossenden Grundstück zugeschrieben werden; selbst eine in dieser Weise ungerechtfertigte Eintragung kann durch Ersitzung geheilt werden; so auch HAAB, Art. 661/63 N. 6 a. E.) und
- *Miteigentumsanteile* (vorausgesetzt, dass der Anteil im Grundbuch eingetragen ist: GBV 33 I und 31; ausgeschlossen ist demgegenüber die Ersitzung für Anteilrechte eines Gesamteigentümers, weil es beim Gesamteigentum keine im Grundbuch einzutragende und damit ersitzungsfähige Quote gibt: Art. 652 N. 2 und 27; SJZ *56* 75 f Nr. 24) und
- *immatrikulierte Schiffe* (bei denen allerdings die Ersitzungsfrist auf fünf Jahre reduziert wurde: SchRG 33; HAAB, Art. 661/63 N. 4).

3. Eintragung im Grundbuch

Durch das Erfordernis der Eintragung sind sowohl die versehentlich un- 10
gebuchten Liegenschaften von der ordentlichen Ersitzung ausgeschlossen wie auch alle jene, die deswegen nicht gebucht sind, weil sie dem Buchungszwang nicht unterliegen (ZGB 944; über die öffentlichen Liegenschaften im besonderen Art. 664 N. 145). Andererseits ist dieses Erfordernis aber nicht so aufzufassen, als ob für alle eingetragenen Grundstücke die Tabular- und nicht die Extratabularersitzung Anwendung finden würde. Denn die ausserordentliche Ersitzung des Art. 662 hat auch Grundstücke zum Gegenstand, die gebucht sind (vgl. Art. 662 N. 6 ff über die Fälle, wo der Eigentümer einer gebuchten Liegenschaft aus dem Grundbuch nicht ersichtlich ist oder zu Beginn der Ersitzungsfrist entweder tot oder verschollen war), ja ausnahmsweise sogar auf solche, bei denen der Ersitzungsprätendent im Grundbuch eingetragen ist (Art. 662 N. 9).

11 Auch wenn das eidgenössische Grundbuch noch nicht eingeführt ist, besteht Ersitzungsmöglichkeit, sei es dank der Eintragung in ein vom kantonalen Recht mit voller Grundbuchwirkung ausgestattetes Register (SchlT 46), sei es dank der Erfüllung der vom kantonalen Übergangsrecht für die Begründung des Eigentums vorgesehenen Form (SchlT 48). Dazu hinten N. 34.

12 Der Ersitzende muss als Eigentümer im Grundbuch eingetragen sein. Doch kann die Ersitzung auch von dem nicht eingetragenen Erben des Eingetragenen fortgesetzt und vollendet werden (s. hinten N. 22).

13 Die Eintragung im Grundbuch muss ungerechtfertigt sein. Ungerechtfertigt ist nach ZGB 974 II ein Eintrag, der ohne Rechtsgrund oder aus einem unverbindlichen Rechtsgeschäft erfolgt ist. Der Eintrag ist auch dann nicht gerechtfertigt, wenn dem Verfügenden die erforderliche Verfügungsmacht fehlte, oder wenn die Buchung ohne gültige Eintragungsbewilligung erfolgte (vgl. Homberger, Art. 974 N. 7 und 8). Die Ersitzung wird gegenstandslos, wenn dieser Mangel nachträglich geheilt wird; ebenso wenn ein gutgläubiger Dritter das Grundstück vom Ersitzenden erwirbt. Die Ersitzung ist also meistens nur von Bedeutung, wo dem eigentlichen Eigentümer der direkte Erwerber als Eingetragener gegenübersteht. Erwirbt ein Sonderrechtsnachfolger das Grundstück, dann wird die begonnene Ersitzung nur dann nicht gegenstandslos, wenn er entweder nicht gutgläubig ist oder wenn auch der neue Eintrag ungerechtfertigt ist (weil z. B. auch dieses Rechtsgeschäft an einem Mangel leidet). Der gutgläubige Dritterwerber bedarf der Ersitzung nicht; er wird kraft seines guten Glaubens Eigentümer (ZGB 973).

Beispiel: Das Grundstück des A ist auf Grund eines für ihn wegen wesentlichen Irrtums (OR 23ff) einseitig unverbindlichen Rechtsgeschäftes oder auf Grund einer von X gefälschten Vollmacht des A auf B übertragen worden. Hier kann B, wenn er in gutem Glauben ist, das Eigentum durch Ersitzung erwerben. Überträgt er aber mit gültigem Rechtsgeschäft das Eigentum auf den gutgläubigen C, so wird dieser sofort Eigentümer, ohne dass A seinen Erwerb anzufechten vermag, selbst dann nicht, wenn B in bösem Glauben gehandelt hat.

14 Die Möglichkeit der Tabularersitzung ist (mit Pfister 34ff und Haab, Art. 661/63 N. 8) auch zu bejahen auf Grund eines (nicht ab initio unrichtigen, sondern) nicht mehr gerechtfertigten Eintrages (sogenannte Rückersitzung).

15 Ausgeschlossen ist eine Ersitzung, die im Widerspruch zu andern Grundbucheinträgen steht. Das schweizerische Recht kennt keine Kontratabularersitzung (BGE *50* II 122; Haab, Art. 661/63 N. 3 a. E.). Der widersprechende Eintrag kann älteren oder jüngeren Datums sein als derjenige des Ersitzungsprätendenten, kann das gleiche oder ein anderes Recht betreffen und kann entweder aus dem gleichen Grundbuchblatt oder aus einer anderen Stelle der

eine Einheit darstellenden Grundbucheinrichtung hervorgehen (JENNY SJZ *39* 175/76); entscheidend ist, dass die beiden eingetragenen Rechte nebeneinander nicht bestehen können und dass der die Ersitzung hindernde widersprechende Eintrag gerechtfertigt ist (BGE *52* II 25; a.M. MENGIARDI 154).

4. Ersitzungsbesitz

Der Ersitzende muss die tatsächliche Gewalt über das Grundstück haben (ZGB 919 I); zum Tabularbesitz, der Eintragung im Grundbuch, muss der körperliche Besitz hinzutreten (BGE *52* II 24; ZBJV *74* 472ff). Entgegen HAAB, Art. 661/63 N. 11 ist der erforderliche Ersitzungsbesitz nicht schon durch das Vorliegen von Buchbesitz nachgewiesen; die gesetzliche Präsumtion des Art. 937 genügt hier nicht. 16

Der Besitz muss Eigenbesitz sein (ZGB 920 II; PFISTER 71ff), d.h. der Besitzer muss – da der Besitz zum Eigentum führen soll – den Willen haben, die Sache als sein Eigentum zu besitzen (BGE *52* II 24; ZBGR *41* 107). Der Beweis des animus domini wird dadurch erleichtert, dass vom Besitzer vermutet wird, er sei Eigenbesitzer (ZGB 930 I). Der Eigenbesitz kann auch sogenannter mittelbarer Besitz sein und beispielsweise durch einen Pächter oder Nutzniesser vermittelt werden. 17

Soll der Besitz zur Ersitzung tauglich sein, so darf er «nec vi nec clam nec precario» erlangt sein (OSTERTAG, Art. 919 N. 30; LIVER, Art. 731 N. 132). Deshalb kann ein ungetreuer Verwalter nicht ersitzen (LIVER, ZBJV *94* 28). 18

Der Besitz muss zehn Jahre lang ununterbrochen und unangefochten dauern. Die Zehnjahresfrist beginnt frühestens mit dem Datum der ungerechtfertigten Eintragung im Grundbuch (BGE *50* II 120; *52* II 23; HAAB, Art. 661/63 N. 13; LIVER, Art. 731 N. 92; a.M. WIELAND, Art. 661 N. 3*b* und LEEMANN in der Vorauflage Art. 661 N. 10), später dann, wenn erst in einem auf die Eintragung folgenden Zeitpunkt der Eigenbesitz hergestellt wird. Für die Berechnung der Fristen, die Unterbrechung und den Stillstand der Ersitzung verweist ZGB 663 auf die Verjährungsvorschriften (s. die Bemerkungen zu Art. 663). 19

Verlangt wird *ununterbrochener* Besitz; die Ersitzungszeit ist tempus continuum. Eine ihrer Natur nach vorübergehende Unterbrechung des Besitzes beeinträchtigt den Fristenlauf aber nicht (ZGB 921). Dem Ersitzenden kommt zudem nach einer auch heute noch geltenden gemeinrechtlichen Regel (olim et hodie possessor, semper possessor) die Vermutung zugute, dass der einmal erlangte Besitz fortgedauert habe, so dass eine Unterbrechung des Besitzes vom Gegner zu beweisen ist (so ausdrücklich BGB § 938). 20

21 Die Ersitzungsfrist wird unterbrochen durch die Vormerkung einer vorläufigen Eintragung im Grundbuch zur Sicherung des Eigentums des wahren Berechtigten (Art. 961 Ziff. 1). Dagegen unterbricht die Klageanhebung durch einen Nichtberechtigten die Ersitzung nicht zugunsten des wahren Eigentümers (s. Art. 663 N. 13).

22 Nach ZGB 941 darf sich der zur Ersitzung berechtigte Besitzer den Besitz seines Vorgängers (und dessen Eintragung im Grundbuch) anrechnen lassen, sofern auch er gutgläubig und sein Besitz (und dessen Eintragung) zur Ersitzung tauglich gewesen ist (sogenannter accessio possessionis, Besitzeinrechnung oder Besitzanschluss). Voraussetzung dafür, dass diese Vorschrift zum Zuge kommt, ist, dass es sich um einen derivativen Erwerb handelt (Homberger, Art. 941 N. 1), und zwar um einen solchen, bei dem nicht schon kraft Gutgläubigkeit des Erwerbers die Ersitzung gegenstandslos wird (ZGB 973; vorn N. 13). Dort wo das Grundbuch eingeführt ist oder das kantonale Register mit Grundbuchwirkung versehen wurde, wird daher diese Bestimmung im wesentlichen nur im Verhältnis zwischen dem Erblasser und seinem Rechtsnachfolger aktuell.

23 *Unangefochten* ist der Besitz, wenn der wahre Berechtigte sein Eigentum nicht durch Erhebung der Berichtigungsklage (ZGB 975) oder der Eigentumsklage (ZGB 641 II) geltend gemacht hat, oder wenn die Geltendmachung erfolglos geblieben ist.

5. Guter Glaube des Ersitzenden

24 Der gute Glaube stellt sich hier dar als die entschuldbare Unkenntnis der Umstände (tatsächlicher oder rechtlicher Natur), die den Eigentumserwerb verhindern, d.h. den Eintrag im Grundbuch ungerechtfertigt machen. Nicht gutgläubig ist beispielsweise der Erwerber, der weiss oder bei der Aufmerksamkeit, die von ihm nach den Umständen verlangt werden durfte (ZGB 3 II), hätte wissen müssen, dass der Veräusserer nicht handlungsfähig oder nicht dispositionsfähig war, oder dass das Veräusserungsgeschäft wegen fehlerhafter oder mangelnder Beurkundung oder aus andern Gründen ungültig ist. Liver bejaht in Übereinstimmung mit der Lehre des gemeinen Rechts das Vorliegen von Gutgläubigkeit in der Person des Ersitzungsprätendenten, welcher «die Überzeugung haben darf, dass er mit der Ausübung des Eigenbesitzes ... kein materielles Unrecht begehe» (Art. 731 N. 92), welcher «die Sache erworben hat, ohne dass er das Bewusstsein haben musste, einem andern gegenüber unkorrekt zu handeln» (Festschrift Rennefahrt 440).

Der gute Glaube muss nicht bloss, zur Zeit der Eintragung bzw. des Besitzerwerbes, sondern während der ganzen Ersitzungszeit vorhanden sein (mala fides superveniens nocet; ProtExpK 40; Botsch 64). Doch ist an die Gutgläubigkeit während der Ersitzungszeit nicht der gleich strenge Maßstab anzulegen wie an diejenige beim Erwerb (so auch, in Anlehnung an die ausdrückliche Regelung im deutschen Recht [BGB § 937 II], HAAB, Art. 661/63 N. 12). 25

Das Vorhandensein des guten Glaubens wird nach ZGB 3 I vermutet. Es ist daher Sache des Gegners, dem Ersitzungsprätendenten den bösen Glauben nachzuweisen. 26

III. WIRKUNGEN DER ERSITZUNG

1. Eigentumserwerb des Ersitzenden

Die Vollendung der Ersitzung bewirkt die Heilung des dem Eigentumserwerb des Eingetragenen entgegenstehenden Mangels und den Erwerb des Eigentums durch den Ersitzungsbesitzer, während das Eigentum des bisherigen Eigentümers erlischt (BGE *50* II 121). Der Eigentumserwerb ist mithin originär, es findet keine Rechtsnachfolge statt (vgl. VON TUHR, BGB II 42). Und zwar tritt er ipso iure ein; gerichtliche Zusprechung des Eigentums ist nicht erforderlich (anders noch VE 664). Es bedarf auch keiner neuen Eintragung im Grundbuch, denn der bisherige Eintrag war ja an sich nicht unrichtig, er ermangelte nur der gültigen materiellen Unterlage. Dadurch, dass diese durch die Ersitzung ersetzt wird, erlangt der Eingetragene das Recht, das dem Inhalt der Eintragung entspricht. Man darf deshalb ebenso sachgemäss von einer Ersitzung des Buchzustandes sprechen. Vom Standpunkte des früher Eingetragenen könnte von einer Verjährung des Anfechtungsanspruches gesprochen werden. Da jedoch nach Art. 661 blosser Zeitablauf nicht genügt, sondern Besitz erforderlich ist, handelt es sich nicht um eine blosse Anspruchsverjährung, sondern um eine erwerbende Rechtsverjährung (usucapio). Die Garantie für die Herstellung des Rechtserwerbes wird dadurch erhöht (vgl. Botsch 64). 27

Auch der eingetragene wahre Eigentümer kann sich zum Beweise seines Rechts auf die Ersitzung berufen, was für ihn den Vorteil hat, dass er auf die materiellen Entstehungsgründe seines Rechts nicht einzugehen braucht.

2. Umfang des Eigentumserwerbs

28 Der Rechtserwerb erstreckt sich neben den Bestandteilen auch auf die Zugehör des Grundstücks, soweit sie mit im Ersitzungsbesitz stand (nach der Regel: tantum praescriptum quantum possessum).

3. Auswirkung auf beschränkte dingliche Rechte

29 Die Wirkung der Ersitzung wird auf den Zeitpunkt der Eintragung in das Grundbuch zurückbezogen. Das ergibt sich mit genügender Deutlichkeit aus der (nicht recht geglückten: Haab, Art. 661/63 N. 16) Fassung des Art. 661, wonach «das Eigentum... nicht mehr angefochten werden kann». Die Wirkung ist mit andern Worten gerade so, wie wenn die Eintragung rechtmässig erfolgt wäre. Die vor dem Beginn der Ersitzung begründeten beschränkten dinglichen Rechte bestehen fort. Die während des Ersitzungsstadiums eingetragenen dinglichen Rechte erlangen Gültigkeit, soweit sie nicht schon nach Art. 973 von Anfang an gültig waren. Der Ersitzende erlangt also im ganzen Umfange buchmässiges Eigentum.

IV. RECHTSSTELLUNG DES ERSITZUNGSBESITZERS VOR VOLLENDUNG DER ERSITZUNG

30 Solange die Ersitzung nicht vollendet, d.h. der Mangel des Rechtsgrundes nicht durch sie geheilt ist, ist der Eingetragene nicht etwa nur anfechtbarer (zu welcher Annahme der missverständliche Wortlaut verleiten könnte), sondern überhaupt nicht Eigentümer, und es kann der wahre Berechtigte gegen ihn auf Aufhebung und Änderung des Eintrages klagen (ZGB 975).

Der Eingetragene wird indessen als Eigentümer vermutet und geniesst neben dem jedem Besitzer ohnehin zustehenden Besitzesschutz (ZGB 926 ff) auch den Rechtsschutz wie ein wahrer Eigentümer (ZGB 937 I). Er ist kraft des Grundbucheintrages legitimiert, über das Recht zu verfügen, es zu belasten und zu übertragen (ZGB 965 II). Das Recht des wahren Eigentümers läuft deshalb Gefahr, unterzugehen, da der gutgläubig auf den Eintrag vertrauende Erwerber das Recht gemäss dem Eintrag erwirbt (ZGB 973).

Gegen diese Gefahr kann sich der wahre Eigentümer durch eine vorläufige Eintragung nach ZGB 961 Ziff. 1 schützen.

Über die Verantwortlichkeit des Besitzers, der das Grundstück dem Berechtigten herausgeben muss, s. ZGB 938–940.

V. UMWANDLUNG EINER TABULAR- IN EINE EXTRATABULARERSITZUNG UND UMGEKEHRT

Die Umwandlung einer Tabular- in eine Extratabularersitzung ist zu- 31
lässig. Sie kann aktuell werden, wenn ein Erfordernis der ordentlichen Ersitzung dahinfällt und die Voraussetzungen der ausserordentlichen Ersitzung noch vorhanden sind. So bei Wegfall der Gutgläubigkeit des Ersitzungsprätendenten vor Ablauf der Zehnjahresfrist. In diesem Fall ist trotz der Eintragung des Ersitzenden im Grundbuch die Möglichkeit der ausserordentlichen Ersitzung in analoger Anwendung von ZGB 662 zu bejahen. Was dem nichteingetragenen Bösgläubigen zugebilligt wird, kann dem eingetragenen Bösgläubigen nicht verwehrt werden (Art. 662 N. 9). Diese Umwandlungsmöglichkeit ist auch intertemporalrechtlich von Bedeutung (hinten N. 35).

Eine Extratabularersitzung kann dagegen nicht in eine Tabularersitzung 32
umgewandelt werden. Insbesondere ist «eine Kombinierung der beiden Ersitzungsmöglichkeiten in der Weise, dass von der einen der frühere Beginn und von der andern die kürzere Frist entlehnt wird, selbstverständlich nicht angängig» (BGE *50* II 122).

VI. INTERTEMPORALES RECHT

1. Anerkennung einer unter altem Recht vollendeten Ersitzung nach neuem Recht

Eine noch unter altem Recht vollendete Ersitzung wird auch unter der 33
Herrschaft des ZGB anerkannt (SchlT 17 I; vgl. BlZR *13* Nr. 20 S. 61; ZBJV *50* 252, 427, 429; *51* 417).

2. Anwendbarkeit von ZGB 661–663 seit 1912

Seit dem Inkrafttreten des ZGB richtet sich die Ersitzung nach dem neuen 34
Recht (SchlT 19 I). Es kommt also bei der Grundstückersitzung nicht auf

den Zeitpunkt der Einführung des Grundbuches an. ZGB 661/63 sind anwendbar, auch wo ein (gemäss SchlT 46) dem Grundbuch gleichgestelltes kantonales Register geführt wird, ja sogar dort, wo dies nicht der Fall ist, und nur eine Übergangslösung nach SchlT 48 (Publizitätseinrichtung ohne Grundbuchwirkung zugunsten gutgläubiger Dritter) getroffen wurde (BGE *52* II 21; *56* II 182; ZBJV *90* 238). Die Ersitzung beginnt in diesen Fällen (statt im Augenblick der Grundbucheintragung) im Zeitpunkt der Erfüllung der vom kantonalen Recht i. S. von SchlT 48 bezeichneten Form (Mutzner, SchlT 19 N. 10; Haab, Art. 661/63 N. 8).

3. Fortsetzung einer vor 1912 begonnenen Grundstücksersitzung nach Inkrafttreten des ZGB

35 Eine verhältnismässige Anrechnung der vor dem 1. Januar 1912 abgelaufenen Zeit an die vom ZGB aufgestellte Ersitzungsfrist erfolgt nur, wenn das bisherige Recht den entsprechenden Ersitzungstatbestand kannte (SchlT 19 II; Mutzner, SchlT 19 N. 3ff, dort N. 6 über die Verhältnismässigkeit der Anrechnung). Kann eine nach kantonalem Recht begonnene Ersitzung nicht als Buchersitzung gemäss ZGB 661 fortgesetzt werden, so doch in vielen Fällen als Extratabularersitzung gemäss ZGB 662: Und zwar immer dann, wenn in den Publizitätseinrichtungen der betreffenden Kantone nicht ein anderer als der Ersitzende eingetragen ist (Mutzner, SchlT 19 N. 13; Guhl, ZBJV *65* 249*f*; Haab, Art. 661/63 N. 19; Jenny, SJZ *39* 191; a. M. Pfister 57 f). Eine solche Umwandlung einer Tabular- in eine Extratabularersitzung ist ja nicht nur unter intertemporalrechtlichem Gesichtspunkt möglich, wogegen der umgekehrte Vorgang der Umwandlung einer Extratabular- in eine Tabularersitzung ausgeschlossen ist (vorn N. 31 f).

4. Beginn der Ersitzung auf Grund eines altrechtlichen Erwerbstatbestandes mit dem Inkrafttreten des ZGB

36 Ein vor 1912 eingetretener mangelhafter Erwerbstatbestand, der nach früherem kantonalem Recht nicht zur Ersitzung geführt hätte, kann nach Inkrafttreten des ZGB durch Tabularersitzung geheilt werden, sofern die Voraussetzungen von Art. 661 erfüllt sind. Die Zulässigkeit ist (entgegen Mutzner, SchlT 19 N. 12) zu bejahen, weil ZGB 661 für die ordentliche Ersitzung keinen titulus voraussetzt, sondern sich mit dem Erfordernis des ungerechtfertigten Eintrages begnügt, ohne Rücksicht darauf, wann und wo dieser entstand (Pfister 54 f; Jenny, SJZ *39* 190).

Art. 662

Besitzt jemand ein Grundstück, das nicht im Grundbuch aufgenommen ist, ununterbrochen und unangefochten während dreissig Jahren als sein Eigentum, so kann er verlangen, dass er als Eigentümer eingetragen werde.

b) Ausserordentliche Ersitzung

Unter den gleichen Voraussetzungen steht dieses Recht dem Besitzer eines Grundstückes zu, dessen Eigentümer aus dem Grundbuch nicht ersichtlich ist oder bei Beginn der Ersitzungsfrist von dreissig Jahren tot oder für verschollen erklärt war.

Die Eintragung darf jedoch nur auf Verfügung des Richters erfolgen, nachdem binnen einer durch amtliche Auskündung angesetzten Frist kein Einspruch erhoben oder der erfolgte Einspruch abgewiesen worden ist.

b) Extraordinaire

Celui qui a possédé pendant trente ans sans interruption, paisiblement et comme propriétaire, un immeuble non immatriculé, peut en requérir l'inscription à titre de propriétaire.

Le possesseur peut, sous les mêmes conditions, exercer le même droit à l'égard d'un immeuble dont le registre foncier ne révèle pas le propriétaire ou dont le propriétaire était mort ou déclaré absent au début du délai de trente ans.

Toutefois, l'inscription n'a lieu que sur l'ordre du juge et si aucune opposition ne s'est produite pendant un délai fixé par sommation officielle, ou si les oppositions ont été écartées.

b) Prescrizione straordinaria

Colui che possiede da trent'anni, senza interruzione, pacificamente e come proprietario un fondo non intavolato nel registro, può domandare che sia intavolato come sua proprietà.

Lo stesso diritto appartiene alle medesime condizioni al possessore di un fondo del quale il registro non indica alcun proprietario od il cui proprietario al cominciare del termine della prescrizione di trent'anni era morto o dichiarato scomparso.

Tuttavia l'iscrizione può essere fatta solo per disposizione del giudice, previa pubblicazione di una grida, ed è concessa solo se non vi fu opposizione nel termine indicato o se l'opposizione fu respinta.

Materialien: VE 665; E 656; Erl II 82ff; StenBullNR *16* 529.

Literatur

S. die Angaben zu Art. 661 (vorn S. 118f).

Rechtsvergleichung

Vgl. die Ausführungen bei Art. 661 (vorn S. 119).

Übersicht

I. ALLGEMEINES

1 Zum Institut der Ersitzung und seiner Regelung im schweizerischen Recht im allgemeinen s. Art. 661 N. 1–5. Währenddem Art. 661 die ordentliche Ersitzung (d.h. die Ersitzung zugunsten eines im Grundbuch eingetragenen Nichteigentümers) zum Gegenstand hat, behandelt Art. 662 die ausserordentliche Ersitzung: Die Ersitzung zugunsten eines im Grundbuch nicht Eingetragenen. «Allen Fällen des Art. 662 ist der Gedanke gemeinsam, dass eine vernünftige Auskunft über die Person des Eigentümers dem Grundbuch nicht entnommen werden kann und der Eintragung nur rein formaler Charakter, ohne brauchbaren materiellen Inhalt zukommt» (BlZR 57 Nr. 43). Bei dieser Ersitzungsart verlangt das Gesetz weder einen Erwerbstitel noch Gutgläubigkeit des Erwerbers. Rechtserzeugender Faktor ist einzig der dreissig Jahre hindurch fortgesetzte, unangefochtene Besitz.

2 Darüber, dass die praktische Bedeutung der Extratabularersitzung nicht so gering ist, wie oft angenommen wird, MENGIARDI 156f und LIVER, Art. 731 N. 104.

3 Art. 662 ist ausnahmsweise analoger Anwendung fähig auf Tatbestände, in denen der Ersitzungsprätendent im Grundbuch eingetragen ist: hinten N. 9.

II. ANWENDUNGSFÄLLE

Die ausserordentliche Ersitzung ist in folgenden vier Fällen möglich:

1. Das Grundstück ist nicht in das Grundbuch aufgenommen,

sei es, dass die Aufnahme bei der Anlegung des Grundbuches (vgl. Art. 950 und SchlT Art. 38ff) versehentlich unterlassen worden ist, sei es, dass das Grundstück damals als öffentliche oder herrenlose Sache dem Buchungszwang nicht unterworfen war (vgl. Art. 944 I) und in der Folge einem Privaten überlassen worden ist, ohne dass es in das Grundbuch aufgenommen und der Eigentümer eingetragen wurde. Möglich ist auch, dass es sich um neu gebildetes Land im Sinne des Art. 659 handelt, das, von dem hierauf Berechtigten (Staat, Anstösser, Gemeinde) ignoriert, von einem andern in Besitz genommen worden ist. Grundstücke, die dem Buchungszwang nicht unterliegen, sind dagegen nicht ersitzungsfähig (vgl. über die öffentlichen Liegenschaften Art. 664 N. 145 und über Grundstücke, die nicht auf Schweizer Boden liegen BGE *56* II 180). 4

Bei einem auf mehrere Grundbuchkreise sich ausdehnenden Grundstück bedeutet das Fehlen eines Blattes im Grundbuch des Kreises, wo der kleinere Teil des Grundstückes liegt, nur eine Ordnungswidrigkeit (s. ZGB 952); es handelt sich dabei nicht um ein der Ersitzung fähiges «nicht im Grundbuch aufgenommenes» Grundstück (vgl. BGE *80* II 383). 5

2. Der Eigentümer ist aus dem Grundbuch nicht ersichtlich

Das Grundstück ist zwar in das Grundbuch aufgenommen, aber der Eigentümer ist daraus nicht ersichtlich, indem die Bezeichnung des Eigentümers so ungenau ist, dass dessen Identität nicht bestimmt werden kann. Oder der Name des bisherigen Eigentümers ist gestrichen worden, wobei es unterlassen wurde, den neuen Eigentümer einzutragen (vgl. StenBull l.c.). Kann alsdann die Eintragung des letztern oder seiner Erben mit den gewöhnlichen Mitteln, die das Gesetz gewährt, nicht mehr erwirkt werden, so kann nur noch die Ersitzung zum Eigentumserwerb verhelfen. Ist dagegen der Eigentümer aus dem Grundbuch nicht ersichtlich, weil der bisherige Eigentümer auf sein Eigentum verzichtet hat (Dereliktion, Art. 666 I), so bedarf es zum Eigentumserwerb nicht der Ersitzung, sondern es genügt die blosse Aneignung (Okkupation, Art. 658 I und 656 II). 6

3. Der eingetragene Eigentümer ist tot oder als verschollen erklärt

7 Der Wortlaut von Art. 662 II geht diesbezüglich allerdings zu weit und bedarf von der ratio legis her einschränkender Interpretation: «Die Anwendung des Art. 662 II rechtfertigt sich nur dann, wenn der verstorbene Eigentümer keine Erben hinterlassen hat oder wenn diese ebenfalls nicht bekannt waren und wenn keine amtliche Liquidation im Sinne des Art. 573 ZGB stattgefunden hat, oder wenn in dieser Liquidation das Grundstück übersehen worden ist.» (MENGIARDI 156.)

8 Dem Tode des eingetragenen Eigentümers steht die Auflösung einer juristischen Person sowie einer Kollektiv- oder Kommanditgesellschaft gleich, soweit ein Grundstück nicht in die Liquidation einbezogen wurde (nicht aber, sofern lediglich der grundbuchrechtliche Vollzug der erfolgten Liquidation unterlassen wurde) bzw. weder das Gemeinwesen noch eine andere juristische Person das Eigentum angetreten hat.

4. Der Ersitzungsprätendent ist im Grundbuch eingetragen

9 Ausnahmsweise ist eine ausserordentliche Ersitzung selbst dann als zulässig zu betrachten, wenn das Grundstück gebucht und der Ersitzungsprätendent im Grundbuch (bzw. in einem Ersatzregister) eingetragen ist: Nämlich dann, wenn die Voraussetzungen für eine Umwandlung einer Tabular- in eine Extratabularersitzung gegeben sind (vgl. Art. 661 N. 31 und N. 35). Dieser Anwendungsfall ist – im Gegensatz zu den drei andern – im Gesetz nicht ausdrücklich vorgesehen. Die analoge Anwendung von Art. 662 auf diesen Tatbestand drängt sich aber (entgegen BGE *82* II 394 ff und PFISTER 58 f) auf, weil sonst bei gleichliegender Interessenlage verschiedenes Recht bestehen würde. Es wäre z. B. nicht gerechtfertigt, einen bösgläubigen Ersitzungsprätendenten nur deswegen nicht ersitzen zu lassen, weil er im Grundbuch eingetragen ist (vgl. MUTZNER, Art. 19 N. 13 und 14; HAAB, Art. 661/63 N. 19; GUHL, ZBJV *65* 249 f; JENNY, SJZ *39* 190 f; LIVER, Art. 731 N. 161; derselbe ZBJV *94* 27 f; MENGIARDI 100 ff [dieser letzterwähnte allerdings mit einer Einschränkung]).

III. VORAUSSETZUNGEN DER ERSITZUNG

1. Gegenstand der Ersitzung

Wie im Text von Art. 661 wird auch in demjenigen von Art. 662 von Grundstücken gesprochen. Wie dort ist diese Bezeichnung auch hier einerseits zu eng, andererseits zu weit. Zu weit deswegen, weil nicht alles, was unter den Begriff des Grundstückes gemäss ZGB 655 fällt, auf dem Wege der ausserordentlichen Ersitzung erworben werden kann: So Bergwerke, Wasserrechte, öffentliche Grundstücke. Zu eng darum, weil neben den Liegenschaften und den selbständigen und dauernden Rechten auch Miteigentumsanteile an Grundstücken (nicht aber Anteilrechte von Gesamteigentümern) Objekt der Ersitzung sein können (die Ausführungen in N. 7 ff zu Art. 661 sind entsprechend auch für die Extratabularersitzung massgebend). 10

Darüber, dass sich Art. 662 grundsätzlich nur bezieht auf Grundstücke, über welche das Grundbuch keine oder keine vernünftige Angabe darüber enthält, wer Eigentümer ist, vorstehend N. 4–8 (betr. Ausnahmen N. 9). 11

2. Ersitzungsbesitz

Der Ersitzungsprätendent muss das Grundstück als sein Eigentum besitzen (Abs. I); auch hier muss es sich also um Eigenbesitz handeln (ZGB 920 II). Der Ersitzende muss den Nachweis erbringen, dass er Besitzer ist (die Vermutung von ZGB 937 kann er sich schon deswegen nicht zunutze machen, weil er gar nicht eingetragen ist), nicht aber, dass ihm der Eigenbesitz zustehe (denn vom Besitzer wird vermutet, er sei Eigenbesitzer, ZGB 930 I; a. M. BlZR 57 N. 43). 12

Auf den Erwerb des Eigenbesitzes finden die Vorschriften über Rechtsgeschäfte Anwendung. Handlungsunfähige können daher allein und für sich nicht ersitzen (s. Art. 661 N. 6). 13

Der gewaltsam oder heimlich ausgeübte oder prekaristisch gestattete Besitz ist untauglich zur Ersitzung (Art. 661 N. 18). 14

3. Dreissigjähriger ununterbrochener und unangefochtener Besitz

Die Ersitzungsfrist beginnt frühestens im Zeitpunkt des Erwerbs des Eigenbesitzes, in den unter N. 7 erwähnten Fällen aber nicht vor dem Tage 15 des Todes (ZGB 32, 34) oder der Verschollenerklärung (ZGB 35ff); der Besitz, der schon vorher bestanden hat, kommt also bei der Berechnung der dreissigjährigen Frist nicht in Betracht (BlZR 57 Nr. 43).

16 Die Möglichkeit des Fristbeginnes ist unabhängig von der Einführung des Grundbuches. Seit Inkrafttreten des ZGB konnte sie überall zu laufen beginnen (BGE *56* II 182). Auch die vor dem 1. Januar 1912 verstrichene Ersitzungsdauer kann u. U. angerechnet werden (hinten N. 28f).

17 Bezüglich der Unangefochtenheit des Besitzes und seiner ununterbrochenen Dauer gelten die Bemerkungen zu Art. 661 (N. 19ff). Was Fristberechnung, Unterbrechung und Stillstand anbelangt, sind nach ZGB 663 (s. dort) auch hier die Bestimmungen über die Forderungsverjährung heranzuziehen.

18 Guter Glaube des Besitzenden ist nicht erforderlich (anders noch VE 665); ebensowenig das Vorliegen eines Erwerbsgrundes.

IV. AMTLICHE AUSKÜNDUNG

19 Nach Ablauf der Ersitzungsfrist wird der Ersitzende ipso iure Eigentümer (anders BGE *76* I 183 und ZBGR *41* 104f; dazu N. 22ff). Er muss indessen (damit er im Grundbuch eingetragen werden kann) beim Richter der gelegenen Sache die Anordnung eines Aufgebotsverfahrens verlangen. Die zur Begründung des Antrages erforderlichen Tatsachen sind vor der Einleitung des Verfahrens glaubhaft zu machen (ZGBR *17* 10; *21* 25ff). Das gilt namentlich für das Erfordernis des dreissigjährigen ununterbrochenen und unangefochtenen Besitzes. Den Nachweis, dass das Grundstück nicht gebucht ist (vorn N. 4), erbringt er durch Bescheinigung des Grundbuchamtes, denjenigen, dass der Eigentümer aus dem Grundbuch nicht ersichtlich ist (vorn N. 6), durch beglaubigten Grundbuchauszug, und den, dass der Eigentümer tot oder verschollen war (vorn N. 7), durch Auszüge aus Grundbuch und Todesregister.

20 Die Bekanntmachung durch den Richter hat im kantonalen Amtsblatt oder, wo ein solches nicht besteht, in dem mit den amtlichen Auskündungen betrauten Organ zu erfolgen, und zwar zweckmässigerweise mehrmals (Memorial vom 24. Juli 1908 § 14, in BBl *1908* IV 414; ZBGR *17* 4; vgl. auch die EG zum ZGB: Bern 15, Uri 28, Schwyz 34, Zug 22, Glarus 26, Baselstadt 156, Baselland 24, Freiburg 205, Appenzell I.-Rh. 25, Appenzell A.-Rh. 23, St. Gallen 42, Graubünden 33, Tessin 28, Wallis 54, Neuenburg 18, Genf 18). Die amtliche Auskündung enthält die Aufforderung, binnen bestimmter

Frist Einsprache zu erheben. Einem eventuellen Ansprecher setzt der Richter Frist zur Anhebung der Eigentumsklage vor dem ordentlichen Gericht (ZBGR *17* 10; *21* 26). Erhebt dieser die Klage nicht innert der angesetzten Frist, oder ist sie abgewiesen worden, oder wurde überhaupt kein Einspruch angemeldet, so verfügt der Richter die Eintragung des Ersitzenden als Eigentümer im Grundbuch. Eventuelle Mängel am Ersitzungstatbestand werden durch das Unterlassen oder den Rückzug einer Einsprache geheilt (vgl. Liver, Art. 731 N. 102). Der Erlass einer richterlichen Verfügung muss ausdrücklich vom Ersitzungsprätendenten verlangt worden sein, sei es schon zusammen mit dem Gesuch um Auskündung, sei es erst nach ergebnisloser Durchführung des Aufgebotsverfahrens (Jenny, SJZ *39* 179f).

Darüber, dass das Auskündungsverfahren (als bloss formelle Voraussetzung des Rechtserwerbs durch Ersitzung) ausnahmsweise überflüssig ist, weil der damit angestrebte Zweck (dem Besserberechtigten zu ermöglichen, durch den Richter das Fehlen der Ersitzungsvoraussetzungen feststellen zu lassen) schon anderswie erfüllt worden ist, Liver, ZBJV *94* 28 mit zutreffender Kritik an BGE *82* II 394ff. 21

V. WIRKUNGEN DER ERSITZUNG

Der Eigentumserwerb vollzieht sich von Gesetzes wegen, sobald sämtliche materiellen Voraussetzungen für die ausserordentliche Ersitzung erfüllt sind. Selbst der frühere Berechtigte kann den nach Ablauf der Ersitzungsfrist eingetretenen Eigentumserwerb im Prozess über seinen im Auskündungsverfahren erhobenen Einspruch nicht mehr rückgängig machen. Die Verfügung des Aufgebotsrichters (mit der Feststellung, ein Einspruch sei nicht erhoben oder zurückgezogen worden), das eventuelle Urteil des Prozessrichters (mit der Feststellung, ein erfolgter Einspruch sei abgewiesen worden) und die auf jene Verfügung oder dieses Urteil sich stützende Eintragung im Grundbuch haben lediglich deklaratorische Bedeutung (zutreffend Liver, Art. 731 N. 95ff mit weiteren Hinweisen). 22

Demgegenüber hat Leemann in der Vorauflage (Art. 662 N. 19ff) in Anlehnung an VE 665 («... so kann er verlangen, dass ihm das Eigentum aus Ersitzung gerichtlich zugesprochen werde, auch wenn er sich auf keinen Erwerbsgrund zu berufen vermag»; vgl. dazu Erl II 83f und ProtExpK III 39, 41) und in Übereinstimmung mit der früher herrschenden Lehre (Wieland, Art. 662 N. 3; Gloor 113) den Standpunkt vertreten, der Eigentumserwerb erfolge durch richterliches Adjukationsurteil. Diese Ansicht ist mit der geltenden Ordnung deswegen nicht vereinbar, weil ja (leider) nicht notwendigerweise ein richterliches Urteil für die Eintragung vorausgesetzt wird, sondern 23 eine Verfügung des Aufgebotsrichters ausreicht, die nicht Gewähr dafür bietet, dass der Ersitzungstatbestand sich tatsächlich verwirklicht hat (vorn N. 20).

24 Entgegen der ausnahmslos den aussergrundbuchlichen Eigentumserwerb lehrenden Doktrin misst das Bundesgericht erst der Eintragung im Grundbuch konstitutive Wirkung bei: Der Eigentumserwerb vollziehe sich nach der Regel von ZGB 656 I durch Eintrag des Ersitzungsprätendenten im Grundbuch (BGE *76* I 184f). Die bundesgerichtliche Auffassung basiert auf der irrigen Vorstellung, die Aufzählung der Tatbestände des ausserbuchlichen Rechtserwerbs in Abs. II von Art. 656 sei limitativ (dazu Art. 656 N. 3); aus dem Fehlen der ausdrücklichen Erwähnung der ausserordentlichen Ersitzung schliesst das BGer auf die Massgeblichkeit des absoluten Eintragungsprinzips.

25 Die Prüfung des Grundbuchverwalters beschränkt sich auf die Frage nach der Zuständigkeit des verfügenden Richters. Doch ist er darüber hinaus berechtigt, auch die Ordnungsmässigkeit des Aufgebotsverfahrens zu untersuchen, soweit dies auf Grund der richterlichen Verfügung möglich ist, und z. B. die Anmeldung zur Eintragung dann abzuweisen, wenn sich ergibt, dass die vorgeschriebene Auskündung nicht stattfand (vgl. SJZ *12* 203 Nr. 46).

VI. RECHTSSTELLUNG DES BESITZERS VOR ERWERB DES EIGENTUMS

26 Der Besitzer geniesst (sofern er sich nicht auf einen aussergrundbuchlichen Eigentumserwerbsgrund im Sinne von ZGB 656 II zu berufen vermag) nur den possessorischen Schutz der Art. 926–929 (vgl. ZGB 937 II). Seine Verantwortlichkeit gegenüber dem Eigentümer für den Fall, dass er diesem das Grundstück herausgeben muss, bestimmt sich nach den allgemeinen Regeln der Art. 938–940.

VII. INTERTEMPORALES RECHT

1. Anerkennung einer unter altem Recht vollendeten Ersitzung unter neuem Recht und Massgeblichkeit von ZGB 662 seit 1912

27 Für die ausserordentliche Ersitzung gelten diesbezüglich die gleichen Grundsätze wie für die ordentliche Ersitzung: vgl. Art. 661 N. 33 und N. 34.

2. Fortsetzung einer vor 1912 begonnenen Grundstücksersitzung nach Inkrafttreten des ZGB

Kannte das bisherige kantonale Recht eine entsprechende Extratabularersitzung, so findet bei der Berechnung der Ersitzungsfrist eine verhältnismässige Anrechnung statt (SchlT 19 I; Art. 661 N. 35). Eine bisherige Tabularersitzung kann nach 1912 u. U. als Extratabularersitzung fortgesetzt werden (vgl. Art. 661 N. 35 a. E.). 28

3. Beginn der Ersitzung auf Grund eines altrechtlichen Erwerbstatbestandes mit dem Inkrafttreten des ZGB

Bestanden die Voraussetzungen von ZGB 662 schon vor 1912, ohne dass dieser Zustand vom bisherigen Recht als Ersitzungstatbestand angesehen worden wäre, so beginnt die Ersitzungsfrist mit dem 1. Januar 1912 (SJZ *18* 329f Nr. 71; ZBGR *4* 209f; Mutzner, SchlT 19 N. 14). 29

Art. 663

Für die Berechnung der Fristen, die Unterbrechung und den Stillstand der Ersitzung finden die Vorschriften über die Verjährung von Forderungen entsprechende Anwendung. *c)* Fristen

c) Délais

Les règles admises pour la prescription des créances s'appliquent à la computation des délais, à l'interruption et à la suspension de la prescription acquisitive.

c) Termini

Per il computo dei termini, per l'interruzione e la sospensione della prescrizione acquisitiva valgono le norme circa la prescrizione dei crediti.

Materialien: VE 666; E 657; Erl II 83.

Literatur

S. die Angaben zu Art. 661 (vorn S. 118f).

Rechtsvergleichung

Neben den Bemerkungen zu Art. 661 (vorn S. 119) nachstehend N. 1.

Übersicht

I. ALLGEMEINES

1 Die nahe Verwandtschaft zwischen dem Institut der Ersitzung und demjenigen der Verjährung kommt in andern Rechtsordnungen schon rein äusserlich zum Ausdruck. So beispielsweise im französischen Recht nicht nur in terminologischer Hinsicht (indem dort der Ersitzung als «prescription acquisitive» die Verjährung als «prescription extinctive» an die Seite gestellt wird), sondern auch gesetzestechnisch (insofern, als beide im gleichen Titel geregelt und zum Teil gemeinsamen Regeln unterstellt werden; CCfr 2219 bis 2281). So in etwas anderer Form auch der österreichische Gesetzgeber, wenn er in ABGB 1478 erklärt, dass jede Ersitzung eine Verjährung in sich begreife. In die gleiche Linie gehört es nun, wenn das ZGB, das im übrigen zwischen den beiden Instituten klar unterscheidet, für die Regelung des Fristenlaufes übereinstimmende Vorschriften festlegt. Es tut dies nicht durch Aufstellen gemeinsamer Bestimmungen, sondern durch die vorliegende Verweisungsnorm, wonach auf die Ersitzung bestimmte Verjährungsregeln anwendbar sind.

2 Wie in Art. 663 ausdrücklich hervorgehoben wird, handelt es sich dabei um eine «entsprechende Anwendung». Das Verjährungsrecht darf nicht blindlings auf die Ersitzung übertragen, sondern immer nur mutatis mutandis herangezogen werden. Dabei ist besonders auch zu beachten, dass es sich bei der Forderungsverjährung um ein Verhältnis zwischen zwei durch ein Schuldverhältnis miteinander verknüpften Personen handelt, währenddem bei der Ersitzung nicht nur die Beziehungen zwischen dem alten Berechtigten und dem Ersitzungsprätendenten, sondern – weil es sich um ein absolutes Recht handelt – auch die Interessen der Allgemeinheit zu berücksichtigen sind.

3 Zudem bezieht sich die Aufforderung zu analoger Anwendung nicht auf die Art. 127–142 OR schlechthin, sondern nur auf diejenigen darunter, welche die Berechnung der Fristen (N. 5), den Stillstand (N. 6ff) und die

Unterbrechung (N. 10 ff) betreffen. Darüber hinaus ist aber wie für die Verjährung so auch für die Ersitzung ZGB 2 massgebend und die diesbezügliche Rechtsprechung über die Verjährung auch im Bereiche des Ersitzungsrechts zu beachten (N. 14).

De lege ferenda muss man sich fragen, ob der Gesetzgeber mit der Ver- 4
weisung auf die Unterbrechungsgründe des Verjährungsrechts (N. 10 ff) nicht zu weit ging. Es genügt doch wohl das Erfordernis der Unangefochtenheit des Besitzes (Art. 661 N. 19 ff, 662 N. 15 ff); die zusätzliche Anerkennung von Unterbrechungsgründen ist mit Liver (Vortrag 12 f) als sachlich nicht gerechtfertigt zu bezeichnen.

II. BERECHNUNG DER FRISTEN

Auch für das Ersitzungsrecht ist insbesondere OR 132 I massgebend: 5
Der Tag, von dem an die Ersitzung läuft, ist nicht mitzurechnen und die Ersitzung erst dann als beendigt zu betrachten, wenn der letzte Tag unbenützt verstrichen ist. Von den Fristberechnungen bei der Vertragserfüllung (OR 77 ff), auf die OR 132 II verweist, sind bei der Ersitzung zu beachten: OR 77 Ziff. 3 und OR 78 I.

III. STILLSTAND DER ERSITZUNGSFRIST

Die begonnene Ersitzung steht still oder kann gar nicht beginnen, wenn 6
zwischen dem alten Eigentümer und dem Ersitzungsprätendenten eines der in OR 134 abschliessend aufgezählten persönlichen Verhältnisse vorliegt:

Eltern-Kindes-Verhältnis während der Dauer der elterlichen Gewalt (Ziff. 1),
Vormundschaftsverhältnis (Ziff. 2),
Ehe (Ziff. 3),
Verhältnis zwischen Dienstbote und Dienstherr (Ziff. 4).

Ausgeschlossen ist die Berufung auf OR 134 Ziff. 5, eine Bestimmung, die 7
sich ihrer Natur nach nur auf die Forderungsverjährung beziehen kann.

Kaum aktuell werden dürfte die im Sinne der herrschenden Ansicht inter- 8
pretierte Ziffer 6 (Stillstand infolge Unmöglichkeit, den Anspruch vor einem schweizerischen Gerichte geltend machen zu können), da der schweizerische

Gerichtsstand für die Grundbuchberichtigungsklage oder die Eigentumsklage bezüglich eines in der Schweiz gelegenen Grundstückes stets gegeben sein dürfte. Wird ihr aber mit SPIRO (Festgabe Lewald, Basel 1953, 585ff, insbesondere 601) ein erweiterter Anwendungsbereich eingeräumt, ist sie auch im Ersitzungsrecht von Bedeutung. Es kommt ihr dann ein Teil der Aufgabe zu, die sonst ZGB 2 in diesem Zusammenhang erfüllt (hinten N. 14).

9 Nach Wegfall des Stillstandsgrundes kann die Ersitzung beginnen oder eine schon begonnene Ersitzung – unter Anrechnung der vor Eintritt des Hemmungsgrundes aufgelaufenen Zeit – fortgesetzt werden.

IV. UNTERBRECHUNG DER ERSITZUNGSFRIST

10 Durch Eintritt eines Unterbrechungsgrundes wird die vorher verstrichene Ersitzungsfrist vernichtet. Sie wird – wenn überhaupt nach Hinfall der Unterbrechung nochmals eine Ersitzung beginnen kann (wozu sämtliche Voraussetzungen, namentlich auch der gute Glaube, wieder vorliegen müssen) – nicht mehr angerechnet; der Fristenlauf beginnt dann von neuem (OR 137 I).

Unterbrechungsgründe sind:

11 – der Hinfall einer Voraussetzung der Ersitzung (mala fides superveniens, Verlust des Eigenbesitzes, Hinfall des Grundbucheintrages usw.; über die Möglichkeit der Umwandlung der Tabular- in eine Extratabularersitzung bei Wegfall des guten Glaubens vgl. Art. 661 N. 31);

12 – die Anerkennung des Eigentums des wahren Eigentümers durch den Ersitzungsprätendenten (in Analogie zu OR 135 Ziff. 1),

13 – die Klage oder Einrede vor einem Gerichte oder Schiedsgerichte sowie die Ladung zu einem amtlichen Sühneversuch (OR 135 Ziff. 2; dazu auch OR 138). Als Unterbrechungsgrund i. S. von OR 135 Ziff. 2 wirkt bei der ordentlichen Ersitzung insbesondere auch die Herbeiführung einer vorläufigen Eintragung durch den Ansprecher nach ZGB 961 Ziff. 1. Die Anwendbarkeit von OR 139 über die Gewährung einer Nachfrist im Falle der Rückweisung der Klage aus den dort aufgezählten Gründen, falls die Ersitzungsfrist unterdessen abgelaufen ist, ist zu bejahen (JENNY, SJZ *39* 177f). Die Unterbrechung wirkt übrigens insofern stets nur relativ, als sie nur dem Ansprecher zugute kommt. Hat also ein Nichtberechtigter die Eigentumsklage erhoben, so unterbricht dies die Ersitzung nicht zugunsten des wahren Eigentümers, der während der Ersitzungszeit untätig blieb (DERNBURG, Pandekten I § 221; CROME III 351f).

V. VERBOT RECHTSMISSBRÄUCHLICHER BERUFUNG AUF DIE ERSITZUNG

Einer gegen ZGB 2 verstossenden Berufung auf die Verjährung wird von der Gerichtspraxis der Schutz versagt (BGE *42* II 682f; *69* II 103f; *71* II 222f; *76* II 117). Auch von der Doktrin wird einhellig der Standpunkt vertreten, die Verjährung dürfe vom Richter nur beachtet werden, wenn ihre Geltendmachung sich nicht als Missbrauch eines Rechts im Sinne des Art. 2 ZGB darstelle (von Tuhr/Siegwart II 674; Guhl, OR 232; Becker, Art. 141 N. 6; Oser/Schönenberger, Art. 142 N. 3; Secrétan Roger, La règle «nemo auditur propriam turpitudinem allegans» en droit suisse [Montpellier 1952] 11). Die hier von Lehre und Rechtsprechung herausgearbeiteten Kriterien für das Vorliegen eines offenbaren Rechtsmissbrauches sind per analogiam auch bei der Ersitzung zu beachten. Hat es z. B. der Ersitzungsprätendent dem wahren Eigentümer während der Ersitzungszeit durch unlautere Machenschaften unmöglich gemacht, seine Rechte zu wahren, so soll er sich nicht auf den Ablauf der Ersitzungsfrist berufen können. 14

Art. 664

6. Herrenlose und öffentliche Sachen

Die herrenlosen und die öffentlichen Sachen stehen unter der Hoheit des Staates, in dessen Gebiet sie sich befinden.

An den öffentlichen Gewässern, sowie an dem der Kultur nicht fähigen Lande, wie Felsen und Schutthalden, Firnen und Gletschern, und den daraus entspringenden Quellen besteht unter Vorbehalt anderweitigen Nachweises kein Privateigentum.

Das kantonale Recht stellt über die Aneignung des herrenlosen Landes, die Ausbeutung und den Gemeingebrauch der öffentlichen Sachen, wie der Strassen und Plätze, Gewässer und Flussbetten, die erforderlichen Bestimmungen auf.

6. Choses sans maître et biens du domaine public

Les choses sans maître et les biens du domaine public sont soumis à la haute police de l'Etat sur le territoire duquel ils se trouvent.

6. Cose senza padrone e cose di dominio pubblico

Le cose senza padrone e quelle di dominio pubblico sono soggette alla sovranità dello stato nel cui territorio si trovano.

Sauf preuve contraire, les eaux publiques, de même que les régions impropres à la culture, rochers, éboulis, névés, glaciers et les sources en jaillissant, ne rentrent pas dans le domaine privé.

La législation cantonale règle l'occupation des choses sans maître, ainsi que l'exploitation et le commun usage des biens du domaine public, tels que routes, places, cours d'eau et lits de rivières.

Non sono soggetti alla proprietà privata, salvo la prova del contrario, le acque pubbliche, i terreni non coltivabili, come le rupi, le franate, i ghiacciai, i nevati e le sorgenti che ne scaturiscono.

Il diritto cantonale emana le necessarie disposizioni circa l'occupazione delle terre senza padrone ed il godimento e l'uso delle cose di dominio pubblico, come le strade, le piazze, i corsi d'acqua ed il letto dei fiumi.

Materialien: Aus der für die Interpretation von Art. 664 teilweise aufschlussreichen Entstehungsgeschichte ist hervorzuheben: Nach den Entwürfen von 1900 (VE 917 bis 960) und 1904 (E 911–956) sollten die Rechte an herrenlosen und öffentlichen Sachen, insbesondere das Wasserrecht und das Bergrecht, eine eingehende Regelung erfahren. Im Hinblick aber auf die im Zeitpunkt der parlamentarischen Beratung (im Sommer 1906) auf den Plan getretene und in der Folge (am 25. Oktober 1908) angenommene Volksinitiative, wodurch dem Bunde die Kompetenz zur Grundsatzgesetzgebung betreffend die Nutzbarmachung der Wasserkräfte übertragen wurde (BV Art. 24 bis; vgl. PFLEGHART, SJZ *5* 109ff; GEISER/ABBÜHL/BÜHLMANN 14ff; SALIS/BURKHARDT III 404ff), wurden jene Bestimmungen gestrichen und auf den geltenden Art. 664 reduziert (StenBullNR *16* 1008ff). Darüber hinaus sind allerdings noch weitere wasserrechtliche Normen im ZGB und in anderen eidgenössischen Erlassen enthalten (vgl. Übersicht vorn S. 8f N. 27ff). Demgegenüber ist das Bergrecht nicht in gleichem Masse der kantonalen Gesetzgebung entzogen worden; siehe immerhin die Art. 655 (bes. N. 54ff) und 943.

Literatur

a) Zum Recht der öffentlichen Sachen im allgemeinen

AMBERG R., Lässt die Regelung des ZGB die Aufstellung eines besonderen Begriffes des öffentlichen Eigentums zu? ZSR *39* 421ff; derselbe, Der Basler Schanzenstreit, ZSGV *19* 1ff, 21ff, 29ff; BRAUNSCHWEILER HANS, Eingriffe in die freie Benutzung des Grundeigentums durch zwingendes kantonales Recht (Diss Zürich 1942); DE BUREN R., La notion de domaine public en droit vaudois (Diss Lausanne 1951); DESBIOLLES ROGER, Rechtsfragen um den Gemeingebrauch, ZSGV *54* 153ff, 185ff; DOSCH L.V., Die Rechtsbeziehungen zu den öffentlichen Sachen in Graubünden (Diss Fribourg 1949); FLEINER FRITZ, Institutionen 351ff; derselbe, Über die Umbildung zivilrechtlicher Institute durch das öffentliche Recht (Tübingen 1906); FLEINER/GIACOMETTI, Schweizerisches Bundesstaatsrecht (Zürich 1949); GERSBACH FRITZ, Die öffentlichen Sachen des Kantons Aargau (Diss Basel 1937; in Maschinenschrift); GIACOMETTI ZACCARIA, Über die Grenzziehung zwischen Zivilrechts- und Verwaltungsrechtsinstituten in der Judikatur des schweizerischen Bundesgerichts (Tübingen 1924); derselbe, Das Staatsrecht der Kantone (Zürich 1941); derselbe, Allgemeine Lehren des rechtsstaatlichen Verwaltungsrechts, Bd. I (Zürich 1960); GREUTER ROBERT, Das Recht der öffentlichen Sachen im Kanton Zürich (Diss Zürich 1919); GUISAN FRANÇOIS, Le domaine public et le droit de voisinage, JT 1936 290ff; GYGI FRITZ, Verwaltungsrecht und Privatrecht, ASR n. F.

Heft 317 (Bern 1956); HOMBERGER/MARTI, SJK Nr. 320 (Genf 1942); HUBER, SPR III 11ff und 624ff; HUBER HANS RUDOLF, Verwaltungsrechtliche Auflagen und Bedingungen und ihr Zusammenhang mit dem Hauptinhalt von günstigen Verwaltungsakten, unter besonderer Berücksichtigung der schweizerischen Verwaltungspraxis (Diss Zürich 1955); IMBODEN MAX, Das Gesetz als Garantie rechtsstaatlicher Verwaltung (Basel 1954); derselbe, Der verwaltungsrechtliche Vertrag (Basel 1958; dasselbe auch in ZSR *77* 1aff); derselbe, Der Beitrag des Bundesgerichts zur Fortbildung des schweizerischen Verwaltungsrechts, ZSR *78* 59ff; derselbe, Schweizerische Verwaltungsrechtsprechung (Basel und Stuttgart 1960); LANZ HEINZ, Die Haftung des Staates als Eigentümer von Werken (Diss Zürich 1958); MEIER A. M., Die öffentlichen Sachen des Kantons Basel-Land (Diss Basel 1936; in Maschinenschrift); MENGIARDI PEIDER, Der Ausschluss der Verjährung im Sachenrecht (Diss Bern 1953) 55ff; MEYER RENÉ, Du droit de l'Etat sur le domaine public et des utilisations privatives de ce domaine par les particuliers (Diss Lausanne 1953); MÜLLER EMIL, Das Eigentum an den öffentlichen Sachen im Schweizer Rechte, ZSR *31* 207ff; MÜLLER J., Veräusserungen von Staats- und Gemeindegut nach eidgenössischem und kantonalem Recht (Diss Fribourg 1926); MUTZNER RAETUS, Bundeszivilrecht und kantonales öffentliches Recht (Diss Zürich 1938); NAPP C., Die öffentlichen Sachen nach baselstädtischem Verwaltungsrecht, ZSR *35* 145ff und 265ff; OFTINGER KARL, Lärmbekämpfung als Aufgabe des Rechts (Zürich 1956); RAMSTEIN KURT, Die Abgrenzung zwischen öffentlichem und privatem Recht im Lichte der bundesgerichtlichen Rechtsprechung (Diss Bern 1959); RUCK ERWIN, Das Eigentum im schweizerischen Verwaltungsrecht, Festgabe für Paul Speiser (Basel 1926) 16ff; derselbe, Schweizerisches Verwaltungsrecht (3. A., Zürich 1951), Bd. I 139ff; SCHÜRMANN LEO, Das solothurnische öffentliche Sachenrecht (Diss Basel 1930; in Maschinenschrift); SCHWARZENBACH HANS RUDOLF, Grundriss des Allgemeinen Verwaltungsrechts (Bern 1957) 103ff; SILLIG JACQUES, Contribution à l'étude du régime juridique des concessions en droit suisse (Diss Lausanne 1946); SINTZEL KURT, Die Sondernutzungsrechte an öffentlichen Sachen im Gemeingebrauch im Kanton Zürich (Diss Zürich 1961); SPAHN MELCHIOR, Die kantonalen Regalrechte nach Art. 31 Abs. 2 der Bundesverfassung (Diss Zürich 1956); STÜDELI RUDOLF, Die Handels- und Gewerbefreiheit auf öffentlichem Grund und Boden (Diss Bern 1951); TINNER RUDOLF, Rechtsbeziehungen zwischen Bund und Kantonen im Eisenbahnwesen (Diss Zürich 1941); WEGMANN KARL, Das Gemeinwesen als Nachbar (ASR n. F. Heft 188, Bern 1941); ZWAHLEN HENRI, Le contrat de droit administratif, ZSR *77* 461aff.

b) Zum Wasserrecht im besonderen

ALTHERR ADOLF E., Die rechtliche Behandlung des Grundwassers unter spezieller Berücksichtigung des zürcherischen Rechts und vergleichender Heranziehung der deutschen Landeswassergesetze (Diss Zürich 1934); BEILICK, Aus der Praxis des zürcherischen Grundwasserrechts, ZSGV *29* 39ff und 73ff; BEZZOLA D., Über Rechtsverhältnisse an öffentlichen Wasserläufen mit spezieller Bezugnahme auf schweizerische Rechtsverhältnisse (Diss Zürich 1898); BLUMENSTEIN ERNST, Die nachträgliche Abänderung erteilter Wasserrechtskonzessionen, MBVR *28* 433ff; derselbe, Die Form der Übertragung von Wasserrechtskonzessionen, MBVR *39* 417ff; derselbe, Zum Begriff des Privatgewässers im Wasserrechtsgesetz, MBVR *45* 321ff; BLASS ROBERT, Quellen- und Brunnenrecht, dargestellt nach dem schweizerischen Zivilgesetzbuch mit Berücksichtigung des bisherigen kantonalen Rechts (Diss Zürich 1910); BONARD JACQUES, Origines et caractères du double régime d'exploitation de la force hydraulique en droit vaudois (Diss Lausanne 1943); BRITSCHGI IGNAZ, Das öffentliche Wasserrecht des Kantons Obwalden (Diss Fribourg 1952); BURCKHARDT WALTER, Bundesgesetz über die Nutzbarmachung der Wasserkräfte, ZSR *36* 311ff; BUSER G., Die ausservertragliche Entschädigungspflicht der Elektrizitätswerke nach eidgenössischem und aargauischem Recht, ZSGV *31* 545ff und 577ff; derselbe, Zur Revision des Grundwasserrechts, Strasse und Verkehr 1945 Nr.16 247ff; derselbe, Die kantonale Gesetzgebung über Grundwasser und Abwasser, ZSGV *48* 521ff und 545ff; derselbe, Der Schutz der Gewässer in den Kantonen Aargau, Basel-Landschaft, Basel-Stadt, Bern und Solothurn (Liestal 1952); CASAL G., Die bündnerische Wasserkraftnutzung (Chur 1950); CATTORI ALFREDO, I diritti acquisiti dal concessionario nelle concessioni idrauliche (Diss Bern 1934); DEDUAL E.E., Das Wasserbauwesen im Verwaltungsrecht des Kantons Graubünden (Diss Bern 1934); DELESSERT CHARLES, Les compétences des autorités fédérales en matière d'utilisation des forces hydrauliques, ZSR *45* 295aff; DESCHENAUX/JÄGGI, Le régime juridique de sources provenant d'eaux souterraines publiques, Hommage du JT à la Société Suisse des Juristes (Lausanne 1958) 21ff; ebenso JT 1959, 98ff; DIETRICH R., Die Prüfung der Pläne für neue Kraftwerke durch den Bund und ihr Verhältnis zur kantonalen Gewässerhoheit (Diss Bern 1951); EGGER WALTER, Die öffentlichen Abgaben der Wasserkraftanlagen (Diss Bern 1923); FÄSSLER ANTON, Das Recht der öffentlichen Gewässer im Kanton Appenzell I.-Rh. (Diss Fribourg 1954); FEHR EMIL, Die rechtliche Behandlung des Grundwassers (Zürich 1916; ebenso in ZSGV *16* 229ff; *17* 1ff, 13ff, 21ff und 29ff); derselbe, Zur Frage des Grundwasserschutzes, ZSGV *19* 53ff und 69ff; derselbe, Grundwasserschutz, ZSGV *20* 149ff; FLÜCKIGER, Zur Abgrenzung der Rechtsverhältnisse zwischen Quelleneigentümer und Konzessionär am Wasserlauf, MBVR *20* 161ff; FRIEDRICH RUDOLF, Verstaatlichung von Elektrizitätswerken mit internationaler Konzession (Diss Zürich 1948); GEISER KARL, Beiträge zur Geschichte des Wasserrechts im Kanton Bern, ZBJV *45* 409ff, 529ff; ZSR *30* 297ff; GEISER/ABBÜHL/BÜHLMANN, Einführung und Kommentar zum Bundesgesetz über die Nutzbarmachung der Wasserkräfte vom 22. Dezember 1916 (Zürich 1921); GERSBACH FRITZ, Die öffentlichen Sachen des Kantons Aargau (Diss Basel 1937; in Maschinenschrift); GMÜR MAX, Gutachten über die Rechtstellung der öffentlichen Gewässer im Kanton Schwyz (Bern 1909); derselbe, Bernisches Quellenrecht, ZBJV *43* 1ff und 57ff; GMÜR RUDOLF, Die Abgrenzung des Fischereiregals von den privaten Fischenzen im Kanton Bern (ASR n. F. Heft 263, Bern 1949) 73ff; GÖSCHKE R., Das Eigentum an den Privatgewässern, ZBJV *79* 241ff; GRAF HANS, Die Erweiterung, Erneuerung und Übertragung von Wasserrechtsverleihungen (Diss Bern 1954); GRESLY WILLY, Über die Grundlagen und die rechtliche Natur der verliehenen Wasserrechte nach dem Bundesgesetz über die Nutzbarmachung der Wasserkräfte (Diss Zürich 1929); GREUTER ROBERT, Das Recht der öffentlichen Sachen im Kanton Zürich (Diss Zürich 1919); GUHL THEO, Die Entwicklung des Wasserrechts in neuester Zeit, Schweizerische Wasserwirtschaft *1* 21ff und 39ff; GUISAN FRANÇOIS, L'eau en droit privé, JT *90* 490ff.; HAAB ROBERT, Das Wasserrecht des ZGB, Zeitschrift für Vermessungswesen 1925; derselbe, Gutachten über den Rechtscharakter der in den Konzessionen für Landanlagen am Zürichsee enthaltenen Bedingungen vom 20. Juli 1931 (nicht veröffentlicht); HAFF KARL, Das Wasserkraftrecht (mit Grundwasserrecht) Deutschlands, der Schweiz und Österreichs, einschliesslich der rechtsgeschichtlichen Grundlagen (Innsbruck 1951); HAMMER FRANZ, Beiträge zum schweiz. Quellen- und Grundwasserrecht (ASR n. F. Heft 196, Bern 1942); HEFTI F., Das Wasserrecht des Kantons Glarus (Diss Bern 1922); v. HETTLINGEN KONRAD, Das Wasserrecht im Kanton Schwyz (Diss Freiburg 1917);

HUBER EUGEN, SPR III 624ff; derselbe, Die Gestaltung des Wasserrechts im zukünftigen schweizerischen Rechte, ZSR *19* 503ff; derselbe, Zur Frage der Rechtsverhältnisse an Quelle und Wasserlauf und des Expropriationsrechtes zugunsten von ausländischen Unternehmungen, ZSR *12* 52ff; HUBER HANS, Der Schutz interkantonaler Gewässer gegen Verunreinigung, Festgabe Ruck (Basel 1952) 31ff; derselbe, Einheit der Rechtsordnung und Einheit der Verwaltung im Bundesstaat; mit Beispielen aus der Kompetenzabgrenzung zwischen Bund und Kantonen auf dem Gebiet des Gewässerschutzes, ZSGV *58* 481–489; derselbe, Die Ableitung interkantonaler Gewässer, ZSGV *55* 487ff; HUBER MAX, Die Wasserrechte nach dem Entwurf des schweizerischen Zivilgesetzbuches (Zürich 1906); HUG J., Bemerkungen zum Quellenrecht des Zivilgesetzbuches, in Schweizerische Wasserwirtschaft *8* 6 ff; HUNGERBÜHLER OTTO, Die Behandlung von Einsprachen Privater gegen Wasserrechtsverleihungen im Kanton Zürich, ZSGV *30* 181ff, 213ff und 229ff; ISLER REINHARD, Die Kompetenzabgrenzung zwischen Bund und Kanton auf dem Gebiete der Wasserkraftnutzung (Diss Zürich 1935); ITEN FRIEDRICH, Die Wasserrechtsverleihung als selbständiges, dauerndes Recht (Diss Fribourg 1924); ITEN W.E., Das Wasserrecht nach dem zugerischen EG/ZGB (Diss Zürich 1914); KAPPELER ALFRED, Der Rechtsbegriff des öffentlichen Wasserlaufs, entwickelt aus den Quellen des römischen Rechts (Diss Zürich 1867); KREIS HENRI, Die Konzessionierung von Wärmepumpanlagen, Sonderdruck aus NZZ 1942 Nrn.1994 und 2000; KURZ HANS F., Kraftnutzung an internationalen Gewässern (Diss Zürich 1933); LARDELLI A., Aktuelle Wasserrechtsfragen (1947); LIVER PETER, Der Prozess des Müllers Arnold und das geltende Wasserrecht, ZBJV *82* 97ff und 145ff; derselbe, Die Nutzung der privaten Gewässer, ZBJV *85* 513ff; derselbe, Die Entwicklung des Wasserrechts in der Schweiz, ZSR *71* 305ff; derselbe, Öffentliches Grundwasserrecht und privates Quellenrecht, ZBJV *89* 1ff; derselbe, Das Recht der Ausnutzung von Naturkräften und Bodenschätzen (Sonderdruck aus der Zeitschrift «Der schweizerische Energie-Konsument», Jhg.1953); derselbe, Die ehehaften Wasserrechte in der Schweiz, Festschrift für Paul Gieseke (Karlsruhe 1958) 225ff; LIVER RICHARD, Das eidgenössische Wasserrecht (Sonderabdruck aus dem Führer durch die schweizerische Wasser- und Energiewirtschaft 1949, Bd.II); LORÉTAN RODOLPHE, La concession de forces de l'eau dans la jurisprudence du Tribunal fédéral, ZSR *59* 65ff; derselbe, Wasserrechtsverleihung nach Bundesrecht, SJK Nr.163 und 163a (Genf 1941/43); MARTI C., La legislazione sulle acque nel Cantone Ticino con speciale riguardo ai diritti acquisiti e al Catasto dei diritti d'acqua (Diss Bern 1948); MAIER G., Das Wasserrecht des Kantons Baselland (Diss Basel 1939; in Maschinenschrift); MEIER EUGEN, Das Recht der Gemeindekanalisation und die Einleitung der Abwasser in die öffentlichen Gewässer nach aargauischem Recht (Diss Fribourg 1948) MEYER BRUNO, Die thurgauischen Wasserrechte, ZSR *59* 154ff; MERZ VIKTOR, Die Befugnis der Bundesbehörden auf dem Gebiet der Nutzbarmachung der Wasserkräfte, ZSR *45* 442ff; MOLO C., Forze idriche ticinesi. Statizzazione, concessione o sistema uniti con riferimento al problema fiscale (1949); MUFF I., Das Wasserrecht im Kanton Luzern (Diss Bern 1909); MÜLLER HANS, Zum schweizerischen Grundwasserrecht, Festschrift Cohn (Zürich 1915) 241ff; MÜLLER MAX ARNOLD, Die rechtliche Regelung des Grundwassers im Kanton Thurgau (Diss Zürich 1953); MÜRI HANS, Das Recht an der Wasserquelle (Diss Bern 1886); MUTZNER PAUL, Das Verfügungsrecht des Gemeinwesens über die Wasserkräfte und die Grenzen der fiskalischen Belastung der Wasserwerke, in Festgabe der rechts- und staatswissenschaftlichen Fakultät der Universität Zürich zum schweizerischen Juristentag (Zürich 1928) 15ff; derselbe, Der zeitliche Geltungsbereich des BG über die Nutzbarmachung der Wasserkräfte, Festgabe Fleiner (Zürich 1937) 115ff; NUSSbaum, Die Rechtsverhältnisse an Quellen und Brunnen und ihre Darstellung im Grundbuch, ZBGR *1* 133ff und 177ff; Oser Charles, Les concessions hydrauliques dans le canton du Valais (Diss Lausanne 1927); Passet Reto A., Das Grundwasserrecht in den Kantonen Basel-Stadt und Basel-Landschaft (Diss Basel 1947; in Maschinenschrift); Pfleghart A., Die Grundlagen des eidgenössischen Wasserrechtsgesetzesentwurfes, ZSR *30* 66ff.; Rickenbach Andreas, Das graubündnerische Vorzugsrecht auf Erwerb von Wasserrechtskonzessionen (Diss Zürich 1951); Rossel J., Des sources immédiatement génératrices d'eaux courantes, ZBJV *54* 249ff; Schirmer A., Die schweizerischen Wasserkräfte als volkswirtschaftliches Gut (Diss Zürich 1921); Schulthess Konrad, Das internationale Wasserrecht (Diss Zürich 1915); Schulthess-Rechberg A.v., Die Expropriation zugunsten von Wasserkraftunternehmungen nach schweizerischem Recht (Diss Zürich 1923); Schürmann Leo, Zum schweizerischen Grundwasserrecht, ZSGV *46* 57ff; Sillig, Le régime des sources dans le CCS, Diss Lausanne 1911; Sillig Jacques, Contribution à l'étude du régime juridique des concessions en droit suisse (Diss Lausanne 1946); Spillmann Walter, Die bundesrechtliche Beschränkung der öffentlichen Abgaben der Wasserkraftwerke (Diss Zürich 1936); Sury-Büssy, Das Recht an der Wasserquelle (Diss Bern 1909); Stucki H., Hoheitsrecht des Staates und Privatrecht bei der Nutzbarmachung der Wasserkraft, ZBJV *43* 11ff und 69ff; Tanner Klaus, Die Erteilung von Wasserrechtskonzessionen an interkantonalen und internationalen Gewässerstrecken (Diss Zürich 1956); Trüeb Hans, Der Staat und die Wasserkraftanlagen in der Schweiz (Diss Zürich 1922); Trüeb Hans, Die Streitigkeiten über Wasserrechtskonzessionen (ASR n. F. Heft 288, Bern 1951); Trümpy Hans, Über die rechtliche Natur der Wasserrechtsverleihung, ZBJV *60* 105ff; derselbe, Das Erlöschen der Wasserrechtskonzession, Sonderabdruck aus «Wasser- und Energiewirtschaft» (1938, Heft 12 und 1939, Hefte 1 und 2); derselbe ,Die Expropriation nach eidgenössischem Wasserrecht, MBVR *18* 145ff; derselbe, Die Stellung des Bewerbers bei Wasserrechtsverleihungen, ZSGV *24* 3ff; *25* 145ff; Waldis, Nachbarrecht 222ff; Wettstein Benno, Rückkauf und Heimfall im schweizerischen Wasserrecht (Diss Zürich 1926); derselbe, Das schweizerische Grundwasserrecht (Zürich 1931); derselbe, Die juristische Seite der Grundwasserfrage, Strasse und Verkehr, 1944 Nr. 4, 67ff; Wick Albert, Das Nutzungsrecht an der Wasserkraft (Diss Basel 1924; in Maschinenschrift); Wieland Otto, Die Wasserrechtsverleihung im Kanton Graubünden (Diss Zürich 1941); Zihlmann Kurt, Die Vorteilsausgleichung unter Wassernutzungsberechtigten im schweizerischen Recht (Diss Bern 1959); Züllig E., Öffentliche Gewässer, Wasserrechtsverzeichnis und Grundbuch, ZBGR *26* 233ff.

c) Zum Strassenrecht im besonderen

Derron Leonhard, Die Kompetenzen von Bund und Kantonen im Strassenwesen (Diss Bern 1934); Egli Rolf, Die Strassenfreiheit (Diss Zürich 1957); Fischler Max, Rechtsbeziehungen zwischen Bund und Kantonen im Strassenwesen (Diss Zürich 1934); Hofstetter Max, Rechtsprobleme des Nationalstrassenbaus, ZSGV *59* 1–15; Huber Hans, Das Flurwegrecht des Kantons Zürich (Diss Zürich 1944); Lanz Heinz, Die Haftung des Staates als Eigentümer von Werken (Diss Zürich 1958); Leyvraz Jacques, Les utilisations normales des voies publiques par les particuliers (Diss Lausanne 1956); Meier Hans, Rechte und Pflichten an öffentlichen Strassen (Diss Fribourg 1942); Naville Gérard, Le régime juridique de la voie publique (Diss Zürich 1936); Ringger Felix, Die Privatstrassen nach ZGB und zürcherischem Recht (Diss Zürich 1959); Schubiger J., Die Erhebung von Zwangsbeiträgen an die Baukosten öffentlicher Strassen (Diss Zürich 1917); WÜTHRICH FRANZ, Die öffentliche Strasse und ihr Gebrauch; unter besonderer Berücksichtigung der Anliegerrechte und der öffentlich-rechtlichen Entschädigung (Diss Basel 1952; in Maschinenschrift); ZÜRCHER RICHARD, Die Wegrechte des schweizerischen Privatrechts (Diss Zürich 1947); ZUMBACH PETER, Rechtsfragen um öffentliche Strassen, ZSGV *61* 33ff, 65ff. *Sonderheft der ZSGV* (*61* 401–471), Rechtsprobleme der Kantone und Gemeinden beim Nationalstrassenbau.

Rechtsvergleichung

Dazu Syst. Teil S.95 N.207 und hinten N.54ff.

Übersicht

I. ALLGEMEINES

1. Zum Inhalt im allgemeinen

1 Mit Art. 664 soll der Anwendungsbereich der das Grundeigentum betreffenden Normen des Sachenrechts abgegrenzt werden. Eine solche Grenzziehung drängt sich hinsichtlich jener Teile der Erdoberfläche auf, die ihrer Natur nach und allgemeiner Auffassung zufolge nicht für die Beherrschung durch Privatrechtssubjekte bestimmt sind, sei es, dass sie sich für eine regelrechte Ausbeutung durch den Einzelnen nicht eignen (so das kulturunfähige Land), sei es, dass eine Beherrschung durch den Einzelnen nicht in Betracht fällt, weil die Allgemeinheit dieser Sachen bedarf (öffentliche Sachen).

2 Die dem Privateigentum und damit der Herrschaft der Privatrechtsordnung entzogenen Sachen werden nicht einer rechtsfreien Sphäre zugeschieden, sondern unterliegen den Vorschriften des öffentlichen Rechts. Art. 664 hat somit die Grenzziehung zwischen den dem Bundesprivatrecht und den dem öffentlichen Recht unterstellten Liegenschaften zum Gegenstand, mithin die Grenzziehung in sachlicher Hinsicht zwischen diesen beiden Rechtskreisen, deren Unterscheidung (trotz der Bestreitung ihrer inneren Berechtigung vor allem durch KELSEN und die sich an ihn anschliessende Schule) für die Erkenntnis des geltenden Rechts von grundlegender Bedeutung ist. Vgl. darüber GIACOMETTI, Verwaltungsrecht I 91 ff; FLEINER, Über die Umbildung zivilrechtlicher Institute durch das öffentliche Recht; GYGI, Verwaltungsrecht und Privatrecht, bes. S. 25 ff, 28 f; RAMSTEIN KURT, Die Abgrenzung zwischen öffentlichem und privatem Recht im Lichte der bundesgerichtlichen Rechtsprechung (Diss Bern 1959).

2. Rechtsnatur der in Art.664 enthaltenen Anordnungen

Während die Gesetzgebungskompetenz auf dem Gebiete des Privatrechts 3 dem Bunde vorbehalten bleibt (BV 64), sind die Befugnisse öffentlichrechtlicher Normsetzung in der Schweiz zwischen Bund und Kantonen geteilt. Diese Befugnisse der Kantone werden in der BV nicht abschliessend umrissen; vielmehr kommen ihnen alle jene Kompetenzen zu, welche die BV nicht dem Bunde zugewiesen hat (vgl. FLEINER/GIACOMETTI, Bundesstaatsrecht 66f). Mithin könnten die Kantone auch ohne die Ermächtigung der Art. 6 und 664 ZGB in dem von der BV gezogenen Rahmen hinsichtlich jener Gegenstände legiferieren, die herkömmlicherweise als dem öffentlichen Recht unterstellt betrachtet werden, wie die herrenlosen und öffentlichen Sachen. Art. 664 I enthält somit nicht einen eigentlichen Vorbehalt zugunsten des kantonalen Rechts und eine Durchbrechung des Kodifikationsprinzips (SchlT 51), sondern lediglich eine Klarstellung darüber, dass die genannte Materie nicht dem Privatrecht, sondern dem öffentlichen Recht angehöre, damit aber auf Grund der bundesstaatlichen Struktur der Schweiz grundsätzlich den Kantonen vorbehalten bleibe.

Doch erschöpft sich die Funktion von ZGB 664 nicht in dieser rein dekla- 4 ratorischen Rolle. Durch Abs. II und III kommt ihm eine weitergehende Bedeutung zu: Abs. II stellt eine Rechtsvermutung zugunsten der Öffentlichkeit der natürlichen Gewässer sowie des der Kultur nicht fähigen Landes auf; wer privates Eigentum oder andere Rechte an ihm beansprucht, ist beweispflichtig. Abs. III weist sodann den Kantonen die Ordnung der Aneignung, der Ausbeutung und des Gemeingebrauchs der öffentlichen und herrenlosen Sachen zu, und zwar nicht bloss als Recht, sondern als Pflicht.

3. Zum Begriff der öffentlichen und der herrenlosen Sachen

a) Der Begriff der öffentlichen Sache stammt aus der Verwaltungsrechts- 5 lehre und muss von ihr aus erfasst und verstanden werden (darüber allgemein: Systematischer Teil S. 54 N. 112). Die in Abs. III gegebenen Beispiele weisen auf die *Sachen im Gemeingebrauch* als öffentliche Sachen im engsten Sinn hin, wobei «Strassen und Plätze» als Hauptbeispiele jener Sachen genannt sind, die durch Widmung des Gemeinwesens der Allgemeinheit zur Verfügung gestellt werden und auf Grund ihrer rechtlichen Zweckbestimmung von jedermann benutzt werden können (zu dieser Gruppe gehören weiterhin Wege, Brücken, Parkanlagen, öffentliche Brunnen), während «Gewässer und Flussbetten» als Beispiele für jene Sachen erwähnt werden, die infolge ihrer natürlichen Beschaffenheit jedermann zugänglich sind (hinten N. 12, 107f, 129).

6 Nicht zu den öffentlichen Sachen im Sinne des Art. 664 gehören die *Sachen des Finanzvermögens.* Da diese ohnehin im Privateigentum des Gemeinwesens stehen, hätte eine zusätzliche Unterstellung unter eine öffentlichrechtliche Hoheit keine praktische Bedeutung. Die gegenteilige Auffassung wäre mit dem Wortlaut von Abs. III unvereinbar, da das Finanzvermögen nicht im Gemeingebrauch steht.

7 Umstritten ist, ob vom Begriff der öffentlichen Sache im Sinn von Art. 664 auch das *Verwaltungsvermögen* erfasst werde, d. h. jene Sachen, die dem Staat zur Erfüllung der ihm obliegenden Aufgaben dienen: Schulhäuser, Verwaltungsgebäude, Museen usw. Bei Abs. III fällt eine Einbeziehung des Verwaltungsvermögens in den Kreis der öffentlichen Sachen tatsächlich ausser Betracht, einmal, weil das Verwaltungsvermögen nicht im Gemeingebrauch steht, dann, weil eine dahingehende Auffassung in der Beispielgebung («Strassen und Plätze, Gewässer und Flussbetten») keinen Anhaltspunkt findet.

8 Nach Haab (Art. 664 N. 8) ist der Begriff der öffentlichen Sache auch in Abs. I in seinem allerengsten Sinn aufzufassen: Er versteht darunter nur diejenigen Sachen im Gemeingebrauch, welche kraft einer besonderen staatlichen Willenserklärung von jedermann frei benutzt werden können. Seiner Ansicht ist weitgehend zugestimmt worden (vgl. z. B. Jäggi, SJZ 55 31; auch in der deutschen Lehre hat es übrigens nicht an den Versuchen gefehlt, den Begriff der öffentlichen Sachen auf die Sachen im Gemeingebrauch zu beschränken: So etwa Otto Mayer, Verwaltungsrecht, Bd. II 394; Regelsberger, Pandekten, Bd. I 416). Indessen ist eine derartige Einschränkung weder mit den Gesetzesmaterialien noch mit dem als grundbuchrechtliche Auswirkung zu betrachtenden Art. 944 (vgl. Wegmann 21 f N. 4) ohne weiteres in Einklang zu bringen. Von diesen Gesichtspunkten her wären vielmehr als öffentliche Sachen gemäss Art. 664 I all diejenigen zu betrachten, welche unmittelbar öffentlichen Zwecken dienen (vgl. Syst. Teil N. 112). Die lediglich auf den ersten Absatz sich beschränkende Streitfrage dürfte jedoch kaum von praktischer Bedeutung sein. Denn Abs. I enthält ja einen unechten Vorbehalt, spricht eine Kompetenzabgrenzung aus, die ohnehin schon rechtens ist (vorn N. 3). So kommt denn Haab (vgl. Art. 664 N. 34) zum gleichen Ergebnis, wie wenn man von der weiteren Auslegung der «öffentlichen Sachen» in Art. 664 I ausgeht: Dass nämlich auch für das Verwaltungsvermögen der Kantone, Bezirke und Gemeinden primär das kantonale Recht massgebend ist.

Wie die Sachen im Gemeingebrauch, so stehen also auch diejenigen des Verwaltungsvermögens (ja diese erst recht) unter der Hoheit des betreffenden Kantons, sodass im praktischen Ergebnis nichts geändert wird, ob man die Erklärung von Abs. I auf das Verwaltungsvermögen bezieht oder nicht.

Im folgenden werden die Gegenstände des Verwaltungsvermögens im allgemeinen ausser Betracht gelassen, da die Hoheit über diese kaum Probleme aufgibt oder diese nach den für die öffentlichen Sachen im Gemeingebrauch geltenden Grundsätzen behandelt werden müssen. Hinsichtlich des Gebrauchs, den Private von Gegenständen des Verwaltungsvermögens machen können, lassen sich einheitliche Gesichtspunkte nicht herausarbeiten; ebensowenig spielt sich der Gebrauch von Gegenständen des Verwaltungsvermögens durch Private in den hinten N.159ff dargestellten Nutzungsformen ab. 9

Wenn das Verwaltungsvermögen im Zusammenhang des Abs. I unter den Begriff der öffentlichen Sache subsumiert werden soll, ist immerhin zu beachten, dass es sich nur um das Verwaltungsvermögen der Kantone und Gemeinden, niemals aber um das Verwaltungsvermögen des Bundes handeln kann, welches in keiner Weise kantonaler Hoheit unterstellt ist. 10

b) Mit dem **Begriff der herrenlosen Sache** wird verschiedenes bezeichnet. 11 Auf jeden Fall besteht an herrenlosen Sachen kein Privateigentum; sie sind, wie die Bezeichnung zum Ausdruck bringt, keiner (privatrechtlichen) Herrschaft unterworfen. In der gebräuchlicheren Verwendung versteht man unter herrenlosen Sachen Dinge, die in niemandes Eigentum stehen, die aber des Privateigentums fähig sind (die sogenannten res nullius des römischen Rechts, vgl. CZYHLARZ/SAN NICOLÒ, Institutionen des römischen Rechts, 19. A., 122). In diesem Sinn spricht das ZGB z.B. in Art. 658 I und 718 von herrenlosen Sachen. Gelegentlich versteht man darunter auch jene Dinge, die gemäss der herrschenden Rechtsordnung des Privateigentums gar nicht fähig sind, wie die Luft, das fliessende Wasser (vgl. Systematischer Teil S. 54f N. 116).

Die herrenlosen Sachen im Sinn des Art. 664 sind weder das eine noch das 12 andere, weder unbeschränkt eigentumsfähig aber eigentumslos, noch eigentumsunfähig. Sie sind von Natur aus zur Öffentlichkeit hingeordnet und unterliegen – wie die öffentlichen Sachen, wenn auch aus einem anderen Grund – dem Gemeingebrauch. Privateigentum besteht an ihnen per definitionem nicht, doch ist die Begründung von Privateigentum nicht völlig ausgeschlossen, wenn auch nur unter Voraussetzungen möglich, die durch die Vermutung zuungunsten des Privateigentums gemäss Abs. II und die Hoheit der Kantone erschwert sind (hinten N. 141ff). Wird an einer solchen Sache Privateigentum begründet, hört sie auf, herrenlos zu sein, und unterliegt nicht weiter der kantonalen Hoheit.

4. Zum gegenseitigen Verhältnis der in Art. 664 enthaltenen Bestimmungen

13 Art. 664 lässt eine systematische Gliederung und einen klaren begrifflichen Aufbau vermissen. Vorab ist zu beachten, dass die in Abs. III den Kantonen übertragene Regelung der Aneignung herrenlosen Landes, der Ausbeutung und des Gemeingebrauchs öffentlicher Sachen nichts anderes ist als der Hauptanwendungsfall der in Abs. I statuierten staatlichen Hoheit. Denn diese staatliche Hoheit schliesst ohne weiteres die Befugnis in sich, zu bestimmen, inwieweit die hoheitsunterworfenen Sachen der Ausbeutung und dem Gemeingebrauch durch Private offenstehen.

14 Die herrenlosen und die öffentlichen Sachen werden herkömmlicherweise im Zusammenhang von Art. 664 nicht gegeneinander abgegrenzt. Die beiden Bereiche unterscheiden sich insofern, als die öffentlichen Sachen durch hoheitliche Widmung der Allgemeinheit zugänglich gemacht sind, während die herrenlosen Sachen im Sinne von Abs. I und III zufolge ihrer natürlichen Beschaffenheit zur Öffentlichkeit hingeordnet sind. Eine Grenzziehung ist insoweit nicht notwendig, als beide Sachkreise der kantonalen Hoheit unterliegen. Dagegen ist der Umstand, ob eine im Gemeingebrauch stehende Sache der Öffentlichkeit auf Grund hoheitlicher Widmung oder zufolge ihrer natürlichen Beschaffenheit zugänglich ist, von grundlegender Bedeutung bei den Fragen, ob eine Sache des Gemeingebrauchs im Privateigentum stehen könne (N. 64f), welches die im Gemeingebrauch enthaltenen Befugnisse seien (N. 176), inwieweit die Kantone den Gemeingebrauch einschränken können (N. 28ff) und zur sachlichen Begrenzung der hoheitsunterworfenen Sachen zuständig seien (N. 146). Um dem in der Verschiedenheit des Rechtsgrundes der Öffentlichkeit und allgemeinen Zugänglichkeit einer Sache liegenden Unterschied Rechnung zu tragen, werden im folgenden als öffentliche jene Sachen bezeichnet, die durch staatliche Tätigkeit für den Gemeingebrauch bereitgestellt und durch Hoheitsakt diesem gewidmet sind (Strassen, Plätze, Brücken, Brunnen usw.), während herrenlos durchweg jene Sachen genannt werden, die zufolge ihrer natürlichen Beschaffenheit der Allgemeinheit zugänglich sind. Zu diesen Sachen gehören auch die öffentlichen Gewässer, obgleich bei diesen als Besonderheit zu beachten ist, dass es den Kantonen überlassen wird, von den Gewässern jene abzugrenzen, die öffentlich sein sollen, diese also die Öffentlichkeit nicht nur ihrer natürlichen Beschaffenheit, sondern auch den kantonalen Rechtsordnungen zu verdanken haben und insofern eine gewisse Ähnlichkeit mit den öffentlichen Sachen aufweisen. Darüber, dass der Begriff der herrenlosen Sache durch Abs. II inhaltlich umrissen wird, vgl. hinten N. 129ff.

II. DIE STAATLICHE HOHEIT ÜBER HERRENLOSE UND ÖFFENTLICHE SACHEN IM ALLGEMEINEN (ABSATZ I)

1. Der Träger der staatlichen Hoheit

Nach dem Wortlaut des Absatzes I kommt die Hoheit über die herrenlosen und öffentlichen Sachen dem Staate zu, in dessen Gebiet sie sich befinden. Da sich das ZGB nur auf Grund und Boden im Bereich des schweizerischen Hoheitsgebietes beziehen kann, die Ausdrucksweise des Absatzes I jedoch die Existenz einer Mehrzahl von «Staaten» innerhalb dieses Hoheitsgebietes voraussetzt, können damit nur die schweizerischen Kantone gemeint sein. Das ZGB folgt hier einer Terminologie, die geschichtlich zu verstehen ist, vor der modernen Staatslehre jedoch nicht standhält (FLEINER/GIACOMETTI, Bundesstaatsrecht 41ff, 48f; MARTIN USTERI, Theorie des Bundesstaates, Zürich 1954). Auch wenn die Kantone keine selbständigen Staaten sind, da ihnen Souveränität abgeht, können sie als von der BV anerkannte innerstaatliche Herrschaftsverbände nichtsdestoweniger Träger staatlicher Hoheit sein. Die Hoheit über eine herrenlose oder öffentliche Sache im Sinn von Art. 664 kommt deshalb jenem Kanton zu, in dessen Gebiet sie liegt. Die Halbkantone sind den Ganzkantonen gleichgestellt (FLEINER/GIACOMETTI a.a.O. 48). 15

Die Kantone brauchen die ihnen übertragene Hoheit nicht selber auszuüben. Sie können diese wiederum an innerkantonale Herrschaftsverbände, an die Gemeinden (allenfalls auch an Bezirke; vgl. z.B. BGE *81* I 86) delegieren. Die Übertragung der Hoheit wird nicht eine generelle sein, sondern nur einzelne Gattungen der herrenlosen und öffentlichen Sachen umfassen. Soweit eine solche Delegation erfolgt ist, zerfällt dann das kantonale Hoheitsgebiet in eine Mehrzahl von Hoheitsgebieten, deren Grenzen mit den Grenzen der Gemeinden (allenfalls der Bezirke) zusammenfallen. Da die Kantone die ihnen vom Bundesrecht vorbehaltene Hoheit aus eigener Machtvollkommenheit delegieren, kann die Zuständigkeit zum Erlass hoheitlicher Akte hinsichtlich einer bestimmten herrenlosen oder öffentlichen Sache nur im Einzelfall auf Grund des öffentlichen Rechts des betreffenden Kantons ermittelt werden. 16

Die Kantone können Hoheit nicht nur an die Gemeinden als von der BV vorausgesetzte öffentlichrechtliche Körperschaften delegieren, sondern auch an andere Körperschaften wie Bürgergemeinden, Kirchgemeinden, Allmendkorporationen usw. Die Hoheit derartiger Körperschaften wird sich allerdings kaum auf herrenlose Sachen erstrecken, sondern sich viel- 17 mehr auf jene öffentliche Sachen beschränken, die der betreffenden Korporation zur Erfüllung ihrer Aufgaben dienen, wie Nutzwaldungen und Nutzland bei Bürgergemeinden, Kirchenliegenschaften bei Kirchgemeinden, Allmendland bei Allmendkorporationen (Beispiel in ZSGV *37* 511ff). Davon zu unterscheiden ist die Möglichkeit, dass diesen öffentlichrechtlichen Körperschaften zur Ausübung der Herrschaft über das Korporationsgut privatrechtliche juristische Personen beigegeben sind, wie Kirchenstiftungen und Kultusvereine, in welchem Fall sowohl diese Rechtssubjekte wie deren Vermögen in allen Teilen dem Privatrecht unterliegen (vgl. ZBGR *16* 54f; *18* 18ff; *21* 21ff).

2. Der Bereich der kantonalen Hoheit

18 Die räumlichen Grenzen des Hoheitsbereichs eines Kantons fallen mit den Kantonsgrenzen zusammen. Einseitige hoheitliche Anordnungen, welche über diese hinausgreifen, sind nicht zulässig. So darf ein Kanton nicht von sich aus in einem Nachbarkanton liegende Grundstücke in ein Entwässerungsunternehmen oder Güterzusammenlegungsverfahren einbeziehen (ZBGR *29* 288).

19 Aus dem Grundsatz der gebietsmässigen Beschränkung der Hoheit ergibt sich auch, dass ein Kanton gegen Beeinträchtigungen herrenloser und öffentlicher Sachen, die durch Private vom Gebiet eines anderen Kantons aus verletzt werden, nicht hoheitlich gegen den Störer vorgehen kann. Der betroffene Kanton muss in diesem Fall den anderen Kanton veranlassen, auf Grund seiner Hoheit zu bewirken, dass die Störung unterbleibe. Durch Private verursachte Beeinträchtigungen herrenloser oder öffentlicher Sachen, welche sich über das Gebiet mehrerer Kantone erstrecken, werden auf Grund der kantonalen Hoheit im interkantonalen Verhältnis demjenigen Kanton zugerechnet, auf dessen Gebiet sie verursacht werden. Derartige Konflikte sind vor allem beim Gewässerschutz denkbar, wo sich kein Kanton darauf berufen kann, dass z.B. eine Verschmutzung nicht von einem Gemeinwesen, sondern von einem Privaten hervorgerufen werde. Über die Frage der Zuständigkeit zum Entscheid interkantonaler Streitigkeiten auf dem Gebiet des Gewässerschutzes vgl. Hans Huber, Festgabe Ruck 31ff.

20 Von besonderer praktischer Bedeutung ist das Zusammentreffen der Hoheit verschiedener Kantone bei der Nutzung von Wasserkräften interkantonaler Gewässerstrecken. Können sich die beteiligten Kantone über eine gemeinsame Konzession nicht einigen, so ist die Erteilung der Konzession dem Bunde vorbehalten (BV 24bis IV; WRG Art. 6), so dass die

kantonale Hoheit für diesen Fall überhaupt aufgehoben ist. Vgl. das Beispiel einer interkantonalen Vereinbarung: BGE *52* I 177ff; ZSGV *27* 353ff; Kompetenzkonflikte zwischen Bund und Kantonen: BGE *75* I 130ff; *78* I 23ff; *78* I 340ff; von der vorn S.145ff zum Wasserrecht zitierten Literatur: Burckhardt, Delessert und Merz, Isler, Kurz, Lorétan, Richard Liver, Pfleghart, Rickenbach, Schulthess, Spillmann und Tanner.

3. Die Tragweite der kantonalen Hoheit im allgemeinen

a) Grundsatz der umfassenden Normsetzungsbefugnis

Die Hoheit, die den Kantonen über die herrenlosen und öffentlichen Sachen zusteht, verleiht eine umfassende öffentlichrechtliche Normsetzungsbefugnis. Unter dem Blickwinkel des Bundesprivatrechts ist dieser Normsetzungsbefugnis – vorbehältlich der Gewährleistung des Gemeingebrauchs herrenloser Sachen (N.28) – keine Grenze gesetzt; die Kantone können Vorschriften beliebigen Inhalts erlassen. Eine inhaltliche Schranke findet die aus der Hoheit sich ergebende Rechtsetzungskompetenz der Kantone nur wiederum im öffentlichen Recht des Bundes. Abgesehen von der Eigentumsgarantie, die vor allem bei der Begründung öffentlicher Sachen eine Rolle spielt (N.118ff), den Freiheitsrechten, welche den Gemeingebrauch der herrenlosen Sachen und in beschränktem Umfang auch die Möglichkeit der Nutzung der öffentlichen Sachen garantieren (N.28, N.201–204), und den Sondergesetzen des Bundes, die den Kantonen einen Teil ihrer Befugnisse entziehen (N.101–106), ist es vor allem das Willkürverbot von BV 4, das die Kantone auch bei der Ausübung ihrer Hoheit im Sinne von Art.664 bindet. 21

Auf Grund der ihnen verliehenen Hoheit können die Kantone darüber befinden, in welchem Umfang auf herrenlose und öffentliche Sachen die Vorschriften des Bundesprivatrechts anwendbar sein sollen. So entscheiden sie, wieweit die sachenrechtlichen, insbesondere nachbarrechtlichen Bestimmungen (N.85ff) anzuwenden sind, in welchem Ausmass sie dem Privatrechtsverkehr zugänglich sind (N.97ff) und Gegenstand der Verpfändung und Zwangsvollstreckung sein können (N.74). Endlich dürfen sie, was in Art.944 I ausdrücklich festgehalten wird, aber wohl auch aus Art.664 gefolgert werden müsste, über die grundbuchliche Behandlung der herrenlosen und öffentlichen Sachen legiferieren (N.229ff). 22

Die wichtigste der aus der Hoheit sich ergebenden Befugnisse geht dahin, zu bestimmen, in welcher Weise der Einzelne von den herrenlosen und öffentlichen Sachen Gebrauch machen kann (vgl. darüber die Abs. III gewidmeten 23

Ausführungen, N. 159ff). Die Kantone regeln den *Gemeingebrauch*, soweit sie festsetzen, welchen Gebrauch jedermann voraussetzungslos von den herrenlosen und öffentlichen Sachen machen kann. Indem die Kantone den Umfang des jedermann offenstehenden Gemeingebrauchs festlegen, bestimmen sie gleichzeitig, welche Nutzungsarten als *gesteigerter Gemeingebrauch* oder *Sondernutzung* nur auf Grund eines staatlichen Hoheitsaktes (Bewilligung, Verleihung eines Sonderrechts) zulässig sind. Diese Befugnis ist bei den herrenlosen Sachen eingeschränkt, weil der freie Gemeingebrauch derselben vom Bundesrecht grundsätzlich gewährleistet wird und von den Kantonen nur eingeschränkt werden kann, sofern besondere Verhältnisse dies rechtfertigen (N. 28f).

b) Insbesondere die Hoheit über die öffentlichen Sachen

α) *Freiheit der Errichtung und Aufhebung*

24 Öffentliche Sachen, wie Strassen, Plätze, Wege, Brücken, Parkanlagen, werden durch Aufwendungen eines Gemeinwesens bereitgestellt und durch hoheitliche Widmung der Allgemeinheit zugänglich gemacht. Vom Standpunkt des Bundesprivatrechts aus steht es den Kantonen frei, in welchem Umfang sie öffentliche Sachen errichten und dem Gemeingebrauch widmen wollen; eine Pflicht, gewisse Sachen der Allgemeinheit zur Verfügung zu halten, könnte sich nur aus dem öffentlichen Recht des Bundes und der Kantone ergeben. Wie über die Errichtung, befinden die Kantone aber auch über die Aufhebung öffentlicher Sachen. Sie sind befugt, eine Liegenschaft so umzugestalten, dass sie für den Gemeingebrauch nur noch vermindert oder überhaupt nicht mehr geeignet ist, z. B. einen Weg zu verschmälern oder eingehen zu lassen. Ebenso können sie eine Sache, ohne sie umzugestalten, durch Entwidmung dem Gemeingebrauch entziehen (eine bisher öffentliche Strasse wird für den Verkehr geschlossen) oder den Gemeingebrauch einschränken (Erlass eines Fahrverbots).

25 Die Kompetenz der Kantone zur Einschränkung des Gemeingebrauchs und zur Aufhebung der Öffentlichkeit einer Sache wird von Doktrin und Praxis einmütig bejaht: Vgl. Haab, Art. 664 N. 21; Fleiner 196f; Greuter, Öffentliche Sachen im Kanton Zürich 61ff; BGE *48* I 117; *61* I 231; *79* I 215; weitere Hinweise auf Literatur und Judikatur hinten N. 165f. Immerhin haben die Kantone die Möglichkeit, den am Gemeingebrauch Interessierten unter bestimmten Voraussetzungen einen Anspruch auf Fortdauer des Gemeingebrauchs zuzugestehen. Ebenso regeln sie das Verfahren der Aufhebung und entscheiden, ob dem Einzelnen in demselben Rechtsmittel zustehen.

Die Kantone und Gemeinden können ihrerseits die Errichtung und Aufhebung öffentlicher Sachen durch generell-abstrakte Normen bindend vorschreiben. So können sie die Voraussetzungen umreissen, unter denen sie zur Bereitstellung von Verkehrsverbindungen zu privaten Liegenschaften verpflichtet sind oder bereits bestehende private Zufahrten als öffentliche übernehmen und unterhalten müssen (z.B. Baugesetz des Kantons Zürich § 44. Vgl. Ringger 96ff; ZSGV *13* 224; *59* 478ff). Sie können bestimmen, wann der private Grundeigentümer Anspruch hat, dass seine Bauten an die Wasserversorgung und Schwemmkanalisation angeschlossen oder mit elektrischem Strom und Leuchtgas versorgt werden. Die Frage, in welchen Fällen Private beanspruchen können, dass eine öffentliche Sache errichtet bzw. in bestimmter Weise unterhalten werde, beurteilt sich demnach nach kantonalem Recht (so unausgesprochen in ZSGV *47* 279ff). 26

β) Freiheit in der Zweckbestimmung der öffentlichen Sachen und in der Umreissung des zulässigen Gemeingebrauchs

Die der Öffentlichkeit gewidmeten Sachen tragen ihre Zweckbestimmung nicht in sich selber. Ob eine Landparzelle, die zur öffentlichen Anlage gemacht wird, zum Feilbieten von Waren oder der Erholung des Publikums zu dienen hat, kann erst auf Grund der baulichen Ausgestaltung und der ihr vom Gemeinwesen zugedachten Aufgabe ermittelt werden. Im Gegensatz zu den herrenlosen Sachen, bei denen die Möglichkeiten des Gebrauchs durch deren natürliche Beschaffenheit gegeben sind, müssen die Gebrauchsmöglichkeiten bei den öffentlichen Sachen erst umrissen werden. Die Befugnis der Kantone, öffentliche Sachen mit einem bestimmten Zweck zu errichten, ist gleichzeitig die Befugnis, den zulässigen Gemeingebrauch der öffentlichen Sachen zu umreissen, da sich deren Zweck in der Möglichkeit des Gebrauchs durch die Allgemeinheit erschöpft. 27

Der von einem Gemeinwesen zugelassene Gemeingebrauch einer öffentlichen Sache muss nicht alle in deren Ausgestaltung liegenden Gebrauchsmöglichkeiten umfassen: Auch wenn ein Weg für den Fahrverkehr geeignet ist, kann er der Benützung durch Fussgänger vorbehalten werden.

c) Insbesondere die Hoheit über die herrenlosen Sachen

α) Der Grundsatz der Gewährleistung des Gemeingebrauchs

Die Regel, dass die Kantone bei der Normierung des Gemeingebrauchs frei sind, gilt auch für die herrenlosen Sachen, erfährt hier jedoch eine wichtige Einschränkung: Die Kantone können zwar den Gemeingebrauch ordnen, dürfen ihn jedoch weder ganz ausschliessen noch durch Vorschriften einschränken, die nicht durch die Interessen der Allgemeinheit gerechtfertigt 28 sind. Die herrenlosen Sachen sind von Natur aus zur Öffentlichkeit hingeordnet; die Befugnis zu ihrem Gebrauch beruht nicht auf einem den Gebrauch gestattenden Rechtssatz. Die Teilnahme am Gemeingebrauch ist deshalb nichts anderes als die Betätigung der persönlichen Freiheit schlechthin, und die Freiheit des Einzelnen, die herrenlosen Sachen zu gebrauchen, ist demzufolge in gleichem Sinn gewährleistet wie die persönliche Freiheit des Bürgers im allgemeinen (über die Gewährleistung der Freiheitsrechte «nach allen Seiten des menschlichen Lebens, die aktuell werden können»; vgl. FLEINER/GIACOMETTI, Bundesstaatsrecht 243 und ff).

29 Die Freiheit des Gemeingebrauchs kann unter den gleichen Voraussetzungen aufgehoben werden, unter denen die Freiheit des Einzelnen beschränkt werden kann: Wenn die Freiheitsbeschränkung notwendig ist, um eine Verletzung der Interessen der übrigen Teilnehmer am Gemeingebrauch und damit der Interessen der Allgemeinheit zu verhindern, um die öffentliche Ordnung, Sicherheit und Sittlichkeit zu gewährleisten (vgl. FLEINER/GIACOMETTI a.a.O. 246).

30 Die Kantone können weiterhin den Gemeingebrauch einschränken, um die aus den ihnen vorbehaltenen Regalien (Jagd-, Fischerei-, Bergregal) zukommenden Ansprüche auf ausschliessliche Nutzung wahrzunehmen. So dürfen sie das an sich im Gemeingebrauch enthaltene Recht, auf herrenlosem Land zu jagen, in öffentlichen Gewässern zu fischen (vgl. ZBGR *22* 266), aufheben.

31 Die Auffassung von der bundesrechtlichen Gewährleistung des Gemeingebrauchs der herrenlosen Sachen erfährt ihre Bestätigung im Wortlaut des Art. 664 III. Der Gesetzgeber spricht von der Pflicht der Kantone, über den Gemeingebrauch «die erforderlichen Bestimmungen» aufzustellen. Damit wird die Möglichkeit des Gemeingebrauchs, soweit er Gewässer und Flussbetten betrifft, als bestehend vorausgesetzt; Bestimmungen können und sollen nur insoweit aufgestellt werden, als sie zur Gewährleistung eines ordnungsgemässen Gebrauchs notwendig sind, während eine darüber hinausgehende Einschränkung oder vollständige Aufhebung des Gemeingebrauchs unzulässig wäre. Wenn Abs. III nur die öffentlichen Gewässer und Flussbetten, nicht aber das kulturunfähige Land erwähnt, so offenbar deshalb, weil diesbezüglich entsprechende Vorschriften kaum notwendig sind.

32 Wenn das kulturunfähige Land in Abs. I als «herrenlose Sache» bezeichnet wird, kann schon in dieser Bezeichnung ein Hinweis darauf erblickt werden, dass dieses nach Auffassung des Bundesgesetzgebers zwar kantonaler Hoheit im Sinne einer Aufsichts- und Ordnungsbefugnis, nicht aber einer staatlichen Herrschaft in dem Sinn unterworfen ist, welche die Kompetenz des Ausschlusses des Gemeingebrauchs in sich schliessen würde (Der Entscheid VEB 1954 Nr. 157 setzt eine Gewährleistung des Gemeingebrauchs voraus).

Dieser Grundsatz darf indessen nicht überspitzt werden. Er beschränkt 33 nur die Befugnis der Kantone, die in der Natur der herrenlosen Sachen liegenden Möglichkeiten des Gemeingebrauchs *normativ* einzuschränken. Keineswegs müssen die Kantone durch positives Tätigwerden einen bestimmten Umfang des Gebrauchs ermöglichen, etwa den Wasserstand eines Flusses gewährleisten oder natürliche Hindernisse beseitigen, um die Schifffahrt zu erleichtern (VEB 1954 Nr. 157). Ebensowenig müssen die Kantone durch irgendwelche Vorkehren den Gebrauch herrenloser Sachen der Allgemeinheit oder einzelnen Interessierten ermöglichen, etwa Zutritt zu einem Gewässer verschaffen (AGVE 1949 Nr. 47).

Eine andere Frage ist es, ob die Kantone den von Natur aus möglichen 34 Gemeingebrauch der herrenlosen Sachen *faktisch* verunmöglichen dürfen, sei es, dass sie selbst tätig werden, sei es, dass sie einem Konzessionär eine entsprechende Befugnis erteilen. Eine faktische Einschränkung muss durch ein dahingehendes öffentliches Interesse gerechtfertigt sein, welches die Interessen der Allgemeinheit an dem Gebrauch der herrenlosen Sache überwiegt. Nur dann ist es zulässig, einen Bach einzudecken, einen See trocken zu legen, einen Fluss abzuleiten, die Schiffahrt behindernde Brückenpfeiler in einen Strom zu setzen, den Spiegel eines öffentlichen Grundwasservorkommens zu senken (Beispiele in VEB 1954 Nr. 157; AGVE 1949 Nr. 47; ZSGV *50* 317 ff und *51* 451 ff).

Die Gewährleistung des Gemeingebrauchs herrenloser Sachen muss für 35 die Kantone auch bei der Regelung der *Aneignung herrenlosen Landes* wegleitend sein (s. N. 209). «Aneignung» (die keine solche im eigentlichen Wortsinn ist, wenn sie nur auf Grund eines gestattenden staatlichen Hoheitsaktes zulässig ist; vgl. N. 141) bedeutet Überführung eines Teils der herrenlosen Sachen in Privateigentum. Die angeeignete Sache ist nicht mehr herrenlos und wird dem Gemeingebrauch entzogen, es sei denn, dass das Gemeinwesen bei der Zulassung der Aneignung das Weiterdauern des Gemeingebrauchs ausbedungen hat (in welchem Fall kulturunfähiges, aber im Privateigentum stehendes Land streng genommen nicht infolge seiner Kulturunfähigkeit, sondern kraft hoheitlicher Widmung im Gemeingebrauch steht, als öffentliche Sache zu betrachten ist). Die Möglichkeit der Aneignung ist von Bundesrechts wegen grundsätzlich aufgehoben. Demgegenüber dürfen die Kantone die Aneignung nur in Ausnahmefällen zulassen, wenn besondere Gründe diese rechtfertigen und Interessen Einzelner oder der Öffentlichkeit an der Begründung von Eigentum durch Private die Interessen der Allgemeinheit am Gemeingebrauch überwiegen (z. B. Bau einer Klubhütte im Hochgebirge). Die Gestattung der Aneignung herrenloser Sachen kann von der Erlegung einer Gebühr abhängig gemacht werden; doch ist die Zulassung der Aneignung aus fiskalischen Gründen abzulehnen: Die Kantone dürfen nicht die herrenlosen Sachen «verkaufen» und zur Einnahmequelle machen.

β) Die Vermutung der Freiheit des Gemeingebrauchs

36 Die herrenlosen Sachen sind von Natur aus zur Öffentlichkeit hingeordnet und dürfen ohne einen den Gemeingebrauch erlaubenden Rechtssatz von jedermann benützt werden. Dadurch unterscheiden sie sich – wie immer noch zu wenig beachtet wird – grundlegend von den öffentlichen Sachen, die erst auf Grund der Widmung und Indienststellung benützt werden dürfen, bei welchen also der Gemeingebrauch vom Nachweis einer gestattenden Norm abhängt. Bei den herrenlosen Sachen dürfen die Kantone innerhalb der vorn N. 28 ff genannten Schranken den Gemeingebrauch zwar einschränken, doch spricht hier die Vermutung nicht wie bei den öffentlichen Sachen gegen, sondern *für* die Freiheit des Gemeingebrauchs. Der den Gemeingebrauch ausübende Bürger muss sich nicht auf einen Rechtssatz stützen können. Wohl aber dürfen behördliche, den Gemeingebrauch einschränkende Verfügungen nur auf Grund einer ausdrücklichen gesetzlichen Ermächtigung erlassen werden.

37 Da beispielsweise Jagen und Fischen an sich Ausübung des Gemeingebrauchs sind und von den Kantonen nur auf Grund ihres Jagd- und Fischereiregals von einer Polizeibewilligung oder Sondernutzungskonzession abhängig gemacht werden können, spricht die Vermutung der Freiheit des Gemeingebrauchs dafür, dass auf herrenlosem Land frei gejagt und in öffentlichen Gewässern frei gefischt werden kann. Eine Beschränkung dieser Freiheit bedarf einer positiven gesetzlichen Grundlage. In gleichem Sinn ist das Aneignungsrecht hinsichtlich Holz, Beeren, Pilzen, Blumen, Steinen, Kies und anderen Mineralien auf herrenlosem Grund im Rahmen des Gemeingebrauchs gewährleistet. Vgl. dazu auch die Bemerkungen zu Art. 699.

38 Die genannte Vermutung beschränkt sich auf eine Nutzung, die sich im Rahmen des Gemeingebrauchs in dem von Lehre und Rechtsprechung entwickelten Sinne hält, d.h. nicht über den Gebrauch hinausgeht, den eine unbestimmte Zahl von Benutzern machen kann, ohne dass der Gebrauch des einen die Gebrauchsmöglichkeit der andern ausschliessen würde (BGE 75 I 14; über den Begriff des Gemeingebrauchs weiterhin hinten N. 167 ff und dort zitierte).

39 Die Vermutung erstreckt sich nicht auf das, was in Lehre und Rechtsprechung unter *gesteigertem Gemeingebrauch* und *Sondernutzung* verstanden wird. Durch diese Formen gesteigerter Nutzung werden die Möglichkeiten des jedermann offenstehenden Gebrauchs in der Regel eingeschränkt. Aus der Gewährleistung des Gemeingebrauchs durch das Bundesrecht folgt deshalb, dass die diesen übersteigende Nutzung grundsätzlich untersagt ist.

Die Kantone können deshalb ohne gesetzliche Grundlage gesteigerten Gemeingebrauch und Sondernutzung von einer Polizeierlaubnis oder Sondernutzungskonzession abhängig machen (BGE 75 I 15; hinten N. 199). Weitere Entscheide und Kasuistik für die Abgrenzung des Gemeingebrauchs siehe hinten N. 180–188.

d) Kantonale Hoheit und Schadenersatzpflicht bei Beschränkung des Gemeingebrauchs

Wird der Gemeingebrauch einer öffentlichen Sache beschränkt oder 40
aufgehoben (z. B. Aufhebung einer Strasse oder Umwandlung in einen Fussweg), die Möglichkeit des Gebrauchs einer herrenlosen Sache beeinträchtigt (Trockenlegung eines Gewässers, Senkung des Grundwasserspiegels), kann den am bisherigen Gebrauch besonders Interessierten, z. B. Anstössern, ein schwerer finanzieller Schaden zugefügt werden. Streng gesondert von der vorstehend in N. 34 behandelten Frage der Zulässigkeit derartiger gebrauchsbeschränkender Massnahmen ist das Problem der Ersatzpflicht des Gemeinwesens für einen dabei zugefügten Schaden zu betrachten. Die Grundsätze des zivilistischen Schadenersatzrechts, nach welchen ein Ersatzanspruch voraussetzt, dass die Schadenszufügung widerrechtlich war, spielen oft – bewusst oder unbewusst – in die Betrachtungen hinein, müssen aber vollständig ausgeschaltet werden. Auch wenn eine Beschränkung des Gemeingebrauchs auf Grund der massgebenden öffentlichrechtlichen Normen zulässig war, ist damit ein Ersatzanspruch nicht von vorneherein ausgeschlossen. Bei dem Entscheid über die Zusprechung einer Entschädigung müssen Betrachtungen über die Rechtmässigkeit des schädigenden Eingriffs ausgeschaltet werden.

Aus den genannten Gründen sind das auf Aufrechterhaltung der bisherigen 41
Gebrauchsmöglichkeit (bzw. der Feststellung der Unrechtmässigkeit der Aufhebung) gerichtete Begehren und die Geltendmachung eines Schadenersatzanspruchs vollkommen unabhängig voneinander, wie die dem Einzelnen zustehenden Rechtsbehelfe nach kantonalem Recht auch ausgestaltet sein mögen (vgl. auch hinten N. 88).

Über die Voraussetzungen, die ausnahmsweise eine Ersatzpflicht des Ge- 42
meinwesens entstehen lassen, vgl. hinten N. 121 und Systematischer Teil, N. 233–251, wo die Erfordernisse der Geltendmachung eines Ersatzanspruchs bei expropriationsähnlichen Tatbeständen genannt werden.

e) Schutzbefugnis

In der Hoheit der Kantone ist die Befugnis enthalten, jede Schädigung 43
einer herrenlosen oder öffentlichen Sache zu verhindern und auch einer blos-

sen Gefährdung dieser Sachen entgegenzutreten. Diese Kompetenz spielt vor allem beim Schutz der Gewässer eine Rolle, wo den Kantonen eine umfassende Normsetzungsbefugnis zukommt. Zum Schutz eines ausgeglichenen Wasserhaushalts und zur Vermeidung von Hochwasser können sie Massnahmen forst- und kulturwirtschaftlicher Art treffen, zum Schutz der öffentlichen Gewässer vor Verschmutzung die Einleitung von Abwässern untersagen. Sie können – wie das Bundesgericht in BGE *84* I 154ff richtig entschieden hat – die Errichtung einer Tankanlage über einem Grundwasservorkommen untersagen, wenn die Gefahr besteht, dass bei aussergewöhnlichen Ereignissen ein Teil des einzulagernden Öls in das Grundwasser gelangt. Zu Unrecht leitet indessen das Bundesgericht diese Kompetenz der Kantone aus dem BG über den Schutz der Gewässer gegen Verunreinigung vom 16. März 1955 (AS *1956* 1533ff) ab und untersucht, ob das vom Kanton Solothurn erlassene Verbot vor diesem Gesetz standhalte. Die Befugnis der Kantone, eine Beeinträchtigung oder Bedrohung der herrenlosen und öffentlichen Sachen zu verhindern, ergibt sich nämlich unmittelbar aus ihrer Hoheit über diese. Da die kantonalen Kompetenzen auf dem Gebiet des Gewässerschutzes durch das genannte BG nicht eingeschränkt werden, genügt der Nachweis einer Gefährdung des Grundwassers (soweit es ein öffentliches Gewässer darstellt: hinten N. 156f), um ein Verbot der Errichtung einer Tankanlage zu rechtfertigen (vgl. auch ZSGV *56* 120ff; *59* 19ff).

44 In allen diesen Fällen bedürfen Anordnungen und Verbote, die zum Schutz der herrenlosen und öffentlichen Sachen unmittelbar erforderlich sind, auf der Ebene des kantonalen Rechts keiner materiellen gesetzlichen Grundlage; die Befugnis der zuständigen Behörde ergibt sich unmittelbar aus der Hoheit über die herrenlosen und öffentlichen Sachen (ähnliche Überlegung wie vorstehend in N. 39; vgl. auch hinten N. 199).

45 Über den Ersatzanspruch des Gemeinwesens gegenüber Privaten bei Schädigung herrenloser und öffentlicher Sachen vgl. hinten N. 96.

4. Gegenstand von Art. 664 sind nur Liegenschaften und Gewässer, nicht aber Fahrnis

46 Dass Art. 664 sich nicht auf die Hoheit der Kantone über Fahrnis bezieht, ergibt sich zwingend aus dessen Stellung im neunzehnten, dem Grundeigentum gewidmeten Titel des ZGB. Auch die in Abs. II und III aufgeführten Beispiele, die spezifizieren, was unter den herrenlosen und öffentlichen Sachen des Abs. I zu verstehen ist, beweisen, dass Art. 664 sich nur auf Grundstücke im Sinne des Art. 655 sowie auf Gewässer beziehen kann, niemals aber auf Fahrnis im Sinne von Art. 713.

Aus Art. 664 kann somit nicht – auch nicht analogieweise – eine kantonale Hoheit über wildlebende Tiere abgeleitet werden, wie dies von KAEGI, Das schweizerische Jagdrecht (Diss Zürich 1911) 50ff; HAAB Art. 664 N. 19, 28; VEB 1954 Nr. 68 und anderen angenommen wird. Richtig ist, dass die Kantone ein Jagdregal beanspruchen können (FLEINER/GIACOMETTI, Bundesstaatsrecht, 301), das auch vom BG über Jagd- und Vogelschutz (BS *9* 544ff) Art. 1 anerkannt wird. Art. 664 bezieht sich aber keineswegs – auch nicht im Sinn eines deklaratorischen Hinweises – auf die Hoheit der Kantone über Wild als Fahrnis. Vom Standpunkt des Bundesprivatrechts ist die Jagd auf herrenlosem Boden und der Fischfang in öffentlichen Gewässern auf Grund der Vermutung der Freiheit des Gemeingebrauchs (N. 36ff) frei; ebensowenig gibt es zivilrechtliche Vorschriften, welche die Möglichkeit der Aneignung hinsichtlich wildlebender Tiere aufheben würden. Eine Beschränkung von Jagd und Fischfang kann sich nur aus positiven öffentlichrechtlichen Vorschriften des Bundes und der Kantone ergeben. 47

Desgleichen normieren die Kantone das Aneignungsrecht hinsichtlich Holz, Pilzen, Beeren, Steinen, Kies und anderen Mineralien auf herrenlosem Grund zwar kraft ihrer Hoheit, nicht aber ihrer Hoheit über diese Gegenstände als vom Grund getrennte herrenlose Fahrnis, sondern kraft ihrer Hoheit über den herrenlosen Grund, dessen Bestandteil diese Objekte bis zur Trennung und Aneignung sind. Die Kompetenz zur Regelung der Aneignung ist in der Kompetenz zur Regelung des Gemeingebrauchs enthalten (a. M. HAAB, Art. 664 N. 19). Vgl. dazu auch hinten N. 207 und die Ausführungen zu Art. 699. 48

5. Die Abgrenzung des Kreises der hoheitsunterworfenen Sachen

Dem Wortlaut von Abs. I kann nicht entnommen werden, was unter herrenlosen und öffentlichen Sachen zu verstehen ist. Während der Begriff der öffentlichen Sache aus der Verwaltungslehre stammt und von dorther erfasst werden muss, erfährt der Begriff der herrenlosen Sache in Abs. II seine inhaltliche Bestimmung (vgl. vorn N. 5ff). Über die im Zusammenhang mit der Abgrenzung des Geltungsbereichs des Art. 664 sich stellenden Fragen s. hinten N. 129f. 49

6. Staatliche Hoheit und staatliches Eigentum

a) Grundsatz: Kantonales Recht ist massgebend

Das ZGB beschränkt sich darauf, die öffentlichen Sachen unter die Hoheit des Gebietsstaates, d.h. unter das kantonale Recht der gelegenen Sache zu 50 stellen. Diese Hoheit hat begrifflich mit Eigentum nichts zu tun; sie ist weder Eigentum im Sinne des Privatrechts, noch setzt sie solches voraus, doch schliesst sie nach herrschender Ansicht die Befugnis in sich, ein Eigentumsrecht an den hoheitsunterworfenen Sachen in Anspruch zu nehmen. Ob zwischen Hoheitsträger und Sache eine Eigentumsbeziehung bestehe und, wenn ja, ob diese als eine privatrechtliche oder eine öffentlichrechtliche sich darstelle, kann demnach nur auf Grund des öffentlichen Rechts jedes Kantons entschieden werden. In diesem Sinne HAAB, Art. 664 N. 13; HOMBERGER, Art. 944 N. 2; LEEMANN in der 2. Auflage Art. 664 N. 12; AMBERG 421 ff, 451 ff; WEGMANN 24; BRITSCHGI 12f; REICHLIN, ZSR *66* 260*a*; GMÜR RUDOLF 79 ff. Anderer Ansicht, nämlich, mit dem Inkrafttreten des ZGB seien alle öffentlichen Sachen von dessen Eigentumsordnung ergriffen worden: LEEMANN in der 1. Auflage Art. 664 N. 9; MÜLLER 217, 230 ff, 259 ff; RUCK, Das Eigentum im schweizerischen Verwaltungsrecht 21; derselbe, Verwaltungsrecht I 144f. Zu diesem Problem vergleiche weiterhin GUISAN in JT *1936* 298 ff; ZSR *70* 484; SJZ *30* 150f Nr. 49; ZBJV *51* 371; *71* 128.

51 Die von den einzelnen Kantonen getroffene Regelung ist den EG zum ZGB und der Verwaltungsgesetzgebung (betreffend Strassen- und Wasserbau, Baupolizei, Forstwesen usw.) sowie den darauf sich stützenden Verwaltungs- und Gerichtsentscheiden zu entnehmen. Auch die früheren kantonalen Zivilgesetze können hierbei, als Ausdruck der ortsüblichen und hergebrachten Auffassung im Sinne einer sekundären Rechtserkenntnisquelle in Betracht kommen. Unrichtig wäre es, allgemein zu sagen (wie dies MÜLLER 219 tut), dass diejenigen Kantone, die die Aufnahme der öffentlichen Grundstücke ins Grundbuch vorschreiben (vgl. Art. 944 I), diese dadurch dem privaten Sachenrecht unterstellt haben. Die Vorschrift, dass die öffentlichen Grundstücke zu buchen sind, kann ja sehr wohl nur auf Gründen der Ordnung (Feststellung des öffentlichen Gutes) beruhen (vgl. SJZ *33* 109f Nr. 22).

52 Über die praktische Bedeutung der Inanspruchnahme von Privateigentum des Gemeinwesens an herrenlosen und öffentlichen Sachen siehe hinten N. 59–63; über die Anwendbarkeit des Privatrechts auf diese Sachen N. 82 ff.

b) Die kantonalen Regelungen der Eigentumsfrage

53 Die wenigsten Kantone sprechen sich zur Eigentumsfrage aus. Der Kanton Aargau beansprucht ein Eigentumsrecht sowohl hinsichtlich der herrenlosen wie der öffentlichen Sachen (EG 82 I und II, 84), desgleichen wohl der Kanton Graubünden (EG 128). Nicht ebenso eindeutig ist die Stellungnahme von Appenzell-Ausserrhoden (EG 133: «Flüsse und Bäche sind öffentliche Gewässer und als solche Gemeingut... Sie unterliegen der öffentlichen Aufsicht») und Appenzell-Innerrhoden (EG 135), die zudem die

öffentlichen und kulturunfähigen Sachen nicht einbeziehen. Gleichermassen unklar ist, ob der Kanton Uri in EG 125 zuhanden der Korporationen Uri und Urseren ein Eigentumsrecht an herrenlosen Sachen beansprucht. Nicht auf herrenlose Liegenschaften, sondern Fahrnis (vor allem Wild, Fische, Vögel) bezieht sich EG 200 I des Kantons Schwyz, welche Bestimmung auf den § 62 des zürcherischen PGB – bzw. § 487 aPGB – zurückgeht. Über die Eigentumsverhältnisse an Gewässern vgl. Buser in ZSGV *48* 529ff.

Nach der in den meisten deutschsprachigen Kantonen herrschenden Anschauung stehen die *öffentlichen Sachen* (sofern sie sich nicht im Privateigentum befinden) auch ohne positive gesetzliche Grundlage im Eigentum des Gemeinwesens. Für das Gebiet des Kantons Basel-Stadt hat beispielsweise Napp (188, 200ff) nachgewiesen, dass dieselben im zivilrechtlichen Eigentum stehen. Es ist dies die von der deutschen und österreichischen Doktrin fast ausnahmslos befürwortete Stellungnahme (vgl. Fleiner 353ff; Gierke, DPR II 29f; Beseler, DPR I § 75; Windscheid/Kipp § 146; Enneccerus/Nipperdey § 123; Ehrenzweig Bd. I 2 S. 7ff, überall mit weiteren Belegen). 54

Anders liegen die Verhältnisse bei den *herrenlosen Sachen*. Hier muss auf Grund der in Art. 664 II enthaltenen Vermutung zuungunsten einer privatrechtlichen Eigentumsherrschaft ein blosses Hoheitsrecht der Kantone angenommen werden, solange nicht eine positive Gesetzesvorschrift etwas anderes bestimmt. Bei herrenlosen Sachen, insbesondere dem kulturunfähigen Land, besteht ohnehin kaum ein Bedürfnis nach Unterwerfung unter die Ordnung des Sachenrechts. Vgl. auch hinten N. 62. 55

Zur Rechtsnatur der Herrschaft über herrenlose und öffentliche Sachen im Gemeinen Recht vgl. Dernburg, Pandekten 5. Aufl. I 167ff, 171ff; Dernburg/Sokolowsky I § 59; Stobbe, DPR I 596ff; Regelsberger, Pandekten 423. Über die Rechtslage in den Kantonen vor Inkrafttreten des ZGB: Huber, SPR III 11ff, für den Kanton Zürich PGB §§ 60–62 bzw. aPGB §§ 485–487. 56

Die Auseinandersetzung um die rechtliche Auffassung der öffentlichen Sachen erlangte entscheidende Bedeutung in dem berühmt gewordenen «Basler Schanzenstreit». Darüber R. Amberg, Der Basler Schanzenstreit, in ZSGV *19* 1ff, 21ff, 29ff; Haab, Art. 664 N. 10; Fleiner 356f Anm. 13, alle mit weiteren Literaturhinweisen.

Das französische Recht will die öffentlichen Sachen nicht dem Privatrecht, sondern ausschliesslich dem öffentlichen Recht unterstellt wissen (Ansicht vom «domaine public»; vgl. CCfr 537ff; Colin/Capitant/Morandière, Traité de Droit Civil, II, Paris 1959 N. 177ff). Auf Grund dieser Auffassung hat Otto Mayer (Deutsches Verwaltungsrecht, 1. Auflage 1896, II 68ff; 3. Aufl. 39ff, Artikel «Öffentliche Sachen» in Wörterbuch des Deutschen Staats- und Verwaltungsrechts, 1914) die Lehre vom öffentlichen Eigentum 57 begründet. Das Prinzip dieser Lehre ist Verschmelzung von Eigentum (dominium) und Hoheitsrecht (imperium) in der Weise, dass die öffentlichen Sachen der Herrschaft des Privatrechts völlig entzogen und nach allen Richtungen dem öffentlichen Recht unterstellt werden sollen (über deren Befürworter und Gegner vgl. die Übersicht bei Haab, Art. 664 N. 12, sowie das Verzeichnis der Publikationen zum öffentlichen Eigentum in Arch. öff. R. *40* 257 ff).

58 In den romanischen Kantonen hat die Lehre vom domaine public bzw. vom öffentlichen Eigentum teilweise Anklang gefunden. Vgl. beispielsweise für den Kanton Wallis: Loi concernant l'attribution de la propriété des biens du domaine public et des choses sans maître vom 17. Januar 1933, und für den Kanton Genf die Art. 156 ff des Règlement général concernant les travaux et les empiétements sur ou sous les voies publiques du Canton de Genève vom 27. Dezember 1932. Auch in deutschschweizerischen Kantonen lassen sich bescheidene Ansätze für die Ausbildung einer eigenen öffentlichen Eigentumsordnung feststellen (vgl. z. B. die Bemerkung bei Britschgi 14). Doch ist all das de lege lata keineswegs konsequent durchgeführt, und es ist – wie Liver in ZSR *71* 332 richtig bemerkt – nirgends ein nach jeder Richtung dem privaten Recht entzogenes öffentliches Eigentum vorhanden. «Dafür würden den westschweizerischen Kantonen sowohl die umfassende öffentlichrechtliche Ordnung als auch die zu ihrer Anwendung erforderlichen Einrichtungen der Verwaltungsrechtspflege fehlen.»

c) Die Bedeutung staatlichen Eigentums an herrenlosen und öffentlichen Sachen

59 Die Hoheit des Gemeinwesens verleiht diesem eine umfassende Normsetzungsbefugnis, sodass vom Standpunkt der Umschreibung der staatlichen Kompetenzen ein Bedürfnis nach der Annahme eines Eigentums des Staates an den seiner Hoheit unterstellten Sachen nicht besteht: Die Herrschaft der Kantone kann dadurch in keiner Weise erweitert oder vervollständigt werden. Das ZGB beschränkt sich deshalb darauf, die öffentlichen und herrenlosen Sachen unter die Hoheit des Gebietsstaates, d. h. unter das kantonale öffentliche Recht der gelegenen Sache zu stellen; ob die Kantone darüber hinaus Eigentum in Anspruch nehmen, ist für ihre Herrschaftsbefugnis bedeutungslos.

60 Der Umstand, dass ein Gemeinwesen neben der Hoheit auch Eigentum an herrenlosen und öffentlichen Sachen hat, kann nur indirekt von Bedeutung sein. Auswirkungen des Eigentums kommen vorab in Betracht hinsichtlich der Unterstellung der herrenlosen und öffentlichen Sachen unter die Bestimmungen des Sachenrechts und die Haftungsvorschriften des

Obligationenrechts, bei der grundbuchlichen Behandlung dieser Sachen und der zu beachtenden Formvorschriften bei Eigentumsübergang und der Begründung von beschränkten dinglichen Rechten, hinsichtlich der Zulässigkeit der Verpfändung und Zwangsvollstreckung.

Die Betrachtung von Lehre und Rechtsprechung zeigt jedoch, dass all 61
diese Probleme unabhängig von der Eigentumsfrage und zum Teil gerade anders gelöst werden, als sie bei formalrechtlicher Berücksichtigung der Eigentumsverhältnisse gelöst werden müssten: So versagte das Bundesgericht die Anwendung sachenrechtlicher Bestimmungen (Immissionenschutz des Art. 679) hinsichtlich einer öffentlichen Sache, die im Eigentum des Gemeinwesens stand (*61* II 326f E. 3, hinten N. 83), und bejahte umgekehrt die Haftbarkeit des Gemeinwesens gemäss OR 58 in einem Fall, wo die betreffende Sache sich nicht in dessen Eigentum befand (BGE *51* II 209f, unten N. 90). Auch die Frage der grundbuchlichen Behandlung wird durch die Eigentumsverhältnisse nicht präjudiziert (hinten N. 229ff). Die Praxis hat es mit Recht abgelehnt, dem formalen Kriterium, ob ein Kanton sich als Eigentümer einer Sache bezeichnet oder nicht, entscheidendes Gewicht beizulegen. In der Tat wäre es unverständlich und mit dem Rechtsempfinden nicht vereinbar, wenn die Haftung eines Gemeinwesens als Werkeigentümer oder der Anspruch eines Anstössers auf Unterbleiben von Immissionen von der Beanspruchung des Eigentums abhängen würde. Demnach kommt dem Umstand, dass ein Gemeinwesen gleichzeitig als Eigentümer der seiner Hoheit unterstellten Sachen betrachtet werden muss, keine durchschlagende Bedeutung zu.

Umgekehrt fragt es sich, ob angesichts der positivrechtlichen Regelung 62
die Vorstellung des Eigentums eines Gemeinwesens ihren Sinn behalte: Wenn bei herrenlosen Sachen der Gemeingebrauch von Bundesrechts wegen gewährleistet ist und die Kantone deren Nutzung nicht beliebig untersagen können, ist streng genommen die Verwendung des Begriffs des Eigentums auszuschliessen, dessen normlogisch wesentlichster Gehalt in der Möglichkeit der Abwehr von Einwirkungen Dritter besteht. Der Sinn der Aussage des EG 128 von Graubünden, der die Gemeinden als Eigentümer des herrenlosen Landes bezeichnet, besteht im Grunde bloss darin, diese als Träger der den Kantonen vorbehaltenen Hoheit über die herrenlosen Sachen einzusetzen.

Die nach kantonalem Recht zu beurteilenden Eigentumsverhältnisse an 63
herrenlosen und öffentlichen Sachen können vom Bundesgericht im Berufungsverfahren nicht überprüft werden (BGE *81* II 271f E. 3).

7. Dingliche Rechte Privater an herrenlosen und öffentlichen Sachen

a) Eigentum

64 An herrenlosen Sachen besteht per definitionem kein Eigentum Privater (N. 11 f); die Frage der Konkurrenz staatlicher Hoheit mit privatem Eigentum stellt sich hier nicht. Eine Sonderstellung nehmen die öffentlichen Gewässer ein, die in den meisten Fällen den bei den herrenlosen Sachen geltenden Grundsätzen unterworfen sind: Während kulturunfähiges Land, an dem Privateigentum begründet wird, die Eigenschaft als dem Gemeingebrauch offenstehende herrenlose Sache einbüsst, können die Kantone auch im Privateigentum stehende Gewässer dem Gemeingebrauch offenhalten. Denn die Abgrenzung der öffentlichen Gewässer wird den Kantonen überlassen, und die Gewässer können – in diesem Punkt gleich wie die öffentlichen Sachen – nach Bundesrecht auch im Privateigentum stehen. Derartige Gewässer sind deshalb von den Privatgewässern im engeren Sinn zu unterscheiden, die nicht mit einer öffentlichrechtlichen Pflicht der Duldung des Gemeingebrauchs belastet sind.

65 Privateigentum an öffentlichen Sachen ist durchaus möglich und wird vor allem dann anzutreffen sein, wenn private Liegenschaften kraft staatlicher Widmung dem Gemeingebrauch zugänglich gemacht werden. Dies gilt auch in Kantonen, die grundsätzlich Eigentum an öffentlichen Sachen beanspruchen. Allerdings ist ein geteiltes Eigentum zwischen einem Privaten und dem Gemeinwesen im Sinne einer Teilung der Eigentumsherrschaft nicht möglich; ein Eigentumsanspruch des Gemeinwesens ist ausgeschlossen, solange an einer Sache Privateigentum besteht. Das hindert nicht, dass sie auf Grund öffentlichrechtlicher Vorschriften dem Gemeingebrauch offensteht und die begrifflichen Voraussetzungen einer öffentlichen Sache erfüllt. Vgl. z.B. ZBGR *6* 240 ff, bes. S. 243.

66 Die Pflicht des Eigentümers zur Duldung der über sein Grundstück führenden öffentlichen Strasse kann nach heute herrschender Ansicht nicht nur auf einer öffentlichrechtlichen Eigentumsbeschränkung des kantonalen Rechts, sondern auch auf einer zugunsten des Gemeinwesens bzw. der Öffentlichkeit errichteten privatrechtlichen Dienstbarkeit beruhen (BGE *74* I 46 ff; Haab, Art. 694/6 N. 4). Solch rechtsgeschäftliche Gestaltung der in das Eigentum des Bürgers eingreifenden staatlichen Tätigkeit mit Recht bekämpfend Imboden, ZSR *77* 70a ff.

67 Gegen die Annahme von Privateigentum an einer öffentlichen Sache ist begrifflich selbst dann nichts einzuwenden, wenn die dem Eigentümer verbleibenden Befugnisse zur Bedeutungslosigkeit herabsinken, ihm gewisser-

massen bloss nuda proprietas verbleibt. Bis zu einem gewissen Grad wird die Sachherrschaft auch bei den nicht als öffentlich erklärten Sachen eingeschränkt (Art. 641; dort N. 29 ff). Der Unterschied ist mehr quantitativer als qualitativer Natur und eine genaue begriffliche Abgrenzung zwischen den allgemeinen öffentlichrechtlichen Beschränkungen des Eigentums und den mit der Öffentlicherklärung einer Liegenschaft verbundenen, auf Grund der kantonalen Hoheit im Sinne des Art. 664 erlassenen Eigentumsbeschränkungen ist nicht möglich. Es sind auch Grenzfälle denkbar (die Sachen beschränkter Öffentlichkeit, hinten N. 213 ff). Beide Arten der Eigentumsbeschränkung finden ihre Grenzen in der Eigentumsgarantie; die Frage, ob der Grundeigentümer infolge einer Eigentumsbeschränkung eine Entschädigung beanspruchen könne, ist unabhängig von der Art derselben und ist nach den gleichen Gesichtspunkten zu beantworten (S. Systematischer Teil, N. 225 ff).

b) Beschränkte dingliche Rechte

Eine Konkurrenz privater Rechte und öffentlichrechtlicher Sachherr- **68**
schaft liegt auch dann vor, wenn an öffentlichen Sachen private beschränkte dingliche Rechte begründet werden (Überbaurechte, Wegrechte usw. an öffentlichem Grund). Derartige Rechte können bei der Öffentlicherklärung einer Sache auf Grund einer Vereinbarung mit dem sein Eigentum aufgebenden früheren Eigentümer begründet oder an bereits bestehenden öffentlichen Sachen eingeräumt werden. Dies ergibt sich auch aus Art. 944 I, welcher die grundbuchliche Behandlung der öffentlichen Sachen regelt und die Eintragung (beschränkter) dinglicher Rechte ausdrücklich vorsieht.

Auch wo die öffentlichen Sachen eigentumslos sind, steht der Begrün- **69**
dung beschränkter dinglicher Rechte nichts entgegen, da dieselben selbständige Herrschaftsrechte darstellen, welche die Sache und nicht etwa das Eigentumsrecht belasten (Liver, Einleitung N. 22 ff). Aus dem gleichen Grund werden Pfandrechte und Dienstbarkeiten zugunsten Dritter nicht betroffen, wenn der Eigentümer sein Eigentum aufgibt und die Sache zur öffentlichen gemacht wird.

Dienstbarkeiten, wie Wegrechte, fallen durch die Öffentlicherklärung der **70**
belasteten Sache auch dann nicht dahin, wenn die durch sie verliehenen Befugnisse im Gemeingebrauch enthalten sind. Ein Rechtsschutzinteresse ist auch in diesem Fall gegeben, da der Gemeingebrauch jederzeit aufgehoben werden kann und diesfalls eine Dienstbarkeit wieder praktische Bedeutung erlangt (vgl. BlZR *4* Nr. 40).

Die Begründung und Übertragung privater dinglicher Rechte an herren- **71**
losen und öffentlichen Sachen richtet sich nach den gewöhnlichen Regeln

des ZGB hinsichtlich der zu beachtenden Form (namentlich Art. 656, 657 I, 731, 732; vgl. BGE *41* II 659; HAAB, Art. 664 N. 17, 27; über die grundbuchliche Behandlung hinten N. 229 ff), nach kantonalem Recht hinsichtlich der materiellen Voraussetzungen (vgl. ZBGR *33* 37).

c) Die Verpfändung im besonderen

72 Die Möglichkeit der Bestellung von Pfandrechten an öffentlichen Sachen ist im Zusammenhang mit der Regelung der Zwangsvollstreckung zu betrachten. Denn die gültige Bestellung eines Pfandrechtes ist nur soweit möglich, als auch eine Pfandverwertung zulässig ist (vgl. SJZ *14* 14; hinten N. 75), sodass vorab der betreibungsrechtliche Gesichtspunkt zu behandeln ist.

73 Nach Art. 30 findet das SchKG nicht Anwendung auf «die Zwangsvollstreckung gegen Kantone, Bezirke und Gemeinden, soweit hierüber besondere eidgenössische oder kantonale Vorschriften bestehen». Eine besondere bundesrechtliche Ordnung besteht seit dem 1. Januar 1949 für Gemeinden und andere Körperschaften des kantonalen öffentlichen Rechts. Für sie gilt das SchKG nur mit der Einschränkung, welche im BG über die Schuldbetreibung gegen Gemeinden und andere Körperschaften des kantonalen öffentlichen Rechts vom 4. Dezember 1947 (AS *1948* 873 ff) enthalten sind.

74 Das BG weist namentlich Spezialvorschriften über die Pfändbarkeit auf. Pfändbar sind die zum Finanzvermögen gehörenden, nur bedingt aber die zum Verwaltungsvermögen gehörenden Sachen: «Die Vermögenswerte eines Gemeinwesens, die unmittelbar der Erfüllung seiner öffentlichen Aufgaben dienen, stellen sein Verwaltungsvermögen dar und können auch mit seiner Zustimmung weder gepfändet noch verwertet werden, solange sie öffentlichen Zwecken dienen.» (Art. 9.) Als bedingt, d.h. nur mit Zustimmung der Kantonsregierung pfändbar werden erklärt die einem Gemeinwesen gehörenden Anstalten und Werke, die öffentlichen Zwecken dienen, sowie öffentliche Waldungen, Weiden und Alpen (Art. 8). Bei zweckgebundenem Vermögen (stiftungsähnlichen Fonds, Amtskautionen, Pensionskassen usw.) ist eine Pfändung nur möglich für Verpflichtungen, die sich aus seiner Zweckbestimmung ergeben (Art. 12). Vgl. dazu STUDER in ZBGR *17* 217–226, bes. 220.

75 Weiterhin wird festgehalten (was sich allerdings schon aus zivilrechtlichen Überlegungen ergibt; vgl. oben N. 72), dass unpfändbare Vermögensstücke auch nicht verpfändbar sind, solange sie öffentlichen Zwecken dienen (Art. 10).

76 Vgl. dazu FRITZSCHE HANS, Schuldbetreibung, Konkurs und Sanierung II, Zürich 1955, 469 ff; BRAND ERNST, SJK Nr. 1036; MOSER HANS PETER, Zur bundesrechtlichen Regelung der Schuldbetreibung gegen Ge-

meinden und andere Körperschaften des kantonalen Rechts (Diss Zürich 1949); Diggelmann R., Die Beiratschaft über Gemeinden (Diss Zürich 1952). Nachweis der (teilweise überholten) Literatur aus der Zeit vor dem 1. Januar 1949: Fritzsche a. a. O. 469 N. 562.

Eine spezielle Regelung der Zwangsvollstreckung gegen die Kantone 77
besteht nicht; von ihrer Einbeziehung in das vorerwähnte BG ist, nachdem sie zunächst vorgesehen gewesen war, schliesslich mit Recht abgesehen worden. Bei Eintritt der Insolvenz eines Kantons wäre der Bund ohnehin gezwungen, mit besonderen, dem Einzelfall adäquaten Massnahmen einzugreifen (vgl. BBl *90* II S. 8).

Über die Frage der Zwangsvollstreckung gegenüber dem Bund und sei- 78
nen öffentlichrechtlichen Anstalten vgl. die Ausführungen in der Botschaft des Bundesrates vom 12. Juni 1939 (BBl *91* II S. 7).

Zur Frage, wieweit nach dem Inkrafttreten des BG vom 1. Januar 1949 79
auf Grund von Art. 796 II den Kantonen Raum bleibt, Vorschriften über die Verpfändung öffentlichen Grundes aufzustellen, vgl. die Bemerkungen zu diesem Artikel.

Sowohl das genannte BG wie Art. 796 II beziehen sich nur auf öffent- 80
lichen Grund, nicht aber auf öffentliche Gewässer und kulturunfähiges Land. Eine Verpfändung herrenloser Sachen ist jedoch schon auf Grund der Gewährleistung des Gemeingebrauchs an denselben unmöglich. Durch diese Gewährleistung wird die Veräusserung von herrenlosen Sachen aus fiskalischen Gründen ausgeschlossen, damit aber auch eine Verpfändung, welche die Möglichkeit der Verwertung, und zwar der Verwertung zum Zwecke der Geldbeschaffung, voraussetzt. Auch aus dem Stillschweigen des BG wie des Art. 796 II hinsichtlich der herrenlosen Sachen muss entnommen werden, dass der Gesetzgeber die Unmöglichkeit der Verpfändung und Pfandverwertung in bezug auf diese als selbstverständlich voraussetzt.

Zur Frage der Verpfändbarkeit vgl. weiterhin ZBGR *16* 54 f (wo die Mög- 81
lichkeit der Pfandverwertung wohl zu Unrecht verneint wird); *17* 76 ff, 217 ff, 224 f.

8. Die Anwendbarkeit der Bestimmungen des Privatrechts auf öffentliche Sachen

a) Allgemeines

In der Hoheit der Kantone über die in ihrem Gebiet liegenden herrenlosen 82
und öffentlichen Sachen ist die Befugnis enthalten, diese Sachen ganz oder teilweise den Bestimmungen des Privatrechts zu unterstellen oder aber dessen Anwendbarkeit auszuschliessen; ob und wieweit Bundesprivatrecht

anzuwenden ist, entscheidet in erster Linie das kantonale öffentliche Recht (vgl. HAAB, Art. 664 N. 17, 27). Wo positive Bestimmungen fehlen (was regelmässig der Fall ist), pflegt die Praxis privatrechtliche Rechtssätze anzuwenden, soweit der öffentlichrechtliche Zweck, dem die Sache zu dienen hat, das nicht verbietet.

83 Der Grundsatz, dass die Anwendbarkeit des Bundesprivatrechts durch das kantonale öffentliche Recht geregelt wird, erfährt allerdings ganz wesentliche Einschränkungen. Das Bundesgericht wendet in ständiger Praxis sowohl die Bestimmungen des Immissionenschutzes (Art. 679, 684, 685) wie auch der Werkeigentümerhaftung (OR 58) auf öffentliche Sachen an, ohne zu untersuchen, ob hiefür eine Grundlage im kantonalen Recht gegeben sei. Ebensowenig können die Kantone die Anwendbarkeit des Bundesprivatrechts wegbedingen, wenn sie sich privatrechtlicher Institute bedienen und z. B. Dienstbarkeiten an öffentlichen Sachen zugunsten Privater oder an privatem Grund zugunsten eines Gemeinwesens errichten (ZSGV *36* 86 f; HAAB, Art. 664 N. 17, 27). Wenn sie über öffentliche Sachen rechtsgeschäftlich (nicht durch Verwaltungsakt) verfügen wollen, können sie dies nur wiederum nach den Regeln des Privatrechts tun, so dass die grundsätzliche Befugnis der Kantone, über die Anwendbarkeit des Privatrechts zu legiferieren, sehr stark eingeschränkt ist.

84 Je mehr die Stellung des Gemeinwesens derjenigen eines privaten Grundeigentümers gleicht, in um so weiterem Umfang werden die betreffenden Liegenschaften den Regeln des Privatrechts unterstellt. Aus diesem Grund werden die Liegenschaften des Verwaltungsvermögens in erhöhtem Mass dem Privatrecht unterworfen, während die Sachen des Finanzvermögens ausschliesslich diesem unterliegen, da hinsichtlich des letzteren die Stellung des Gemeinwesens derjenigen eines privaten Eigentümers entspricht. Aus der gleichen Überlegung heraus tritt umgekehrt die Anwendbarkeit des Privatrechts bei den herrenlosen Sachen stark zurück, da das staatliche Eigentum, wenn der Kanton überhaupt solches beansprucht, diesem nur in sehr beschränktem Umfang die Stellung eines privaten Eigentümers verschafft (vorn N. 62).

b) Die Anwendbarkeit der sachenrechtlichen Bestimmungen

85 Grundsätzlich können die Bestimmungen des ZGB, insbesondere des Sachenrechts, auch auf herrenlosen und öffentlichen Grund angewendet werden. Die Geltung des Sachenrechts wird durch den Vorbehalt der kantonalen Hoheit nicht aufgehoben, sondern muss vielmehr bis zum Ausschluss durch ausdrückliche Bestimmung des kantonalen Rechts vermutet werden. So hat das Bundesgericht zu Recht die Art. 671–673 und 677 bei Bauten auf kulturunfähigem Land angewendet (BGE *81* II 272 ff).

86 Grosse praktische Bedeutung kommt der Frage der Anwendbarkeit der nachbarrechtlichen Bestimmungen zu, insbesondere der Normen des Immissionenschutzes (Art. 679, 684, 685). Das Bundesgericht unterscheidet, ob die Immission auf die Ausübung des Eigentums bzw. einer eigentumsähnlichen Sachherrschaft des Gemeinwesens zurückgeht oder aber durch die Ausübung der Hoheit verursacht ist. Im ersteren Fall wird der Anspruch des Betroffenen auf Unterlassung der Immission bzw. auf Ausrichtung einer zivilrechtlichen Entschädigung geschützt, im letzteren Fall abgewiesen, wobei vor allem angenommen wird, dass die Regelung des Gemeingebrauchs nicht Ausübung des Eigentums, sondern der Hoheit sei, somit die Rechtsbehelfe der Art. 679, 684 und 685 bei durch den Gemeingebrauch verursachten Immissionen nicht zur Verfügung stünden. Vgl. BGE *79* I 203; *83* II 543. In diesem Sinne wurde die Anwendbarkeit der genannten Artikel in folgenden Fällen bejaht: BGE *70* II 88; *75* II 118 ff; *76* II 131 ff; und verneint: BGE *43* II 271 ff E. 2; *61* II 326 ff E. 3, 4. Vgl. weiterhin Haab, Art. 664 N. 17 und dort zitierte.

87 Diese Auffassung ist – allerdings weniger im praktischen Ergebnis als in der rechtlichen Konstruktion – scharf kritisiert worden (vgl. Guisan, JT *1936* 298 ff; *1951* 140; Guhl, ZBJV *72* 541; Bachmann Ernst, Die nachbarrechtliche Überschreitung des Grundeigentums [ASR n. F. Heft 123, Bern 1937] 119; Roemer Rudolf, Rechtsschutz gegen Störungen von Eigentum und Besitz [Diss Bern 1948] 27; Wegmann Karl, Das Gemeinwesen als Nachbar [ASR n. F. Heft 188, Bern 1947] 24 ff sowie vor allem Oftinger Karl, Lärmbekämpfung als Aufgabe des Rechts [Zürich 1956] 32 ff, 38 f). Den Vorzug verdient die von Oftinger und Wegmann vertretene Ansicht, wonach die Beantwortung der Frage, ob ein Unterlassungs- bzw. Schadenersatzanspruch des benachbarten Grundeigentümers im Sinn von Art. 679 gegeben sei, davon abhängt, ob die Immission unter Wahrung der Zweckbestimmung der öffentlichen Sache vermeidbar sei oder nicht (eingehender dazu bei Art. 679).

88 Mit der Frage des zivilrechtlichen Schutzes vor Immissionen darf nicht vermengt werden das Problem der Entschädigung auf öffentlichrechtlicher Grundlage. Während der privatrechtliche Schutz nur bei Immissionen gegeben ist, die als solche unrechtmässig sind, kommt eine öffentlichrechtliche Entschädigung wegen materieller Enteignung auch bei rechtmässigen Eingriffen in Frage (dazu auch vorn N. 40 f).

c) Die Werkeigentümerhaftung gemäss OR 58

89 Die Frage der Anwendbarkeit privatrechtlicher Bestimmungen auf Rechtsverhältnisse an öffentlichen Sachen hat im Zusammenhang mit der Werkeigentümerhaftung besondere Bedeutung erlangt. Strassen, Plätze,

Wege, Brücken, Fussgängersteige und andere dem Verkehr dienende Anlagen können zur Entstehung eines Schadens beitragen, wenn sie mangelhaft sind. Dass sie Werkqualität im Sinn von OR 58 haben, ist offenkundig und wird allgemein angenommen (vgl. OFTINGER, Haftpflichtrecht II/1 36, 69; HAAB, Art. 664 N. 27 und dort zitierte; STEINER, SJZ *29* 73 ff; BGE *44* II 189; *59* II 176, 395 sowie die nachstehend N. 90 in fine zitierten).

90 Schwerer zu beantworten ist die Grundsatzfrage, ob die privatrechtlichen Haftungsbestimmungen, hier die Bestimmungen der Werkeigentümerhaftung, auf öffentlichrechtliche Körperschaften und die von diesen bereitgestellten öffentlichen Sachen überhaupt angewendet werden können.

Das Bundesgericht bejaht die zivilrechtliche Verantwortlichkeit der Gemeinwesen in ständiger Rechtsprechung, allerdings auch hier nur so weit, als die Schädigung als Folge der Ausübung des Eigentums und nicht des Hoheitsrechts erscheint (vorn N. 86 und dort zitierte). Nach dieser Praxis, die im Ergebnis richtig ist, kann sich somit ein Kanton auch nicht durch ausdrückliche Bestimmung der Haftung gemäss OR 58 hinsichtlich der seiner Hoheit unterstellten öffentlichen Sachen entschlagen (BGE *61* II 326; *70* II 87 ff).

91 Über die Versuche, diese Haftbarkeit zu begründen, vgl. OFTINGER 24 ff, 91 ff lit. ε, bes. Anm. 458, und LANZ, Haftung des Staates als Eigentümer von Werken (Diss Zürich 1958) 18–36. Auch hier wird, ähnlich wie bei der Frage der Anwendung der nachbarrechtlichen Bestimmungen, die Lösung vielfach in einer dualistischen Auffassung der öffentlichen Sachen gesucht und die Anwendbarkeit des zivilistischen Haftpflichtrechts dann bejaht, wenn das Gemeinwesen nicht in Ausübung hoheitlicher Befugnis, sondern in Betätigung privatrechtlicher Eigentumsherrschaft (zu der die Bereitstellung und der Unterhalt eines öffentlichen Werks wie einer Strasse gezählt wird) Anlass zum Eintritt eines Schadens gegeben hat (Literatur bei OFTINGER 25. Vgl. weiterhin BGE *43* II 271; *61* II 325 f, 328; *70* II 87 ff).

92 Diese Begründung vermag aus ähnlichen Gründen, wie sie beim Immissionenschutz namhaft gemacht wurden (N. 87 und dortige Zitate), nicht zu überzeugen und kann auch nicht darüber hinwegtäuschen, dass die Haftbarkeit überhaupt nicht auf ausdrückliche Gesetzesnormen gestützt werden kann, sondern sich nur aus allgemeinen Rechtsgrundsätzen ableiten lässt. Am einleuchtendsten ist der Hinweis auf den Grundsatz der Rechtsgleichheit, der nicht nur eine formale, sondern eine materiale Gleichbehandlung der Bürger fordert und es deshalb nicht zulässt, dass der eine geschädigt wird, während der andere schadlos ausgeht (vgl. LANZ a. a. O. 31 f und dort zitierte, sowie weiterhin 71 ff, 82 ff).

93 Bejaht man die Haftung der Gemeinwesen und erklärt man damit Privatrecht als anwendbar – gleichgültig mit welcher Begründung – muss

man konsequenterweise die Frage, ob ein öffentliches Werk, insbesondere eine Strasse, Mängel aufweise, und welche Anforderungen an den Unterhalt zu stellen seien (Sorgfaltspflicht gemäss OR 58), nach den von der Privatrechtslehre gewonnenen Grundsätzen beantworten (vgl. BGE *59* II 182; *72* II 201 und weitere bei Oftinger zitierte). Immerhin ist zu beachten, dass die an die Mängelfreiheit zu stellenden Anforderungen nur hinwiederum im Hinblick auf die – vom öffentlichen Recht umrissene – Zweckbestimmung einer öffentlichen Sache ermittelt werden können («un ouvrage n'est défectueux que s'il n'offre pas une sécurité suffisante pour l'usage auquel il est destiné» – BGE *59* II 395). Ist auf einer bestimmten Strasse das Schlitteln mit Gefahr verbunden, genügt es, wenn die Gemeinde dasselbe untersagt. Weder muss sie die für die (unerlaubte) Verkehrsart bestehende Gefahr beseitigen, noch muss sie das Schlitteln faktisch verunmöglichen (ZSGV *47* 186 ff).

Da die Kantone sich ihrer Haftung nach OR 58 nicht entschlagen kön- 94
nen, vermögen die von den Kantonen aufgestellten Vorschriften über den Unterhalt der öffentlichen Sachen (Umreissung der Streupflicht usw.) die vom Zivilrecht an die Sorgfalt gestellten Anforderungen nicht herabzusetzen, wohl aber zu erhöhen.

Die öffentliche Hand haftet nicht nur für Schäden, die sich aus Mängeln 95
der baulichen Anlage einer öffentlichen Sache ergeben, sondern auch aus Mängeln des Unterhalts und Betriebs: Ungenügendes Wegräumen von Schnee oder Streuen von Sand, unzureichende Signalisation oder Beleuchtung. Vgl. die Kasuistik bei Oftinger II/1 71–91.

Das Gemeinwesen haftet für durch Mängel öffentlicher Strassen verursachte Schäden auch dann, wenn die Strassen im Privateigentum stehen. Über die Problematik der rechtlichen Begründung dieser Praxis vgl. Oftinger II/1 69 ff.

d) Ersatzanspruch des Gemeinwesens bei Schädigung öffentlicher oder herrenloser Sachen

Aus der Hoheit der Kantone über die herrenlosen und öffentlichen Sachen 96
muss – ohne Rücksicht auf die Regelung der Eigentumsfrage – gefolgert werden, dass den Kantonen nicht nur die Befugnis der Abwehr von schädigenden Eingriffen in den Bestand der hoheitsunterworfenen Sachen (vorn N. 43 ff), sondern auch ein Schadenersatzanspruch zusteht, wenn eine Schädigung solcher Sachen entstanden ist. Aus ähnlichen Überlegungen wie im umgekehrten Fall der Haftung des Staates sind die privatrechtlichen Haftungsbestimmungen auch dann anzuwenden, wenn der Schädiger ein Privater, Geschädigte die durch das Gemeinwesen repräsentierte Allgemein-

heit ist. Zu Recht verurteilte deshalb das Bundesgericht ein Elektrizitätsunternehmen zur Leistung von Ersatz an den Kanton Glarus wegen Schädigung des Fischbestandes eines öffentlichen Gewässers (ZSGV *15* 37). Desgleichen erklärte es eine Gemeinde als gegenüber dem Kanton Bern nach Massgabe von ZGB 679 und 684 haftbar, weil eine ihr gehörende Abwasseranlage eine Vergiftung von Fischen verursacht hatte (BGE *75* II 118 ff).

e) Rechtsgeschäftliche Verfügungen über herrenlose und öffentliche Sachen

97 Ob und inwieweit die öffentlichen Sachen Gegenstand des Privatrechtsverkehrs sein können, bestimmt sich von Fall zu Fall nach kantonalem Recht (dazu: SJZ *13* 391 f Nr. 102 [Solothurn]; ZBJV *49* 695; *51* 371; *60* 556; MBVR *18* Nr. 27 [Bern]). Im allgemeinen gilt das Prinzip, dass privatrechtliche Verpflichtungs- und Verfügungsgeschäfte nur soweit zulässig sind, als sie die Zweckbestimmung der Sache nicht beeinträchtigen. Der Rechtsverkehr selbst dagegen, wie namentlich die Form der Übertragung von Privatrechten an öffentlichen Sachen, richtet sich nach eidgenössischem Recht (vgl. BGE *41* II 659; ZBJV *95* 4/5; Haab, Art. 664 N. 27).

98 Eine zivilrechtliche Veräusserung herrenloser Sachen fällt ausser Betracht. Zwar ist die Begründung von Privateigentum grundsätzlich möglich, aber von einem Eigentumsübergang im zivilistischen Sinn kann selbst dann nicht gesprochen werden, wenn der Gebietskanton seinerseits an der betreffenden Sach-Gattung Eigentum beansprucht. Vom Standpunkt des Bundesprivatrechts aus liegt vielmehr eine (vom kantonalen Recht geregelte) Aneignung im Sinne des Absatzes III vor, die auch dann kein Kauf, sondern ein ausschliesslich vom kantonalen öffentlichen Recht normierter Vorgang originären Rechtserwerbs ist, wenn der Aneignende dem Gemeinwesen eine Entschädigung bezahlt (über die öffentlichrechtliche Regelung der Aneignung vgl. hinten N. 206 ff).

99 Bei der Begründung von Sonder-Gebrauchsrechten fällt es nicht immer leicht, zu unterscheiden, ob es sich dabei um einen privatrechtlichen Vorgang (Begründung eines beschränkten dinglichen Rechts wie einer Dienstbarkeit, Einräumung eines obligatorischen Anspruchs z. B. durch Pachtvertrag) oder einen Akt des öffentlichen Rechts (Bewilligung des gesteigerten Gemeingebrauchs, Sondernutzungskonzession) handelt. Hier ist den Kantonen in der Abgrenzung der Geltung privaten und öffentlichen Rechts weitgehende Freiheit gelassen. Wo kantonale Normen fehlen – was die Regel sein wird –, ist auf die Grundsätze der Verwaltungsrechtslehre und die Umstände des einzelnen Falles abzustellen, wobei vor allem der Charakter der belasteten Sache in Betracht fällt. Bei herrenlosen und im Gemein-

gebrauch stehenden öffentlichen Sachen, wie meistens auch bei Sachen des Verwaltungsvermögens, spricht die Vermutung zugunsten publizistischer Sonderrechte, deren Begründung sich nach öffentlichem Recht richtet. Umgekehrt werden beim Finanzvermögen, das ja dem Privatrecht unterliegt, nur zivilistische Rechte Privater möglich sein.

Nach dem Wortlaut von Art. 664 liegt die Annahme nahe, dass an herren- 100
losen Sachen nicht nur ein zivilrechtlich-derivativer Eigentumserwerb (oben N. 98), sondern auch die Begründung beschränkter dinglicher Rechte des ZGB ausgeschlossen sei und Sonderrechte nur auf öffentlichrechtlicher Grundlage (Bewilligung gesteigerten Gemeingebrauchs, Sondernutzungskonzession) möglich seien. Der Formulierung von Absatz III, der von einer (öffentlichrechtlichen) Regelung der Aneignung und des Gemeingebrauchs spricht und damit auch die Errichtung von Sonderrechten auf das öffentliche Recht verweist, ist jedoch der Text von Art. 944 I entgegenzuhalten, der die Möglichkeit der Begründung beschränkter dinglicher Rechte des ZGB auch für die herrenlosen Sachen ausdrücklich voraussetzt.

9. Die Beschränkung der kantonalen Hoheit durch das öffentliche Recht des Bundes

Die den Kantonen vorbehaltene Hoheit über die herrenlosen und öffent- 101
lichen Sachen findet ihrerseits eine Schranke im öffentlichen Recht des Bundes, das dem kantonalen Recht vorgeht. Auf diese Abgrenzung der Kompetenzen von Bund und Kantonen kann hier nur summarisch hingewiesen werden.

Bei der Ausübung ihrer Hoheit müssen die Kantone die verfassungsmäs- 102
sigen Rechte der Bürger respektieren. Über die Bedeutung des Willkürverbots von BV 4 vgl. hinten N. 201 f, derjenigen der Handels- und Gewerbefreiheit von BV 31 hinten N. 204.

Vorbehalten bleibt auch hinsichtlich der herrenlosen und öffentlichen 103
Sachen das Oberaufsichts- und Hoheitsrecht des Bundes (vgl. BV 18/22, 23, 24, 24bis, 24ter, 24^{quater}, 25/28, 34, 34ter, 36, 37, 37bis).

Die grundsätzlich den Kantonen zustehende Hoheit über die *öffentlichen* 104
Strassen ist zugunsten des Bundes namentlich durch folgende Bestimmungen beschränkt:

- BV 36 lässt den Bund – indem er ihm die Oberaufsicht über Strassen und Brücken, an denen die Eidgenossenschaft ein Interesse hat, überträgt – dafür sorgen, dass diese in verkehrstüchtigem Zustande erhalten werden.
- BV 37 gewährleistet die Strassenfreiheit im Sinne der Unentgeltlichkeit des Strassenverkehrs.

- Beschränkungen der kantonalen Strassenhoheit ergeben sich sodann aus der Eisenbahnhoheit des Bundes (BV 26; Eisenbahngesetz vom 20. Dezember 1957).
- BV 23 III räumt der Bundesversammlung das Recht ein, zur Vermeidung der Verletzung militärischer Interessen der Eidgenossenschaft die Errichtung von öffentlichen Werken zu untersagen, womit vor allem Strassenbauten gemeint sind.
- BV 37 und 37bis sowie die sich darauf stützende Bundesgesetzgebung: BG über den Motorfahrzeug- und Fahrradverkehr vom 15. März 1932 und VVO vom 25. November 1932, teilweise abgelöst durch das BG über den Strassenverkehr vom 19. Dezember 1958 (SVG);
  BG über die Nationalstrassen vom 8. März 1960;
  VO über die Strassensignalisation vom 17. Oktober 1932;
  BG über die elektrischen Anlagen vom 24. Juni 1902 (Art. 5, 7, 8, 11);
  BG über die gebrannten Wasser vom 21. Juni 1932 (Art. 41 III: Verbot des Verkaufes gebrannter Wasser auf öffentlichen Strassen und Plätzen).

  Dazu ausser der vorn S. 148f zitierten Literatur zum Strassenrecht insbesondere noch BBl 1957 II 817 ff.

105 Die kantonale Hoheit über die *Gewässer* wird vor allem durch folgende Vorschriften beschränkt:

- BV 24bis
- BG betreffend die Nutzbarmachung der Wasserkräfte vom 22. Dezember 1916
- BG betreffend die Wasserpolizei im Hochgebirge vom 22. Juni 1877/8. Oktober 1912.
- BV 24ter
- BV 24^{quater}
- BG über den Schutz der Gewässer gegen Verunreinigung vom 16. März 1955, welches die Kantone allerdings nicht hindert, weitergehende Anforderungen an den Gewässerschutz zu stellen (vorn N. 43 f).

106 Die kantonalen Befugnisse, den Gemeingebrauch der herrenlosen Sachen zu regeln, werden weiterhin durch BV 25 und die darauf beruhende Bundesgesetzgebung über die Ausübung der Jagd und Fischerei sowie das Forstwesen eingeschränkt (vgl. vorn N. 47).

10. Begründung und Endigung der Öffentlichkeit einer Sache

107 *a)* **Die herrenlosen Sachen** sind von Natur aus zur Allgemeinheit hingeordnet, so dass von einer Begründung der Öffentlichkeit in diesem Zusammen-

hang nicht gesprochen werden kann. Dagegen kann die Öffentlichkeit einer herrenlosen Sache beendigt werden durch Aneignung (hinten N. 206 ff). Die Begründung von Privateigentum (die nur im Rahmen der vom kantonalen Recht umrissenen Voraussetzungen möglich ist) schliesst sowohl die Eigenschaft als herrenlose Sache wie den Gemeingebrauch daran aus.

b) Eine Sonderstellung nehmen auch hier die grundsätzlich zum Kreis der 108
herrenlosen Sachen gehörenden **öffentlichen Gewässer** ein. Denn der Kreis der öffentlichen Gewässer wird nicht vom Bundesgesetzgeber selber umschrieben, wie dieser das herrenlose Land durch den Begriff der Kulturunfähigkeit materiell umschreibt. Vielmehr ist es den Kantonen überlassen, zu bestimmen, von welcher Grösse an Gewässer als öffentliche zu betrachten sind und im Gemeingebrauch stehen. Wenn ein Kanton den Kreis der öffentlichen Gewässer erweitert oder Grundwasser von einer bestimmten Mächtigkeit für die Öffentlichkeit neu in Anspruch nimmt (vgl. EG/ZGB des Kantons Zürich, § 137bis, dazu BGE *55* I 397 ff), können durch einen Akt des Gesetzgebers Gewässer, die bis anhin Bestandteil des sie umgebenden Erdbodens waren und deshalb im Privateigentum stehen konnten, als öffentliche Gewässer konstituiert werden (über die beim Grundwasser zu beachtende bundesprivatrechtliche Schranke hinten N. 156 f und die Ausführungen zu Art. 704 III). Von dem kulturunfähigen herrenlosen Land unterscheiden sich die als öffentlich erklärten Gewässer auch insofern, als sie grundsätzlich im Privateigentum stehen können, ohne dadurch den Charakter der Öffentlichkeit zu verlieren. Die durch das Eigentum an öffentlichen Gewässern vermittelten Befugnisse lassen sich nur auf Grund des kantonalen Rechts feststellen.

c) Eine **öffentliche Sache** kann grundsätzlich nur durch einen Verwal- 109
tungsakt der zuständigen Behörde (Widmung, Indienststellung) errichtet und nur durch einen gleichartigen Akt ihrer öffentlichen Zweckbestimmung wieder entzogen werden (Entwidmung, Ausserdienststellung, Kassierung; im Wegrecht auch «Entziehung» genannt). Vgl. FLEINER 367 f; HAAB, Art. 694/6 N. 4; BGE *74* I 48; *71* I 440 E. 6.

Die Kantone umschreiben die materiellen Voraussetzungen der Begrün- 110
dung und Endigung der Öffentlichkeit einer Sache, bezeichnen z. B. die Voraussetzungen, denen eine Strasse zu genügen hat, damit sie zur öffentlichen gemacht werden kann (ZSGV *51* 494).

Die Kantone ordnen weiterhin das Verfahren der Öffentlicherklärung und Entwidmung, indem sie die zuständige Behörde (allenfalls eine Mehrheit von Behörden) bezeichnen. Im Kanton Bern ist z. B. für die Aufhebung einer öffentlichen Strasse die Genehmigung des Regierungsrates erforderlich: ZSVG *34* 259 ff. (vgl. weiterhin ZBGR *2* 86 f; *27* 238 f). Sie bestimmen, ob dem Bürger kantonale Rechtsbehelfe gegen die Errichtung oder Aufhebung einer öffentlichen Sache (bzw. gegen die Verweigerung der Errichtung oder Aufhebung; vgl. vorn N.26) zur Verfügung stehen.

111 Einer besonderen Form bedürfen die rechtsgestaltenden Verwaltungsakte auf Begründung und Aufhebung der Öffentlichkeit einer Sache grundsätzlich nicht, doch können die Kantone Formvorschriften aufstellen, z.B. die Publikation des Verwaltungsaktes im Amtsblatt oder die Aufnahme der öffentlichen Sache in einem Verzeichnis vorschreiben. Machen sie von dieser Möglichkeit Gebrauch, so muss ebenfalls dem kantonalen Recht entnommen werden können, ob der Beachtung dieser Formvorschriften konstitutive Wirkung zukommt, oder ob sie bloss deklaratorisch ist (die konstitutive Wirkung der Aufnahme öffentlicher Strassen im Strassenverzeichnis wird verneint für Zürich in ZSGV *46* 76 ff; ZBGR *5* 38, *26* 73; für Zug in ZSGV *58* 86 f und ZBGR *26* 320, für Thurgau in ZBGR *28* 43 f, für St. Gallen in ZBGR *5* 77).

112 Die Öffentlichkeit einer Sache wird selbst dann nur durch einen entsprechenden Verwaltungsakt begründet, wenn in der kantonalen Gesetzgebung der Kreis der öffentlichen Sachen, z.B. der öffentlichen Wege und Strassen, durch generell-abstrakte Normen umrissen wird. Dadurch wird die Öffentlicherklärung nicht ersetzt (für Luzern: ZSGV *51* 494 ff; *55* 386 f).

113 Auf einen konstitutiven Verwaltungsakt geht die Öffentlichkeit einer Sache nur dann nicht zurück, wenn sie auf *Unvordenklichkeit* beruht. Das Erfordernis einer Widmung fällt dahin, wenn nachgewiesen werden kann, dass die Sache seit unvordenklicher Zeit dem öffentlichen Zwecke diente. Der Grundsatz der Unvordenklichkeit besagt: «Ein Zustand, der nach Art eines Rechtszustandes solange besteht, dass sein Anfang sich im Dunkel der Vorzeit verliert, also über Menschengedenken hinaus liegt, berechtigt zur Annahme, dass er dereinst rechtmässig entstanden ist» (BGE *74* I 49 E. 3 mit Hinweis auf Regelsberger, Pandekten 464 ff; Savigny, System des heutigen römischen Rechts IV 480 ff; Gierke, DPR I 655 ff; Stobbe, DPR I 313 ff; Haab, Art. 694/6 N. 4). «Dieser Grundsatz war in den Rechten der schweizerischen Kantone dermassen allgemein verbreitet, dass seine Geltung für privat- und öffentlichrechtliche Verhältnisse solange angenommen werden darf, als nicht der Gegenbeweis erbracht ist» (eodem). In diesem Sinne auch AGVE 1948 24 f, 26 lit.b. Möglich ist im Einzelfall aber der Gegenbeweis, dass der öffentliche Gebrauch der Sache nur geduldet oder missbräuchlich war (vgl. ZBJV *67* 187).

114 Ohne das Element der Unvordenklichkeit ist die Faktizität des Gebrauchs bzw. des Nichtgebrauchs bedeutungslos und kann nicht einen begründenden oder aufhebenden Verwaltungsakt ersetzen: Die Begründung der Öffentlichkeit ist nicht möglich durch die blosse Tatsache des lang-

andauernden Gemeingebrauchs durch das Publikum unter Duldung des Eigentümers (vgl. FLEINER 367; ZBGR *15* 120 ff; aber auch das «Verbot widerspruchsvollen Verhaltens» bei IMBODEN, Verwaltungsrechtsprechung Nr. 40 II, bes. lit. d; BJM 1956 96). Ebensowenig verliert eine Sache den Charakter der Öffentlichkeit, wenn sich das Publikum nicht mehr ihrer bedient (FLEINER 367).

Da nach einer in der Schweiz verbreiteten Auffassung die Öffentlichkeit 115 einer im Privateigentum stehenden Sache nicht nur auf einer öffentlichrechtlichen Eigentumsbeschränkung, sondern auch auf einer privatrechtlichen Dienstbarkeit zugunsten des Gemeinwesens beruhen kann (vorn N. 66), gilt insoweit die von FLEINER (S. 386) für das deutsche Recht gemachte Feststellung (die von LEEMANN in der Vorauflage in N. 38 übernommen wurde), dass eine Ersitzung der Öffentlichkeit nicht möglich sei, nicht. Über die Ersitzung von Dienstbarkeiten zugunsten der Öffentlichkeit vgl. hinten Bemerkungen zu Art. 731 sowie LIVER, Art. 731, bes. N. 139 und BGE *71* I 441.

Die Behörden dürfen eine Sache einem öffentlichen Zweck nur dann wid- 116 men, wenn sie auch die Verfügungsgewalt über diese besitzen und durch die Öffentlicherklärung keine privaten dinglichen Rechte verletzt werden (vgl. BGE *20*, 327 f; *71* I 440; *74* I 48; ZBGR *31* 329. Siehe auch die Ausführungen und Literaturangaben zu der Eigentumsgarantie hinten N. 118 ff). Besitzt das Gemeinwesen die Verfügungsgewalt nicht, muss sie sich diese auf dem Weg der Expropriation verschaffen oder eine Verständigung mit dem privaten Berechtigten suchen.

Durch die Öffentlicherklärung einer Sache werden darauf haftende be- 117 schränkte dingliche Rechte Dritter, wie Pfandrechte und Dienstbarkeiten, nicht berührt, und zwar selbst dann nicht, wenn das frühere private Eigentumsrecht nicht auf das Gemeinwesen übertragen wurde, sondern durch die Öffentlicherklärung untergegangen ist (ZBJV *67* 187/88; BlZR *4* Nr. 40; vorn N. 69).

11. Die Eigentumsgarantie als Schranke der kantonalen Hoheit

a) Allgemeines

Über die Eigentumsgarantie im allgemeinen vgl. im Systematischen Teil 118 N. 209 bis 251 und die dort S. 96 ff zitierte Literatur, dazu neu die Hinweise bei Art. 666 (hinten S. 232) und IMBODEN, Verwaltungsrechtsprechung Nr. 45, 46; teilweise auch die vorn S. 145 ff zum Wasserrecht angegebene Literatur.

Wenn ein Gemeinwesen eine Sache der Öffentlichkeit widmet, über die 119 sie die Verfügungsmacht nicht besitzt und seinerseits die zur öffentlichen gemachte Sache zu Eigentum beansprucht, das Eigentum des bisher Berechtigten somit aufgehoben wird, liegt der Tatbestand einer Enteignung im engeren Sinn (vgl. Systematischer Teil, N. 229–233) vor. Ein expropriationsähnlicher Tatbestand (Systematischer Teil N. 233–251) ist dann gegeben, wenn das bisherige Eigentum zwar der Form nach nicht aufgehoben, wohl aber die dem Eigentümer zustehende Verfügungsmacht durch die Öffentlicherklärung in einem Ausmass beschränkt wird, die einer Enteignung gleichkommt.

120 Die Auswirkungen der Eigentumsgarantie sind bei beiden Arten des Eingriffs in Eigentumsrechte dieselben: Der Betroffene erlangt einen Anspruch auf Vergütung des zugefügten Vermögensnachteils, wenn der Eingriff in die Eigentumsrechte als solcher rechtmässig ist. Dieser Eingriff ist dagegen ungültig, wenn er unrechtmässig ist. Voraussetzung der Rechtmässigkeit ist einerseits, dass der Eingriff durch öffentliche Interessen gefordert sei (Systematischer Teil N. 222–224), anderseits, dass er auf einer gesetzlichen Grundlage beruhe (Systematischer Teil N. 220, 221). Diese beiden Voraussetzungen müssen erfüllt sein, soll die Öffentlicherklärung einer im Privateigentum stehenden Sache nicht ungültig sein.

121 Die Eigentumsgarantie schützt nicht nur den Eigentümer, sondern auch den Träger beschränkter dinglicher Rechte, ja sogar den Inhaber von Konzessionen, die keine subjektiven Privatrechte darstellen (BGE *74* I 470 lit. b; ZSGV *38* 284). Dagegen werden von diesem Schutz nicht erfasst die aus einer Polizeierlaubnis sich ergebenden Befugnisse (über den Gegensatz zwischen Konzession und Polizeierlaubnis siehe hinten N. 163 und dort zitierte). Ebenso wird der Anspruch auf Ersatz eines Schadens abgelehnt, der sich aus der Aufhebung des Gemeingebrauchs einer öffentlichen Sache für einen Anstösser ergeben kann (vgl. BGE *47* II 80 ff; ZSGV *54*, 273 ff; Fleiner, 377; Haab, Art. 664 N. 21; Greuter, 63 ff; Bosshard, Eigentumsgarantie 28 f). Ein Ersatzanspruch kommt allerdings dann in Frage, wenn das kantonale Recht eine Grundlage für einen solchen bietet (ZSGV *37* 174 ff; BGE *61* I 231).

122 Das Gleiche gilt für den Gemeingebrauch der öffentlichen Gewässer und der diesen gleichgestellten grossen Grundwasservorkommen. Deshalb wird der Interessierte durch die Eigentumsgarantie nicht vor der Trockenlegung eines Flusses, der Senkung des Grundwasserspiegels geschützt (ZSGV *50* 317 ff; *51* 451 ff; auch BGE *55* I 397 ff; *65* II 145 ff).

b) Einzelfragen

123 Bei der Expropriation von Privatstrassen, die zu öffentlichen gemacht und dem Gemeingebrauch gewidmet werden sollen, wird in der Regel keine

Entschädigung bezahlt. Dem bisherigen Eigentümer entsteht durch den Entzug des Eigentums kein Vermögensschaden; meist hat er nur Vorteile, weil er für den Unterhalt nicht mehr aufkommen muss (ZSGV *54* 475 ff; BlZR *9* Nr.42; *49* Nr.109).

Bei der Erstellung von öffentlichen Quartierstrassen ist dem expropriier- 124
ten Grundeigentümer eine Entschädigung zu bezahlen; für die Aufwendungen bei Expropriation und Erstellung der Strassen können jedoch von den Bevorteilten bis zum Betrag der effektiven Kosten Mehrwertbeiträge erhoben werden (ZBGR *28* 186; dazu hinten N.217ff).

Die Eigentumsgarantie kommt dem Träger eines Wasserrechts insofern 125
zugute, als kein Wasserzins erhoben werden darf, der mit der Verleihung im Widerspruch steht (BGE *48* I 607ff; ZSGV *38* 284f). Vgl. auch hinten N.192, 196.

Zum Verfahren bei der Geltendmachung der aus der Eigentumsgarantie 126
sich ergebenden Ansprüche vgl. BGE *70* II 89; ZSGV *28* 635 ff; *41* 33 ff.

c) Anhang: Enteignung öffentlicher Sachen zulasten eines Gemeinwesens

Grundsätzlich ist auch die Expropriation einer öffentlichen Sache zu- 127
lasten eines Gemeinwesens möglich, sei es, dass das letztere Eigentümerin einer öffentlichen Sache ist, sei es, dass es ein blosses Hoheitsrecht über die Sache hat, diese selber aber im Privateigentum steht. Vgl. Art.7 EntG. Als Exproprant kommt eine öffentlichrechtliche Körperschaft in Frage (ein Kanton enteignet eine Gemeinde) oder ein Privater, der auf Grund einer Konzession ein Enteignungsrecht hat (z.B. ein Bahnunternehmen: BGE *71* I 492 ff, Zürichbergbahn-Gesellschaft AG expropriiert die Stadtgemeinde Zürich).

Bei Fehlen ausdrücklicher Vorschriften in kantonalen Expropriations- 128
gesetzen ist die Frage, ob eine Enteignung öffentlicher Sachen möglich sei, nur dann zu bejahen, wenn das die Enteignung rechtfertigende öffentliche Interesse intensiver ist als der öffentliche Zweck, dem die Sache bisher diente (vgl. Haab, Das Objekt der Expropriation [ASR a.F. Heft 73, Bern 1917] 91). Über die Frage der Enteignungsfähigkeit öffentlicher Sachen im allgemeinen und über die aargauischen Verhältnisse im besonderen auch Achermann, H.R., Das materielle Enteignungsrecht des Kantons Aargau (Aarau 1951) 90 ff.

III. DIE VERMUTUNG ZU UNGUNSTEN DES PRIVATEIGENTUMS (ABSATZ II)

1. Absatz II als inhaltliche Umschreibung des Begriffs der «herrenlosen Sachen» im Sinn von Absatz I und III

129 Welche Sachen als *öffentliche* im Sinne von Abs. I und III zu betrachten sind, ergibt sich allgemein aus der Verwaltungsrechtslehre (vorn N. 5 ff), im Einzelfall aus dem eine Sache zur öffentlichen machenden staatlichen Hoheitsakt (vorn N. 109 ff). Im Gegensatz dazu werden die *herrenlosen Sachen* nicht durch einen solchen Hoheitsakt konstituiert; der Kreis der zu den herrenlosen gehörenden Sachen muss durch eine generell-abstrakte Norm abgegrenzt werden. Herrenlos im Sinne von Art. 664 sind jene Sachen, die in niemandes Eigentum stehen und die nur unter erschwerten Voraussetzungen in Privateigentum übergeführt werden können (vorn N. 12). Für welche Sachen dies zutrifft, sagt Abs. II; welches die Erschwerungen für den Erwerb von Eigentum sind, ergibt sich aus der in diesem Absatz aufgestellten Vermutung zuungunsten des Privateigentums (darüber hinten N. 141 ff).

130 Das Bundesprivatrecht gibt in Abs. II durch den Begriff der «Kulturunfähigkeit» und den hinzugefügten Beispielen («Felsen und Schutthalden», «Firnen und Gletscher») eine inhaltliche Abgrenzung jenes Bodens, welcher der Vermutung zuungunsten des Privateigentums unterstellt ist. Dagegen setzt das Bundesprivatrecht nicht fest, welche Gewässer dieser Vermutung unterliegen. Der Gesetzestext spricht von «*öffentlichen*» Gewässern, ohne zu sagen, was darunter zu verstehen ist. Es darf in dieser Formel nicht eine – der Abgrenzung des kulturunfähigen Bodens entsprechende – materielle Umschreibung gesehen und als öffentliches Gewässer jenes verstanden werden, das auf Grund seiner natürlichen Beschaffenheit der Öffentlichkeit zugänglich ist. Vielmehr verweist das Gesetz damit wiederum auf andere Normen, die festsetzen, welche Gewässer als öffentliche zu betrachten sind. Zuständig zum Erlass dieser Normen sind die Kantone. Sie haben zu bestimmen, welche Gewässer als Bestandteil des anstossenden Grund und Bodens im Privateigentum stehen und welche umgekehrt öffentliche sind, damit im Gemeingebrauch stehen und von der kantonalen Hoheit erfasst werden (hinten N. 152 ff).

2. Die Tragweite der Vermutung

a) Regel der Beweislastverteilung

Abs. II enthält eine praesumptio iuris, dass an öffentlichen Gewässern und kulturunfähigem Land kein Privateigentum besteht. Damit wird die Möglichkeit von Eigentumsrechten an diesen Sachen nicht ausgeschlossen; es steht vielmehr der Gegenbeweis offen. Er ist von demjenigen zu erbringen, der Eigentum beansprucht. Die Bedeutung dieser Vermutung neben der allgemeinen Beweisregel von Art. 8 beruht darin, die (an sich mögliche) Auffassung auszuschliessen, dass die für Fahrnis geltende Eigentumsvermutung zugunsten des Besitzers (ZGB 930 I) auch bei kulturunfähigem Land und öffentlichen Gewässern spiele, die (wie Fahrnis) nicht im Grundbuch aufzunehmen sind. 131

Die Vermutung von Abs. II hat weiterhin insofern Bedeutung, als damit verhindert wird, dass die von den Kantonen hoheitlich zu erlassenden Normen sich nur auf jene Sachen beziehen können, für welche die Gemeinwesen ihrerseits in einer allfälligen Streitigkeit das Fehlen von Privateigentum nachzuweisen vermögen. Die Vermutung zuungunsten des Privateigentums enthält deshalb nicht nur eine negative Seite, sondern auch deren positives Gegenstück: *Die Vermutung zugunsten der durch keinerlei Privatrechte eingeschränkten hoheitlichen Normsetzungsbefugnis der Kantone.* 132

Die Vermutung des Abs. II erstreckt sich nicht nur auf das Eigentum als dingliches Vollrecht, sondern auch auf beschränkte dingliche Rechte und andere, heute nicht mehr begründbare Privatrechte, wie ehehafte Wasserrechte. 133

Die Vermutung zuungunsten des Privateigentums betrifft nur das Eigentum Privater; damit soll nichts über die Möglichkeit der Kantone, herrenlose Sachen für sich oder die Gemeinden als Eigentum zu beanspruchen, ausgesagt werden (dies übersieht das Bundesgericht in BGE *81* II 271f E. 3). Die in der Hoheit der Kantone enthaltenen Befugnisse müssen nach anderen Gesichtspunkten ermittelt werden. Eigentum der Kantone im Sinne unbeschränkter Verfügungsbefugnis kommt – wie sich aus der bundesrechtlichen Garantie des Gemeingebrauchs ergibt (vorn N. 28 ff) – ohnehin nicht in Frage. 134

b) Möglichkeiten des Nachweises von Privateigentum

Die Ausdrucksweise des Gesetzes zeigt eindeutig, dass weder bestehende dingliche Rechte an kulturunfähigem Land oder öffentlichen Gewässern angetastet, noch das Entstehen neuer Rechte von vorneherein ausgeschlossen werden soll. Die Möglichkeit der Begründung neuer Rechte ergibt sich 135 ebenfalls aus Abs. III, der von der Aneignung herrenloser Sachen spricht, während die Gewährleistung der vor dem Inkrafttreten des ZGB begründeten Rechte sich im Rahmen der in SchlT 1 und 4 zum Ausdruck kommenden Regeln hält.

136 Der Nachweis eines Rechtstitels entfällt, wenn das kantonale Recht eine bestimmte Abgrenzung zwischen öffentlichen und privaten Gewässern trifft (in welchem Fall nur das Nichtvorliegen der für öffentliche Gewässer aufgestellten Kriterien nachgewiesen werden muss: ZBJV *41* 143), oder das kantonale Recht z. B. die Regel kennt, die Bachsohle stehe im Eigentum der Anstösser (ZBGR *8* 32 für den Kt. Appenzell A.-Rh.), der Strandboden im Eigentum der Seeanlieger (vgl. BGE *56* I 266 E. 2 für den Kt. Thurgau). Dazu auch Haab, Art. 664 N. 26.

137 Es lassen sich folgende Arten des Nachweises von Eigentum oder anderen Rechten an kulturunfähigem Land oder öffentlichen Gewässern denken:

138 – *Rechtserwerb unter der Herrschaft des ZGB.* In Betracht kommt vorab originärer Eigentumserwerb durch Aneignung (darüber hinten N. 141 ff, 206 ff).

139 – *Rechtserwerb unter der Herrschaft kantonalen Rechts.* Massgebend für die Entstehung eines Rechts ist die im Zeitpunkt der Begründung geltende Rechtsordnung (SchlT 1 I). Deshalb kommt weiterhin in Frage der Nachweis des Erwerbs eines Rechts unter der Herrschaft heute nicht mehr geltender Normen, wobei die Begründung des beanspruchten Rechts nach ZGB nicht möglich zu sein braucht.

140 – *Unvordenklichkeit des behaupteten Rechtszustandes.* Wie eine Sache eine öffentliche sein kann, weil sie über Menschengedenken hinaus immer als öffentliche betrachtet wurde, kann auch Privateigentum an einer Sache anerkannt und auf den Nachweis eines Erwerbstitels verzichtet werden, wenn sie seit unvordenklicher Zeit im Privateigentum gestanden hat. Vgl. die Ausführungen vorn N. 113 und dort zitierte Belegstellen. Die hinsichtlich der Begründung der Öffentlichkeit einer Sache angeführten Gesichtspunkte gelten auch bei der Entstehung von Eigentum und anderen Rechten. Diese Art des Nachweises ist praktisch bedeutsam und spielt vor allem eine Rolle bei den ehehaften Wasserrechten als vermögenswerten Nutzungsrechten an öffentlichen Gewässern, deren Begründung im Dunkel der Vorzeit liegt (vgl. zu den ehehaften Wasserrechten Liver in der Festschrift für Paul Gieseke (1958) 225 ff; Geiser in ZBJV *45* 406 ff, 529 ff; Meyer in ZSR *59* 154 ff; ZBGR *40* 180 ff).

c) Die materiellrechtlichen Auswirkungen der Vermutung

α) *Hinsichtlich der Aneignung*

Von Aneignung im herkömmlichen Sinn kann nur gesprochen werden, 141
wenn entweder das Recht der Aneignung jedermann freisteht oder wenigstens die Voraussetzungen der Aneignung durch generell-abstrakte Normen umschrieben sind, indem das Aneignungsrecht z. B. Anstössern, öffentlichen oder gemeinnützigen Körperschaften vorbehalten wird. Keine Aneignung liegt vor, wenn die Begründung von Privateigentum von irgendwelchem Verwaltungsakt des Hoheitsträgers, einer Bewilligung oder Verleihung, abhängt, da diesfalls der Eigentumserwerb seinen Rechtsgrund in diesem Verwaltungsakt hat und nicht in der aus eigener Machtvollkommenheit des Erwerbers vollzogenen Besitzergreifung.

Zur Frage, ob herrenlose Sachen, vor allem kulturunfähiges Land, ange- 142
eignet werden können, äussert sich das ZGB nicht ausdrücklich. Das herrenlose Land ist – vorbehältlich anderslautender kantonaler Vorschrift – nicht im Grundbuch aufgenommen (Art. 944 I). «Die Aneignung von Land, das nicht im Grundbuch aufgenommen ist, steht unter den Bestimmungen über die herrenlosen Sachen» (Art. 658 II), so dass die Regelung des Aneignungsrechts in Art. 664 gesucht werden muss. In Abs. III werden die Kantone angewiesen, Vorschriften über die Aneignung zu erlassen. Indessen beschränkt sich das ZGB nicht auf diese Verweisung auf kantonales Recht. Vielmehr enthält die Vermutung zuungunsten des Privateigentums des Abs. II implicite den Rechtssatz, dass die Aneignung kulturunfähigen Landes und öffentlicher Gewässer grundsätzlich ausgeschlossen ist. Denn wollte man die freie Aneignung zulassen, die ja mangels einer Spezialbestimmung nach der in Art. 718 für Fahrnis aufgestellten Regel, d. h. mit der blossen Besitznahme (und allenfalls deren Anmeldung beim Grundbuch) müsste vollzogen werden können, hätte die Vermutung zuungunsten des Privateigentums bzw. zugunsten uneingeschränkter staatlicher Hoheit keinen Sinn. Jeder am Gebrauch des Landes Interessierte könnte ja mit Leichtigkeit die Aneignung vollziehen. Soll die Vermutung Wirkung haben, muss die Möglichkeit der Okkupation als einer an keine weiteren Voraussetzungen als den Willen der Besitzergreifung gebundene Erwerbsart ausgeschlossen werden. Wäre die voraussetzungslose, freie Aneignung möglich, würde aber nicht nur die Vermutung des Abs. II, sondern auch die den Kantonen gemäss Abs. I vorbehaltene Hoheit über die herrenlosen Sachen ihrer Wirkung beraubt, da derjenige, der sich mit der vom Hoheitsträger getroffenen Ordnung des Gemeingebrauchs nicht abfinden wollte, durch Aneignung sich die Verfügungsgewalt verschaffen könnte.

143 Gemäss Abs. III haben die Kantone die Möglichkeit, über die Aneignung herrenlosen Landes zu legiferieren. Der Ausschluss der Aneignung in Abs. II hat demnach nur die Bedeutung einer subsidiären Norm, deren Geltung durch den Erlass von kantonalen Vorschriften aufgehoben wird. Dass die Kantone nicht nur ermächtigt, sondern aufgefordert werden, Vorschriften über die Aneignung zu erlassen, ist ein weiterer Hinweis auf die Richtigkeit der Annahme, das freie Aneignungsrecht sei aufgehoben, da es sinnlos wäre, die Aneignung zuzulassen, die Kantone aber aufzufordern, das Recht der freien Aneignung einzuschränken. Unglücklich ist die Formulierung des Abs. III: Das ZGB würde besser statt von Aneignung von Eigentumserwerb sprechen (vorn N. 141).

144 Das hier für das kulturunfähige Land Gesagte gilt auch für die öffentlichen Gewässer. Nur fasst hier der Gesetzgeber eine Aneignung in Abs. III nicht ins Auge, offenbar deshalb, weil er die Möglichkeit nicht für praktisch hält, dass ein Kanton die Aneignung öffentlicher Gewässer gestatten möchte. Indessen ist es den Kantonen unbenommen, in Sonderfällen zu gestatten, dass an Gewässern, die sie als öffentliche erklärt haben, Privateigentum begründet wird.

β) Hinsichtlich der Ersitzung

145 An *öffentlichen Sachen* kann nach überwiegender Auffassung weder Eigentum noch ein beschränktes dingliches Recht oder ein dem Inhalt einer Konzession entsprechendes Recht ersessen werden. Vgl. Gierke, DPR II 24; Fleiner 358 N. 18; Mengiardi, Ausschluss der Verjährung im Sachenrecht (Diss Bern 1953) 55–76; BGE *52* II 120/21; ZBGR *3* 58; *22* 266 Nr. 122, *25* 155f; ZSGV *24* 14; *41* 33ff; BlZR *2* 278. Das gleiche muss wohl auch für die *herrenlosen Sachen* gelten, bei denen die Vermutung zuungunsten des Privateigentums gemäss Absatz II die Möglichkeit des unangefochtenen Besitzes zu Eigentum im Sinne des Art. 662 I ausschliesst. Anderer Meinung Liver (Art. 731 N. 124ff), der die Möglichkeit der ordentlichen Ersitzung bejaht und hinsichtlich der Zulässigkeit der ausserordentlichen Ersitzung das öffentliche Recht der Kantone als massgebend betrachtet.

3. Die materielle Abgrenzung der herrenlosen Sachen

146 Im Gegensatz zu den öffentlichen Sachen, die den Charakter der Öffentlichkeit durch einzelne staatliche Hoheitsakte erlangen, wird der Kreis jener Sachen, die als kulturunfähiges Land und öffentliche Gewässer der Vermutung zuungunsten des Privateigentums unterliegen, kantonaler Hoheit unterstellt sind und dem Gemeingebrauch offenstehen, durch generell-

abstrakte Normen umrissen. Und zwar erfolgt die Abgrenzung bei festem Land durch Bundesrecht, bei Gewässern durch kantonales Recht.

a) Die Abgrenzung herrenlosen Grund und Bodens

Abs. II umschreibt das vermutungsweise (nämlich vorbehältlich anderweitigen Nachweises von Privateigentum) herrenlose Land als «der Kultur nicht fähiges Land» und präzisiert diese Abgrenzung durch die Beispiele «Felsen und Schutthalden», «Firnen und Gletscher». Damit gibt das Bundesrecht eine eindeutige und scharfe Definition, so dass es in der Praxis kaum zu Streitigkeiten darüber kommt, was als kulturunfähiges Land zu gelten habe. 147

Als kulturunfähig im Sinne des Gesetzes ist jener Boden zu betrachten, der sich nicht planmässig landwirtschaftlich nutzen lässt, bei dem ein pflanzlicher Bodenertrag sich höchstens zufällig einstellt. Vereinzelte wildwachsende Früchte, Pilze und Blumen machen den Boden nicht zum kulturfähigen. Umgekehrt braucht Land, um als kulturfähig zu gelten, nicht eigentlicher Bebauung zugänglich zu sein. Es genügt, wenn der natürliche Pflanzenwuchs eine systematische Nutzung ermöglicht. Kulturfähig ist demnach alles grasbewachsene Land, auf dem sich Heu gewinnen lässt oder das sich als Viehweide eignet, weiterhin Land mit alpinen Baumbeständen, wenn sich das zu gewinnende Holz zu Bau- oder Brennzwecken eignet. Dagegen dürfte wilder Beeren-, Pilz- und Blumenwuchs für sich allein eine Liegenschaft nur in seltenen Fällen zur kulturfähigen machen, nämlich dann, wenn der Ertrag so gross und stetig ist, dass sich eine regelmässige Nutzung lohnt (die praktische Bedeutung der Abgrenzung des kulturunfähigen Landes wird durch Art. 699 I insofern gemindert, als diese Bestimmung in gewissem Umfang auch einen Gemeingebrauch an kulturfähigem Boden zulässt, nämlich das Betreten sowie das Aneignen von Beeren und Pilzen im ortsüblichen Umfang). Sümpfe sind dann nicht kulturunfähig, wenn sie z.B. Schilfschnitt zulassen. 148

Mit dem Kriterium der Kulturunfähigkeit wird ausschliesslich auf die Nutzung des Pflanzenwuchses abgestellt. Können auf einer Liegenschaft Erde, Sand, Kies, Steine, Mineralien oder – aus einem Gletscher – Eis gewonnen werden, wird sie deswegen nicht zur kulturfähigen. Ebensowenig fällt in Betracht die Möglichkeit, Grund und Boden durch Jagen auf dort lebende Tiere zu nutzen. Weder die Möglichkeit des Bergbaus noch der Jagd entziehen eine Liegenschaft der Vermutung zuungunsten des Privateigentums und der kantonalen Hoheit über herrenlose Sachen. 149

Wird kulturunfähiges Land kulturfähig und landwirtschaftlicher Nutzung zugänglich (z.B. infolge von Klimaänderungen: Zurückweichen von 150

Gletschern und Firnen, Austrocknen von Sümpfen), so hört es auf, herrenlos zu sein. Gemäss Art. 659 (siehe dort N. 12 f) gelangt es (sofern das kantonale Recht nicht etwas anderes bestimmt: Art. 659 N. 14 f) in das Eigentum des Gebietskantons und ist fortan nicht mehr als hoheitsunterworfene Sache, sondern als Bestandteil des Finanzvermögens zu betrachten, das der Privatrechtsordnung unterliegt und dem Gemeingebrauch entzogen ist.

151 Verliert umgekehrt im Privateigentum stehendes kulturfähiges Land die Kulturfähigkeit, erlöscht das Eigentum nicht, und die Sache wird keineswegs herrenlos.

b) Die Abgrenzung der öffentlichen Gewässer

152 Welche Gewässer als öffentliche zu betrachten sind, kann dem Bundesprivatrecht nicht entnommen werden (z. B. ZBGR *26* 235). In dem Beiwort «öffentlich» darf nicht eine materielle Umschreibung erblickt werden im Sinne von «der Öffentlichkeit infolge der natürlichen Beschaffenheit zugänglich» (oben N. 130). Auch das übrige Bundesrecht nimmt diese Abgrenzung nicht vor. Die z. B. in Art. 1 WRG enthaltene Grenzziehung hat nur Gültigkeit im Rahmen eben dieses Gesetzes.

153 Aus dem Fehlen einer bundesrechtlichen Regelung muss man schliessen, dass den Kantonen die Abgrenzung der öffentlichen Gewässer überlassen sei (dies die allgemeine Auffassung: vgl. z. B. Haab, Art. 664 N. 26; ZBJV *49* 142; BJM 1954 130). Immerhin sind zwei Fälle der Abgrenzung zu unterscheiden: Die Grenzziehung zwischen öffentlichen und nichtöffentlichen Gewässern innerhalb der Gewässer selber und die Grenzziehung zwischen den öffentlichen Gewässern und dem sie umgebenden Grund und Boden. Gegen die Schlussfolgerung, die Begrenzung der öffentlichen Gewässer innerhalb der Gesamtheit derselben sei den Kantonen überlassen, ist nichts einzuwenden (zu dieser Abgrenzung vgl. ZBGR *26* 197 f; *27* 57 f).

154 Dagegen ist es nicht ganz unbedenklich, wenn man den Kantonen die Kompetenz zusprechen will, auch die Grenzziehung zwischen (öffentlichen) Gewässern und dem anstossenden Land vorzunehmen. Die den Kantonen vom Bundesrecht eingeräumte Hoheit über einen bestimmten Kreis von Sachen (die Gewässer) schliesst keineswegs die Befugnis in sich, hinwiederum den sachlichen Bereich dieser Hoheit abzustecken. Wenn der Bundesgesetzgeber eine auf dem Institut des Privateigentums beruhende Sachenrechtsordnung erlässt, sollte es, genau genommen, nicht möglich sein, dass die Kantone durch Ausweitung des Gewässerbegriffs einen Teil des Bodens dem Privateigentum und dem Privatrecht entziehen und ihrer öffentlichrechtlichen Hoheit unterstellen können, vielmehr sollte der Gewässerbegriff als Bestandteil des Bundesrechts betrachtet werden und die begriffliche

Grenzziehung zwischen Wasser und Land nicht den Kantonen überlassen bleiben. Die bisherige Praxis, die hier nicht zu differenzieren versteht und auch bei der Abgrenzung der öffentlichen Gewässer gegenüber dem Grund und Boden auf kantonales Recht abstellt, kann nur solange hingenommen werden, als sie den Rahmen des Gewässerbegriffs – wie bisher – nicht über Gebühr ausdehnt. (Wenn Kantone den Gewässerbegriff einschränken und z.B. die Bachsohle als Eigentum der Anstösser bezeichnen [ZBGR *8* 32], ist vom Standpunkt des Bundesrechts aus dagegen nichts einzuwenden.) Vgl. aus der Praxis: BGE *56* I 266f, 270; ZSGV *31* 412; *36* 171ff; *51* 379ff; ZBGR *26* 236ff.

Die (im Privateigentum stehenden) Quellen werden gegenüber den daraus entspringenden öffentlichen Gewässern von der Praxis dergestalt abgegrenzt, dass das austretende Wasser nur unmittelbar bei der Quelle selber Bestandteil des betreffenden Grundstückes ist und der Verfügung des Grund- und Quelleneigentümers untersteht, während das einmal fortgeleitete Wasser zum öffentlichen Gewässer wird und in den Hoheitsbereich des Kantons tritt (vgl. BGE *42* II 440; *43* II 158; *48* II 322 E.4; *64* II 342; *68* II 22ff; zum Begriff der Quelle z.B. ZBGR *37* 343; näheres in den Bemerkungen zu Art. 704). 155

c) Der Sonderfall des Grundwassers

Gemäss ZGB 704 III ist das Grundwasser den Quellen gleichgestellt und deshalb Bestandteil der Liegenschaft, unter der es sich befindet. Nach heute kaum mehr bestrittener Auffassung werden indessen Grundwasservorkommen von grösserer Mächtigkeit (wie etwa diejenige des Limmattales: VAR 1922 151ff, und des alten Rheintales: BGE *65* II 143ff) nicht von dieser Bestimmung erfasst. Grundwasserströme und Grundwasserbecken stellen vielmehr öffentliche Gewässer dar, die – wie die oberirdischen öffentlichen Gewässer – der kantonalen Hoheit unterworfen sind. Sie stehen im Gemeingebrauch, der von den Kantonen kraft ihrer Hoheit zu regeln ist. Ohne gesetzliche Grundlage können die Kantone eine den Gemeingebrauch übersteigende Nutzung von einer Konzession abhängig machen (BGE *81* I 86; hinten N. 199). 156

Auch bei den Grundwasservorkommen werden die Kantone als zuständig erachtet, zwischen öffentlichem und privatem Grundwasser die Grenze zu ziehen. Eine Frage des Bundesrechts ist es aber (nämlich die Frage der richtigen Festlegung des Anwendungsbereiches von Art. 704 III), wie weit die Kantone in der Beanspruchung der Hoheit über Grundwasser gehen dürfen. Wenn in kantonalen Erlassen Grundwasservorkommen, die eine von ihnen 157 in Minutenlitern festgelegte Mächtigkeit übersteigen, als öffentliche Gewässer erklärt werden, so kann es sich dabei nur um Richtlinien handeln, die im Einzelfall auf ihre Vereinbarkeit mit dem Bundesprivatrecht hin überprüft werden müssen. Vgl. die Ausführungen zu Art. 704.

IV. DIE NUTZUNG HERRENLOSER UND ÖFFENTLICHER SACHEN DURCH PRIVATE (ABSATZ III)

1. Die Pflicht der Kantone zum Legiferieren

158 In Absatz III wird den Kantonen nicht nur die Befugnis erteilt, sondern zur Pflicht gemacht, über die Aneignung des herrenlosen Landes sowie die Ausbeutung und den Gemeingebrauch der öffentlichen Sachen die erforderlichen Bestimmungen aufzustellen. Der Indikativform («stellt») kommt die Bedeutung des Imperativs zu; es ist der Auftrag des Bundes an die Kantone, über die ihnen vorbehaltenen Materien soweit erforderlich (durch Gesetz oder Verordnung) zu legiferieren; die Bestimmungen der Art. 52 und 53 I SchlT sind somit anwendbar (vgl. SCHOLLENBERGER, Kommentar der BV 411 und 417; ebenso MAX HUBER 144; WIELAND, Art. 664 Bem. 5*d*; HAAB, Art. 664 N. 19; a.M. MÜLLER 217f).

2. Die Formen der privaten Nutzung

a) Allgemeines

159 Die vom kantonalen Recht zu regelnde Nutzung an öffentlichen Sachen stellt sich dar als Gemeingebrauch, als gesteigerter Gemeingebrauch oder als Sondernutzung. Die diesbezüglichen Vorschriften sind Ausfluss des kantonalen Hoheitsrechts, werden also nicht etwa erlassen «in Ausübung von Eigentumsrechten an den dem Gemeingebrauch unterworfenen öffentlichen Sachen – was sich schon daraus ergibt, dass die Kantone zur Regelung des Gemeingebrauchs auch in bezug auf solche öffentliche Sachen befugt sind, die sich, wie z.B. Strassen und Plätze, unter Umständen nicht in ihrem, sondern im Eigentum der Gemeinden befinden» (BGE *43* II 272). Die kantonale Gesetzgebung ist, was die Benutzung der öffentlichen Sachen betrifft, meist lückenhaft, «weshalb daneben weitgehend auf Herkommen und Gebräuche abzustellen ist, auch wo darauf nicht, wie z.B. in § 157 des

baselstädtischen EG zum ZGB, ausdrücklich verwiesen wird» (BGE *73* I 214; vgl. auch BGE *65* II 150 sowie Imboden, Verwaltungsrechtsprechung 66/67). Weiterhin sind als subsidiäre Rechtserkenntnisquellen die allgemeinen Grundsätze der Verwaltungsrechtslehre sowie die von anderen Kantonen entwickelten Regeln zu berücksichtigen.

Bei den herrenlosen und den öffentlichen Sachen steht die *Nutzungsform* 160
des Gemeingebrauchs im Vordergrund: Der Gemeingebrauch der herrenlosen Sachen ist von Natur aus jedermann möglich und in gewissem Umfang vom Bundesrecht gewährleistet (oben N. 28 ff); der Gemeingebrauch der öffentlichen Sachen stellt deren eigentliche Zweckbestimmung dar, und ihm sind sie ausschliesslich, oder doch in erster Linie, gewidmet. Die Möglichkeit des Gemeingebrauchs ist deshalb sowohl bei herrenlosen wie bei öffentlichen Sachen notwendig gegeben und geradezu ein Begriffsmerkmal derselben. Demgegenüber sind der *gesteigerte Gemeingebrauch* und die *Sondernutzung* Ausnahmen von der Regel; es sind die Nutzungsformen, die nicht voraussetzungslos zugänglich, sondern nur auf Grund eines *staatlichen Hoheitsaktes* erlaubt sind. Zum Gemeingebrauch stehen sie insofern in einem Gegensatz, als durch jede Zulassung einer gesteigerten Nutzung notwendig die Gebrauchsmöglichkeiten der Allgemeinheit beschränkt werden. Eine gesteigerte Nutzung darf denn auch nur soweit zugelassen werden, als ihr nicht überwiegende Interessen der Allgemeinheit am Gemeingebrauch entgegenstehen.

Die Regelung des Gemeingebrauchs, die den Kantonen zur Pflicht ge- 161
macht ist, muss vorab darin bestehen, die Grenzen des jedermann offenstehenden Gebrauchs zu bestimmen. Das an die Allgemeinheit gerichtete Verbot der den Gemeingebrauch übersteigenden Nutzung braucht nicht absolut zu sein; es können sich Ausnahmen vom Verbot rechtfertigen. Nichts anderes als Ausnahmebewilligungen sind nun die Bewilligung des gesteigerten Gemeingebrauchs und die Sondernutzungskonzession. Aus diesem Grund wird durch die Umreissung des Gemeingebrauchs gleichzeitig festgesetzt, welche Nutzungsarten – wenn solche überhaupt zuzulassen sind – einer Bewilligung oder Konzession bedürfen und umgekehrt dadurch, dass für eine bestimmte Nutzungsart eine Polizeierlaubnis oder eine Konzession verlangt wird, der voraussetzungslos jedermann offenstehende Gemeingebrauch sachlich abgegrenzt.

Neben der Abgrenzung des Bereichs des Gemeingebrauchs haben die 162
Kantone den Gebrauch der herrenlosen und öffentlichen Sachen auch insofern zu regeln, als sie vorschreiben, *wie* die verschiedenen zulässigen Gebrauchsarten zu üben seien. So können sie z. B. Vorschriften über die Benützung von Verkehrswegen aufstellen (vgl. AGVE 1957 247 ff) und den Verkehr auf öffentlichen Gewässern regeln (vgl. ZSGV *38* 314 f).

b) Unterschied zwischen gesteigertem Gemeingebrauch und Sondernutzung

163 Hinsichtlich der gegenseitigen Abgrenzung dieser beiden Formen privater Sachnutzung herrscht keine Klarheit. Einmal wird der Unterschied in der Intensität der Sachnutzung gesehen und eine weitgehende, einen gleichartigen Gebrauch der Sache durch andere ausschliessende Nutzung als Sondernutzung bezeichnet, während der Begriff des gesteigerten Gemeingebrauchs für jene Nutzungsformen vorbehalten wird, welche nicht in gleichem Ausmass über den Gemeingebrauch hinausgehen und in der Regel einen gleichartigen Gebrauch durch eine beschränkte Zahl weiterer Bewerber nicht ausschliessen. Sodann wird bei der Unterscheidung etwa an die rechtliche Natur des die gesteigerte Nutzung gestattenden staatlichen Hoheitsaktes angeknüpft und von gesteigertem Gemeingebrauch gesprochen, wenn dieser von einer (widerruflichen) Bewilligung, einer Polizeierlaubnis abhängig gemacht wird, während demgegenüber die Erteilung einer Konzession, die ein wohlerworbenes unentziehbares Recht begründet, für Sondernutzung vorbehalten bleibt (vgl. IMBODEN, Verwaltungsrechtsprechung S.171/72). Zweckmässigerweise sollten sich diese beiden Unterscheidungen decken und eine intensive, die Mitbewerber ausschliessende Sondernutzung von einer Konzession abhängig gemacht, gesteigerter Gemeingebrauch durch eine Bewilligung eingeräumt werden. Indessen wird diese Gleichstellung nicht folgerichtig durchgeführt, so dass nicht von der Intensität der Nutzung auf die Rechtsnatur des Nutzungsanspruches geschlossen werden kann. (So wurde z.B. im Kt. Schwyz das Aufnehmen von Teilnehmern an gewerblichen Autocarfahrten auf öffentlichem Grund von einer Konzession abhängig gemacht, umgekehrt mit einer blossen Polizeierlaubnis die Möglichkeit eingeräumt, Kies aus dem Zürichsee zu baggern; vgl. hinten N.188f.)

164 Die Tatsache, dass sämtliche Kantone sich mehr oder weniger an die von der Verwaltungsrechtslehre entwickelte Einteilung der den Gemeingebrauch übersteigenden Nutzungsformen anlehnen, darf nicht vergessen lassen, dass die Kantone in der verwaltungsrechtlichen Regelung des Gebrauchs der herrenlosen und öffentlichen Sachen frei sind und diesen nach anderen Gesichtspunkten als den hier namhaft gemachten organisieren können (vgl. BGE 75 I 14).

c) Rechtsnatur des Gemeingebrauchs

165 Gemeinhin wird gesagt, der Gemeingebrauch beruhe nicht auf einem subjektiven Recht (bzw. sei oder verleihe kein solches), sondern stelle eine blosse Reflexwirkung der objektiven Rechtsordnung dar, womit ausgedrückt werden soll, der Einzelne habe keinen Anspruch auf Fortdauer des Gemein-

gebrauchs einer bestimmten Sache, dieser könne vielmehr vom Gemeinwesen (entschädigungslos) aufgehoben werden (so GIERKE, DPR II 25ff; OTTO MAYER, Deutsches Verwaltungsrecht, Bd. II, 3. A., 73 ff; FLEINER 374/75; RUCK, Verwaltungsrecht I 147; HAAB, Art. 664 N. 21; anderer Ansicht: FORSTHOFF, Verwaltungsrecht, Bd. I, 8. A., 338ff; ENNECCERUS/NIPPERDEY 553).

Dieser Auffassung hat sich das Bundesgericht angeschlossen, welches z.B. die staatsrechtliche Beschwerde verweigert mit der Begründung, die Aufhebung eines öffentlichen Weges verletze keine persönlichen Rechte der Benützer, da der Gemeingebrauch kein subjektives Recht sei (so in ZBGR *33* 74 Nr. 10), oder in anderen Fällen sagt, es fehle die Legitimation zur Beschwerde im Sinne von OG 88, da der Bürger kein subjektives Recht darauf habe, dass eine öffentliche Strasse nicht aufgehoben werde; mit der Opposition gegen die Aufhebung eines Weges wahre der Bürger nicht eigene, ihm zustehende Berechtigungen, sondern bloss tatsächliche oder öffentliche Interessen (ZSGV *60* 48 f; in gleichem Sinne BGE *72* I 98, 182; *74* I 168, 379; *79* I 159 lit. *a*, 205; *61* I 231; *48* I 115, 117 E. 2; *43* II 272; ZSGV *50* 317 ff; *51* 451 ff; *59* 454 ff). Das Gesagte gilt nach der Praxis selbst für jene, die am Gemeingebrauch einer öffentlichen Sache besonders interessiert sind, wie die Anstösser einer Strasse (s. die vorstehend zitierten Entscheide, bes. BGE *61* I 230 ff E. 5 sowie weiterhin BGE *83* I 149; ZBGR *33* 74; ZSGV *54* 273 ff; *59* 454 ff; HOFSTETTER in ZSGV *54* 121–128; *59* 10). Vgl. auch vorn N. 24–26. 166

3. Der Gemeingebrauch

a) an öffentlichen Sachen

«Der Gemeingebrauch besteht in der einer besonderen Erlaubnis nicht bedürftigen Benutzung der Sache. Er erschöpft sich in den Benutzungsmöglichkeiten, von denen eine unbestimmte Zahl von Benutzern gleichzeitig individuellen Gebrauch machen kann, ohne einander zu hindern, wie das bei einem See im allgemeinen beim Waschen, Baden, Viehtränken usw. der Fall ist» (BGE *75* I 14). «Bei Strassen gehört dazu die Benützung zum Gehen, Fahren oder Reiten, das Treiben einer Viehherde, überhaupt der Transport von Personen und Sachen» (BGE *78* I 288). Als weitere Beispiele des Gemeingebrauchs öffentlicher Sachen erscheint das Benützen öffentlicher Anlagen, Bänke, Brunnen durch das Publikum. 167

Anders als in manchen früheren kantonalen Zivilgesetzen wird der usus publicus im ZGB nicht ausdrücklich anerkannt und durch Aufzählung besonders wichtiger Gebrauchsarten erläutert, sondern nur als bestehend vor- 168 ausgesetzt. Der Umfang und die Art des zulässigen Gemeingebrauchs ergeben sich im allgemeinen aus der Zweckbestimmung der Sache und werden im einzelnen oft in den Strassen- und Wasserbaugesetzen und dergleichen oder in den gestützt darauf ergehenden Verordnungen bestimmt; die EG zum ZGB verweisen meist auf solche spezielle Ordnungen und auf die bestehenden Gebräuche. Vgl. dazu die Umschreibung des Gemeingebrauchs bei JELLINEK (510) als die jedermann zustehende Freiheit, die Sache ihrer Zweckbestimmung gemäss oder, wo die Zweckbestimmung fehlt oder zweifelhaft ist, in der üblichen Weise zu gebrauchen.

169 Der Gemeingebrauch als voraussetzungslos jedermann offenstehende Gebrauchsmöglichkeit ist begriffsnotwendig unentgeltlich, nicht an die Entrichtung einer Gebühr gebunden. Zu Unrecht nur von einer Vermutung zugunsten der Unentgeltlichkeit spricht AGVE 1957 247ff. Auch wenn die Kosten der Errichtung öffentlicher Sachen unter gewissen Voraussetzungen auf diejenigen abgewälzt werden können, die daraus besonderen Nutzen ziehen (unten N. 217ff), bleibt die Teilnahme am Gebrauch als solche unentgeltlich.

170 Für die den Gemeingebrauch regelnden Normen lässt sich folgende Rangordnung aufstellen:

171 *α) Die ausdrücklichen öffentlichrechtlichen Vorschriften.* Aus der Hoheit der Kantone über die öffentlichen Sachen, ja schon aus der Kompetenz der Gemeinwesen, Sachen mit umrissener Zweckbestimmung dem Gemeingebrauch zu widmen, ergibt sich die Zuständigkeit zum Erlass von Vorschriften über den Gebrauch dieser Sachen. Den kantonalen Vorschriften gehen die öffentlichrechtlichen Normen des Bundes vor. Der Gebrauch öffentlicher Strassen wird z.B. durch das bundesrechtliche SVG und gleichzeitig – soweit das Bundesrecht dafür Raum lässt – durch die Strassen-, Verkehrs- und allgemeine Polizeigesetzgebung der Kantone und der Gemeinden normiert.

172 Dem Gemeingebrauch können nicht nur durch generell-abstrakte Rechtssätze, sondern auch durch auf solche sich stützende Verwaltungsakte Grenzen gesetzt werden. Zu denken ist an Vorschriften, die nur Teile einer öffentlichen Sache betreffen (z.B. einzelne lokale Parkierverbote für Motorfahrzeuge). Einschränkungen können sich aus Hoheitsakten ergeben, die Einzelnen eine gesteigerte Sachnutzung erlauben (Bewilligung zu gesteigertem Gemeingebrauch, Sondernutzungskonzession), welche Sonderrechte von dem den Gemeingebrauch ausübenden Publikum respektiert werden müssen.

173 *β) Die Zweckbestimmung der öffentlichen Sache.* Auch ohne ausdrückliche Normierung des Gemeingebrauchs enthält der Akt der Widmung zu öffentlichem Gebrauch eine unausgesprochene, aber nichtsdestoweniger verbind-

liche Vorschrift darüber, dass die Sache im Sinn der besonderen Zweckbestimmung zu gebrauchen sei. Eine Strasse soll, auch ohne dass es ausdrücklich gesagt würde, von der Allgemeinheit als Verkehrsweg und nicht als Gelegenheit zum Lagern irgendwelcher Güter benützt werden (vgl. z.B. BlZR *49* Nr. 87), eine Parkanlage soll der Erholung und nicht zum Feilhalten von Waren dienen. Geht eine Gebrauchsart über die Zweckbestimmung der Sache hinaus, liegt regelmässig gesteigerter Gemeingebrauch vor (IMBODEN, Verwaltungsrechtsprechung Nr. 55 I *b*).

174 *γ) Das Gebot der Gemeinverträglichkeit des Gebrauchs.* Neben den Einschränkungen der Gebrauchsbefugnisse auf Grund entsprechender öffentlichrechtlicher Normen und der Zweckbestimmung der öffentlichen Sachen ergeben sich solche weiterhin aus der Tatsache, dass die öffentlichen Sachen dem Gemeingebrauch gewidmet sind und deshalb von jedermann gleichmässig sollen benutzt werden können. Daraus folgt, dass jede Nutzungsart unzulässig ist, welche die übrigen Bewerber in ihrem Gebrauch der Sache behindert oder ausschliesst. Der Gebrauch des Einen findet seine Schranke am Gebrauch des anderen (BlZR *50* Nr. 245). Eine Gebrauchsart, die ein analoges Verhalten der übrigen ausschliesst, ist gesteigerter Gemeingebrauch (BGE *81* I 19; dazu auch *75* I 14f).

175 Innerhalb der hier aufgezeigten Schranken steht der Gebrauch öffentlicher Sachen jedermann frei.

b) an herrenlosen Sachen

176 Das über die Schranken des Gebrauchs der öffentlichen Sachen Gesagte gilt mit wenigen Abweichungen auch für die herrenlosen Sachen. Ebenso wie die öffentlichen Sachen stehen die herrenlosen Sachen (zu denen in diesem Zusammenhang die öffentlichen Gewässer zu zählen sind) dem Gebrauch durch die Allgemeinheit offen, aber nicht wie jene dank staatlicher Zweckwidmung, sondern weil sie niemandem zu Eigentum gehören, der diesen Gebrauch kraft seines Rechts untersagen könnte. In diesem Sinn sind sie von Natur aus zur Öffentlichkeit hingeordnet; da der Gemeingebrauch nicht auf normativer Grundlage beruht, kann auch nicht von einer Zweckbestimmung dieser Sachen gesprochen werden; die vorstehend in N. 173 erwähnten Gesichtspunkte müssen deshalb hier ausser Betracht fallen.

177 Massgebend sind die öffentlichrechtlichen Normen der Kantone, die sich direkt oder indirekt auf den Gemeingebrauch herrenloser Sachen beziehen und in Wasser-, Forst-, Jagd- und ähnlichen Gesetzen niedergelegt sind. Auch die herrenlosen Sachen dürfen im Rahmen des Gemeingebrauchs nicht einem Gebrauch unterworfen werden, welcher eine gleichartige Nutzung durch die übrigen Bewerber ausschliesst (vorn N. 174).

178 Als Hauptbeispiele der als Gemeingebrauch jedermann offenstehenden Benutzungsarten herrenloser Sachen erscheint das Baden, Schwimmen, Bootfahren, Wasserschöpfen, Waschen und Viehtränken in Seen, Flüssen, Bächen und anderen öffentlichen Gewässern (vgl. BGE *75* I 14; BlZR *50* Nr. 245), das Gehen und Reiten auf kulturunfähigem Land sowie weiterhin das Viehtreiben, Anfachen eines Feuers, Aufschlagen von Zelten, Sammeln von Beeren, Pilzen und Blumen.

179 Unter Vorbehalt öffentlichrechtlicher, den Gebrauch herrenloser Sachen einschränkender Vorschriften und des Gebotes der Gemeinverträglichkeit können demnach die öffentlichen Gewässer und das kulturunfähige Land auf jede denkbare Art benutzt werden. Ein diesen Gebrauch gestattender Rechtssatz muss nicht nachgewiesen werden, vielmehr steht der Gebrauch bis zum Nachweis einer freiheitsbeschränkenden Norm jedermann frei. Insbesondere ist auch das Jagen und Fischen im Bereich herrenloser Sachen sowie die Aneignung von Mineralien usw. zulässig, wenn nicht die Kantone dies durch ausdrückliche, generell-abstrakte Vorschriften untersagt haben (vorn N. 36 f).

4. Die den Gemeingebrauch übersteigende Nutzung

a) Gesteigerter Gemeingebrauch

180 Der gesteigerte Gemeingebrauch stellt sich als eine erhöhte Ausnutzung der öffentlichen und herrenlosen Sachen zu individuellen Zwecken dar. Das Kriterium der Abgrenzung gegenüber dem gewöhnlichen Gemeingebrauch liegt darin, dass es sich hier um eine Beanspruchung handelt, die sich nicht mit den für den Gemeingebrauch aufgestellten Normen vereinbaren lässt, der Zweckbestimmung der (öffentlichen) Sache zuwider läuft oder den gleichen Gebrauch aller Berechtigten ausschliessen würde (vorn N. 171–174).

181 Im Einzelfall kann es schwierig sein, die Grenze zwischen der einen und der andern Benützungsart zu finden. Sie genau zu bestimmen, ist eine Frage des kantonalen Rechts. Die Grenzziehung kann nicht allein nach den hier entwickelten apriorischen Kriterien vorgenommen werden (vorn N. 164). Vielmehr haben die Kantone die Möglichkeit, Abweichungen zu statuieren. Diese hinwiederum finden ihre Schranke nur in der bundesrechtlichen Gewährleistung des Gemeingebrauchs (vorn N. 28 ff).

182 Die genannte Abgrenzung betreffenden kantonalen Entscheide kann das Bundesgericht nur unter dem Gesichtspunkt rechtsungleicher Behandlung (BV 4) überprüfen. Und selbst hierin ist es beschränkt: «Betrachtet die zuständige kantonale Behörde auf Grund des geschriebenen oder ungeschrie-

benen kantonalen Rechts eine Benützung, die nach Art und Inhalt über die gemeine Benützung hinausgeht... als gesteigerten Gemeingebrauch, so kann... das Bundesgericht den bezüglichen Entscheid unter dem einzig in Betracht fallenden Gesichtspunkt des Verbots der Willkür nicht aufheben», und dies auch dann nicht, wenn bisher für derartige Beanspruchungen der öffentlichen Sache keine Bewilligung verlangt wurde. «Entscheidend ist nicht, ob gegen gewisse Benützungsarten, die inhaltlich über den Gemeingebrauch hinausgehen, nicht eingeschritten oder dass dafür bisher keine Bewilligung verlangt wurde, sondern allein, ob nach der Intensität der Benützung gewöhnlicher oder aber gesteigerter Gemeingebrauch beansprucht wird.» (BGE 77 I 290/91.)

Die Bewilligung des gesteigerten Gemeingebrauchs wird in der Regel nur 183
gegen die Erstattung einer Gebühr erteilt. Sie gilt nur für denjenigen, dem sie erteilt worden ist; auf einen anderen kann sie nicht übertragen werden. Die Erlaubnis begründet, wie auch gesagt wird, kein subjektives Recht. Aus diesem Grund kann der Träger der Erlaubnis auf diese nicht verzichten. Dagegen steht es ihm natürlich frei, ob er von ihr Gebrauch machen will.

Die Bewilligung, die in der Regel befristet ist, braucht nach Ablauf nicht 184
erneuert zu werden. Dagegen ist wohl ein Rückzug der Bewilligung vor Ablauf derselben nur möglich, wenn Gründe vorliegen, welche die Erteilung der Bewilligung ausgeschlossen hätten, wobei auch die zuviel bezahlten Gebühren zu erstatten sind.

Aus der umfangreichen Kasuistik sei herausgegriffen:

- Gesteigerter Gemeingebrauch liegt vor, wenn bestimmte Teile einer Sache 185
in einer Weise benutzt werden, die einen entsprechenden Gebrauch durch Dritte ausschliesst: Die Errichtung von Marktständen und Schaubuden, das Aufstellen von Tischen und Stühlen für ein Restaurant, das Ablagern von Material. BGE *73* I 214; *76* I 293ff; *77* I 288/89.
- Das Stationieren von Motorfahrzeugen auf öffentlichem Grund kann als 186
gesteigerter Gemeingebrauch betrachtet werden. Sogenannte Parkingmeter sind deshalb zulässig (BGE *81* I 177; dazu auch BlZR *48* Nr. 191).
- Ist mit der Benützung des öffentlichen Grundes eine gewerbliche Tätigkeit 187
bzw. die Absicht der Erzielung eines Gewinnes verbunden, nimmt die Praxis regelmässig gesteigerten Gemeingebrauch auch in Fällen an, wo die äusserlich gleiche Benutzungsart ohne gewerblichen Zweck als mit dem Gemeingebrauch verträglich erachtet wird. So gilt das Aufstellen eines Lastwagenchassis auf öffentlichem Grund nicht als Gemeingebrauch, wenn dasselbe für Kaufsinteressenten bereitgehalten werden soll (BlZR *49* Nr. 87). Stationieren mit einem Automobil wird ebenfalls als gesteigerter Gemeingebrauch betrachtet, wenn es sich dabei um einen Taxameter han-

delt, dessen Führer auf Fahrgäste wartet (BGE *81* I 19ff), desgleichen, wenn vom stationierten Wagen aus Waren feilgehalten werden (BGE *53* I 12ff; *73* I 214ff; *77* I 288/89). Das Photographieren auf öffentlichem Grund übersteigt dann den Gemeingebrauch, wenn es zu gewerblichen Zwecken, nämlich der Aufnahme von Passanten, erfolgt (BlZR *29* Nr. 57). Das Befahren öffentlicher Strassen ist dann gesteigerter Gemeingebrauch, wenn an den Fahrzeugen gewerbliche Reklamen fremder Firmen angebracht sind (ZSGV *50* 592f).

188 – Um gesteigerten Gemeingebrauch handelt es sich sodann beim Anbringen von Schaukästen und Firmentafeln, die in den Luftraum der öffentlichen Strassen hinausragen (ZSGV *50* 205ff), bei der Inanspruchnahme einer Strasse für eine Prozession (BGE *49* I 138ff) und für Rennveranstaltungen, beim Einleiten von verunreinigtem Wasser in ein öffentliches Gewässer, beim Entnehmen von Sand und Kies aus einem öffentlichen Gewässer, wo dies sich nicht in einem nach Ortsübung zulässigen Rahmen hält, oder umgekehrt so intensiv ist, dass Sondernutzung angenommen werden muss (vgl. z. B. die Schwyzer VO über die Regelung des Baggereibetriebes im Zürcher Obersee vom 28. Dezember 1927).

b) Sondernutzung

189 Als Sondernutzung erscheint jede besonders intensive Nutzung einer öffentlichen Sache für individuelle Zwecke, die weder im allgemeinen noch im gesteigerten Gemeingebrauch enthalten ist. So namentlich die Inanspruchnahme des öffentlichen Grundes zur Erstellung und zum Betrieb von Strassenbahnen und anderen Transportanstalten, der Einbau von Röhren und Kabeln in öffentliche Strassen und Plätze (BGE *76* I 395), die Benutzung öffentlicher Gewässer zur Errichtung von Wasserwerkanlagen (BGE *75* I 14), die Errichtung von Landanlagen, Badestegen und dergleichen im Gebiet öffentlicher Seen und Flüsse (z. B. ZSGV *36* 186). Die Abgrenzung der Sondernutzung gegenüber dem gesteigerten Gemeingebrauch ist fliessend. Das kantonale Recht entscheidet darüber, wo die Grenzlinie verläuft. Sie kann daher von Kanton zu Kanton verschieden sein und braucht den von der allgemeinen Verwaltungsrechtslehre entwickelten Grundsätzen nicht zu entsprechen (so wird z. B. im selben Kanton – Schwyz – das Aufnehmen von Passagieren für Carfahrten auf öffentlichem Grund als konzessionsbedürftige Sondernutzung, umgekehrt das Ausbaggern eines Gewässers zur Kiesgewinnung dagegen bloss als gesteigerter Gemeingebrauch betrachtet. Vgl. oben N. 188 und ZSGV *33* 177f).

190 Der Überprüfung der von der zuständigen kantonalen Behörde im Einzelfall getroffenen Entscheidung durch das Bundesgericht sind enge Schranken

gezogen: Es kann nur die Vereinbarkeit mit BV 4 überprüfen (vgl. z.B. BGE *75* I 9ff und die entsprechenden Ausführungen zum gesteigerten Gemeingebrauch, vorn N.182, hinten N.228).

Die Verleihung (Konzession) wird von der herrschenden Auffassung nicht als privates zweiseitiges Rechtsgeschäft, sondern als einseitiger rechtsbegründender Verwaltungsakt, mithin als staatlicher Hoheitsakt betrachtet, bei welchem der Zustimmung des Konzessionärs nur der Rang einer Voraussetzung für den Erlass desselben zukommt (vgl. Giacometti, Verwaltungsrecht I 361ff; BGE *65* I 313 E.2 und dort zitierte; bes. *43* II 448 E.2; *50* I 403 E.2. Das verliehene Recht wird als publizistisches Nutzungsrecht oder als subjektives öffentliches Recht betrachtet, dem allerdings keine dingliche Wirkung zukommt (ZBGR *14* 1; BlZR *14* Nr.102; Haab, Art.664 N.23). Die Auffassung der Konzessionserteilung als einseitigen Hoheitsakt darf – ganz abgesehen davon, dass sie unter rechtspolitischen Gesichtspunkten einer kritischen Untersuchung bedürfte – auch de lege lata nicht verabsolutiert werden. Die Begründung von Sondergebrauchsrechten hat nach geltendem Recht weitgehend vertragsähnlichen Charakter, und auch sonst weisen diese teilweise privatrechtliche Eigenschaften auf (vgl. die Darstellung der herrschenden Lehre bei Max Huber 145 ff und die Kritik derselben von Liver in ZSR *71* 333ff und Imboden in ZSR *77* 167a ff). 191

Die Auffassung der Konzessionserteilung als einseitigen staatlichen Hoheitsakt hindert die Praxis nicht, die Konzession als *wohlerworbenes Recht* zu betrachten, das nicht einseitig und entschädigungslos entzogen werden kann (ZSGV *33* 124ff). Auch ein Entzug gegen Entschädigung ist nur zulässig, wenn das öffentliche Wohl diesen erfordert (ZSGV *49* 205). Die Rechte des Konzessionärs werden denn auch durch die Eigentumsgarantie geschützt (BGE *74* I 470 lit. b). Eine Erhöhung der vom Konzessionär zu entrichtenden Gebühren ist nur im Rahmen der in der Konzessionserteilung festgelegten Bedingungen möglich (ZSGV *38* 284f). Auch dem Konzessionär gewährte steuerrechtliche Vergünstigungen sind für das konzedierende Gemeinwesen verbindlich und können nicht entschädigungslos aufgehoben werden (BGE *65* I 297ff; dazu kritische Bemerkungen von Imboden, Verwaltungsrechtsprechung Nr.15 mit weiteren Hinweisen). 192

Aus der Gerichtspraxis sei noch folgendes hervorgehoben:

- Die auf Grund einer Konzession errichteten Werke sind vermutungsweise Eigentum des Konzessionärs (vgl. Imboden, Verwaltungsrechtsprechung Nr.56; BGE *56* III 65ff). 193
- Ist ein Punkt, der hätte geregelt werden müssen, in der Konzessionserteilung offengelassen worden, so hat eine Lückenfüllung Platz zu greifen (BGE *61* I 75). 194

195 – Die Abtretung von Konzessionsrechten durch den Konzessionär ist zulässig, doch handelt es sich weder um eine privatrechtliche Zession noch um eine Übertragung dinglicher Rechte, vielmehr ist diese unter öffentlichrechtlichen Gesichtspunkten zu beurteilen (BGE *53* I 87f).

196 Den durch Konzession eingeräumten Rechten stehen die sogenannten *ehehaften Rechte* in den meisten Punkten gleich, welche vor allem im Wasserrecht eine bedeutende Rolle spielen. Anders als die konzedierten Rechte werden die ehehaften Rechte als Privatrechte und nicht als subjektive öffentliche Rechte betrachtet, allerdings ohne dass dieser – historisch, nicht rechtssystematisch bedingte – Unterschied von grosser praktischer Bedeutung wäre. Vor allem geniessen die ehehaften Rechte ebenfalls den Schutz der Eigentumsgarantie und können gleich wie die konzedierten Rechte nur in einem Expropriationsverfahren gegen Entschädigung entzogen werden (über das Verfahren der Enteignung vgl. ZSGV *28* 635ff; *41* 33ff).

197 Die ehehaften Rechte verleihen – im Gegensatz zu den Konzessionen – einen Anspruch auf unentgeltliche Nutzung (vgl. dazu ZSGV *43* 139ff). Soll die Nutzung über das von jeher geübte Mass ausgedehnt werden, unterliegt der über das ehehafte Recht hinausgehende Anspruch auf Gebrauch der herrenlosen oder öffentlichen Sache der Konzessionspflicht (ZSGV *40* 500ff; *42* 139ff, 188ff).

198 Zur Geschichte und Rechtsnatur ehehafter Rechte, besonders ehehafter Wasserrechte vgl. die zum Wasserrecht angeführte Literatur, vor allem die Aufsätze von LIVER und GEISER, sowie ZSGV *40* 500ff. S. auch vorn Art. 655 N. 50ff.

c) Bei der Erteilung von Bewilligungen und Konzessionen geltende Grundsätze

199 Die zuständigen Behörden können eine den Gemeingebrauch übersteigende Nutzung keineswegs nur dann von einer Bewilligung oder Konzession abhängig machen, wenn ein Gesetz dies vorsieht. Denn «das Recht zum Einschreiten der Staatsgewalt ergibt sich aus dem allgemeinen Aufsichtsrecht des Staates über die dem Gemeingebrauch überlassenen öffentlichen Sachen. Jeder gesteigerte Gemeingebrauch kann eine Beschränkung des allgemeinen Gebrauches zur Folge haben, und eine Häufung von gesteigerter Inanspruchnahme der öffentlichen Sache könnte, wenn sie vorbehaltlos und uneingeschränkt als zulässig erachtet würde, zur Verhinderung des Gemeingebrauches führen. Deshalb muss die Staatsgewalt ordnend eingreifen und verlangen können, dass jeder gesteigerte Gemeingebrauch von ihr auf seine

Vereinbarkeit mit dem gewöhnlichen Gemeingebrauch geprüft werde» (BGE *75* I 15; weiterhin *73* I 217; analog für Sondernutzung *81* I 86f).

Dieser Standpunkt ist solange unbedenklich, als die Unvereinbarkeit des dem Bewilligungs- oder Konzessionszwang unterstellten Verhaltens mit dem Gemeingebrauch auch ohne ausdrückliche Vorschrift feststeht, etwa weil es mit der Zweckbestimmung einer (öffentlichen) Sache oder dem Grundsatz der Gemeinverträglichkeit in Widerspruch steht. Ist dies dagegen nicht der Fall und wäre die von einer Bewilligung oder Konzession abhängig gemachte Nutzung mit dem Prinzip der Gemeinverträglichkeit oder – bei einer öffentlichen Sache – mit deren Zweckbestimmung vereinbar, wie das Photographieren zu Erwerbszwecken auf öffentlichem Grund und das Anbringen von Reklameaufschriften an Motorfahrzeugen (BlZR *29* Nr. 57 und ZSGV *50* 592, vorn N. 187), ruft diese Praxis jedoch schweren Bedenken, da damit das materielle Legalitätsprinzip, das Postulat, dass die Tätigkeit der Verwaltungsbehörden durch Gesetze materiell geordnet sei (vgl. GIACOMETTI, Verwaltungsrecht I 226ff), missachtet wird. 200

Ein positiver Anspruch auf die Erteilung einer Bewilligung zu gesteigertem Gemeingebrauch oder einer Sondernutzungskonzession kommt keinem Privaten zu. Die Gestattung einer den Gemeingebrauch übersteigenden Nutzung «steht vielmehr im freien Ermessen der zuständigen Behörde, unter der einzigen Voraussetzung, dass sie dabei nach sachlichen Gesichtspunkten und nicht einfach nach Lust und Laune verfährt» (BGE *52* I 85/86). Die kantonalen Organe müssen nach *pflichtgemässem Ermessen* entscheiden (bei der Bewilligung gesteigerten Gemeingebrauchs: BGE *52* I 85/86; *77* I 287; ZSGV *36* 171ff; *58* 22; bei der Erteilung einer Konzession: ZSGV *51* 425). 201

Gelegentlich wird auch gesagt, eine Bewilligung zu gesteigertem Gemeingebrauch oder eine Sondernutzungskonzession dürfe dann nicht verweigert werden, wenn keine Interessen der Allgemeinheit (Erwägungen der öffentlichen Ordnung, Sicherheit, Gesundheit, Zweckmässigkeit des Gebrauchs öffentlicher Sachen) entgegenstehen (z.B. FLEINER 379, 405ff; BGE *46* I 292; *73* I 216; *76* I 298; *80* I 144). Damit wird im Grunde jedoch nichts anderes gefordert, als dass der Entscheid nach pflichtgemässem Ermessen getroffen werde. Wird eine Bewilligung oder Konzession verweigert, ohne dass Interessen der Allgemeinheit der Erteilung entgegengestanden hätten, ist der ablehnende Entscheid nicht durch sachliche Gesichtspunkte gerechtfertigt (vgl. z.B. ZSGV *51* 425). 202

Die Handels und Gewerbefreiheit gibt nach heutiger Praxis dem Privaten kein Recht auf Benützung öffentlicher Sachen und somit auch keinen Anspruch auf gesteigerten Gemeingebrauch. «Es hiesse das Wesen der Handels- und Gewerbefreiheit als eines Freiheitsrechtes verkennen, wollte man aus ihr den Anspruch auf eine positive Leistung des Staates, nämlich den An- 203 spruch darauf ableiten, dass der Staat – durch Erteilung einer Bewilligung zu gesteigertem Gemeingebrauch – einem Privaten die öffentlichen Strassen zur Ausübung eines Gewerbes zur Verfügung stelle» (BGE *73* I 216). In diesem Urteil distanzierte sich das Bundesgericht ausdrücklich von unveröffentlichten Entscheiden der Jahre 1936, 1943 und 1947, in denen die Frage offengeblieben war, und bestätigte seine in BGE *52* I 85; *58* I 298/99 und *66* I 9 E.5 niedergelegte Rechtsprechung. In gleichem Sinne seither *76* I 297 f; *77* I 285f; *79* I 336f; *81* I 18f; *83* I 147ff E.4. Von seiten der Doktrin ist diese Praxis kritisiert worden: Huber in ZBJV *85* 55 und ZBJV *91*bis 106 N.1; Marti, Handels- und Gewerbefreiheit 140ff; Stüdeli Rudolf, Handels- und Gewerbefreiheit auf öffentlichem Grund und Boden (Diss Bern 1951).

204 Anerkennt das Bundesgericht auch nicht einen auf die Handels- und Gewerbefreiheit gestützten positiven Anspruch auf die Zubilligung einer den Gemeingebrauch übersteigenden Nutzung, so versagt es doch keineswegs den aus BV 31 sich ergebenden negativen Schutz: Eine Polizeibewilligung oder Konzession darf nicht gestützt auf wirtschaftliche, insbesondere gewerbepolitische Gründe verweigert werden: BGE *73* I 216/17; *77* I 287; ZSGV *50* 592. Zu Recht hat der Regierungsrat von St. Gallen schon im Jahre 1914 entschieden, dass die Sondernutzung einer Strasse zum Einlegen von Gasleitungen nicht verweigert werden könne, um das Gemeindeelektrizitätswerk vor Konkurrenz zu schützen (ZSGV *15* 174f).

205 Ob die Verweigerung einer Bewilligung zu gesteigertem Gemeingebrauch oder einer Sondernutzungskonzession in Ausübung pflichtgemässen Ermessens, gestützt auf ernsthafte polizeiliche Gründe und in Wahrung öffentlicher Interessen ergangen ist, kann das «Bundesgericht ausschliesslich unter dem Gesichtspunkt von Art. 4 BV ... überprüfen. Es hat nicht frei darüber zu befinden, ob die von der kantonalen Behörde namhaft gemachten Interessen die Verweigerung der Bewilligung zu begründen vermögen, sondern nur, ob es sich um öffentliche Interessen ernsthafter Natur handle, deren Berücksichtigung sich mit sachlichen Gründen vertreten lässt» (BGE *77* I 287; namentlich auch *73* I 216; weiterhin *76* I 296; *80* I 216/17; ZSGV *40* 217ff).

5. Die Aneignung herrenlosen Landes

206 Den Kantonen ist weiterhin die Regelung der Aneignung herrenlosen Landes zur Aufgabe gemacht.

207 **a) Gegenstand der Aneignung** ist nur herrenloses Land als solches und nicht, wie gelegentlich entgegen dem Wortlaut angenommen wird, auch die Aneignung von Bestandteilen dieses Landes, wie die Gewinnung von Sand,

Kies, Lehm, Mineralien, Eis (aus Gletschern), Holz, Früchten, Beeren, Pilzen usw. auf herrenlosem Grund (so LEEMANN in der Vorauflage Art. 664 N. 45, HAAB, Art. 664 N. 19; richtig dagegen HOMBERGER/MARTI, SJK 320, 3). Zwar können die Kantone auch über die Aneignung der letztgenannten Gegenstände legiferieren, aber nicht kraft ihrer Hoheit über dieselben als vom Grund und Boden losgelöste Fahrnis, sondern kraft ihrer Hoheit über den herrenlosen Grund, deren Bestandteil diese Objekte bis zur Trennung sind (siehe oben N. 48). Dies ist nicht ohne praktische Bedeutung: Wäre die Aneignung der genannten Bestandteile des herrenlosen Grundes der Aneignung des Grundes selber gleichgestellt, würde sie vom bundesrechtlichen Ausschluss des Aneignungsrechts (N. 142f, 208) erfasst und wäre nur in dem Umfang zulässig, als eine kantonale Rechtsnorm diese ausdrücklich gestattet. Als Form der Nutzung herrenloser Sachen steht die Aneignung der genannten Fahrnisgegenstände jedoch grundsätzlich jedermann frei, soweit sie nicht den Gemeingebrauch übersteigt (vor allem sich im Rahmen der Gemeinverträglichkeit hält; vgl. N. 174f). Im Rahmen des Gemeingebrauchs spricht die Vermutung für das Recht der freien Aneignung (vgl. N. 36, 175), und dieses wird in gewissem Sinn vom Bundesrecht gewährleistet (vgl. N. 28 ff).

b) Die Regelung der Aneignung durch die Kantone

Die Aneignung herrenloser Sachen im Sinn des Art. 664 wird durch das 208
Bundesrecht grundsätzlich ausgeschlossen (oben N. 142f); den Kantonen obliegt es, die Voraussetzungen zu umreissen, unter denen die Aneignung trotzdem zulässig ist (BGE *41* II 659ff). Sie können dies mittels generell-abstrakter Normen tun (z.B. die Aneignung durch Anstösser, öffentliche oder gemeinnützige Körperschaften freistellen). Sie können über die Zulässigkeit der Aneignung aber auch von Fall zu Fall entscheiden. Mindestens im letzteren Fall, wo die Zulässigkeit des Eigentumserwerbs von einem staatlichen Hoheitsakt abhängt, liegt keine Aneignung im eigentlichen Wortsinn vor (vorn N. 141).

Wie bei der Bewilligung des gesteigerten Gemeingebrauchs oder der Er- 209
teilung einer Sondernutzungskonzession müssen die kantonalen Behörden auch bei der Zulassung oder Verweigerung der Aneignung herrenlosen Landes nach *pflichtgemässem Ermessen* verfahren und dürfen insbesondere die Aneignung nicht ohne Grund verweigern (N. 201f). In der Mehrzahl der Fälle wird die Verweigerung ohne weiteres durch die Interessen der Öffentlichkeit an der Erhaltung des Gemeingebrauchs des kulturunfähigen Landes gerechtfertigt sein (über die bundesrechtliche Gewährleistung des Gemeingebrauchs herrenloser Sachen als Schranke für die Zulassung der Aneignung vgl. vorn N. 35). Indessen sind durchaus Fälle denkbar, wo die Interessen

eines Einzelnen oder einer Körperschaft an der Aneignung die Interessen der Allgemeinheit am Gemeingebrauch in einem solchen Mass überwiegen, dass die Aneignung zugelassen werden muss (z.B. um den Bau einer Klubhütte im Hochgebirge zu ermöglichen). Auch das Bundesrecht geht davon aus, dass die Aneignung unter bestimmten Voraussetzungen zuzulassen sei, weshalb es den Kantonen die Regelung derselben zur Aufgabe macht.

210 Die Aneignung einer herrenlosen Sache kann von der Erlegung einer Gebühr abhängig gemacht werden. Zum Verfahren vgl. ZBGR *16* 197.

211 c) **Die Unterscheidung der Bewilligung der Aneignung herrenlosen Landes und der Erteilung einer Sondernutzungskonzession** kann Schwierigkeiten bereiten. Die Frage, ob jemandem die Sondernutzung einer herrenlosen Sache konzediert oder ihm deren Aneignung gestattet sei, lässt sich nur im Einzelfall auf Grund des betreffenden Hoheitsaktes und unter Berücksichtigung der besonderen Umstände beantworten (vgl. den in ZBGR *16* 33 wiedergegebenen Fall). Die praktische Bedeutung dieser Entscheidung liegt darin, dass bei einer Konzessionserteilung der Konzessionär kein Eigentum am Grund und Boden erwirbt, was allerdings nicht ausschliesst, dass die von ihm auf Grund der Konzession errichteten Werke sein Eigentum sind, da keine Akzession stattfindet (vorne N. 193).

212 Die Kantone können bei der Zulassung der Aneignung im Einzelfall wohl auch bestimmen, dass das Privateigentum an der betreffenden Sache nach einer gewissen Zeit oder beim Eintritt irgendwelcher Umstände (z. B. dem Aufhören der Benützung der auf kulturunfähigem Grund errichteten Klubhütte) wieder erlöscht, die angeeignete Sache wiederum zur herrenlosen wird.

6. Sachen «beschränkter Öffentlichkeit»

213 Im folgenden ist auf eine Kategorie von Sachen hinzuweisen, die zwar nicht dem Gemeingebrauch gewidmet sind, jedoch einem erweiterten Kreis von Personen dienen und deshalb «Sachen beschränkter Öffentlichkeit» genannt werden können. Es handelt sich um Verkehrswege, die zwar im Privateigentum stehen, jedoch nicht im Privateigentum eines Einzelnen, sondern einer durch das kantonale öffentliche Recht vorgesehenen Gemeinschaft von Grundeigentümern, denen sie zu gemeinsamer Nutzung offenstehen. Diese «Flurwege» oder auch «Güterstrassen» (so im Kanton St. Gallen; vgl. ZSGV *25* 149 ff) sollen den in einem bestimmten «Flurabschnitt» liegenden Grundstücken einen gemeinsamen Zugang zu öffentlichen Strassen öffnen und damit deren Bewerbung ermöglichen. Damit wird eine rationellere Bewirtschaftung und bessere Ausnützung des Bodens gewährleistet. Weil an einer

solchen gleichzeitig auch ein Interesse der Öffentlichkeit besteht, fördern die Kantone die Entstehung von Flurwegen, indem sie zum Teil weitgehende öffentlichrechtliche Vorschriften aufstellen, die einen Beitrittszwang vorsehen und die Befugnisse der privaten Eigentümer in hohem Masse ausschalten können. Die kantonalen Vorschriften sind meist in Gesetzen über die Landwirtschaft und deren Förderung enthalten (z.B. Kanton Zürich: Gesetz betreffend die Förderung der Landwirtschaft vom 24. September 1911, § 137 Abs. 1).

Die Flurwege stehen im gemeinschaftlichen Eigentum der an der «Flur- 214
genossenschaft» beteiligten Grundeigentümer, wobei die Praxis zwischen der Annahme von Miteigentum und Gesamteigentum hin und her schwankt. Für Miteigentum sprechen sich (wohl zu unrecht) die in BlZR *6* Nr. 88; *34* Nr. 161 S. 329 wiedergegebenen Entscheide aus, während (zutreffend) Gesamteigentum in BlZR *19* Nr. 126; *25* Nr. 87; *34* Nr. 161 S. 331; *39* Nr. 113; ZBGR *14* 10; *15* 3 und *35* 294 angenommen wird.

Die Rechtsverhältnisse bei Flurwegen sind teils öffentlichrechtlicher Na- 215
tur, nämlich soweit sie die Pflicht zum Beitritt zu einer «Flurgenossenschaft» und deren Organisation als öffentlichrechtliche Gemeinschaft betreffen oder die Errichtung und den Unterhalt der Wege zum Gegenstand haben, teils unterstehen sie dem Privatrecht, nach dem z.B. die Eigentumsansprüche der Flurgenossen beurteilt werden müssen (ZBGR *15* 3ff). Die Grenzziehung ist indessen nicht immer eindeutig, und dementsprechend bestehen oft auch Unklarheiten darüber, ob Zivilgerichte oder Administrativbehörden (gelegentlich eigens eingerichtete «Flurkommissionen» oder der Gemeinderat) zur Entscheidung von Streitigkeiten zuständig sind (Zuständigkeit des Zivilrichters in den Entscheiden BlZR *25* Nr. 87; *33* Nr. 12; *45* Nr. 76; ZBGR *16* 113; *35* 290, 294; Zuständigkeit von Administrativbehörden: BlZR *11* Nr. 173; *27* Nr. 20; *39* Nr. 113. Vgl. weiterhin BlZR *33* Nr. 1; ZBGR *14* 71 Nr. 17; *35* 287f; *35* 297; ZSGV *19* 178; *24* 302).

Aus der Kasuistik sei folgendes herausgegriffen: 216

- Form der Begründung und Aufhebung von Flurwegen: ZBGR *14* 71ff; *15* 3.
- Verfahren bei Erweiterung: ZBGR *35* 290ff.
- Beiträge der öffentlichen Hand an die Errichtung: ZSGV *22* 46f.
- Zulässigkeit der Änderung der Zweckbestimmung, insbesondere die Einführung einer nichtlandwirtschaftlichen Nutzungsweise: BlZR *34* Nr. 161; ZBGR *16* 120ff.
- Zulässigkeit der Aufhebung: ZBGR *35* 296ff.
- Grundbuchliche Behandlung: ZBGR *6* 53ff; *14* 7/8; *18* 223.

- Bedeutung des Flurwegverzeichnisses: ZBGR *14* 69f; *71*f.
- Aktivlegitimation bei Rechtsstreitigkeiten: BlZR *19* Nr. 126; *53* Nr. 143; ZBGR *37* 103ff (entgegen dem früheren Entscheid in ZBGR *35* 294).
- Abgrenzung der Güterstrassen von den Nebenstrassen; Tragung der Erstellungskosten: ZSGV *17* 129.

S. im übrigen Huber Hans, Das Flurwegrecht des Kantons Zürich (Diss Zürich 1944) und Ringger Felix, Die Privatstrassen nach ZGB und zürcherischem Recht (Diss Zürich 1959).

7. Öffentlichrechtliche Vorteilsausgleichung («Perimeterpflicht» und dgl.)

217 Die Sachen des Gemeingebrauchs stehen jedermann voraussetzungslos offen; eine Gebühr für deren Nutzung kann nicht erhoben werden, ohne dass die betreffende Sache aufhören würde, im Gemeingebrauch zu stehen (vorn N. 169). Dies schliesst nicht aus, dass das Gemeinwesen die Kosten der Errichtung öffentlicher Sachen ganz oder teilweise auf Private abwälzt, die aus denselben besonderen Nutzen ziehen, und z. B. bei der Erstellung öffentlicher Strassen die Anstösser im Sinne einer Vorteilsausgleichung mit öffentlichen Abgaben belastet. Die in diesem Sinn erhobenen Beiträge haben nichts mit Benutzungsgebühren gemein, was schon daraus ersehen werden kann, dass deren Nichtbezahlung keineswegs dazu führt, dass der Betreffende von der Benutzung ausgeschlossen werden kann, wie das bei Gebühren der Fall ist. Die Erhebung derartiger öffentlichrechtlicher Abgaben wird vor allem auch durch den Umstand gerechtfertigt, dass die Liegenschaften der belasteten Eigentümer durch die Indienststellung der betreffenden öffentlichen Sache im Wert steigen, weshalb oft von «Mehrwertbeiträgen» gesprochen wird.

218 Neben den Kosten der Errichtung einer Sache im Gemeingebrauch können auch jene des Unterhalts abgewälzt werden; ein Gemeinwesen kann Anstösser öffentlicher Strassen auch verpflichten, für den Unterhalt selbst aufzukommen (z. B. ein Trottoir reinzuhalten oder bei Eisbildung mit Sand zu bestreuen).

219 Zu beachten ist, dass die Leistungen der Pflichtigen diesen keine Sonderstellung gegenüber den anderen Benutzern der betreffenden Sache einräumen: Die dem Gemeingebrauch gesetzten Schranken gelten auch für sie, auch ihnen kommt kein subjektives Recht auf den Gemeingebrauch und dessen Fortbestand zu.

Über die Pflicht der Vorteilsausgleichung, die oft «Perimeterpflicht» («Perimeter» kann als «Umkreis» übersetzt werden) genannt wird, vgl. Fritz Wili, Peterimeterbeiträge nach luzernischem Recht (Diss Fribourg 1955); Imboden, Verwaltungsrechtsprechung 162ff; A. Im Hof, Die Pflicht der Anwänder zur Leistung von Beiträgen an Anlegung und Korrektion von Strassen nach baselstädtischem Recht (Zürich 1909); Meyer Hans Heinrich, Mehrwertsbeiträge der Grundeigentümer nach zürcherischem Recht (Diss Zürich 1960); Eichenberger, ZSGV *53* 441ff; Elser, ZSGV *16* 1ff; BlZR *58* Nr. 103; ZBGR *18* 89f; *28* 186; sowie aus der vorn S. 148f zitierten Literatur zum Strassenrecht die Abhandlungen von Meier, Schubiger und Wüthrich. 220

8. Rechtsschutz

a) Zivil- oder Administrativjustiz?

Wo positive Bestimmungen fehlen, ist für die Entscheidung der Frage, ob im einzelnen Falle die *Verwaltungsbehörden* (allenfalls, wo solche bestehen, die Verwaltungsgerichte) oder die *Zivilgerichte* zuständig seien, nach allgemein anerkannten Grundsätzen einzig die rechtliche Natur des geltend gemachten Anspruchs bzw. des zu beurteilenden Rechtsverhältnisses massgebend. Handelt es sich um einen öffentlichrechtlichen Anspruch, sind die Verwaltungsbehörden zuständig; ist er dagegen zivilrechtlicher Natur, so sind die Zivilgerichte zur Entscheidung berufen. Im einzelnen können die folgenden Tatbestände unterschieden werden: 221

Die Frage, ob eine Sache eine öffentliche sei, d.h. ob sie im Gemeingebrauch stehe oder einen Bestandteil des Verwaltungsvermögens bilde, ist nach öffentlichem Recht zu beurteilen und demnach von Verwaltungsinstanzen zu entscheiden, ebenso die Frage, ob eine öffentliche Sache zu errichten oder aufzuheben sei. Vgl. dazu ZBGR *26* 310; W. Jellinek, Verwaltungsrecht (3. Aufl., Offenburg 1948) 512. 222

Die Auseinandersetzung darüber, ob jemandem Privateigentum oder ein beschränktes dingliches Recht an einer öffentlichen Sache zukomme oder nicht – sei es, dass das Gemeinwesen das Bestehen von Privateigentum in Abrede stellt oder solches für sich selber in Anspruch nimmt, sei es, dass zwei Private dieselbe Sache zu Eigentum beanspruchen – ist privatrechtlicher Natur und von Zivilgerichten zu entscheiden. Wenn jemand an einer vom Gemeinwesen als herrenlos betrachteten Sache, vor allem an kulturunfähigem Land, Eigentum beansprucht, haben ebenfalls die Zivilgerichte zu entscheiden, desgleichen im Streit um die Grenzen öffentlicher Gewässer (BGE *29* II 783). 223

224 Die den Gemeingebrauch herrenloser und öffentlicher Sachen regelnden Normen stellen öffentliches Recht dar, weshalb die Frage, welche Befugnisse in dem jedermann offenstehenden Gemeingebrauch enthalten sind, von den Verwaltungsinstanzen zu beantworten ist, damit aber auch die Frage, welche Nutzungsformen über den Gemeingebrauch hinausgehen und als gesteigerter Gemeingebrauch oder Sondernutzung von einer Bewilligung oder Konzession abhängig gemacht werden können. Streitigkeiten, die sich aus der öffentlichrechtlichen Verleihung dieser Sondergebrauchsrechte ergeben, sind ebenfalls der Kognition der Zivilgerichte entzogen (vgl. BGE *41* II 159ff; *43* II 448f; *49* II 109).

225 Die Frage, ob ein im Privateigentum stehendes Grundstück mit einer öffentlichrechtlichen Eigentumsbeschränkung belastet sei, ist – weil öffentlichrechtlicher Natur – durch Verwaltungsbehörden zu entscheiden. Ist dagegen das Vorliegen einer Dienstbarkeit zugunsten des Publikums, die sich auf einen privatrechtlichen Erwerbsgrund stützt, streitig, ist der Zivilrichter zuständig (vgl. BGE *71* I 442f; *74* I 47; AGVE 1958 24ff; vgl. auch ZBGR *26* 73).

226 Gegen Störungen oder Beeinträchtigungen des Gemeingebrauchs durch die Verwaltung selbst oder durch Private kann der Einzelne nur auf dem Verwaltungswege Schutz erlangen, desgleichen gegen Behinderungen in der Ausübung des bewilligten gesteigerten Gemeingebrauchs oder der konzedierten Sondernutzung.

b) Die Überprüfung kantonaler Entscheide durch das Bundesgericht

227 Letztinstanzliche Entscheide kantonaler Gerichte in *zivilrechtlichen Streitigkeiten* können, wenn der Streitwert den Betrag von Fr. 8 000 erreicht (OG 46), an das Bundesgericht weitergezogen werden. Zu berücksichtigen ist allerdings, dass der Begriff der Zivilrechtsstreitigkeit im Sinne des OG (Art. 42ff) und der bundesgerichtlichen Praxis (vgl. z.B. BGE *53* I 83ff; *63* II 49; *68* II 214f; *78* I 379 ff E. I; *78* II 180; Birchmeier, Bundesrechtspflege (Zürich 1950) 58f, 66ff, 122ff) sich nicht zu decken braucht mit der von den Kantonen getroffenen Umschreibung der Zuständigkeit der Zivilgerichte, und es ist denkbar, dass das von einem kantonalen Zivilgericht gefällte Urteil nicht an das Bundesgericht weitergezogen werden kann. Zu beachten ist endlich, dass auch in Zivilrechtsstreitigkeiten das Bundesgericht nur die Anwendung von bundesrechtlichen Normen überprüfen kann (OG 43 I).

228 Der Überprüfbarkeit der letztinstanzlichen kantonalen Entscheide in *Streitigkeiten öffentlichrechtlicher Natur* sind enge Grenzen gesetzt. In aller Regel handelt es sich bei den zugrunde liegenden Rechtssätzen um kantonales

Recht, dessen Anwendung durch kantonale Behörden das Bundesgericht nicht überprüfen kann. Zur Verfügung steht die *staatsrechtliche Beschwerde*, mit der geltend gemacht werden kann, der angefochtene Entscheid verletze verfassungsmässige, in der BV oder in den Verfassungen der Kantone garantierte Rechte. Als wichtigstes verfassungsmässiges Recht kommt der Anspruch auf rechtsgleiche Behandlung gemäss BV 4 in Frage. Mit der Anrufung dieser Verfassungsbestimmung kann zwar nicht eine Überprüfung der Auslegung des kantonalen Rechts im herkömmlichen Sinn, wohl aber die Verhinderung offenkundig falscher und damit willkürlicher Anwendung desselben erreicht werden. Weiterhin kommt in Frage die Berufung auf die verfassungsmässig gewährleisteten Freiheitsrechte (bei unzulässiger Beschränkung des bundesrechtlich gewährleisteten Gemeingebrauchs herrenloser Sachen) und die Eigentumsgarantie. Näheres bei FLEINER/GIACOMETTI, Bundesstaatsrecht 881ff; GIACOMETTI, Verfassungsgerichtsbarkeit des schweizerischen Bundesgerichts (Zürich 1933); BIRCHMEIER, Handbuch des BG über die Organisation der Bundesrechtspflege (Zürich 1950), 305ff.

V. GRUNDBUCHLICHE BEHANDLUNG

1. Beschränkte Buchungspflicht

Nach Art. 944 I sind öffentliche Grundstücke in das Grundbuch nur aufzunehmen: 229

a) Wenn dingliche Rechte zulasten oder zugunsten der öffentlichen Sache eingetragen werden wollen. Das gilt nicht nur für die Grundstücke im Gemeingebrauch, die herrenlosen und die öffentlichen Sachen, sondern auch für die dem öffentlichen Dienst gewidmeten (zum Verwaltungsvermögen gehörenden) Grundstücke; auch diese müssen also kraft eidgenössischen Rechts nur unter der erwähnten Voraussetzung in das Grundbuch aufgenommen werden (das Gesetz spricht in Art. 944 I von «nicht im Privateigentum stehenden und dem öffentlichen Gebrauche dienenden Grundstücken», was aber gleichbedeutend ist mit den herrenlosen und öffentlichen Sachen von Art. 664 I unter Einschluss der Sachen des Verwaltungsvermögens: Erl II 422; OSTERTAG, Art. 944 N. 2; HOMBERGER, Art. 944 N. 3ff; irrig MÜLLER 225. Zur Buchungspflicht vgl. weiterhin GONVERS-SALLAZ in ZBGR *36* 270ff; ZBGR *19* 95f).

Die Aufnahme ist aber nur nötig, wenn ein wirkliches (privatrechtliches) 230 dingliches Recht eingetragen werden soll. Durch die Erteilung einer Bewilligung des gesteigerten Gemeingebrauchs oder der Verleihung einer Sondernutzungskonzession wird ein dingliches Recht nicht begründet (vorn N. 183, 191); weder das öffentliche Grundstück noch das Nutzungsrecht ist in das Grundbuch aufzunehmen (SJZ *11* 278; VEB 1931 Nr. 66; BlZR *14* Nr. 102; ZBGR *14* 1f. Die Kantone können aber die Aufnahme einer Konzession – auch entgegen dem Willen des Konzessionärs – vorschreiben: ZBGR *14* 4f). Aufzunehmen ist ein mit einem Fischereirecht privatrechtlichen Charakters belastetes Flussgrundstück: VEB 1932 Nr. 77; 1934 Nr. 55; BlZR *31* Nr. 168.

231 Betreffend Aufnahme nicht vermessener öffentlicher Grundstücke: VEB 1931 Nr. 66.

232 Unter den dinglichen Rechten im Sinne des Art. 944 I sind übrigens nicht nur die beschränkten dinglichen Rechte, sondern auch das Eigentum zu verstehen. Wenn daher z. B. der Staat oder die Gemeinde die Eintragung des Eigentums an bestimmten öffentlichen Grundstücken, wie namentlich an den zum Verwaltungsvermögen gehörenden, verlangt, so ist diesem Begehren zu entsprechen, das Grundstück also in das Grundbuch aufzunehmen (vgl. Erl II 353, 422; anders Homberger, Art. 944 N. 9, der dies mit der unhaltbaren Begründung ablehnt, wenn das kantonale Recht eine Sache als im privatrechtlichen Eigentum des Hoheitsträgers stehend bezeichne, so gehöre sie zum Finanzvermögen und falle überhaupt nicht mehr unter Art. 944).

233 *b)* Wenn bzw. soweit die Kantone die Aufnahme auf dem Wege gesetzlicher oder behördlicher Anordnung vorschreiben. Art. 944 I stellt es den Kantonen anheim, die vom Bundesrecht vorgesehene Buchungspflicht zu erweitern. Vgl. in diesem Sinne die EG von Aargau (146), Baselland (117), Baselstadt (204), Freiburg (345), St. Gallen (215), Schaffhausen (137), Schwyz (212), Thurgau (109) und Zug (155) sowie Luzern, Grundbuchgesetz § 11 und Zürich, Grundbuchverordnung von 1958 § 93 II. Dazu VEB 1930 Nr. 60; ZBGR *16* 229; *35* 102; hinsichtlich der Aufnahme öffentlicher Gewässer im Grundbuch ZBGR *38* 184; *39* 123.

234 Über die Art der Eintragung der dinglichen Rechte an öffentlichen Grundstücken können die Kantone besondere, vom ZGB abweichende Vorschriften aufstellen (Art. 949 II); sie können namentlich die Führung eines besonderen, den öffentlichen Grundstücken und Gewässern vorbehaltenen Grundbuches vorschreiben.

2. Gewöhnliche Buchungspflicht

235 *a)* Nicht unter die Vorschrift des Art. 944 fallen die im Eigentum Privater stehenden Grundstücke, die dem Gemeingebrauch dienen (z. B. im Privat-

eigentum stehende öffentliche Wege – sentiers publics). Diese müssen, wie andere im Privateigentum stehende Grundstücke, in das Grundbuch aufgenommen werden. Ob auch die auf dem Privatgrundstück lastende Zweckbestimmung zum öffentlichen Gebrauch (als öffentlichrechtliche Eigentumsbeschränkung, s. vorn N. 116) der Eintragung oder der Anmerkung im Grundbuch bedürfe, bestimmt das kantonale Recht (Art. 962; dazu ZBGR *13* 196).

b) Keine Ausnahme vom Buchungszwang besteht für die zum Finanz- 236
vermögen der Kantone gehörenden Grundstücke, da diese in jeder Hinsicht dem Privatrecht unterliegen. Vgl. dazu FLEINER 352; ZBGR *16* 229f; *35* 102.

3. Wegfall der Buchungspflicht

Die Umwandlung einer Privatsache in eine öffentliche Sache (z. B. Öffent- 237
licherklärung einer Privatstrasse durch die zuständige Verwaltungsbehörde mit Zustimmung des Eigentümers) ist für sich vom Grundbuchformalismus unabhängig. «Verwandelt sich ein aufgenommenes Grundstück in ein solches, das nicht aufzunehmen ist, so wird es vom Grundbuch ausgeschlossen.» (Art. 944 II; GBV 96). Diese Löschung des Grundbucheintrages erfolgt von Amtes wegen; bei Grundstücken, die kraft Widmung eine öffentliche Zweckbestimmung erhalten aber erst nach Eingang einer schriftlichen Erklärung der zuständigen Behörde (HOMBERGER 944 N. 17ff; OSTERTAG 914 N. 11ff). Die Ausschliessung ist aber nur möglich, wenn das kantonale Recht nicht das Weiterbestehen der Buchung verlangt (vorn N. 233) und wenn auch allfällige beschränkte dingliche Rechte daran untergegangen sind (vorn N. 229f); diese erlöschen allein dadurch, dass die Sache in eine öffentliche verwandelt wird, ebensowenig wie das Privateigentum. Werden diese Privatrechte (z. B. Wegrechte an öffentlichen Sachen) nicht durch Vertrag oder auf dem Enteignungsweg beseitigt, so drängen sie den öffentlichen Gebrauch, soweit ihre Ausübung es erfordert, zurück; sie stehen auch einer die Ausübung erschwerenden Umgestaltung der Sache (durch Erhöhung, Vertiefung, Verlegung) entgegen und bestehen weiter, auch wenn der öffentliche Zweck aufgehoben wird (vorn N. 70; BlZR *4* Nr. 40).

4. Übertragung einer öffentlichen Sache von einem Hoheitsträger auf einen andern

Umstritten ist, ob der Übergang einer öffentlichen Sache von einem Ho- 238
heitsträger auf einen anderen, unter Wahrung der öffentlichen Zweckbestim-

mung und ohne Begründung privater Eigentums- oder anderer Rechte (z. B. die Übertragung eines Schulhauses oder Armenhauses der Bürgergemeinde auf die politische Gemeinde, einer Kirche vom Staat auf die Gemeinde, die Abtretung einer Gemeindestrasse an den Staat) einer Eintragung im Grundbuch bedürfe. Verneint wird diese Frage von OSTERTAG, Art. 944 N. 8 und LEEMANN, Art. 664 N. 73. HAAB, Art. 656 N. 7 fordert demgegenüber zutreffend eine Buchung zum Zwecke der Eintragung des Erwerbers mit nachfolgender Ausbuchung. In diesem Sinne wurde nach ständiger Praxis im Kanton Zürich verfahren (vgl. Begründung des Antrages des Notariatsinspektors Dr. HUBER und der Entscheidung der Verwaltungskommission des Obergerichts in ZBGR *30* 185 ff; heute besteht im Kanton Zürich für öffentliche Grundstücke allgemeine Buchungspflicht: vorn N. 233). Dagegen hat das st. gallische Justizdepartement in einem Streitfall auf Grund eines Gutachtens des eidgenössischen Grundbuchamtes die Frage offen gelassen und es den Parteien (beides öffentlichrechtliche Rechtssubjekte) anheimgestellt, für die Verträge zur Eigentumsübertragung «die Form der öffentlichen Beurkundung oder eine andere Vertragsform» zu wählen (ZBGR *17* 133 ff).

5. Behandlung der Eisenbahngrundstücke

239 Für die dem Betrieb der öffentlichen Eisenbahnen dienenden Grundstücke gilt eine besondere Ordnung. Bis zur Einführung des in Art. 944 III vorgesehenen Eisenbahngrundbuches erfolgen die Verpfändungen unter Eintragung in ein vom Post- und Eisenbahndepartement geführtes Grundbuch (vgl. Art. 4 und 5 des BG über die Verpfändung und Zwangsliquidation von Eisenbahn- und Schiffahrtsunternehmungen vom 25. September 1917 und V betreffend Einrichtung und Führung des Pfandbuches über die Verpfändung von Eisenbahn- und Schiffahrtsunternehmungen vom 11. Januar 1918/25. Mai 1943; OFTINGER, Syst. Teil S. 14 f N. 36 f mit Hinweis auf die übrige Literatur), während zur Errichtung von *Dienstbarkeiten* sich die Aufnahme des Eisenbahngrundstückes ins Grundbuch empfiehlt (vgl. ZBGR *18* 136 ff; *28* 340; a. M. HOMBERGER, Art. 944 N. 23 f).

6. Einzelfragen

240 Vgl. im übrigen über die grundbuchliche Behandlung von Brücken, Baurechten und Überbauten ZBGR *16* 191 f und VEB 1930 Nr. 62; von Flussgrundstücken ZBGR *16* 191 f; *22* 94 f; von kirchlichen Grundstücken ZSGV *37* 511 ff; ZBGR *18* 18 ff; *21* 21 ff.

In Grundbuchsachen ist gegen Entscheide der kantonalen Aufsichtsbehörden die Verwaltungsgerichtsbeschwerde beim Bundesgericht möglich (OG 99 lit. *c*; vgl. BIRCHMEIER, Handbuch des BG über die Organisation der Bundesrechtspflege [Zürich 1950] 421f; FLEINER/GIACOMETTI, Bundesstaatsrecht 909ff, bes. 912). 241

Art. 665

Der Erwerbsgrund gibt dem Erwerber gegen den Eigentümer einen persönlichen Anspruch auf Eintragung und bei Weigerung des Eigentümers das Recht auf gerichtliche Zusprechung des Eigentums. III. Recht auf Eintragung

Bei Aneignung, Erbgang, Enteignung, Zwangsvollstreckung oder Urteil des Richters kann der Erwerber die Eintragung von sich aus erwirken.

Änderungen am Grundeigentum, die nach ehelichem Güterrecht eintreten, werden nach der Veröffentlichung der Eintragung im Güterrechtsregister von Amtes wegen im Grundbuch eingetragen.

III. Droit à l'inscription

Celui qui est au bénéfice d'un titre d'acquisition peut exiger que le propriétaire fasse opérer l'inscription; en cas de refus, il peut demander au juge l'attribution du droit de propriété.

L'occupation, l'héritage, l'expropriation, l'exécution forcée et le jugement autorisent l'acquéreur à réclamer l'inscription de son chef.

Les mutations résultant du régime matrimonial sont portées d'office au registre foncier dès qu'elles ont été inscrites au registre des régimes matrimoniaux et publiées.

III. Diritto all'iscrizione

Il titolo d'acquisto conferisce all'acquirente una azione personale contro l'alienante per far eseguire la iscrizione nel registro fondiario e, in caso di rifiuto dell'alienante, il diritto di farsi giudizialmente riconoscere la proprietà.

Nei casi di occupazione, successione, espropriazione, esecuzione forzata e sentenza del giudice, l'acquirente può ottenere direttamente la iscrizione.

Le modificazioni della proprietà fondiaria derivanti dal regime di beni fra i coniugi sono iscritte d'ufficio nel registro fondiario, dopo la pubblicazione dell'iscrizione nel registro dei beni matrimoniali.

Materialien: VE 667; E 658; Erl II 79ff; StenBullStR *16* 1259; StenBullNR *17* 316f.

Literatur

Vgl. die Angaben zu Art. 656.

Rechtsvergleichung

Dazu die Bemerkungen in der Inhaltsübersicht des 19. Titels (S. 3 ff N. 11 ff) und bei Art. 656 (S. 29).

Übersicht

I. ALLGEMEINES

1. Inhalt und Bedeutung von Art. 665

1 Seine Eintragung im Grundbuch erstrebt sowohl derjenige, welcher schon ausserbuchlich Eigentümer geworden ist (denn erst nach erfolgter Eintragung ist er imstande, über sein Eigentum zu verfügen: Art. 656 N. 2, 66–73), ganz besonders aber derjenige, welcher erst einen obligatorischen Anspruch darauf hat, Eigentümer zu werden (denn erst die Grundbucheintragung ver-

schafft ihm das dingliche Recht: Art. 656 N. 1, 35). Art. 665 räumt nun dem Erwerber in beiden Fällen einen Anspruch auf Eintragung des Eigentums im Grundbuch ein.

In Abs. II verleiht er dem vor der Eintragung ins Grundbuch Eigentümer 2
Gewordenen (Bereich des im Gesetz nicht abschliessend umschriebenen relativen Eintragungsprinzips: Art. 656 N. 3, 66 ff) das Recht, von sich aus die Anpassung des Grundbuches an die wirkliche Rechtslage herbeizuführen; er kann auf Grund der den ausserbuchlichen Erwerb ausweisenden Unterlagen erwirken, dass er im Grundbuch als Eigentümer eingetragen wird. Beim Eigentumserwerb nach ehelichem Güterrecht bedarf es ausnahmsweise nicht einmal eines dahinzielenden Antrages des Erwerbers, sondern die Eintragung erfolgt von Amtes wegen (Abs. III; hinten N. 45 ff). Von Amtes wegen wird die Anmeldung des Eigentumsüberganges auch im Falle von Zwangsvollstreckung vorgenommen (VZG 66 I); indessen handelt in diesem Falle nicht eine aussenstehende Behörde, sondern das mit der Vertretung des Veräusserers betraute Betreibungs- oder Konkursamt (vgl. hinten N. 39 ff).

Abs. I bezieht sich auf den Bereich des absoluten Eintragungsprinzips 3
(Art. 656 N. 1, 7 ff). Beim Erwerb auf rechtsgeschäftlicher Grundlage bedarf es zur Eintragung in der Regel der schriftlichen Erklärung des bisher eingetragenen Eigentümers (Art. 656 N. 46). Diese Anmeldung hat neben der grundbuchrechtlichen (als formeller Antrag zur Vornahme der Änderung im Grundbuch) eine materiellrechtliche Bedeutung: Sie ist die den Eigentumsübergang bewerkstelligende rechtsgeschäftliche Verfügung (Art. 656 N. 34). Das zugrunde liegende Verpflichtungsgeschäft (in Art. 665 I als Erwerbsgrund, in Art. 965 als Rechtsgrund bezeichnet) gibt dem Erwerber einen obligatorischen Anspruch gegenüber dem Veräusserer auf Abgabe der für die dingliche Perfektion erforderlichen schriftlichen Erklärung (so erste Hälfte von Abs. I des Art. 665; über die Rechtsstellung des Erwerbers vor der Eintragung Art. 656 N. 35 ff; zum Erfordernis des gültigen Rechtsgrundes im einzelnen die Kommentare zu Art. 965) Was aber dann, wenn der Veräusserer sich zu Unrecht weigert, diese Willensäusserung abzugeben? Dann ist der Erwerber weder auf die ihm von der Prozessordnung vielleicht zur Verfügung gestellte Klage auf Verurteilung zur Abgabe der Willensäusserung angewiesen (vgl. z. B. Art. 407 der bernischen ZPO) noch auf die blosse Geltendmachung eines Schadenersatzanspruches beschränkt, sondern er hat – unabhängig vom kantonalen Vollstreckungsrecht (OR 97 II) – ein Recht auf Realexekution: Er kann direkt die gerichtliche Zusprechung des Eigentums durch Gestaltungsurteil anstreben und, wenn auf diesem Wege Eigentümer geworden, von sich aus den nur noch deklaratorischen Grundbucheintrag verlangen.

4 Nach Jahrzehnten einer allzu betonten Zurückhaltung scheint das Bundesgericht nunmehr bestrebt zu sein, die in Art. 665 I liegenden Möglichkeiten auszuschöpfen (vgl. BGE *85* II 487). Zutreffend erkennt es den Zusammenhang von ZGB 665 I mit dem allgemeineren, in einzelnen Prozessgesetzen ausdrücklich niedergelegten (z. B. BZP 78), aber auch in andern Prozessrechten anerkannten (vgl. BlZR *54* Nr. 91 S. 189) Grundsatz, dass da, wo der Beklagte zur Abgabe einer Willenserklärung verurteilt ist, die Erklärung durch das Urteil ersetzt wird (BGE *78* I 447; *85* II 487).

5 Darüber, dass neben der Gestaltungsklage gemäss ZGB 665 I grundsätzlich auch die Klage auf Abgabe der Erklärung gemäss ZGB 963 I zuzulassen ist, weil sie – obgleich umständlicher – doch ab und zu einem besonderen Bedürfnis (namentlich was den Gerichtsstand betrifft) entspricht vgl. Kummer ZSR *73* 185 ff und BlZR *54* Nr. 91 (KassGer E. 2 S. 189).

2. Analoge Anwendung von Art. 665 auf beschränkte dingliche Rechte

6 Vorgesehen wird die Möglichkeit einer gerichtlichen Zusprechung (bei Weigerung des Eigentümers, die seiner Verpflichtung entsprechende grundbuchliche Verfügung vorzunehmen) in Art. 665 I für das Grundeigentum. Eine entsprechende richterliche Befugnis ergibt sich jedoch aus gesetzlichen Verweisungen auch bei Nichterfüllung der Pflicht zur Errichtung von Grunddienstbarkeiten (ZGB 731 II), von Nutzniessung und andern Dienstbarkeiten (ZGB 746 II, 776 III, 781 III) und von Grundlasten (ZGB 783 III). Bezüglich der Grundpfandrechte weist das Gesetz eine Lücke auf, die aber durch analoge Anwendung der bei allen andern dinglichen Rechten an Grundstücken getroffenen Ordnung ausgefüllt werden kann (so BGE *78* I 446 f). Und zwar hat der dem Gestaltungsurteil (hinten N. 16, 38) nachfolgende Grundbucheintrag auch bei Grundpfandrechten lediglich deklaratorische Bedeutung.

II. RECHT DES RECHTSGESCHÄFTLICHEN ERWERBERS AUF GERICHTLICHE ZUSPRECHUNG DES EIGENTUMS (ABS. I)

1. Voraussetzungen

Erforderlich sind:

a) das Vorliegen eines **gültigen Rechtsgrundes,** d.h. eines von materiellen und formellen Ungültigkeitsgründen freien obligatorischen Rechtsgeschäftes, das die Verpflichtung zur Eigentumsübertragung begründet (vgl. die Aufzählung der wichtigsten Beispiele in Art. 657 N. 15ff; der Vorkaufsvertrag z.B. kann nach Eintritt des Vorkaufsfalles und Abgabe der Ausübungserklärung von seiten des Berechtigten einen gültigen Rechtsgrund darstellen: BGE *85* II 487; eingehend die Kommentare zu ZGB 965, 974 und 975) und 7

b) die **unbegründete Weigerung des Veräusserers,** die für die Eintragung des Erwerbers nötige Anmeldung abzugeben. Realexekution ist somit ausgeschlossen, solange der Veräusserer sich auf unverschuldete Unmöglichkeit berufen (OR 119) oder die Einrede des nicht erfüllten Vertrages erheben kann (OR 82, 91, 92). 8

2. Legitimation

a) Aktivlegitimation

Der Anspruch steht dem aus dem Rechtsgrundgeschäft Berechtigten bzw. seinem Universalsukzessor zu (vgl. MBVR *11* 287). 9

b) Passivlegitimation

Zu richten ist der Anspruch gegen den aus dem Grundgeschäft verpflichteten Eigentümer oder dessen Gesamtrechtsnachfolger (auch wenn dieser noch nicht eingetragen ist). Gegen den Einzelrechtsnachfolger ist der Anspruch auf Realexekution illusorisch, und zwar selbst dann, wenn der Dritte in Kenntnis der Verpflichtung des Veräusserers erworben hat. Der Berechtigte hat keinen Erfüllungsanspruch gegen den Dritten, sondern nur einen Schadenersatzanspruch gegen den früheren Eigentümer (vgl. BGE *75* II 136f). 10

Eine Ausnahme besteht nur dann, wenn der Singularsukzessor die Verpflichtung des Veräusserers übernommen hat (dann ist der Einzelrechts- 11 nachfolger passiv legitimiert), und dann, wenn der Berechtigte seinen Anspruch auf Verschaffung des Eigentums durch Vormerkung einer Verfügungsbeschränkung im Grundbuch nach ZGB 960 Ziff. 1 rechtzeitig, d. h. vor der Eintragung des Dritterwerbers im Grundbuch (über den massgeblichen Zeitpunkt vgl. Art. 656 N. 63f) hat sichern lassen (in diesem Falle richtet sich die Klage gegen den Veräusserer, währenddem sein Rechtsnachfolger die Erfüllung des vorgemerkten Rechts zu dulden hat, ohne dass er ins Recht gefasst werden müsste: zutreffend HAAB, Art. 656 N. 29 und HOMBERGER, Art. 960 N. 24 entgegen der von LEEMANN in der Vorauflage, Art. 665 N. 7, vertretenen Auffassung).

12 Gerät der verpflichtete Eigentümer in Konkurs, so kann der Anspruch auf Übertragung des Eigentums nur realisiert werden, wenn die Konkursverwaltung in den Veräusserungsvertrag eintritt (SchKG 211; Art. 656 N. 39.)

13 Ist das Veräusserungsgeschäft über ein fremdes Grundstück abgeschlossen worden, so ist die Zusprechung an den Erwerber natürlich solange ausgeschlossen, als der Veräusserer selbst das Eigentum nicht erlangt hat.

3. Gerichtsstand

14 Das kantonale Prozessrecht bestimmt, ob die Klage am Wohnsitz des Beklagten (forum domicilii; so im Kanton Zürich: BlZR *25* Nr. 188, im Kanton Bern: LEUCH ZPO 29 N. 1, im Kanton Luzern: SJZ *55* 228f Nr. 82) oder an dem Ort, wo das Grundstück liegt (forum rei sitae), anzubringen ist.

15 Ob sich der Beklagte im interkantonalen Verhältnis auf BV 59 berufen kann, ist umstritten. Die Klage aus ZGB 665 geht zweifellos auf Erfüllung einer obligatorischen Verpflichtung (BGE *84* II 192) und ist auch dann nicht dinglicher Natur, wenn der Anspruch des Erwerbers im Sinne von ZGB 960 Ziff. 1 vorgemerkt worden ist (HOMBERGER, Art. 960 N. 26; HAAB, Art. 656 N. 30 mit Kritik an der bundesgerichtlichen Auffassung in ZBGR *11* 67ff). Es liegt somit ein persönlicher Anspruch vor, dessen Subsumtion unter den Text von Art. 59 BV keine Schwierigkeiten bereitet. Eine am Zweck dieser Verfassungsbestimmung orientierte Interpretation kommt dagegen zu einer gegenüber dem Wortlaut restriktiveren Sinngebung und lehnt ihre Anwendung mit Recht ab, wenn immer der Anspruch auf Einräumung eines dinglichen Rechts an Grundstücken geht (so BURCKHARDT, Kommentar BV Art. 59, S. 553f; GUHL, MBVR *25* 54; STAUFFER, Zum Gerichtsstand der gelegenen Sache im Kanton Bern, ZBJV *58* 418f; HAAB, Art. 656 N. 30; HOMBERGER, Art. 960 N. 27; KUMMER ZSR *73* 185 N. 51; anders noch LEEMANN in der Vorauflage Art. 665 N. 9).

4. Wirkung des Gestaltungsurteils

Durch das Urteil wird die vom eingetragenen Eigentümer verweigerte Eintragungsbewilligung (ZGB 963 I) ersetzt und der Erwerber erlangt im Zeitpunkt der Rechtskraft des Urteils das Eigentum im Sinne von ZGB 656 (Art. 656 N. 97–99), so dass er die (nur mehr deklaratorische) Eintragung von sich aus erwirken kann (hinten N. 38). 16

Zu der in BGE *84* II 192 offen gelassenen Frage, ob dem richterlichen Urteil ein gerichtlicher Vergleich oder eine gerichtliche Klageanerkennung mit nachfolgender Abschreibung des Prozesses gleichzusetzen sei, vgl. Art. 656 N. 98. 17

III. REALEXEKUTION BEI WEIGERUNG DES ERWERBERS?

Verweigert nicht der Veräusserer die Eintragungsbewilligung, sondern der Erwerber die Annahme des Grundstückes, so bedarf es nicht der gerichtlichen Zusprechung des Eigentums an ihn, da seine Einwilligung zur Eintragung nicht nötig ist, also nicht durch richterliches Urteil ersetzt werden muss. Vielmehr hat der Grundbuchverwalter die Eintragung ohne weiteres vorzunehmen, sobald ihm der Antrag dazu vom Veräusserer unter Vorlegung des zwischen diesem und dem Erwerber abgeschlossenen Rechtsgrundgeschäftes gestellt wird; einer Annahmeerklärung des Erwerbers bedarf es nicht (ZGB 963 I, 965). Das Verfügungsgeschäft stellt eben bei der Grundstücksübereignung nach schweizerischem Recht nur ein einseitiges, nicht (wie in Deutschland: vorn S. 4f) ein zweiseitiges Rechtsgeschäft dar. Der Veräusserer hat es somit in der Hand, die Eintragung des Erwerbers von sich aus zu erwirken; gleichzeitig kann er zur Sicherstellung einer Kaufpreisforderung die Eintragung eines Grundpfandrechtes verlangen (ZGB 837). Dem Erwerber steht es allerdings frei, auf das Eigentum durch Löschung des Eintrages zu verzichten (ZGB 666 I). 18

IV. EINTRAGUNG BEI AUSSERBUCHLICHEM EIGENTUMSERWERB (ABS. II)

In den Fällen des nichtrechtsgeschäftlichen Eigentumserwerbs (von denen in Abs. II die gleichen Beispiele aufgezählt werden wie in Art. 656 Abs. II) ist 19 der Erwerb unabhängig vom Grundbucheintrag eingetreten (vgl. Art. 656 N. 66 ff). Deshalb ist der Erwerber befugt, die nur mehr noch deklaratorische Eintragung im Grundbuch von sich aus zu erwirken, unabhängig vom Willen des noch eingetragenen, aber materiell nicht mehr berechtigten Eigentümers (ZGB 963 II). Eine Verpflichtung des Erwerbers zur Anmeldung der Eigentumsänderung besteht nicht, sondern nur ein mittelbarer Zwang insofern, als er erst nach erfolgter Eintragung über das Grundstück verfügen kann; ebensowenig ist eine Offizialtätigkeit des Grundbuchamtes vorgeschrieben (Art. 656 N. 46).

Der Antrag des Erwerbers auf Vornahme der Eintragung ist durch Nachweis der geltend gemachten Erwerbstatsache zu begründen:

1. Aneignung

20 Bei Aneignung durch den Nachweis der Inbesitznahme eines herrenlosen im Grundbuch eingetragenen Grundstückes in der Absicht des Eigentumserwerbs (Näheres in Art. 658 N. 9–12).

2. Bildung neuen Landes

21 Betreffend Bildung neuen Landes vgl. Art. 659 N. 12 ff.

3. Erbgang

22 Im Falle von Erbgang bei gesetzlichen und eingesetzten Erben durch die Bescheinigung, dass sie als einzige Erben des Erblassers anerkannt sind (GBV 18; dazu in verschiedenen Kantonen nähere Anleitungen in Kreisschreiben, so Aargau in ZBGR 7 340; St. Gallen in ZBGR 7 341; Zürich in ZBGR 7 344; Thurgau in ZBGR 7 345 ff; Waadt in ZBGR *9* 271 ff; Bern in ZBGR *20* 167 ff). Es handelt sich dabei um die lediglich eine provisorische Legitimation vermittelnde Erbbescheinigung bzw. den Erbschein, der nach ZGB 559 den eingesetzten Erben ausgestellt werden muss, auf den aber auch gesetzliche Erben Anspruch haben (vgl. BGE *41* II 213; *57* II 401; *73* I 275; *79* I 264; *82* I 192. Ausser den Kommentaren zu ZGB 559 vgl. über den Erbschein im allgemeinen: Sommer Eduard, Die Erbbescheinigung nach schweizerischem Recht [Diss Zürich 1941]; Chausson J., Le certificat d'héritier [Diss Lausanne 1924]; Volkart, Die Erbbescheinigung nach Art. 559

ZGB, ZBGR *7* 257ff; Leemann, Die praktische Bedeutung der Erbbescheinigung nach Art. 559 ZGB, SJZ *9* 175). Über die teilweise umstrittenen Fragen nach den für die Ausstellung zuständigen Behörden vgl. ausser der soeben zitierten Literatur noch das (allerdings in einigen Punkten überholte) Verzeichnis in ZBGR *1* 33f; Guldener, Freiwillige Gerichtsbarkeit, 27 N. 27; Haab, Art. 652/54 N. 29f mit weiteren Hinweisen; für das bernische Recht Merz, ZBGR *36* 122ff und Schneiter, MBVR *54* 113ff; ferner ZBGR *38* 31ff; für das zürcherische Recht BlZR *59* Nr. 121. Zur Frage der Gebührenbemessung für diesen Akt der freiwilligen Gerichtsbarkeit BGE *83* I 81ff.

Die Prüfungspflicht des Grundbuchverwalters beschränkt sich im allgemeinen auf die Untersuchung der formellen Richtigkeit des Erbscheines und der Zuständigkeit der ausstellenden Instanz. Nur ausnahmsweise obliegt dem Grundbuchverwalter eine beschränkte materielle Prüfungspflicht (vgl. BGE *79* I 263; ZBGR *29* 316; *34* 284; *38* 75; AGVE 1958 201ff und Merz, ZBGR *36* 130). 23

Die Erbbescheinigung ist bei testamentarisch eingesetzten Erben als genügender Ausweis anzusehen, weil schliesslich auch der eingesetzte Erbe schon vor seiner Eintragung ins Grundbuch von Gesetzes wegen Eigentümer der in der Erbschaft vorhandenen Grundstücke geworden ist (ZGB 560; vgl. Art. 656 N. 78). Der gesetzliche Erbe, der von einer Anmeldung durch den eingesetzten Erben beim Grundbuchamt Kenntnis erhält, ist zur Einsprache beim Grundbuchamt und zur Beschwerdeführung bei der Aufsichtsbehörde nicht befugt. Dagegen ist er berechtigt, sein besseres Recht durch Anhebung der Ungültigkeitsklage, der Erbschaftsklage oder der Herabsetzungsklage (obwohl die letztere im Text von ZGB 559 nicht erwähnt wird; darüber nachstehend N. 25) geltend zu machen und sich dabei gegen allfällige Verfügungen des eingetragenen eingesetzten Erben über das Erbschaftsgrundstück durch eine vom Richter zu bewilligende Vormerkung im Grundbuch zu schützen. Übrigens wird es nicht häufig zur Ausstellung eines Erbscheines an eingesetzte Erben kommen, wenn die gesetzlichen Erben oder die aus einer früheren Verfügung Bedachten nicht einverstanden sind. Denn diese können (alle gemeinsam, mehrere von ihnen oder auch nur ein einzelner: BlZR *57* Nr. 112) durch eine nicht näher zu begründende Bestreitung innert Monatsfrist seit Kenntnis der Verfügung bewirken, dass die Ausstellung des Erbscheines unterbleibt (vgl. ZGB 559) und die Erbschaft in der Regel bis zum Zeitpunkt, da endgültig feststeht, wer Erbe ist, amtlich verwaltet wird. In Zürich erhöhen die für die Testamentseröffnung zuständigen Behörden die Schutzwirkung dieses Bestreitungsrechtes dadurch, dass sie in der Mitteilung an die Beteiligten (ZGB 558) festhalten, wen sie auf Grund der letztwilligen Verfügung als Erben betrachten, wer also im Falle 24 des Ausbleibens einer Bestreitung Anspruch auf Ausstellung einer Erbbescheinigung habe. Dieses Vorgehen wirkt sich in den Fällen, da letztwillige Verfügungen verschieden ausgelegt werden können, vorteilhaft aus, weil die Beteiligten auf diese Weise von der (ihnen sonst ja in der Regel nicht erkennbaren) Rechtsauffassung der für die Ausstellung von Erbbescheinigungen zuständigen Behörde Kenntnis erhalten.

Zur Frage, ob trotz Einsprache eines gesetzlichen Erben dem eingesetzten Erben die Erbbescheinigung dann erteilt werden kann, wenn der dem Einsprecher im Falle der Ungültigkeit des Testamentes zufallende Anteil hinterlegt wird: BlZR *57* Nr. 112 mit kritischer Würdigung der bisherigen Praxis.

25 Bei Vorhandensein von Pflichtteilserben eine andere Lösung anzunehmen und in diesem Falle die Eintragung eines eingesetzten Alleinerben im Grundbuch nur vorzunehmen, wenn die Pflichtteilserben sich damit einverstanden erklären (vgl. in diesem Sinne BGE *56* II 17ff; ZBGR *20* 114), ist nicht gerechtfertigt. Wohl lassen sich – namentlich von der Wortinterpretation der einschlägigen Bestimmungen her – einige Argumente zugunsten dieser Ansicht anführen. In der Tat können die eingesetzten Erben allein beim Vorhandensein von Pflichtteilserben gar nicht «als Erben anerkannt werden» (ZGB 559), schon gar nicht als «einzige Erben» (GBV 18) und aus der Nichterwähnung der Herabsetzungsklage in ZGB 559 könnte geschlossen werden, der Gesetzgeber habe hier die Möglichkeit der Pflichtteilserben infolge Ausstellung eines Erbscheines deswegen nicht ins Auge gefasst, weil diese stets entweder im Erbschein aufzuführen seien oder der Erbschein zugunsten der eingesetzten Erben nur mit ihrer Zustimmung ausgestellt werden dürfe. Einer umfassenderen Auslegung vermögen diese Argumente jedoch nicht standzuhalten. So zeigt namentlich die Berücksichtigung der Materialien, dass die Herabsetzungsklage in ZGB 559 nur versehentlich nicht aufgeführt wird und daher im Vorbehalt als mit erfasst angesehen werden muss (dazu Merz, ZBGR *36* 126f; vgl. auch Guldener, Freiwillige Gerichtsbarkeit, 64 N. 53). Wie andern gesetzlichen Erben stehen auch den Pflichtteilserben zur Wahrung ihrer Rechte zwei Wege zur Verfügung: Die Möglichkeit der Bestreitung innert Monatsfrist (ZGB 559) und die Möglichkeit der Klage bis zum Ablauf der Verjährungsfrist, wobei sie sich gegen schädigende Verfügungen vor rechtskräftiger Entscheidung durch Vormerkung im Grundbuch vorsehen können. Ein darüber hinausgehender Schutz lässt sich auf Grund der heute geltenden Ordnung nicht rechtfertigen (vgl. SJZ *12* 74ff; ZBGR *20* 76; *21* 229; *23* 270; *30* 58f; *31* 18; insbesondere auch Merz, ZBGR *36* 123ff).

26 Das, was vorstehend über testamentarisch eingesetzte Erben ausgeführt wurde, gilt für erbvertraglich eingesetzte Erben – angesichts der Tatsache, dass das ZGB die amtliche Eröffnung von Verfügungen von Todes wegen

nach Art. 546ff nur für letztwillige Verfügungen, nicht auch für Erbverträge vorsieht – nur in jenen Kantonen, in denen die Möglichkeit zur Einlieferung und amtlichen Eröffnung, insbesondere mit dem Zweck eine Erbbescheinigung erwirken zu können, besteht, wie beispielsweise in den Kantonen Zürich (§ 98 der V über die Geschäfte der Notariate und Grundbuchämter von 1932), Aargau (EG zum ZGB 77; ZBGR *7* 340), Luzern, Schaffhausen, Schwyz, Solothurn, Waadt, Zug und beiden Basel (vgl. Riggenbach, ZSR *65* 30). Über die unzulässige Lösung des Kantons Bern vgl. die zutreffende Kritik von Merz, ZBGR *36* 128f und Schneiter, MBVR *54* 121ff.

Über die Verhältnisse bei Einsetzung eines Willensvollstreckers Merz, 27
ZBGR *36* 127 und 128f.

Bezüglich der Eintragung von Vorerben vgl. BGE *82* I 194ff. 28

Ist der eingesetzte Erbe nicht als Alleinerbe, sondern nur für einen Bruch- 29
teil eingesetzt (ZGB 483 I), so sind gleichzeitig auch die gesetzlichen Erben als Miterben in das Grundbuch einzutragen mit der Wirkung, dass die Erben nur gemeinsam über die Grundstücke verfügen können (ZGB 602).

Die Frage, ob die Erben auch dann als Gesamteigentümer im Grundbuch 30
einzutragen seien, wenn das Grundstück von der Erbengemeinschaft an einen Erben (kraft Ehevertrag oder Erbteilung, namentlich auch gemäss erblasserischer Teilungsanordnung) oder auf einen Vermächtnisnehmer übertragen wird, ist im Hinblick auf den Grundsatz, dass das Hauptbuch die vollständige Kette aller Eigentümer ausweisen soll, und angesichts der Tatsache, dass eben stets die Erbengesamtheit das Eigentum kraft Gesetzes erwirbt (vgl. Art. 656 N. 78) zu bejahen. Zu Unrecht ist das in BGE *50* II 448f verneint und in BGE *73* I 278 offen gelassen worden. Zutreffend BGE *56* I 480ff; BGer in ZBGR *17* 149f; ebenso ZBGR *7* 44; *8* 165ff; *15* 180; SJZ *40* 142ff Nr. 81; Haab, Art. 652/54 N. 27 und Merz, ZBGR *36* 134. Vgl. auch Homberger, der in Art. 963 N. 24 und Art. 965 N. 22 Haab zwar prinzipiell zustimmt, dem es aber doch zulässig erscheint, «dass bei gleichzeitiger Anmeldung von Erbgang und Teilung oder Veräusserungsgeschäft nur der letzte Erwerber unter Weglassung der Gemeinschaft eingetragen wird», vorausgesetzt allerdings, dass in der Rubrik «Erwerbsart» alle Vorgänge zum Ausdruck kommen, wie z. B. «Erbgang und Erbteilung», und dass die Belege in gleicher Weise vorhanden sind, wie wenn die Buchung nicht abgekürzt vorgenommen worden wäre. Ferner noch Eggen, ZBGR *31* 254.

4. Eheliches Güterrecht

Betreffend Änderungen am Grundeigentum, die nach ehelichem Güter- 31
recht eintreten, vgl. hinten N. 44ff.

5. Fusion

32 Bei Fusion (Art. 656 N. 85; Art. 657 N. 70) durch Vorlegung des Fusionsvertrages und eines Handelsregisterauszuges seitens der aufnehmenden bzw. neuen Gesellschaft.

6. Umwandlung von Gesellschaften

33 Bei Umwandlung von Gesellschaften (Art. 656 N. 86ff) durch Vorlegung der entsprechenden Umwandlungsbeschlüsse, regelmässig in der Form von Auszügen aus dem Handelsregister.

7. Wechsel bei Gesamthandsverhältnissen

34 Betreffend die verschiedenen Fälle des Wechsels bei Gesamthandsverhältnissen (Art. 656 N. 92ff) vgl. Art. 652 N. 27–55, besonders N. 45ff und Art. 654 N. 46, 51ff, 54ff.

8. Enteignung

35 Im Falle der Enteignung durch einen dem angewendeten (eidgenössischen oder kantonalen) Enteignungsrecht entsprechenden Ausweis, im Zweifel durch die Bescheinigung über Zahlung, Hinterlegung oder Sicherstellung der Entschädigungssumme (GBV 18). Als solcher Ausweis kann nach dem EntG des Bundes erscheinen: Das bundesgerichtliche Urteil (Art. 85), der rechtskräftige Entscheid der Schätzungskommission (Art. 74, 75, 77), der Protokollauszug über die erfolgreiche Durchführung des Einigungsverfahrens (Art. 49, 53). Eines besonderen Ausweises über die erfolgte Zahlung bedarf es da nicht, wo die Zahlung der Entschädigung durch Vermittlung des Grundbuchamtes vorgenommen wird. Gemäss eidgenössischem EntG kann der Enteigner sofort nach der gültigen Entrichtung der Entschädigung und der allfällig nötigen Vermessung verlangen, dass der Rechtserwerb im Grundbuch eingetragen werde (Art. 93 I). Ausnahmsweise ist eine Eintragung vor der endgültigen Vermessung möglich; die Ermächtigung hiezu wird vom Präsidenten der Schätzungskommission erteilt, wenn der Enteigner sie verlangt und nachweist, dass dies für ihn von Interesse ist, und wenn er für die Entrichtung der Entschädigung hinreichende Sicherheit

leistet (Art. 93 II). Abgesehen von den Fällen, wo die Eintragungen auf Ersuchen des Enteigners erfolgen, werden die notwendigen Änderungen und Löschungen im Grundbuch von Amtes wegen vorgenommen, sobald das Verteilungsverfahren durchgeführt ist und die Nachführung der Vermessung stattgefunden hat (Art. 101).

Der Expropriation gleichzustellen sind die Expropriationsverträge 36
(Art. 666 N. 32 ff und 657 N. 81), das Rückerwerbsrecht des Expropriaten (Art. 666 N. 36) und die Impropriation (Art. 666 N. 35).

Vgl. noch Syst. Teil S. 96 ff N. 208 ff, Art. 656 N. 96 und Art. 666 N. 22 ff. 37

9. Urteil und Urteilssurrogat

Im Falle von Urteil oder Urteilssurrogat ist vom Erwerber (vgl. ZBGR 38
15 88 ff) das mit der Bescheinigung der Rechtskraft versehene Urteil vorzulegen bzw. die nach dem Prozessrecht dem Urteil gleichwertige Urkunde (gerichtlicher Vergleich, gerichtliches Anerkenntnis, Schiedsgerichtsurteil; s. Art. 656 N. 98), wobei der Grundbuchverwalter im Zweifel noch eine Bescheinigung darüber verlangen kann, dass das Urteilssurrogat in seinen Wirkungen tatsächlich einem rechtskräftigen Urteil gleichsteht (Jenny 241). Mit der in GBV 18 noch verlangten «Ermächtigung zur Eintragung» wird nur darauf hingewiesen, dass schon durch das Urteil bzw. die ihm gleichwertige Urkunde die Änderung in den Eigentumsverhältnissen herbeigeführt sein muss (= Erfordernis des Gestaltungscharakters von Urteil oder Urteilssurrogat: Art. 656 N. 99), und dass der Erwerber damit «ermächtigt», d. h. befugt sein muss, von sich aus die Eintragung zu verlangen (zutreffend Homberger, Art. 963 N. 35). Diese Ermächtigung liegt somit ohne weiteres in jeder vorbehaltlosen Zusprechung des Eigentums. Ausdrücklich muss sie nur erfolgen, wenn die Zusprechung von einer Bedingung oder Voraussetzung abhängig gemacht wird, z. B. mit dem Vorbehalt, dass der Erwerber vorher oder gleichzeitig eine Gegenleistung erbringt; und zwar in der Form einer richterlichen Bescheinigung darüber, dass die Bedingung erfüllt ist (vgl. auch Haab, Art. 656 N. 69). Das eingetragene Recht erhält das Datum des Urteils bzw. des Urteilssurrogates.

10. Zwangsvollstreckung

Für den Fall der Zwangsvollstreckung (Art. 656 N. 100 ff) s. VZG 66 39
und über die einzutragende Person VZG 67. Beide Vorschriften sind auch auf die konkursamtliche Zwangsverwertung anwendbar. Die Anmeldung an

das Grundbuchamt erfolgt unter Verwendung eines speziellen Formulars (vgl. Anleitung zur VZG Art. 23). Die ausseramtliche Konkursverwaltung (vgl. SchKG 237, 252) hat sich durch einen Auszug aus dem Protokoll der Gläubigerversammlung zu legitimieren.

40 Ausser von der Bezahlung des Zuschlagspreises, der kantonalen Handänderungssteuer und der Kosten und Gebühren für die Vorbereitung und Abhaltung der Steigerung sowie für die Mitteilungen und Anmeldungen von Löschungen und Änderungen im Grundbuch darf die Eintragung nicht von der Bezahlung weiterer Abgaben (z. B. einer Stipulationsgebühr nach Notariatsgesetz) abhängig gemacht werden: BGE *34* I 175ff; *35* I 841ff; ZBJV *50* 592ff.

41 Über die andern im Anschluss an den Steigerungszuschlag vielleicht notwendig werdenden Änderungen im Grundbuch vgl. SchKG 150; VZG 68ff.

42 Im Falle des Freihandverkaufs (SchKG 256; vgl. Art. 656 N. 102 und Art. 657 N. 28) geht die Anmeldung zur (konstitutiv wirkenden) Eintragung von der Konkursverwaltung aus.

43 Vgl. im übrigen Art. 656 N. 100–103 und ferner Gloor 36ff; Haab, Art. 656 N. 60ff; Homberger, Art. 963 N. 37ff; Brand, SJK 989 S. 11ff; BGE *79* III 119ff.

V. EINTRAGUNG VON EIGENTUMSÄNDERUNGEN NACH EHELICHEM GÜTERRECHT (ABS. III)

44 Bei Änderungen am Grundeigentum, die nach ehelichem Güterrecht eintreten, hat zunächst die Eintragung im Güterrechtsregister stattzufinden (ZGB 248). Die Anmeldung erfolgt daher in diesen Fällen nicht beim Grundbuchamt, sondern beim Güterrechtsregisterführer. Dieser veranlasst von Amtes wegen die Eintragung im Grundbuch. Kommen somit güterrechtlich bedingte Änderungen am Grundeigentum immer nur insoweit im Grundbuch zum Ausdruck, als sie auch im Güterrechtsregister enthalten sind, gibt das Grundbuch stets den externen Güterstand der Ehegatten wider (MBVR *32* 170) und der interne Güterstand und alle aus dieser Duplizität entstehenden Komplikationen sind, wie sachenrechtlich ganz allgemein (Art. 652 N. 13), so auch grundbuchrechtlich irrelevant (Homberger, Art. 965 N. 59).

45 Das amtliche Berichtigungsverfahren, durch welches das Grundbuch mit dem Güterrechtsregister in Übereinstimmung gebracht werden soll, richtet sich nach den Art. 12, 14, 15 und 26 GRV (dazu im einzelnen Weiss Gottfried, Die Eintragungswirkungen des Güterrechtsregisters und ihre Beziehungen zum Grundbuch [Diss Zürich 1915] 77ff; Ostertag, Exkurs zu

Art. 965 N. 4 ff; HOMBERGER, Art. 965 N. 60 ff; SCHLATTER E. S., Die Änderung und Aufhebung des Güterstandes in ihren Wirkungen auf die Rechte Dritter [Diss Zürich 1952] 25 f; vgl. auch NUSSBAUM HEINRICH, Der Nachweis des materiellen Verfügungsrechts nach Art. 965 ZGB [Diss Zürich 1949] 31 ff). Es gilt bei der Begründung güterrechtlicher Verhältnisse sowohl durch Ehevertrag wie durch richterliche Verfügung (analoge Anwendung von Art. 14 auf Art. 17 GRV: WEISS 79; SCHLATTER 25 N. 2). Bei Rechtsgeschäften unter Ehegatten, welche die Eigentumsverhältnisse an Grundstücken verändern, aber nicht einen Güterstandswechsel im Sinne der Begründung von Gütergemeinschaft oder Gütereinheit herbeiführen, setzt die hier konstitutiv wirkende Eintragung im Grundbuch (Art. 656 N. 83) ausser der Mitteilung des Güterrechtsregisterführers eine Anmeldung des Verfügungsberechtigten an den Grundbuchverwalter voraus (zutreffend ZBGR *31* 113 f). Zur Publikation kommt es in diesen Fällen erst, nachdem der Grundbuchverwalter dem Güterrechtsregisterführer von der vollzogenen Eintragung im Grundbuch Kenntnis gegeben hat (GRV 15 II, 26 II und III).

Über die Behandlung von Grundeigentum im Falle der Auflösung des **46** Güterstandes infolge Todes eines Ehegatten vgl. MERZ, ZBGR *36* 131 ff.

Unter diesen Umständen besteht zwischen Güterrechtsregister und Grund- **47** buch in der Regel Übereinstimmung. Doch kann es ausnahmsweise deswegen zur Diskrepanz kommen, weil die Ehegatten ihrer Pflicht zur Angabe des Grundeigentums oder der Güterrechtsregisterführer der entsprechenden Erkundigungspflicht (GRV 14) nicht voll nachgekommen sind. Die Frage, ob in diesen Fällen gutgläubiger Erwerb nach ZGB 973 auf Grund des nicht mehr zutreffenden Grundbucheintrages möglich sei, ist grundsätzlich zu bejahen. Die Gutgläubigkeit ist nur demjenigen Erwerber abzusprechen, der nachweisbar vom entgegenstehenden Eintrag im Güterrechtsregister Kenntnis hatte (vgl. GUHL, MBVR *10* 300 f; WIELAND, Art. 974 N. 8*a*; HAAB, Art. 652/54 N. 31; EGGER, Art. 217 N. 6 [anders allerdings in Art. 248 N. 15]; GMÜR, Art. 217 N. 22 [anders aber in Art. 248 N. 69]; SCHLATTER 26 ff. Nach andern wird der gute Glaube durch den vom Grundbuch abweichenden Güterrechtsregistereintrag zerstört: WEISS 122 ff, 132; JENNY, ZBGR *11* 237; ZUST F. K., Der gutgläubige Erwerb im ehelichen Güterrecht [Diss Fribourg 1928] 86 ff; MÜLLER G., Der Schutz des gutgläubigen Dritten im Familienrecht [Diss Zürich 1924] 68. Eine Mittelstellung nimmt HOMBERGER, Art. 965 N. 64 ein, der zwar den Schutz des guten Glaubens gewähren will, aber doch nur da, wo der Dritte glaubwürdig dartun kann, dass besondere Gründe für ihn vorgelegen haben, von einer Nachprüfung des Güterrechtsregisters abzusehen).

Art. 666

C. Verlust **Das Grundeigentum geht unter mit der Löschung des Eintrages, sowie mit dem vollständigen Untergang des Grundstückes.**

Der Zeitpunkt, auf den im Falle der Enteignung der Verlust eintritt, wird durch das Enteignungsrecht des Bundes und der Kantone bestimmt.

C. Perte de la propriété foncière

La propriété foncière s'éteint par la radiation de l'inscription et par la perte totale de l'immeuble.

En cas d'expropriation pour cause d'utilité publique, le moment où la propriété s'éteint est déterminé par les lois spéciales de la Confédération et des cantons.

C. Perdita

La proprietà fondiaria si estingue con la cancellazione dell'iscrizione o con la perdita totale del fondo.

Riguardo all'espropriazione, il momento del trapasso della proprietà è determinato dalle rispettive leggi federali e cantonali.

Materialien: VE 668; E 659; Erl II 84f.

Literatur

a) Zum Eigentumsverlust im allgemeinen

Buser Theo, Der Untergang dinglicher Rechte an Immobilien (Diss Basel 1943; in Maschinenschrift); Gloor Albert, Der aussergrundbuchliche Eigentumserwerb nach schweizerischem Recht (Diss Zürich 1929) 127ff; Homberger/Marti, SJK Nr. 319 (Genf 1942); Liver Peter, Die Löschung infolge Unterganges des dinglichen Rechtes, ZBGR *39* 321ff; Mengiardi Peider, Der Ausschluss der Verjährung im Sachenrecht (Diss Bern 1953).

b) Zum Recht der Enteignung im besonderen

Vgl. das Verzeichnis im Syst. Teil N. 208 (Bd. I S. 96ff). Seither:

Bagi Louis, La garantie constitutionnelle de la propriété (Diss Lausanne 1956); Giacometti Z., Allgemeine Lehren des rechtsstaatlichen Verwaltungsrechts Bd. I (Zürich 1960) 506ff; Huber Hans, Staat und Privateigentum in der Schweiz, Bd. 34 der vom Max-Planck-Institut herausgegebenen Beiträge zum ausländischen öffentlichen Recht und Völkerrecht (Köln/Berlin 1960) 49 ff; Imboden Max, Der verwaltungsrechtliche Vertrag (Basel 1958; dasselbe auch in ZSR 77 1aff); Müller Stephan A., Die formelle Enteignung im Kanton Solothurn (Diss Fribourg 1959); Rottalinti Plinio, La posizione giuridica dell'espropriato (Diss Bern 1957); Rudolph Kurt, Die Bindungen des Eigentums. Eine rechtsvergleichende Studie (Tübingen 1960); Schaumann Wilfried, Enteignung und Enteignungsentschädigung unter besonderer Berücksichtigung der Rechtsprechung des Schweizerischen Bundesgerichts, JZ 1960 142ff.

Rechtsvergleichung

Dazu allgemein: Stulz Günter, Aneignung, RvglHWB II (Berlin 1929) 182f.

Das deutsche Recht kennt in § 928 I BGB eine dem Art. 666 I entsprechende Regelung der Dereliktion. Deutlicher als in der schweizerischen Vorschrift kommt darin zum Ausdruck, dass das Herrenloswerden eines Grundstückes ein Doppeltes voraussetzt: Eine Verzichtserklärung gegenüber dem Grundbuchamt und die Eintragung des Verzichtes im Grundbuch. Vgl. ausser den Angaben vorn S. 102 zu Art. 658: BENDIX, Der sogenannte Verzicht auf das Eigentum an Grundstücken nach bürgerlichem Recht, Arch. bürg. R. *32* 140 ff; FINK, Die rechtliche Natur der Aufgabe des Eigentums nach heutigem bürgerlichem Recht (Bromberg 1904); HEINSHEIMER, Grundstückverzicht wegen drohender Zwangsversteigerung, Zeitschrift für Rechtspflege in Bayern *10* 85 ff; LEONHARD, Die Eigentumsaufgabe von Grundstücken, Arch. bürg. R. *35* 369 ff.

Im österreichischen Recht ist die Zulässigkeit der Preisgabe von Grundstücken bestritten. § 386 ABGB spricht nur von beweglichen Sachen und, ob § 387 die Dereliktionsmöglichkeit voraussetze, ist zweifelhaft. Die heute herrschende Ansicht betrachtet den Verzicht auf das Grundeigentum in ähnlicher Form und unter ähnlichen Voraussetzungen wie im deutschen und schweizerischen Recht als zulässig (vgl. K. WOLFF, Juristische Person und aufgegebenes Grundstück [Wien 1927] 108; KLANG zu § 387 und die dort Zitierten).

Auch das französische Recht anerkennt die Möglichkeit der Dereliktion von Grundeigentum in Theorie und Praxis, obschon dem code civil eine entsprechende Bestimmung nicht bekannt ist (vgl. BRÉTON, Théorie générale de la renonciation aux droits réels, Rev. trim. dr. civ. *27* 261 ff; PLANIOL/RIPERT/PICARD 52 f).

Übersicht

I. ALLGEMEINES

1. Inhalt und Bedeutung von Art. 666

1 Art. 666 befasst sind nicht mit dem Verlust des Eigentums schlechthin, sondern in seinem 2. Absatz nur mit einem einzigen der sogenannten relativen Eigentumsverluste (mit dem Eigentumsverlust durch Enteignung) und im 1. Absatz mit zwei Gründen, die sich von allen andern dadurch unterscheiden, dass sie absoluten Charakter haben, d. h. nicht nur das Eigentum in der Person des bisherigen Berechtigten, sondern das Eigentum an der Sache als solches zum Erlöschen bringen: mit dem vollständigen Untergang der Sache und mit der Dereliktion. Obwohl die Preisgabe von Grundstücken selten vorkommt, hat der Gesetzgeber diesen Tatbestand doch mit vollem Recht ausdrücklich geregelt. Auch für die wenigen vorkommenden Fälle ist es wichtig, dass über Zulässigkeit und Voraussetzungen des Verzichtes volle Klarheit herrscht. Der schweizerischen Lehre und Rechtsprechung sind damit die Kontroversen erspart geblieben, welche Österreich mangels gesetzlicher Ordnung kennen lernte. Mit der ausdrücklichen Erwähnung des Unterganges des Grundstückes als Erlöschensgrund sollte sodann klargestellt werden, dass der Untergang vollständig sein müsse, um den Verlust des Eigentums herbeizuführen (Erl II 84f).

2. Andere Gründe des Eigentumsverlustes

2 Abgesehen von den in Art. 666 I erwähnten beiden absoluten Eigentumsverlusten verliert der Eigentümer sein Recht nur, wenn es auf eine andere Person übergeht, sei es infolge der in Abs. II von Art. 666 erwähnten Enteignung, sei es auf Grund eines Rechtsgeschäftes, eines Erbganges, eines richterlichen Urteils, einer Zwangsvollstreckung, einer Ersitzung usw. All diese Tatbestände des Eigentumserwerbes stellen, vom bisher Berechtigten aus gesehen, Tatbestände des Eigentumsverlustes dar. Wie der Erwerb vollzieht sich somit in diesen Fällen auch der Verlust bald mit, bald ohne Eintragung im Grundbuch.. Ausserbuchlich ist der Untergang des Eigentums des bisher Berechtigten im Bereich des relativen Eintragungsprinzips (Art. 656 N. 66ff). Im Augenblick der Verwirklichung des Erwerbstatbestandes tritt hier auch der Eigentumsverlust ein. Wo das absolute Eintragungsprinzip herrscht (Art. 656 N. 7 ff), verliert der Veräusserer das Eigentum dagegen erst dann, wenn der Erwerber im Grundbuch eingetragen wird.

II. DERELIKTION

Der Eigentümer kann das Eigentum an Grundstücken, wie auch an beweglichen Sachen (s. ZGB 729) aufgeben, ohne es auf einen andern zu übertragen. Ein solcher Verzicht (meist Dereliktion, auch Preisgabe oder Eigentumsaufgabe genannt) kommt freilich in bezug auf Grundstücke sehr selten vor. Ein Anlass zum Aufgeben eines Grundstückes wird meist nur gegeben sein, wenn mit dem Eigentum privat- oder öffentlichrechtliche Lasten verbunden sind, die grösser scheinen als dessen Vorteile, oder wenn das Grundstück durch Krieg oder elementare Ereignisse so entwertet ist, dass es keinen oder wenigstens nicht einen die Lasten deckenden Ertrag abwirft (vgl. z.B. Art. 658 N. 7 a.E. und ZBGR *10* 210). 3

1. Voraussetzungen

Während zu dem Verzicht auf das Eigentum an einer beweglichen Sache nur die Aufgabe des Besitzes in der Absicht, das Eigentumsrecht aufzugeben, erforderlich ist (ZGB 729), ist dies zur Aufgabe des Eigentums an Grundstücken weder erforderlich noch genügend. Das Grundeigentum wäre in der Tat nicht genügend geschützt, wenn es schon dadurch verlorengehen könnte, dass der Eigentümer den Entschluss, sich seines Rechtes zu entäussern, durch sein tatsächliches Verhalten gegenüber dem Grundstücke bekundete. Den Publizitätsgrundsätzen des Grundbuchrechtes (Eintragungsprinzip) entsprechend ist die Aufgabe des Eigentums an Grund und Boden formalisiert, wodurch einerseits unüberlegten Dereliktionen vorgebeugt und anderseits jegliche Zweifel, ob wirklich Dereliktion vorliegt, beseitigt werden. 4

Erforderlich ist:

a) Ein **Verzicht des Eigentümers** durch Abgabe einer schriftlichen Erklärung beim Grundbuchamt (BGE *85* I 262f mit Dokumentation; VEB 1929 Nr. 42). Die Anmeldung zur Eintragung (ZGB 963 I; GBV 61 I, 13) wird regelmässig in dieser Erklärung enthalten sein. Materiellrechtlich wäre eine Form für die Verzichtserklärung nicht vorgeschrieben; die Formvorschrift des Art. 657 I (Beurkundungszwang) findet jedenfalls keine Anwendung, weil es sich nicht um eine Übertragung des Eigentums handelt (ebenso SJZ *31* 153 Nr. 129 und Haab, Art. 666 N. 8). Die Verzichtserklärung darf weder bedingt noch befristet sein (vgl. ZGB 972; Art. 656 N. 54; GBV 61 I, 12 I). 5

6 Der Verzicht ist ein einseitiges Rechtsgeschäft, das den allgemeinen Regeln über Rechtsgeschäfte (z. B. hinsichtlich Handlungsfähigkeit, Willensmängel) unterliegt. Die Verzichtserklärung an das Grundbuchamt ist eine Verfügung über das Grundstück und daher nur wirksam, wenn der Verzichtende nach Ausweis des Grundbuches die verfügungsberechtigte Person ist (ZGB 965 I und II; vgl. z. B. hinsichtlich der notwendigen Einwilligung des andern Ehegatten ZGB 202 und 217; s. auch SchKG 96, 101, 204). Dass der Verzichtende im Grundbuch eingetragen sei, ist zur Wirksamkeit der Dereliktion nicht erforderlich; es genügt, dass er wirklich Eigentümer ist (vgl. Art. 656 II; a. M. Haab, Art. 666 N. 9; Gloor 129f). Anderseits ist der Verzicht des als Eigentümer Eingetragenen unwirksam, wenn dieser nicht wirklich Eigentümer war. Der wahre Berechtigte kann sein Eigentum erst dadurch verlieren, dass ein gutgläubiger Dritter das derelinquierte Grundstück aneignet (ZGB 973; Haab, Art. 658 N. 3 a. E.).

7 **b) Die Eintragung des Verzichts in das Grundbuch** durch Löschung des Eintrages, d. h. durch Streichung der auf die Eintragung des Eigentums bezüglichen Angaben unter Beifügen eines Vermerkes wie «Dereliktion» oder «Verzicht» (s. GBV 62 I; die dort verlangte Unterschrift des Grundbuchverwalters ist blosse Ordnungsvorschrift: BGE *56* II 87ff). Es genügt also nicht die Löschung des Eigentums für den Verzichtenden. Diese allein hätte nicht Herrenlosigkeit des Grundstückes, sondern nur Wiederaufleben des Eigentums des Vorgängers zur Folge.

8 Eine versehentlich unrichtig vollzogene Löschung kann nach ZGB 977 (GBV 98ff) berichtigt werden. Solange die Eintragung im Grundbuch noch nicht erfolgt ist, kann der Verzicht widerrufen, d. h. diese Erklärung wie jede andere Grundbuchanmeldung zurückgezogen werden (Art. 656 N. 55).

9 **c) Keine Besitzaufgabe.** Einer Aufgabe des Besitzes bedarf es ebensowenig, als es zum (rechtsgeschäftlichen) Eigentumserwerb einer Besitzergreifung bedarf. Die Aufgabe des Eigentums hat auch nicht ohne weiteres den Besitzverlust zur Folge.

2. Wirkungen

10 a) Das **Eigentum** am Grundstück erlischt; das Grundstück wird herrenlos und der Aneignung fähig (Art. 658 I), es sei denn, dass das Eigentum nach kantonalem Recht ipso iure einem andern zufällt (s. Art. 658 N. 7 und 9). Herrenlos werden kraft zwingenden Rechts auch die Bestandteile des Grundstücks und, wenn keine Ausnahme gemacht wird, auch dessen Zugehör (Art. 644 I und dort N. 79).

Mit dem Eintritt der Herrenlosigkeit scheidet das Grundstück aus dem Vermögen des Verzichtenden aus; die Kurrentgläubiger des letztern können somit aus dem Grundstück nicht mehr Befriedigung suchen. 11

b) Die beschränkten dinglichen Rechte an dem Grundstück, mit Einschluss derjenigen, die dem verzichtenden Eigentümer selbst zustehen (Eigentümerdienstbarkeiten, Eigentümerhypotheken) sowie die subjektiv-dinglich mit dem Eigentum am Grundstück verbundenen Rechte bleiben bestehen (s. Art. 658 N. 14 und 16). Durch die Dereliktion nur eines Teils des belasteten Grundstücks (z. B. des Bachbordes eines Grundstücks, auf welchem die Grundlast des Uferschutzes ruht) befreit sich der Eigentümer nicht von der Last, da diese auf dem ganzen Grundstück haftet. Anders aber dann, wenn eine mit einer Grunddienstbarkeit nebensächlich verbundene Verpflichtung zur Vornahme von Handlungen i. S. von ZGB 730 II in Frage steht. Von einer solchen (rein persönlichen Charakter tragenden Verpflichtung: LIVER, Art. 730 N. 227) kann der Belastete sich befreien durch Dereliktion derjenigen Parzelle, auf welche sich die Ausübung der Dienstbarkeit beschränkt (zutreffend LIVER, Art. 730 N. 232–238 mit kritischen Bemerkungen zu BGE *50* II 234). 12

Soll ein an dem aufgegebenen Grundstück bestehendes dingliches Recht eines Dritten oder ein aus dem Eigentum fliessender Anspruch (Nachbarrecht) durch Klage oder Zwangsvollstreckung geltend gemacht werden, bevor das Grundstück einen Eigentümer erhalten hat, so hat die Vormundschaftsbehörde einen Beistand zu ernennen, dem die Wahrnehmung der sich aus dem Eigentum ergebenden Rechte und Verpflichtungen im Rechtsstreite und im Zwangsvollstreckungsverfahren obliegt (ZGB 392 ff). Ist das Grundstück wieder okkupiert worden, so kommt dem Aneignenden in einer Betreibung auf Pfandverwertung die Stellung des Dritteigentümers des Pfandes zu (VZG 88, 103). 13

c) Ebenso bleibt natürlich die Haftung des frühern Eigentümers gegenüber seinen **persönlichen Gläubigern** (Schuldbriefgläubigern usw.) bestehen (vgl. Art. 658 N. 15). 14

Dagegen kann eine persönliche Haftung für diejenigen Grundlastleistungen (einschliesslich Gültzinse), die im Zeitpunkt der Eigentumsaufgabe noch nicht drei Jahre fällig sind sowie für die später fällig werdenden Leistungen aus dem Grundlastverhältnis nicht mehr entstehen (ZGB 791 II, 851 III). 15

3. Bestimmung eines Grundstückes zu öffentlichem Gebrauch

Nicht um eine Preisgabe im Sinne von Art. 666 I handelt es sich bei der Bestimmung eines bisher privaten Grundstückes zu öffentlichem Gebrauche 16 (z.B. bei Überlassung zur Benutzung als öffentlicher Weg oder Platz), weder dann, wenn der Private seine Eigentumsrechte aufgibt (ein Akt der zu seiner dinglichen Wirksamkeit der Eintragung im Grundbuch in dem Sinne bedarf, dass das Grundstück vom Grundbuch ausgeschlossen wird, sofern jedenfalls keine beschränkten dinglichen Rechte daran bestehen bleiben und es auch nach kantonalem Recht nicht im Grundbuch aufzunehmen ist: Art. 944 I), noch viel weniger dann, wenn er das Eigentum am Grundstück behält und nur eine öffentlichrechtliche Eigentumsbeschränkung auferlegt oder eine Dienstbarkeit errichtet wird (s. Art. 664 N. 109–117; Huber, SPR III 212).

4. Verzicht auf einen Miteigentumsanteil

17 Der Verzicht auf den einem Miteigentümer an einem Grundstück zustehenden Bruchteil stellt nicht eine Dereliktion i.S. von ZGB 666 I dar, die Herrenlosigkeit und Aneignungsfähigkeit zur Folge hätte. Der Miteigentumsanteil, auf den verzichtet wird, wächst vielmehr den verbleibenden Miteigentümern im Verhältnis ihrer Quoten an (vgl. Art. 646 N. 46).

5. Verzicht auf selbständige und dauernde Rechte

18 Auf die in das Grundbuch aufgenommenen selbständigen und dauernden Rechte kann die Dereliktion mit der Wirkung eintretender Herrenlosigkeit des Rechtes keine Anwendung finden. Der Verzicht auf das Eigentum ist hier nur durch Schliessung des Grundbuchblattes möglich, d.h. indem man das Grundstück selbst (das ja nur ein fingiertes ist, s. Art. 655 N. 34) zum Verschwinden bringt. Ein solcher Verzicht setzt die Zustimmung der Berechtigten aus den am Grundstück bestehenden beschränkten dinglichen Rechten voraus; denn mit dem Verschwinden des Grundstücks fallen notwendigerweise auch diese Rechte dahin. Im übrigen sind die für den Verzicht auf Dienstbarkeiten geltenden Grundsätze zu beachten (darüber Liver, Art. 734 N. 97ff).

III. UNTERGANG DES GRUNDSTÜCKES

1. Erfordernis des vollständigen Untergangs

19 Der Untergang des Grundstücks hebt das Eigentum nur auf, wenn er ein vollständiger, dauernder ist, so dass eine Wiederherstellung des Grundstücks

nach menschlichem Ermessen ausgeschlossen ist, der Eigentümer somit seine Rechte nicht mehr ausüben kann. Z.B.: Versinken von Ufergrundstücken, Wegspülung durch einen Fluss, dauernde Überflutung durch ein öffentliches Gewässer (ZSGV *61* 488). Ist nicht die Substanz des Grundstücks verloren, sondern dieses nur, wenn auch für lange Zeit, kulturunfähig gemacht, z.B. durch einen Bergsturz, eine Lawine oder einen Murgang, so ist die Vernichtung nicht vollständig, das Eigentum besteht also fort.

Was das Gesetz für den vollständigen Untergang eines Grundstückes anordnet, gilt mutatis mutandis für den vollständigen Untergang eines Grundstückteiles. Denn das Gesetz verlangt keineswegs den Untergang des vollständigen Grundstückes, sondern den vollständigen Untergang des Grundstückes (womit es die analoge Anwendung für den Fall des vollständigen Unterganges eines Grundstückteils nicht ausschliessen wollte).

2. Untergang sämtlicher dinglicher Rechte und Lasten

Der vollständige Untergang des Grundstückes zieht nicht nur den Unter- 20
gang des Eigentums, sondern auch den Untergang aller mit ihm verbundenen beschränkten dinglichen Rechte und Lasten nach sich. Das wird im Gesetz ausdrücklich festgehalten für die Grunddienstbarkeiten (ZGB 734; LIVER, Art. 734 N. 113 ff), für die Nutzniessung (ZGB 748 I), für die Grundlasten (ZGB 786 I) und für die Grundpfandrechte (ZGB 801 I).

3. Auswirkungen im Grundbuch

Die durch den vollständigen Untergang von Land hervorgerufenen Ände- 21
rungen finden auch im Grundbuch ihren Niederschlag. Es ist nicht nur das Grundbuchblatt der untergegangenen Liegenschaft zu schliessen (GBV 96 I), sondern es sind auch die Einträge auf andern Grundbuchblättern zu löschen, die sich auf beschränkte dingliche Rechte des untergegangenen Grundstückes beziehen. Bei Aufnahme in einem Kollektivblatt ist die betreffende Ordnungsziffer und die dazugehörige Nummer zu streichen (GBV 96 II). Dazu noch HAAB, Art. 666 N. 5.

IV. EIGENTUMSVERLUST INFOLGE ENTEIGNUNG

Allgemeines über die Enteignung im engeren und im weiteren Sinne siehe 22
Syst. Teil S. 96 ff N. 208 ff und dort N. 230 der Hinweis auf die Rechtsquellen für die klassische Enteignung.

1. Enteignung im engeren Sinne

23 Nach den Enteignungsgesetzen des Bundes (vgl. EntG 91) und der Kantone pflegt die Rechtsänderung am Expropriationsobjekt im Zeitpunkt der Bezahlung oder Hinterlegung der vollen (BGE *83* I 76f) Entschädigungssumme (bzw. der Leistung eines allfälligen Naturalersatzes) einzutreten. Der Exproprіant kann sich aber mit dem Expropriaten auf eine frühere Eigentumsabtretung (vor der Bezahlung der Entschädigung) verständigen (vgl. BlZR *2* Nr. 176; *8* Nr. 13 E. 3). Möglich ist auch, dass eine Entschädigung überhaupt nicht geleistet werden muss, weil dem Expropriaten keinerlei Vermögensnachteile erwachsen (BlZR *9* Nr. 42). Ausnahmsweise vollziehen sich Eigentumsverlust und Eigentumserwerb schon im Falle der Entrichtung einer Teilentschädigung; so nach eidgenössischem EntG dann, wenn der Expropriant für den noch streitigen Betrag ausreichend Sicherheit leistet und der Instruktionsrichter verfügt, dass die Enteignungswirkung eintreten soll (Art. 86 II). Im übrigen besteht grundsätzlich keine Möglichkeit vorzeitigen Eigentumserwerbs (Imboden, Der verwaltungsrechtliche Vertrag, 145), wohl aber nach eidgenössischen und einigen kantonalen Gesetzen ein Recht auf vorzeitige Besitzeinweisung, wenn sonst für das Unternehmen bedeutende Nachteile entständen: EntG 76 und 121 lit. *d*. Der Entscheid darüber steht in der Regel der Schätzungskommission zu, kann aber im Weiterzugsverfahren vor dem Bundesgericht auch vom Instruktionsrichter getroffen werden (BGE *80* I 109ff). Wenn nach vorzeitiger Besitzeinweisung das Gebäude abgerissen und das Land unter Wasser gesetzt wird, kann der Eigentumsverlust allerdings nach Abs. 1 von Art. 666 (infolge vollständigen Untergangs des Grundstückes) eintreten (ZSGV *61* 486ff).

24 Die einzelnen Posten einer Enteignungsentschädigung in getrenntem Verfahren zu beurteilen ist – der Natur der Sache nach – unzulässig (so zutreffend BGE *83* I 72ff hinsichtlich des eidgenössischen Expropriationsrechts).

25 Über den für die Bemessung der Entschädigung massgebenden Zeitpunkt vgl. Imboden, Schweizerische Verwaltungsrechtsprechung (Basel/Stuttgart 1960) 144ff.

26 Eine rückwirkende Enteignung ist schlechthin ausgeschlossen: VEB 1937 Nr. 208.

27 Durch die Enteignung wird das Eigentum des Expropriaten zerstört und neues Eigentum zugunsten des Exproprianten begründet; es findet also keine Rechtsnachfolge statt. Die Enteignung vermittelt somit originären Rechtserwerb. Dem Grundbucheintrag, den der Expropriant von sich aus erwirken kann (Art. 665 N. 35; SJZ *30* 233 Nr. 179), kommt keine konstitutive Wir-

kung zu (Art. 656 N. 36). Nur die Möglichkeit der Weiterverfügung über das Grundstück ist von der Eintragung im Grundbuch abhängig (ZGB 656 II).

Mit dem Untergang des Eigentums erlöschen, soweit anderweitige Vereinbarungen nicht getroffen worden sind, auch alle dinglichen Rechte Dritter an dem expropriierten Grundstück (EntG 91). 28

Nach dem Grundsatz der Verhältnismässigkeit staatlicher Eingriffe beurteilt sich die Frage, ob an Stelle des Eigentumsentzuges das fragliche Grundstück lediglich mit einer Dienstbarkeit belastet werden soll (ZSGV 1955 103ff; zur Begründung von Dienstbarkeiten im Enteignungsverfahren allgemein: Liver, Art. 731 N. 15ff). 29

Nach dem im einzelnen Falle zur Anwendung kommenden Expropriationsgesetz entscheidet sich die Frage, bis zu welchem Zeitpunkt ein Verzicht auf die Expropriation möglich ist. Nach dem Enteignungsgesetz des Bundes ist ein Verzicht dann nicht mehr möglich, wenn schon vorläufige Besitzeinweisung verlangt worden ist, und ferner dann nicht, wenn seit der Rechtskraft des Entschädigungsentscheides schon zwanzig Tage verflossen sind. Der Enteigner hat dem Enteigneten den aus dem Verzicht entstandenen Schaden zu ersetzen (EntG 14). Vgl. auch BGE *40* I 116ff. 30

Abgabenrechtlich ist zum Eigentumswechsel infolge Enteignung zu bemerken: Nach eidgenössischem EntG dürfen die Kantone zwar Kanzleigebühren, nicht aber Handänderungssteuern erheben (Art. 92; BGE *84* I 192). Auch die Erhebung von Wertzuwachssteuern ist zulässig, wobei der Expropriant nicht verpflichtet werden kann, diese dem Expropriaten zu ersetzen (BGE *50* I 143 und *51* I 357 zum alten Expropriationsgesetz, auf deren Überlegungen aber auch die Rechtsprechung zum neuen Enteignungsgesetz fusst: BGE *70* I 303 und *75* I 208). Der dem Expropriaten unter Umständen gewährte Unfreiwilligkeitszuschlag wird aber richtigerweise von der Besteuerung ausgenommen (so im zürcherischen Recht: ZSGV 1959 113f). 31

2. Expropriationsvertrag

Unter Expropriationsvertrag versteht man den während der Hängigkeit des Expropriationsverfahrens zum Zwecke seiner vorzeitigen Beendigung zwischen Expropriant und Expropriat abgeschlossenen Vertrag, durch welchen namentlich die Entschädigung für ein bestimmtes Expropriationsobjekt festgesetzt wird (über die durch Vertrag überhaupt regelungsfähigen Punkte: Imboden, Der verwaltungsrechtliche Vertrag, 144ff). Dieser Vertrag ist öffentlichrechtlicher Natur und untersteht somit nicht dem vom eidgenössischen Privatrecht statuierten Formerfordernis der öffentlichen Beurkundung, sondern den einschlägigen Sondernormen des eidgenössischen 32 und kantonalen öffentlichen Rechts (vgl. Art. 657 N. 81). Sein publizistischer Charakter steht auch der Beurteilung von daraus entspringenden Streitigkeiten durch die Zivilgerichte entgegen (BGE *52* I 34 ff; 77 II 75 ff). Hinsichtlich der Wirkungen entspricht der Expropriationsvertrag einem rechtskräftigen Urteil über die Entschädigung. Auch in diesem Falle erwirbt der Expropriant das Eigentum am enteigneten Grundstück mit der Bezahlung der Entschädigung ausserbuchlich (EntG 91 II). Die Ausführungen in N. 23 ff vorstehend gelten entsprechend auch für diesen Tatbestand.

33 Keine Expropriationsverträge sind die nicht innerhalb des Enteignungsverfahrens abgeschlossenen Verträge; diese unterstehen nach Form, Inhalt und Wirkungen ausschliesslich den Regeln des Privatrechts (vgl. Art. 657 N. 81).

34 Über die Unzulässigkeit vertraglicher Abmachungen darüber, dass ein Grundstück in Zukunft nicht enteignet werden soll ZSGV 1958 143 Ziff. 4.

3. Impropriation

35 Weder ein öffentlich beurkundeter Vertrag im Sinne von ZGB 657 noch die Eintragung im Grundbuch wird vorausgesetzt bei der zwangsweisen Zueignung von Grundstücken und Grundstücksteilen bei Grenzregulierungen (darüber bei Art. 669; Haab, Art. 656 N. 59), beim Umlegungs- und Quartierplanverfahren (Haab, Art. 656 N. 58; Liver, Art. 731 N. 22 ff; Art. 734 N. 78 f) und bei öffentlichrechtlichen Güterzusammenlegungsverfahren (Haab, Art. 656 N. 54 ff; Liver, Art. 731 N. 27 f; Art. 734 N. 80 f). Die vorstehenden Ausführungen (N. 23 ff) sind in diesen Fällen der sogenannten Impropriation entsprechend anwendbar.

4. Wiederenteignung

36 Unter bestimmten Voraussetzungen gewähren die Enteignungsgesetze dem Expropriaten ein Rückerwerbsrecht (EntG 102 ff). Jede Enteignung steht gleichsam unter der auflösenden Bedingung, dass sie nur aufrechterhalten wird, wenn und soweit sie im Interesse eines bestimmten öffentlichen Werkes notwendig ist (vgl. BGE 77 II 78 f und ZSGV 57 148 ff). Auch dieses Gegenstück der Enteignung, der Tatbestand der sogenannten Wiederenteignung, stellt einen originären Rechtserwerb dar; er tritt ein im Zeitpunkt der Leistung des Wertersatzes seitens des Enteigneten gegenüber dem Enteigner. Als Ausweis für die nachfolgende Grundbucheintragung genügt der entsprechende Entscheid der Schätzungskommission oder des Bundes-

gerichts zusammen mit der Quittung über den Empfang der darin festgelegten Gegenleistung des Enteigneten oder (im Falle der gütlichen Regelung) die ausdrückliche schriftliche Ermächtigung des Enteigners zur Rückübertragung des Eigentums auf den Enteigneten zusammen mit der Quittung (vgl. Kommentar HESS zu Art. 107).

Die Verjährbarkeit des enteignungsrechtlichen Rückforderungsanspruches wird von einzelnen Gesetzen vorgesehen (so EntG 105; BGE *82* I 53ff) aber auch in Enteignungsrechten ohne ausdrückliche Vorschrift oft bejaht (vgl. IMBODEN, Schweizerische Verwaltungsrechtsprechung [Basel/Stuttgart 1960] 28f). 37

Zweiter Abschnitt

Inhalt und Beschränkungen des Grundeigentums

Chapitre II

Des effets de la propriété foncière

Capo secondo

Elementi e limiti della proprietà fondiaria

Art. 667

A. Inhalt
I. Umfang

Das Eigentum an Grund und Boden erstreckt sich nach oben und unten auf den Luftraum und das Erdreich, soweit für die Ausübung des Eigentums ein Interesse besteht.

Es umfasst unter Vorbehalt der gesetzlichen Schranken alle Bauten und Pflanzen, sowie die Quellen.

A. Etendue de la propriété foncière

I. En général

La propriété du sol emporte celle du dessus et du dessous, dans toute la hauteur et la profondeur utiles à son exercice.

Elle comprend, sous réserve des restrictions légales, les constructions, les plantations et les sources.

A. Elementi

I. Estensione

La proprietà del fondo si estende superiormente nello spazio ed inferiormente nella terra fin dove esiste per il proprietario un interesse ad esercitarla.

Essa comprende, salvo le restrizioni legali, tutto ciò che è piantato o costrutto sul terreno ed anche le sorgenti.

Materialien: VE 669; Erl II 85; E 660.

Literatur

Bai Alfred, Luftrecht und Grundeigentum (Diss Zürich 1955); Guldimann Werner, Cuius est solum, eius est usque ad coelum ZLR 1952 372 ff; Huber, SPR III 238 ff; Oppikofer Hans, Die aktuellen Probleme des Luftrechts, ZSR *65* 145*a* ff.

Über das Akzessionsprinzip s. das allgemeine Schrifttum zum Recht der Bestandteile in Bd. I S. 171 f (zu Art. 642).

Rechtsvergleichung

Vgl. allgemein Gieseke/Predari, Grundstück RvglHWB III (Berlin 1931) 823 ff; Friedrich Rudolf, Sache RvglHWB VI (Berlin 1938) 61 ff; derselbe, Verbindung, Vermischung, Verarbeitung RvglHWB VII, 1. Lieferung (Berlin 1939) 80 ff; Keetmann Ernst, Überbau RvglHWB VI (Berlin 1938) 601 ff.

Rechtsvergleichende Bemerkungen zu Einzelfragen hinten N. 2, 3, 5, 9, 10, 11.

A. Zur vertikalen Abgrenzung

Hinsichtlich der Begrenzung des Eigentums in vertikaler Hinsicht ist die französische wie die österreichische Gesetzgebung der gemeinrechtlichen Tradition verpflichtet, wonach das Grundeigentum nach oben und unten ins Grenzenlose reicht, so dass womöglich am Mittelpunkt der Erde ein Gesamteigentum aller Grundstückbesitzer entstände! Vgl. WINDSCHEID, Pandekten § 139 N. 3; ENDEMANN, § 71 N. 5.

CCfr 552 I bestimmt: «La propriété du sol emporte la propriété du dessus et du dessous», woraus die Doktrin seit jeher abgeleitet hat: «Théoriquement le droit du propriétaire s'étend indéfiniment en profondeur: tous les gisements métalliques ou autres situés au-dessous de la parcelle qui lui appartient à la surface de la terre lui appartiennent également, à quelque profondeur qu'ils se trouvent.» (PLANIOL/RIPERT/PICARD, S. 523 f; vgl. auch S. 253 f; CARBONNIER, II, S. 154 f, 160 ff; BROUILLAUD, Les limites du droit de propriété en hauteur et en profondeur, Diss Bordeaux 1926.) Durch Spezialgesetze wurden aber die praktisch notwendigen Grenzziehungen vorgenommen; so namentlich was den Bergbau (PLANIOL/RIPERT/PICARD, S. 524 ff; FEHR R., Régime juridique des recherches et de l'exploitation des gisements de pétrole en droit comparé, Diss Rennes 1939) und was die Luftschiffahrt anbetrifft (PLANIOL/RIPERT/PICARD, S. 252 f). Bezeichnend ist immerhin, wenn eine verbreitete Ansicht das Recht der Flugzeuge zur Benutzung des Luftraums über privaten Grundstücken als öffentlichrechtliche Legalservitut konstruiert (M. DE JUGLART, Traité élémentaire de droit aérien Nr. 153).

Ähnlich ist § 297 ABGB, wonach der senkrecht über dem Boden befindliche Luftraum als dessen Zubehör erklärt und damit der Herrschaft des Grundeigentümers unterstellt wird, «durch die Entwicklung der letzten Jahrzehnte im öffentlichen Interesse, namentlich im Interesse der Luftfahrt und der Führung elektrischer Leitungen stark beschränkt worden» (KLANG, § 297 N. II und Bem. zu §§ 355/56).

Auch das deutsche BGB hält in § 905 grundsätzlich an der gemeinrechtlichen Umschreibung fest, erstreckt also das Eigentum ungemessen nach oben und unten; doch fügt es im Sinne einer Einschränkung bei, der Eigentümer müsse Einwirkungen zulassen, die in solcher Höhe oder Tiefe vorgenommen werden, dass er an der Ausschliessung kein Interesse habe. Nur die negative Seite der Eigentumsherrschaft, das Recht zur Ausschliessung von Einwirkungen, wird aber dadurch beschränkt, nicht auch der positive Kern, das Recht des Eigentümers zur beliebigen Einwirkung. In entscheidender Weise erfolgt auch hier die Grenzziehung durch Spezialgesetze, namentlich solche des Bergbaus und des Luftverkehrs. Vgl. die Kommentare zu § 905 BGB; eingehender Hinweis auf die Spezialliteratur insbesondere bei STAUDINGER/SEUFERT.

B. Zum Akzessionsprinzip

Was in bezug auf die Hilfssachen (Bestandteil und Zugehör) allgemein festzustellen war (vgl. Bd. I S. 172 f zu Art. 642), gilt auch hier bezüglich der mit einem Grundstück verbundenen Sachen: Das schweizerische Recht hat sich weniger an den zum Teil veralteten Vorstellungen des österreichischen ABGB und des französischen CC (der unsern Bestandteilsbegriff gar nicht kennt, sondern bei den einem Grundstück eingefügten Sachen von «immeubles par nature» spricht) orientiert als am moderneren deutschen BGB, hat aber auch ihm gegenüber eine bemerkenswerte Selbständigkeit bewahrt; vom deutschen Recht unterscheidet es sich materiell (meist vorteilhaft) in einigen Punkten und zeichnet sich vor allem durch eine glücklichere gesetzestechnische Erfassung aus (die Aufstellung der einschlägigen Normen auf das erste und dritte Buch des BGB und das Auseinanderfallen der einzelnen Vorschriften innerhalb des Sachenrechts erschweren den Überblick und die zusammenhängende Betrachtung).

Wie das deutsche und österreichische Recht geht das schweizerische vom Akzessionsprinzip aus: Mit dem Grundstück nicht nur zu vorübergehendem Zwecke verbundene Sachen werden kraft zwingenden Rechts dessen Bestandteile, verlieren somit ihre Sonderrechtsfähigkeit und teilen das rechtliche Schicksal des stets als Hauptsache betrachteten Grundstückes. Demgegenüber ist im romanischen Rechtskreis unter Führung des französischen Rechts der Gedanke der Immobilisierung grundlegend: Die dem Boden eingefügten beweglichen Sachen werden zu «immeuble par nature», ohne dass sie dadurch ohne weiteres aus dem Bereich der selbständigen Rechtsobjekte ausscheiden und notwendigerweise dem Eigentümer des Grundstückes zufallen würden. Vielmehr statuiert art. 553 CCfr nur eine widerlegbare Doppelvermutung, dass nämlich der Grundeigentümer die Mobilien auf seine Kosten habe einfügen lassen und dass sie ihm gehören. Daraus wird gefolgert, der Erwerb des Eigentums an den eingefügten Sachen erfolge nicht kraft zwingenden Rechts durch die Verbindung; der Grundeigentümer könne für jene Sachen, die trotz ihrer Immobilisierung ihre körperliche Identität nicht verloren haben (sog. «immeubles distincts et indépendants»), die Akzession ausschliessen und selbständiges Eigentum an solchen Grundstücksteilen begründen (gleichgültig übrigens, ob sie von ihm oder einem Dritten eingefügt wurden).

Trotz dieser Unterschiede im Ausgangspunkt nähern sich die beiden Rechtskreise in den praktischen Ergebnissen.

Das zeigt sich bezüglich des (im vorliegenden Art. 667 II für das schweizerische Recht umschriebenen) Kreises der vom Akzessionsprinzip erfassten Gegenstände: Bauten in einem sehr weiten Sinne dieses Wortes (vgl. Art. 518 f CCfr; § 297 ABGB; § 94 I BGB) mit Einschluss der Gebäudeteile (die Art. 667 II nicht erwähnt, weil es nach Art. 642 ZGB zu beurteilen ist, ob sie Bestandteil der Baute und damit indirekt zu Bestandteilen des Bodens geworden sind; Art. 525 CCfr; § 297 ABGB; § 94 II BGB) und Pflanzen (Art. 520 f CCfr; § 295 ABGB; § 94 I BGB).

Das zeigt sich besonders deutlich beim Festlegen einer Voraussetzung für den Eintritt der Akzession: Nach romanischer Auffassung wird nicht Bestandteil, was nur lose mit dem Boden verbunden ist, nach deutscher Ansicht, was – ob fest oder lose verbunden – nicht auf Dauer eingefügt werden will (vgl. S. 335 zu Art. 677). Das im Grundsätzlichen largere französische Recht (nachgiebiges Prinzip der Immobilisierung) ist in der Gewährung von Ausnahmen zurückhaltender als das in jener Hinsicht festere deutsche Recht (zwingendes Prinzip der Akzession). Zu beachten ist in diesem Zusammenhang allerdings auch, dass das französische Recht versucht, den Grundsatz «superficies solo cedit» für gewisse Grundbesitzer zu lockern (vgl. S. 277 zu Art. 671).

Sonst hat die vor der Verbindung bestehende Verschiedenheit der Eigentumsverhältnisse am Boden und am Eingefügten grundsätzlich keinen Einfluss. Einzig das österreichische Recht kennt unter besonderen Voraussetzungen eine Ausnahme vom Prinzip «superficies solo cedit» im Sinne einer Umkehrung, dass das Eigentum am Grund dem Eigentum am Bau folgt («solum superficiei cedit»; S. 277 zu Art. 671). Der Ausgleich ungerechtfertigter Wertverschiebungen beim Bau auf fremdem Boden und beim Verwenden fremden Materials erfolgt im übrigen nur durch Gewährung obligatorischer Ansprüche, die nach Zahl und Art verschieden sind und die Eigenart der einzelnen Rechtsordnungen stärker in Erscheinung treten lassen als die sie auslösende sachenrechtliche Grundentscheidung (dazu Art. 671 S. 276f).

Grössere Unterschiede nicht nur in der obligatorischen, sondern auch in der dinglichen Behandlung weist dagegen der Tatbestand des sogenannten Überbaus auf. Das vor allem deshalb, weil sowohl dem französischen wie dem österreichischen Recht die zur richtigen Erfassung unerlässliche spezielle gesetzliche Grundlage fehlt (vgl. S. 296f zu Art. 674).

Übersicht

I. INHALT UND BEDEUTUNG

1 Gegenstand der unter dem Randtitel «Inhalt» stehenden Art. 667–679 ZGB ist der Umfang der Grundeigentümerherrschaft (vgl. vorn S. 6 N. 19 ff). Den Vorschriften über die Begrenzung des Umfanges in horizontaler Richtung (Art. 668 f) ist in Abs. I von Art. 667 eine Norm vorangestellt, die zum Zwecke der Festlegung des Umfanges in vertikaler Richtung (nachfolgend N. 2) einer für sämtliche Grundeigentümerbefugnisse geltenden generellen Schranke Ausdruck gibt (hinten N. 4). In Abs. II von Art. 667 wird das Akzessionsprinzip niedergelegt, wonach das Grundeigentum (unter Vorbehalt bestimmter Ausnahmen) die mit dem Grund und Boden oberirdisch oder unterirdisch verbundenen Bauten, Pflanzen und Quellen – als dessen Bestandteile – umfasst. Zum Zwecke erhöhter Rechtssicherheit und Rechts-

klarheit sorgt das Gesetz damit für eine grundsätzliche Einheitsbehandlung von Bodenfläche und den mit ihr verbundenen Sachen.

1. Vertikale Abgrenzung des Grundeigentums

Nach Abs. I von Art. 667 erstreckt sich das Eigentum an Grund und Boden so weit nach oben und unten, als für dessen Ausübung ein Interesse besteht. Im Unterschied zum Eigentum an beweglichen Sachen ist beim Grundeigentum eine solche räumliche Erstreckung notwendig; denn eine zweckentsprechende Ausnutzung des Bodens ist nur möglich, wenn das Herrschaftsrecht sowohl auf den Erdkörper unter der Oberfläche wie auch auf den Raum über ihr erstreckt wird. Im Gegensatz zur gemeinrechtlichen Anschauung, wonach das Grundeigentum nach oben und unten ins Grenzenlose reicht («qui dominus est soli dominus est coeli et inferorum») – ein Grundsatz, den das französische und das österreichische Recht übernommen haben, und von welchem auch das deutsche Recht ausgeht (vgl. vorn S. 245) –, gibt das ZGB dem Eigentümer das Recht, den Luftraum über seinem Grund und Boden und das Erdinnere unter seinem Grund und Boden zu benutzen, nur, soweit er daran ein Interesse hat. Es weicht damit auch von fast allen früheren kantonalen Rechtsordnungen ab; nur das bündnerische Privatrecht kannte in seinem § 185 II eine dem Art. 667 I entsprechende Regelung (vgl. Huber SPR III 238 ff). 2

Zur umstrittenen Frage nach der Natur des Herrschaftsrechtes an der Luftsäule über Grund und Boden nimmt das Gesetz nicht Stellung. Abzulehnen ist die Ansicht, dem Grundeigentümer stehe das Eigentum an der über der Liegenschaft befindlichen Luft als Stoff zu; denn der Luftraum über der Bodenfläche ist mangels Abgegrenztheit keine Sache, die Gegenstand eines dinglichen Rechtes sein könnte (vgl. Syst. Teil S. 33 N. 63; S. 34 N. 65; anders das österreichische Recht, welches in § 297 ABGB die Luftsäule als Zubehör des Grundes erklärt). Gekünstelt wirkt die Konstruktion eines Nutzungsrechtes des Grundeigentümers an der zum öffentlichen Gut erklärten Luft (vgl. Stückelberger ZSR *38* 541 f). Geht man bei der Umschreibung des Liegenschaftsbegriffes davon aus, dass es sich dabei nicht um eine blosse Bodenfläche, sondern um einen Raum handelt (Art. 655 N. 8), so tritt zum Eigentumsrecht am Erdkörper ein entsprechend ausgestaltetes absolutes Recht sui generis am Luftraum (= Herrschaftsrecht am Raum, nicht Eigentum an der Luft als Stoff), das eine positive Seite (Recht der freien Verfügung) wie eine negative (Abwehr ungerechtfertigter Eingriffe) aufweist. Für die Praxis ist die theoretische Streitfrage allerdings kaum von Bedeutung, denn über den *Inhalt* des Herrschaftsrechts des Eigentümers am Luftraum gehen die Meinungen nicht auseinander. 3

2. Schranke jeder Eigentümerbefugnis

4 Art. 667 I erschöpft sich nicht in dieser, in N. 2 erwähnten Grenzziehungsfunktion nach oben und unten. Indem er zur vertikalen Abgrenzung des Grundeigentums Stellung nimmt, statuiert er eine generelle Schranke für die Betätigung jeder (positiven oder negativen) Eigentümerbefugnis in dem so abgesteckten Rahmen: Der Grundeigentümer darf sein Recht nur ausüben, wenn und soweit er ein Interesse hat. Art. 667 I ist eine der von Art. 641 vorbehaltenen allgemeinen Schranken des Grundeigentums. Die dort gewährte Freiheit des Eigentümers, nach Belieben über sein Grundstück zu verfügen und jede ungerechtfertigte Einwirkung abzuwehren, ist generell eingeschränkt durch das Erfordernis eines Ausübungsinteresses. Die Fälle interesseloser Ausübung von Grundeigentümerbefugnissen (vgl. MERZ Art. 2 N. 344 ff) sind daher nach Art. 667 I zu beurteilen; erst bei Vorliegen eines Ausübungsinteresses ist zu prüfen, ob ein nach Art. 2 II ZGB zu beurteilender Rechtsmissbrauchstatbestand vorliege. HANS MERZ kommt das Verdienst zu, die über die vertikale Abgrenzung des Grundeigentums hinausgehende generelle Tragweite, die alle Ausübungs- und Abwehrbefugnisse des Eigentümers erfassende Bedeutung von Art. 667 I ins rechte Licht gestellt zu haben (Art. 2 N. 305; ZSR *81* 43 f).

3. Das Akzessionsprinzip

5 besagt, dass der Eigentümer an Grund und Boden auch Eigentümer an dessen Überbauungen und Anpflanzungen sei: «superficies solo cedit» (GAIUS II 73; vgl. auch I 2, 1, 19: «omne quod inaedificatur solo cedit»). Anders als sonst üblich werden nun aber in ZGB 667 II neben den Bauten und Pflanzen auch die Quellen in diesem Zusammenhang aufgezählt (zu dieser Erweiterung die kritischen Bemerkungen bei TOBLER [zit. S. 323] 19 f N. 6). Ohne Rücksicht darauf, ob die Voraussetzungen von ZGB 642 vorliegen, wird für Bauten, Pflanzen und Quellen grundsätzlich die Bestandteilseigenschaft bejaht. Die Vorschrift hat im Gegensatz zur entsprechenden Ordnung im französischen Recht (vorn S. 247) zwingenden Charar.kte

6 Art. 667 II spricht zwar nur davon, dass Bauten, Pflanzen und Quellen vom *Eigentum* an Grund und Boden erfasst werden. Doch geht die Bedeutung der Vorschrift weiter als der Wortlaut. Nicht nur das Eigentum, sondern alle dinglichen Rechte an Grund und Boden erstrecken sich auf sie. Sie teilen das sachenrechtliche Schicksal des Bodens, mit dem sie verbunden sind.

II. DAS AUSÜBUNGSINTERESSE ALS SCHRANKE DES GRUNDEIGENTUMS (ABS. I)

1. Das schutzwürdige Interesse an der Betätigung der Eigentümerbefugnisse

Indem Art. 667 I den Bereich der Eigentümerbefugnisse (nicht nur nach unten und oben: vorn N. 4) absteckt durch das Erfordernis eines Ausübungsinteresses, verzichtet er auf die Festlegung einer generell bestimmten Grenze und begnügt sich mit der Anordnung einer individuell bestimmbaren Schranke. Ob ein schutzwürdiges Interesse und damit eine Betätigungs- oder Abwehrbefugnis des Eigentümers bestehe, hängt letztlich immer von den Umständen des konkreten Falles ab, vor allem von der Natur des Grundstückes und von der Tätigkeit bzw. Einwirkung. Allgemeine Gesichtspunkte werden dabei allerdings regelmässig eine Rolle spielen: In entscheidender Weise kommt es natürlich auf die grössere oder geringere Entfernung einer Einwirkung von der Oberfläche des Grundstückes an (vgl. BGE *71* II 85; dazu hinten N. 27). Von Bedeutung ist insbesondere auch, wie weit übungsgemäss oder nach allgemeiner Verkehrsauffassung die Benutzung von Grund und Boden sich erstreckt (vgl. BlZR *23* Nr. 45). 7

Am Ausübungsinteresse fehlt es immer dann, wenn ein Verhalten des Grundeigentümers sich als für ihn völlig nutzlos erweist und nur darauf abzielt, einen Nachbarn zu schädigen oder ihn zu zwingen, «den ihm drohenden Nachteil durch entsprechende Vergütung abzuwenden» (Merz Art. 2 N. 344 ff mit Beispielen). 8

Das Interesse des Eigentümers braucht kein Vermögensinteresse zu sein; auch ein anderes, z. B. ästhetisches (wie dasjenige an einer schönen Aussicht: BlZR *22* Nr. 53) oder ein wissenschaftliches Interesse (etwa dasjenige an der ungestörten Verwendung eines Observatoriums) kann schutzwürdig sein. Doch genügt nicht jedes beliebige Interesse, auch nicht einmal jedes vermögensrechtliche Interesse; vielmehr muss das durch Art. 667 geschützte Interesse mit dem Eigentumsrecht zusammenhängen, es muss eine Beziehung des Interesses zum Grundstück und dem dazugehörigen Rechtskreise vorliegen. So vermöchte z. B. das (wirtschaftliche) Interesse des Eigentümers, das Absatzgebiet eines Konkurrenzunternehmens einzuschränken, das Verbietungsrecht nicht zu begründen (vgl. Seuf. Arch. *71* Nr. 89). 9

Das Vorhandensein eines Interesses darf nicht ausschliesslich nach den gegenwärtigen Verhältnissen beurteilt werden, sondern es ist auch darauf Rücksicht zu nehmen, dass sich die Benutzungsart des Grundstücks ändern kann (vgl. RGZ *42* 210; *59* 120; Planck, BGB § 905 Bem. 4d; a. M. BlZR *23* Nr. 45 S. 72). 10

2. Beweislast

11 Die herrschende Lehre (vgl. HAAB, Art. 667 N. 4 und die dort Zitierten) auferlegt den Beweis des Ausübungsinteresses dem Grundeigentümer – in allzu getreulicher Befolgung des Gesetzeswortlautes und gleichzeitiger Missachtung der zugrundeliegenden Interessenlage. Wie im Falle missbräuchlicher Eigentumsausübung ganz allgemein derjenige die Beweislast trägt, der sich auf Art. 2 ZGB beruft (GULDENER, Beweiswürdigung und Beweislast, Zürich 1955, 38), so soll aber richtigerweise auch hier das ausnahmsweise Fehlen des Ausübungsinteresses bei der Betätigung von Eigentümerbefugnissen derjenige beweisen müssen, der sich auf den rechtshindernden Sachumstand beruft (zutreffend KUMMER, Art. 8 N. 182; ebenso die deutsche Lösung: RGZ *59* 117; JW *28* 503).

3. Analoge Anwendung auf beschränkte dingliche Rechte

12 Wie die beschränkten dinglichen Rechte in vertikaler Richtung ihre Grenzen dort finden, wo auch die Ausübung des Eigentums aufhört, so steht deren Inhabern (namentlich dem Nutzniesser, dem Wohn- und dem Bauberechtigten) auch das Verbietungsrecht aus ZGB 667 I zu, soweit ihr Recht durch Eingriffe in das Raumgebiet des Eigentümers beeinträchtigt wird. Die Grundpfandgläubiger und Grundlastberechtigten sind einspruchsberechtigt, wenn durch den Eingriff eine Wertverminderung des Grundstückes eintritt oder einzutreten droht (vgl. ZGB 808–810). Ebenso HAAB, Art. 667 N. 3.

13 Der bloss persönlich berechtigte Besitzer (Mieter, Pächter) ist berechtigt, fremde Einwirkungen zu verbieten, soweit der Tatbestand einer Besitzesstörung vorliegt (ZGB 928).

4. Bereich des Gemeingebrauchs

14 Wo das Herrschaftsrecht des Grundeigentümers aufhört, beginnt der Gemeingebrauch, soweit ein solcher überhaupt möglich ist (vgl. Art. 664 N. 167 ff).

5. Anwendungsfälle und Abgrenzungen

15 – Antennen

Die in den eigenen Luftraum hineinragenden Antennen des Nachbarn braucht der Eigentümer nicht zu dulden. (Über das nicht nach sachen- sondern nach obligationenrechtlichen Gesichtspunkten zu beurteilende

Recht des Mieters zur Errichtung einer Antenne s. die Hinweise bei HAAB, Art. 667 N. 9.)

– Bauten 16

Der Grundeigentümer kann (abgesehen von den Fällen gesetzlicher oder bestellter Baurechte: hinten N. 32 ff) die Erstellung fremder Bauten auf und über seinem Boden verbieten. Für Bauten und andere Vorrichtungen, die vom Nachbargrundstück herüberragen, ist jedoch die Sonderregelung von ZGB 674 zu beachten.

– Bergbau 17

Dem Grundeigentümer steht nicht kraft Bundesrechts die Befugnis zur Ausbeutung von Bergwerken zu. Das Bergbaurecht wird von den Kantonen geregelt (s. Art. 655 N. 56).

– Flugzeuge 18

Der Grundeigentümer kann das Durchfliegen seines Luftraumes mit Flugzeugen nicht untersagen, soweit öffentlichrechtliche Normen ihn zur Duldung zwingen. Indessen darf ihm eine solche Duldungspflicht entschädigungslos nur auferlegt werden, wenn und soweit ihm ein berechtigtes Interesse an der Ausschliessung der Einwirkung abgesprochen werden muss. Das dürfte bei Einhalten der gesetzlich vorgeschriebenen Mindestflughöhen durch optimal schallgedämpfte Flugzeuge in der Regel der Fall sein. Vgl. dazu die Monographie von ALFRED BAI mit weiterem Schrifttumsnachweis.

– Grundwasser 19

Grundwasser ist nach ZGB 704 III Bestandteil des Grundstückes und als solcher Gegenstand des Grundeigentums. Nicht dem privaten Herrschaftsrecht der Grundeigentümer unterstehen aber die Grundwasserströme (s. Art. 664 N. 156 f).

– Höhlen 20

Der Eigentümer ist grundsätzlich nicht berechtigt, das Betreten von Höhlen (z. B. Tropfsteinhöhlen), die ihren Zugang von einem entfernten fremden Grundstück haben, zu verbieten oder nur gegen Vergütung zu gestatten (vgl. DERNBURG, Pandekten, I § 161 Anm. 4; PLANCK, BGB § 905 N. 4*b*).

– Jagd und Fischerei 21

Das Jagd- und Fischereirecht ist nach dem ZGB nicht Bestandteil des Grundeigentums; es ist weder Ausfluss des Eigentums, noch ein dem Grundeigentum akzessorisch beigegebenes Recht. Die Ordnung von Jagd und Fischerei bleibt völlig dem kantonalen öffentlichen Recht vorbehalten (vgl. Art. 699 II).

22 – Immissionen

Vgl. Art. 684.

23 – Leitungen

Grundsätzlich kann der Eigentümer das Legen von Leitungen über und unter seinem Grundstücke verbieten (betreffend eine elektrische Leitung vgl. BlZR *22* Nr. 53). Doch bestehen diesbezüglich – abgesehen von der vertraglichen Einräumung eines (obligatorischen oder dinglichen) Durchleitungsrechts und abgesehen vom Tatbestand, wo eine Leitung so hoch oder so tief geführt wird, dass ein schutzwürdiges Interesse an der Ausschliessung nicht vorhanden ist – einige Ausnahmen. Eine Duldungspflicht ist gegeben:

- kraft Nachbarrechts (vgl. Art. 691 und die dortigen Ausführungen);
- nach dem Elektrizitätsgesetz vom 24. Juni 1902, das in Art. 6 dem Bunde das Recht gibt, über Privateigentum den Luftraum durch Ziehen von Telegraphen- und Telephondrähten ohne Entschädigungsleistung in Anspruch zu nehmen, sofern dadurch die zweckentsprechende Benutzung der betreffenden Grundstücke oder Gebäude nicht beeinträchtigt wird. Selbst im Falle der Beeinträchtigung ist die Erstellung der Leitung möglich, dann aber nur nach Durchführung des Expropriationsverfahrens (ElG 12, 42). Dazu noch Haab, Art. 667 N. 8.

24 – Pflanzen

Der Eigentümer kann die Inanspruchnahme seines Luftraumes durch von Nachbargrundstücken ausgehende Pflanzen verbieten. Vorbehalten bleiben indessen die Sonderregelungen der Art. 687 und 688 (s. dort).

25 – Schatz

Nicht Bodenbestandteil ist der in dem Grundstücke aufgefundene Schatz; er fällt zwar, mit Ausnahme der Gegenstände von erheblichem wissenschaftlichen Wert (Art. 724), dem Eigentümer des Grundstücks zu, jedoch nicht deshalb, weil er als Bestandteil des Grundeigentums angesehen würde, sondern kraft der besondern Bestimmung des Art. 723.

26 – Schiessübungen

Ein schutzwürdiges Interesse und damit ein Verbietungsrecht des Eigentümers ist anzunehmen, wenn bei Benutzung eines Schießstandes das Grundstück in der Schusslinie liegt (vgl. die Entscheidungen des Bundesgerichtes bei Curti I Nr. 1535 und II Nr. 3194; Müller, St. Gallisches Verwaltungsrecht II Nr. 915). Bezüglich des Expropriationsrechtes für Schiessplatzanlagen: MilOrg Art. 32. Betreffend Lärmimmissionen vgl. BGE *87* I 87 ff und im übrigen die Ausführungen zu Art. 684.

– Schwebebahnen 27

Schwebebahnen, die nur in geringer Höhe über bewohnte Liegenschaften verlaufen, brauchen vom Eigentümer nicht geduldet zu werden. So bezüglich einer Luftseilbahn, bei welcher der Abstand des Tragseils vom Erdboden 10 bis 40 Meter betrug: BGE *71* II 85. Das Bundesgericht lehnte nicht nur die Berufung auf Art. 667, sondern auch diejenige auf Art. 691 (Durchleitungsrecht) ab und verwies den Kläger auf die Möglichkeit des Notwegrechtes im Sinne von Art. 694. Vgl. im übrigen die Bemerkungen zu Art. 691.

– Tunnel 28

Der Eigentümer hat kein Einspruchsrecht und somit auch kein Recht auf Durchführung eines Expropriationsverfahrens, wenn unter seinem Grundstück ein Tunnel erstellt wird in einer Tiefe, aus welcher keine Erschütterung auf die Erdoberfläche dringt und wobei ein Einsenken der Oberfläche als ausgeschlossen erscheint (vgl. Ullmer, Staatsrechtliche Praxis der schweizerischen Bundesbehörden I Nr. 455; Erl II 85). Anders bei einer Untertunnelung eines Grundstückes in geringer Tiefe (JW *12* 869).

III. DAS AKZESSIONSPRINZIP (ABS. II)

Allgemeines vorn N. 1 a. E. und N. 5 f. 29

1. Bauten

Unter Bauten im Sinne von ZGB 667 sind nicht nur Gebäude zu verstehen, 30
sondern alles, was mit Hilfe der Technik oberirdisch oder unterirdisch mit dem Boden verbunden ist (über diesen Begriff hinten Art. 675 N. 2). Auch Leitungen, Schleusen, Silos gelten als Bauten.

Bestandteil des Grundstückes und damit rechtsnotwendig vom Grund- 31
eigentum erfasst werden nur die Dauerbauten, jedoch nicht die sog. Zeit- oder Fahrnisbauten, welche ohne Begründung eines Baurechts einen anderen Eigentümer haben (Art. 677 und die dortigen Bemerkungen; über das Unterscheidungskriterium zwischen Dauer- und Fahrnisbauten namentlich N. 7).

Selbst für Dauerbauten gilt aber das Akzessionsprinzip nicht ausnahms- 32
los. Es wird durchbrochen durch

33 – Art. 670 (Vermutung von Miteigentum der beiden Nachbarn an Vorrichtungen zur Abgrenzung zweier Grundstücke; BGE *59* II 224; hinten N. 42);

34 – Art. 674 (Überbaurecht);

35 – Art. 675 (Baurecht);

36 – Art. 676 (Leitungsbaurecht);

37 – den von Rechtsprechung und Lehre anerkannten Satz, wonach der konzessionierte Unternehmer Eigentümer der in Ausübung des ihm verliehenen Sondernutzungsrechtes auf öffentlichem Boden errichteten Bauten ist, auch wenn trotz nicht bloss vorübergehender Verbindung ein Baurecht oder Leitungsbaurecht nicht begründet wurde: So BGE *56* III 65 bezüglich eines Stationsgebäudes für einen Bergaufzug (dazu Imboden, Verwaltungsrechtsprechung Nr. 56) und BGE *64* I 231 hinsichtlich einer Stauanlage in einem Flussbett. Dasselbe gilt für Schienen und Kabel von Strassenbahnen, für Auffangswuhre und Schleusen in Flussbetten. Die Zulassung der Akzession würde hier in der Tat den wirtschaftlichen Bedürfnissen und der Verkehrsanschauung nicht entsprechen. Weder die Sicherheit des Rechtverkehrs noch volkswirtschaftliche Interessen verlangen, dass die Anlagen des Konzessionärs auf oder in dem öffentlichen Boden in ihrer Verbindung mit diesem als eine rechtliche Einheit behandelt werden. Da die Sachen im Gemeingebrauch nicht im Verkehr stehen, hat niemand ein Interesse daran, dass das Eigentum des Konzessionärs an den von ihm erstellten Bauten durch Bestellung eines Baurechts publik gemacht werde. Die Forderung, dass ein Baurecht am öffentlichen Grund zugunsten des Konzessionärs begründet werden müsse, wenn dieser sich das Eigentum an den Anlagen sichern wolle, wäre übrigens auch durchaus unbillig, weil der Konzessionär kraft der Konzession keinen Anspruch auf Errichtung eines dinglichen Baurechts, überhaupt keine privatrechtlichen Ansprüche auf die öffentliche Sache erlangt.

38 Für die Fälle des Baus mit fremdem Material auf eigenem Boden und mit eigenem Material auf fremdem Boden hält das Gesetz dagegen ausdrücklich am Akzessionsprinzip fest (Art. 671 I) und nimmt die sich aufdrängenden Korrekturen nicht im Bereich der dinglichen Rechte vor, sondern gewährt obligatorische bzw. realobligatorische Ansprüche auf Trennung (Art. 671 II und III), auf Ersatz (Art. 672) und auf Zuweisung des Eigentums an Bau und Boden (Art. 673).

39 Die Normen des ZGB über Inhalt und Grenzen des Akzessionsprinzips sind mangels abweichender kantonaler Vorschriften auch auf Bauten anwendbar, die auf öffentlichem oder herrenlosem Grund errichtet werden (Art. 664 N. 85).

2. Pflanzen

Auch Pflanzen werden vom Akzessionsprinzip nur erfasst, wenn sie dem Boden in der Absicht bleibender Verbindung eingefügt werden. Sind sie nur vorübergehend mit dem Grundstück verbunden, so können sie Gegenstand besonderer dinglicher Rechte sein (vgl. Art. 678 I, der auf Art. 677 verweist). 40

Für (eigene und fremde) Dauerpflanzen gilt der Grundsatz «superficies solo cedit» ohne Rücksicht darauf, ob sie auf fremdem oder eigenem Boden verwendet werden (die Art. 671–673 sind gemäss Art. 678 I entsprechend anwendbar). Die Möglichkeit, durch Bestellung einer Dienstbarkeit im Sinne der früheren kantonalen Rechten bekannten Pflanzungssuperficies vom Grundsatz abzuweichen, ist ausgeschlossen (Art. 678 II; dort N. 5). 41

Lediglich Art. 670 schafft wie für Bauten so auch für Pflanzen zur Abgrenzung zweier Grundstücke eine Ausnahme vom Akzessionsprinzip. 42

3. Quellen

Darüber in den Bemerkungen zu Art. 704. Vgl. auch vorn N. 5. 43

Art. 668

II. Abgrenzung
1. Art der Abgrenzung

Die Grenzen werden durch die Grundbuchpläne und durch die Abgrenzungen auf dem Grundstücke selbst angegeben.

Widersprechen sich die bestehenden Grundbuchpläne und die Abgrenzungen, so wird die Richtigkeit der Grundbuchpläne vermutet.

II. Limites

1. Indication des limites

Les limites des immeubles sont déterminées par le plan et par la démarcation sur le terrain.

S'il y a contradiction entre les limites du plan et celles du terrain, l'exactitude des premières est présumée.

II. Confini

1. Modo di stabilirli

I confini sono indicati dalla mappa catastale e dai termini posti nel fondo.

In caso di disaccordo fra la mappa ed i termini, si presumono esatti i confini della mappa.

Materialien: VE 670; E 661; Erl II 85 f.

Rechtsvergleichung

Vgl. allgemein GIESEKE, Abmarkung, Rvgl. HWB II (Berlin 1929) 31 ff und im übrigen die Angaben zu Art. 669 (S. 262) und Art. 670 (S. 269).

Übersicht

Literatur

BALTENSPERGER J., Die Grundbuchvermessung der Schweiz (Bern 1930); FREUDENREICH CH., Die Grenzen der Liegenschaften (Diss Basel 1932; in Maschinenschrift); GONVERS-SALLAZ ARMAND, Mensuration et registre foncier, ZBGR *36* 263 ff; GOESCHKE R., Die Feststellung und die Verbesserung der Grenze, ZBJV *91* 369 ff; GUHL THEO, Die Durchführung der Grundbuchvermessungen in der Schweiz, Politisches Jahrbuch der Schweiz 1916; HÄRRY HANS, Sachenrechtliche Grundlagen der schweizerischen Grundbuchvermessung (SA aus der Tijdschrift voor kadaster en landmeetkunde 1953 225–238); derselbe, Vermessung und Grundbuch, ZBGR *36* 241 ff; JENNY FRANZ, Der öffentliche Glaube des Grundbuches nach dem ZGB (ASR Heft 17, Bern 1926); LEEMANN/HUBER, Grundbuch- und Vermessungsrecht (Zürich 1959); RÜEGG WERNER, Die Erstellung und Rechtswirkung des Grundbuchplanes (Diss Zürich 1947); SCHEIDEGGER OTTO, Die Veränderungen im Bestande der Grundbuchparzelle (Diss Basel 1926; in Maschinenschrift).

I. ALLGEMEINES

1 Eine Sache im Rechtssinne muss ein gesondertes, abgegrenztes Dasein im Raume haben (Syst. Teil S. 33 N. 63). So setzt auch die Existenz einer Liegenschaft (im Sinne eines Rechtsobjektes) voraus, dass sie aus der Gesamtoberfläche genügend herausgehoben und gegen die andern Liegenschaften abgegrenzt ist (Art. 655 N. 6 ff). Als Mittel zur Abgrenzung sieht das Gesetz in Art. 668 Abs. 1 ein doppeltes vor: Die Vermarchung, d.h. die an Ort und Stelle erfolgende Bezeichnung der Grenzen einer Liegenschaft durch Anbringen von Grenzzeichen, und die Vermessung, d.h. das auf Triangulation und Polygonierung beruhende Festlegen der Liegenschaftsgrenzen und deren Darstellung auf einem Plan. Für den Fall der Nichtübereinstimmung von Plan und Grenzzeichen statuiert das Gesetz mit der Beweisregel von Art. 668 Abs. 2 die widerlegbare Vermutung der Richtigkeit der Vermessung.

Verschieden von der Abgrenzung ist die Einfriedigung, d.h. die zur Abschliessung einer Liegenschaft erstellte Vorrichtung, wie z.B. der Zaun oder die Mauer. Zwar kann die Einfriedigung zugleich die Abgrenzung zum Ausdruck bringen (vgl. BGE *80* II 381/2). Sie stellt indessen als solche nie die rechtlich relevante Grenze dar, sondern lässt nur unter Umständen die anderweitig (nämlich durch Vermessung oder Vermarchung) festgelegte Grenze nach aussen klar in Erscheinung treten. Über die Einfriedigung vgl. Art. 697 und die dortigen Ausführungen. 2

Über den strafrechtlichen Schutz der Abgrenzungen vgl. Art. 256 StGB und dazu SJZ *43* 95 Nr. 35; *53* 349 Nr. 150; Hafter, Schweizerisches Strafrecht Bd. II (Berlin 1943) 616 ff; von Segesser Louis, Die Grenzverrückung (Diss Bern 1904); Anderegg Bruno, Die Urkundenfälschung des 11. Titels des Schweizerischen Strafgesetzbuches (Diss Zürich 1944), insbes. 143 f. 3

II. VERMARCHUNG

Durch die Vermarchung wird eine Liegenschaft an Ort und Stelle durch das Anbringen von Grenzzeichen gegen die Nachbarliegenschaften abgegrenzt. 4

Die praktisch bedeutsamste Vermarchung, welche der Durchführung und Nachführung der Grundbuchvermessung vorangeht, untersteht eidgenössischem Recht: Verm Instr Art. 9–14, 69, 78; Rüegg 104 ff; Haab Art. 668/669 N. 3. Soweit keine Vermessung besteht, bleibt die Vermarchung dem kantonalen Recht vorbehalten. 5

Eine Vermarchung kann unterbleiben, «wo natürliche Grenzen vorhanden sind, wie scharf ausgesprochene Berggräte, Felsbänder, tiefe Tobel, Schluchten, Flüsse oder Bäche» (Verm Instr Art. 13 lit. *f*). 6

Im übrigen sind künstliche Grenzzeichen anzubringen, und zwar nach Art. 13 lit. *h* der Verm Instr: Marksteine aus wetterbeständigem hartem Material, roh behauen; in den weniger wertvollen Gebieten (wie Alpen und Weiden) auch blosse Feldsteine mit eingehauenem Kreuz; ferner dienen als Grenzzeichen auch Kreuze und Metallbolzen in Mauern, Sockeln, Gebäuden, Felsen, Lagersteinen; in sumpfigem Gelände genügen Pfähle aus dauerhaftem Holz und Eisenröhren; solide Mauern können ohne Anbringen von besondern Zeichen als Grenzlinien anerkannt werden. 7

Da, wo die Grundbuchvermessung noch nicht durchgeführt wurde, ist auf das kantonale Recht bzw. auf die Ortsübung abzustellen. Nach einer althergebrachten, weit verbreiteten Auffassung wird ein Stein allein oder ein Pfahl allein nicht als beweiskräftig anerkannt, wohl aber Pfahl *und* 8

Stein, oder kleine Steinchen und andere Gegenstände, wie Kohlen, Ziegelstücke oder Glassplitter, die als «Zeugen» unter den Grenzstein gelegt werden (vgl. OERI-SARASIN, Allerlei über Grenzzeichen, Grenzfrevel ... in der alamannischen Schweiz [Basel 1917] bes. 14ff, 24, 30, 34); STOHLER HANS, Die Lohen. Ein Hinweis auf die geheimen Zeugen unter unsern Grenzsteinen, Leben und Umwelt *4* [Aarau 1948] 270ff; derselbe, Geheime Grenzzeichen und Gebräuche der Baselbieter Gescheide, Baselbieter Heimatbuch *4* [Liestal 1948] 136ff; BIELANDER JOSEF, Grenzen und Grenzzeichen im Wallis, Vallesia *9* [1954] 271ff; Grenzrecht und Grenzzeichen, in: Das Rechtswahrzeichen, Heft 2 der Beiträge zur Rechtsgeschichte und rechtlichen Volkskunde, hg. von K.S. BADER [Freiburg i.B. 1940]).

9 Über die Eigentumsverhältnisse an Grenzzeichen s. Art. 670.

10 Der Grundeigentümer ist verpflichtet, die Vermarchung und sämtliche damit im Zusammenhang stehenden Arbeiten zu dulden. Diese Duldungspflicht stellt eine öffentlichrechtliche Grundeigentumsbeschränkung dar (ZGB 702; zürcherisches EG zum ZGB § 183 II). Der Grundeigentümer wird für die Vermarchungsarbeit kostenpflichtig (vgl. ZBGR *6* 244; *21* 275; wo zu Unrecht von öffentlichrechtlicher Grundlast die Rede ist).

11 Die Grenzzeichen auf dem Grundstück sind im allgemeinen als richtig zu vermuten. Doch kann die Vermutung für die Richtigkeit der Vermarchung nur da Anwendung finden, wo eine Vermessung mit Planaufnahme noch nicht erfolgt ist, da die entscheidende Grundlage für die Grenzbestimmung immer die Pläne bilden (N. 14). Und selbst bei Fehlen von Grundbuchplänen ist gegen die durch die Grenzzeichen geschaffene Vermutung stets der Gegenbeweis zulässig. Dabei sind namentlich die im Grundbuch und in Erwerbsurkunden enthaltenen Liegenschaftsbeschreibungen und das Wissen der Ortsbevölkerung zu berücksichtigen (s. BGE *80* II 380 ff).

III. VERMESSUNG

12 Die vom Bundesrat angeordnete und vom Bund subventionierte Grundstücksvermessung setzt eine Triangulation höherer Ordnung voraus: Ein über das ganze Land sich erstreckendes Dreiecknetz (Triangulation I., II. und III. Ordnung) bildet den grossen Rahmen, an welches sich die Triangulation IV. Ordnung anschliesst, die Ausgangspunkt der Parzellarvermessung ist. Diese findet ihren Ausdruck in den Grundbuchplänen (vgl. ZGB 950; dazu die Kommentare OSTERTAG und HOMBERGER; ferner die vorn S. 258 aufgeführten Arbeiten von BALTENSPERGER, GONVERS-SALLAZ, HÄRRY, LEEMANN/HUBER, RÜEGG und GUHL).

Die Grundbuchpläne sind öffentliche Urkunden im Sinne von Art. 9 ZGB (dazu KUMMER im Einleitungsband des Berner Kommentars), vorausgesetzt, dass sie öffentlich aufgelegt und von der zuständigen Behörde als rechtskräftig erklärt worden sind (Verm Instr Art. 64), und bilden einen wesentlichen Bestandteil des Grundbuches (ZGB 942 II). 13

Gegenüber den Grenzzeichen wird den Planaufzeichnungen unter allen Umständen der Vorzug gegeben; diese werden jenen gegenüber als richtig vermutet (Abs. 2 von Art. 668). Die Grundbuchpläne verdienen in der Tat die grössere Glaubwürdigkeit, zwar nicht weil sie amtlichen Charakter haben, denn auch der Vermarchung kommt als Bestandteil der Vermessung amtlicher Charakter zu, sondern weil die Fälschung der Pläne durch die Art ihrer Verwahrung erschwert ist, während die Grenzzeichen auf den Grundstücken absichtlich oder durch elementare Ereignisse (vgl. Art. 660) leicht verschoben oder beseitigt werden können. 14

Indessen lässt das Gesetz jederzeit auch den Nachweis der Unrichtigkeit der Pläne zu. Dieser Nachweis ist an keine besondere Form gebunden (ZGB 9 II; KUMMER, Art. 9 N. 64 ff). Gleichgültig ist, ob die Pläne von Anfang an unrichtig waren oder ob sie infolge fehlerhafter Nachführung oder Unterlassung der Nachführung unrichtig geworden sind. 15

Der gutgläubige Dritterwerber ist gegen eine Anfechtung der durch die Pläne festgesetzten Grenzen absolut geschützt, d.h. berechtigt, das Eigentum bis zu der im Plane eingezeichneten Grenze zu beanspruchen, kraft des den Plänen, als Bestandteil des Grundbuches (ZGB 942 II) zukommenden öffentlichen Glaubens (ZGB 973). Dass sich der öffentliche Glaube des Grundbuches auch auf die Plangrenzen erstreckt, ergibt sich unzweifelhaft daraus, dass diese zur Individualisierung des Grundstücks, zur Bestimmung des Rechtsobjekts (s. N. 1) und nicht zur blossen Orientierung bestimmt sind, also nicht bloss tatsächliche Angaben darstellen (Erl II 404; BGE *44* II 467 f; ZBJV *65* 230 ff; VEB *13* 43 f; WIELAND, Art. 668 N. 3*b*; OSTERTAG, Art. 973 N. 4; HAAB, Art. 668/69 N. 10 mit beachtenswertem Vorbehalt hinsichtlich der bloss provisorisch anerkannten Vermessungen in N. 12). 16

Anders ist es nur hinsichtlich der in den Grundbuchplänen enthaltenen Eigenschaftsangaben: Diese nehmen am öffentlichen Glauben des Grundbuches nicht teil (BGE *44* II 467; VEB *13* 43 f). 17

Auf den Publizitätsschutz des Grundbuches kann sich aber nur derjenige berufen, welcher ihn tatsächlich auf Grund der Grundbuchpläne erworben hat, nicht derjenige, dessen Wille bloss auf Erwerb gemäss Abgrenzung gerichtet war (SJZ *33* 38 f Nr. 7 = SJZ *34* 222 Nr. 41; JENNY 218; HAAB, Art. 668/669 N. 13 mit weiteren Hinweisen). 18

Die Erstreckung des Öffentlichkeitsprinzips auf die Plangrenzen kann folgerichtig (entgegen der von LEEMANN in der 1. Auflage vertretenen Auf- 19 fassung) dazu führen, dass die Grenzen des Grundstücks zum Nachteil selbst eines am Veräusserungsgeschäft nicht beteiligten Nachbarn verschoben werden (BGE *44* II 468; ZBJV *65* 230; Haab, Art. 668/69 N. 11) – eine Konsequenz, die aber unter rechtspolitischem Gesichtspunkt nicht voll zu befriedigen vermag.

20 Anders, wenn das Grundstück nicht das im Grundbuch auf Grund amtlicher Vermessung angegebene Ausmass besitzt. Hier hat der Verkäufer dem Käufer nur dann Ersatz zu leisten, wenn er die Gewährleistung hiefür ausdrücklich übernommen hat (OR Art. 219) bzw. wenn er die Unrichtigkeit des im Grundbuch angegebenen Masses gekannt und den Käufer darüber absichtlich getäuscht hat (BGE *81* II 138 ff). Denn der Publizitätsschutz bleibt auf die Plangrenzen beschränkt und erstreckt sich nicht auf die ziffernmässige Flächenangabe.

Art. 669

2. Abgrenzungspflicht

Jeder Grundeigentümer ist verpflichtet, auf das Begehren seines Nachbarn zur Feststellung einer ungewissen Grenze mitzuwirken, sei es bei Berichtigung der Grundbuchpläne oder bei Anbringung von Grenzzeichen.

2. Obligation de borner

Lorsque les limites sont incertaines, chaque propriétaire est tenu, à la réquisition du voisin, de prêter son concours en vue de les fixer soit par la rectification du plan, soit par la démarcation sur le terrain.

2. Obbligo di porre i termini

Ogni proprietario di fondi è tenuto di prestarsi, a richiesta del vicino, all'accertamento dei rispettivi confini sia mediante rettificazione della mappa, sia piantando i termini.

Materialien: VE 671; E 662; Erl II 85 f.

Literatur

S. die Angaben zu Art. 668 (vorn S. 258).

Rechtsvergleichung

CCfr Art. 646; ABGB §§ 850–853; BGB §§ 919, 920; dazu die Kommentare und das dort aufgeführte Schrifttum. Vgl. auch hinten N. 12, 13, 18, 20, 23.

Übersicht

I. ALLGEMEINES

Die Grundeigentümer haben ein gleiches rechtliches Interesse daran, dass die Grenzen ihrer Grundstücke genau und dauernd bestimmt sind, damit Übergriffe und Streitigkeiten vermieden werden. Nicht weniger gross ist das öffentliche Interesse an der Klarheit der Grenzziehung. Art. 669 begründet daher, im Anschluss an das frühere Recht (Huber, SPR III 246 ff), eine gegenseitige realobligatorische Verpflichtung der Grundnachbarn zur Feststellung einer ungewissen Grenze. 1

Verweigert ein Grundeigentümer die Mitwirkung, zu der er gemäss ZGB 669 verpflichtet ist, so stehen seinem Nachbarn verschiedene Wege offen: 2

- In allen Fällen, insbesondere aber dann, wenn die Grenzen unbestritten sind, kann er amtliche Vornahme der Abgrenzung verlangen, sei es durch die vom kantonalen Recht hiezu besonders vorgeschriebene Behörde, sei es durch den ordentlichen Richter (N. 17). 3
- Zur Bestimmung einer streitigen Grenze besteht zudem nach Lehre und Rechtsprechung eine Grenzscheidungsklage, welche derjenigen des § 920 BGB nachgebildet ist (N. 19 ff). 4
- Neben oder anstelle von Grenzscheidungs- und Abgrenzungsklagen sind selbstverständlich die Eigentumsklagen (die rei vindicatio und die actio negatoria wie auch die Eigentumsfeststellungsklage; s. Art. 641 N. 40–89) zulässig. Doch ist deren Anhebung nur sinnvoll, wenn der Kläger imstande ist, das Eigentum am streitigen Grenzstreifen zu beweisen (hinten N. 22 und Haab, Art. 668/669 N. 19). 5

6 Verschieden von der in Art. 669 statuierten Abgrenzungspflicht und durch das ZGB nicht geregelt, sondern in ZGB 697 II dem kantonalen Rechte zugewiesen, ist die Pflicht zur Einfriedigung der Grundstücke.

7 Zur abgaberechtlichen Behandlung von Grenzbereinigungen vgl. BlZR 59 Nr. 150.

II. ABGRENZUNGSANSPRUCH

1. Wesen

8 Indem Art. 669 den einen Nachbarn gegenüber dem andern verpflichtet, bei der Feststellung einer ungewissen Grenze mitzuwirken, statuiert er eine gesetzliche Realobligation; denn der dem jeweiligen Eigentümer der Nachbarliegenschaft zustehende Anspruch auf Mitwirkung ist obligatorischer Natur (Jost, Die Realobligation 69). Er fliesst aber aus dem Grundeigentum und unterliegt daher nicht der Verjährung. Und in Anbetracht der ihm zugrundeliegenden öffentlichen Interessen kann darauf nicht gültig verzichtet werden.

9 Angesichts der gegenseitigen Mitwirkungspflicht darf ein Grundeigentümer nicht ohne Begrüssung des Nachbarn Grenzzeichen anbringen (VAR *28* 82); einseitige Grenzerneuerung kann als Besitzstörung erscheinen (ZGB 928).

10 Der Anspruch aus Art. 669 ist privatrechtlicher Natur und kraft Bundesrechts klagbar. Unberührt bleibt die im öffentlichen Recht begründete und auf administrativem Wege erzwingbare Abgrenzungspflicht (ZGB 702), wie namentlich die Pflicht zur Vermarchung von Waldungen (insbesondere Schutzwaldungen) nach den Vorschriften der Forstgesetze, sowie die Pflicht zur Grenzbereinigung als Voraussetzung der Grundbuchvermessung.

11 Über besondere Verfahren der Grenzregulierung nach Bundesrecht und kantonalem Recht, namentlich über die sogenannten kleinen Marchveränderungen, s. Art. 657 N. 113 und Haab, Art. 656 N. 59.

2. Legitimation

12 Der Anspruch besteht nur zwischen den Eigentümern (bzw. Miteigentümern: Art. 648 N. 5) zweier unmittelbar aneinandergrenzender Grundstücke. Andere dinglich Berechtigte (Nutzniesser, Pfandgläubiger, Dienstbarkeits- und Grundlastberechtigte) sind im schweizerischen Recht – im Gegensatz zu einigen romanischen Rechtsordnungen; Gieseke, Rvgl. HWB II 32 – weder aktiv- noch passivlegitimiert.

3. Ungewissheit der Grenze

Voraussetzung der Mitwirkungspflicht bei der Abgrenzung ist, dass die Grenzen der Grundstücke ungewiss sind. Eine solche Ungewissheit liegt nicht nur dann vor, wenn die Grenzen unbestritten (nur in diesem Rahmen räumt § 919 BGB den Anspruch auf Festlegen einer Grenze durch Marksteine ein), sondern auch, wenn sie bestritten sind (zur Bestimmung einer streitigen Grenze gewährt § 920 BGB die Grenzscheidungsklage). Doch wird der Anspruch auf Mitwirkung bei der Abgrenzung am häufigsten im Falle unbestrittener Grenzen, d.h. nicht zur Ermittlung der Grenzen, sondern zu deren Sicherung geltend gemacht: So, wenn lediglich die Grenzzeichen verloren gegangen oder unkenntlich geworden oder verrückt worden sind (z.B. infolge einer Bodenverschiebung, Art. 660), oder wenn bisher überhaupt keine solchen bestanden haben, oder schliesslich wenn die Pläne nicht richtig angefertigt oder nachgeführt worden sind. 13

4. Verfahren

Der Abgrenzungspflicht des Art. 669 kann dadurch Genüge getan werden, dass die Parteien zur Feststellung einer ungewissen Grenze einen Vertrag abschliessen, der nicht der öffentlichen Beurkundung bedarf (Grenzfeststellungsvertrag). Sofern die Nachbarn darüber hinaus einseitig oder gegenseitig Teile ihrer Grundstücke abtreten, unterliegt ein solcher Vertrag aber der Formvorschrift des Artikels 657 (vgl. dort N. 26), wenn nicht Bundesrecht oder kantonales Recht dafür ausnahmsweise eine Vereinfachung der Beurkundung vorsehen (Art. 657 N. 113; Haab, Art. 656 N. 59). 14

Wo Grundbuchpläne bestehen, hat im übrigen die Feststellung der Eigentumsgrenzen unter Beizug der Grundeigentümer durch den die Vermessung ausführenden Geometer zu geschehen. Änderungen von Grenzen, die infolge der Berichtigung von Irrtümern in genehmigten Katasterwerken notwendig werden, bedürfen der schriftlichen Zustimmung aller Beteiligten oder eines rechtskräftigen Urteils (VermInstr 66 IV; Rüegg 183 f). 15

Wo eine Vermessung nicht besteht, die Grenzen somit nur durch Abgrenzungen auf dem Grundstück markiert werden, besteht die Mitwirkung der Beteiligten in der Bezeichnung vorhandener oder in der Errichtung oder Wiederherstellung von Grenzzeichen nach den hierfür geltenden kantonalen Vorschriften oder lokalen Übungen (vgl. Art. 668 N. 8; BGE *80* II 380 ff). Die Kantone können für die Abmarchung das Mitwirken eines Beamten oder einer Behörde (Landesmarcher, Marchungskommission) vorschreiben. 16

17 Verweigert ein Grundeigentümer seine Mitwirkung, so kann der Nachbar amtliche Vornahme der Abgrenzung verlangen. Die zuständige Behörde und das Verfahren bestimmt das kantonale Recht (vgl. Schwyz, EG § 156; Luzern §§ 86–88; Obwalden Art. 101; St. Gallen Art. 123–126; Aargau § 85; Tessin Art. 101). Wo besondere Vorschriften fehlen, ist der Anspruch beim ordentlichen Richter geltend zu machen. Der Beklagte ist unter der Androhung zu laden, dass trotz seines Ausbleibens die Grenze festgesetzt und vermarcht werden wird.

18 Die Kosten der Abmarchung sind, da diese auf einer gemeinsamen Pflicht beruht, von den Beteiligten im Verhältnis der Ausdehnung ihrer Grenzlinie hälftig zu tragen, vorbehältlich besonderer Rechtsverhältnisse der Parteien auf Grund eines Vertrages oder einer unerlaubten Handlung (so § 919 III BGB). Der Richter wird bei der Kostenregelung auch die Tatsache berücksichtigen, dass der Kläger – ohne zuvor eine Einigung auf gütlichem Wege erstrebt zu haben – den Prozess einleitete (HAAB, Art. 668/69 N. 15 a. E.). Im Falle eines Gerichtsverfahrens gelten im übrigen die allgemeinen prozessualen Bestimmungen über die Kostentragung.

III. GRENZSCHEIDUNGSKLAGE

1. Wesen

19 Die Grenzscheidungsklage ist eine Gestaltungsklage, gerichtet auf richtige Feststellung einer streitigen Grenze. Sie bezweckt also nicht eine ausdrückliche Entscheidung über das Eigentum an dem streitigen Grund und Boden, sondern über die Linie, die die beiden Grundstücke voneinander trennt (vgl. ZBGR *11* 178). Im Gegensatz zur Eigentumsklage setzt die Grenzscheidungsklage lediglich den Antrag auf richterliche Festsetzung der Grenze voraus; der Kläger braucht seine Klage nicht auf eine bestimmte Grenzlinie zu richten. Der Richter muss zur Wahrung oder Wiederherstellung des nachbarlichen Friedens die Grenze zwischen den beiden Grundstücken bestimmen, d. h. die Sache unbedingt positiv entscheiden; die Klage darf nicht wegen Mangels an Beweisen abgewiesen werden.

20 Auch der Anspruch auf Grenzscheidung ist unverjährbar und unverzichtbar (entsprechend N. 8) und steht nur dem Eigentümer (bzw. den Miteigentümern) des einen gegenüber dem Eigentümer (bzw. den Miteigentümern) des andern Grundstückes zu, nicht aber andern, an den Grundstücken dinglich Berechtigten (N. 12: auch in Deutschland herrschende, dort aber nicht unbestrittene Lehre: vgl. namentlich STAUDINGER/SEUFERT, § 920 N. 7 und 17).

2. Streit über ungewisse Grenze

Ist die Grenze zwischen den Grundnachbarn streitig, so dass keiner der Beteiligten in der Lage ist, sein Eigentum bis zu einer bestimmten Grenze nachzuweisen, so sind (wie im Falle der unbestrittenen aber ungewissen Grenze, s. vorn N. 14) die Beteiligten gegeneinander zunächst gehalten, zur Grenzfeststellung Hand zu bieten. Ist eine Verständigung nicht möglich, so kann die Grenzscheidungsklage angehoben werden. 21

Anders ist es dann, wenn die Grenze nur von einer Seite bestritten und das Eigentum bis zu einer bestimmten Grenze beansprucht wird: Dann handelt es sich nicht um einen Anspruch auf Festsetzung einer ungewissen Grenze, sondern um einen gewöhnlichen Eigentumsanspruch, der im Wege der Eigentumsklage (rei vindicatio) geltend zu machen ist und dem Richter bewiesen werden muss (SJZ *14* 276 Nr. 84). Die Eigentumsklage kann mit der Grenzfestsetzungsklage so verbunden werden, dass, wenn es dem Kläger nicht gelingt, das Eigentum bis zur behaupteten Grenze darzutun, der Richter jedenfalls die Grenze festzustellen hat. 22

3. Urteil und Vollstreckung

Für die Entscheidung sind dem Richter keine Direktiven vorgeschrieben. Nach österreichischem (§ 851 ABGB) und deutschem Recht (§ 920 BGB) soll, wie im gemeinen Recht (DERNBURG, Pandekten § 192 N. 4), zunächst der Besitzstand massgebend sein (soweit der Besitzstand reicht, wird Eigentum vermutet); bei Unmöglichkeit der Feststellung des Besitzstandes hat nach BGB bezüglich des streitigen Landstreifens Hälfteteilung einzutreten; auf jeden Fall soll die Lösung der Grenzverwirrung aber nach Billigkeit getroffen werden. Da das ZGB (ebenso wie das französische Recht) eine besondere Bestimmung hierüber nicht enthält, entscheidet der Richter auf Grund des Beweisergebnisses im Sinne von ZGB 4 ohne weiteres nach freiem Ermessen unter Würdigung aller Umstände. 23

An die Parteianträge ist der Richter nicht gebunden; durch die Verhandlungsmaxime nach dem kantonalen Prozessrecht kann freilich dieser Satz insofern modifiziert werden, als der Richter in seiner Gebundenheit an die Parteianträge die Grenze, wenn dieselbe nicht mit einer der von den Parteien angegebenen Linien zusammenfällt, nur innerhalb dieser Linien, d.h. nur durch das streitige Landstück, nicht neben dieses legen darf. Sonst würde einer Partei mehreres oder anderes zugesprochen, als sie selbst verlangt, oder weniger, als die Gegenpartei anerkannt hat (BlZR *6* Nr. 80). 24

Das Urteil hat die ermittelte Grenze am zweckmässigsten und einfachsten unter Verweisung auf einen besonders angefertigten Plan zu bezeichnen. 25

26 Die Vollstreckung (mit der zuzuwarten ist, wenn das Urteil zu Zweifeln Anlass gibt und aus diesem Grunde eine Erläuterung verlangt wird: BlZR *29* Nr. 133) erfolgt durch Errichtung fester Grenzzeichen und Berichtigung der Pläne und des Grundbuches.

27 Das Urteil ist konstitutiver Natur, stellt ein Gestaltungsurteil dar (ebenso HAAB, Art. 668/669 N. 23; BIERMANN und STAUDINGER/KOBER zu § 920 BGB; WOLFF § 57 II; HÖNIGER 103; a. M. PLANCK/STRECKER, § 920 N. 4*b* und dort Zitierte). Es statuiert keineswegs nur obligatorische Übertragungsansprüche, sondern ist unmittelbar eigentumsbegründend. Es ist also weder die Abgrenzung auf dem Gelände noch das Einzeichnen der Grenzen im Grundbuch Voraussetzung für den Eigentumserwerb. Das Urteil wirkt auch für und gegen die übrigen an den Grundstücken dinglich Berechtigten, die ihrerseits ja nicht – weder aktiv noch passiv – zur Klage legitimiert sind (s. oben N. 20); daher bedarf es auch zur Berichtigung des Grundbuchs ihrer Zustimmung nicht. Im Falle von Kollusion des Eigentümers haben die Drittberechtigten (Nutzniesser usw.) Anspruch auf Schadenersatz.

28 Die Berichtigung des Grundbuches erfolgt durch Abschreibung und Zuschreibung von Grundstücksflächen. Bei der Abschreibung von Grundstücksflächen werden die darauf ruhenden Lasten nicht mitübertragen.

Art. 670

3. Miteigentum an Vorrichtungen zur Abgrenzung

Stehen Vorrichtungen zur Abgrenzung zweier Grundstücke, wie Mauern, Hecken, Zäune, auf der Grenze, so wird Miteigentum der beiden Nachbarn vermutet.

3. Démarcations communes

Les clôtures servant à la démarcation de deux immeubles, telles que murs, haies, barrières, qui se trouvent sur la limite, sont présumées appartenir en copropriété aux deux voisins.

3. Comproprietà delle opere divisorie

Quando in confine tra due fondi esistano delle opere divisorie, come muri, siepi o steccati, si presumono comproprietà dei due vicini.

Materialien: VE 672; E 663; Erl II 86

Literatur

BRÜESCH MARCO, Das nachbarliche Baurecht des Kantons Graubünden nach dem Einführungsgesetz zum schweizerischen Zivilgesetzbuch vom 5. März 1944 (Diss

Bern 1950) 104 ff; BURKHARD, Die gesetzlichen Grundeigentumsbeschränkungen nach baselstädtischem Recht (Diss Basel 1935, 80 ff; in Maschinenschrift); FRÖLICHER O., Gemeinschaftliche Mauern nach schweizerischem Recht (Diss Zürich 1918); HUBER, SPR III 251 ff; VON PLANTA FORTUNAT, Das Recht der halben Hofstatt (Diss Basel 1943; in Maschinenschrift); ROBICHON, Les rapports de voisinage dans le Code civil suisse et la législation cantonale romande (Diss Fribourg 1914); TATARINOFF MARIO, Das nachbarliche Baurecht des Kantons Solothurn (Diss Bern 1947) 91 ff; WIELAND ALFRED, Die kantonal-rechtliche halbe Hofstatt und ihre Anpassung an das ZGB, ZSR *46* 116 ff. Literatur zum Miteigentum im allgemeinen: Bd. I S. 251 f.

Rechtsvergleichung

Wie das schweizerische nimmt auch das österreichische Recht (diesbezüglich dem preussischen Allgemeinen Landrecht, § 118 I 8, folgend) für Vorrichtungen, «die sich zwischen benachbarten Grundstücken befinden» im Zweifel «ein gemeinschaftliches Eigentum» an (ABGB § 854), worunter von der herrschenden Meinung (vgl. KLANG zu § 854 Anm. 10) Miteigentum verstanden wird. Einige Sondernormen regeln (teils das Recht des Miteigentums bestätigend, teils davon abweichend) den Gebrauch und Unterhalt der gemeinsamen Sache (§§ 855–858). Von der Vermutung des Miteigentums für derartige Grenzanlagen gehen auch das italienische (vgl. art. 884/5 und 1127 CC it) und das französische Recht aus (art. 655 CCfr; s. MÉJASSOL, La mitoyenneté des murs, Diss Paris 1939; PLANIOL/RIPERT/PICARD, S. 294 bis 313). Angesichts der Tatsache, dass dieses Miteigentum gleichsam in der Luft hängt, weil es ausser den beiden Nachbargrundstücken ein selbständiges drittes Grundstück nicht gibt (vgl. hinten N. 10), hat der deutsche Gesetzgeber versucht, einen theoretisch einwandfreien Standpunkt einzunehmen: Ohne zur Frage der Eigentumsverhältnisse an den auf einer Grenze befindlichen Vorrichtungen Stellung zu nehmen, statuiert § 921 BGB die Vermutung, «dass die Eigentümer der Grundstücke zur Benutzung der Einrichtung gemeinschaftlich berechtigt seien». Durch die §§ 921 und 922 BGB wird ein Gemeinschaftsverhältnis sui generis geschaffen, das aber dem Miteigentumsverhältnis nahe verwandt ist, was schon der Hinweis auf die zur Ergänzung heranzuziehenden Vorschriften über die Gemeinschaft (§§ 741 ff BGB) deutlich werden lässt (die auch das Kernstück des deutschen Miteigentumsrechts ausmachen: vgl. Bd. I S. 252). Es ist deshalb nicht verwunderlich, wenn in der umstrittenen Frage nach der Natur dieses Rechtsverhältnisses neuestens in Lehre und Rechtsprechung die Ansicht herrschend wird, es entstehe an den Grenzeinrichtungen Miteigentum der beiden Nachbarn nach Bruchteilen (vgl. BGHZ *27* 197; *29* 372; NJW 1958 224; MEISNER/STERN/HODES § 8 III; STAUDINGER/SEUFERT § 921 N. 34; SOERGEL/SIEBERT § 921 N. 8).

Übersicht

I. ALLGEMEINES

1 Anders als die Grenze als solche weisen die Grenzvorrichtungen seitliche Ausdehnung auf und müssen daher entweder ganz auf dem einen oder andern Grundstück oder auf beiden zugleich stehen. Auf den zuletzt genannten, ziemlich häufig vorkommenden Fall bezieht sich das Gesetz, indem es – unter Vorbehalt abweichender Parteivereinbarung und abweichenden Ortsgebrauchs (N. 21 ff) – auf solche Vorrichtungen die Grundsätze des Miteigentums für anwendbar erklärt und auf dieser Grundlage auch das Recht der Nachbarn zur Benutzung der Vorrichtungen bestimmt. Die auf beiden Grundstücken zugleich stehenden Abgrenzungsvorrichtungen können somit Gegenstand besonderer Rechtsverhältnisse sein, wodurch eine Ausnahme vom Akzessionsprinzip begründet wird (Art. 667 N. 33, 42; BGE *59* II 224).

2 Die auf der Grenze erstellte Vorrichtung im Sinne von Art. 670 ist somit nicht zum Teil Bestandteil des einen und zum Teil Bestandteil des andern Grundstückes, sondern ein eigener Gegenstand, dem aber wegen der subjektiv-dinglichen Verknüpfung mit dem Eigentum der beiden aneinandergrenzenden Grundstücke nur eine beschränkte Selbständigkeit zukommt (vgl. hinten N. 10 und 15). Die für den Überbau geltenden Regeln (ZGB 674) sind auf diese Vorrichtungen nicht anwendbar, denn der Überbau ist keine Grenzvorrichtung, die zum Vorteil beider Grundstücke gereicht, sondern gehört wirtschaftlich ausschliesslich zu demjenigen Grundstück, von dem er ausgeht (vgl. FRÖLICHER 30 ff, 36).

3 Die Vermutung des Miteigentums findet analoge Anwendung auf Grenzgewässer (Privatbäche, Kanäle sowie Quellen, die auf der Grenze zweier Grundstücke entspringen), soweit nicht etwas anderes nachgewiesen ist (vgl. ABGB § 854; ebenso HAAB, Art. 670 N. 1).

II. VORAUSSETZUNGEN

4 Die Regel des Art. 670 bezieht sich nach ihrem Wortlaut nur auf Vorrichtungen, die zur Abgrenzung der Grundstücke dienen. Gemeint ist in-

dessen nicht, dass sie *nur* der Abgrenzung dienen dürfen. Massgebend ist vielmehr, dass sie zum gemeinsamen Vorteil beider Grundstücke gereichen (wie sich – zutreffender als das ZGB – das BGB ausdrückt). Dementsprechend werden von Art. 670 auch gemeinschaftliche Scheidemauern von Gebäuden erfasst (vgl. BGE *59* II 225; BlZR *27* Nr. 132).

Art. 670 hat Anlagen zum Gegenstand, die nicht *an*, sondern *auf* der 5
Grenze, d.h. auf beidseitigem Eigentum stehen. Indessen wird nach kantonalem Recht – ohne dass durch ZGB 686 oder einen andern Vorbehalt des Bundesrechts hiefür die Grundlage gegeben wäre – oft auch dann ein Miteigentumsverhältnis statuiert, wenn es sich um eine Vorrichtung handelt, die nur den Boden einer der beiden aneinandergrenzenden Liegenschaften in Anspruch nimmt. Das ist namentlich für Scheidemauern der Fall. Dem Grundeigentümer wird gestattet, Gebäude- oder Grenzmauern an die Eigentumsgrenze zu setzen, wogegen der Nachbar berechtigt ist, die Mauer durch Entrichtung einer Einkaufssumme zu einer gemeinschaftlichen («mur mitoyen») zu machen (vgl. besonders Zürcher Baugesetz vom 23. April 1893, § 83; EG Freiburg Art. 214; EG Tessin Art. 122; EG Waadt Art. 143; EG Genf Art. 61). In andern Kantonen wird es den Gemeinden überlassen, eine entsprechende Regelung vorzusehen (so in Bern, EG Art. 79, dazu ZBJV *72* 741 ff; Aargau, EG § 105; Solothurn, EG § 264).

Die Frage, ob eine Vorrichtung im Sinne des Art. 670 auf der Grundstücks- 6
grenze errichtet werden dürfe, entscheidet sich nach kantonalem Recht (ZGB 686 und 688). Von diesem Vorbehalt haben die meisten Kantone in den EG zum ZGB oder in Spezialgesetzen Gebrauch gemacht: Baselstadt (EG §§ 162 ff) gestattet, dass Gebäude- und Grenzmauern in ihrer halben Breite über die Grenzlinie erbaut werden, unter Vorbehalt, dass der dadurch belastete Nachbar, wenn er später ebenfalls bauen will, sich in die Mauer einkaufen (über die Verrechnung der Einkaufssumme vgl. SJZ *21* 63 Nr. 18) und sie als gemeinschaftliche Mauer benützen kann. Dieses sogenannte «Recht der halben Hofstatt» besteht auch in den Kantonen St. Gallen (EG § 132), Graubünden (EG Art. 122), Luzern (Baugesetz für die Stadt Luzern vom 26. November 1913, Art. 116) und Zug (EG § 100) für Brandmauern; ferner in Obwalden (EG Art. 105), Nidwalden (EG § 94) und Glarus (EG § 141) für Einfriedigungsmauern.

Das Recht, Gebäude- oder Grenzmauern auf oder an die Grundstück- 7
grenze zu setzen, gewährt den Vorteil, dass nicht zwei Mauern errichtet werden müssen da, wo eine einzige genügt. Das «Recht der halben Hofstatt» bietet überdies den Vorteil, dass es eine volle Ausnützung der Grundstücke ermöglicht und die Nachbarn gleichstellt, indem beide gleich viel Land zur Errichtung der gemeinschaftlichen Mauer abzutreten haben.

8 Wo das «Recht der halben Hofstatt» nicht gilt, darf der Eigentümer die Vorrichtung nur dann auf der Grenze errichten, wenn er sich zuvor mit seinem Nachbarn verständigt, oder dieser eine derartige Überbauung seines Grundstücks duldet. Auch in diesem Falle hat der Nachbar, wenn er später anbaut, kraft stillschweigender Vereinbarung die Hälfte der Kosten der Mauer zu ersetzen, soweit er diese für sich in Anspruch nimmt. Diese (an sich bloss obligatorisch wirkende) Verpflichtung und Berechtigung geht nach mancherorts bestehender Verkehrsübung ohne weiteres auch auf die Rechtsnachfolger der Parteien über (vgl. BlZR *10* Nr. 199, Frölicher, 50 ff mit Hinweisen auf die Rechtsprechung).

III. MITEIGENTUMSVERHÄLTNIS DER BEIDEN NACHBARN

1. Gegenstand des Miteigentums

9 Art. 670 stellt die Vermutung auf, dass die Vorrichtungen auf der Grenze im Miteigentum der beiden Anstösser stehen. Diese Vermutung gilt für alle auf der Grenze stehenden Abgrenzungsvorrichtungen, also auch für Scheidemauern, an die der Nachbar noch nicht angebaut hat (s. vorn N. 6; BlZR *27* Nr. 132); sie erstreckt sich daher auch dann auf die ganze Mauer, wenn nur ein Teil derselben vom Nachbarn benützt wird (ebenso Frölicher 27 f, 44; vgl. indessen hinten N. 24 f über die nach Ortsgebrauch bestehenden Ausnahmen). Ob die Vorrichtung von dem einen Nachbarn auf eigene Kosten erstellt worden ist, macht grundsätzlich keinen Unterschied (BlZR *13* Nr. 117).

10 Die im Miteigentum stehende Grenzvorrichtung ist zwar Gegenstand eines besonderen Rechtsverhältnisses, bildet aber keinen besondern Gegenstand des Grundeigentums. Das besondere Miteigentumsverhältnis erstreckt sich nach dem ZGB nicht auf den Boden, sondern nur auf die Vorrichtung; diese darf daher nicht in Verbindung mit der Grundfläche als Liegenschaft behandelt werden. Aber auch wenn nach dem kantonalen Recht nicht nur die Vorrichtung, sondern auch die Bodenfläche, auf der sie erstellt ist, ins Miteigentum der Nachbarn fällt (so z. B. nach § 83 II des zürcherischen Baugesetzes für Brandmauern; eine Anordnung übrigens, die mit dem Bundesrecht noch weniger vereinbar sein dürfte als die andern vorn N. 5 erwähnten kantonalen Bestimmungen), so entsteht doch kein selbständiges Grundstück (s. vorn N. 2). Das Miteigentum ist also in jedem Falle mit dem Eigentum an den beiden Nachbargrundstücken verknüpft;

nur die Eigentümer dieser Grundstücke können Miteigentümer der Vorrichtung sein.

2. Ausgestaltung des Miteigentums

Das Verhältnis der beiden Nachbarn bestimmt sich nach den allgemeinen Regeln über das Miteigentum (ZGB 646 ff), sofern nicht die besondere Natur des vorliegenden Rechtsverhältnisses (als Zwangsgemeinschaft mit subjektiv-dinglicher Verknüpfung der gegenseitigen Rechte und Pflichten im Sinne einer Realobligation; vgl. Bd. I S. 70 ff N. 150 ff) eine andere Ordnung aufdrängt und soweit nicht durch Rechtsgeschäft oder Ortsgebrauch (dazu hinten N. 21 ff) etwas anderes angeordnet wird. 11

- Nach ZGB 646 II besteht eine Vermutung gleicher Quoten. Doch kann aus einer ungleichen Verteilung der Unterhaltskosten unter Umständen auf eine Verschiedenheit der Quoten geschlossen werden. 12
- Über die Verwaltung und den Gebrauch der gemeinschaftlichen Grenzanlage (Unterhaltung, Anbau, Höherbau, Fensterrecht usw.) kann der Ortsgebrauch nähere Vorschriften aufstellen (vgl. hierüber Frölicher 68 ff; Robichon 118 ff; Brüesch 117 ff, 135 f; Tatarinoff 113 ff, 119 f). 13
- Sofern der Ortsgebrauch nicht etwas anderes vorsieht, darf der eine Miteigentümer die Brandmauer nur mit Zustimmung des andern höher bauen (ZGB 647 III; BlZR *29* Nr. 103). 14
- Bezüglich der Anwendung von ZGB 648 I: BlZR *27* Nr. 132. 15
- Angesichts der subjektiv-dinglichen Verbindung von Grundstückseigentum und Miteigentum an den Grenzvorrichtungen ist die selbständige Verfügung über Miteigentumsanteile (durch Veräusserung, Verpfändung, Versteigerung usw.) ausgeschlossen, und damit auch die Geltendmachung des gesetzlichen Vorkaufsrechtes des Miteigentümers (ZGB 682). 16
- Zur Haftung der Miteigentümer für Schaden, der durch die Grenzvorrichtung entsteht, s. Art. 646 N. 81. 17
- Eine Aufhebung des Miteigentums durch reale Teilung kann nicht verlangt werden, da die gemeinschaftliche Grenzvorrichtung für einen dauernden Zweck bestimmt ist (ZGB 650 I); es handelt sich hier um Miteigentum mit Zwangsgemeinschaft (Art. 650 N. 19 ff; BlZR *5* Nr. 31). 18

  Dagegen kann die Aufhebung des Miteigentums dadurch herbeigeführt werden, dass ein Nachbar das Eigentum an der ganzen Grenzvorrichtung samt der Bodenfläche, auf der sie steht, unter Beobachtung der allgemeinen Vorschriften (ZGB 657, 656 I) erwirbt; ferner dadurch, dass der Nachbar, der die Anlage nicht mehr benützen will, dem andern das dingliche Recht auf den Überbau in Form einer Grunddienstbarkeit einräumt, 19 wodurch die Anlage ausschliesslich Bestandteil des berechtigten Grundstücks wird.

20 Endlich kann der Ortsgebrauch die Aufhebung auch in der Weise gestatten, dass jeder Miteigentümer berechtigt ist, einseitig auf das Miteigentum zu verzichten, um sich von der Unterhaltspflicht zu befreien. Indessen steht dieses Recht nur demjenigen Miteigentümer zu, dessen Gebäude nicht von der gemeinschaftlichen Mauer gestützt wird, sei es, dass der Verzichtende noch nicht angebaut oder dass er sein Gebäude abgebrochen hat: Vgl. die vom französischen Recht (CCfr. 656; PLANIOL/RIPERT/PICARD S.305 f) beeinflussten welschschweizerischen Rechte: Freiburg EG Art.217; Waadt EG Art.151; Wallis EG Art.176; Tessin EG Art.109. Siehe auch BRÜESCH 134 f und TATARINOFF 121 f.

3. Vorbehalt abweichender Parteivereinbarung und abweichenden Ortsgebrauchs

21 Da das ZGB nur eine Vermutung aufstellt, können die Eigentumsverhältnisse an Vorrichtungen auf der Grenze eine abweichende Ordnung erfahren, und zwar nicht nur für den einzelnen Fall durch Vertrag zwischen den Grenznachbarn (z.B. durch Bestellung eines Überbaurechts; vorn N.2, 19), sondern auch durch den Ortsgebrauch, wenngleich Art.670 nicht direkt auf ihn verweist (Erl II 86; in BGE *59* II 225 ausdrücklich offengelassen). Art.670 hat somit nur subsidiäre Geltung.

22 Als Ausdruck des Ortsgebrauchs gilt das bisherige kantonale Recht, solange nicht eine abweichende Übung nachgewiesen ist (Art.5 II; dazu allgemein LIVER im Einleitungsband des Berner Kommentars). Die meisten Kantone haben deshalb die Bestimmungen ihrer privatrechtlichen Gesetzbücher in die EG zum ZGB aufgenommen oder darin die Geltung solcher Normen vorbehalten. Der Ortsgebrauch kann namentlich bestimmen, durch welche Mittel die Vermutung des Art.670 entkräftet werden kann, oder für welche Fälle sie nicht gilt.

23 Die Vermutung des Miteigentums wird demgemäss z.B. zerstört, wenn sich in der Mauer, die Gebäude, Höfe, Gärten oder Felder voneinander trennt, Türen oder Fenster, Balkenträger, Traufen usw. zum Gebrauche nur eines der Nachbarn befinden (so namentlich die EG der welschen Kantone: ROBICHON 113 ff; vgl. z.B. EG Wallis Art.176; entsprechend dem CCfr Art.653; hiezu PLANIOL/RIPERT/PICARD S.296 f).

24 Die Miteigentumsvermutung gilt ferner nach Ortsgebrauch häufig nicht für Gebäudemauern, an die vom Nachbar noch nicht angebaut worden ist (Sondereigentum des Bauenden bis zum Einkauf des Nachbarn besteht

nach EG Art. 132 des Kt. St. Gallen; EG Art. 151 des Kt. Waadt; EG Art. 176 des Kt. Wallis; EG § 100 des Kt. Zug und EG Art. 122 III des Kt. Graubünden; dazu Brüesch 122 ff; bezüglich der Verhältnisse im Kt. Basel-Stadt vgl. Haab Art. 670 N. 7 a. E. mit weiteren Hinweisen; über das solothurnische Recht Tatarinoff 102 f; für Zürich bleibt es bei der bundesrechtlichen Ordnung, wonach Miteigentum an der auf die Grenze gestellten Mauer vermutet wird: BlZR *27* Nr. 132; Baugesetz § 113). Eine Ausnahme besteht unter Umständen auch für Grenzmauern, wenn die beiden Grundstücke nicht von gleicher Natur (wenn z. B. ein Garten an eine Wiese grenzt) oder nicht von gleicher Höhe sind; in diesem Falle wird vermutet, die Mauer gehöre dem Eigentümer des wertvolleren oder des höher gelegenen Grundstücks (vgl. EG Freiburg Art. 274; Wallis Art. 176; s. Frölicher 37 ff; Robichon 114 ff).

Der Ortsgebrauch kann auch abweichende Bestimmungen in der Richtung aufstellen, dass, wenn der Nachbar an eine Gebäudemauer nur zum Teil anbaut, bloss dieses Stück Miteigentum der beiden Nachbarn wird (vgl. EG Freiburg Art. 214, Waadt Art. 143, Wallis Art. 176, Genf Art. 61); und ebenso, dass der von einem Nachbarn erstellte Höherbau dem Ersteller allein gehört.

Art. 671

III. Bauten auf dem Grundstück

1. Boden- und Baumaterial

a) Eigentumsverhältnis

Verwendet jemand zu einem Bau auf seinem Boden fremdes Material oder eigenes Material auf fremdem Boden, so wird es Bestandteil des Grundstückes.

Der Eigentümer des Materials ist jedoch, wenn die Verwendung ohne seinen Willen stattgefunden hat, berechtigt, auf Kosten des Grundeigentümers die Trennung des Materials und dessen Herausgabe zu verlangen, insoweit dies ohne unverhältnismässige Schädigung möglich ist.

Unter der gleichen Voraussetzung kann der Grundeigentümer, wenn die Verwendung ohne seinen Willen stattgefunden hat, auf Kosten des Bauenden die Wegschaffung des Materials verlangen.

III. Constructions sur le fonds

1. Fonds et matériaux

a) Propriété

Lorsqu'un propriétaire emploie les matériaux d'autrui pour construire sur

III. Costruzioni sul fondo

1. In rapporto al materiale

a) Proprietà del medesimo

Ove taluno adoperi materiale altrui per costruire sul proprio fondo, o materiale

son propre fonds, ou qu'un tiers emploie ses propres matériaux sur le fonds d'autrui, ces matériaux deviennent partie intégrante de l'immeuble.

Toutefois, si les matériaux ont été employés sans l'assentiment de leur propriétaire, celui-ci peut les revendiquer et en exiger la séparation aux frais du propriétaire du fonds, pourvu qu'il n'en résulte pas un dommage excessif.

Si la construction a été faite sans l'assentiment du propriétaire du fond, il peut exiger, sous la même réserve, que les matériaux soient enlevés aux frais du constructeur.

proprio per costruire sul fondo altrui, il materiale diventa parte costitutiva del fondo.

Il proprietario dei materiali che furono adoperati senza il suo consenso ha il diritto di rivendicarli ed esigerne la rimozione, a spese del proprietario del fondo, in quanto si possa fare senza un danno sproporzionato.

Alle medesime condizioni il proprietario del fondo può domandare la rimozione a spese del costruttore dei materiali adoperati senza il suo consenso.

Über besondere beachtliche Besonderheiten der drei Texte vgl. hinten N. 19 und N. 29.

Materialien: VE 673; Erl II 86 ff; E 664; vgl. auch hinten N. 23, 29 und 32.

Literatur

Vgl. die Angaben zu Art. 642 in Bd. I S. 171 f.

Rechtsvergleichung

Vgl. allgemein: VINDING KRUSE, Das Eigentumsrecht I (Berlin 1931) 502 ff; FRIEDRICH RUDOLF, Sache, Rvgl. HWB VI (Berlin 1938) 61 ff; derselbe, Verbindung, Vermischung, Verarbeitung, RvglHWB VII, 1. Lieferung (Berlin 1939) 80 ff. Auch den ausländischen Rechtsordnungen liegt der Gedanke zu Grunde, die mit einem Grundstück verbundenen Sachen seien grundsätzlich – entsprechend dem wirtschaftlichen Bedürfnis nach Erhaltung zweckmässiger Sachzusammenfassungen – dem gleichen rechtlichen Schicksal zu unterwerfen wie das Grundstück (vorn S. 246 ff zu Art. 667), und zwar ohne Rücksicht auf die bisherige dingliche Rechtslage an den verbundenen Sachen, also auch bei Verwenden von fremdem Material oder beim Einbau auf fremdem Boden. Nur vereinzelt werden Ausnahmen zugelassen. Wo immer nun die rechtliche Einheit nur durch Zufügung von Rechtsverlusten erkauft werden kann, wird den dadurch betroffenen Rechtssubjekten ein Ausgleich gewährt in Form verschiedener Ansprüche.

Das deutsche Recht stellt in § 951 BGB den Anspruch auf finanziellen Ausgleich der dem Bodeneigentümer entstandenen ungerechtfertigten Bereicherung in den Vordergrund; zu ersetzen ist der Wert der Sache im Moment der Verbindung mit dem Grundstück. Ausdrücklich ausgeschlossen wird der dingliche Anspruch auf Wiederherstellung des alten Zustandes, ausdrücklich gewährt demgegenüber unter bestimmten Voraussetzungen und gewissen Beschränkungen (neben den auf besonderen Rechtsgründen beruhenden Trennungsrechten) ein allgemeiner obligatorischer Wegnahmeanspruch. Vorbehalten bleiben daneben die besonderen Rechte aus Vertrag oder Gesetz (Schadenersatz, Verwendungsersatz, Entschädigung aus Geschäftsführung ohne Auftrag). Die Wahl dieser Rechtsbehelfe sowie Art und Ausmass des durch sie gewährten Ausgleichs wird wesentlich mitbestimmt von der Beschaffenheit des subjektiven Sachverhalts, von Wissen und Willen, Gut- oder Bösgläubigkeit der Beteiligten. Vgl. ausser den Kommentaren zu den §§ 946 ff, insbesondere § 951, WOLFF/RAISER §§ 72, 74; WESTERMANN §§ 52, 54; WOLFF MARTIN, Der Bau auf fremdem Boden, insbesondere der Grenzüberbau (Jena 1900).

Wie das schweizerische Recht trifft auch das österreichische gesonderte Anordnungen für den Bau auf eigenem Boden mit fremdem Material (§ 417 ABGB) und für den Bau auf fremdem Boden mit eigenem Material (§ 418); darüber hinaus wird auch der Tatbestand des Bauens mit fremdem Baustoff auf fremdem Grund ausdrücklich erwähnt (§ 419). Ausgegangen wird auch hier vom Grundsatz «superficies solo cedit», aber er erleidet (ähnlich wie bei uns in Art. 673 ZGB) eine wesentliche Durchbrechung, indem der auf fremdem Boden mit eigenem Material bauende redliche Bauführer das Eigentum am Grund erwirbt (und somit auch am Material behält), wenn der um die Bauausführung wissende Grundeigentümer sie nicht sogleich verboten hat (§ 418). Der Eigentümer des Grundstückes erwirbt somit unter diesen Voraussetzungen nicht nur keine Rechte, er verliert sogar seine Rechte am Boden. Auch im Bereich der Ersatzansprüche kommt es entscheidend auf die Redlichkeit oder Unredlichkeit der Beteiligten an. Die Parteien brauchen sich allerdings nicht mit den gesetzlichen Anordnungen abzufinden; die §§ 417 ff sind dispositiver Natur und lassen abweichende vertragliche Abmachungen zu. Vgl. EHRENZWEIG § 236; KLANG, Kommentar 288 ff.

Im französischen Recht ist der die Verwendung fremden Materials auf eigenem Boden regelnde (bloss dispositiven Charakter aufweisende: S. 247 zu Art. 667) Art. 554 CCfr von praktisch besonders geringer Bedeutung, weil der bauende Grundeigentümer, dem nicht nachgewiesen werden kann, dass er im Augenblick des Einbaus um die fremde Zugehörigkeit des Materials wusste, schon durch den Rechtssatz geschützt ist «En fait de meubles, la possession vaut titre». So wie so wird aber der bauende Grundeigentümer Eigentümer der Baute. Der Materialeigentümer hat Bereicherungsansprüche, eventuell Schadenersatzansprüche. – Auch der Bau mit eigenem Material auf fremdem Boden ist ein Anwendungsfall der «accession artificielle»: Im Zweifel (über die nachgiebige Natur S. 247 zu Art. 667) erwirbt der am Boden Berechtigte auch die Rechte am Material. Dem gutgläubig Einbauenden stehen Ansprüche auf Ersatz seiner Aufwendungen bzw. auf den Mehrwert der überbauten Liegenschaft zu. Gegenüber dem Bösgläubigen kann der Grundeigentümer die Wiederherstellung des früheren Zustandes (Zerstörung der Baute) und gleichzeitig Ersatz allen verursachten Schadens verlangen. Dem Grundeigentümer steht es indessen frei, auf die Vernichtung der Baute zu verzichten; er ist dann aber nach der unverständlichen Anordnung von Art. 555 III dem bösgläubig einbauenden Materialeigentümer zu voller Schadloshaltung verpflichtet (hätte ihm also mehr zu leisten als einem gutgläubigen!). – Umstritten ist die Frage einer Sonderbehandlung bestimmter Kategorien von bauenden Besitzern auf fremdem Grund; für locataires, fermiers, propriétaires sous condition, propriétaires apparents sind Abweichungen von den Regeln teils erwogen, teils verwirklicht worden. Vgl. PLANIOL/RIPERT/BOULANGER I S. 999 ff; PLANIOL/RIPERT/PICARD III S. 262 ff; BRISSÉ SAINT-MACARY, De l'accession artificielle immobilière (Diss Bordeaux 1929).

Übersicht

I. ALLGEMEINES

1. Inhalt und Bedeutung der Art. 671–673

1 Art. 671 ordnet das Eigentumsverhältnis bei Bauten, die auf fremdem Boden oder mit fremdem Material errichtet worden sind, und trifft – unter Festhalten an dem in Art. 667 II ausgesprochenen Akzessionsprinzip (Abs. I) – mit Art. 672 und 673 die Ausgleichung der Interessen des Material- und Bodeneigentümers. Die (ohne diese Sonderordnung allein anwendbaren) Bestimmungen über ungerechtfertigte Bereicherung (Art. 62 ff OR) und über unerlaubte Handlung (Art. 41 ff OR) werden dadurch in sinnvoller Weise ergänzt (BGE *81* II 434 f; *82* II 291; vgl. auch hinten N. 33 f).

2 Von den Art. 671–673 werden zwei verschiedene Tatbestände erfasst:

3 *a)* Der Grundeigentümer baut mit fremdem Material. Diesem Falle ist der-

jenige gleichzustellen, wo ein Bauberechtigter (Art. 675) mit fremdem Material baut, denn während der Dauer des Baurechts kann das belastete Grundstück sehr wohl als Boden des Bauberechtigten, also als «sein Boden» im Sinne des Art. 671 betrachtet werden. Die Vorschrift des Art. 673 kann in diesem Falle jedoch nicht angewendet werden.

b) Der Materialeigentümer baut auf fremdem Boden, *ohne* dass ihm ein *Baurecht* (Art. 675) zusteht oder unter erheblicher Überschreitung seines Baurechts (s. unten N. 7). 4

Für beide Fälle gewährt das Gesetz je drei Ansprüche: 5

- einen Trennungsanspruch (Art. 671 II und III),
- einen Ersatzanspruch (Art. 672) und
- einen Anspruch auf Zuweisung des Eigentums an Bau und Boden (Art. 673).

Von erheblicher Bedeutung sind alle diese Fälle nicht. Als Beispiel sei der 6
Fall erwähnt, dass jemand über Material oder über ein Grundstück zu Bauzwecken verfügt im Hinblick auf einen in der Folge dann nicht perfekt gewordenen Kauf oder in der irrtümlichen Annahme der Herrenlosigkeit des Materials, oder dass der Tatbestand einer unerlaubten Handlung vorliegt.

Die Bestimmungen der Art. 671 ff werden ferner insbesondere dann 7
praktisch, wenn auf Grund eines Baurechtes (Art. 675, 676, 779) gebaut worden und dieses in der Folge erloschen ist. Unberechtigter Bau auf fremdem Boden ist es auch, wenn ein Bauberechtigter die Grenzen seiner Berechtigung erheblich überschreitet, z. B. wenn ihm nur das Haben eines Kellers unterhalb der Oberfläche des Grundstücks gestattet ist und er ein Gebäude darauf errichtet.

Nicht geregelt ist der Fall, da ein Dritter mit fremdem Material auf 8
fremdem Boden baut; hier bleibt es bei der Anwendung der allgemeinen Prinzipien (s. hinten N. 32 ff).

Ebenfalls nicht ausdrücklich erwähnt sind die Fälle, wo mehrere Mate- 9
rialeigentümer und mehrere fremde Grundeigentümer in Betracht kommen. Die Art. 671 ff finden aber auf diese Tatbestände entsprechende Anwendung.

Über die Anwendbarkeit der Art. 671 ff auf diejenigen Fälle, bei denen 10
der Bauende einer von mehreren Gesamteigentümern der Liegenschaft ist, vgl. BGE *81* II 435 und BJM 1955 294 f.

Über den Einbau von eigenem Material in fremdes uneigentliches Stock- 11
werkeigentum und dessen Auswirkungen auf das gesetzliche Vorkaufsrecht der andern Stockwerkeigentümer beim Verkauf des durch die baulichen Einrichtungen im Werte erhöhten Miteigentumsanteils an den bauenden Materialeigentümer vgl. BGE *82* II 576 ff.

12 Die Art. 671–673 sind nach Art. 678 I entsprechend anwendbar bei Verwenden fremder Pflanzen auf eigenem Boden und eigener Pflanzen auf fremdem Boden.

2. Verhältnis zu Art. 674

13 Der Bau muss in seiner ganzen Ausdehnung nach oben und unten auf dem Grundstück desjenigen aufgeführt worden sein, der nicht Eigentümer des Baumaterials ist. Ist die Baute nur zum Teil auf fremdem Boden oder zwar ganz auf eigenem Boden (des Materialeigentümers), jedoch in der Weise errichtet, dass ein Teil des Gebäudes in den Luftraum des Nachbargrundstückes hinüberragt, so kommt Art. 674 betreffend den Grenzüberbau zur Anwendung (vgl. die Bemerkungen zu Art. 674; dort in N. 12 über eine weitere Grenzziehung zwischen dem Anwendungsbereich der beiden Normen).

3. Verhältnis zu Art. 677

14 Der Begriff der Baute, wie ihn der Art. 671 (vgl. Art. 667 II) voraussetzt, ergibt sich aus Art. 675 und Art. 676 und e contrario aus Art. 677. Bauten im Sinne des Art. 671 sind danach «Bauwerke und andere Vorrichtungen, die auf (fremdem) Boden eingegraben, aufgemauert oder sonstwie dauernd auf oder unter der Bodenfläche mit dem Grundstücke verbunden sind», nicht aber bauliche Anlagen, die nur zu vorübergehendem Zwecke mit dem Grund und Boden verbunden sind, wie regelmässig Hütten, Buden, Baracken u. dgl.; bei diesen wird an den Eigentumsverhältnissen nichts geändert (vgl. ZBGR *32* 260 f; BGE *81* II 272). Wird jedoch bei solchen Sachen der Zweck nachträglich ein dauernder, z. B. eine Ausstellungshalle wird zu einer permanenten oder eine Festhütte bleibend zu einer Restauration bestimmt, so treten die Rechtswirkungen und Folgen des Art. 671 ein (vgl. die Ausführungen zu Art. 677).

4. Vorbehalt vertraglicher Einigung

15 Zur Anwendung der Art. 671–673 wie auch der allgemeinen Regeln des Bereicherungs- und des Deliktsrechtes kommt es natürlich nur, wenn zwischen den Parteien keine (oder doch keine vollständige) vertragliche Abmachung über ihre Auseinandersetzung besteht (vgl. BGE *54* II 426 = BlZR *28* Nr. 64; BGE *57* II 254; *81* II 434; ZBJV *64* 80; SJZ *19* 118 Nr. 94).

II. AKZESSIONSPRINZIP BEZÜGLICH DES EINGEBAUTEN MATERIALS (ABS. I)

Als allgemeines Prinzip gilt nach Abs. I zunächst der Satz, dass das Material in beiden Fällen Bestandteil des Grundstücks (Art. 642 und 667 II) und damit rechtsnotwendig dem Grundeigentümer erworben wird. (In dem vorn N. 3 erwähnten Falle, wo ein Bauberechtigter mit fremdem Material gebaut hat, wird dieses Eigentum des Bauberechtigten.) Ein allfälliger Eigentumsvorbehalt (vgl. Art. 715) wird folgerichtig wirkungslos. Der Eigentumsverlust ist dabei für den Materialeigentümer stets ein definitiver, das Eigentum lebt nach der Trennung nicht wieder auf (vgl. Art. 642 N. 34 f; hinten N. 24). 16

Da die Verbindung rein objektiven Charakter hat (sie ist kein Rechtsgeschäft, sondern ein sog. Realakt; vgl. BGE 57 II 255), ist es völlig gleichgültig, wem die Baumaterialien gehörten, wer die Verbindung vorgenommen hat und ob sie in gutem oder bösem Glauben des Bauenden oder des Grundeigentümers erfolgt ist. Auch der Dieb erwirbt Eigentum an dem gestohlenen Bauholz, das er in sein Haus einbaut, durch die Verbindung. Selbst der Umstand, dass der Eigentümer des Grundstücks den andern durch die Vorspiegelung, ihm das Grundstück übereignet zu haben, arglistig verlockt hatte, darauf zu bauen, kann gegenüber der zwingenden Vorschrift des Eigentumsübergangs auf den Grundeigentümer nicht berücksichtigt werden (RG in JW 1904 139). 17

An diesem (ausser durch Art. 671 I schon in Art. 667 II festgelegten) Akzessionsprinzip hält das Gesetz hier wie in den folgenden Artikeln fest. Der Rechtsverlust, den der Materialeigentümer erleidet, wird durch Ansprüche persönlicher (z. T. realobligatorischer) Natur wettgemacht: Durch solche auf Schadenersatz (Art. 672), auf Zuweisung des Eigentums an Bau und Boden (Art. 673) und auf Trennung und Herausgabe des Materials (Art. 671 II und III). Gerade durch Gewährung eines Trennungsanspruches unterscheidet sich das ZGB sowohl von früheren Rechten (vgl. Huber SPR III 178 ff), die ihn aus wirtschaftlichen Erwägungen generell ausschlossen. Die richtigerweise zu beachtende wirtschaftliche Überlegung, einmal geschaffene Werte grundsätzlich zu erhalten, findet ihren Ausdruck im ZGB darin, dass Art. 671 das Recht auf Abtrennung nur anerkennt, wenn diese ohne unverhältnismässige Schädigung möglich ist (vgl. hinten N. 23). 18

III. TRENNUNGSANSPRUCH BEI VERWENDUNG VON FREMDEM MATERIAL AUF EIGENEM BODEN (ABS. II)

1. Rechtsnatur

19 Da das Eigentum am Material untergegangen ist (s. oben N. 16), hat der frühere Eigentümer kein Wegnahmerecht, d.h. keinen dinglichen, sondern nur einen obligatorischen Anspruch gegen den Grundeigentümer, dass dieser die Trennung und Tradition des Materials vornehme und ihm damit das Eigentum an diesem wieder verschaffe. Der Trennungsanspruch unterscheidet sich somit vom ius tollendi, wie es namentlich von OR 65 und 422 und von ZGB 753 und 939 eingeräumt wird (vgl. auch vorn Art. 642 N. 36). Unzutreffenderweise ist im französischen Wortlaut von «revendication» die Rede, was die Gerichte verleiten kann, ein Vindikationsrecht des Materialeigentümers anzunehmen (vgl. SJZ *19* 118 Nr. 94, ZBJV *64* 80). Im Konkurse des Grundeigentümers steht dem Materialeigentümer daher auch kein Aussonderungsrecht, sondern nur die Geltendmachung einer Geldforderung zu (SchKG 211). Dritten gegenüber dringt der Anspruch nicht durch. Die Grundpfandgläubiger können sich auf ZGB 808 ff berufen. Im Falle der Nichterfüllung kann der Materialeigentümer entweder Schadenersatz verlangen oder die Trennung mit richterlicher Ermächtigung auf Kosten des Grundeigentümers vornehmen lassen (OR 98).

2. Legitimation

20 Aktiv und passiv legitimiert ist nur, wer zur Zeit der Erstellung der Baute Eigentümer des Materials oder des Grundstücks war bzw. deren Universalsukzessoren. Auf der passiven Seite erklärt sich dies daraus, dass der Rechtsgrund des Trennungsanspruches gegen den Grundeigentümer oder Bauberechtigten die Tatsache des Erwerbs durch Akzession ist. Die Einzelrechtsnachfolger des Grundeigentümers können daher nur auf Ersatz einer ungerechtfertigten Bereicherung belangt werden (OR Art. 62 ff). Ungerechtfertigt ist die Bereicherung aber nur dann, wenn der Dritte das Grundstück mit dem Bau unentgeltlich erworben hat oder wenn ihm dasselbe entgeltlich übereignet worden, bei der vertraglichen Festsetzung des Entgelts jedoch der Gebäudewert ausser Ansatz geblieben ist, z. B. weil keiner der Kontrahenten von dem Gebäude Kenntnis hatte (vgl. Wolff 64, Anm. 9 und 11).

3. Voraussetzungen

Der Eigentümer des Materials kann dessen Trennung und Herausgabe auf Kosten des bauenden Grundeigentümers (oder Bauberechtigten, s. vorn N. 3 und 7) verlangen, auch wenn dieser gutgläubig war: 21

a) Wenn die Verwendung des Materials ohne seinen Willen stattgefunden hat. Der Anspruch ist also ausgeschlossen, wenn die Verwendung des Materials auf Grund eines Vertrages (z. B. Auftrag, Kauf, Miete oder Stillschweigender Gestattung; vgl. Semjud *44* 413 = SJZ *19* 118 Nr. 94; ZBJV *64* 80 = SJZ *25* 13 Nr. 2) erfolgt ist. 22

b) Wenn die Trennung ohne unverhältnismässige Schädigung möglich ist (vgl. analog OR 368 III). Ob dies zutrifft, entscheidet der Richter unter Würdigung aller Umstände nach freiem Ermessen (vgl. ZGB 4; ProtExpK 48). Im Interesse der Erhaltung der Gebäude wird er im Zweifel die Trennung eher verweigern, zumal dann, wenn es sich um einen kostspieligen oder bereits vollendeten Bau handelt, im Zweifel dagegen eher gestatten, wenn der bauende Grundeigentümer von Anfang an bösgläubig war. Unverhältnismässig ist eine Schädigung vor allem dann, wenn der dem Bodeneigentümer durch die Trennung entstehende Schaden bedeutend grösser ist als das Interesse des Materialeigentümers an der Entfernung (BGE *40* II 343/344; *81* II 272 ff). Bei der Frage der Schädigung kommt sowohl das Grundstück als die Baute in Betracht (Erl II 87). Vgl. hierzu namentlich Art. 673; eine unverhältnismässige Schädigung ist danach anzunehmen, wenn der Wert der Baute den Wert des Bodens offenbar übersteigt, es sei denn, dass die fremden Gegenstände nur einen verhältnismässig geringen Teil des Baues bilden. 23

c) Wenn im Zeitpunkt der Geltendmachung die Verbindung von Material und Boden noch besteht. Ist das Material aus irgendwelchen Gründen nicht mehr Bestandteil des Bodens, so kann der Materialeigentümer Herausgabe verlangen, ohne zuvor Trennung zu beanspruchen. Auch in diesem Falle handelt es sich aber um einen persönlichen, nicht um einen dinglichen Anspruch, denn auch am wieder losgetrennten Material lebt das frühere Eigentum nicht ipso iure wieder auf (so auch HAAB, Art. 671/673 N. 6; vorn N. 16). 24

4. Vorbehalt anderer Ansprüche

Wenn die Voraussetzungen des Trennungsanspruches vorliegen, ist der Materialeigentümer nicht auf diesen Anspruch beschränkt. Er kann auf die Trennung des Materials verzichten und statt dessen Schadenersatz aus Art. 672 (s. dort N. 13 ff) oder aus OR 41 ff beanspruchen oder Zuweisung des 25

Grundeigentums verlangen (Art. 673) oder schliesslich Ersatz der Bereicherung geltend machen. Eine Ausschliessung des Bereicherungsanspruchs ist schon darum nicht am Platze, weil damit vom Grundeigentümer eine geringere Leistung verlangt wird als mit dem auf seine Kosten zu realisierenden Trennungsanspruch. Der Grundeigentümer kann aber dem auf Geldvergütung gerichteten Begehren des Materialeigentümers dadurch begegnen, dass er ihm die Baumaterialien zur Verfügung stellt, vorausgesetzt, dass sie noch verwendbar sind. Ist die Bereicherung nachträglich, aber vor der Rückforderung, weggefallen (vgl. OR 64), weil etwa das noch nicht versicherte Gebäude abgebrannt ist, so steht dem Materialeigentümer auch der Bereicherungsanspruch nicht zu.

IV. TRENNUNGSANSPRUCH BEI VERWENDUNG VON EIGENEM MATERIAL AUF FREMDEM BODEN (ABS. III)

1. Rechtsnatur

26 Der durch Art. 671 III eingeräumte Anspruch des Grundeigentümers gegenüber dem Materialeigentümer auf Trennung und Wegschaffung des Materials auf Kosten des Bauenden ist persönlicher Natur (vgl. vorn N. 19). – Er ist nicht zu verwechseln mit dem dem Grundeigentümer daneben noch zustehenden Recht, die Baute kraft seines Eigentums selbst zu entfernen oder entfernen zu lassen. Der Bau auf fremdem Boden stellt eine ungerechtfertigte Einwirkung auf das Eigentum am Grundstück dar (ZGB 641). Die Entfernung der Baute kann daher auch unter diesem Gesichtspunkte verlangt werden, allerdings auf eigene Kosten. Doch ist der Grundeigentümer berechtigt, zur Deckung dieser Kosten sowie für weitere Nachteile (wie Kulturschaden und dergleichen) sich an den Baumaterialien schadlos zu halten.

2. Legitimation

27 Der Kreis der nach Abs. III legitimierten Personen entspricht demjenigen nach Abs. II (vorn N. 20). Zu einer Erweiterung kommt es nur, wenn statt dieser Trennungs- die Negatorienklage erhoben wird (vgl. Art. 641 N. 60 f). Aktivlegitimiert sind dann ausser dem Grundeigentümer und dessen Rechtsnachfolgern die Inhaber von beschränkten dinglichen Rechten, sofern sie durch den Bau in ihren Interessen beeinträchtigt werden, passivlegitimiert

neben dem bauenden Materialeigentümer auch der Dritte, der den Bau errichtet hat.

3. Voraussetzungen

Der Grundeigentümer kann die Trennung und Wegschaffung des Materials auf Kosten des Bauenden unter den vorn in N.21 ff zu Absatz II erwähnten Voraussetzungen verlangen, nämlich: 28

a) Wenn die Verwendung ohne seinen Willen erfolgt ist, vgl. hierüber N.22 oben und ZBJV *50* 253/254. (In der ursprünglichen Fassung des französischen Textes des Abs. III hiess es, abweichend vom deutschen und italienischen Text: «contre» la volonté du propriétaire du fonds. Der durch BRB vom 7. April 1911 [SJZ 7 390] berichtigte Text lautet nun richtig «sans l'assentiment» du propriétaire du fonds.) 29

b) Wenn die Beseitigung des Baues oder der (fremden) Bestandteile ohne unverhältnismässige Schädigung möglich ist (vgl. N.23 vorn). 30

c) Wenn Material und Boden überhaupt noch verbunden sind (vorn N.24). 31

V. ANSPRÜCHE BEI VERWENDUNG VON FREMDEM MATERIAL AUF FREMDEM BODEN

Das Gesetz hat diesen Fall (A baut mit Material des B auf dem Grundstück des C) nicht geregelt aus der Erwägung, dass für die Entscheidung die allgemeinen Grundsätze hinreichen (Erl II 84; ProtExpK 47). 32

Der Grundeigentümer wird Eigentümer des Materials. Es entstehen folgende Ansprüche:

1. Ersatzansprüche des Materialeigentümers

Der Materialeigentümer hat Ersatzansprüche: 33

a) Gegen den Dritten nach OR 97 ff (beim Bestehen eines Vertragsverhältnisses) oder nach OR 41 ff (aus unerlaubter Handlung), bzw. (wenn der Dritte schuldlos ist) nach OR 62 ff.

b) Gegen den Grundeigentümer, und zwar, wenn dieser bösgläubig ist, nach OR 41, wenn er gutgläubig ist, nach OR 62 ff, soweit er bereichert ist und den Dritten nicht schon entschädigt hat. 34

2. Ersatzansprüche des bauenden Dritten

35 Der bauende Dritte hat gegen den *Grundeigentümer* Anspruch auf Vergütung der Baukosten nach den Grundsätzen der negotiorum gestio, also, bei gutem Glauben des Grundeigentümers, nur bis zum Betrage der Bereicherung desselben (OR 423).

3. Ansprüche des Grundeigentümers

36 Den Ersatzansprüchen des Materialeigentümers und des bauenden Dritten kann der Grundeigentümer dadurch entgehen, dass er kraft seines Eigentumsrechts (ZGB 641 I) die Baute auf Kosten des bauenden Dritten selbst entfernt (Art. 641 N. 18) oder auf Grund des Eigentumsfreiheitsanspruches (ZGB 641 II) von dem Dritten die Entfernung der Baute verlangt (Art. 641 N. 59 ff).

Art. 672

b) Ersatz

Findet keine Trennung des Materials vom Boden statt, so hat der Grundeigentümer für das Material eine angemessene Entschädigung zu leisten.

Bei bösem Glauben des bauenden Grundeigentümers kann der Richter auf vollen Schadenersatz erkennen.

Bei bösem Glauben des bauenden Materialeigentümers kann er auch nur dasjenige zusprechen, was der Bau für den Grundeigentümer allermindestens wert ist.

b) Indemnités

Lorsque la séparation n'a pas lieu, le propriétaire du fonds est tenu de payer pour les matériaux une indemnité équitable.

Si les constructions ont été faites de mauvaise foi par le propriétaire du fonds, il peut être condamné à la réparation intégrale du dommage.

Si elles ont été faites de mauvaise foi par le propriétaire des matériaux, l'indemnité pourra ne pas excéder la valeur minimale des constructions pour le propriétaire du fonds.

b) Risarcimento

Non avvenendo la rimozione, il proprietario del fondo deve equamente risarcire l'altro per il suo materiale.

Se la costruzione fu fatta in mala fede dal proprietario del fondo, questo può essere condannato al completo risarcimento del danno.

Se fu fatta in mala fede dal proprietario del materiale, l'indennità può essere limitata al valore minimo che la costruzione può avere per il proprietario.

Materialien: VE 674 I und II; Erl II 86 ff; E 665 I und II.

Literatur

S. die Angaben zu Art. 642 (Bd. I S. 171 f).

Rechtsvergleichung

Vgl. die Ausführungen bei Art. 671 (vorn S. 276 f).

Übersicht

I. ALLGEMEINES

1. Inhalt

Über den allgemeinen Rahmen, in welchen Art. 672 hineingehört, vgl. Art. 671 N. 1 ff. 1

Wird von der Abtrennungsmöglichkeit nach Art. 671 nicht Gebrauch gemacht, sei es, weil der Berechtigte dies nicht will, sei es, weil er dies mangels Vorliegens der Voraussetzungen nicht kann (eine Scheidung von Boden und Material erweist sich ohne unverhältnismässige Schädigung als unmöglich; die Verwendung des Materials ist mit Wissen und Willen des Eigentümers erfolgt; die Beteiligten haben sich darüber geeinigt, dass keine Trennung stattfinden soll), so verbleibt das Material dem Grundeigentümer oder Bauberechtigten gegen eine angemessene Entschädigung an den Materialeigentümer (Abs. I). Die Höhe der Ersatzleistung wird unter Rücksichtnahme auf den guten oder bösen Glauben der einen oder andern Partei bestimmt und für zwei Fälle vom Gesetzgeber festgelegt: Der in bösem Glauben handelnde Grundeigentümer kann zu vollem Schadenersatz verurteilt werden 2

(Abs. II). Umgekehrt hat der in bösem Glauben bauende Materialeigentümer nur Anspruch auf Ersatz des Wertes, den der Bau für den Grundeigentümer unter allen Umständen hat (Abs. III).

3 Besonderes gilt dann, wenn der Wert des Baues den Wert des Bodens offenbar übersteigt. In diesem Falle kann der Gutgläubige nach Art. 673 verlangen, dass das Eigentum an Bau und Boden gegen angemessene Entschädigung dem Materialeigentümer zugewiesen werde (s. die Ausführungen zu Art. 673).

4 Sowohl der Anspruch auf Zuweisung des Eigentums an Bau und Boden (Art. 673) wie auch die Schadenersatzbemessung beim Ersatzanspruch (Art. 672 Abs. II und III) sind somit in entscheidender Weise abhängig von der Gut- bzw. Bösgläubigkeit der Beteiligten.

2. Das Kriterium der Gut- und Bösgläubigkeit gemäss Art. 672 II und III und Art. 673

5 Nach der bisher herrschenden Lehre besteht der gute Glaube im schuldlosen Nichtkennen eines Rechtsmangels, der böse Glaube in der Kenntnis bzw. in der unentschuldbaren Unkenntnis eines Rechtsmangels (EGGER, Art. 3 N. 4). Dementsprechend galt in den hier zur Diskussion stehenden Verhältnissen der bauende Grundeigentümer dann als bösgläubig, wenn er wusste oder wissen musste, dass er fremdes Material verwende (LEEMANN, Art. 672/673 N. 5), der bauende Materialeigentümer dann, wenn er wusste oder wissen musste, dass er auf fremdem Grunde baue (a. a. O. N. 9; entsprechend HAAB, Art. 671/673 N. 12).

6 Demgegenüber hat das Bundesgericht einen andern Standpunkt eingenommen, der durch JÄGGI (im Einleitungsband des Berner Kommentars zu Art. 3, insbesondere N. 16 ff) die zutreffende theoretische Fundierung erfahren hat: Wer sich im Zusammenhang mit einem Rechtsmangel objektiv unrichtig verhält, ist gutgläubig, wenn ihm das Unrechtsbewusstsein fehlt; bösgläubig dagegen, wenn er das Unrechtsbewusstsein hat. Wer eigenes Material auf fremdem Boden oder fremdes Material auf eigenem Boden verbaut, handelt objektiv unrichtig. Aber nur wenn der Betreffende sich des Unrechts dieses Tuns bewusst ist, schliesst das seinen guten Glauben aus. Das Bewusstsein redlichen Handelns wird nun aber nicht schon dadurch ausgeschlossen, dass der bauende Materialeigentümer die fremde Eigentumszugehörigkeit des Bodens kennt. Zutreffend geht das Bundesgericht davon aus, gutgläubig sei nicht nur, wer als Materialeigentümer sich in entschuldbarem Irrtum als Eigentümer des in Wirklichkeit fremden Bodens betrachte; gutgläubig sei vielmehr jeder, dem dabei nicht gerade unred-

liches, moralisch verwerfliches Handeln vorgeworfen werden könne (so BGE *57* II 256, bestätigt in BGE *81* II 276 und *82* II 290). In der Tat schliesst das Wissen des bauenden Materialeigentümers um die fremde Eigentumszugehörigkeit des Bodens das Bewusstsein redlichen Handelns dann nicht aus, wenn der Bau mit dem Willen des Bodeneigentümers errichtet worden ist. Zustimmend zur bundesgerichtlichen Praxis Jäggi, Art. 3 N. 41 und 45 (wo generell betont wird, dass trotz Kenntnis des Rechtsmangels das Unrechtsbewusstsein fehlen und damit der Gutglaubensschutz gerechtfertigt sein könne).

3. Verjährung

Für die Verjährung der aus Art. 672 hervorgehenden Ersatzansprüche 7
sind die für die ungerechtfertigte Bereicherung (OR 67) oder allenfalls die für unerlaubte Handlungen geltenden Vorschriften (OR 60) massgebend. Denn Art. 672 bezweckt (ähnlich wie OR 62 ff) die Herbeiführung des Wertausgleiches oder sogar weitergehend (wie OR 41 ff) den Ersatz eingetretenen Schadens. Auch die Beachtung der ausdrücklichen Regelung für die verwandten Tatbestände der Art. 726 und 727 führt zum gleichen Ergebnis (vgl. BGE *81* II 435 ff E. 3 und 4; BJM *1955* 295 f; SJZ *54* 185 Nr. 103).

II. ANSPRUCH AUF ANGEMESSENE ENTSCHÄDIGUNG (ABS. I)

Abs. I von Art. 672 stellt den Grundsatz auf, der Grundeigentümer (bzw. 8
sein Universalsukzessor, nicht aber ein anderer Nachfolger: SJZ *24* 378) habe dem Materialeigentümer, welcher den Einbau vorgenommen hat oder hat geschehen lassen (bzw. seinem Rechtsnachfolger) eine angemessene Entschädigung zu leisten. Es ist also Sache des Richters, den Schadenersatz unter Berücksichtigung der Besonderheiten des einzelnen Falles nach seinem Ermessen festzusetzen (ZGB 4).

Das Gesetz spricht nur von einer Entschädigung für das Material. Mit- 9
zuberücksichtigen ist richtigerweise aber auch der übrige Bauaufwand. Diese Gesetzesergänzung hat das Bundesgericht in BGE *82* II 290 f grundsätzlich zutreffend vorgenommen, hat aber zu Unrecht den gesamten Aufwand des Bauenden ohne weiteres mit der dem Grundstück entstandenen Wertvermehrung identifiziert (vgl. Liver, ZBJV *94* 30).

Bei der Bemessung der Entschädigung ist ergänzend abzustellen auf die 10
Vorschriften des Obligationenrechts über die Folgen der Nichterfüllung

(Art. 97 ff), die Herausgabe einer ungerechtfertigten Bereicherung Art. 62 ff) und über unerlaubte Handlungen (Art. 41 ff): BGE *81* II 438 f E. 5.

11 Vorbehalten bleiben natürlich vertragliche Vereinbarungen über Art und Höhe des Schadenersatzes (BGE *54* II 426; s. auch Art. 671 N. 15).

III. ERSATZANSPRUCH BEI VERWENDUNG VON FREMDEM MATERIAL AUF EIGENEM BODEN (ABS. II)

12 Über das Kriterium des guten oder bösen Glaubens vorn N. 5 f.

13 Ausdrücklich geregelt ist nur der Fall der Bösgläubigkeit auf seiten des bauenden Grundeigentümers oder Bauberechtigten: Der Richter kann (muss aber nicht) auf Ersatz des vollen (nicht nur des voraussehbaren, unmittelbaren) Schadens erkennen (Abs. II). Hier geht die Entschädigungspflicht besonders weit; auch entgangener Gewinn fällt hierunter.

14 Waren beide Teile in bösem Glauben, so ist die Entschädigung in billiger Weise zu reduzieren.

15 Waren beide Teile in gutem Glauben, so haftet der bauende Grundeigentümer nur für den direkten (voraussehbaren) Schaden, d. h. für den objektiven Wert von Material und Bauaufwand.

16 War der Baueigentümer in gutem, der Materialeigentümer in bösem Glauben, so besteht eine Ersatzpflicht nur insoweit, als eine Bereicherung vorliegt, d. h. für den Wert, den der Bau für den Grundeigentümer hat (analoge Anwendung von Abs. III des Art. 672).

IV. ERSATZANSPRUCH BEI VERWENDUNG VON EIGENEM MATERIAL AUF FREMDEM BODEN (ABS. III)

17 Die Höhe des Ersatzes richtet sich auch hier in erster Linie nach dem guten oder bösen Glauben der Beteiligten (darüber vorn N. 5 f). Auch hier sind vier Tatbestände auseinanderzuhalten, von denen nur einer vom Gesetz speziell geordnet wird:

18 War der bauende Materialeigentümer in bösem Glauben, der Grundeigentümer dagegen in gutem Glauben, so hat der Grundeigentümer nur für den subjektiven Wert des Baues aufzukommen, d. h. für den Wert, den der Bau

für ihn unter allen Umständen hat (Abs. III). Es kommt also nicht auf die objektive Wertsteigerung an, die das Grundstück durch den Bau erfahren hat, sondern einzig auf das persönliche Interesse des Grundeigentümers an dem Bau. Hat der Eigentümer persönlich kein Interesse an dem Bau – dieser ist ihm vielleicht geradezu lästig –, so schuldet er auch keine Entschädigung.

Bei Bösgläubigkeit beider Parteien ist der Schadenersatz nach Billigkeit zu ermässigen. 19

Waren beide Teile gutgläubig, so muss der Grundeigentümer jedenfalls nicht mehr als den objektiven Wert von Material und Bauaufwand entschädigen. 20

Der bösgläubige Grundeigentümer ist dem Materialeigentümer, welcher in gutem Glauben gebaut hat, zum vollen Schadenersatz verpflichtet (Art. 672 II per analogiam; BGE *82* II 288). 21

Art. 673

c) Zuweisung des Grundeigentums

Übersteigt der Wert des Baues offenbar den Wert des Bodens, so kann derjenige, der sich in gutem Glauben befindet, verlangen, dass das Eigentum an Bau und Boden gegen angemessene Entschädigung dem Materialeigentümer zugewiesen werde.

c) Attribution de la propriété du fonds

Si la valeur des constructions excède évidemment celle du fonds, la partie qui est de bonne foi peut demander que la propriété du tout soit attribuée au propriétaire des matériaux, contre paiement d'une indemnité équitable.

c) Attribuzione del fondo

Nei casi in cui il valore della costruzione superi manifestamente quello del suolo, la parte in buona fede può domandare che la proprietà della costruzione e del fondo sia attribuita al proprietario del materiale mediante equa indennità.

Materialien: VE 674 III; E 665 III; Erl II 86 ff; BRB vom 7. April 1911 betreffend Korrektur des italienischen Textes; SJZ 7 391; vgl. auch N. 2.

Literatur

S. die Angaben zu Art. 642 (Bd. I S. 171 f).

Rechtsvergleichung

Vgl. die Bemerkungen bei Art. 671 (vorn S. 276f).

Übersicht

I. ALLGEMEINES

1 Über die systematische Stellung von Art. 673 s. Art. 671 N. 1 ff, 16 ff und Art. 672 N. 2 f.

2 Weder der Trennungsanspruch des Art. 671 noch der Ersatzanspruch des Art. 672 vermag eine billige Lösung des Interessenkonfliktes zwischen Material- und Bodeneigentümer herbeizuführen, wenn der Wert des Baues den Wert des Bodens erheblich übersteigt. Hier kann die Entschädigung dem Materialeigentümer, z. B. bei Erstellung eines kostspieligen Baues, schwerlich genügen, anderseits den Grundeigentümer schwer bedrücken, da doch vielleicht der Bau für ihn keinem Bedürfnis entspricht. In diesem Falle kann nun der Grundeigentümer, sofern er in gutem Glauben ist, verlangen, dass das Eigentum an dem überbauten Grundstück gegen angemessene Entschädigung vom Materialeigentümer übernommen werde. Ebenso hat der Materialeigentümer, sofern er in gutem Glauben ist, Anspruch auf Abtretung von Bau und Boden. (Der VE sah in Art. 674 III dagegen Zusprechung zu Miteigentum an die Beteiligten oder Teilung nach den Vorschriften über das Miteigentum vor.) Einen Anspruch auf Begründung eines Baurechts (Art. 675) wie beim Grenzüberbau (Art. 674) hat der Materialeigentümer nicht; dagegen können sich die Beteiligten selbstverständlich in diesem Sinne verständigen.

3 Art. 673 kann naturgemäss nicht angewendet werden, wenn ein Bauberechtigter (Art. 675) mit fremdem Material gebaut hat.

II. LEGITIMATION

1. Beim Bau mit fremdem Material auf eigenem Boden

Berechtigt, die Zuweisung des Bodens an den Materialeigentümer zu verlangen, ist nicht nur der Materialeigentümer, sondern auch der Grundeigentümer, jedoch jeder nur dann, wenn er sich in gutem Glauben befand (hiezu Art. 672 N. 5 f). Dieses Begehren auf Zuweisung kann z. B. als Eventualbegehren in der Klageantwort des Grundeigentümers angebracht werden, der auf Trennung und Wegschaffung einer Baute belangt wird (Rep *73* 125 = SJZ *37* 29 Nr. 15). Es geht nicht an, dem Grundeigentümer dieses Recht abzusprechen (wie das Haab, Art. 671/673 N. 17 tut); der in schlechten finanziellen Verhältnissen stehende Grundeigentümer kann ein erhebliches Interesse an dieser Möglichkeit haben. 4

2. Beim Bau mit eigenem Material auf fremdem Boden

Auch in diesem Falle ist nicht nur der gutgläubige Materialeigentümer aktiv legitimiert, sondern auch der gutgläubige Bodeneigentümer (ebenso Haab, Art. 671/673 N. 26). 5

III. VORAUSSETZUNG

Voraussetzung dieses Anspruches ist (abgesehen von der Gutgläubigkeit des Ansprechers, Art. 672 N. 5 f), dass der Wert des Baues den des Bodens offenbar, d. h. in erheblichem Masse übersteigt. Dabei ist von dem Wert des Beitrages auszugehen, den jeder geliefert hat; der Grundeigentümer hat den Boden als Baugrund, der Materialeigentümer den Bau geliefert, in welchem der Erstellungswert mit inbegriffen ist (Erl II 88; ProtExpK 50). Dieses Erfordernis wurde vom Bundesgericht als erfüllt bezeichnet bei einem Bodenwert von Fr. 600 und einem Wert des Baues von Fr. 14 500 (BGE *81* II 274 ff). 6

IV. RICHTERLICHE ZUWEISUNG DES BODENS UND FESTSETZUNG DER ENTSCHÄDIGUNG

Der Umfang des zuzuweisenden Bodens sowie die Höhe der vom Materialeigentümer zu leistenden Entschädigung werden durch den Richter nach 7 freiem Ermessen (ZGB 4), unter Berücksichtigung des guten oder bösen Glaubens des andern Teils, festgestellt.

8 Der Materialeigentümer kann grundsätzlich nur beanspruchen, was unbedingt notwendig ist, um ihm das Eigentum am Bau zu verschaffen und ihm dessen Verwendung zu gestatten. Der Eingriff in die Rechte des Grundeigentümers muss auf ein Minimum beschränkt bleiben. Im deutschen Wortlaut der Bestimmung ist denn auch zutreffenderweise von «Boden» und nicht von «Grundstück» die Rede. Nur besondere Umstände können dazu führen, dass dem Materialeigentümer ausser der Grundfläche des Baues und dem absolut notwendigen Umgelände noch weitere Bodenteile oder sogar das ganze Grundstück zugewiesen werden. Aus blossen Zweckmässigkeitsgründen (Absicht, eine möglichst einfache Lösung zu treffen; Bestreben, einen eventuellen neuen Konflikt zwischen Material- und Bodeneigentümer zu verhindern) kann jedoch der Grundeigentümer nicht angehalten werden, mehr abzutreten (so BGE *78* II 18 ff; anders BlZR *28* S. 261, wonach soviel Boden zugewiesen werden könne, als für die zweckmässige und bequeme Benützung des Gebäudes notwendig sei).

9 Über die Zuweisung des Eigentums durch Urteil s. Art. 665 N. 7 ff.

V. VORBEHALT RECHTSGESCHÄFTLICHER EINIGUNG

10 Wie die Ordnung der Art. 671 ff ganz allgemein (s. Art. 671 N. 15), so ist auch Art. 673 dispositiver Natur. Den Beteiligten steht es frei, einen andern Interessenausgleich zu treffen: Statt der Zuweisung des Eigentums am Boden ein Baurecht zugunsten des Materialeigentümers im Sinne des Art. 675 zu begründen (vgl. Art. 675 N. 8 ff) oder Miteigentum (ZGB 646 ff) an Bau und Boden herzustellen. Die vertragliche Zuweisung des Bodens bedarf der öffentlichen Beurkundung (ZGB 657) und zur dinglichen Perfektion der Eintragung im Grundbuch (ZGB 656).

VI. ABGABERECHT

11 Über die abgaberechtliche Behandlung des Tatbestandes von Art. 673 vgl. BGE *53* I 187 ff und das Kreisschreiben der Justizdirektion des Kantons Bern an die Grundbuchverwalter und Notare betreffend Bemessung der Handänderungsabgabe bei Bauten auf fremdem Grund und Boden vom 4. März 1955 (ZBGR *36* 236 ff).

Art. 674

Bauten und andere Vorrichtungen, die von einem Grundstücke auf ein anderes überragen, verbleiben Bestandteil des Grundstückes, von dem sie ausgehen, wenn dessen Eigentümer auf ihren Bestand ein dingliches Recht hat. 2. Überragende Bauten

Das Recht auf den Überbau kann als Dienstbarkeit in das Grundbuch eingetragen werden.

Ist ein Überbau unberechtigt, und erhebt der Verletzte, trotzdem dies für ihn erkennbar geworden ist, nicht rechtzeitig Einspruch, so kann, wenn es die Umstände rechtfertigen, dem Überbauenden, der sich in gutem Glauben befindet, gegen angemessene Entschädigung das dingliche Recht auf den Überbau oder das Eigentum am Boden zugewiesen werden.

2. Constructions empiétant sur le fonds d'autrui

Les constructions et autres ouvrages qui empiètent sur le fonds voisin restent partie intégrante de l'autre fonds, lorsque le propriétaire de celui-ci est au bénéfice d'un droit réel.

Ces empiètements peuvent être inscrits comme servitudes au registre foncier.

Lorsque le propriétaire lésé, après avoir eu connaissance de l'empiètement, ne s'y est pas opposé en temps utile, l'auteur des constructions et autres ouvrages peut demander, s'il est de bonne foi et si les circonstances le permettent, que l'empiètement à titre de droit réel ou la surface usurpée lui soient attribués contre paiement d'une indemnité équitable.

2. Opere sporgenti sul fondo altrui

Le costruzioni ed altre opere sporgenti da un fondo sopra un altro, rimangono parte costitutiva del fondo da cui sporgono, se il loro proprietario ha un diritto reale alla loro esistenza.

Tale diritto può essere iscritto nel registro fondiario come servitù.

Qualora l'opera sporgente sia fatta senza diritto, ma il vicino danneggiato non abbia fatto opposizione alla stessa a tempo debito, malgrado che fosse riconoscibile, il giudice può, se le circostanze lo esigono, accordare mediante equa indennità al costruttore in buona fede il diritto reale sull'opera o la proprietà del terreno.

Materialien: VE 675; Erl II 89 f; E 666; BRB vom 7. April 1911 betreffend Berichtigung des italienischen Textes von Art. 674 III, in SJZ 7 391.

Literatur

Bosshart Jean-Jacques, Les restrictions légales indirectes de la propriété foncière (Diss Fribourg 1954); Deschenaux Henri, Les restrictions légales de la propriété foncière et le registre foncier, ZBGR *38* 321 ff; derselbe, Obligations propter rem, Festgabe für Max Gutzwiller (Basel 1959) 711 ff; derselbe, Les obligations dites réelles et leurs rapports avec le registre foncier, ZBGR *43* 282ff; Jost Arthur, Die Realobligation als Rechtsinstitut (Bern 1956); Liver Peter, Gesetzliche Eigentumsbeschränkungen und Dienstbarkeiten in der Gesetzgebung und Lehre Frankreichs,

Deutschlands, der Schweiz und Italiens, Festgabe für Max Gutzwiller (Basel 1959) 749 ff; derselbe, Die Realobligation, ZBGR *43* 257 ff.

Rechtsvergleichung

Dazu allgemein: Keetmann Ernst, Überbau, RvglHWB VI (Berlin 1938) 601 ff.

Das deutsche Recht weist in den §§ 912–916 BGB eine mit dem schweizerischen Recht weitgehend übereinstimmende Ordnung des Überbaurechts auf: Der Nachbar hat einen Überbau auf sein Grundeigentum gegen Entschädigung zu dulden, sofern er nicht sofort widersprochen hat und dem Überbauenden weder Vorsatz noch grobe Fahrlässigkeit zur Last fällt. Die ausführlichere Regelung des deutschen Gesetzes und die reichhaltigere Praxis der deutschen Gerichte sind daher bei der Interpretation und Ergänzung des schweizerischen Rechtes als Hilfsmittel häufig herangezogen worden. Dabei wurde keineswegs übersehen, dass in Einzelfragen Abweichungen bestehen (so etwa, dass der verletzte Nachbar nach schweizerischem Recht; s. hinten N. 77) Anspruch auf Rentenzahlung, Kapitalabfindung oder Realersatz hat, währenddem ihn das deutsche Recht auf eine Geldrente verweist, sofern er nicht käufliche Abnahme des betroffenen Bodenstückes verlangt (BGB §§ 912 II, 913–915). Wohl aber hat man einen grundlegenden Unterschied übersehen, nämlich, dass in der Frage nach dem Wesen der nachbarrechtlichen Pflicht zur Duldung eines Überbaus der deutsche Gesetzgeber sich eindeutig im Sinne der Theorie der Eigentumsbeschränkung entschieden hat, währenddem das ZGB zu diesem Grundproblem nicht Stellung bezogen und damit für eine weitgehende Verwirklichung der Theorie von der Legalservitut (die nach dem heutigen Stand der Lehre zweifellos den Vorzug verdient: hinten N. 52 ff) Raum gelassen hat. Manche Fehlentwicklung der schweizerischen Theorie und Praxis hätten bei kritischer Auseinandersetzung mit dieser Grundentscheidung des deutschen Rechts vermieden werden können. Erst die verdienstvollen Untersuchungen von Peter Liver haben hier wie bei den übrigen Notrechten (auf Durchleitung, Weg und Brunnen) die unserem Recht angemessene eigenständige Ausbildung in die Wege geleitet (vgl. besonders seine plastische Komparation in der Festgabe für Max Gutzwiller 749 ff).

Aus dem deutschen Schrifttum seien (ausser den Kommentaren zu den §§ 912 ff BGB) erwähnt: Bull, Überbau und Anbau AcP *138* 80 ff; Dellbrück, Der Überbau auf eigenem Boden. Das Eigentum am Überbau Arch. bürg. R. *39* 406 ff; Ebel Wilhelm, Überbau und Eigentum AcP *141* 183 ff; Gierke, DPR II § 103; Gollnick, Eigentum und Überbau AcP *157* 460 ff; Meisner/Stern/Hodes, § 24; Westermann, § 64; Wolff/Raiser, § 55; Wolff/Martin, Der Bau auf fremdem Boden, insbesondere der Grenzüberbau nach dem BGB (Jena 1900).

Dem französischen Code civil ist eine Sonderordnung des Überbaurechts unbekannt. Da die allgemeinen Regeln über «accession ou incorporation» (s. Art. 671 S. 277) den besonderen Verhältnissen beim Überbau nicht gerecht zu werden vermögen, hat sich die französische Praxis bemüht, den ihr unterbreiteten Fällen eine den Art. 553 ff CC nicht unbedingt verpflichtete, möglichst billige Lösung zu geben. Von der Festlegung allgemeiner Kriterien für eine generell-abstrakte Lückenausfüllung scheint sie bisher abgesehen zu haben (s. Planiol/Ripert/Picard, S. 269 f; Planiol/Ripert/Boulanger. S. 1005 f).

Auch das österreichische Recht weist keine besonderen Bestimmungen über den Grenzüberbau auf, weshalb Praxis und herrschende Lehre zu den Regeln der §§ 417–419 ABGB (darüber vorn auf S. 277 zu Art. 671) Zuflucht nehmen (s. Ehren-

ZWEIG, S. 279; KLANG, S. 292 und die dort in Anm. 2 Zitierten). Für Überbauten in den benachbarten Luftraum bleibt es sogar (weil eine Verbindung mit dem Boden und damit eine massgebende Voraussetzung für die Anrufung der §§ 417 ff fehlt) bei der Anwendung der actio negatoria.

Weitere rechtsvergleichende Hinweise in N. 2, 15, 16, 17, 18, 22, 39, 43, 46, 48, 52, 53, 66, 76.

Übersicht

I. INHALT UND BEDEUTUNG

1 Während die Art. 671–673 sich auf den Fall beziehen, wo eine Baute ganz auf einem (eigenen oder fremden) Grundstück errichtet worden ist, ordnet Art. 674 den Fall, wo teilweise auf eigenem, teilweise auf fremdem Boden gebaut, d.h. die Grundstückgrenze überschritten worden ist. Das Vorkommen von Grenzüberbauten erklärt sich zumeist daraus, dass die Grundstückgrenzen zur Zeit der Errichtung des Baues nicht mit Sicherheit feststanden; dies ist namentlich da leicht möglich, wo eine amtliche Vermessung (ZGB 950 und SchlT Art. 38 ff; vgl. auch Art. 668 N. 12 ff) noch nicht stattgefunden hat.

2 Ohne eine besondere rechtliche Ordnung würde der überragende Bauteil, soweit er nicht bloss in den Luftraum des Nachbargrundstücks hinüberragt, sondern auf oder unter dessen Oberfläche errichtet ist, kraft des Akzessionsprinzips Bestandteil des Nachbargrundstücks (ZGB 642 I, 667 II, 671 I; diese auch in Deutschland herrschende Auffassung ist dort allerdings nicht unwidersprochen geblieben: Soergel/Siebert § 312 N. 5 stellen den Gedanken der natürlich-wirtschaftlichen Einheit des Gebäudes in den Vordergrund und erklären, der hinübergebaute Gebäudeteil gehöre auf alle Fälle dem Überbauenden; der Gedanke kann *nur* rechtspolitisch näher in Betracht gezogen werden). Der Nachbar könnte daher den auf seinem Boden befindlichen Bauteil als sein Eigentum beanspruchen, so dass dieser Teil in anderem Eigentum stünde als die übrigen Teile des Baues. In jedem Falle aber stellt der Überbau, mag er auch nur in den Luftraum des Nachbargrundstücks hineinragen, einen unmittelbaren Eingriff in die Rechtssphäre des Nachbars dar. Dieser könnte jederzeit negatorisch die Beseitigung des Überbaues fordern, was oft nur unter Vernichtung oder erheblicher Beschädigung des ganzen Baues möglich wäre. Der Bauende, der dies vermeiden will, wäre gezwungen, den überbauten Teil des Nachbargrundstückes zu einem meist übermässigen Preise zu erwerben.

3 Aus Billigkeitsrücksichten und im Interesse der Erhaltung wirtschaftlicher Werte (BGE *41* II 220; *78* II 135) stellt Art. 674 gegenüber den erwähnten unerwünschten Möglichkeiten zwei Rechtsbehelfe zur Verfügung:

Vertragliche Begründung eines dinglichen Überbaurechts mit der Wirkung, dass der überragende Bauteil im Eigentum des Bauenden verbleibt und der Nachbar verpflichtet ist, den Überbau zu dulden. Und für den Fall, dass der Überbau ohne ein solches Recht errichtet worden ist: Zwangsweise Begründung eines dinglichen Überbaurechts (i. S. einer Legalservitut) oder Abtretung des Eigentums am überbauten Boden an den Überbauenden, unter der Voraussetzung, dass der Nachbar sich gegen den in gutem Glauben errichteten Überbau verschwiegen hat.

Betreffend das Überragen von Pflanzen s. Art. 687 und 688. 4

Vorbehalten bleiben öffentlichrechtliche Bauvorschriften, wonach die Be- 5
seitigung gesetzwidriger Bauten (aus gesundheits- oder feuerpolizeilichen oder ästhetischen Gründen) angeordnet werden kann, ohne Rücksicht auf das Verhalten der beteiligten Grundeigentümer.

II. ANWENDUNGSGEBIET

1. Begriff der «Bauten und andern Vorrichtungen»

Der Begriff der Bauten und anderen Vorrichtungen umfasst, wie in 6
Art. 675 (s. 675 N. 2) nicht nur Gebäude und gebäudeähnliche Bauwerke und deren Bestandteile, sondern jedes von Menschenhand hergestellte, mit dem Boden dauernd verbundene ober- oder unterirdische Werk (z. B. auch eine gemauerte Grube, Scheidemauern, Treppen, Brunnen, Brücken, Brückenpfeiler, Dämme, Leitungen: SJZ *51* 43 Nr. 21).

Auf Fahrnisbauten i. S. von ZGB 677 ist Art. 674 nicht anwendbar 7
(BlZR *55* Nr. 55 S. 92). Diese behalten von Gesetzes wegen ihren besonderen Eigentümer, müssen aber auf Verlangen des Nachbarn, auf dessen Grundstück sie hinüberragen, beseitigt werden (Art. 641 II), sofern der Nachbar nicht vermöge eines persönlichen oder dinglichen Rechts zur Duldung des Baues verpflichtet ist.

Der Begriff der «Bauten und andern Vorrichtungen» ist enger als der- 8
jenige des «Gebäudes oder eines anderen Werkes» i. S. des Art. 58 OR (vgl. OFTINGER, Haftpflichtrecht II/1 27 ff; BOSSHART 68 f; TOBLER 5).

2. Begriff des Grenzüberbaus

Die Grenze des Baugrundstückes muss überschritten worden sein. 9

a) Das trifft zu, wenn der Bau zwar ganz auf dem Boden des Bauenden er- 10
stellt ist, jedoch einzelne Teile desselben, z. B. ein Erker, ein Balkon,

eine Dachausladung, eine Brücke, in den Luftraum des Nachbargrundstücks hinüberragen (z.B. BGE *44* II 469 f; ZBJV *55* 23; VAR *27* 18; VEB *4* 89).

11 *b)* Ganz besonders ist das der Fall, wenn der Bau zum Teil auf fremdem Boden (ober- oder unterirdisch) steht. Um wieviel die Grenze überschritten wird, ist gleichgültig; auch wenn der Bau zum weitaus grössern Teile auf dem Nachbargrundstück steht, und selbst dann, wenn es durch den Bau ganz überdeckt wird, hat man es mit einem Grenzüberbau zu tun (vgl. RGZ *52* 15; *83* 146).

12 Dagegen liegt ein Grenzüberbau dann nicht vor, wenn die Baute ganz auf fremdem Boden erstellt und lediglich durch Leitungsapparate mit einem Hauptbau auf dem eigenen Grundstück verbunden ist, und etwa von diesem aus mit Kraft versehen wird. Solche Bauten können nicht als Fälle blossen Überragens behandelt werden; vielmehr ist für den Begriff des Überbaues körperliche Kohärenz zu fordern, das blosse wirtschaftliche Zusammengehören genügt nicht (ebenso Hitzig in ZSR *22* 15/16; a.M. Wieland, Art. 674 Bem. 3*b*). In diesem Falle finden die Vorschriften über den Bau auf fremdem Boden (Art. 671–673) Anwendung.

13 Ein Überbau ist jedoch anzunehmen, wenn ein Kellerraum, der sich ganz jenseits der Grundstücksgrenze befindet, nur vom Grundstück des Ansprechers her betreten werden kann (SJZ *44* 43 Nr. 5).

14 *c)* Ob der in das Raumgebiet des Nachbarn eindringende Bau vom Eigentümer oder von einem Bauberechtigten (Art. 675, 779) erstellt worden ist, macht keinen Unterschied. Auch der Bauberechtigte tritt zu dem Nachbarn in das nämliche Rechtsverhältnis, das nach Art. 674 zwischen diesem und dem Eigentümer begründet wird. Dagegen ist die Zuweisung des Eigentums am Boden an den überbauenden Bauberechtigten naturgemäss ausgeschlossen.

15 *d)* Gehören die beiden Grundstücke zur Zeit der Errichtung des Überbaues dem gleichen Eigentümer (sog. Eigengrenzüberbau) und veräussert der Bauende später ein Grundstück, ohne dass ein dingliches Überbaurecht bestellt wird, so finden die Vorschriften des Art. 674 entsprechende Anwendung (BGE *78* II 135 f; SJZ *18* 130 Nr. 30; SJZ *52* 50 Nr. 30; in Übereinstimmung mit der neueren deutschen Praxis: RGZ *160* 170; *169* 175). Eine Entschädigung für die Zuweisung des dinglichen Rechts auf den Überbau oder des Eigentums am Boden ist hier beim Fehlen einer vertraglichen Bestimmung dann nicht zu leisten, wenn der Überbau dem Erwerber des überbauenden Grundstücks beim Vertragsabschluss bekannt gewesen ist; wohl aber dann, wenn der neue Eigentümer des

überbauten Grundstücks dieses an der Zwangsversteigerung erworben hat.

e) Anzuwenden ist Art. 674 auch auf den Tatbestand, da infolge natürlicher Veränderungen die Grenze nachträglich durch eine Baute verletzt wird, wie z. B. durch Ausbauchung einer Mauer oder durch Bodenrutschungen (zutreffend betont HAAB Art. 674 N. 5, dass Art. 674 zu den «Bestimmungen über Sachverbindungen» gehöre, auf die in Art. 660 II verwiesen wird; gl. M. im deutschen Recht: HECK § 51, 5; WESTERMANN 306; anders RGZ *88* 40). 16

f) Auf einen Anbau an einem Überbau ist Art. 674 dann anzuwenden, wenn der Anbau mit dem alten Überbau ein einheitliches, körperlich untrennbares, wirtschaftlich zusammenhängendes Ganzes bildet (in diesem Sinne für das deutsche Recht: RGZ *160* 183). 17

g) Vom Überbau zu unterscheiden und nicht entsprechend zu behandeln ist der sogenannte Zwischenbau (z. B. Verbindungsgang zwischen dem ersten Stockwerk von zwei Nachbarhäusern), der die Lücken zwischen zwei auf selbständigen Grundstücken stehenden Gebäuden ausfüllt, Teilflächen beider Grundstücke in Anspruch nimmt, aber im wesentlichen nur einen Sinn hat, wenn die beiden Grundstücke dem gleichen Eigentümer gehören (so RGZ *169* 178). 18

h) Die privatrechtliche Frage nach dem Vorliegen eines Überbaus ist zu beurteilen ohne Rücksicht darauf, ob eine öffentlichrechtliche Baubewilligung erteilt wurde (zutreffend BOSSHART 74). 19

3. Analoge Anwendung auf die Verletzung nachbarrechtlicher Vorschriften (Art. 685 II)

Auch im Fall, dass der Bauende nicht die Eigentumsgrenze, sondern nur nachbarrechtliche Pflichten verletzt, ist Art. 674 zu beachten. Denn nach Art. 685 II finden die Bestimmungen betreffend überragende Bauten entsprechende Anwendung auf Bauten, die den Vorschriften des Nachbarrechts zuwiderlaufen. Das ist namentlich bei Überschreiten der vom kantonalen Recht gemäss Art. 686 vorgeschriebenen Grenzabstände der Fall (vgl. LIVER Art. 5 N. 47; BGE *41* II 215 ff; *82* II 397 ff; ZBJV *53* 231 ff = ZBGR *6* 139 ff; SJZ *14* 195 Nr. 54; *58* 235 Nr. 140 E. 3; BlZR *60* Nr. 106 S. 255). 20

Siehe im übrigen die Ausführungen zu den Art. 685 und 686. 21

4. Analoge Anwendung im Falle der Verletzung von Dienstbarkeiten

22 Angesichts der Ähnlichkeit der Interessenlage ist Art. 674 III entsprechend anzuwenden, wenn der Eigentümer zwar ganz auf seinem Grundstück baut, dabei aber die Grenze einer mit der Dienstbarkeit des Nichtbebauens oder der Nichtverwendung für gewisse Vorrichtungen belasteten Teilfläche überbaut (Frage offen gelassen vom Zürcherischen Obergericht in BlZR *20* Nr. 35 E. 7; verneint von BGE *83* II 201 ff im Anschluss an die der früheren deutschen Auffassung folgenden Kommentatoren HAAB und LEEMANN; bejaht von LIVER in Art. 734 N. 109, Art. 737 N. 203 ff und in ZBJV *95* 28 ff, namentlich im Anschluss an die in Deutschland herrschend gewordene Lehre: vgl. die Nachweise bei WESTERMANN, § 64 II 2; ferner STAUDINGER/RING, § 1027 N. 8).

5. Keine Anwendung, wenn das benachbarte Grundstück dem öffentlichen Gebrauche dient

23 Ist das benachbarte Grundstück, über dessen Grenze gebaut worden ist, eine öffentliche Sache im engeren Sinne, d.h. zum Verwaltungsvermögen gehörend oder im Gemeingebrauch stehend, wie eine öffentliche Strasse, ein öffentlicher Platz oder ein öffentliches Gewässer (hiezu VEB *4* 89), so findet Art. 674 keine Anwendung, vielmehr ist für die Behandlung dieses Falles ausschliesslich das kantonale öffentliche Recht (z. B. Strassengesetz) massgebend (vgl. zum Grundsätzlichen Syst. Teil S. 52 f N. 112 und die Ausführungen zu Art. 664; zur konkreten Frage ebenso WOLFF 101; HAAB, Art. 674 N. 1 a. E. und Art. 680 N. 28; BOSSHART 73 f; a. M. KOLB, ZSR *71* 118*a*).

III. BEGRÜNDUNG DES RECHTS AUF DEN ÜBERBAU

1. Durch Rechtsgeschäft

24 **a) Bestellung einer Grunddienstbarkeit**

Das Recht zur Überschreitung der Eigentumsgrenze wird häufig freiwillig begründet durch Errichtung einer Grunddienstbarkeit zugunsten des Eigentümers des Baugrundstückes und zu Lasten des Eigentümers des überbauten Grundstücks, wonach dieser zur Duldung des Überbaues verpflichtet ist. Oft wird auch eine gegenseitige Grunddienstbarkeit dieses Inhalts errichtet, indem z.B. zwei Nachbarn einander gegenseitig gestatten, dass jeder die Grenze bei der Errichtung bestimmter Gebäude überschreiten dürfe.

Die Vorschriften über die Grunddienstbarkeiten finden ausnahmslos Anwendung; so Art. 732 (schriftliche Form des Errichtungsvertrages), 731 und 968 (Eintragung ins Grundbuch, was in Abs. 2 von Art. 674 ausdrücklich wiederholt wird; hiezu BGE *78* II 137), 733 (Errichtung zu eigenen Lasten, wenn beide Grundstücke in einer Hand vereinigt sind). Das Recht auf den Überbau kann auch sowohl zugunsten als zu Lasten eines grundstücksgleichen Baurechts (Art. 655, 779) bestellt werden. Dagegen ist die Erichtung der Dienstbarkeit als Personalservitut (Art. 781) ausgeschlossen (Erl II 92). 25

Die Überbaudienstbarkeit geht erst durch Löschung unter (vgl. Art. 734–736, 968). Ob die Beseitigung des Überbaues zur Löschungsbewilligung verpflichtet oder ob der Berechtigte einen Neubau errichten darf, ist eine Frage der Vertragsauslegung (vgl. Wolff 97). 26

Um den Untergang des Überbaurechtes in der Zwangsvollstreckung zu verhindern, wird der Berechtigte bei der Begründung der Dienstbarkeit auch die Zustimmung der vorgehenden Grundpfandgläubiger einholen (SchKG 141 III). 27

b) Einräumung eines obligatorischen oder nur prekaristischen Überbaurechts

Wird das Recht auf den Überbau nur mit obligatorischer Wirkung oder nur prekaristisch, d. h. auf Zusehen hin (vgl. SJZ *58* 57 Nr. 50) eingeräumt (was formlos geschehen kann und rechtlich als vorübergehender Verzicht auf die Geltendmachung der Negatorienklage anzusehen ist), so ist der Dritte, der das überbaute Grundstück erwirbt, nicht verpflichtet, den Überbau zu dulden, anderseits kann der Erwerber des Baugrundstücks, auch wenn er gutgläubig ist, nicht die Einräumung eines Überbaurechtes verlangen (vgl. SJZ *18* 344 Nr. 72). 28

Eine solche lediglich auf Zusehen hin, d.h. mit freiem Widerrufsrecht erteilte Überbaubewilligung kann nicht als dingliches Recht (Dienstbarkeit) in das Grundbuch eingetragen werden (BR in SJZ *13* 367). 29

Auch die Eintragung einer Dienstbarkeit mit der Abrede, dass das Recht vom Belasteten oder seinen Rechtsnachfolgern jederzeit durch Kündigung aufgehoben werden könne, ist unzulässig (SJZ *14* 10 Nr. 1). 30

31 Dagegen kann eine nur auf Zusehen hin erteilte Bewilligung (Baurevers) als nähere Beschreibung der Liegenschaften, d.h. der auf ihnen befindlichen Bauten oder Bauteile behandelt und demgemäss als Bestandteil der Liegenschaftsbeschreibung im Grundbuch angemerkt werden. Dadurch wird das prekaristische Verhältnis als solches erkennbar gemacht und Irrtümern und Streitigkeiten hierüber, die sonst namentlich im Verhältnis zwischen spätern Eigentümern der beidseitigen Liegenschaften entstehen könnten, vorgebeugt (§ 28 der kantonal-zürcherischen Grundbuchverordnung; SJZ *14* 10 Nr. 1; RRB St. Gallen vom 15.2.1927 Art. 9, ZBGR *13* 196 ff und hiezu ZBGR *17* 129 ff; s. ferner noch ZBGR *6* 8 ff und *16* 191, wo Bundesrat und eidgenössisches Grundbuchamt die Darstellung solcher prekaristischer Verhältnisse in Form einer Anmerkung als zulässig betrachten).

2. Auf Grund des Gesetzes

32 **a)** Neben der vertraglichen Errichtung sieht das Gesetz eine zwangsweise Begründung des Überbaurechts vor. Unter den in Abs. III von Art. 674 genannten Voraussetzungen sind die am überbauten Grundstück dinglich Berechtigten zur Duldung des Überbaues verpflichtet. Das Gesetz begründet die konkrete Belastung nicht direkt, sondern verleiht nur einen Anspruch auf ihre Errichtung. Das nach Art. 674 III verwirklichte Überbaurecht beruht somit nur mittelbar auf Gesetz.

33 Über Natur, Inhalt und Ausgestaltung dieses Notrechts s. hinten N. 52 ff.

34 **b)** Das Recht auf den Überbau kann ausnahmsweise aber auch unmittelbar auf Gesetz beruhen, nämlich auf einer Vorschrift des kantonalen Baurechts auf Grund des Art. 686. Einzelne kantonale Rechte gestatten in der Tat dem Grundeigentümer, der ein Gebäude oder eine Abscheidungsmauer errichten will, hierfür die Grenzlinie um die Hälfte der Mauerdicke zu überschreiten (vgl. Art. 670 N. 6). Indessen finden auf diesen Überbau die Vorschriften des Art. 674 keine Anwendung (s. Art. 670 N. 2).

IV. WIRKUNG DES ÜBERBAURECHTS

35 Die Wirkung des Überbaurechts ist verschieden, je nachdem es sich um einen den Boden des Nachbargrundstücks berührenden oder nur in dessen Luftraum hinüberragenden Überbau handelt:

36 1. Soweit sich die überragenden Teile auf oder unter der Erdoberfläche des Nachbargrundstücks befinden, wirkt das dingliche Recht auf den Über-

bau in dem Sinne, dass die Akzession aufgehoben wird, so dass die Teile Bestandteil des Baugrundstückes werden und damit im Eigentum des Bauenden verbleiben (ohne Rücksicht darauf, auf welchem Grundstück der grössere oder wesentlichere Teil des Baues steht; s. vorn N. 11), während sie ohne dieses Recht notwendigerweise (Art. 667 II, 671 I) von dem Eigentum am überbauenden Grundstück ergriffen würden. Die Wirkung ist somit die nämliche wie beim Baurecht nach Art. 675, 779; hier handelt es sich jedoch um ein unselbständiges, weil mit dem Eigentum am Baugrundstück verbundenes Recht, weshalb es nicht als Grundstück im Sinne des Art. 655 Ziff. 2 ins Grundbuch aufgenommen werden kann.

2. Wenn der Bau nur in den Luftraum des Nachbargrundstücks hineinragt, so verbleiben die überragenden Teile Bestandteil des Baugrundstücks, ohne dass es dazu eines dinglichen Rechtes auf den Überbau bedarf. Das Überbaurecht hat daher in diesem Falle nur die Wirkung, dass der Nachbar den Überbau zu dulden hat. 37

V. ANSPRUCH DES VERLETZTEN AUF BESEITIGUNG EINES UNBERECHTIGTEN ÜBERBAUS (ART. 641 II)

Der Nachbar kann mit der Eigentumsfreiheitsklage (s. Art. 641 N. 60 ff) jederzeit die Beseitigung eines unberechtigten Überbaues auf Kosten des Überbauenden fordern, vorausgesetzt, dass er sich dieses Recht durch rechtzeitigen Einspruch gegen die Grenzüberschreitung gewahrt hat, bzw. – bei verspätetem Einspruch – dass der Überbauende bösgläubig gehandelt hat. Die Geltendmachung des Beseitigungsanspruches darf selbstverständlich nicht rechtsmissbräuchlich erfolgen (SJZ *58* 304 Nr. 156). 38

1. Einsprachefrist

Die Einsprache des Nachbarn muss rechtzeitig («en temps utile»), d. h. sobald der Überbau «für ihn erkennbar geworden ist», erfolgen. Nach dem französischen Text («après avoir eu connaissance») wäre die Einsprache so lange zulässig, bis der Nachbar persönlich Kenntnis von dem Überbau erlangt hat und in der Lage ist, Einsprache zu erheben, also unter Umständen noch nach Vollendung des Baues (vgl. in diesem Sinne auch HOFFMANN, StenBullStR *16* 1269). Diese Auffassung würde jedoch dem Zweck der Vorschrift, die Zerstörung erheblicher wirtschaftlicher Werke zu ver- 39 meiden, nicht gerecht. Entscheidend ist vielmehr das objektive Moment der äussern Erkennbarkeit, ohne Rücksicht darauf, dass der Nachbar durch einen möglicherweise völlig unverschuldeten Umstand (Abwesenheit, Krankheit, Irrtum über die Grundstückgrenze) von dem Überbau keine Kenntnis erhält (ebenso BGE *53* II 226; HAAB, Art. 674 N. 17; WIELAND, Art. 674 Bem. 8; CURTI, Art. 674 N. 10; BOSSHART 78; a. M. BlZR *55* Nr. 55). Es liegt hier ein Fall des Rechtsverlustes durch Verschweigen vor (WOLFF 52–61, 116 ff; CHRISTEN, Das Baurecht nach dem ZGB, 1909, 65). Auf das subjektive Erkennen darf im allgemeinen Interesse der Erhaltung einmal errichteter Bauten und mit Rücksicht darauf, dass das Interesse des Überbauenden regelmässig prävaliert, nicht abgestellt werden. Der Bauende hat daher Anspruch darauf, dass die Einsprache erfolge und ihm zur Kenntnis gebracht werde, sobald ein äusserlich erkennbarer Beginn des Baues jenseits der Grenze vorliegt (vgl. auch BGB § 912; RGZ *109* 108; WOLFF 161 ff).

40 Die Einsprache muss aber wohl so lange zulässig sein, als der Bau sich noch im Anfangsstadium befindet und ohne unverhältnismässige Schädigung beseitigt werden kann (vgl. Art. 671 II). Wer vom Nachbarn die Duldung verlangt, statt die erst wenig vorgerückte Arbeit zu beseitigen, wird regelmässig gegen Treu und Glauben handeln (Art. 2 I). Die Einsprache kann umgekehrt schon vor dem Beginn des Baues, z. B. bei der Aufstellung des Baugespanns oder der Absteckung des Bodens, wirksam erhoben werden, wenn eine bestimmte Überschreitung droht. Dagegen wäre ein allgemeiner Widerspruch, den ein Grundeigentümer gegen alle künftigen Grenzüberbauten einlegen wollte, bedeutungslos (VON TUHR, BGB AT II 391). Vgl. als Beispiele verspäteter Einsprache BGE *78* II 133 ff; SJZ *44*, 43 Nr. 5; *58* 233 ff Nr. 140; als Beispiel rechtzeitiger Einsprache: BGE *53* II 223 ff.

41 Der Zeitpunkt, bis zu welchem die Einsprache erfolgen kann, ist indessen verschieden, je nach den in Frage kommenden Einspruchsberechtigten, d. h. je nach der Art des Überbaues und der durch diesen beeinträchtigten Interessen. Das Einspruchsrecht geht für jeden erst verloren, wenn die Beeinträchtigung *seiner* Rechte aufhört (vgl. nachfolgend N. 42).

2. Einspracheberechtigung

42 Einspracheberechtigt ist nach dem Gesetz der Verletzte. Hierunter ist, ausser dem Eigentümer, jeder dinglich Berechtigte zu verstehen, dessen Recht Anspruch auf unmittelbare Beherrschung der überbauten Grundstücksfläche gewährt, soweit es durch den Überbau beeinträchtigt wird, wie Nutzniesser, Bau-, Wohn- und Wegberechtigte. Grundpfandgläubiger

und Grundlastberechtigte dagegen haben kein selbständiges Einmischungsrecht (vgl. hierzu unten N. 49; a.M. BOSSHART 77), noch weniger die bloss obligatorisch Berechtigten, wie Mieter und Pächter.

Die Einsprache wirkt bei mehreren Beteiligten nicht nur relativ, zu- 43
gunsten des Einsprechers, sondern es wird durch die Einsprache eines Berechtigten das Recht, die Beseitigung des Baues zu verlangen, für alle Berechtigten erhalten, da der Bauende dann eben nicht mehr gutgläubig ist (so nun für das deutsche Recht auch STAUDINGER/SEUFERT, § 912 Bem 17α, im Gegensatz zur herrschenden Lehre).

Den Beweis, dass eine unberechtigte Grenzüberschreitung vorliegt und 44
dass eine Einsprache rechtzeitig erfolgt ist, hat der Verletzte zu führen.

3. Natur, Form und Adressat der Einsprache

Die Einsprache ist eine einseitige, empfangsbedürftige Willenserklärung. 45
Sie ist dem Grundeigentümer oder Bauberechtigten oder dessen, nach der Verkehrsauffassung zur Empfangnahme ermächtigten, Vertreter, z. B. dem Bauleiter (nicht aber Arbeitern) gegenüber zu erheben. Einer bestimmten Form bedarf sie nicht; sie kann auch durch konkludentes Verhalten erfolgen, doch empfiehlt sich im Hinblick auf die Beweislastverteilung (vgl. vorn N. 44) die Beobachtung einer qualifizierten Form (vgl. SJZ *58* 235 Nr. 140).

Die Einsprache ist lediglich auf die Erhaltung des Beseitigungsanspruches 46
gerichtet (= Rechtsverwahrung), enthält also nicht zugleich das Begehren auf Unterlassung des Weiterbauens und der Beseitigung des bisher Gebauten, stets aber enthält sie eine Anspruchsberühmung und ist daher geeignet, die Grundlage einer negativen Feststellungsklage des Überbauenden zu bilden (WOLFF 117 Anm. 2).

4. Unterlassung rechtzeitiger Einsprache

Die Unterlassung der Einsprache stellt nicht eine Genehmigung des 47
Baues dar, sie ist überhaupt kein Rechtsgeschäft; infolgedessen ist auch eine Anfechtung der durch Irrtum oder Betrug herbeigeführten Unterlassung der Einsprache ausgeschlossen.

Durch Unterlassung oder verspätete Erhebung der Einsprache verwirkt 48
der Verletzte das Recht, Beseitigung des Überbaues zu fordern, nicht absolut, sondern nur dann, wenn der Überbauende sich in gutem Glauben befindet (vgl. RGZ *52* 17; s. unten N. 65 ff). Trifft dies zu, so kann der Verletzte als Äquivalent entweder die Abnahme des Eigentums an der überbauten Fläche oder die Begründung eines Baurechts zugunsten des Über-

bauenden gegen angemessene Entschädigung verlangen, wenn es die Umstände rechtfertigen (s. hierüber hinten N. 77 ff).

49 Die übrigen an dem überbauten Grundstück dinglich Berechtigten und zum Einspruch Legitimierten (vorn N. 42) können bei Versäumung der Einsprache die Abnahme des Bodens natürlich nicht fordern, da sie das Eigentum nicht übertragen können; dagegen haben sie Anspruch auf die dem Eigentümer zukommende Entschädigung. Betreffend die (nicht einspruchsberechtigten) Grundpfandgläubiger und Grundlastberechtigten vgl. Art. 812 II und 811 in Verbindung mit Art. 141 III SchKG.

5. Urteil

50 Geht das Urteil auf Beseitigung des Überbaues und kommt der Überbauende dieser Verpflichtung nicht nach, so kann sich der beeinträchtigte Nachbar ermächtigen lassen, die Beseitigung auf Kosten des Überbauenden vorzunehmen (OR Art. 98 I).

VI. ANSPRUCH DES ÜBERBAUENDEN BEI UNBERECHTIGTEM ÜBERBAU AUF ZUWEISUNG DES DINGLICHEN ÜBERBAURECHTS (ABS. III)

51 Ist gegen den Überbau rechtzeitig Einsprache erhoben worden (vgl. N. 39 ff vorn), so wird weder die Billigkeit noch die wirtschaftliche Rücksicht auf die Erhaltung der Baute verletzt, wenn dessen Eigentümer später genötigt wird, den Überbau bis zur Grenze zurückzusetzen. Ist dagegen eine Einsprache nicht erfolgt, so kann der Überbauende, wenn er sich in gutem Glauben befindet, grundsätzlich nicht zur Beseitigung des Überbaues angehalten werden, vielmehr ist er berechtigt, nachträglich *Zuweisung des dinglichen Überbaurechts* (nachfolgend N. 52 ff) *oder des Eigentums am Boden* (darüber hinten N. 83 ff) gegen angemessene Entschädigung an den Eigentümer des überbauten Grundstückes zu verlangen, sofern die Umstände die Zuweisung rechtfertigen.

1. Rechtsnatur

52 Das Überbaurecht des Art. 674 III gehört (wie das Durchleitungsrecht nach Art. 691, das Notwegrecht des Art. 694 und das Notbrunnenrecht ge-

mäss Art. 710) zu den mittelbar gesetzlichen Eigentumsbeschränkungen, die – hauptsächlich im Anschluss an das moderne italienische Recht (wo der Gesetzgeber sich für deren Ausgestaltung als servitù coattive entschied: CCit 1032 ff; MESSINEO F., Le servitù, Mailand 1949, 74 ff) – in der von PETER LIVER begründeten neueren schweizerischen Doktrin als Legalservituten (= Zwangsdienstbarkeiten oder gesetzliche Dienstbarkeiten) erfasst werden (vgl. LIVER, Einleitung S. 35 ff N. 87 ff, Vorbemerkungen vor Art. 730 N. 19, Art. 731 N. 6, 80 f, 90, Art. 732 N. 6, 39 ff, 67, Art. 734 N. 173 ff; derselbe in der Festgabe für Max Gutzwiller [Basel 1959] 749 ff; ihm folgend JOST, Realobligationen 79 ff, 132 ff; BOSSHART 57 ff; DESCHENAUX ZBGR *38* 334 ff; ähnlich schon ROSSEL/MENTHA II 355 N. 1274; BAUMGARTNER 53).

Die früher herrschende Lehre lehnte diese Ansicht ab und betonte dem- 53 gegenüber – in enger Anlehnung an die deutsche Theorie (vgl. die eindrückliche Darstellung und die Hinweise bei LIVER in der Festgabe Gutzwiller 757 ff) – es handle sich dabei nicht um selbständige dingliche Rechte, sondern um eigentliche Eigentumsbeschränkungen, die sich von den unmittelbar gesetzlichen nur dadurch unterschieden, dass sie grunddienstbarkeitsähnlichen Inhalt aufwiesen. Sie würden nicht erst durch die Durchsetzung des Anspruches, d. h. durch Abschluss eines Vertrages oder durch richterliches Urteil begründet, sondern seien ihrer Existenz nach lediglich davon abhängig, ob die gesetzlichen Voraussetzungen des Anspruches im konkreten Falle erfüllt seien. Das Urteil des Richters wird daher als blosses Feststellungsurteil erfasst; jede konstitutive Bedeutung gehe ihm ab; es räume dem Nachbarn nicht ein besonderes dingliches Recht ein, sondern setze nur in einem konkreten Falle fest, wo die Grenzen der im Eigentum begründeten rechtlichen Herrschaft lägen. Weiter wird aus dem Wesen der Notrechte als Eigentumsbeschränkungen gefolgert, dass sie der Rangordnung der dinglichen Rechte nicht unterliegen, sondern von Gesetzes wegen ohne weiteres den Vorrang vor den beschränkten dinglichen Rechten am Grundstück hätten. Weil sich die Beschränkung aus dem Gesetz ergebe, wird sodann auch die Pflicht zur Eintragung der Notberechtigung im Grundbuch verneint – abgesehen vom Falle des Notwegrechts, wo sie im Gesetz ausdrücklich vorgeschrieben wird. In diesem Sinne namentlich die Kommentare LEEMANN und HAAB zu den Art. 674, 691, 694 und 710.

Die Untersuchung der vier Notrechte des ZGB zeigt, dass dem Gesetz 54 keine der beiden Theorien ausnahmslos zugrunde liegt. Weder die Grundsätze der Eigentumsbeschränkungen noch diejenigen der Legalservituten sind konsequent durchgeführt worden (vgl. etwa die Frage der grundbuchlichen Behandlung: LIVER, Einleitung N. 90 ff). Wollte man im schweizerischen Recht ausschliesslich die eine oder die andere Theorie verwirklichen, würde man der geltenden Regelung unzulässigen Zwang antun. Für die Beantwortung der sehr zahlreichen gesetzlich ungeregelten Fragen ist es jedoch von Bedeutung, ob man in den Notrechten des Nachbarrechts eigentliche Eigentumsbeschränkungen oder Zwangsdienstbarkeiten erblickt. Die theoretische Stellungnahme ist somit für Auslegung und Lückenausfüllung von erheblicher Tragweite.

55 Da de lege ferenda zweifellos die Ausgestaltung der Notrechte als Legalservituten den Vorzug verdient (was LIVER, Einleitung N. 80–105 und in der Festgabe für Gutzwiller, 749 ff überzeugend darlegt, was ferner BOSSHART 57 ff und FORNI betonen, worauf auch TOBLER, Die dinglichen Rechte des ZGB dargestellt am Beispiel der Leitungen [Diss Bern 1953] 116 hinweist, obwohl er de lege lata auf dem Boden der damals noch herrschenden Lehre stand, und wie namentlich die daraus sich ergebenden konkreten Lösungen bei der Kommentierung des Überbau-, Durchleitungs-, Notweg- und Notbrunnenrechts zeigen sollen), und da – soweit nicht ausdrücklich im gegenteiligen Sinn geregelte Fragen betroffen werden – weder Gesetz noch bisherige Rechtsprechung diese Wesensbestimmung verbieten, werden die mittelbar gesetzlichen Eigentumsbeschränkungen der Art. 674 III, 691, 694 und 710 auch hier als gesetzliche Dienstbarkeiten angesehen (vgl. schon Syst. Teil S. 89 f N. 194).

56 Danach unterscheiden sie sich von den gewillkürten Dienstbarkeiten nur dadurch, dass die am zu belastenden Grundstück dinglich Berechtigten unter den gesetzlich umschriebenen Voraussetzungen zu ihrer Einräumung verpflichtet sind. Anspruchsberechtigter und Anspruchsverpflichtete sind durch eine gesetzliche Realobligation (vgl. Syst. Teil S. 70 ff N. 150 ff) verbunden; die Berechtigung ist verknüpft mit dem Eigentum am notleidenden Grundstück, die Verpflichtung mit dem unbeschränkten und den beschränkten Herrschaftsrechten am Nachbargrundstück (hinten N. 73 ff).

57 Auch die Gegenansprüche der durch das gesetzliche Nutzungsrecht Belasteten auf volle Entschädigung sind realobligatorischer Natur; die Entschädigungsansprüche stehen den jeweiligen Inhabern der betreffenden dinglichen Rechte zu (N. 77 ff).

58 Gegenüber andern beschränkten dinglichen Rechten ist die Legalservitut nur privilegiert, soweit der Anspruch auf den Vorrang ihnen gegenüber durchgesetzt und gegebenenfalls eine Entschädigung entrichtet worden ist (LIVER, Einleitung N. 102 f, Art. 731 N. 90; BOSSHART 45 f).

59 Wie für die gewillkürte, ist (unter Vorbehalt ausdrücklicher gesetzlicher Ausnahmen) auch für die gesetzliche Dienstbarkeit die Eintragung im Grundbuch obligatorisch (N. 76). Liegt ihr ein schriftlicher Vertrag zu Grunde (blosse Anerkennung genügt nicht: LIVER, Einleitung N. 109), ist die auf Anmeldung des belasteten Eigentümers hin erfolgende Eintragung kon-

stitutiv. Erfolgt sie auf Grund eines richterlichen Gestaltungsurteils (hinten N. 80), ist sie deklaratorisch (Art. 665 N. 19, 38).

Von der grundsätzlichen Massgeblichkeit des Grundienstbarkeitsrechts für die Legalservituten gibt es wenige Ausnahmen im Zusammenhang mit der Beendigung und der Verlegung (vgl. LIVER, Einleitung N. 104, Art. 731 N. 71; BOSSHART 60 f; Syst. Teil S. 78 f N. 172 ff; hinten N. 82). 60

Intertemporalrechtlich unterstehen die Legalservituten dem Art. 17 Abs. 1 SchlT (entsprechend den von MUTZNER, Art. 17 N. 7 genannten Legalhypotheken: LIVER, Einleitung N. 105). 61

2. Entstehung

Das Überbaurecht gemäss Art. 674 III entsteht nicht unmittelbar kraft Gesetzes; das Gesetz gewährt lediglich bei Vorliegen der näher umschriebenen Voraussetzungen (N. 64 ff) einen Anspruch auf Einräumung dieses Rechts: dadurch unterscheidet es sich von den Eigentumsbeschränkungen stricto sensu. 62

Das Überbaurecht stellt eine Dienstbarkeit dar, aber dieses beschränkte dingliche Recht ist nicht das Ergebnis freier Parteivereinbarung; das Gesetz verpflichtet die am betroffenen Grundstücke dinglich Berechtigten, diese Belastung auf sich zu nehmen: darin besteht der Unterschied der Legalservitut gegenüber der gewillkürten Dienstbarkeit. 63

3. Voraussetzungen

Ausser der Tatsache, dass es sich um einen unberechtigten (d.h. ohne genügenden Rechtstitel erstellten) Überbau handelt (HAAB, Art. 674 N. 12) und dass es der Verletzte unterlassen hat, rechtzeitig Einsprache zu erheben (s. vorn N. 39 ff), setzt die Anwendung von Art. 674 III noch voraus, dass der Überbauende gutgläubig war und die Zuweisung durch die Umstände gerechtfertigt ist. Festsetzung und Bezahlung einer Entschädigung ist dagegen nicht conditio sine qua non für den Erwerb des dinglichen Rechts auf den Überbau (s. hinten N. 78). 64

a) Guter Glaube des Überbauenden

Durch dieses Erfordernis soll verhindert werden, dass ein Grundeigentümer, der wissentlich über die Grenze baut, auf die Untätigkeit des Nachbars spekuliere und daraus Nutzen ziehe. Wenn auch das allgemeine Interesse für die Erhaltung aller einmal errichteter Bauten sprechen mag, so ginge es doch zu weit, wenn der Gesetzgeber nur dieses Interesse wahren 65 und damit seinen Schutz auch einem Bauenden gewähren würde, der wegen seines Verschuldens nicht schutzwürdig ist.

66 In gutem Glauben befindet sich der Überbauende, wenn er ohne grobe Fahrlässigkeit annahm, dass er das Recht habe, zu bauen (so ausdrücklich BGB § 912 I). Dabei macht es keinen Unterschied, ob er eine falsche Vorstellung von der richtigen Grenze hatte, oder ob er zwar wusste, dass er über die Grenze baue, aber ohne grobe Fahrlässigkeit annahm, dass der Nachbar mit dem Überbau einverstanden sei (BGE *41* II 221; ebenso nach deutschem Recht, s. RGZ *52* 15). Vorbehalten bleibt der Fall, wo der Nachbar die Bewilligung zum Bauen über die Grenze nur dem Überbauenden persönlich oder nur prekaristisch erteilt hat (s. oben N. 28). Hier würde es dem Parteiwillen direkt widersprechen, wenn die Unterlassung des Widerspruchs gegen den Überbau die Wirkung hätte, dass ein dingliches Recht auf den Überbau im Sinne des Art. 674 III entstünde (ebenso BGE *41* II 221; ZBGR *22*, 18).

67 Der gute Glaube wird vermutet (ZGB 3 I). Er wird namentlich dann anzunehmen sein, wenn die richtige Grenze erst nach der Errichtung des Überbaues festgestellt wird. Hat es der Überbauende noch während des Baues, jedoch in einem Zeitpunkt, wo ihm die Beseitigung nicht mehr zugemutet werden kann, erfahren, dass er die Grenze überschritten hat, so kann ihm dies nichts mehr schaden.

68 Bei bösem Glauben des Überbauenden kann der Nachbar Beseitigung des Überbaues selbst dann fordern, wenn er nicht oder nicht rechtzeitig Einspruch erhoben hat (vorn N. 47 ff). Der Beseitigungsanspruch (negatoria) ist unverjährbar (s. Art. 641 f. 74).

b) Die Zuweisung muss durch die Umstände gerechtfertigt sein

69 Zu berücksichtigen sind dabei die Grösse des Überbaues, der Wert desselben im Verhältnis zum Bodenwert, die Dauer seines Bestehens (vgl. BGE *78* II 137/138), die Unentbehrlichkeit des Bodens für dessen Eigentümer und ähnliches (Erl II 89). Auch die Tatsache, dass jemand einen Überbau aus familiären oder beruflichen Gründen dringend benötigt (bei einer Familie würde nach der Beseitigung des Überbaus Raumnot in der Küche entstehen; bei einem Küfer die verbleibende Werkstatt seinen Bedürfnissen nicht mehr entsprechen), ist vom Bundesgericht bei der Würdigung der Umstände schon mitberücksichtigt worden (BGE *78* II 138/139).

70 Wie aber kann der Richter entscheiden, wenn er sich davon überzeugt, dass die Zuweisung des Überbaurechts sich nicht rechtfertigt? Dann kann er auf Beseitigung des Überbaues erkennen; so namentlich dann, wenn die Beseitigung (z. B. eines leichten Balkons) ohne erhebliche Schädigung des

Überbauenden möglich ist (ebenso ROSSEL/MENTHA II, 52/53; a. M. CURTI, Art. 674 N. 13 der, offenbar irrtümlich, annimmt, der Richter müsse dem Überbauenden, wenn dieser sich in gutem Glauben befindet und der Verletzte keinen Einspruch erhoben hat, das dingliche Recht auf den Überbau oder das Eigentum am Boden zuweisen; vgl. gegen diese Auffassung auch BGE *41* II 222 und SJZ *58* 233 ff Nr. 140; praktisch durchaus unbefriedigend und daher abzulehnen ist die von WIELAND, Art. 674, Bem. 11*d*, vorgeschlagene Lösung, dass der Richter auch ohne Eintragung eines dinglichen Rechtes Duldung des Überbaues verfügen könne).

Nach den Erl (II 90) soll unter Umständen auch die Begründung von Miteigentum zulässig sein, z. B. beim Überbau mit einer Scheidemauer. Indessen handelt es sich in diesem Falle nicht um einen Überbau im Sinne des Art. 674, sondern um eine gemeinschaftliche Grenzvorrichtung, deren Rechtsverhältnisse sich nach Art. 670 bestimmen (s. Art. 670 N. 4). 71

Nach den Grundsätzen des Eigentumsrechts, die hier analoge Anwendung finden dürften, kann der Eigentümer des überbauten Grundstücks billigerweise Abnahme des ganzen Grundstücks verlangen, wenn die Benutzung des Restgrundstücks wesentlich erschwert oder verunmöglicht würde (vgl. Art. 692 II). 72

4. Legitimation

Angesichts der realobligatorischen Natur des Anspruches (N. 52 ff) kann er auch von einem späteren Eigentümer des Baues und gegen einen späteren Eigentümer des überbauten Grundstückes geltend gemacht werden, sofern die Voraussetzungen im Verhältnis zwischen den ursprünglichen Eigentümern zur Zeit der Erstellung des Überbaues gegeben waren (BGE *41* II 220; *78* II 136 f). 73

Anspruchsberechtigt ist ausser dem Überbauenden aber auch der Verletzte. Neben der ihm zustehenden Eigentumsfreiheitsklage (vorn N. 38 ff) stellt die Klage auf Einräumung der Überbaurechtsdienstbarkeit regelmässig ein minus dar (ebenso HAAB, Art. 674 N. 21). 74

Der Anspruch richtet sich nicht nur gegen den Eigentümer des zu belastenden Grundstückes, sondern auch gegen die Inhaber beschränkter dinglicher Rechte daran. Nur wenn er auch diesen gegenüber durchgesetzt wird und sie entsprechend der erlittenen Beeinträchtigung entschädigt werden, erlangt das Überbaurecht ihnen gegenüber den Vorrang (Syst. Teil S. 77 N. 168; a. M. HAAB, Art. 674 N. 26 und LEEMANN, Art. 674 N. 24). Andernfalls kommt die Legalservitut zwar auch zustande, indessen beurteilt sich ihr Rang dann nach dem Prinzip der Alterspriorität (Syst. Teil S. 26 N. 45). Vorn N. 58. 75

5. Eintragung im Grundbuch

76 Über die grundbuchliche Behandlung des gesetzlichen Überbaurechts schweigt das Gesetz. Die Lücke ist – wenn man sich auf den Boden der Legalservitutstheorie stellt und man das zweifellos vorhandene Bedürfnis nach Publizität richtig befriedigen will – in analoger Anwendung der für das Notwegrecht vorgesehenen Lösung auszufüllen, d. h. im Sinne der Eintragungspflicht (überzeugend LIVER, Einleitung N. 90 ff; JOST 134 f; a.M. SJZ *58* 235 Nr. 140). Wie befriedigend und angemessen dieses Ergebnis ist, zeigt namentlich ein Vergleich mit dem deutschen Recht, wo in folgerichtiger Durchführung der Eigentumsbeschränkungstheorie die Ansicht herrscht, eine Eintragung des Rechts auf Duldung eines Überbaus sei unmöglich (vgl. aber die Kritik bei HECK 222).

6. Entschädigungspflicht

77 Der Eigentümer des überbauten Grundstückes hat Anspruch auf eine angemessene Entschädigung für die Belastung der überbauten Fläche (vgl. ZGB 4 und OR 42), und zwar nicht etwa nur auf eine Rente (wie dies VE Art. 675 III vorsah), sondern auch auf eine Kapitalabfindung (aber entgegen HAAB Art. 674 N. 20 nicht notwendigerweise *nur* auf eine Kapitalleistung); u. U. kann er auch Realersatz beanspruchen. Die Entschädigung ist zu reduzieren, wenn der Verletzte von der Grenzüberschreitung von Anfang an Kenntnis hatte, aber es ruhig geschehen liess, dass der Überbau errichtet wurde. Eventuell sieht der Richter überhaupt von der Zusprechung einer Entschädigung ab (SJZ *44* 43 Nr. 5; a. M. SJZ *52* 50 f Nr. 30; ZBJV *90* 47 f).

78 Die vorherige Festsetzung und Bezahlung der Entschädigung ist nicht Voraussetzung für die Entstehung des dinglichen Überbaurechts (wie HAAB, Art. 674 N. 20 meint und wie auch BOSSHART 40 ff es nicht nur für das Durchleitungsrecht des Art. 691, sondern für alle Notrechte mit Einschluss des Überbaurechts annimmt). Die Entschädigungsfrage kann von dem über die Zuweisung urteilenden Richter sogar in ein späteres, besonderes Verfahren verwiesen werden (vgl. BGE *78* II 139 f E. 8; SJZ *58* 233 ff Nr. 140).

79 Soweit der Berechtigte den vom Gesetz gewährten Anspruch auf Vorrang der Legalservitut vor den bestehenden beschränkten dinglichen Rechten verwirklichen will, ist er gegebenenfalls entschädigungspflichtig (vorn N. 75).

7. Gerichtliche Zusprechung

80 Wenn der Nachbar seiner realobligatorischen Pflicht zum Abschluss des Dienstbarkeitsvertrages nicht nachkommt, muss sich der Anspruchsberech-

tigte nicht mit der Feststellungsklage begnügen (wie das die Anhänger der Theorie der blossen Eigentumsbeschränkung annahmen, vorn N.53; vgl. Haab, Art.674 N.25 und Leemann, Art. 674 N.55), auch nicht mit der Klage auf Abgabe der notwendigen Willensäusserungen (im Sinne des Art. 407 der bernischen ZPO). Er hat vielmehr kraft Bundesrechts (analoge Anwendung von Art.665 I, s. dort N.6; BGE *78* II 137) Anspruch auf gerichtliche Zusprechung durch Gestaltungsurteil. Die Dienstbarkeit entsteht danach im Zeitpunkt der Rechtskraft des Urteils; die noch erforderliche Eintragung im Grundbuch hat lediglich deklaratorische Bedeutung (Art.665 N.16).

Über den Zuweisungsanspruch muss im ordentlichen Verfahren durch 81
den Richter entschieden werden. Im Gegensatz zur klageweisen Geltendmachung der andern mittelbar gesetzlichen Eigentumsbeschränkungen steht es hier nicht im Belieben der Kantone, entweder Verwaltungsbehörden oder Gerichte als zuständig zu erklären.

8. Untergang

Die gesetzliche Dienstbarkeit besteht nur so lange, als der Überbau be- 82
steht; sie erlischt mit dessen Beseitigung. Zur Duldung eines Neubaues ist also der Nachbar nur dann verpflichtet, wenn die Voraussetzungen des Art. 674 bei diesem Neubau wiederum gegeben sind (BGE *78* II 139 E.7). Vgl. auch vorn N. 60.

VII. ANSPRUCH DES ÜBERBAUENDEN BEI UNBERECHTIGTEM ÜBERBAU AUF ZUWEISUNG DES EIGENTUMS AM BODEN (ABS. III)

Unter den vorn N.64 ff dargelegten Voraussetzungen kann von den in 83
N.73 f angeführten Berechtigten statt Zuweisung des dinglichen Überbaurechts Zuweisung des Eigentums am Boden verlangt werden. Dem Richter steht es im Rahmen seines pflichtgemässen Ermessens frei, entweder auf das eine oder das andere zu erkennen, und zwar nicht nur dann, wenn alternativ beides geltend gemacht wird, sondern auch dann, wenn nur das eine oder das andere beansprucht wird. Er wird sich für diejenige Möglichkeit entscheiden, welche den konkreten Umständen (vgl. vorn N.69 ff) am besten gerecht wird.

84 Dabei wird unter anderem auch die Frage zu beachten sein, ob im Falle der Zuweisung des Eigentums am Boden, die Entlassung der zuzuweisenden Grundstücksfläche aus einer bestehenden Pfandhaft (vgl. ZGB 811) möglich ist oder nicht. Im Falle der Undurchführbarkeit der Pfandentlassung ist zwar die Zuweisung des Eigentums am Boden nicht ausgeschlossen, ist aber wegen der damit zusammenhängenden Komplizierung (Eröffnung eines besonderen Grundbuchblattes für den zugewiesenen Bodenabschnitt: ZGB 833/834; GBV 85, 87, 88) nicht zu empfehlen (ebenso HAAB, Art. 674 N. 29).

85 Eine Zuweisung des Bodeneigentums wird regelmässig dann ausgeschlossen sein, wenn der Überbau bloss in fremden Luftraum hineinragt.

86 Auch das die Zuweisung des Eigentums am Boden aussprechende Urteil hat konstitutive Wirkung und setzt den Erwerber instand, die Grundbucheintragung gemäss ZGB 665 II von sich aus zu erwirken (vgl. N. 80). Die zugewiesene Bodenfläche wird auf dem Blatte des überbauten Grundstückes abgeschrieben und dem Stammgrundstück gutgeschrieben (GBV 90, 93; VermInstr 67 ff).

Art. 675

3. Baurecht

Bauwerke und andere Vorrichtungen, die auf fremdem Boden eingegraben, aufgemauert oder sonstwie dauernd auf oder unter der Bodenfläche mit dem Grundstücke verbunden sind, können einen besonderen Eigentümer haben, wenn ihr Bestand als Dienstbarkeit in das Grundbuch eingetragen ist.

Die Bestellung eines Baurechtes an einzelnen Stockwerken eines Gebäudes ist ausgeschlossen.

3. Droit de superficie

Les constructions et autres ouvrages établis au-dessus ou au-dessous d'un fonds, ou unis avec lui de quelque autre manière durable, peuvent avoir un propriétaire distinct, à la condition d'être inscrits comme servitudes au registre foncier.

Les divers étages d'une maison ne peuvent être l'objet d'un droit de superficie.

3. Diritto di superficie

Le costruzioni ed altre opere scavate o murate nel fondo altrui, o in qualsiasi modo durevolmente incorporate al suolo o al sottosuolo, possono avere un proprietario speciale, quando la loro esistenza sia iscritta nel registro fondiario come servitù.

Questo diritto non è applicabile ai singoli piani di un edificio.

Materialien: VE 676; Erl II 90 ff; E 667.

Literatur

BRANDENBURGER OTTO, Das Baurecht der Art. 675 und 779 ZGB, insbesondere seine vertragliche Ausgestaltung in der kommunalen Boden- und Wohnungspolitik (Diss Zürich 1911); CHRISTEN, Das Baurecht nach dem ZGB (Diss Leipzig 1909); EGGEN GERHARD, Die Revision der Baurechtsdienstbarkeit, SJZ *58* 241 ff; HITZIG, Das Baurecht im Vorentwurf des ZGB, ZSR *22* 1 ff; HUBER, Sachenrecht 11ff; JÖRIMANN P., Aus der bündnerischen Praxis in Baurechtsfragen (1953); KLÖTI EMIL, Das Baurecht des ZGB im Dienste kommunaler Boden- und Wohnungspolitik (Zürich 1943); LACHAVANNE/WILD, Das Baurecht nach dem Schweizerischen Zivilgesetzbuch. Bericht an die Schweizerische Vereinigung für Landesplanung, erstattet von einer Spezialkommission (Zürich 1950); LIVER PETER, Über die Baurechtsdienstbarkeit, ZBJV *94* 377 ff; derselbe, Von den selbständigen und dauernden Baurechten, SA aus «Der bernische Notar» 1959 Hefte 3/4; MAYR VON BALDEGG BERNHARD, Die Gegenleistung beim Baurecht, ASR Heft 144 (Bern 1938); MOOR HANS, Die Bedeutung des Baurechts für Baugenossenschaften, ZSR *48* 205 ff; PILET, Le droit de superficie du Ccs (Diss Lausanne 1912); VON STEIGER EDUARD, Vom Baurecht, ZBGR *37* 81 ff; STOECKLIN JOSEPH, Die Begründung von Baurechten unter Bedingungen und Auflagen sowie Beschränkungen des Inhalts und der Übertragbarkeit, ASR Heft 321 (Bern 1956); WILD WALTER, Das Baurecht, ZBGR *33* 293 ff.

Das Schrifttum zum Stockwerkeigentum ist zusammengestellt in den Vorbemerkungen zu den Art. 646 ff: Bd. I S. 264.

Rechtsvergleichung

Vgl. PFEIFER RUDOLF, Erbbaurecht, RvglHWB III (Berlin 1931) 83 ff und die Hinweise bei HAAB, Art. 675 N. 1 ff.

Übersicht

I. ALLGEMEINES

1. Inhalt

1 Art. 675 statuiert in seinem Abs. I eine Ausnahme vom Akzessionsprinzip: Bauten, die ganz und dauernd auf fremdem Boden errichtet sind, können einen vom Bodeneigentümer verschiedenen Eigentümer haben, wenn eine Dienstbarkeit (= Baurechtsdienstbarkeit) bestellt wird.

2 Darüber hinaus umschreibt das Gesetz in dieser Ausnahmevorschrift den Begriff der Baute, auf den der Grundsatz «superficies solo cedit» (ZGB 667 II, 671 ff, 674) Anwendung findet: Art. 675 I legt fest, dass das Akzessionsprinzip sich nicht nur auf Gebäude und gebäudeähnliche Anlagen erstreckt, sondern auf jede dauernd mit dem Grundstück oberirdisch oder unterirdisch verbundene Vorrichtung (also nicht nur auf Wohnhäuser, Fabrikgebäude, Scheunen, Klubhütten, Aussichtstürme und Denkmäler, sondern auch auf Dämme, Schleusen, Kanäle, Quellfassungsanlagen und Brunnen). Entscheidend ist vor allem die beabsichtigte *Dauer* der Verbindung, daneben bildet aber auch die *Festigkeit* der Verbindung ein beachtliches Indiz (vgl. Art. 677 N. 4 ff über die Abgrenzung gegenüber den vom Akzessionsprinzip gar nicht erfassten Fahrnisbauten).

3 Als Ausnahme von der Ausnahme und damit als Bestätigung des Grundsatzes «superficies solo cedit» schliesst Abs. II das Baurecht an einzelnen Stockwerken aus.

2. Revisionsbestrebungen

4 Die Fragen des Baurechts und des Stockwerkeigentums werden vom schweizerischen Gesetzgeber gegenwärtig einer gründlichen Prüfung unterzogen. Den heutigen wirtschaftlichen Bedürfnissen entsprechend soll das Baurecht näher ausgestaltet und das Stockwerkeigentum wieder eingeführt werden.

5 Über die vorgesehene Wiedereinführung des Stockwerkeigentums vgl. Bd. I S. 268 f (N. 37 ff der Vorbemerkungen zu den Art. 646 ff) und vorn in der Inhaltsübersicht zum 19. Titel, S. 1 N. 2 und S. 10 N. 30; seither ist der Entwurf samt Botschaft veröffentlicht worden: BBl *1962* II 1461 ff.

6 Der Revisionsentwurf zum Baurecht ist wie derjenige zum Stockwerkeigentum von Professor Peter Liver verfasst und in einer Kommission wirklicher Experten (es waren die in N. 43 vor Art. 646 erwähnten Persönlichkeiten) durchberaten worden. Entwurf und Motivenbericht liegen seit 21. August 1961 beim Eidgenössischen Justiz- und Polizeidepartement. Vgl. H. Huber ZBGR *41* 315, *42* 379 f und *43* 311 f.

Im Hinblick auf die bevorstehende Ausgestaltung des Baurechts beschränken sich die folgenden Ausführungen auf eine kurze Übersicht über das im vorliegenden Artikel allein behandelte Verhältnis des Baurechts zum Akzessionsprinzip. Die nach Abschluss der gesetzgeberischen Arbeiten vorzunehmende Erläuterung von Art. 779 (und der dort dann angefügten Ergänzungen) wird Gelegenheit geben, über das neue Recht zu orientieren. Die umfassende Darstellung der Baurechtsdienstbarkeit gehört ohnehin ins Servitutenrecht. Vgl. für die heute noch geltende Regelung LEEMANN zu Art. 779. 7

II. SONDEREIGENTUM AN DAUERBAUTEN (ABS. I)

Das Baurecht nach Art. 675 ist eine Dienstbarkeit, deren gesetzlicher Inhalt in der Befugnis des Berechtigten besteht, auf oder unter der Bodenfläche des belasteten Grundstückes eine Baute zu errichten oder beizubehalten (so ZGB 779). 8

1. Die Begründung des Baurechts

setzt somit stets die Errichtung einer Dienstbarkeit voraus, sei es einer Grunddienstbarkeit (nur in dieser Form kann das Überbaurecht: Art. 674 N. 52 ff, und das Leitungsbaurecht im Sinne des Art. 676 erstellt werden: s. dort N. 18 ff), sei es in Form einer Personaldienstbarkeit (die, wenn sie selbständig und dauernd ist, als Grundstück in das Grundbuch aufgenommen werden kann: Art. 655 N. 14 ff, 43). 9

2. Rechtsfolge

der Bestellung der Baurechtsdienstbarkeit ist der Übergang des Eigentums an der Baute auf den Bauberechtigten, sofern das Bauwerk schon erstellt ist. Andernfalls entsteht Eigentum am Bauwerk mit dessen Errichtung. Während der Dauer des Baurechts besteht somit eine Teilung des Eigentums an Bau und Boden. Das Eigentum am Bauwerk ist untrennbar mit dem Dienstbarkeitsrecht verbunden und teilt notwendigerweise das rechtliche Schicksal dieses beschränkten dinglichen Rechts am Boden; Eigentümer des Bauwerks kann stets nur der Inhaber der Baurechtsdienstbarkeit sein und beschränkte dingliche Rechte am Baurecht erstrecken sich ohne weiteres auf das Bauwerk. Über die Natur dieses Eigentums am Bauwerk s. LEEMANN, Art. 779 N. 67 f; HAAB, Art. 675 N. 8. 10

3. Inhalt des Baurechts

11 ist nach Gesetz das Recht zur Errichtung oder Beibehaltung einer Dauerbaute (zu diesem Begriff vorn N. 2). Unzulässig ist die Bestellung eines Baurechts an einzelnen Stockwerken eines Gebäudes (Abs. II; hinten N. 17) und überhaupt an einzelnen Gebäudeteilen (hinten N. 18 f).

12 Im Baurechtsvertrag ist dieses Recht (bzw. die ihm entsprechende Duldungspflicht) zu präzisieren; so in zeitlicher Hinsicht (durch Anordnung einer bestimmten Frist für die Erstellung des Baus) und nach der gegenständlichen Seite (durch Beschränkung der Ausübung auf einen Teil des Grundstückes oder durch die Verpflichtung, eine bestimmte Art von Bauwerk zu erstellen). Über die Folgen der Überschreitung solcher vertraglicher Schranken vgl. LIVER, ZBJV *94* 385 f; HAAB, Art. 675 N. 9.

4. Die Stellung des Bauberechtigten

13 ist einerseits diejenige eines Dienstbarkeitsberechtigten, andererseits diejenige eines Grundeigentümers.

14 Als Servitutsberechtigter ist er beispielsweise eingestuft in die Rangordnung der beschränkten dinglichen Rechte. Die vor der Bestellung des Baurechts errichteten Rechte am Baugrundstück gehen dem Baurecht vor, so dass es in der Zwangsvollstreckung über das Grundstück unter Umständen gelöscht werden muss (ZGB 812 II; SchKG 141 III). Die nach Begründung des Baurechts zu Lasten und zugunsten des Baugrundstückes errichteten beschränkten dinglichen Rechte erstrecken sich dagegen nicht auf das Bauwerk.

15 Als Eigentümer der Baute steht er in den Rechten und Pflichten eines Grundeigentümers. Er verfügt über die Rechtsbehelfe des Eigentümers (Art. 641 N. 40 ff, 60 ff, 87 ff; mit Einschluss derjenigen aus Besitz, denn er ist im Gegensatz zum gewöhnlichen Servitutsberechtigten Sachbesitzer, Besitzer von Bau und Boden), unterliegt den Beschränkungen des Grundeigentums (ZGB 684 ff), der Verantwortlichkeit des Grundeigentümers (ZGB 679; BGE *68* II 373; *88* II 264) und der Haftung des Werkeigentümers (OR 58).

5. Der Untergang

16 des Baurechts vollzieht sich nach den Vorschriften über die Beendigung von Dienstbarkeiten (dazu Kommentar LIVER zu Art. 734). Mit dem Dahinfallen der Baurechtsdienstbarkeit lebt die Akzession wieder auf: Die Baute wird Bestandteil des Grundstücks und gelangt ipso iure ins Eigentum des

Grundeigentümers. Wenn unter den Beteiligten keine andern Abmachungen bestehen oder getroffen werden, vollzieht sich der Interessenausgleich nach den Art. 671–673. Dazu LEEMANN, Art. 779 N. 70 ff; HAAB, Art. 675 N. 11.

III. AUSSCHLUSS DES BAURECHTS AN EINZELNEN STOCKWERKEN (ABS. II)

Abs. II von Art. 675 verbietet nicht schlechthin die Begründung neuen 17
Stockwerkeigentums, sondern lediglich die Bestellung eines Baurechts an einzelnen Stockwerken eines Gebäudes. Der Grund dieser bloss beschränkten Anordnung ergibt sich aus ihrer systematischen Stellung. Nur weil Abs. I von Art. 675 die Möglichkeit gesonderten Eigentums an Bauten auf fremdem Boden vorsieht, schien es notwendig, in Abs. II zu betonen, Sondereigentum an einem einzelnen Stockwerk auf fremdem Boden sei jedoch ausgeschlossen. Nur soweit eine Ausnahme vom Akzessionsprinzip statuiert wurde, bestand die Gefahr, dass diese Ausnahme auch für die Begründung von Sonderrechten an einzelnen Stockwerken ausgenützt würde. Deshalb schien es ratsam, ausdrücklich zu betonen, das Akzessionsprinzip sei diesbezüglich nicht durchbrochen. Das Verbot der Begründung von Stockwerkeigentum ergibt sich somit direkt aus ZGB 642 und 667 (vgl. Vorbemerkungen zu den Art. 646 ff N. 35).

Dennoch hat Abs. II nun doch zu Verwirrung Anlass gegeben. Will er, 18
indem er die Teilung eines Gebäudes nach Stockwerken in Gestalt von Baurechten als unzulässig erklärt, ganz allgemein zum Ausdruck bringen, nur ganze Bauten, nicht Teile von solchen, könnten Gegenstand eines Baurechts sein (die Erwähnung der Stockwerke würde dann pars pro toto erfolgen)? Oder werden nur die Stockwerke erwähnt, weil im übrigen das Baurecht an Gebäudeteilen als zulässig betrachtet wird?

Zur Beantwortung dieser Frage ist auszugehen von der unbestrittenen 19
Tatsache, dass durch die Baurechtsdienstbarkeit ein Grundstück belastet wird mit der Pflicht, die Errichtung oder Beibehaltung eines Bauwerkes oder einer andern Vorrichtung zu dulden (Art. 779). Unter den weiten Begriff der baulichen Vorrichtungen liessen sich zwar einzelne Gebäudeteile oder Einrichtungen (wie etwa Heizungsanlagen) ohne weiteres subsumieren, und soweit diese Teile des Gebäudes nicht bestimmte Räume umfassen, würden sie auch nicht vom ausdrücklich erfolgten Ausschluss des Baurechts an Stockwerken erfasst. Aber es fehlt die unmittelbare Belastung des Grundstückes. Gegenstand eines Baurechts können nur Bau-

werke und Vorrichtungen sein, die direkt mit dem Boden verbunden sind. Art. 675 gestattet eine Durchbrechung des Grundsatzes von Art. 667 (wonach das Eigentum an Grund und Boden sich auf alle Bauten erstreckt), nicht aber eine allgemeine Durchbrechung des Prinzipes von Art. 642 (wonach das Eigentum an einer Sache sich auf all ihre Bestandteile erstreckt).

Kraft einer Baurechtsdienstbarkeit kann somit Sondereigentum an baulichen Vorrichtungen geschaffen werden gegenüber dem Bodeneigentümer, nicht aber Sondereigentum an Bestandteilen von Bauten gegenüber dem Gebäudeeigentümer (so LEEMANN, Art. 675 N. 4, 19, 20; HAAB, Art. 675 N. 5; HUBER, ZBGR *43* 62 f; a. M. anscheinend LIVER, Der bernische Notar 1959 46 ff).

Art. 676

4. Leitungen

Leitungen für Wasser, Gas, elektrische Kraft und dergleichen, die sich ausserhalb des Grundstückes befinden, dem sie dienen, werden, wo es nicht anders angeordnet ist, als Zugehör des Werkes, von dem sie ausgehen, und als Eigentum des Werkeigentümers betrachtet.

Soweit nicht das Nachbarrecht Anwendung findet, erfolgt die dingliche Belastung der fremden Grundstücke mit solchen Leitungen durch die Errichtung einer Dienstbarkeit.

Die Dienstbarkeit entsteht, wenn die Leitung nicht äusserlich wahrnehmbar ist, mit der Eintragung in das Grundbuch und in den andern Fällen mit der Erstellung der Leitung.

4. Conduites et canaux

Les conduites d'eau, de gaz, de force électrique et autres, même si elles se trouvent hors du fonds pour lequel elles sont établies, sont, sauf disposition contraire, considérées comme accessoires de l'entreprise dont elles proviennent et réputées appartenir au propriétaire de celle-ci.

Lorsque le droit de les établir ne résulte pas des règles applicables aux rapports de voisinage, ces conduites ne grèvent de droits réels le fonds d'autrui que si elles sont constituées en servitudes.

Si la conduite n'est pas apparente, la servitude est constituée par son inscription

4. Condotte

Le condotte d'acqua, di gas, di forza elettrica e simili, in quanto si trovino fuori del fondo a cui servono, sono presunte accessori dell'impianto da cui provengono ed appartenere al proprietario di questo, salvo disposizione contraria.

La costituzione di tali diritti reali sui fondi altrui ha luogo a titolo di servitù, in quanto non siano applicabili le norme sui rapporti di vicinato.

La servitù ha principio coll'iscrizione nel registro fondiario se si tratta di condotta non riconoscibile esteriormente;

au registre foncier; dans le cas contraire, la servitude est constituée dès l'établissement de la conduite.

dalla costruzione delle opere negli altri casi.

Materialien: StenBull NR *16* 533 ff; *17* 313 ff; StenBull StR *16* 1266 ff; *17* 89 ff. Zur Entstehungsgeschichte s. N. 1 ff; vgl. auch N. 20.

Literatur

BOSSHART JEAN-JACQUES, Les restrictions légales indirectes de la propriété foncière (Diss Fribourg 1954); BRUGGMANN KARL, Das Durchleitungsrecht im schweizerischen Privatrecht, ASR a. F. Heft 53 (Bern 1913); BUGMANN MARGRIT, Die Enteignung für die Fortleitung und Verteilung elektrischer Energie (Diss Zürich 1942); EIBEL, Die Ausfuhr elektrischer Energie nach schweizerischem Recht (Diss Zürich 1933); HESS FRITZ, Das Enteignungsrecht des Bundes (Bern 1935); HUBER TH. HEINRICH, Die Unternehmungszugehör im schweizerischen Recht (Diss Basel 1928; in Maschinenschrift); LEU FRANZ, Die sachenrechtliche Stellung der Elektrizitätswerke im schweizerischen Privatrecht (Diss Fribourg 1922); MEIER WERNER, Das Telephonregal nach schweizerischem Recht (Diss Bern 1925); PFLEGHART A., Das Recht zur Erstellung elektrischer Leitungen nach der schweizerischen Bundesgesetzgebung, ZSR *23* 52 ff; derselbe, Die Rechtsverhältnisse an elektrischen Unternehmungen (Zürich 1905); ROMER ERHARD, Die Behandlung der Leitungen nach schweizerischem Zivilrecht, ZSR *65* 63 ff; TOBLER EMIL THOMAS, Die dinglichen Rechte des Zivilgesetzbuches, dargestellt am Beispiel der Leitungen (Diss Bern 1953); VISCHER F., Elektrizitätsrecht (Diss Basel 1933; in Maschinenschrift); WIEDERKEHR ARMIN, Die Rechtsstellung der schweizerischen Telegraphen- und Telephonanstalt (Diss Zürich 1923).

Rechtsvergleichung

S. die Bemerkung hinten N. 3.

Übersicht

I. ALLGEMEINES

1. Inhalt und Bedeutung

1 Die Sonderbestimmung des Art. 676 über das Recht an Leitungen für Wasser, Gas, Elektrizität und dergleichen auf fremdem Boden ist in den Entwürfen noch nicht enthalten. Sie ist – nachdem von der Elektrizitätsindustrie auf die Notwendigkeit besonderer Behandlung ihrer Leitungsanlagen aufmerksam gemacht wurde (vgl. die oben zitierten Arbeiten von PFLEGHART) und auch die Telephondirektion in einer Eingabe vom 6. Februar 1906 an das Justiz- und Polizeidepartement entsprechende Postulate vorgetragen hatte – von der nationalrätlichen Kommission als Art. 667bis vorgeschlagen worden und hat im Laufe der parlamentarischen Beratungen die heutige Form erhalten. Zweck der gesetzgeberischen Bemühungen war, die technische und wirtschaftliche Einheit von Werk und Leitungsvorrichtungen einer nicht allzu schwerfälligen rechtlichen Einheitsbehandlung zugänglich zu machen. Zur Erreichung dieses Zieles hielt man zwei Anordnungen für unerlässlich: einerseits die Statuierung der Zugehöreigenschaft der Leitungen (Abs. I) und andererseits die Bestimmung, dass die dingliche Belastung der fremden Grundstücke mit einer Dienstbarkeit ohne Eintrag im Grundbuch mit der Erstellung der äusserlich wahrnehmbaren Leitung entstehe (Abs. II und III).

2 Die damit getroffene, sachlich an sich gerechtfertigte Abweichung vom Eintragungsprinzip hat an das den kantonalen Rechten zum Teil bekannte Institut der servitutes apparentes anknüpfen können (wo ihm aber eine umfassendere Bedeutung zukam: so etwa PGB § 695; vgl. HUBER SPR III 350 f; LIVER, Art. 731 N. 9 ff).

3 Weniger überzeugt ist man von der in Abs. I getroffenen Anordnung. Die ihr zugrundeliegenden Vorstellungen des Gesetzgebers waren die folgenden: Fern- und Freileitungen, die sich über fremde Grundstücke hinziehen, seien als Bauten dem Akzessionsprinzip (Art. 667 II) unterworfen und würden somit als Bestandteile des fremden Bodens Eigentum des Bodeneigentümers. Eigentum des Werkeigentümers könnten sie nur bleiben, wenn

eine auf Dienstbarkeit oder Gesetz beruhende Pflicht zur Durchleitung gegeben sei. Ferner wäre, damit die Leitungsanlage Gegenstand des Immobiliarverkehrs sein (insbesondere mit dem Wasser-, Gas- oder Elektrizitätswerk veräussert und verpfändet werden) könne, die Eintragung eines Baurechts zulasten eines jeden einzelnen, von der Leitung durchzogenen Grundstückes erforderlich (Art. 675, 779). Oder es müssten die für die Leitungsanlage (wie Transformatorenhäuschen, Leitungsmasten, Verteilerkasten) erforderlichen Bodenparzellen zu Eigentum erworben werden, was wegen ihres geringen Umfanges und ihrer Zusammenhangslosigkeit keinen Sinn hätte und – namentlich bei ausgedehnten Leitungsanlagen – mit schwerwiegenden Unzuträglichkeiten und Kosten verbunden wäre. Diese Argumentation vermag aber nur zu überzeugen, wenn man sich mit ihrem Ausgangspunkt einverstanden erklären kann: mit der Annahme, die Leitungen unterstünden notwendigerweise dem Akzessionsprinzip. Der Vergleich mit fremden Rechtsordnungen zeigt, dass man Leitungen zwanglos auch als Fahrnisbauten hätte betrachten können, so dass ihrer Erfassung als Zugehör des Werkgrundstückes und als Eigentum des Werkeigentümers nichts im Wege gestanden hätte (in diesem Sinne die – von PAUL GIESEKE, in der Festgabe für J.W. Hedemann, Berlin 1958, 95 ff, insbesondere 128 f, als unproblematisch bezeichnete – dingliche Rechtslage der Leitungen auf fremden Grundstücken im deutschen Recht; wenn vorn in Art. 644/645 N. 14 gesagt wird, Fahrnisbauten könnten nicht Zugehör sein, so ist damit nur das Verhältnis zum Grundstück gemeint, auf dem sie errichtet wurden; es fehlt ihnen die dauernde Bestimmung für die wirtschaftlichen Zwecke des Bodens auf dem sie stehen; für das Verhältnis zum Werk, dem die Leitungsanlagen dienen, ist dieses Erfordernis aber gerade erfüllt). Diesfalls wären dann auch die Vorschriften von Abs. II und III überflüssig geworden; an Fahrnisbauten auf fremdem Boden ist Eigentum eines Dritten möglich, ohne dass es der Bestellung einer Dienstbarkeit bedarf.

2. Rechtsstellung des Leitungseigentümers

Art. 676 hat nur *einen* Punkt aus dem umfassenden Rechtsverhältnis 4
zwischen Leitungseigentümer und Bodeneigentümer zum Gegenstand: das Recht auf fremdem Boden eine Leitung (also eine Baute) zu errichten und zu unterhalten (die Durchleitungsdienstbarkeit erweist sich insoweit als Baurecht). Im Dienstbarkeitsvertrag werden aber darüber hinaus regelmässig noch weitere Vereinbarungen getroffen. So wird namentlich ein Recht des Werkeigentümers festgelegt, das belastete Grundstück zum Zwecke der Überwachung und Reparatur der Leitung jederzeit betreten

zu dürfen. Daneben werden Unterlassungspflichten des Bodeneigentümers statuiert, wie etwa das Verbot unter der Leitung zu bauen oder zu pflanzen.

5 Neben der vertraglichen Ordnung und vorbehältlich spezialgesetzlicher Regelung (vgl. Hinweise bei Tobler 30) untersteht der Werkeigentümer den Rechten und Pflichten eines Dienstbarkeitsberechtigten (vgl. insbesondere ZGB 737 ff), vor allem aber den Rechten und Pflichten eines Eigentümers. So finden auf ihn die Vorschriften über die Haftung des Werkeigentümers (OR 58) und des Grundeigentümers (ZGB 679) Anwendung. Er untersteht den Eigentumsbeschränkungen des privaten Rechts (den unmittelbaren sowohl wie den mittelbaren, so etwa der Durchleitungspflicht von ZGB 691, so dass er dulden muss, dass eine andere Leitung die seine kreuzt) und des öffentlichen Rechts (BGE *48* I 450: Schwellenpflicht eines Leitungseigentümers).

3. Sonderordnung nach Rohrleitungsgesetz

6 Für Rohrleitungsanlagen zur Beförderung flüssiger und gasförmiger Brenn- und Treibstoffe, die häufig von im Ausland liegenden Pumpwerken ausgehen, will der Gesetzgeber die zugunsten des ausländischen Werkeigentümers sich auswirkende Vermutung von ZGB 676 ersetzen durch eine solche zugunsten des inländischen Konzessionärs: nach Art. 14 des Entwurfes zum Rohrleitungsgesetz vom 28. September 1962 wird – unter Vorbehalt anderer Regelung – Eigentum des Konzessionärs an der Anlage angenommen (vgl. BBl *1962* II 791 ff).

II. VORAUSSETZUNGEN DER ZUGEHÖREIGENSCHAFT

7 Die Anwendung von Art. 676 setzt voraus:

- Das Vorliegen einer Leitung oder einer andern Vorrichtung mit Transportfunktion, die sich ausserhalb des Grundstückes befindet, von dem sie ausgeht, und ausserhalb desjenigen, dem sie dient (N. 8 ff).
- das Vorliegen eines Werkes (N. 15 ff) und
- die Errichtung einer Grunddienstbarkeit (N. 18 ff).

1. Leitung

8 Leitungen sind technische Vorrichtungen, die dazu bestimmt sind, Stoffe (wie Wasser, Öl, Gas, Druckluft, Wasserstoff) oder Energien (z. B. Elektrizi-

tät, Heizwärme, Dampf) in bestimmten Bahnen zu führen. Die Leitung muss somit fähig sein, Körper oder Kräfte in bestimmter Richtung zu transportieren. Einrichtungen, bei denen die Transportmöglichkeit nicht den Hauptzweck darstellt, sind daher keine Leitungen im Sinne des Gesetzes, auch wenn sie aus einem System von Röhren oder Drähten bestehen. So sind vom Bundesgericht die sogenannten Sickerröhren (= Röhren, welche in sumpfigen Boden eingelegt werden, um das einsickernde Wasser aufzunehmen), bei denen sich die Wasserfassung auf eine längere Strecke und über verschiedene Grundstücke ausdehnt, richtigerweise nicht als Leitungen angesehen worden (BGE *65* II 57).

Für die Beantwortung der Frage nach der Leitungseigenschaft einer 9
Vorrichtung ist ihre Funktion in der gesamten Anlage ausschlaggebend. So sind bei elektrischen Anlagen nicht nur die Kabel «Leitungen», sondern sämtliche für die Fortleitung und Verteilung der elektrischen Energie erforderlichen Vorrichtungen, wie Träger, Stützpunkte, Isolatoren, Verteilungskasten, Transformatorenstationen (vermittels deren die Hochspannung in die Gebrauchsspannung umgewandelt wird) usw. Vgl. ElG 45 Ziff. 2; SJZ *26* 84 f Nr. 59.

Obwohl keine Leitungen im eigentlichen Sinne darstellend werden u. U. 10
wie Leitungen behandelt: Kanalanlagen, Dämme, Schleusen eines Wasserwerkes, Geleiseanlagen (Rollbahnen) auf fremdem Grund und Boden, Schwebebahnen und Drahtseilriesen (vgl. HAAB, Art. 676 N. 1; TOBLER 49 f, 158; a.M. ROMER, ZSR *65* 69; GÖSCHKE, ZBJV *83* 439). Es handelt sich dabei um eine analoge Anwendung von Art. 676 auf andere Vorrichtungen als Leitungen, durch welche eine Mehrheit von Grundstücken in Anspruch genommen wird. Die Frage, wie weit eine solche Ausdehnung von Art. 676 erfolgen darf oder erfolgen soll, lässt sich jeweils nur nach gründlicher Interessenabwägung entscheiden. Wie bei den eigentlichen Leitungen muss auch bei diesen andern Vorrichtungen das Interesse des Werkeigentümers daran überwiegen, dass bei Handänderungen seines Werkes nicht noch über sämtliche Vorrichtungen in fremdem Grund und Boden besonders verfügt werden muss. Mit der Bejahung analoger Anwendung von Art. 676 wird die Frage, ob nötigenfalls auch eine entsprechende Heranziehung von Art. 691 (nachbarrechtlicher Durchleitungsanspruch) zulässig sei, nicht entschieden.

Art. 676 bezieht sich nur auf Transitleitungen, d.h. auf solche Leitungen, 11
die nicht dem Grundstück dienen, in oder auf dem sie sich befinden, sondern kraft ihrer Transportfunktion dem wirtschaftlichen Zweck des Werkes, von dem sie ausgeht (BlZR *22* Nr. 122). Leitungsvorrichtungen, die dem Grundstück, auf welchem sie angebracht sind, unmittelbar dienen (wie Hausanschlussleitungen mit Motoren, Lampen, Klingeln und sonstigen Appa-

raten), sind im Zweifel Bestandteil oder Zugehör dieses Grundstückes. Die Vermutung von Art. 676 Abs. I hört also auf, sobald die Leitung auf das Grundstück eintritt, von welchem die transportierten Stoffe und Energien verbraucht werden.

12 Indessen kann ausdrücklich verabredet werden, dass auch auf die dem Verwendungsgrundstück befindlichen Leitungen und sonstigen Apparate Zugehör des Werkes und Eigentum des Werkeigentümers sein sollen (StenBull NR *17* 317), dass sie also dem Eigentümer dieses Grundstückes nur zum (mietweisen oder unentgeltlichen) Gebrauch überlassen werden (SJZ *26* 84 Nr. 59).

13 Über die spezialgesetzlich geordneten Rechtsverhältnisse an Telephonleitungen und Telephoninstallationen vgl. HAAB, Art. 676 N. 7 und hinten N. 33.

14 Dem Art. 676 untersteht auch diejenige Leitungsvorrichtung nicht, welche auf dem Werkgrundstück errichtet worden ist; sie ist dessen Bestandteil.

2. Das Werk

15 Das Werk, von dem die Leitungen ausgehen, kann sowohl ein Hauptwerk als auch ein Nebenwerk sein (StenBull StR *16* 1266 und 1270). Bei einer elektrischen Anlage kann also nicht nur die Primärstation, sondern auch eine Transformatoren-, Umformer- oder Akkumulatorenstation (BGE *81* I 97 E. 7), bei einer Wasserversorgungsanstalt die Quellenfassung oder ein Reservoir (Stauweiher) oder Pumpwerk (Filtrieranlage) als Werk im Sinne des Art. 676 behandelt werden.

16 Wo es an einem «Werk» fehlt, kann Art. 676 nicht zur Anwendung kommen: ZBJV *72* 405 bezüglich einer Kloakenkanalisation.

17 Ob das Leitungsnetz wertvoller ist als das Werk – dies wird in den meisten Fällen zutreffen, namentlich bei elektrischen Anlagen –, macht keinen Unterschied: Art. 676 legt auf das Wertverhältnis nicht das mindeste Gewicht, gleich wie der Zugehörbegriff der Art. 644 f (s. Art. 644/645 N. 37). Gleichgültig ist auch, in welchem Umfang sich die Leitungen über das Werkgrundstück hinaus erstrecken.

3. Dienstbarkeit

18 In rechtlicher Beziehung setzt die Zugehöreigenschaft die Begründung einer Grunddienstbarkeit voraus (N. 23 ff), und zwar die Begründung eines Baurechts, kraft dessen der Eigentümer des belasteten Grundstückes zur Duldung der Leitung verpflichtet wird und der Werkeigentümer Eigentümer der Leitung bleibt (ZGB 675, 779). Für die Entstehung der Dienstbarkeit wird

einerseits das Vorliegen eines Erwerbsgrundes (Vertrag, Urteil, Enteignungsakt; N. 19 ff) und andererseits – von den Ausnahmefällen des nachbarlichen Durchleitungsrechts und der äusserlich wahrnehmbaren Leitung abgesehen – die Eintragung in das Grundbuch verlangt (N. 26 ff). Beruht das Durchleitungsrecht nicht auf einer Dienstbarkeit, sondern auf einem andern Rechtstitel (auf prekaristischer Gestattung, auf obligatorischer Verpflichtung oder auf Verleihung; N. 29 ff), kann die Zugehöreigenschaft im Sinne von Art. 676 nicht entstehen.

a) Der Erwerbsgrund zur Begründung einer Werkleitungsdienstbarkeit kann bestehen im Abschluss eines Vertrages, in einem richterlichen Urteil oder in einem Enteignungsakt. 19

α) Dienstbarkeitsvertrag. Der Abschluss eines schriftlichen Vertrages gemäss Art. 732 ist auch erforderlich im Falle einer äusserlich wahrnehmbaren Leitung (nur vom Grundbucheintrag dispensiert das Gesetz: N. 27; anders nach E Art. 722, der formlose Begründung ganz allgemein für servitutes apparentes genügen lassen wollte). Dasselbe ist der Fall bei Bestehen eines gesetzlichen Durchleitungsanspruches im Sinne von Art. 691; der Unterschied gegenüber der gewillkürten Dienstbarkeit besteht nur darin, dass der Eigentümer des zu belastenden Grundstückes einem Kontrahierungszwang untersteht und seine fehlende Mitwirkung durch richterliches Urteil (nachfolgend N. 21) ersetzt werden kann. 20

β) Richterliches Urteil. Weigert sich bei Vorliegen der Voraussetzungen des Art. 691 der Nachbar, einen Dienstbarkeitsvertrag abzuschliessen, hat der Berechtigte Anspruch auf gerichtliche Zusprechung des Durchleitungsrechts durch konstitutives Gestaltungsurteil (die Bemerkungen in Art. 674 N. 80 betreffend das Überbaurecht gelten entsprechend für diese andere Legalservitut). 21

γ) Enteignungsakt. Im Enteignungsverfahren können Durchleitungsrechte in Dienstbarkeitsform begründet werden. Man hat es mit gewöhnlichen privatrechtlichen Dienstbarkeiten zu tun, die regelmässig im Augenblicke der Bezahlung oder Hinterlegung der Entschädigungssumme entstehen und deren nachträgliche Eintragung im Grundbuch auf Ersuchen des Enteigners erfolgt (vgl. Art. 665 N. 35 mit weiteren Hinweisen; LIVER, Einleitung N. 114 f; Art. 731 N. 15 ff). 22

b) Notwendigkeit einer Grunddienstbarkeit. Die Dienstbarkeit muss als Grunddienstbarkeit bestellt werden, und zwar zugunsten des jeweiligen Eigentümers des Werkgrundstücks oder des Inhabers des Bau- oder Quellenrechts (Art. 675, 779, 780), dem die Leitung dient. Werk bzw. Werkgrundstück und Leitung müssen mithin kraft subjektiv-dinglicher Verknüpfung den gleichen Eigentümer haben, also auch eine rechtliche Einheit bilden. 23

Trifft dies nicht zu (so, wenn das Leitungsrecht als Personalservitut begründet [N. 24] oder der Durchleitungsberechtigte nicht Eigentümer des Werkes ist), so besteht das Zugehörverhältnis im Sinne von Art. 676 nicht.

24 Die rechtliche Zugehörigkeit der Leitungen zu dem Werke, von dem sie ausgehen, kann gänzlich aufgehoben werden dadurch, dass das Durchleitungsrecht nicht als Dienstbarkeit zugunsten des Werkgrundstücks, sondern zugunsten einer Person bestellt wird. In diesem Falle kann das Baurecht an dem Leitungsnetz, wenn es selbständig (d.h. frei übertragbar) und dauernd ist, als Grundstück in das Grundbuch aufgenommen werden (Art. 655 Ziff. 2, 779). Doch setzt dies die Eintragung des Durchleitungsrechts im Grundbuch auf dem Blatte jedes einzelnen belasteten Grundstücks voraus, auch wenn die Leitung äusserlich wahrnehmbar ist (im Unterschied zu dem subjektiv-dinglichen Leitungsbaurecht nach Art. 676). Auf diese Weise ist es möglich, dass z. B. eine Gemeinde oder Genossenschaft, die kein eigenes Elektrizitätswerk besitzt, Eigentum an dem von ihr erstellten oder erworbenen Verteilungsnetz erlangen und dieses, unabhängig von dem das Netz alimentierenden Werk, grundbuchlich verpfänden und veräussern kann.

25 Die Ordnung des Art. 676 wird auch dadurch ausgeschaltet, dass das Leitungsbaurecht zwar als subjektiv-dingliches begründet wird, jedoch nicht zugunsten des Werkeigentümers, sondern zugunsten des Grundstücks eines Bezügers, der selbst den Anschluss an das Werk (z. B. an ein Reservoir) herstellt und das Baurecht an den fremden Grundstücken erworben hat. In diesem Fall wird nicht der Werkeigentümer, sondern der Bezüger (als Eigentümer des herrschenden Grundstückes) Eigentümer der Leitung.

26 **c) Eintragung im Grundbuch.** Auch für die Begründung einer Werkleitungsservitut gilt grundsätzlich das Eintragungsprinzip, und zwar bei rechtsgeschäftlicher Bestellung das absolute (der Eintrag hat konstitutive Wirkung; er erst lässt das beschränkte dingliche Recht entstehen), im übrigen das relative (der ausserbuchlich durch Urteil oder Enteignung vollzogenen Rechtsentstehung folgt der deklaratorische Grundbucheintrag). Vgl. Art. 731 und dazu die Kommentare LIVER und LEEMANN; ferner vorn Art. 656 N. 33 ff und 665 N. 6. Nach zwei Seiten sind nun aber Ausnahmen vom Eintragungsgrundsatz statuiert worden (vgl. dazu auch LIVER, Art. 731 N. 9 ff).

27 Das Erfordernis der Eintragung fällt nach Art. 676 II dahin, wenn die Leitung äusserlich wahrnehmbar ist, erkennbar einem andern Grundstück (nicht dem, auf welchem sie sich befindet) dient und die Dienstbarkeit als Grunddienstbarkeit zugunsten des Werkgrundstückes bestellt ist. Äusserliche Wahrnehmbarkeit ist nicht nur bei oberirdischen, sondern unter

Umständen auch bei unterirdischen Leitungen gegeben; so kann das Vorhandensein von äusserlich gut sichtbaren Schächten in bestimmten Abständen genügen (vgl. ROMER 71). Dem Publizitätserfordernis wird hier dadurch genügt, dass die das Grundstück belastende Vorrichtung für jedermann erkennbar ist. Die Dienstbarkeit entsteht mit der rechtmässigen Erstellung der äusserlich wahrnehmbaren Leitung. Indessen kann auch in diesem Falle die Eintragung ins Grundbuch vom Berechtigten anbegehrt werden (ZGB 963; LIVER, Art. 734 N. 167).

Eine weitere Ausnahme besteht bezüglich der auf Grund von Art. 691 (vertraglich oder gerichtlich) begründeten Legalservituten. Für sie hat der Gesetzgeber – in Verkennung ihres Wesens als Zwangsdienstbarkeiten und in Missachtung der auch hier bestehenden Interessen an der Offenlegung der dinglichen Rechtsverhältnisse – in Abs. III die Eintragung als fakultativ erklärt; es steht im Belieben des Berechtigten, sie auf seine Kosten im Grundbuch aufnehmen zu lassen (LIVER, Art. 734 N. 173 ff; vgl. die Ausführungen hinten zu Art. 691). 28

d) Nicht auf Dienstbarkeit beruhende Durchleitungsrechte begründen das Zugehörverhältnis im Sinne von Art. 676 nicht. Das ist der Fall (ohne Rücksicht darauf, ob der Inhalt des betreffenden Rechts auch Inhalt einer Dienstbarkeit sein könnte) bei 29

α) prekaristischer Gestattung; wenn also der Grundeigentümer die Durchleitung auf Zusehen hin, mit dem Vorbehalt jederzeitigen Widerrufs gestattet, so dass der Begünstigte zwar kein subjektives Recht erwirbt, aber das Führen der Leitung über fremdem Grund doch nicht als widerrechtlich erscheint (HAAB, Art. 676 N. 2; TOBLER 99 f; LIVER, Einleitung N. 129); 30

β) obligatorischer Verpflichtung; wenn der Grundeigentümer persönlich verspricht, eine Leitung durch sein Grundstück zu dulden. Die grosse Freiheit in der Gestaltung dieses contractus sui generis gestattet meist auch die richtige Befriedigung der Bedürfnisse nach rechtlicher Einheitsbehandlung von Werk und Leitungen (HAAB, Art. 676 N. 3; TOBLER 98 f; allgemein LIVER, Einleitung N. 129 ff); 31

γ) Sondernutzungskonzession; die gestützt auf eine Konzession in oder auf öffentlichem Boden erstellten Leitungen sind als unbewegliches Eigentum des Konzessionärs und Zugehör des Werkes zu betrachten, von dem sie ausgehen, ohne Rücksicht darauf, ob eine Baurechtsdienstbarkeit im Sinne von Art. 676 II und III besteht (vgl. Art. 664 N. 189 ff; Art. 667 N. 37; TOBLER 126 ff; vgl. auch vorn N. 6). 32

δ) öffentlichrechtlicher Eigentumsbeschränkung oder Enteignung; für die dem allgemeinen Wohl dienenden Anlagen, für welche der Gesetzgeber eine allgemeine Duldungspflicht statuiert (wie z. B. für Telephonleitungen) oder 33 dem Werkeigentümer das Enteignungsrecht verleiht (wie für Starkstromleitungen), gelten als im Eigentum des Werkeigentümers stehend, so dass diese Anlagen – wie wenn Art. 676 Anwendung finden würde – mit dem Werk zusammen veräussert und verpfändet werden können (HAAB, Art. 667 N. 8; 676 N. 5; TOBLER 139 ff).

III. BEDEUTUNG DER ZUGEHÖREIGENSCHAFT

1. Sachzugehör im Sinne von ZGB 644/45 und Werkzugehör gemäss ZGB 676

34 Durch ZGB 676 werden Transitleitungen, soweit eine andere Ordnung fehlt, als Zugehör desjenigen Werkes bezeichnet, von dem sie ausgehen. Dabei handelt es sich indessen nicht um Zugehör im technischen Sinne, auch nicht um eine besondere Kategorie von Zugehör, die durch Ausdehnung des Begriffs auf unbewegliche Sachen geschaffen würde. Vielmehr begründet Art. 676 nur ein dem Zugehörverhältnis im Sinne von Art. 644/45 ähnliches Verhältnis, um zu ermöglichen, dass die Leitungen als unbewegliche Sachen dem Grundvermögen einverleibt und entsprechend wie bewegliche Zugehörsachen mit der Hauptsache veräussert und verpfändet werden können, ohne dass besondere Vorkehren getroffen werden müssen. Die wesentlich andern Voraussetzungen nach Art. 676 gegenüber denjenigen nach Art. 644 und 645 schliessen im übrigen eine Behandlung der Leitungen als Zugehör im technischen Sinne aus. Insbesondere ist darauf hinzuweisen, dass die Leitungen auf fremdem Boden nur Zugehör des Werkes sind, von dem sie ausgehen, wenn und solange ein Baurecht (kraft Dienstbarkeit oder Gesetzes) besteht und dass dieses Recht mit dem Eigentum am Werkgrundstück subjektiv-dinglich verknüpft ist.

35 Insofern als nicht das Werk, sondern das Werkgrundstück als Zugehörträger zu betrachten ist, hat man es auch nicht mit einer eigentlichen Unternehmungszugehör zu tun, bei der ja die Nebensachen dem Unternehmen als Rechtsgesamtheit zugehören müssten. (In dieser Hinsicht ist die Bemerkung in Art. 644/45 N. 81 zu präzisieren; TOBLER 149 f).

36 Im einzelnen ist – teils als Anwendung, teils als Modifikation der für Sachzugehör massgebenden Rechtssätze – hervorzuheben:

2. Veräusserung

Währenddem die Veräusserung einer Hauptsache nach ZGB 644 sich nur im Zweifel auf die Zugehör erstreckt (vgl. Art. 644/45 N. 39 ff), erfasst die Veräusserung eines Werkes *notwendigerweise* die mit ihm verbundenen Transitleitungen. Eine Ausnahme hievon setzt die Aufhebung des Zugehörverhältnisses, d. h. die Loslösung des Leitungsrechts von dem herrschenden Grundstück voraus (vgl. vorn N. 23; ebenso Haab, Art. 676 N. 17). 37

3. Verpfändung

Das Grundpfandrecht am Werkgrundstück erstreckt sich ohne gegenteilige Abrede auf die Leitungen mit Zugehöreigenschaft. Doch können im Pfandvertrag einzelne Leitungen oder das ganze Netz von der Verpfändung ausgenommen werden. Diesfalls ist im Grundbuch bei den Pfandrechtseinträgen und auf den Pfandtiteln anzuführen, dass das Pfandrecht sich nicht auf die Leitungen beziehe (so auch Haab, Art. 676 N. 18). 38

ZGB 805 II betreffend die Anmerkung von Sachen als Zugehör im Grundbuch und die dadurch begründete Vermutung der Zugehöreigenschaft findet auf die Leitungen keine Anwendung (BlZR *20* Nr. 2). Indessen kann der Bestand der Leitungen in der Liegenschaftsbeschreibung (und sodann auch in den Pfandtiteln) erwähnt werden, eventuell mit Angabe der Schätzungssumme. Zu diesem Zwecke empfiehlt es sich, den Wert der Leitungen durch einen Fachmann schätzen zu lassen (SJZ *14* 123, Nr. 91). 39

4. Zwangsvollstreckung

Eine Spezialexekution in die Leitungen ist nicht zulässig, solange die dingliche Verbindung mit dem Werk besteht. Die Ausnahme von VZG 12 (dazu vorn Art. 644/45 N. 70) spielt hier praktisch keine Rolle. 40

IV. BEENDIGUNG DER ZUGEHÖREIGENSCHAFT

Das Ende der Zugehöreigenschaft beurteilt sich zum Teil verschieden, je nachdem es sich handelt um 41

1. eine Dienstbarkeit, die zu ihrer Entstehung des Grundbucheintrages bedarf (vorn N. 26): Massgebend sind die allgemeinen Bestimmungen über den Untergang von Dienstbarkeiten (Art. 734 und dazu namentlich Kommentar Liver); 42

43 2. eine, weil ausnahmsweise auf gesetzlicher Duldungspflicht beruhende, nicht der Eintragung bedürftige Werkleitungsdienstbarkeit (vorn N. 28): Dazu LIVER, Art. 734 N. 173 ff und die Ausführungen hinten zu Art. 691;

44 3. eine, weil äusserlich wahrnehmbare Leitungen betreffend, nicht der Eintragung bedürftige Dienstbarkeit (vorn N. 27): Wird diese Dienstbarkeit trotzdem eingetragen, untersteht sie bezüglich ihres Ablaufs den für die andern eingetragenen Servituten geltenden Rechtssätzen. Wird sie nicht eingetragen, bringt sie der Eintritt eines materiellen Untergangsgrundes zum Erlöschen. Die Beseitigung der Leitung bewirkt den Untergang des Rechts nur, wenn ihr der Verzichtswille des Berechtigten zugrunde liegt, oder wenn das nicht mehr erkennbar belastete Grundstück von einem Dritten erworben wird (so LIVER, Art. 734 N. 167 ff mit überzeugender Argumentation gegenüber der bis dahin herrschenden Lehre).

45 Zu den Fragen des Untergangs eingehend auch TOBLER 86 ff, 153 ff.

Art. 677

5. Fahrnisbauten

Hütten, Buden, Baracken und dergleichen behalten, wenn sie ohne Absicht bleibender Verbindung auf fremdem Boden aufgerichtet sind, ihren besondern Eigentümer.

Ihr Bestand wird nicht in das Grundbuch eingetragen.

5. Constructions mobilières

Les constructions légères, telles que chalets, boutiques, baraques, élevées sur le fonds d'autrui sans intention de les y établir à demeure, appartiennent aux propriétaires de ces choses.

Elle ne sont pas inscrites au resgistre foncier.

5. Costruzioni mobiliari

Le capanne, baracche, tettoie e simili, costrutte sul terreno altrui senza intenzione di incorporarvele durevolmente, rimangono del loro speciale proprietario.

Esse non sono inscritte nel registro fondiario.

Materialien: VE 677; Erl II 90; E 668.

Literatur

Vgl. die Angaben zu Art. 642 (Bd. I 171 f) und Art. 667 (vorn S. 245).

Rechtsvergleichung

Über die allgemeinen Zusammenhänge und die Literatur vorn S. 245 ff zu Art. 667.

Der Grundsatz, wonach das nur vorübergehende Einfügen von baulichen Vorrichtungen auf einem Grundstück nicht zur Akzession führt, ist auch den andern Rechtsordnungen bekannt. Doch ist man in Frankreich eher zurückhaltend in der Gewährung von Ausnahmen; im wesentlichen sind es nur die «constructions volantes» (Bauten mit nur loser Verbindung mit dem Boden, wie Marktbuden), die nicht zu «immeubles par nature» werden (PLANIOL/RIPERT/BOULANGER, S. 891 Nr. 2638). Demgegenüber stellt man im österreichischen und deutschen Recht – ohne Rücksicht auf die Intensität der körperlichen Verbindung – entscheidend auf den Umstand ab, ob eine bloss vorübergehende oder eine dauernde Einfügung beabsichtigt ist. § 297 ABGB lässt nur diejenigen Mobilien zu Grundstückbestandteilen werden, die «auf dem Grund und Boden in der Absicht aufgeführt werden, dass sie stets darauf bleiben sollen»; und § 95 BGB wahrt die Sonderrechtsfähigkeit allen Gegenständen, «die nur zu einem vorübergehenden Zwecke mit dem Grund und Boden verbunden sind» (sogenannte Scheinbestandteile). Durch extensive Interpretation haben beide Bestimmungen einen weiten Anwendungsbereich erhalten (vgl. die Kommentare zu diesen Vorschriften).

Die im deutschen Rechtskreis erkennbare Tendenz nach weiter Fassung des Begriffs der Fahrnisbaute hat auch die schweizerische Entwicklung beeinflusst. Bei der Interpretation von Art. 677 I ist im allgemeinen weniger Gewicht gelegt worden auf die im Text erwähnten Beispiele: Hütten, Buden, Baracken (die einer Beschränkung im Sinne des französischen Rechts auf die édifices volants das Wort reden), als vielmehr auf das darin umschriebene subjektive Moment der fehlenden Absicht bleibender Verbindung – eine Tendenz, der nicht zu folgen ist (hinten N. 7).

Übersicht

I. INHALT

Die allgemeine Umschreibung des Bestandteilsbegriffes in Art. 642 wird 1
für Grundstücke in Art. 667 und Art. 675 weiter präzisiert und im vorliegenden Art. 677 negativ abgegrenzt. In Abs. I verneint das Gesetz die Bestandteilsqualität für solche Bauten, die ohne Absicht bleibender Verbindung errichtet werden (woraus übrigens Lehre und Praxis über die von Art. 677 er-

fassten Gegenstände hinaus ganz allgemein das Erfordernis dauernder Kohärenz für das Vorhandensein von Bestandteilsqualität hergeleitet haben: Art. 642 N. 18 f), und unterstellt sie grundsätzlich dem Fahrnisrecht (vgl. Marginale «Fahrnisbaute»; hinten N. 11). In Abs. II werden sie daher von der Aufnahme im Grundbuch ausgeschlossen (N. 12).

2 Schon das bisherige Recht (vgl. HUBER, SPR III 20 ff; BIERMANN, Jher. Jahrb. *34* 186 ff) hat die Sonderrechtsfähigkeit solcher Zeitbauten anerkannt, und es entspricht auch weiterhin der Verkehrsauffassung, eine Baute als Akzession des Bodens nur zu betrachten und all die an die Bestandteilseigenschaften geknüpften Rechtsfolgen (vgl. Art. 642 N. 33 ff) nur eintreten zu lassen, wenn eine gewisse Intensität der äusseren Verbindung hergestellt ist und die Baute nicht bloss vorübergehenden Zwecken dient. Sind somit die hier genannten Bauten gar keine Bestandteile des Grundstückes, so erweist sich Art. 677 nicht als eine eigentliche Ausnahme des Akzessionsprinzipes (das per definitionem nur Bestandteile aus dem Kreis selbständiger Rechtsobjekte ausschliesst: Art. 667 N. 31).

3 Nach Art. 678 I ist Art. 677 analog auf die sogenannten Fahrnispflanzen anwendbar.

II. BEGRIFF DER FAHRNISBAUTE

4 Mit einer Fahrnisbaute (auch Zeitbaute genannt) hat man es immer dann zu tun, wenn die mit der Liegenschaft in nur losem Zusammenhang stehende Baute «ohne Absicht bleibender Verbindung» (so der Text von Art. 677 I) bzw. «nur zu einem vorübergehenden Zwecke» (so § 95 BGB) errichtet worden ist. Dies gilt nicht nur für Gebäude und gebäudeähnliche Bauwerke, sondern – entsprechend dem Bautenbegriff in den Art. 667, 674 und 675 – für alle mit Hilfe der Technik oberirdisch und unterirdisch mit dem Erdboden verbundenen Vorrichtungen (vgl. Art. 667 N. 30, Art. 674 N. 6, Art. 675 N. 2).

5 Ob eine nur vorübergehende Verbindung vorliegt, also die spätere Trennung der Baute beabsichtigt ist, muss nach tatsächlichen Momenten beurteilt werden (weshalb deren Feststellung der bundesgerichtlichen Überprüfung entzogen ist: BGE *81* II 272; vgl. auch VEB *19* 279). Nicht erforderlich ist, dass sich der Zweck, dem die Baute dient, in kurzer Zeit erreichen lasse; vorübergehend ist der Zweck vielmehr in allen Fällen, in denen ihm nach seiner Natur eine zeitliche Begrenzung innewohnt, mag auch das Ende erst nach Jahren eintreten. So ist z. B. die Verbindung zum Zwecke der Ausbeutung eines Steinbruchs eine nicht dauernde, da das Grundstück allmählich erschöpft wird.

Im Gegensatz dazu sind Dauerbauten solche, die nach der ortsüblichen Auffassung zum Bestande der Liegenschaft, auf der sie errichtet sind, gehören, und mit dieser in einer festen und als dauernd beabsichtigten Verbindung stehen, d.h. auf dem «Boden eingegraben, aufgemauert oder sonstwie dauernd auf oder unter der Bodenfläche mit dem Grundstücke verbunden sind» (so die Formulierung von Art. 675) und ohne dessen «Zerstörung, Beschädigung oder Veränderung nicht abgetrennt werden» können (vgl. Art. 642 II). 6

Das primäre Unterscheidungskriterium zwischen Fahrnis- und Dauerbauten liegt somit darin, ob die Absicht der Beteiligten, namentlich der Wille des Bauherrn im Zeitpunkt der Errichtung, dahin ging, die Baute dauernd oder nur vorübergehend mit dem Boden zu verbinden (vgl. Art. 642 N. 18, dort auch über die Notwendigkeit vertrauenstheoretischer Erfassung des massgebenden Willens; HAAB, Art. 667 N. 16). Indessen ist es nicht richtig, wenn die schweizerische Lehre (vgl. LEEMANN in der Vorauflage Art. 677 N. 4; HAAB, Art. 667 N. 16) im Anschluss an das deutsche Recht die Beurteilung allein unter diesem subjektiven Gesichtspunkt vornimmt. Neben der inneren bildet auch die äussere Verbindung zwischen Baute und Liegenschaft ein beachtenswertes Indiz der Unterscheidung. Was ZGB 642 an körperlichem Zusammenhang von Bestandteil und Hauptsache allgemein voraussetzt (vgl. Art. 642 N. 11 ff), muss auch für den Sonderfall der Verbindung einer Baute mit einem Grundstück gelten. Damit wird nicht einer Wendung ins gegenteilige Extrem des französischen Rechts das Wort geredet, sondern eine eigenständige Mittellösung angestrebt, welche die Nachteile der beiden ausländischen Regelungen vermeidet. Nur so kann das Institut der Fahrnisbaute die ihm zukommende Aufgabe richtig erfüllen, nämlich einer die wirtschaftlichen Bedürfnisse missachtenden Verabsolutierung des Akzessionsprinzipes entgegenzutreten, ohne zur Einbruchstelle für dessen völlige Beseitigung zu werden. 7

Das Verhältnis von äusserer und innerer Verbindung als Voraussetzung der Bestandteilseigenschaft ist bei Bauten somit grundsätzlich nicht anders als bei andern Sachteilen. Die allgemeinen Ausführungen in Art. 642 N. 9 ff sind daher auch für die vorliegenden Fragen massgebend (vgl. z. B. BGE *80* I 378 f E 2). 8

Für die Annahme einer Fahrnisbaute ist es gleichgültig, ob ein Dritter oder der Grundeigentümer selbst Bauherr ist. Trotz des engen Wortlautes von Art. 677 I gilt die darin enthaltene Präzisierung des Akzessionsprinzips auch für die vom Grundeigentümer selbst errichteten Bauten (BGE *62* II 86 f E 3). 9

Die von Mietern und Pächtern für ihre Zwecke erstellten baulichen Anlagen stellen aber in der Regel blosse Fahrnisbauten dar (vgl. Art. 642 N. 19). 10

So ist eine auf Grund eines auf fünf Jahre befristeten Pachtvertrages auf fremdem Boden errichtete Magazinbaracke zutreffend als Fahrnisbaute behandelt worden (vgl. ZBGR *32* 260 ff = PKG 1948 34 ff).

III. RECHTLICHE BEHANDLUNG

1. Fahrnisbauten als Gegenstand des Mobiliarsachenrechts

11 Es besteht nach Abs. I in Art. 677 Getrenntheit des Eigentums am Boden und an der mit ihm verbundenen Baute, gleich wie im Falle des Art. 675 bei den Bauten, für die ein Baurecht begründet ist. Der grosse Unterschied zwischen den beiden Fällen besteht jedoch darin, dass die dauernden Bauten (Art. 675) trotzdem eine unbewegliche Sache bilden und dass auf sie daher die Grundsätze des Immobiliareigentums zur Anwendung gelangen, während die nicht dauernden Bauten (Art. 677) den Charakter beweglicher Sachen beibehalten und somit den Bestimmungen über das Fahrniseigentum (Art. 713 ff) unterliegen. Dass es sich bei den Fahrnisbauten um selbständige bewegliche Sachen handelt, ergibt sich ferner aus dem Marginale zu Art. 677, wo ausdrücklich von «*Fahrnis*bauten» die Rede ist (und nicht etwa der die Rechtsnatur offen lassende Ausdruck «Zeitbauten» steht), und namentlich aus dem in Abs. II enthaltenen Verbot der Grundbucheintragung.

12 Der Bestand der Fahrnisbauten wird nicht in das Grundbuch eingetragen. und nicht in die Pläne aufgenommen (Verm Instr. Art. 28 lit. *c*), weil sie eben zu dem Grundstück in keinem dinglichen Verhältnis stehen, d. h. ihre Sonderrechtslage soll, wenn die Baute auf fremdem Boden errichtet ist, anerkannt werden, ohne dass es der Begründung einer Baurechtsdienstbarkeit im Sinne des Art. 675 bedarf. Nicht ausgeschlossen wird damit die Begründung einer Dienstbarkeit, wodurch der Eigentümer des Bodens zur Duldung der fremden Baute verpflichtet wird; an der Mobiliarqualität der Baute kann hierdurch indes nichts geändert, und es darf das Recht nicht als Grundstück im Sinne des Art. 655 Ziff. 2 ins Grundbuch aufgenommen werden. Soweit eine solche (dingliche oder obligatorische) Verpflichtung des Grundeigentümers zur Duldung der Baute nicht besteht, ist dieser berechtigt, ohne weiteres deren Beseitigung zu verlangen (Art. 641 II).

13 Über die grundbuchliche Behandlung von in der Regel Fahrnisbauten darstellenden kleinen Gebäuden, die vom Bahnpersonal auf Grund und Boden von Eisenbahnunternehmungen errichtet wurden, vgl. ein Kreisschreiben der Justizdirektion des Kt. Bern vom 7. Mai 1934 in ZBGR *16* 293 f.

14 Aus der rechtlichen Qualifizierung der Fahrnisbauten als selbständige bewegliche Sachen ergibt sich im einzelnen:

Fahrnisbauten können nicht nur Objekt von Sondereigentum, sondern auch Gegenstand anderer dinglicher Sonderrechte sein. Vgl. bezüglich des Fahrnispfandrechts: ZBGR *32* 262/263; OFTINGER, Art. 884 N. 25 mit Hinweis auf BGE *10* 261/262; und hinsichtlich des Retentionsrechts: ebenda Art. 895 N. 26. 15

Sie sind nicht Bestandteil des Bodens und teilen daher dessen sachenrechtliches Schicksal nicht (Art. 642 N. 33 ff); insbesondere erstrecken sich die Grundpfandrechte nicht auf sie. Das ist von Wichtigkeit auch bei den auf eigenem Boden errichteten Bauten (vgl. BGE *62* II 84 ff). Die Vorschriften der Art. 671–673 ZGB sind bei Fahrnisbauten nicht anwendbar (ZBGR *32* 260 f). Die auf dem Grundstück lastende Dienstbarkeit des Bauverbotes verhindert aber auch die Erstellung von Fahrnisbauten (SJZ *53* 259 Nr. 116 = *54* 171 Nr. 88; *53* 379 f Nr. 162). 16

Sie sind nicht Zugehör des Grundstücks, weil nicht dauernd für dessen Zweck bestimmt (vgl. Art. 644/45) und können daher auch insofern der Rechtslage des Grundstücks nicht folgen, wohl aber können sie selbst natürlich Zugehör haben (vgl. Art. 644/45 Nr. 14 und dazu die in Art. 676 N. 3 angebrachte Präzisierung). 17

Sie können nur durch Besitzesübertragung veräussert und verpfändet werden (Art. 714 I, 884 I; betreffend gutgläubigen Erwerb s. Art. 933; vgl. auch Art. 930 I: Eigentumsvermutung zugunsten des Besitzers). 18

Die Bestellung eines dinglichen Wohnrechts zu Lasten einer Fahrnisbaute ist ausgeschlossen (s. LEEMANN, Art. 776 Nr. 17). 19

Desgleichen ist die Begründung eines Bauhandwerkerpfandrechtes unmöglich (vgl. MBVR *10* Nr. 136). 20

2. Fahrnisbauten im Vollstreckungsrecht

Auch in der Zwangsvollstreckung gelten die Fahrnisbauten als bewegliche Sachen, unterliegen somit dem Mobiliarvollstreckungsrecht und werden von der die Liegenschaft erfassenden Exekution nicht berührt (vgl. JAEGER, SchKG Art. 95 N. 3). 21

3. Fahrnisbauten im Obligationenrecht

Streitig ist, ob die Fahrnisbauten nur in sachenrechtlicher Beziehung zu den beweglichen Sachen zu rechnen, im übrigen aber, soweit obligatorische Rechtsverhältnisse an Fahrnisbauten in Frage stehen, gegebenenfalls die für unbewegliche Sachen geltenden Bestimmungen anzuwenden sind. 22

23 Grundsätzlich sind sie auch hier den für Mobilien aufgestellten Vorschriften zu unterstellen: Für den Kauf einer Fahrnisbaute sind die Art. 187 ff OR massgebend (HAAB, Art. 677 N. 5; OSER/SCHÖNENBERGER, Art. 187 N. 5).

24 In einigen Ausnahmefällen können aber befriedigende Lösungen nur erzielt werden, wenn die Fahrnisbauten nach den für unbewegliche Sachen geltenden Normen behandelt werden. Das ist namentlich im Mietrecht der Fall, wo sich die Anwendung von OR Art. 259 (Kauf bricht Miete), Art. 267 (Kündigung), Art. 269 (Rücktritt) und Art. 272 (Retentionsrecht) auf Fahrnisbauten bei teleologischer Interpretation zweifellos aufdrängt (zutreffend HAAB, Art. 677 N. 6; OSER/SCHÖNENBERGER, Art. 272 N. 10).

25 Im Falle von OR Art. 272 ist aber zu beachten, dass eine Fahrnisbaute auch als Retentionsobjekt in Frage kommen kann (vgl. BECKER, Art. 272 N. 5), insofern dann also als bewegliche Sache im Sinne dieser Bestimmung angesehen werden muss.

4. Fahrnisbauten im Steuerrecht

26 «Fahrnisbauten sind Ware im Sinne des Art. 17 WUStB, da sie Gegenstand eines Fahrniskaufes sein können. Werden solche Bauten auf Grund eines Werkvertrages oder Auftrages errichtet, so gilt daher als Warenlieferung ihre Ablieferung nach der Herstellung, während bei der gewerbsmässigen Herstellung von Dauerbauten für fremde Rechnung bereits die Verbindung der Werkstoffe mit dem Boden als Warenlieferung zu betrachten ist (Art. 15 Abs. 2 WUStB).» (BGE *80* I 378; WUStB = Bundesratsbeschluss über die Warenumsatzsteuer vom 29. Juli 1941).

IV. UMWANDLUNG EINER FAHRNISBAUTE IN EINE DAUERBAUTE

27 Wird die Baute nachträglich zu bleibender Verbindung mit dem Grundstück bestimmt (z. B. ein für die Zwecke einer einzelnen Ausstellung errichtetes Gebäude wird nach deren Ablauf dauernd als Lagerhaus, eine Festhütte bleibend als Konzerthalle benutzt), so wird sie Bestandteil des Grundstückes und fällt damit ins Eigentum des Grundeigentümers – wenn sie ihm nicht schon vorher gehörte – und in den Pfandnexus der Hypothekargläubiger. Bestand an der Baute ein Faustpfand- oder Nutzniessungsrecht, so erlischt es auch dann, wenn der Eigentümer der Baute und der des Grundstückes identisch waren. Vgl. ZBJV *55* 459; ZBGR *32* 263; WOLFF, Der Bau auf fremdem Boden, 70.

Dagegen kann (entgegen WOLFF, a.a.O. 71) eine Baute, die Bestandteil 28
des Grundstückes ist, nicht durch blosse Zweckänderung in eine Fahrnisbaute, d.h. in ein sonderrechtsfähiges Rechtsobjekt umgewandelt werden (ebenso GIERKE, DPR II 45 f N 35; HAAB, Art. 667 N. 17).

Art. 678

IV. Einpflanzungen auf dem Grundstück

Verwendet jemand fremde Pflanzen auf eigenem Grundstücke, oder eigene Pflanzen auf fremdem Grundstücke, so entstehen die gleichen Rechte und Pflichten, wie beim Verwenden von Baumaterial oder bei Fahrnisbauten.

Die Bestellung einer dem Baurecht entsprechenden Dienstbarkeit auf Pflanzen und Waldungen ist ausgeschlossen.

IV. Plantation

Si quelqu'un a mis dans son fonds des plantes appartenant à autrui ou ses propres plantes dans le fonds d'un tiers, les intéressés ont les mêmes droits et obligations que dans le cas de constructions élevées avec des matériaux étrangers ou de construction mobilières.

Il est interdit de constituer un droit de superficie sur des plantes ou des forêts.

IV. Piantagioni sul fondo altrui

Ove alcuno collochi piante di altrui proprietà nel proprio fondo o piante proprie nel fondo altrui, ne derivano gli stessi diritti ed obblighi come se si trattasse dell'impiego di materiale di costruzione o di costruzioni mobiliari.

È vietata la costituzione di servitù analoghe ai diritti di superficie su piante e selve.

Materialien: VE 678; Erl II 92 f; E 669.

Literatur

Vgl. ausser den Angaben zu Art. 642 und 667 insbesondere FORNI FABIO FLAVIO, La superficie delle piantagioni (Diss Bern 1946); ferner BERNEL ARLETTE, Le droit du Code civil français applicable au Jura bernois (Diss Bern 1955) 109 ff; LINDENMANN ALFRED, Bäume und Sträucher im Nachbarrecht (Diss Bern 1950) 89 ff. Weitere Hinweise hinten N. 7.

Rechtsvergleichung

Vgl. die Ausführungen zu Art. 667 (vorn S. 245 ff, mit Literaturhinweisen) und Art. 677 (vorn S. 335) sowie nachfolgend N. 5; ferner die historisch-rechtsvergleichende Darstellung bei FORNI 13 ff.

Pflanzen sind bis zur Trennung vom Boden (dazu Art. 643 III ZGB und entsprechend § 94 I BGB, § 295 ABGB, Art. 520 f CCfr) Bestandteile des Grundstückes, und zwar nach der dem römischen (Dig. 41, 1, 26, 1) und gemeinen Recht (WINDSCHEID, Pandekten § 188 Ziff. 1 *b*) folgenden Auffassung im französischen und österreichischen Recht (§ 420 ABGB) vom nicht leicht feststellbaren Zeitpunkt des Wurzelfassens an, nach deutschem und schweizerischem Recht vom Momente des Aussäens oder Einpflanzens an.

Fahrnispflanzen behalten auch nach den Rechtsordnungen der Nachbarstaaten ihre rechtliche Selbständigkeit. Sie sind «Scheinbestandteile» im Sinne von § 95 BGB, sonderrechtsfähig nach § 297 ABGB, bleiben «meubles» nach französischer Auffassung (wobei allerdings das französische Recht wie bei den Fahrnisbauten entscheidend auf die Intensität der äusseren Verbindung und nicht auf die beabsichtigte Dauer der Einpflanzung abstellt, so dass zwar die in einem Topf stehenden Pflanzen nicht von der Immobilisierung erfasst werden, wohl aber eine Baumschule: PLANIOL/RIPERT/BOULANGER, S. 890 f).

Die Analogie zum Recht, dem die Bauten unterworfen sind (darüber vorn S. 276 f in den Bemerkungen zu Art. 671), gilt auch für die Fälle, da auf fremdem Boden gepflanzt oder gesät wird, und da auf eigenem Grund fremdes Saatgut und fremde Pflanzen verwendet werden. Eine diesbezügliche, dem Art. 678 I ZGB entsprechende Verweisungsnorm enthält das ABGB in § 420. In Deutschland erfassen die abstrakt formulierten §§ 946 ff unmittelbar auch die Pflanzen. In Frankreich werden von der «accession artificielle immobilière» der Art. 554 und 555 CCfr neben den «constructions» auch die «plantations» erfasst (PLANIOL/RIPERT/BOULANGER, S. 999 f).

Übersicht

I. INHALT

1 Art. 678 bestimmt die Rechtsfolgen der Verwendung von Pflanzen, die nicht dem Bodeneigentümer gehören, oder die nur vorübergehend mit dem Boden verbunden sein sollen, durch Verweisung auf die für Bauten aufgestellten Rechtssätze mit der Modifikation, dass ein dem Baurecht des Art. 675 entsprechendes Verhältnis nicht begründet werden darf. Das Einpflanzen im Sinne des Art. 678, worunter auch das Aussäen zu verstehen ist (Erl II 92), beurteilt sich somit nach den Vorschriften der Art. 671–673 und 677.

2 Über das Verhältnis von Art. 678 zu Art. 643: BGE *62* II 85 f E 2. Über Pflanzen auf der Grundstücksgrenze s. Art. 670 und betreffend überragende Pflanzen Art. 687 f.

II. DAS AKZESSIONSPRINZIP BEI PFLANZEN (ABS. I)

Wie die Bauten unterstehen auch die Pflanzen dem Akzessionsprinzip, 3
soweit sie Bestandteile des Bodens geworden sind. Dies ist der Fall im Augenblicke des Einpflanzens (implantatio) bzw. beim Samen im Momente des Aussäens (insitio), vorausgesetzt aber, dass die Verbindung nicht nur zu einem vorübergehenden Zwecke geschieht.

Erfolgt das Einpflanzen oder Aussäen ohne Absicht bleibender Verbindung 4
(etwa durch den Pächter für die Dauer der Pachtzeit), so tritt keine Akzession ein; die Pflanzen sind nicht Bestandteil des Grundstückes, sondern bleiben bewegliche Sachen und erlangen auch nie Zugehörqualität (vgl. die Bemerkungen zu Art. 677). Solche Fahrnispflanzen werden daher von den dinglichen Rechten am Grundstück nie miterfasst. Sie sind nicht nur dann, wenn sie sich auf einem fremden (z. B. gepachteten) Grundstück befinden, völlig sonderrechtsfähig (und können separat gepfändet und verwertet werden), sondern werden auch dann von den Belastungen des Grundstückes nicht miterfasst, wenn sie vom Grundeigentümer selbst gesetzt worden sind (so in richtiger Erkenntnis des gegenüber dem engen Wortlaut umfassenderen Normgehaltes BGE *62* II 86 ff betreffend die Pflanzenbestände einer Baumschule).

III. AUSSCHLUSS DER ANALOGIE ZUM BAURECHT (ABS. II)

Abgesehen von der Zulassung von Fahrnispflanzen verbietet das Gesetz 5
die Herstellung getrennten Eigentums an Pflanzen und am Boden; die Begründung eines dem Baurecht des Art. 675 entsprechenden Rechts an Pflanzen ist untersagt. Gegen das dem französischen Recht noch immer bekannte (vgl. PLANIOL/RIPERT/BOULANGER, S. 1007), im deutschen Recht aber auch verbotene (vgl. WOLFF/RAISER, § 104 N. 2 und 6) Institut der Pflanzungssuperficies («droit des bois crûs et à croître») wurde namentlich geltend gemacht, dass es eine wirtschaftlich unbequeme und nachteilige Fixierung der Kulturart bedeute und leicht zu Streitigkeiten führe.

Zulässig ist die Begründung eines dinglichen Nutzungsrechts an Pflanzen 6
in der Form einer Dienstbarkeit, z. B. an Bäumen auf fremdem Boden, wodurch der Grundeigentümer zu deren Duldung verpflichtet wird (vgl. GBV 114 II). Doch kann dadurch an den Eigentumsverhältnissen nichts geändert,

die Akzession nicht verhindert werden. Auch darf eine solche Dienstbarkeit, selbst wenn sie übertragbar ist, nicht als Grundstück im Sinne des Art. 655 Ziff. 2 im Grundbuch aufgenommen werden (vgl. LEEMANN, Art. 781 N. 63; HAAB, Art. 678 N. 2 a. E.).

7 Zahlreichen kantonalen Rechten war die Pflanzungssuperficies bekannt (HUBER, SPR III 240 f, IV 695; derselbe, Zum schweizerischen Sachenrecht 10; FOLLETÊTE, Us et Coutumes du district des Franches-Montagnes, ZBJV *46* 649 ff; HITZIG H. F., Das Baurecht im Vorentwurf eines Schweizerischen Civilgesetzbuches, ZSR *22* 1 ff, insbesondere 13 ff; FORNI 34 ff; BERNEL 109 ff). Art. 678 II ZGB beschränkt sich nun darauf, die Neubegründung solcher Rechtsverhältnisse zu verbieten, lässt aber die altrechtlichen Superfiziarrechte bestehen. Diese blieben gemäss Art. 20 I SchlT auch nach dem 1. Januar 1912 dem kantonalen Recht unterstellt. Sie müssen von den Kantonen im bisherigen Ausmass anerkannt werden und können durch öffentliches Recht beschränkt oder aufgehoben werden (der entsprechende Hinweis in Art. 20 II SchlT kann – worauf LIVER, Art. 5 N. 29 zutreffend hinweist – nur als unechter Vorbehalt des kantonalen *öffentlichen* Rechts betrachtet werden). Kraft Bundesrechts ist der Weiterbestand des Rechts ausgeschlossen, sobald ein Untergangsgrund (etwa durch Fällen des ganzen Baumbestandes) eingetreten ist: Art. 45 II SchlT.

8 Nachbarrechtliche Fragen werden nicht nach altem kantonalem Recht, sondern nach ZGB beurteilt (entsprechend N. 28 der Vorbemerkungen zu den Art. 646 ff; ebenso LINDENMANN 90).

9 Die grundbuchliche Behandlung untersteht von der Einführung des eidgenössischen Grundbuches an (bis dahin gilt auch diesbezüglich das alte kantonale Recht) dem neuen Recht. Wie andere dingliche Rechte, die nach dem ZGB nicht mehr begründet und dementsprechend im eidgenössischen Grundbuch nicht mehr eingetragen werden können, ist auch die Pflanzungssuperficies lediglich der Anmerkung fähig (Art. 45 SchlT).

10 Wird die Anmeldung dieser Rechtsverhältnisse bei der Grundbucheinführung unterlassen, so können sie nicht im Sinne von Art. 44 II SchlT als aufgehoben erklärt werden (so richtig LIVER, Art. 731 N. 156 und Art. 5 N. 27; a. M. MUTZNER, Art. 45 N. 7).

Art. 679

Wird jemand dadurch, dass ein Grundeigentümer sein Eigentumsrecht überschreitet, geschädigt oder mit Schaden bedroht, so kann er auf Beseitigung der Schädigung oder auf Schutz gegen drohenden Schaden und auf Schadenersatz klagen.

V. Verantwortlichkeit des Grundeigentümers

V. Responsabilité du propriétaire

Celui qui est atteint ou menacé d'un dommage parce qu'un propriétaire excède son droit, peut actionner ce propriétaire pour qu'il remette les choses en l'état ou prenne des mesures en vue d'écarter le danger, sans préjudice de tous dommages-intérêts.

V. Responsabilità del proprietario

Chiunque sia danneggiato o minacciato di danno per il fatto che un proprietario trascende nell'esercizio del suo diritto di proprietà, può chiedere la cessazione della molestia o un provvedimento contro il danno temuto e il risarcimento del danno.

Materialien: VE 679; E 670; Erl II 93 ff; Botsch zur Revision des OR vom 3. März 1903 S. 16.

Vgl. auch die Hinweise in N. 20, 35, 37, 43, 76, 79, 83, 108, 111.

Literatur

Bachmann Ernst, Die nachbarliche Überschreitung des Grundeigentums (Diss Bern 1937); Bai Alfred, Luftrecht und Grundeigentum (Diss Zürich 1956); Bauhofer Arthur, Immissionen und Gewerberecht (Diss Zürich 1916); Bettschart A., Die Haftung des Gemeinwesens als Eigentümer der Strasse, SJZ *33* 1 ff und 23 ff; Blumer Heidi, Die Haftung für Schädigungen durch unbewegliche Sachen (Diss Zürich 1940); Braunschweiler Hans, Eingriffe in die freie Benutzung des Grundeigentums durch zwingendes kantonales Recht (Diss Zürich 1942); Fehr Konrad, Die Beziehungen zwischen den Ansprüchen auf Beseitigung des rechtswidrigen Zustandes, Unterlassung und Schadenersatz, ZBJV *80* 289 ff; Froelicher René, Die Abgrenzung der Haftung des Werkeigentümers nach Art. 58 OR von der Verantwortlichkeit des Grundeigentümers nach Art. 679 ZGB (Diss Bern 1950); Guisan François, Le domaine public et le droit de voisinage, JT 1936 I 298 ff; derselbe, Droit de voisinage et domaine public, JT 1951 139 ff; Hablützel Emil, Verhältnis der Besitzschutzklagen zum Rechtsschutz in ausserordentlichen prozessualen Verfahren (Diss Zürich 1947); Hafter Peter, Das Lärmproblem in der Praxis der Gerichts- und Verwaltungsbehörden (Diss Zürich 1957); Hämmerli Max, Die Haftung des Flugplatzhalters im schweizerischen Recht, ASR Heft 291 (Bern 1952); Hauser Alphons, Über das Verhältnis der Werkeigentümerhaftung zur Verantwortlichkeit des Grundeigentümers (Diss Basel 1930; in Masch. Schr.); Homberger/Marti, Nachbarrecht (SJK 429); dieselben, Verantwortlichkeit des Grundeigentümers (SJK 430); Jost Arthur, Der Haftpflichtprozess in der Schweiz (Bern 1951); Keller Rudolf, Die Überschreitung des Eigentumsrechts an Grundstücken (Diss Bern 1909); Kolb Walter, Die Haftung des Grundeigentümers nach Art. 679 ZGB, ZSR *71* 99*a* ff; Köpfli Martin, Schweizerisches Flugplatzrecht (Diss Zürich 1947);

LANZ HEINZ, Haftung des Staates als Eigentümer von Werken (Diss Zürich 1958); L'HUILLIER LAURENT, La responsabilité du propriétaire foncier selon l'article 679 CCS, ZSR *71* 1*a* ff; MOLL WALTER THEODOR, Die Haftpflicht der Betriebsinhaber elektrischer Anlagen (Diss Bern 1945); MÜLLER EDUARD, Das Nachbarrecht nach der aargauischen Gesetzgebung und Praxis (Diss Basel 1944; in Maschinenschrift); NAEF KARL, Unterlassungsanspruch und Unterlassungsklage im schweizerischen Recht (Diss Zürich 1919); OFTINGER KARL, Schweizerisches Haftpflichtrecht, 2. A. Bd. I (Zürich 1958); Bd. II/1 (1960); Bd. II/2 (1962); derselbe, Lärmbekämpfung als Aufgabe des Rechts (Zürich 1956); PANCHAUD ANDRÉ, A propos de la responsabilité extracontractuelle de la Confédération, Semjud 1951 457 ff; PETITPIERRE EDOUARD, Restrictions légales de droit public à la propriété et expropriation (Diss Lausanne 1939); ROBICHON ANDRÉ, Les rapports de voisinage dans le Code civil suisse et la législation cantonale romande (Diss Fribourg 1914); ROEMER RUDOLF, Der Rechtsschutz gegen Störungen von Eigentum und Besitz sowie gegen Grundeigentumsüberschreitung (Diss Bern 1948); ROTHENHÄUSLER CARL, Die Verantwortlichkeit des Grund- und Werkeigentümers nach schweizerischem Zivilrecht (Diss Zürich 1919); SCHLEGEL HANS, Die Immissionen des Art. 684 in ihrem Verhältnis zu den zürcherischen kantonalen Eigentumsbeschränkungen (Diss Zürich 1949); SCHOMAHER HERMANN-JOSEF, Die Verantwortlichkeit des Grundeigentümers bei unverschuldeten Eigentumsüberschreitungen nach schweizerischem und deutschem Recht (Diss Basel 1957; in Maschinenschrift); SEILER HUGO, Die Haftpflicht des Gemeinwesens für Verkehrssicherheit öffentlicher Strassen (Diss Bern 1948); STARK EMIL W., Das Wesen der Haftpflicht des Grundeigentümers nach Art. 679 ZGB (Zürich 1952); TATARINOFF MARIO, Das nachbarliche Baurecht des Kantons Solothurn (Diss Bern 1947); THILO EMILE, Droit de voisinage, JT 1929 I 2 ff (vgl. auch JT 1933 I 82 ff); TOBLER HANS, Zur Schadenersatzpflicht des Grundeigentümers aus Überschreitung seines Eigentumsrechtes nach dem ZGB, SJZ *6* 60 ff; WEGMANN KARL, Das Gemeinwesen als Nachbar; ASR Heft 188 (Bern 1941); ZWAHLEN HENRI, Du droit des voisins à l'observation des règles de police des constructions, Festgabe für Guisan (Lausanne 1950) 325 ff.

Rechtsvergleichung

Die rechtsvergleichende Methode vermag zur Interpretation von Art. 679 nichts Wesentliches beizutragen. Eine ihm entsprechende Norm ist den ausländischen Rechtsordnungen nicht bekannt (so wenig wie den kantonalen Rechten der Schweiz vor der Rechtsvereinheitlichung: HUBER, SPR III 272 ff).

Im *deutschen* Recht kann sich jemand gegen Eigentumsüberschreitungen eines andern nur dadurch zur Wehr setzen, dass er sich auf sein eigenes Eigentumsrecht beruft und die actio negatoria anstrengt (vgl. § 903 BGB). Neben diesen negatorischen Klagen auf Beseitigung und Unterlassung steht dem Gestörten ein Schadenersatzanspruch nur auf Grund der allgemeinen Bestimmungen über die Verantwortlichkeit für unerlaubte Handlungen zur Verfügung. Eine Haftpflicht des Störers wird daher von der Praxis und der herrschenden Lehre nur bei Vorliegen eines Verschuldens bejaht, wobei ein Verschulden dann angenommen wird, wenn der Störer den das Eigentum beeinträchtigenden Charakter der von ihm veranlassten Einwirkungen voraussehen konnte. Nur vereinzelt ist in der deutschen Theorie versucht worden, eine Haftung des Störers ohne Verschulden zu konstruieren (vgl. STARK 110 ff mit umfangreicher Dokumentation; eingehender Vergleich der schweizerischen und deutschen Ordnung bei SCHOMAHER).

Im *österreichischen* Recht ist der dem Eigentümer ursprünglich allein zustehende Anspruch auf Abwehr von unmittelbaren Einwirkungen in der sogenannten Novelle III zum ABGB vom 19. März 1916 durch Einfügen des § 364 Abs. 2, der auf Untersagung mittelbarer Einwirkungen geht, erweitert worden. Indessen blieb es auch hier wie im deutschen Recht beim Zurverfügungstellen negatorischer Behelfe; besondere über die allgemeinen deliktischen hinausgehende Schadenersatzansprüche gewährt dem beeinträchtigten Nachbarn weder das Gesetz noch die Praxis, obwohl die Lehre dem Gedanken der Kausalhaftung zum Teil grosse Sympathie entgegenbrachte (so etwa UNGER in Grünhuts Z *13* 729). Vgl. auch dazu die Bemerkungen von STARK 106 ff und 215 ff.

In *Frankreich* wird die Grundeigentümerverantwortlichkeit in der Regel nach dem unserem Art. 41 OR entsprechenden Art. 1382 CCfr beurteilt. Voraussetzung eines Schadenersatzanspruches wäre danach ein Verschulden des beklagten Grundeigentümers. Der Verstoss gegen eine nachbarrechtliche Vorschrift (namentlich gegen Artikel 637 ff CCfr und ferner gegen Schranken, die von der Rechtsprechung aufgerichtet wurden, weil es eine, dem Art. 684 entsprechende Vorschrift über die Immissionen im französischen Gesetz nicht gibt; s. die rechtsvergleichenden Ausführungen zu Art. 684) wird dabei aber oft an und für sich als «faute» betrachtet. Eine befriedigende theoretische Konstruktion für diese Praxis hat die französische Doktrin allerdings noch nicht zu schaffen gewusst (vgl. die instruktive Übersicht bei STARK 123 und 218 ff; summarische Hinweise bei HAAB, Art. 679 N. 1). Auch der hier zum Vergleich noch etwa herangezogene Art. 1384 I (vgl. z.B. L'HUILLIER 7a) stellt für die Grundeigentümerhaftpflicht keine solide Basis dar. Die dadurch aufgestellte Kausalhaftung desjenigen, welcher einen Schaden stiftet «par le fait des choses qu'il a sous sa garde» ist bedeutend weiter als diejenige von ZGB 679. Der Anspruch wird einem unbeschränkten Kreis von Aktivlegitimierten gewährt (nicht so bei uns: hinten N. 38 ff) und wird in der Praxis auf Mobilien wie auf Immobilien angewendet (eine Gleichsetzung, die der schweizerische Gesetzgeber vermeiden wollte, hinten N. 37).

Übersicht

I. ALLGEMEINES

1. Inhalt und Bedeutung von Art. 679

1 Art. 679 stellt dem durch eine Eigentumsüberschreitung Beeinträchtigten oder Gefährdeten Abwehr- und/oder Schadenersatzklagen zur Verfügung:

- Einen *Schadenersatzanspruch*, wenn es sich um eine in der Vergangenheit liegende Grundeigentumsüberschreitung handelt, die Schaden verursacht hat (gleichgültig, ob der Tatbestand in der Vergangenheit abgeschlossen und eine Wiederholung zu befürchten oder nicht zu befürchten ist, oder ob ein in der Vergangenheit entstandener rechtswidriger Zustand weiter dauert). 2
- Einen *Beseitigungsanspruch*, wenn ein in der Vergangenheit geschaffener rechtswidriger Zustand andauert. 3
- Einen *Unterlassungsanspruch*, wenn durch die Grundeigentumsüberschreitung eine Beeinträchtigung zwar noch nicht eingetreten ist, aber einzutreten droht, bzw. wenn eine Wiederholung einer früher eingetretenen Störung zu befürchten ist. 4

Beseitigungs- und Unterlassungsklage unterstehen im Rahmen des Art. 679 den gleichen Grundsätzen, weshalb sie im folgenden nicht auseinandergehalten werden müssen (vgl. N. 120 ff; ebenso HAFTER 29). 5

Soweit in Art. 679 die Ausdrücke «Schädigung» und «Schaden» auch zur Umschreibung einer Voraussetzung des Beseitigungs- und Unterlassungsanspruches verwendet werden, sind sie nicht im technischen Sinne zu verstehen, sondern im Sinne von «Nachteil», «Beeinträchtigung», «Verletzung rechtlich geschützter Interessen» (vgl. STARK 172 N. 132; 212 f N. 53). 6

Die Ansprüche aus Art. 679 sind somit nur gegeben zur Beseitigung bestehender oder zur Unterlassung künftiger Störungen und zum Ersatz von aus früherer Verletzung entstandenem Schaden. Ein zeitlich zurückliegender, nicht mehr andauernder Eingriff, der keinen Schaden hat entstehen lassen, wird von Art. 679 nicht erfasst. 7

Über die erwähnten Rechtsbehelfe hinaus gewährt die Praxis (obschon das Gesetz davon ausgeht, der Grundeigentümer müsse sein Eigentumsrecht überschritten haben) richtigerweise auch dann Rechtsschutz, wenn eine Eigentumsüberschreitung mit bestimmter Wahrscheinlichkeit erst bevorsteht (hinten N. 111 ff). Sie ermöglicht damit eine Abwägung der gegenseitigen Interessen in einem Zeitpunkte, da die Frage der Erhaltung oder Zerstörung von oft erheblichen wirtschaftlichen Werten noch keine Rolle spielt und dementsprechend grössere Gewähr für eine unvoreingenommene Beurteilung besteht. Das Verbot einer erst geplanten Eigentumsüberschreitung trifft den beklagten Grundeigentümer meist weniger schwer als die spätere Aufforderung, einen rechtswidrigen Zustand wieder zu beseitigen. 8

Wert und Bedeutung von Art. 679 liegen nicht so sehr in der Statuierung der erwähnten Abwehransprüche (N. 3 f), welche die durch das Eigentums- und Besitzesrecht schon verliehene Rechtsstellung lediglich präzisieren und verstärken (dazu hinten N. 28 ff, 31 ff), als vielmehr in der Anordnung eines besondern Ersatzanspruches. Die hier festgelegte Schadenersatzpflicht des 9

Grundeigentümers geht insofern über diejenige der sonst anwendbaren Art. 41 ff OR hinaus, als das haftungsbegründende Ereignis von ihm nicht schuldhaft herbeigeführt worden sein muss. Art. 679 stellt eine Kausalhaftung auf (hinten N. 104).

10 Diese besonders strenge Haftung des Grundeigentümers findet ihre Rechtfertigung nicht (wie DES GOUTTES und GAUTIER, JT 1940 I 165 annehmen) in einer in der blossen Existenz des Grundstückes liegenden besonderen Gefährdung; aber auch nicht (wie LEEMANN in der Vorauflage, Art. 679 N. 3, und mit ihm zahlreiche andere meinten) in dem Billigkeitsmoment des Interessenausgleichs: Weil der Eigentümer als solcher einerseits die ihm durch die Rechtsordnung gewährten grossen Vorteile des Grundeigentums geniesse, solle er andererseits für die Nachteile, die Drittpersonen mit oder aus dem Eigentum zugefügt werden, diesen Personen schlechthin verantwortlich sein. Der gesetzgeberische Grund der in Art. 679 getroffenen Sonderregelung beruht vielmehr auf dem sachenrechtlichen Verhältnis der Nachbarschaft. Die nachbarliche Beziehung zwischen Grundeigentümern verlangt nicht nur die Statuierung von gegenseitigen Duldungspflichten bzw. Duldungsansprüchen. Sie verlangt auch eine Verschärfung der Verantwortung im Falle der Überschreitung solcher Schranken. Diese Tendenz ist zum Teil erkennbar in den ausländischen Rechtsordnungen, die eine dem Art. 679 ZGB entsprechende Norm nicht kennen (vorn S. 346 f), ganz besonders aber in der bundesgerichtlichen Rechtsprechung vor Einführung des ZGB; schon damals war es für den schweizerischen Richter selbstverständlich, bei Verletzung der Rechte der Nachbarn eine Schadenersatzpflicht nicht nur eintreten zu lassen, wenn die Voraussetzungen von aOR 50 ff (= revOR 41 ff) erfüllt waren (vgl. BGE *8* 362; *24* II 257, wo schon vom Erfordernis des Verschuldens abgesehen wurde).

11 Eine solche Ergänzung des nachbarrechtlichen Duldungsanspruches auf dem Gebiete des Schadenersatzrechtes ist – wie STARK 222 überzeugend dargelegt hat – heute besonders erwünscht, «weil sich... infolge der Industrialisierung die Eigentumsausübung von Grundstück zu Grundstück stark unterscheidet. In der Praxis nützt heute derjenige Grundeigentümer, dessen Duldungspflicht stark in Anspruch genommen wird, meistens sein eigenes Einwirkungsrecht gegenüber den Nachbarn nicht aus, so dass der eine durch das Nachbarrecht vorwiegend begünstigt, der andere vorwiegend benachteiligt wird. Bei der früher üblichen gleichartigen Bewirtschaftung ganzer Gegenden fand demgegenüber immer wieder ein Ausgleich zwischen Duldungsanspruch und Duldungspflicht statt und bestand deshalb kein Bedürfnis nach einer Korrektur auf dem Haftpflichtsektor. Das ZGB hat diesen Verhältnissen nicht durch eine verschärfte Verschuldenshaftung für die Überschreitung der nachbarrechtlichen Befugnisse, sondern durch den gänz-

lichen Verzicht auf das Verschulden als Voraussetzung der Haftpflicht Rechnung getragen. Damit verpflichtet es den Grundeigentümer zu Leistungen aus seinem Vermögen auch in Fällen, in denen ihn kein Vorwurf trifft».

2. Stellung von ZGB 679 innerhalb des Rechts der ausservertraglichen Schädigung

a) Verhältnis zu OR 41 12

Das Verhältnis von OR 41 zu ZGB 679 ist dasjenige zwischen genereller und spezieller Norm. Indem Art. 679 kein Verschulden voraussetzt (N. 9, 104 ff), stellt er eine Ausnahme gegenüber der allgemeinen Regel von OR 41 dar. Sind die Voraussetzungen von Art. 679 gegeben und ist dem Grundeigentümer zudem ein schuldhaftes Verhalten vorzuwerfen, so bleibt der Geschädigte dennoch auf die Anrufung von ZGB 679 beschränkt; die Anwendung von OR 41 ist ausgeschlossen. Die besondere Ausgestaltung des subjektiven Tatbestandes fällt lediglich als sogenanntes zusätzliches Verschulden in Betracht.

Überall dort, wo mangels Erfüllung sämtlicher Erfordernisse ZGB 679 13
nicht angewendet werden kann, ist dagegen zu prüfen, ob eine Schadenersatzpflicht gemäss OR 41 gegeben sei.

Für das entsprechende Verhältnis zwischen OR 58 und OR 41 s. Oftinger 14
II/1 18 ff.

b) Standort im Haftpflichtrecht im allgemeinen 15

Im Haftpflichtrecht (d.h. innerhalb der Rechtssätze, die im Gebiete des ausservertraglichen Schadenersatzrechtes die Kausalhaftpflicht ordnen) nimmt Art. 679 insofern eine Sonderstellung ein, als die von ihm statuierte Grundeigentümerverantwortlichkeit sich weder der Kategorie der gewöhnlichen Gefährdungshaftungen (denn das Grundstück und seine Bestandteile stellen in der Regel nicht schon durch die blosse Tatsache ihrer Existenz eine Gefahr für die Umwelt dar; so Oftinger, Haftpflichtrecht I 20 f entgegen BGE *48* II 478), noch derjenigen der sogenannten gewöhnlichen Kausalhaftungen oder Kausalhaftungen im engeren Sinne zwangslos zuordnen lässt (denn die Bestimmung der haftungsbegründenden Ursachen erfolgt nach anderen Gesichtspunkten). Dazu namentlich Stark 219 ff, 167 ff.

c) Verhältnis zu OR 55 16

Soweit der an einem Grundstück dinglich Berechtigte nach ZGB 679 für Hilfspersonen einzustehen hat (vgl. hinten N. 63 ff), ist eine Berufung auf

OR 55 ausgeschlossen. Das Verhältnis von ZGB 679 (als der speziellen Norm) zu OR 55 (als der allgemeinen) ist beherrscht vom Grundsatz der Exklusivität (OFTINGER, Haftpflichtrecht II/1 102).

17 **d) Verhältnis zu OR 56**

Tiere können die Ursache für eine Überschreitung des Grundeigentumsrechts im Sinne von ZGB 679 sein: dann, wenn sie im Rahmen der Bewirtschaftung des Grundstückes verwendet werden und von ihnen Einwirkungen mittelbarer Art (Lärm, üble Gerüche) auf die Nachbargrundstücke ausgehen. Vgl. als Beispiele aus der Gerichtspraxis:

- Schweine (*42* II 437, *51* II 398, *56* II 360, *58* II 116, *58* II 336; SJZ *38* 69 Nr. 9; JT *1931* I 172, *1933* I 80);
- Hunde (SJZ *10* 103 Nr. 87);
- Pferde (BGE *40* II 445; SJZ *11* 109 Nr. 75);
- Hühner (SJZ *12* 315 Nr. 275);
- Kühe (JT *1920* I 25);
- Pfauen (JT *1914* I 272).

18 Sind gleichzeitig auch die Voraussetzungen von OR 56 erfüllt, können beide Normen angewendet werden (OFTINGER, Haftpflichtrecht II/1 187).

19 Überschreitet ein Tier dagegen die Grundstücksgrenzen und schädigt es durch unmittelbare Einwirkung Sachen oder Personen, so ist der Tatbestand ausschliesslich nach OR 56 zu beurteilen. In einem solchen Fall ist ZGB 679 grundsätzlich nicht anwendbar (SJZ *47* 112 f Nr. 36 betreffend Laufenlassen von Hühnern). Doch bestehen Ausnahmen, so für Bienen (SJZ *40* 123 Nr. 72; entsprechend LEEMANN in SJZ *33* 307; anders KISTLER WILHELM, Schweizerisches Bienenrecht [Diss Zürich 1944] 61 ff; vgl. auch ZBJV *54* 20; BlZR *1* Nr. 243).

20 **e) Verhältnis zu OR 58**

Vgl. hiezu insbesondere die Monographie von FROELICHER.

In Art. 679 erblickte man zunächst (vgl. die Hinweise auf die Materialien bei ROTHENHÄUSLER 74 f und STARK 78 N. 155; im Entwurf der Expertenkommission für die Revision des OR von 1905 figurierte die Grundeigentümerverantwortlichkeit bezeichnenderweise in Art. 1073 I) und noch während einiger Zeit (vgl. z. B. ROSSEL/MENTHA, N. 1272 und sogar noch die im Jahre 1933 erschienene Lieferung des HAABschen Kommentars, Art. 679 N. 1) eine Verallgemeinerung und auf der gleichen ratio beruhende Ergänzung von Art. 58 OR.

21 Diese Ansicht lässt sich nur zum Teil aufrechterhalten. Zutreffend ist, dass OR 58 durch ZGB 679 insofern ergänzt wird, als diese Bestimmung eine

Haftpflicht für nachbarliche Schädigungen begründet, auch wo der Schaden nicht die Folge fehlerhafter Herstellung oder mangelhafter Unterhaltung eines Werkes ist, sondern sich ganz allgemein auf eine Überschreitung des Eigentumsrechtes zurückführen lässt. Indessen erschöpft sich die Funktion von ZGB 679 keineswegs darin, OR 58 zu ergänzen. Entscheidend ist vielmehr die Feststellung, dass sich ZGB 679 auf einen andern Tatbestand bezieht als OR 58 (Oftinger II/1 17). Der Anwendungsbereich von ZGB 679 ist im Verhältnis zu demjenigen von OR 58 nicht etwa der grössere von zwei konzentrischen Kreisen. Die beiden Kausalhaftungsnormen stehen im Verhältnis der Nebenordnung und überschneiden sich nur insofern, als in einem konkreten Fall die Erfordernisse beider erfüllt sein können (N. 23).

Die beiden Haftungsarten beruhen somit auf verschiedenen Voraus- 22
setzungen. ZGB 679 setzt voraus, dass Schaden gestiftet wurde durch die Art der Benutzung des Grundstückes (nämlich durch Überschreitung der dem Grundeigentum durch das Nachbarrecht gezogenen Schranken: hinten N. 76 ff). OR 58 bezeichnet demgegenüber als Haftungsgrundlage die Verletzung einer Sorgfaltspflicht (das Werk muss durch seinen mangelhaften Zustand Schaden gestiftet haben). Die Haftpflicht nach ZGB 679 ist im Gegensatz zu derjenigen aus OR 58 nachbarrechtlicher Natur. Dementsprechend ist auch der Kreis der Anspruchsberechtigten und Anspruchsverpflichteten verschieden. Die Aktivlegitimation kommt nach OR 58 jedem geschädigten Dritten zu, nach ZGB 679 nur dem Nachbarn (hinten N. 38 ff). Passivlegitimiert ist demgegenüber im Falle von OR 58 nur der Eigentümer des schadenstiftenden Werkes (BGE *40* II 220; das kann allerdings unter Umständen auch ein am Grundstück nur beschränkt dinglich Berechtigter sein: Liver, Art. 737 N. 106), im Falle von ZGB 679 neben dem Grundeigentümer auch Inhaber beschränkter dinglicher Rechte (hinten N. 58 ff).

Soweit die Voraussetzungen beider Vorschriften erfüllt sind (ein Werk- 23
mangel führt zu einer Überschreitung der Schranken des Grundeigentums), können beide zur Begründung der Ersatzansprüche angerufen werden (Oftinger, Haftpflichtrecht I 300, II/1 16 N. 40).

Unhaltbar ist die vom Bundesgericht vorgenommene Grenzziehung nach 24
der Art des geschädigten Gutes: Die Haftung aus OR 58 beschränke sich auf die Schädigung von Personen und beweglichen Sachen, die bei der Benutzung des Werkes mit diesem in Berührung kommen, während ZGB 679 bei Einwirkungen auf Grundstücke anwendbar sei (BGE *61* II 326, *70* II 87 und weitere, nicht veröffentlichte Entscheidungen, auf die von Stark 79 N. 167 hingewiesen wird). Diese Unterscheidung entbehrt der sachlichen Begründung. Aus der Tatsache, dass durch Werkschäden meistens bewegliche Sachen und Personen geschädigt werden, wird eine Rechtsregel abgeleitet. Mit Recht treten für einen weiten, auch die Schädigung von Grundstücken

und Grundstücksteilen umfassenden Anwendungsbereich von OR 58 ein: LIVER, Art. 737 N. 106; OFTINGER, Haftpflichtrecht II/1 16 N. 38 unter Hinweis auf BGE *46* II 241; ZSGV *45* 186; SJZ *40* 9 f. – In gleicher Weise unzulänglich die Gegenüberstellung von passivem und aktivem Moment i. S. von HAUSER 22 ff (dazu FROELICHER 50).

25 Als zusätzliche Hilfsmittel bei der Grenzziehung im Einzelfall können gewisse Dienste leisten:

– Die Unterscheidung BLUMERS (215) zwischen absoluter und relativer Fehlerhaftigkeit eines Werkes. Richtig ist, dass bei relativer Fehlerhaftigkeit des Werkes nur ZGB 679 anwendbar ist; dagegen ist die Ansicht, dass auf Schädigungen durch ein absolut fehlerhaftes Werk nur OR 58 anzuwenden sei, unhaltbar, weil eine solche Schädigung – sofern sie nachbarrechtlicher Natur ist – zugleich eine Eigentumsüberschreitung im Sinne von Art. 679 darstellen kann.

26 – Das Abstellen auf den Zweck eines Werkes im Sinne von FROELICHER (79 ff): «Gehen nachbarliche Schädigungen von Gebäuden oder andern Werken aus, so ist die Werkhaftung nur anwendbar, wenn die Werke den Anforderungen, die ihr Zweck an sie stellt, nicht entsprechen. Genügt hingegen der Zustand eines Werkes den Zwecken seines Eigentümers, kann auf Schädigungen benachbarter Grundstücke nur die Grundeigentümerhaftung angewendet werden.» (87).

27 Die bei allen Unterschieden doch vorhandene grundsätzliche Verwandtschaft von OR 58 und ZGB 679 darf jedoch nicht übersehen werden. Sie kann im Falle von Lückenausfüllungen zu beachten sein, was das BGer beispielsweise bei der Frage des Verjährungsbeginnes in BGE *81* II 449 zutreffend getan hat.

3. ZGB 679 und der Eigentumsfreiheitsanspruch

28 Ausgangspunkt für die Abwehransprüche aus Art. 679 ist nicht – wie beim Eigentumsfreiheitsanspruch – das Eigentumsrecht des Gestörten, sondern das Eigentumsrecht des Störers. Voraussetzung der Klage ist nicht etwa – wie im Falle von ZGB 641 II – eine beliebige widerrechtliche Störung, sondern dazu eine besondere Art der Ursache: Die Gefährdung oder Schädigung muss auf eine Überschreitung des Eigentumsrechtes (und zwar eine das Eigentumsrecht des Nachbarn verletzende; s. hinten N. 38 ff, 76 ff) zurückzuführen sein. Dennoch weisen die Negatorienklage und die Klage aus Art. 679 im Ergebnis weitgehende (aber nicht durchgehende) Übereinstimmung auf.

29 Der von Art. 679 gewährte Rechtsschutz ist einerseits weiter, andererseits enger als der durch Art. 641 II eingeräumte. Art. 679 statuiert nicht nur wie Art. 641 II Beseitigungs- und Unterlassungsansprüche, sondern auch Scha-

denersatzansprüche. Dagegen bezieht sich Art. 679 nur auf Grundeigentum, und es ist der Anwendungsbereich der Klagen aus Art. 679 insofern kleiner gegenüber demjenigen der negatorischen Klage, als die Passivlegitimation bei dieser jedem beliebigen Störer zukommt (Art. 641 N. 61), bei jenen aber nur dem Eigentümer des Grundstückes, von dem die Schädigung oder Gefährdung ausgeht, und gewissen Inhabern beschränkter dinglicher Rechte daran (hinten N. 52 ff).

Diese Verengung des Kreises der Passivlegitimierten hat auch seine Vorteile. Der Beeinträchtigte kann sich, ohne Nachforschungen nach der Person des Störers anzustellen (z. B. nach der Person des lärmenden Mieters), an den Grundeigentümer halten.

Nach Ansicht des Bundesgerichtes stehen die Art. 641 II und 679 im Ver- 30
hältnis der generellen zur speziellen Norm. Sofern in einem Fall die Voraussetzungen beider Bestimmungen gleichzeitig erfüllt sind, ist daher Art. 679 und nur dieser anzuwenden (BGE *73* II 156 f; im Anschluss daran bezeichnet Oftinger, Haftpflichtrecht II/1 17, ZGB 679 als eine Präzisierung der Negatorienklage; a. M. Homberger/Marti, SJK 429 S. 2). Darüber, dass dem Art. 641 II auch im Verhältnis unter Grundnachbarn ein weiterer Anwendungsbereich zukommen kann: BGE *88* II 266 ff.

4. ZGB 679 und die Besitzesschutzklagen

Wie Art. 679 gewährt auch Art. 928 Unterlassungs-, Beseitigungs- und 31
Schadenersatzansprüche. Die Anwendungsbereiche der possessorischen Klagen und der Klagen aus ZGB 679 überschneiden sich dabei zum Teil. Über ihr gegenseitiges Verhältnis vgl. SJZ *4* 190 Nr. 534; BlZR *23* Nr. 196, *28* Nr. 5, *39* Nr. 70 S. 141; Stark 183 ff, 210 ff; Oftinger, Lärmbekämpfung 17; Hafter 36 ff. Die Beseitigungsklage aus Art. 679 hat gegenüber derjenigen aus Art. 928 namentlich den Vorteil der Unverjährbarkeit.

Das kantonale Recht kann auch hier (vgl. bezüglich Art. 679 hinten N. 116, 32
138) neben dem ordentlichen Prozessweg ein summarisches Verfahren zur Verfügung stellen (vgl. SJZ *58* 202 f Nr. 134; für das zürcherische Recht § 292 Ziff. 3 ZPO und dazu SJZ *52* 78 Nr. 42 E. 6).

5. ZGB 679 und das Persönlichkeitsrecht

Art. 679 dient der Sanktion von Verletzungen nachbarrechtlicher Vor- 33
schriften. Deren volle Verwirklichung vermag er aber nicht zu gewährleisten, auch nicht zusammen mit den übrigen sachenrechtlichen Behelfen, wie namentlich denjenigen aus ZGB 928. Sie alle gewähren z. B. keinen Anspruch auf Genugtuung (vgl. SJZ *14* 77). Hier ist zur Ergänzung auf die Bestim-

mungen über den Schutz der Persönlichkeit zurückzugreifen. Einige Normen des Nachbarrechts sind ja nicht so sehr vom Sachenrecht als vielmehr vom Persönlichkeitsrecht her bestimmt. Mit Recht hat EGGER (Über die Rechtsethik des schweizerischen Zivilgesetzbuches [Zürich 1939] 110) bezüglich ZGB 684 gefordert, es müsse «in immer neuer, sorgfältiger Interessenabwägung festgestellt werden, was der Nachbar dem Nachbarn schuldig sei an Rücksicht und Schonung, und zwar keineswegs nur, wie man aus dem sachenrechtlichen Standort der Norm schliessen könnte, in seinem Eigentum, sondern vorzugsweise in seinen persönlichen Gütern: Gesundheit, Nervenkraft, Nachtruhe, moralisches und ästhetisches Empfinden». Nur die Heranziehung von ZGB 28 und OR 49 und die Gewährung der dort vorgesehenen Ansprüche auf Abwehr, Schadenersatz und Genugtuung wird imstande sein, das Nachbarrecht des Zivilgesetzbuches auch dort zu verwirklichen, wo die spezifisch sachenrechtlichen Klagen keinen oder keinen vollen Schutz gewähren. Für den privatrechtlichen Lärmschutz hat OFTINGER (Lärmbekämpfung 18 f, 30) nachdrücklich auf diese Möglichkeit hingewiesen. Vgl. auch MEIER-HAYOZ, Technische Entwicklung 49 ff; BUCHER EUGEN, Neues auf dem Gebiete des privatrechtlichen Persönlichkeitsschutzes, Annuario di Diritto Comparato e di Studi Legislativi, Vol. XXXIV Ziff. IV, und hinten N. 88, 133.

6. Verhältnis von ZGB 679 zu ZGB 2

34 Wo immer ein Verhalten des Eigentümers sich als offenbarer Missbrauch des Eigentumsrechts darstellt, namentlich wo eine Einwirkung auf andere Grundstücke nur in der Absicht erfolgt, einem Nachbarn Schaden zuzufügen (Beispiel: Neidbau), ist ZGB 2 II anwendbar: Es findet keinen Rechtsschutz.

35 Ob ein solcher Verstoss des Grundeigentümers gegen ZGB 2 sich gleichzeitig als Überschreitung des Grundeigentums im Sinne von ZGB 679 darstelle, ist umstritten. Die herrschende Lehre bejaht es (vgl. LEEMANN in der Vorauflage Art. 679 N. 9; WIELAND, Art. 679 N. 2 lit. *a*; HOMBERGER/MARTI, SJK 430; BAUHOFER 163; ROBICHON 24 f; ROTHENHÄUSLER 91; KOLB, ZSR *71* 137 *a*). Zu Unrecht. Im Wortlaut von Art. 679 ist von Überschreitung des Rechts, nicht von Missbrauch die Rede. Im französischen Text wurde bezeichnenderweise die im VE (Art. 736 I) enthaltene Wendung «faire abus» durch «excès» ersetzt (STARK 54 N. 13; L'HUILLIER 25 *a* N. 69). Der Ausnahmecharakter von Art. 679 (Statuierung einer Kausalhaftung) legt sodann eine restriktive Interpretation in diesem Punkt nahe. Schliesslich ergäben sich unbefriedigende Situationen, wenn der Grundeigentümer bei der grundsätzlich zu bejahenden Verantwortlichkeit für Dritte (hinten

N. 63 ff) auch für deren missbräuchliches Verhalten einzustehen hätte. Zutreffend in diesem Sinne BACHMANN 35 ff; BLUMER 175 f; L'HUILLIER 23*a* ff.

7. Verhältnis zu ZGB 684

Das von Art. 684 normierte Verbot übermässiger Einwirkungen ist der 36 praktisch wichtigste Tatbestand der Überschreitung des Eigentumsrechts, welche nach Art. 679 die Verantwortlichkeit des Grundeigentümers auslöst. Deutlicher als im deutschen Wortlaut kommt dieses Aufeinanderabgestimmtsein im französischen Text zum Ausdruck, wo sowohl «Überschreitung» des Art. 679 wie «übermässige Einwirkung» des Art. 684 mit «excès» wiedergegeben wird. Was nach Art. 684 als übermässig erscheint, löst die Grundeigentümerhaftung des Art. 679 aus. Vgl. z. B. BGE *81* II 442 f; *88* II 263 ff.

8. Analoge Anwendung auf Fahrniseigentum?

Art. 679 bezieht sich nach Wortlaut (jedenfalls nach dem deutschen, wo 37 ausdrücklich von «Grundeigentümer» die Rede ist, währenddem im französischen nur von «propriétaire», im italienischen von «proprietario» gesprochen wird) und systematischer Stellung nur auf das Grundeigentum, nicht auf das Eigentum überhaupt. Die Kausalhaftung greift daher nicht Platz bei Schadenszufügung oder Schadensdrohung durch Fahrnisgegenstände für sich allein, ohne Verbindung mit einem bestimmten Grundstück. Eine analoge Anwendung der Bestimmung auf das Fahrniseigentum drängt sich nicht auf, da Art. 679 gegenüber den Vorschriften des gemeinen Schadenersatzrechtes eine Ausnahmevorschrift darstellt, die vom Richter nicht auf Tatbestände ausgedehnt werden darf, welche vom Gesetzgeber nicht erfasst werden wollten. Nach Erl II 95 ist Art. 679 nämlich bewusst nicht als allgemeine Eigentumsregel aufgestellt worden, weil eine solche Ergänzung nicht als Bedürfnis empfunden wurde. HAAB (Art. 679 N. 3) zweifelt zwar unter Hinweis auf CCfr 1384 an der Stichhaltigkeit dieser Überlegung. Die Diskussion darüber kann aber nur eine solche de lege ferenda sein. Unstatthaft ist es jedenfalls, ohne Gesetzesrevision die klare negative Entscheidung des Gesetzes zu missachten und die Haftungsbestimmung des Art. 679 analog auf das Fahrniseigentum anzuwenden, wie es das Luzerner Obergericht getan hat (vgl. SJZ *39* 200 ff Nr. 121: Schaden, den ein Fahrniseigentümer beim Demontieren seiner Sachen, die sich im Hause eines Dritten befinden, verursacht; s. auch Entscheidungen des Appellationsgerichtes Basel-Stadt *1941/42* 120).

II. AKTIVLEGITIMATION

1. Der Anspruch steht nur dem Nachbarn zu

38 Die früher herrschende Lehre gewährte den Anspruch aus Art. 679 jedermann, der infolge der Überschreitung des Grundeigentums geschädigt oder mit Schaden bedroht wird, also nicht etwa bloss dem Eigentümer des Nachbargrundstückes oder dem daran beschränkt dinglich Berechtigten, sondern auch dem Mieter und gegebenenfalls beliebigen Dritten (LEEMANN, in der Vorauflage Art. 679 N. 21; HAAB, Art. 679 N. 10; WIELAND, Art. 679 N. 6; CURTI, Art. 679 N. 1; HOMBERGER/MARTI, SJK 430; BACHMANN 148; ROTHENHÄUSLER 110; SCHLEGEL 37; JOST 34).

39 Auch in der Praxis wurde vorwiegend eine extensive Interpretation befürwortet. In zahlreichen obiter dicta kommt zum Ausdruck, dass jeder beliebige Dritte, nicht etwa nur der Eigentümer des Nachbargrundstückes oder der daran irgendwie Berechtigte, anspruchsberechtigt sei:

BGE *59* II 137: «Die Ansprüche gegen den Grundeigentümer, der sein Eigentumsrecht überschreitet, stehen jedermann zu, der dadurch geschädigt wird...»

BGE *73* II 154: «Il ressort ... du texte de l'art. 679 que le propriétaire ne peut être recherché qu'autant que la manière d'exercer son droit dépasse les limites dans lesquelles il aurait dû normalement demeurer, eu égard aux intérêts des tiers, propriétaires voisins ou tiers quelconques.»

Vgl. auch SJZ *46* 380 Nr. 121; BlZR *27* Nr. 39; ZBJV *66* 17; *69* 498.

40 In einigen Entscheiden ist tatsächlich auch beliebigen Drittpersonen ein Klagerecht eingeräumt worden. So in SJZ *42* 203 f Nr. 81, wo eine Überschreitung des Grundeigentums darin erblickt wurde, «dass gefällte Bäume in der Weise liegen gelassen wurden, dass ihre Stämme über die Grenze des Grundstückes hinaus in den Luftraum über einen Weg ragten und dort zu einem Unfall zufolge Scheuwerdens von Zugtieren Anlass gaben.»

41 Zugunsten dieser weiten Auslegung pflegt man sich namentlich auf den Wortlaut des Gesetzes zu berufen («Wird jemand ... geschädigt», «celui qui subit un dommage ...»; «chiunque sia danneggiato ...»). Auch soziale Gesichtspunkte führt man zu ihren Gunsten ins Feld: Es entspreche der in unserer Rechtsordnung begründeten sozialen Gebundenheit des Grundeigentums, jedem den Rechtsschutz zuzubilligen, der infolge einer Überschreitung geschädigt oder mit Schaden bedroht wird». (BACHMANN 148/149; ebenso KOLB 106*a*.)

42 Zutreffender geht nun aber die neueste Praxis und Literatur – nach einer Neubesinnung auf Natur, Wesen und Zweck von Art. 679 – davon aus, die Aktivlegitimation stehe nur dem Nachbarn zu. Unter Überschreitung des

Grundeigentums im Sinne dieser Bestimmung ist die Nichtbeachtung nachbarrechtlicher Eigentumsbeschränkungen zu verstehen (vgl. N.76 ff), einer Vorschrift also, die den Nachbarn, nicht aber jeden beliebigen Dritten schützt. Vgl. in diesem Sinne BGE *75* II 116: Anspruchsberechtigt aus Art. 679 ist neben dem Eigentümer nur ein Besitzer kraft beschränkten dinglichen oder kraft persönlichen Rechtes. Daher steht bei Schädigung des Fischbestandes eines öffentlichen Flusses die Ersatzklage nicht den Fischereipächtern oder den Patentfischern, sondern dem Staate als dem Herrn des öffentlichen Flusses und Inhaber des Fischereiregals zu. Ebenso BGE *83* II 375 ff, wonach der Schutz beim Art. 679 neben dem Eigentümer nur demjenigen zusteht, der das Nachbargrundstück kraft eines beschränkten dinglichen oder eines persönlichen Rechtes besitzt. Aus der Doktrin vgl. namentlich Stark (189 ff, 205 ff) und L'Huillier (ZSR *71* 260 ff, 388*a* ff).

Für diese aus der ratio von Art. 679 (darüber vorn N. 10 f) zwingend hervorgehende Beschränkung des Kreises der Aktivlegitimierten spricht namentlich auch die Vorgeschichte seiner Entstehung. Art. 679 ist der gesetzgeberische Niederschlag einer schon im letzten Jahrhundert begründeten bundesgerichtlichen Praxis, wonach unter Nachbarn eine Schadenersatzpflicht auch für den Fall der schuldlosen Überschreitung nachbarrechtlicher Schranken bejaht wurde (vgl. BGE *8* 379; *24* II 257; *28* II 286). Schliesslich kann man diese gegenüber dem Wortlaut restriktive Interpretation auch mit dem Hinweis auf die systematische Stellung von Art. 679 noch unterstützen. Dass er nicht im Obligationen-, sondern im Sachenrecht seinen Platz gefunden hat, «n'est pas sans exercer une influence sur la détermination du cercle des personnes qui sont fondées à intenter l'action» (L'Huillier 33*a* N. 91 a. E.). Es ist jedoch festzuhalten, dass die systematische Auslegungsmethode allein die Beschränkung der Aktivlegitimation auf die Nachbarn nicht zu begründen vermöchte. Denn nach Auffassung des Bundesrates hätte die Vorschrift über die Verantwortlichkeit des Grundeigentümers ebensogut im OR plaziert werden können (Botschaft 66/7; Art. 1073 I E rev OR) und auch an dem ihr schliesslich zugewiesenen Platz steht sie noch ausserhalb der eigentlich nachbarrechtlichen Bestimmungen (d. h. der Art. 684 ff). 43

2. Wer ist Nachbar?

Der Begriff des Nachbarn und damit die Frage der Legitimation zur Klage aus Art. 679 steht nicht ein für allemal fest. Massgebend ist vielmehr die im konkreten Fall verletzte nachbarrechtliche Vorschrift; dieser ist zu entnehmen, wem der betreffende nachbarrechtliche Anspruch zusteht. Das kann entweder nur der unmittelbar an das Grundstück (von welchem der 44

Schaden ausgeht) anstossende Grundeigentümer sein (wie z.B. in den Fällen von Art. 687/88; meist auch in denen von Art. 685: SJZ *58* 185 f Nr. 129). Oder es kann sich auch um einen weiteren Kreis von Eigentümern umliegender Grundstücke handeln (so im Falle von Art. 684 überhaupt jeder in näherer oder weiterer Entfernung, der von der Einwirkung betroffen wird; BGE *55* II 246; *62* I 12; *79* I 204; *81* II 443; BlZR *27* Nr. 39; SJZ *25* 60).

45 Kein Anspruch ist gegeben gegenüber einem andern am gleichen Grundstück dinglich Berechtigten, denn es fehlt an dem von Art. 679 vorausgesetzten nachbarlichen Verhältnis (dazu hinten N. 83).

3. Anspruchsberechtigung von Eigentümer und Besitzer

46

a) Eigentümer

Die Aktivlegitimation kommt auf jeden Fall dem Eigentümer des Nachbargrundstückes zu, gleichgültig, ob er das beeinträchtigte Grundstück selbst nutzt oder einem Dritten überliess, ob er unmittelbarer oder mittelbarer Besitzer ist. Eine Ausnahme ist nur insofern anzunehmen, als der Eigentümer von Grund und Boden nicht gegen Einwirkungen vorgehen kann, die nur das auf seinem Grundstück befindliche Gebäude eines Baurechtsberechtigten in Mitleidenschaft ziehen.

47 Steht das geschädigte oder mit Schaden bedrohte Grundstück in Miteigentum, kann jeder Miteigentümer klagen (ZGB 648 I; dort N. 5; SJZ *24* 152 Nr. 138; BlZR *30* Nr. 146). Eine Präventiv-, Unterlassungs- oder Beseitigungsklage wirkt sich im Falle der Gutheissung notwendigerweise auch zugunsten der übrigen Miteigentümer aus. Die Schadenersatzklage eines einzelnen geht dagegen nur auf Zusprechung des auf ihn entfallenden Anteils.

48 Im Falle von Gesamteigentum ist für die Abwehrklagen das Vorgehen eines einzelnen Gesamthänders als zulässig zu betrachten, bei Schadenersatzklagen dagegen gemeinsames Handeln – von besonderen Ausnahmen abgesehen – notwendig (vgl. Art. 653 N. 3).

49 Zum Schutze von Fiskalgut steht dem Staate die Anspruchsberechtigung zu (BlZR *12* Nr. 99); nicht aber zur Wahrung öffentlicher Interessen (SJZ *37* 330 Nr. 210).

b) Inhaber von beschränkten dinglichen Rechten

50 Anspruchsberechtigt ist nicht jeder beschränkt dinglich Berechtigte schlechthin, sondern nur derjenige, welcher eine tatsächliche Herrschaft

über das betroffene Grundstück ausübt (die aber nicht unbedingt die Erfordernisse des Besitzes im Rechtssinne erfüllen muss), und nur in dem Ausmasse, als er durch die nachbarliche Eigentumsüberschreitung in dieser Ausübung der tatsächlichen Herrschaft beeinträchtigt wird (BlZR *31* Nr. 29; zustimmend LIVER, Art. 737 N. 114; betreffend Bauberechtigte Art. 675 N 15 a. E.). Dem Grundpfandgläubiger stehen im Falle von durch unzulässige Einwirkungen zu befürchtendem oder schon herbeigeführtem Schaden die besonderen Rechtsmittel von ZGB 808 ff zur Verfügung, weshalb er auf den Schutz durch Art. 679 nicht angewiesen ist (vgl. L'HUILLIER 44*a* f).

c) Obligatorisch Berechtigte 51

Die Ansprüche aus Art. 679 stehen auch dem obligatorisch Berechtigten zu, sofern er an der beeinträchtigten Sache Besitz hat. Das ist regelmässig bei Miete und Pacht der Fall (vgl. aber BGE *75* II 116, wo festgestellt wird, eine Fischereipacht verleihe dem Konzessionär nicht Besitz am Gewässer, sondern nur bestimmte Nutzungsrechte; anders dagegen BlZR *39* Nr. 70), ausnahmsweise aber auch bei andern Vertragsverhältnissen. Diese Gleichstellung von Besitzesstörung und Beeinträchtigung des Eigentumsrechtes ist durchaus am Platze, «denn auch die Besitzer von Grundstücken sind den Einwirkungen von den Nachbargrundstücken zwangsläufig und regelmässig ausgesetzt», und die Herrschaft des Besitzers über das Grundstück geniesst auch sonst «einen ähnlichen rechtlichen Schutz wie das Eigentumsrecht» (STARK 195).

III. PASSIVLEGITIMATION

1. Eigentümer

Die Ansprüche aus Art. 679 richten sich gegen den Eigentümer, welcher sein Grundeigentumsrecht überschreitet. Von diesem (und nur von diesem) ist ausdrücklich im Wortlaut des Artikels und im Randtitel die Rede. Darüber bestehen daher keine Meinungsverschiedenheiten. Haftbar ist derjenige, welcher zur Zeit der Schadensstiftung Eigentümer ist oder war; dass er im Grundbuch eingetragen sei, ist nicht notwendig (s. Art. 656 N. 70). Die Tatsache der Eintragung oder Nichteintragung im Grundbuch hat lediglich Bedeutung für die Verteilung der Beweislast (vgl. L'HUILLIER 62*a* f N. 170). 52

Ist der Anspruch auf Beseitigung eines gefahrdrohenden Zustandes gerichtet, so ist ihm nicht nur derjenige ausgesetzt, welcher ihn selbst 53 geschaffen hat, sondern auch ein späterer Erwerber des Grundstückes, der den Zustand bestehen lässt. Und zwar richtet sich im Falle einer Handänderung sowohl die Präventiv- wie die Beseitigungsklage notwendigerweise gegen den jetzigen Eigentümer. Denn nur der momentane Eigentümer kann dazu verurteilt werden, die nötigen Massnahmen zur Beseitigung der Schädigung oder zum Schutz gegen drohende Beeinträchtigung zu treffen.

54 Die Schadenersatzklage ist dagegen entweder gegen den früheren Eigentümer allein oder gegen den Erwerber allein oder sowohl gegen jenen wie auch gegen diesen anzustrengen, je nachdem, ob das schädigende Verhalten ganz der Zeit vor oder nach der Handänderung angehört oder sich über beide Zeitabschnitte erstreckt (so auch L'Huillier 64*a* ff mit zutreffender Kritik an Haab, Art. 679 N. 11 und an ZBJV *74* 563). Die Schadenersatzpflicht für einen schon vor der Handänderung verursachten Schaden geht somit nicht auf den Erwerber über (vgl. Entscheidungen des Basler Appellationsgerichtes 1941/42 65).

55 Im Falle von Gesamteigentum sind grundsätzlich sämtliche Gesamthänder ins Recht zu fassen (vgl. Art. 653 N. 6; L'Huillier 66*a* f); im Falle von Miteigentum bilden bei den Abwehrklagen die Miteigentümer eine notwendige Streitgenossenschaft (Art. 646 N. 70), währenddem die Schadenersatzklage angesichts der solidarischen Haftung der Miteigentümer (Art. 646 N. 81) auch gegenüber einem einzigen erhoben werden kann.

56 Über die Rechtslage nach dem Tode des verantwortlichen Grundeigentümers vgl. L'Huillier 63*a* f N. 171.

57 Wieweit das Verhalten eines Dritten vom Eigentümer zu verantworten ist und wieweit es für ihn einen Entlastungsgrund darstellt (dazu hinten N. 103), entscheidet sich nach dem zwischen dem Dritten und dem Eigentümer bestehenden Rechtsverhältnis; nämlich danach, ob es dinglicher oder obligatorischer Natur sei (N. 63 ff), ob es sich um privates oder öffentliches Grundeigentum handle (N. 68 ff) und ob der Dritte mit der Erlaubnis des Grundeigentümers das Grundstück genutzt habe oder nicht (N. 73; vgl. dazu auch L'Huillier 59*a* f).

2. Inhaber beschränkter dinglicher Rechte

58 Obschon im Marginale von Art. 679 nur von der Verantwortlichkeit des Grundeigentümers die Rede ist und ebenso nach dem Text die Ansprüche sich gegen den Grundeigentümer wenden, werden von der Praxis und der herrschenden Lehre (vgl. Rossel/Mentha II 353; Haab, Art. 679 N. 12; Liver, Einleitung N. 70; Stark 205 f; L'Huillier 71*a* ff; Bachmann 149; Roemer 24) auch Inhaber beschränkter dinglicher Rechte als passivlegitimiert bezeichnet, wenn die Eigentumsüberschreitung auf deren selbstän-

diges Verhalten zurückzuführen ist. Dieser Ausdehnung von ZGB 679 auf dem Wege der Analogie ist zuzustimmen, soweit es sich um beschränkte dingliche Rechte handelt, deren Inhabern am Ausgangsgrundstück ein Benutzungsrecht zusteht (denn diese unterliegen den nachbarrechtlichen Pflichten genau so wie der Eigentümer). Das ist der Fall bei zahlreichen Dienstbarkeiten und bei den selbständigen und dauernden Rechten. Ganz besonders (aber nicht nur – wie BLUMER 192 meint –) trifft das beim Baurecht zu (vgl. BGE *68* II 373 E.2: Bejahung der Passivlegitimation für eine auf dem kantonalzürcherischen Landwirtschaftsgesetz beruhende, im Sinne der Art. 675/676 ZGB bauberechtigte juristische Person).

LEEMANN, der (in der Vorauflage Art. 679 N. 27) dem Eigentümer nicht die erwähnten Inhaber beschränkter dinglicher Rechte schlechthin, sondern nur die Inhaber von Rechten, die als Grundstücke behandelt werden (ZGB 655 Ziff. 2 und 3), gleichstellte, hat die Abgrenzung nach einem formalen Kriterium vorgenommen, das für eine sachlich befriedigende Lösung nicht massgebend sein kann (dazu L'HUILLIER 72*a* f). 59

Über die umstrittene Frage, ob trotz Bejahung der Passivlegitimation für Inhaber beschränkter dinglicher Rechte der Grundeigentümer auch noch für deren Überschreitung des Eigentumsrechtes einzustehen habe, s. hinten N. 65 f. 60

3. Obligatorisch Berechtigte

Ob der Kreis der Passivlegitimierten auch auf bloss obligatorisch Berechtigte (z. B. Mieter und Pächter) erweitert werden soll, wie das für die Inhaber bestimmter beschränkter dinglicher Rechte geschah (vorstehend N. 58), oder ob es genüge, den Geschädigten in diesem Falle auf die Möglichkeit des Vorgehens gegen den Eigentümer zu beschränken (darüber hinten N. 63 ff), ist kontrovers. Das Bundesgericht hat dazu noch nicht Stellung genommen, in BGE *44* II 33 die Frage vielmehr ausdrücklich offen gelassen. Kantonale Entscheidungen haben sich dagegen für die Zulassung der Klage sowohl gegen die obligatorisch Berechtigten selbst wie gegen den Eigentümer ausgesprochen (vgl. SJZ *14* 75 Nr. 24; *14* 313 Nr. 274; *25* 10 Nr. 3; *37* 330 Nr. 209; Semjud *1918* 17; *1928* 318). In diesem Sinne lautet auch eine verbreitete Lehrmeinung: STRAK 206 f; ROSSEL/MENTHA II 353; WIELAND, Art. 679 N. 7; GUISAN JT *1951* I 141; BAUHOFER 128, 164 f; ROBICHON 100. Demgegenüber lehnen es ab, die Ansprüche aus ZGB 679 auch direkt gegen den obligatorisch Berechtigten zu gewähren: HAAB, Art. 679 N. 13; LIVER, Art. 737 N. 116; HOMBERGER/MARTI, SJK 430, 3; L'HUILLIER 76*a* ff; BACHMANN 150 f; BLUMER 191 f; FROELICHER 95; HAFTER 28 f; ROEMER 22 f; ROTHENHÄUSLER 106; SCHLEGEL 40; WEGMANN 11. 61

62 Überzeugende Argumente sprechen zugunsten dieses Standpunktes: Zutreffend weisen HAAB (N.13–16) und L'HUILLIER (78*a* ff) darauf hin, dass eine Ursache für die zahlreichen Unklarheiten in dieser Frage darin zu erblicken sei, dass die Ansprüche aus ZGB 641 II und aus ZGB 679 nicht genügend auseinandergehalten werden; Gegenstand und Funktion der beiden Klagen sind verschieden und dementsprechend auch der Kreis der Anspruchsgegner (vgl. vorn N.28 ff). Gegen die Erweiterung des Anwendungsgebietes von Art. 679 über den Eigentümer und die Inhaber beschränkter dinglicher Rechte hinaus spricht auch sein Charakter als Ausnahmevorschrift. Die hier statuierte Kausalhaftung darf durch den Richter nicht beliebig ausgedehnt werden; auch den andern Kausalhaftungen des schweizerischen Rechts «unterstehen nur diejenigen Personen, die alle in den betreffenden Normen umschriebenen Voraussetzungen erfüllen...» (STARK 70). Es besteht zudem auch gar kein Bedürfnis nach einer Unterwerfung weiterer Personen ausser dem Eigentümer und den Inhabern beschränkter dinglicher Rechte unter die verschärfte Haftung nach Art. 679; es genügt durchaus, dass der Verletzte die Möglichkeit hat, sich in jedem Falle an den Eigentümer zu halten, mag dieser selbst oder ein anderer, dem die Ausübung des Eigentums übertragen ist, der Urheber der Schädigung sein (vgl. hinten N. 63 ff). Auch Gründe der Praktikabilität sprechen gegen die Zuerkennung der Passivlegitimation an die obligatorisch Berechtigten (darüber L'HUILLIER 80*a* f).

4. Verantwortung für Dritte

63 Eigentümer und Inhaber beschränkter dinglicher Rechte können nicht nur dann gestützt auf ZGB 679 zur Verantwortung gezogen werden, wenn die Gefährdung oder Schädigung von ihnen ausgeht, sondern auch dann, wenn sie von ihren Hilfspersonen verursacht wird. Der Begriff der Hilfsperson ist dabei in seinem weitesten Sinne zu verstehen; er umfasst nicht nur Personen, die in Erfüllung eines Dienstvertrages oder eines ähnlichen Rechtsgeschäftes handeln, sondern beispielsweise auch einen am Grundstück obligatorisch Berechtigten. Der Eigentümer kann also in Anspruch genommen werden, auch wenn ein Dritter direkter Urheber der Beeinträchtigung oder des gefahrdrohenden Zustandes ist, sei es ein Mieter (BGE *44* II 33; Semjud *1918* 77; BlZR *54* Nr. 5 S. 17 f), sei es ein Pächter (BGE *45* II 402; SJZ *37* 330 Nr. 209), sei es sonst jemand, der berechtigt ist, das Grundeigentum zu benutzen, wobei nicht erforderlich ist, dass er Besitzer ist (BGE *75* II 116: Haftung der Eigentümerin einer in einen öffentlichen Fluss führenden Kanalisation für die durch Abwasser hervorgerufene Schädigung des Fischbestandes, obwohl die schädigenden Stoffe nicht aus

einem ihrer eigenen Betriebe, sondern aus an die Kanalisation angeschlossenen andern Betrieben stammten; vgl. auch BGE *76* II 129; *83* II 380: Haftung des Eigentümers für den vom beauftragten Bauunternehmer verursachten Schaden; Semjud *1928* 318: Haftung des Strandbadeigentümers für den durch Badende den Nachbarn verursachten Schaden; SJZ *14* 75 Nr. 24: Verantwortlichkeit des Wirtes für das mit seiner Erlaubnis im Wirtshausgarten abgehaltene Kegelspiel und den dadurch verursachten Lärm; SJZ *42* 203 f Nr. 81: Haftung des Eigentümers für Angestellte, Familienangehörige und Pächter).

Dieser Praxis ist zuzustimmen. Sie führt zu einem wirksameren Schutz 64
der Geschädigten bzw. der mit Schaden Bedrohten, als wenn diese gegen die störenden Dritten direkt vorgehen müssten. Andererseits belastet sie den verantwortlichen Grundeigentümer in durchaus zumutbarer Weise: Entspricht das eine Eigentumsüberschreitung herbeiführende Verhalten des Dritten den zwischen ihm und dem Eigentümer bestehenden vertraglichen Abmachungen, dann hat der Eigentümer ohnehin dafür einzustehen. Ist das Verhalten des Dritten aber nicht vertragskonform, kann der von den Nachbarn belangte Eigentümer gegenüber dem Dritten – in analoger Anwendung von OR 58 II – Rückgriff nehmen (mit diesem Argument schon BGE *44* II 36 f). Anders noch als die heute herrschende Ansicht: Wieland, Art. 679 N. 7; Robichon 100 f; Semjud *1917* 736; zweifelnd auch von Tuhr/Siegwart I 393 N. 29. Zum entsprechenden Problem im deutschen Recht: Pleyer Klemens, Die Einstandspflicht des Unternehmers für seine Mitarbeiter im Rahmen des § 1004 BGB, Arch. civ. Pr. *161* 500 ff.

Eine Frage für sich ist es, ob der Eigentümer auch für Übertretungen 65
des Grundeigentumsrechts durch Inhaber beschränkter dinglicher Rechte verantwortlich gemacht werden könne, oder ob wegen der von der herrschenden Meinung (vorn N. 58) gewährten direkten Klagemöglichkeit gegen die Inhaber beschränkter dinglicher Rechte ein Vorgehen gegen den Eigentümer in diesen Fällen nicht zugelassen werden solle. Bundesgericht und Zürcher Obergericht haben die Belangbarkeit des Eigentümers abgelehnt: BlZR *30* Nr. 146. Indessen ist zu beachten, dass Art. 679 den Grundeigentümer schlechthin und ohne Einschränkung als Anspruchsgegner bezeichnet und dass die Erweiterung der Passivlegitimation auf die Inhaber beschränkter dinglicher Rechte durch Lehre und Rechtsprechung erfolgte. Ob diese richterliche und doktrinelle Ergänzung gleichzeitig eine Beschränkung der Passivlegitimation des Eigentümers zur Folge habe, darf daher nur bejaht werden, wenn gewichtige Gründe dafür ins Feld geführt werden können. Das ist der Fall.

Eigentümer und Inhaber beschränkter dinglicher Rechte sind selbständige 66
Träger gleichartiger Rechte. Es besteht ein Verhältnis der Koordination,

nicht ein solches der Subordination (wie zwischen Eigentümer und obligatorisch Berechtigten). Würde der Grundeigentümer wegen Einwirkungen, die von einem Dienstbarkeitsberechtigten ausgehen, auf Schadenersatz belangt, könnte er mangels vertraglicher Beziehungen auf den Inhaber des beschränkten dinglichen Rechts nicht Rückgriff nehmen; würde er zur Unterlassung schädlicher Einwirkungen verurteilt, wäre eine Vollstreckung nicht möglich (vgl. L'Huillier 61*a* f; Liver, Art. 737 N. 107 ff). Der Geschädigte oder mit Schaden Bedrohte hat somit nicht die Wahl, entweder den Eigentümer oder den Inhaber des beschränkten dinglichen Rechts zu belangen (wie z. B. Haab, Art. 679 N. 12 annnimmt). Die dem Anspruchsberechtigten unter Umständen erwachsende Schwierigkeit, im Einzelfall erkennen zu können, ob einer Eigentumsüberschreitung wirklich auf das Verhalten des Inhabers eines beschränkten dinglichen Rechtes und nicht auf dasjenige des Eigentümers zurückzuführen sei, kann die nach den erwähnten Grundsätzen getroffene Entscheidung nicht in Frage stellen.

67 Nicht einzustehen hat der Eigentümer für das Verhalten beliebiger Dritter. Das Verschulden solcher Personen, die sich ohne seine Erlaubnis auf seinem Grundstück aufhalten, stellt vielmehr einen Entlastungsgrund dar (hinten N. 103).

5. Eigentümer öffentlicher Grundstücke und expropriationsberechtigte Rechtssubjekte

68 **a)** Keine Sonderstellung nehmen diejenigen öffentlichen **Grundstücke** ein, **welche zum Fiskalgut gehören.** Sie unterstehen – wie in anderer Hinsicht (Art. 664 N. 6) – so auch in nachbarrechtlicher Beziehung den Vorschriften des Privatrechts (BlZR *30* Nr. 146; Stark 74 f; L'Huillier 81*a*; Oftinger, Lärmbekämpfung 31 N. 74).

69 **b) Verwaltungsvermögen und öffentliche Sachen im Gemeingebrauch** unterstehen nicht ausschliesslich dem öffentlichen, sondern auch noch dem privaten Recht (vgl. Art. 664 N. 82 ff). So wird – soweit nicht besondere öffentlichrechtliche Behelfe, wie der Anspruch auf präventive Schutzmassnahmen gemäss Art. 7 III EntG oder Art. 42 I des Nationalstrassengesetzes (dazu Oftinger, SJZ *58* 182 f) gegeben sind – auch die Anwendbarkeit von ZGB 679 auf öffentliche Sachen i. e. S. grundsätzlich bejaht. Denn «mangels entsprechender Ausgestaltung des öffentlichen Rechts des Bundes und der Kantone lässt sich eine sachlich zutreffende Lösung nur durch Anwendung der zivilrechtlichen Haftungsnormen finden. Dass öffentliches Grundeigentum nicht wie privates genutzt wird, verschlägt dabei nichts.» (BGE *76* II 131.) «Belanglos ist dabei, ob den Gemeinwesen am öffentlichen Gute

überhaupt ‚Privateigentum' zugeschrieben wird oder ob man von ‚öffentlichem Eigentum' spricht. Die damit hervorgehobene Besonderheit der Widmung zu einem öffentlichen Zweck ändert nichts daran, dass das Gemeinwesen eben eine eigentumsähnliche selbständige Sachherrschaft ausübt und sich damit in die Reihe der selbständigen Grundbesitzer stellt.» (BGE *70* II 91). Umstritten ist indessen, in welchem Ausmass dies geschehen soll; in was für Fällen angesichts der besonderen Natur des Rechtsobjektes die Berufung auf die privatrechtliche Grundeigentümerverantwortlichkeit zugelassen und in welchen sie nicht zugelassen werden soll.

Das Bundesgericht und eine Anzahl Autoren sahen das massgebende 70
Kriterium in der Unterscheidung zwischen Ausübung des Hoheitsrechts auf der einen und Ausübung des Eigentumsrechts auf der andern Seite (BGE *43* II 273; *61* II 327 f; *70* II 89 f; ZBJV *71* 128; *72* 587; weitere Hinweise bei Stark 75 N.145). Handle der Eigentümer einer öffentlichen Sache kraft seines Hoheitsrechts (z.B. bei Anordnung störender militärischer Übungen auf den Exerzierplätzen), seien keine zivilrechtlichen Rechtsbehelfe gegeben; handle es sich um Betätigungen, die das Gemeinwesen als Eigentümer vornehme (z.B. um Anordnungen über Art und Weise der Anlage einer Strasse), unterliege es wie jeder Eigentümer der Verantwortlichkeit aus ZGB 679.

Befriedigender ist es, der Unterscheidung das Kriterium der Vermeid- 71
barkeit einer Eigentumsüberschreitung zugrundezulegen (was in Wirklichkeit auch in der theoretisch anders begründeten Gerichtspraxis schon seit langem geschehen ist). Vgl. dazu Art.664 N.87; seither Oftinger, Haftpflichtrecht II/2 517 ff; derselbe JT *1960* I 470 f und SJZ *59* 28.

c) Vermeidbare Überschreitungen 72

Wegen ungenügender Ausgestaltung des öffentlichen Rechts müssen es sich die öffentlichrechtlichen Körperschaften in diesem Rahmen gefallen lassen, wie private Rechtssubjekte behandelt zu werden. Überschreitungen, die nicht mit der Verwirklichung des öffentlichrechtlichen Zweckes einer Einrichtung zusammenhängen und damit nicht unvermeidlich sind, werden grundsätzlich dem Art.679 unterstellt: Einwirkungen öffentlichen Gutes auf benachbarte Grundstücke stellen sich,«soweit eben die Eigentumsrechte der Nachbarn nicht durch öffentliches Recht geschmälert sind, als Rechtsverletzungen dar, wie wenn sie von privaten Grundstücken ausgingen. Solchen rechtswidrigen Einwirkungen gegenüber muss nun ein Rechtsschutz gegeben sein. Es liegt nahe, das Gemeinwesen hiebei den gewöhnlichen Haftungsgrundsätzen des Zivilrechts zu unterstellen. Dahin geht denn auch die ständige schweizerische Rechtsprechung.» (So BGE *70* II

89 f; vgl. auch BGE *61* II 328 ff; *75* II 116 ff; *76* II 129 ff; SJZ *58* 11 Nr. 11.)

73 Innerhalb der vermeidbaren Überschreitungen öffentlichen Grundeigentums ist allerdings noch folgende Differenzierung vorzunehmen: Es ist auseinanderzuhalten, ob der Schaden vom Eigentümer selbst oder von einem Dritten verursacht wurde. Wo immer von seiten der Organe einer öffentlichrechtlichen Körperschaft eine Eigentumsüberschreitung erfolgt, ist der privatrechtliche Schutz gegeben. Wo die Schädigung oder Gefährdung aber auf das Verhalten von Drittpersonen zurückgeht, wird der Staat als Eigentümer nicht generell verantwortlich gemacht werden können, sondern nur dann, wenn er den Dritten die Benutzung der öffentlichen Sache gestattet hat. Eine Gemeinde haftet daher als Grundeigentümerin für die Verunreinigung eines Fischgewässers durch schädliche Ausflüsse ihrer Kanalisation, wenn der Schaden verursacht wurde durch einen rechtmässig angeschlossenen Benutzer (BGE *76* II 116). Sie ist ferner als verantwortlich zu betrachten, soweit eine Sache im Gemeingebrauch von einem Dritten in der üblichen Art benutzt wird (L'Huillier 88*a* ff).

74 In all diesen Fällen ist nicht nur eine Schadenersatzklage gegeben (wie in der Literatur etwa gelehrt wird: Kolb, ZSR *71* 200*a*; Guisan, JT 1936 I 314; Wegmann 25), sondern es stehen auch die übrigen Ansprüche auf Beseitigung der Schädigung und Schutz vor drohendem Schaden zur Verfügung (zutreffend Oftinger, Lärmbekämpfung 36, unter Hinweis auf BGE *61* II 330; *70* II 85; *75* II 116; *76* II 129; *79* I 203; ebenso L'Huillier 91*a*). Der geschädigte Nachbar kann ferner die in Art. 928/29 vorgesehenen Rechtsbehelfe beanspruchen (vgl. BlZR *31* Nr. 27; SJZ *33* 108 Nr. 20).

75 **d) Unvermeidbare Überschreitungen**

Überschreitungen, welche die unausweichliche Folge der Zweckerfüllung der öffentlichen Sachen darstellen, unterstehen dagegen von vornherein allein dem öffentlichen Recht. Der Nachbar hat derartige Einwirkungen zu dulden; eine Klage auf Unterlassung der durch die Einwirkung verursachten Störung hat er nicht (BGE *40* II 290; *62* I 269; *64* I 381; *75* II 120; *76* II 132; *79* I 203; ZBJV *74* 570). Ob ihm dafür ein Entschädigungsanspruch zustehe, ist eine Frage des Expropriationsrechts (hinten N. 148 ff).

IV. VORAUSSETZUNGEN DER VERANTWORTLICHKEIT

1. Überschreitung des Eigentumsrechts

Das Eigentum verleiht nicht willkürliche, sondern rechtlich gebundene 76
Macht; es darf nur in den Schranken der Rechtsordnung ausgeübt werden (Art. 641 I; s. dort N. 21 ff). Jede Missachtung dieser Schranken bedeutet daher eine Verletzung der Rechtsordnung. ZGB 679 ist aus diesem allgemeinen Zusammenhang heraus zu verstehen. Er begründet eine Haftung des Grundeigentümers, wenn bestimmte rechtliche Grenzen der Eigentumsausübung überschritten werden. Welche Grenzen? Diese Frage ist nicht leicht zu beantworten. Das vom Gesetz aufgestellte Erfordernis der Eigentumsüberschreitung, über dessen mangelnde Präzision man sich von Anfang an im klaren war (vgl. Burckhardt, ZSR *22* 566 N. 1; ProtExpKom III 57), hat der richterlichen und doktrinellen Interpretation etwelche Schwierigkeiten bereitet.

a) Nur die Überschreitung der tatsächlichen Herrschaft über das Grundstück wird von Art. 679 erfasst 77

Unter Überschreitung des Eigentumsrechts ist stets «ein tatsächlicher Verstoss gegen die rechtliche Stellung des Eigentümers (oder eines andern Berechtigten) zu verstehen» (Stark 190; BGE *88* II 264). Werden Schranken bezüglich der rechtlichen Verfügung über ein Grundstück verletzt, so liegt keine Eigentumsüberschreitung im Sinne von Art. 679 vor. Gegen den Eigentümer z. B., welcher die mit einer vorgemerkten Verfügungsbeschränkung auf Grund eines Konkurserkenntnisses oder einer Nachlaßstundung belastete Sache verkauft, kann nicht mit der Präventiv- oder mit der Schadenersatzklage vorgegangen werden; er unterliegt vielmehr der Sanktion von ZGB 960 II.

b) Die Eigentumsüberschreitung muss mit der normalen Benutzung und Bewirtschaftung des Grundstückes im Zusammenhang stehen 78

Dabei ist Benutzung in einem weitesten Sinne zu verstehen; sowohl eine Tätigkeit zum wirtschaftlichen Nutzen wie auch eine solche zum blossen Vergnügen fällt darunter. Die Haftung nach Art. 679 gilt ohne Rücksicht darauf, ob und in welchem Masse das Grundstück genutzt wird: BGE *76* II 131; L'Huillier 17*a* N. 40.

79 Verlangt wird also eine wesentliche Beziehung zwischen dem Grundstück und der von ihm aus bewirkten Schädigung. Der Grundeigentümer muss m. a.W. den Schaden «mit oder aus dem Eigentum heraus oder mit dessen Hülfe» gestiftet haben (Erl II 94). Es muss sich um eine zweckentsprechende Benutzung des Grundstückes handeln. Das Grundstück darf nicht nur der zufällige Standort des Handelnden sein. Was nicht als Nutzung der Liegenschaft, als Ausübung der tatsächlichen Herrschaft über das Grundstück erscheint, kommt als Grundeigentumsüberschreitung nicht in Betracht. Daher fällt beispielsweise die Schädigung, welche durch Werfen von Gegenständen oder durch Schiessen von einem Grundstück aus entsteht, an sich nicht unter Art. 679 (sondern unter Art. 41 ff OR), wohl aber dann, wenn diese Schädigung infolge des Gewerbebetriebes auf dem Grundstück (z. B. bei Ausbeutung eines Steinbruches) oder Benutzung des Grundstückes als Schiessplatz eintritt. Vgl. BGE *40* II 345; *73* II 154; ZBJV *66* 17; *71* 129; SJZ *30* 251 Nr. 49 E. 3; Semjud *40* 79; HAAB, Art. 679 N. 6; STARK 56 ff, 198 ff; L'HUILLIER 17*a* f. «So ist der Grundeigentümer auch nicht verantwortlich, wenn ein unbekannter Trunkenbold auf seinem Lande grölt, wohl aber dann, wenn er häufig Gartenfeste gibt und seine Gäste nicht dazu bringen kann, sich ruhig zu verhalten» (HAFTER 21).

80 Häufig wird das soeben dargelegte Requisit so umschrieben: Die schädigende Handlung oder Unterlassung müsse sich als Ausübung des Grundeigentums darstellen (so LEEMANN in der Vorauflage N. 7 zu Art. 679), müsse die Folge der Ausübung der tatsächlichen Herrschaft über das Grundstück sein (STARK 200). Empfehlenswerter ist es wohl, von Eigentumsausübung nicht zu sprechen, wenn bzw. insoweit als eine Eigentumsüberschreitung vorliegt. (Erlaubte) Eigentumsausübung und (unerlaubte) Eigentumsüberschreitung schliessen sich dann gegenseitig aus (ebenso L'HUILLIER 17*a*; irreführend ist diesbezüglich der italienische Text, wo gesagt wird «che un proprietario trascende *nell'esercizio* del suo diritto ...»).

81 Nach BACHMANN (30) muss die Grundeigentumsüberschreitung aus einem menschlichen Verhalten hervorgehen, das durch die Zweckbestimmung des Grundstückes bedingt wird. Diese Umschreibung ist jedoch zu eng (FROELICHER 76 f).

82 Zu weit geht andererseits HAAB (Art. 679 N. 6), der verlangt, dass die die Haftung auslösende Betätigung mit bestimmten Einrichtungen auf dem Grundstück oder deren Verwendung im Zusammenhang stehen müsse. Dies ist zwar in den meisten Fällen so, aber es muss nicht unbedingt so sein (vgl. L'HUILLIER 21*a* f; BLUMER 169; ROEMER 18 N. 4).

c) Eine Grundeigentumsüberschreitung setzt die Überschreitung der räumlichen Grenzen des Ausgangsgrundstückes voraus 83

«Dieses Überschreiten wird stets ein Verhalten in sich schliessen, das wenigstens über das blosse Bestehen des Eigentumsgegenstandes hinausgeht» (Erl II 94). Die Eigentumsüberschreitung muss sich auf einem fremden Grundstück auswirken. Die Rechtsprechung hat diesen Standpunkt im wesentlichen bekräftigt (vgl. BGE 57 II 260 f E. 1, wo im Zusammenhang mit einer quellenrechtlichen Frage festgehalten wird, «dass die Art. 706/07 ZGB nur im Falle einer Schädigung der Quelle von einem Nachbargrundstück aus zur Anwendung gelangen können», nicht aber im Verhältnis zwischen Quellenberechtigtem und Eigentümer des mit dem Quellenrecht belasteten Bodens. Anders BGE *70* II 94, wo im Tatbestand des Abgrabens des Untergrundes unter einer fremden Leitung, die durch das eigene Grundstück führt, eine Eigentumsüberschreitung erblickt wurde; der ohne Auseinandersetzung mit dem vorangehenden Präjudiz eingenommene neue Standpunkt des Bundesgerichts ist indessen nicht haltbar: zutreffend LIVER, Art. 737 N. 119 ff und ihm folgend nunmehr BGE *88* II 334; vgl. hiezu auch L'HUILLIER 10*a*, 29*a* f, 38*a* f. STARK 61 N. 50). Auch die Doktrin vertritt fast ausnahmslos die Ansicht, eine Überschreitung des Eigentumsrechts liege nicht vor, wenn jemand innerhalb der Grenzen des schädigenden Grundstückes einen Schaden erleide (BLUMER 177; FROELICHER 78; ROTHENHÄUSLER 75, 80; HAUSER 25; L'HUILLIER 9*a* f; a. M. TOBLER, SJZ *6* 62. Nur mit erheblicher Modifikation STARK 195 und 205; nach ihm erleidet der Grundsatz insofern eine Ausnahme, als der Inhaber eines beschränkten dinglichen Rechtes sich nicht nur gegenüber dem Eigentümer resp. Besitzer des Nachbargrundstückes auf ZGB 679 berufen könne: die Bestimmung finde vielmehr auf sein Verhältnis zum Eigentümer, zum Besitzer und zu den andern Inhabern beschränkter dinglicher Rechte an demjenigen Grundstück Anwendung, an dem sein eigenes Recht bestehe.) Eine Ausnahme ist meines Erachtens am Platze im Verhältnis der Stockwerkeigentümer untereinander (N. 28 vor Art. 646 ff).

Nicht erforderlich ist, dass eine Immission direkt vom Grundstück ausgeht; es genügt, wenn sie als Folge einer bestimmten Benutzung oder Bewirtschaftung des Grundstückes erscheint. So ist der Lärm startender und landender Flugzeuge, auch soweit er nicht auf oder über dem Flugplatz entsteht, als Einwirkung des Flugplatzes anzusehen (vgl. RIESE, Luftrecht, Stuttgart 1949, 236; gl. M. KÖPFLI 208). Ebenso ist die durch Bauarbeiten verursachte Einwirkung auch dann eine solche des Grundstücks, auf dem der Bau errichtet wird, wenn sie ausgeht von im Zusammenhang damit benützten andern Grundstücken oder öffentlichem Boden (BGE *83* II 380 f). 84

85 **d) Die Grundeigentumsüberschreitung besteht in der Verletzung des Eigentumsrechts der Nachbarn**

Es genügt für das Vorliegen einer Grundeigentumsüberschreitung nicht, dass die räumlichen Grenzen des Ausgangsgrundstückes überschritten wurden, es müssen dazu auch die rechtlichen Grenzen, innerhalb deren der Eigentümer zu bleiben verpflichtet ist, überschritten worden sein. Und zwar erfolgt die Abgrenzung zwischen erlaubter Ausübung und unerlaubter Überschreitung des Grundeigentumsrechts im Sinne von Art. 679 durch die nachbarrechtlichen Normen (namentlich der Art. 684 ff). Mit einer Grundeigentumsüberschreitung hat man es zu tun, «wenn die Einwirkung weiter geht als der auf Nachbarrecht beruhende Duldungsanspruch» (STARK 198; vgl. auch 189 ff).

86 Umstritten ist die Frage, ob auch die Verletzung einer öffentlichrechtlichen Eigentumsbeschränkung eine Überschreitung darstelle, die dem Nachbarn das Recht gibt, die in Art. 679 vorgesehenen Ansprüche geltend zu machen. Von der Tatsache ausgehend, dass zur Geltendmachung öffentlichrechtlicher Eigentumsbeschränkungen besondere Verfahren zur Verfügung stehen, und von der Überlegung geleitet, dass es stossend wäre, «wenn zivilrechtlich nicht geschützte Interessen in Einzelfällen, in denen das gleiche Vorgehen des Eigentümers zufällig noch gegen irgend welche öffentliche Interessen verstösst, durch die Mittel des Privatrechts geschützt würden» (STARK 197), wird mehrheitlich in Theorie und Praxis die Anwendbarkeit von Art. 679 auf die Verletzung öffentlichrechtlicher Beschränkungen des Grundeigentums verneint (vgl. u.a.: BGE *75* II 118; BlZR *31* Nr. 28; ZBJV *77* 328; STARK 195 ff; L'HUILLIER 10*a* ff; GUISAN, JT *1951* I 142; HAFTER 22; SCHLEGEL 20. Im gegenteiligen Sinne aber: SJZ *30* 375 Nr. 268; HAAB, Art. 679 N. 4 und 10; ROSSEL/MENTHA II 353; ROEMER 18; ZWAHLEN 337; ROBICHON 30; HAUSER 32; BLUMER 172; FROELICHER 78 f).

87 Auch die Verletzung privatrechtlicher Eigentumsbeschränkungen, die nicht spezifisch nachbarrechtlicher Natur sind, fällt nicht unter Art. 679 (so zutreffend bezüglich ZGB 699–701: L'HUILLIER 15*a* f). Ebensowenig die Verletzung jenes allgemeinen Grundsatzes des ungeschriebenen Rechts, wonach derjenige, welcher einen gefährlichen Zustand schafft oder unterhält, für die nötigen Schutzmassnahmen zu sorgen hat (L'HUILLIER 16*a*). Widerrechtlichkeit im Sinne von Art. 679 liegt schliesslich (im Gegensatz zu der von LEEMANN in der Vorauflage N. 9 vertretenen Ansicht) auch nicht vor im Falle rechtsmissbräuchlicher Eigentumsausübung. Denn *Missbrauch* des Eigentumsrechts (ZGB 2 II) kann nicht gleichzeitig *Überschreitung* des Eigentumsrechts sein (dazu vorn N. 34 f).

e) Das Vorliegen einer Grundeigentumsüberschreitung beurteilt sich grundsätzlich nach objektiven Gesichtspunkten 88

Weil es sich beim Tatbestand von Art. 679 nicht um die Verletzung der Person des Nachbarn, sondern (unmittelbar oder mittelbar) immer um die Verletzung des Nachbargrundstückes handelt, sind für die Beurteilung die persönlichen Verhältnisse, die besonderen Bedürfnisse und das subjektive Empfinden des jeweiligen Nachbarn nicht primär massgebend. Abzustellen ist regelmässig auf einen Durchschnittsmaßstab. Überschreitung ist das, was für jeden vernünftigen Nachbarn unter den gegebenen Umständen als solche erscheinen würde (BGE *88* II 14 f). Indessen darf dabei nicht übersehen werden, dass das Nachbarrecht letztlich im Persönlichkeitsrecht verankert ist und von dort her immer wieder der Verfeinerung bedarf (vorn N. 33). Das Abstellen auf das Empfinden des normalen Durchschnittsmenschen darf nicht zu einer jeder Differenzierung entbehrenden Ausrichtung auf den seelisch verkümmerten und geistig unterentwickelten Angehörigen der modernen Massengesellschaft werden.

Die Eigentumsüberschreitung ist sodann insofern konkret zu verstehen, 89
als im einzelnen Fall tatsächlich eine Verletzung des Eigentumsrechts des Nachbarn vorliegen muss. «Ein Verhalten eines Grundeigentümers, das unter normalen Umständen nach der allgemeinen Erfahrung zu einer Störung des Nachbarn führen würde, stellt dann keine Grundeigentumsüberschreitung dar, wenn im konkreten Fall die Rechte des Nachbarn nicht beeinträchtigt werden; denn das Eigentumsrecht wird durch die konkreten Interessen des Nachbarn begrenzt und nicht durch theoretische Erwägungen.» (Stark 193 N. 7.)

f) Grundeigentumsüberschreitung ist nur, was auf ein menschliches Verhalten zurückgeführt werden kann 90

Ausschliesslich durch Naturereignisse (z. B. Bergsturz, Lawinen) bedingte Einwirkungen können nicht Grundeigentumsüberschreitungen sein. Eine Grundeigentumsüberschreitung im Sinne von ZGB 679 beruht stets auf einem menschlichen Verhalten. Schwierigkeiten bereiten aber die Grenzfälle, bei denen durch menschliches Tun oder Lassen übermässige Einwirkungen von einem Grundstück auf das andere nicht herbeigeführt, aber doch ermöglicht und begünstigt werden. Ob in solchen Fällen das menschliche Verhalten als haftungsbegründend bezeichnet werden kann, ist eine Frage der Adäquanz des Kausalzusammenhangs (nachfolgend N. 91 und hinten N. 97 ff).

91 **g) Die Grundeigentumsüberschreitung kann in einem Tun oder Unterlassen bestehen**

Das haftungsbegründende Ereignis braucht nicht in einem Tätigsein des Eigentümers zu bestehen, wenn auch der im Gesetz verwendete Ausdruck «überschreiten» auf ein aktives Tun hinzuweisen scheint. «Wo der Grundeigentümer dem Nachbarn gegenüber zum Handeln verpflichtet ist, stellt auch die Unterlassung eine Grundeigentumsüberschreitung dar, sofern die Verletzung des Eigentumsrechts oder des Besitzes des Nachbarn eine adäquate Folge davon ist. Eine solche Grundeigentumsüberschreitung durch Unterlassen kommt in Frage, wenn jemand sein Haus verlottern lässt und damit seine Nachbarn gefährdet (in diesem Fall kommt auch die Anwendung von OR 58 in Frage) oder einen an sich störenden Betrieb unterhält, ohne die möglichen und nötigen Schutzmassnahmen zugunsten der Nachbarn zu ergreifen» (STARK 202). Ebenso kann nach L'HUILLIER 19*a* ff; HOMBERGER 15*a* N. 32; TOBLER 62; BLUMER 168 f und FROELICHER 79 eine Überschreitung des Grundeigentumsrechts auch in der Duldung eines rechtswidrigen Zustandes und in der Unterlassung von Sicherheitsmassnahmen bestehen. Demgegenüber vermag ein rein passives Verhalten nach folgenden Autoren die Grundeigentümerverantwortlichkeit im Sinne von ZGB 679 nicht auszulösen: HAAB, Art. 679 N. 5; HAUSER 22; BACHMANN 30, 137; ROEMER 19. Im Sinne der herrschenden Lehre aber auch das Bundesgericht: «Une omission peut suffire à rendre le propriétaire foncier responsable du trouble ou des dégâts qui en seraient la conséquence.» Zutreffend weist es sodann darauf hin, dass es sich bei der Abgrenzung von erlaubter und unerlaubter Unterlassung um das Problem des adäquaten Kausalzusammenhanges handle, wenn es beifügt: «Mais encore faut-il que ce qu'on lui reproche de n'avoir pas fait puisse être considéré comme rentrant dans l'ordre des choses que doit normalement faire un propriétaire soucieux des intérêts des tiers» (BGE *73* II 155 betreffend Haftung für einen durch Erdrutsch entstandenen Schaden; vgl. auch SJZ *58* 306 Nr. 166).

92 **h) Dauer der schädigenden Betätigung**

Das schadenverursachende Verhalten des Grundeigentümers ist regelmässig von einer gewissen Dauer. Die Eigentumsüberschreitung ist meistens auf einen dauernden Zustand oder eine periodische Erscheinung auf dem Grundstück zurückzuführen. Nur bei einer gewissen Kontinuität der Einwirkungen kann es in der Regel zu einer Beeinträchtigung des Nachbarn in der Ausübung seiner Grundeigentumsherrschaft kommen (vgl. BGE *29* II 449; L'HUILLIER 18*a*; BLUMER 170).

Es können jedoch auch kurzfristige, ja sogar einmalige Überschreitungen des Grundeigentums den Sanktionen von Art. 679 rufen (vgl. BGE *73* II 151 bezüglich eines Erdrutsches bei Grabarbeiten und Semjud *1947* 113 für eine Überschwemmung infolge Hochwassers; s. auch BGE *70* II 85). 93

2. Beeinträchtigung des Anspruchsberechtigten

Durch die erfolgte Eigentumsüberschreitung muss – soweit die Abwehransprüche in Frage stehen – eine Beeinträchtigung der Rechte des Nachbarn drohen oder erfolgt sein (vgl. vorn N. 6 über die insofern untechnische Verwendung des Schadensbegriffes im Gesetzestext) und – soweit es sich um den Ersatzanspruch handelt – ein Schaden eingetreten sein. 94

Nicht erforderlich ist eine Beschädigung der Substanz des Grundstückes (z. B. durch Rutschungen); eine Beeinträchtigung seiner Benutzbarkeit oder eine Schädigung oder Gefährdung von darauf befindlichen Mobilien oder Personen genügt (anders die bundesgerichtliche Praxis, die Art. 679 nur bei Einwirkungen auf Grundstücke, nicht aber auf Personen und bewegliche Sachen angewendet wissen will: BGE *61* II 326. Über die Fragwürdigkeit dieses zur Abgrenzung gegenüber der Werkhaftung aufgestellten Kriteriums vorn N. 24). 95

Der Schaden kann auch darin bestehen, dass dem Kläger bei der Abwehr von Einwirkungen Kosten entstanden sind (BGE *81* II 447; SJZ *50* 46 Nr. 19; Haab, Art. 679 N. 7). 96

3. Kausalzusammenhang

Die eingetretene oder drohende Beeinträchtigung muss zur Eigentumsüberschreitung in einem adäquaten Kausalzusammenhang stehen. Und als adäquat ist eine bestimmte Ursache dann zu betrachten, wenn sie nach dem gewöhnlichen Lauf der Dinge und der Erfahrung des Lebens an sich geeignet war, einen Erfolg von der Art des eingetretenen herbeizuführen, so dass der Eintritt dieses Erfolges durch die fragliche Ursache allgemein als begünstigt erscheint. (Über das Problem des Kausalzusammenhanges und seine Lösung nach schweizerischem Privatrecht im allgemeinen s. BGE *64* II 204; *57* II 39; namentlich aber Oftinger I 57 ff mit weiteren Hinweisen; seither Perrig SJZ *58* 293 ff; über das Erfordernis der Kausalität und ihrer Adäquanz im Falle der Überschreitung des Eigentumsrechts im besonderen: Haab, Art. 679 N. 8; Froelicher 70, 88 f; Stark 74 mit Zitaten, 201 f; zur Frage, ob und inwiefern Voraussehbarkeit des Erfolges zur Annahme eines adäquaten Kausalzusammenhanges gehöre: BGE *81* II 443 ff). 97

98 Daher liegt keine Überschreitung des Eigentumsrechts vor, wenn dem Grundeigentümer der Nachweis eines Entlastungsgrundes (höhere Gewalt, Selbst- oder Drittverschulden) gelingt (darüber namentlich STARK EMIL W., Beitrag zur Theorie der Entlastungsgründe im Haftpflichtrecht [Diss Zürich 1946]). Der Unterbrechungsgrund muss aber von solcher Intensität sein, dass «die (vom präsumtiven Haftpflichtigen gesetzte, fragliche) Ursache, post factum betrachtet, in den Hintergrund tritt und als inadäquat erscheint» (OFTINGER I 94). Fehlt die erforderliche Intensität, ist das betreffende Ereignis vielleicht als Grund zur Reduktion des Schadenersatzes von Bedeutung.

99 In prozessualer Hinsicht gilt auch hier der allgemeine Grundsatz, wonach die Frage nach der natürlichen Kausalität – weil tatsächlicher Natur – der Überprüfung des Bundesgerichtes nicht unterliegt (BGE *69* II 355; *71* II 51), wohl aber – weil eine Rechtsfrage darstellend – das Problem der Adäquanz (BGE *80* II 342; *81* II 443 ff).

100 a) Höhere Gewalt

Für ein unvorhersehbares aussergewöhnliches Ereignis, das mit unabwendbarer Gewalt von aussen hereinbricht (Erdrutschungen, Blitzschlag, Erdbeben, Lawinen; ein Blitz entzündet beispielsweise das Haus des A und der Brand greift auf das Haus des B über), hat der Grundeigentümer nicht einzustehen (vgl. BGE *38* II 100; *80* II 223; ZBJV *66* 17 ff; Semjud *1947* 113; OFTINGER I 101 ff).

101 Die Haftung des Eigentümers greift jedoch dann Platz, wenn der Eigentümer den durch einen Fall höherer Gewalt veranlassten gefahrbringenden Zustand bestehen lässt.

102 b) Selbstverschulden

Von Selbstverschulden ist die Rede, «wenn ein für den Schaden, allein oder konkurrierend, ursächliches Verhalten des Geschädigten vorliegt, das bei anderer Rollenverteilung ein Verschulden darstellen würde» (OFTINGER I 139). Danach fällt die Verantwortlichkeit des Grundeigentümers für eine Eigentumsüberschreitung dahin, «wenn das Verschulden des Geschädigten so schwer ist, dass dadurch die adäquat mitwirkende Ursache im juristischen Werturteil ... ihre rechtliche Bedeutung verliert» (STARK, Diss 206). Beispiel: Der Pächter betritt das Pachtgrundstück, obwohl ihm mitgeteilt wurde, dass auf dem Nachbargrundstück Sprengungen vorgenommen werden, er also die ihm von dort her drohende Gefahr genau kannte.

c) Drittverschulden 103

Der Grundeigentümer hat zwar nicht nur für sein eigenes Verhalten, sondern auch für dasjenige von Dritten einzustehen – aber nur, soweit sich diese als Hilfspersonen (im vorn N. 63 umschriebenen Sinn) qualifizieren lassen. Soweit Dritte nicht diesem Kreis angehören, kann sich der Eigentümer von seiner Verantwortlichkeit unter Berufung auf deren Verhalten entlasten, soweit der Eintritt des Schadens darauf zurückgeführt werden kann. Beispiel: Brandstiftung durch X, wobei das in Brand gesteckte Haus des A das Feuer auf die Nachbargebäude der B, C und D überträgt. Vgl. OFTINGER I 104 ff, 146 ff; L'HUILLIER 56*a* f.

4. Kein Verschulden

Schon vor Einführung des ZGB hat die Praxis die Grundeigentümerverantwortlichkeit nicht vom Erfordernis des Verschuldens abhängig gemacht (BGE *8* 362; *24* II 257; *28* II 286); sie hat – ohne durch den Gesetzeswortlaut ausdrücklich dazu verpflichtet zu sein (vgl. STARK 140) und obwohl in einer ähnlich formulierten Bestimmung, nämlich in ZGB 928, die Erwähnung des Schadenersatzanspruches als Hinweis auf OR 41 betrachtet wird (vgl. HOMBERGER, Art. 928 N. 23) – auch bei Anwendung von Art. 679 daran festgehalten (vgl. u. a. BGE *44* II 36; *47* II 412; *53* II 316; *61* II 329 f; *70* II 94 f; *73* II 153 f; *76* II 129; *81* II 443 und 445; SJZ *42* 203 Nr. 81; *50* 46 Nr. 19; ZBJV *75* 147; ZSGV *23* 12; Semjud *1947* 113). 104

Nicht ganz folgerichtig ist es, wenn das Bundesgericht in BGE *73* II 151 ff darauf abstellt, ob die Gefahr eines Erdrutsches erkennbar war und ob ein sorgfältiger Eigentümer Schutzvorkehren getroffen hätte; denn diese Kriterien weisen (wie STARK 82 f richtig bemerkt) auf die Verschuldenshaftung hin.

Die Haftung des Grundeigentümers kann daher auch durch ein Verhalten ausgelöst werden, zu dem er sich mit guten Gründen (z. B. auf Grund einer zuvor eingeholten Expertise) berechtigt hielt. 105

Auch gegen einen Urteilsunfähigen können somit die Klagen aus Art. 679 gerichtet werden. 106

Ein allfälliges Verschulden des Grundeigentümers ist nicht bedeutungslos. Zwar gestattet es ihm nicht, sich statt auf ZGB 679 auf OR 41 zu berufen (vorn N. 12). Doch findet es Beachtung als sog. zusätzliches Verschulden bei der Frage nach der Unterbrechung des Kausalzusammenhanges, bei der Schadenersatzbemessung und als Voraussetzung für die Leistung einer Genugtuung usw. (OFTINGER I 121 ff). ? 107

5. Sorgfaltsbeweis?

108 Der Grundeigentümer haftet ohne Rücksicht darauf, ob er imstande ist den Sorgfaltsbeweis zu erbringen oder nicht. Ein in der nationalrätlichen Kommission vorgebrachter Antrag, die Haftpflicht des Grundeigentümers ähnlich wie diejenige des Geschäftsherrn, des Tierhalters oder des Familienhauptes) an die Voraussetzung zu knüpfen, «dass er nicht nachweist, dass er alle nach den Umständen gebotene Sorgfalt angewendet habe oder dass der Schaden auch bei Anwendung dieser Sorgfalt eingetreten wäre», wurde abgelehnt. (Vgl. Protokoll der nationalrätlichen Kommission zur Beratung des OR, 3. Sitzung vom 7. September und 14. Sitzung vom 24. November 1909.)

6. Fehlen rechtsgeschäftlicher Vereinbarung über die Wegbedingung der Haftung

109 Die vom Gesetz festgelegte Grenzlinie zwischen erlaubter Eigentumsausübung und unerlaubter Eigentumsüberschreitung kann durch Vereinbarung unter den Betroffenen modifiziert werden, sei es im Sinne einer Erweiterung, sei es im Sinne einer Verminderung oder gar Aufhebung einer nachbarrechtlichen Beschränkung (Art. 680 II; vgl. entsprechend Art. 641 N. 71). Verpflichtet sich ein Grundeigentümer, nachbarrechtlich untersagte Einwirkungen zu dulden, so kann er sich im Ausmasse der rechtsgeschäftlich übernommenen Duldungspflicht nicht mehr auf den Art. 679 berufen.

V. ANSPRÜCHE DES BEEINTRÄCHTIGTEN BZW. GEFÄHRDETEN

110 Allgemeine Übersicht vorn N. 1 ff.

1. Präventivklage

111 In extensiver, über den Wortlaut und die Materialien (vgl. Erl II 89) hinausgehender, der ratio legis aber durchaus gerecht werdender Interpretation gewährt die Rechtsprechung dem mit «Schaden» Bedrohten nicht nur dann Schutz, wenn eine Eigentumsüberschreitung schon eingetreten ist (mit dieser Beschränkung die frühere Praxis: BGE *40* II 335; SJZ *13* 96 Nr. 26; ebenso Naef 103), sondern auch dann, wenn sie erst bevorsteht (vgl. BGE *42* II 436; *42* II 451; *51* II 397; *58* II 119; *58* II 336; BlZR *38* Nr. 118; *54* Nr. 5; ebenso im deutschen Recht: BGB § 907). Eine blosse

Möglichkeit des Schadenseintrittes genügt allerdings nicht (BGE *42* II 434; *52* II 390; ZBJV *65* 234). Der künftige Eintritt einer Schädigung muss mit hoher Wahrscheinlichkeit zu erwarten sein, d.h. (um mit der vom deutschen Recht her beeinflussten Formulierung HAABS, Art. 679 N.21, zu sprechen) mit jenem höchsten «Grad von Wahrscheinlichkeit, auf Grund dessen nach dem objektiven Maßstabe allgemeiner Lebenserfahrung im gewöhnlichen Lauf der Dinge von einer, wenn auch nur relativen Sicherheit gesprochen werden kann» (ebenso BlZR *54* Nr.5, S.17). Vom Kläger den strikten Nachweis zu verlangen, dass die geplante Benutzungsart des Grundstückes sich mit Notwendigkeit (BGE *42* II 436; *42* II 451; *58* II 117; BlZR *39* Nr.118) oder mit Sicherheit (BGE *58* II 336; ZBJV *65* 234; SJZ *25* 60 Nr. 49; *54* 239 f Nr.135) als Eigentumsüberschreitung auswirke, geht zu weit (über das Schwanken der zürcherischen Praxis zu dieser Frage vgl. die Ausführungen des Kassationsgerichtes in BlZR *47* Nr. 95 S.209 f).

Mit Hilfe dieser Präventivklage kann namentlich die Erstellung baulicher 112
Anlagen verboten werden, wenn vorauszusehen ist, dass deren bestimmungsgemässe Benützung eine übermässige Einwirkung auf das Eigentum des klagenden Nachbarn zur Folge haben wird (BGE *51* II 397; *58* II 116; *58* II 336; BlZR *26* Nr.69; *31* Nr.26; *39* Nr.118; *47* Nr.95; *54* Nr.5; SJZ *54* 239 Nr.135; anders noch BGE *40* II 335). Bei der Beurteilung der Zumutbarkeit künftiger Einwirkungen muss der Richter sich hüten, allzu sehr von der Vorstellung eines Idealbetriebes auszugehen (BGE *84* II 89).

Selbst auf die erst künftige Benutzungsart des bedrohten Grundstückes 113
ist dabei vom Richter in gewissem Masse Rücksicht zu nehmen. Denn wollte man «diese Berücksichtigung nicht zulassen, so würde nach Erstellung der übermässig einwirkenden Anlage die Errichtung von Bauten auf dem betroffenen Nachbargrundstück entweder unmöglich, oder es müsste nach deren Ausführung, wenn sich die Einwirkungen auf sie als übermässig erweisen sollten, auf Beseitigung der neuerstellten Anlage des schädigenden Grundstückes oder ihres Betriebes erkannt werden... Der Ersteller der schädigenden Anlage müsste daher, wenn man ihn trotz der Einsprache seines Nachbars die Anlage ausführen liesse, damit rechnen, dass ihm deren Betrieb verboten werde, sobald sich nach Bebauung des Nachbargrundstückes die Übermässigkeit der Einwirkungen seiner Anlage ergeben sollte, und er müsste seinen Betrieb beseitigen ohne Rücksicht auf den grossen Schaden, den die Stillegung seiner neugeschaffenen Anlage mit sich brächte.» (BGE *51* II 398/99). Voraussetzung ist allerdings, dass das Grundstück des Klägers nicht nur möglicherweise in ferner Zukunft einmal als Bauland verwendet werden könnte, sondern dass dies mit Gewissheit in allernächster Zeit der Fall sein wird. Das betreffende Grundstück muss «baureif sein, so dass es vernünftigerweise gar nicht anders als zu Bau-

zwecken verwendet werden kann, sobald sich ein Bauliebhaber einstellt» (BGE *51* II 400).

114 Die Rechtsbegehren des Klägers brauchen die zum Schutz gegen den drohenden Schaden anzuordnenden richterlichen Massnahmen nicht konkret zu bezeichnen. Der Richter hat sie dagegen in seinem Urteil genau anzugeben und darf ihre Wahl – abgesehen von unerheblichen Nebenpunkten – nicht der Vollstreckungsbehörde überlassen, schon darum nicht, weil sie damit der bundesgerichtlichen Überprüfung entzogen würde.

115 Wenn immer möglich, wird der Richter im Falle von zu befürchtenden Überschreitungen durch geplante bauliche Anlagen nur auf Anbringen geeigneter Vorkehrungen zur Verhinderung des Schadens erkennen (BGE *58* II 336 f; BlZR *28* S. 226), und nur dann ein generelles Verbot erlassen, wenn Schutzmassnahmen nicht möglich sind oder nicht ausreichend wären. «Selbst wo mit dem Rechtsbegehren nicht allgemein die Verhinderung der drohenden übermässigen Immission, sondern wie hier unmittelbar das Verbot des immissionsgefährlichen Betriebes verlangt wird, ist die Anordnung blosser Schutzvorkehren an Stelle jenes Betriebsverbotes dem richterlichen Ermessen anheim gegeben. Hiebei hat dieses Ermessen jedoch nicht allein auf die Möglichkeit einer Immissionsverhütung durch solche Schutzvorkehren abzustellen, sondern allgemein auf die Zweckmässigkeit der Anordnung Bedacht zu nehmen. Für diese aber sind wichtigste Gesichtspunkte ein sicherer Vollzug des Immissionsschutzes und die endgültige Beseitigung des Immissionsstreites» (BlZR *39* Nr. 118 S. 268).

116 Mit der Einleitung einer Klage um Schutz gegen drohenden Schaden wird – zur Verminderung von Schadenseintritt während der Dauer des Prozesses – oft das Begehren um Erlass einer einstweiligen Verfügung gestellt (vgl. BGE *40* II 434; *58* II 116; bezüglich des bernischen Rechts: ZBJV *41* 212; *48* 216; *48* 549; *50* 589; für das luzernische Recht: SJZ *54* 239 f Nr. 135). Im zürcherischen Recht pflegt man die nachbarrechtlichen Einwendungen gegen die Errichtung eines Gebäudes zuerst im Wege des Bauinhibitionsverfahrens vorzubringen (§§ 299 ff ZPO). Der Kläger versucht ein provisorisches Bauverbot zu erlangen, damit die drohende Eigentumsüberschreitung vom Nachbargrundstück aus verhindert werde (vgl. im besonderen BlZR *47* Nr. 95 S. 210). Nach neuerer Praxis genügt es, wenn der Einsprecher die Richtigkeit seiner Behauptungen nur glaubhaft macht (BlZR *37* Nr. 177; *47* Nr. 95; *54* Nr. 5 S. 13).

117 Die bundesrechtliche Präventivklage ist aber (entgegen BlZR *31* Nr. 26) durch die Vorschriften des kantonalen Bauprozessrechtes nicht eingeschränkt und muss auch nach Versäumung der Einsprachefrist oder nach Abweisung der Baueinsprache noch zugelassen werden (so BlZR *39* Nr. 118; *47* Nr. 95 S. 206 f; vgl. auch BGE *56* II 362).

Ferner bedeutet die Abweisung der Präventivklage keineswegs, dass eine 118
spätere Klage auf Beseitigung der dann vorgenommenen Veränderungen oder auch Ersatz des dadurch entstandenen Schadens nicht doch noch gutgeheissen werden könnte (vgl. BGE *58* II 340; BlZR *54* Nr. 5 S. 18).

Ob der Bau von der zuständigen Verwaltungsbehörde bewilligt worden 119
ist, präjudiziert die privatrechtliche Beurteilung der Lage unter dem Gesichtspunkt von Art. 679 nicht (BlZR *39* Nr. 118; SJZ *55* 126 Nr. 57). Im Rahmen von Art. 684 sind die einer erteilten Baubewilligung zugrundeliegenden baupolizeilichen Vorschriften höchstens unter dem Gesichtspunkt des Ortsgebrauches zu beachten: vgl. die Bemerkungen zu Art. 684.

2. Beseitigungs- und Unterlassungsklage

Wurde durch die Eigentumsüberschreitung ein widerrechtlicher Zustand 120
geschaffen, der bis in die Gegenwart hinein andauert, so hat der beeinträchtigte Nachbar Anspruch «auf Beseitigung der Schädigung», darauf, dass der Beklagte «remette les choses en état». Gemeint ist, der Geschädigte könne die Beseitigung des den «Schaden» verursachenden Zustandes auf dem Ausgangsgrundstück verlangen (BGE *88* II 267) – nicht aber die Wiederherstellung des früheren Zustandes seines verletzten Eigentums (ZBJV *66* 17 ff). Der Beseitigungsanspruch richtet sich also nicht auf Rückgängigmachung des Erfolges der Einwirkung; er hat keine restitutorische Funktion (Stark 203). Es handelt sich insofern bei der Beseitigungsklage des Art. 679 um nichts anderes als eine besondere Ausgestaltung der Negatorienklage von Art. 641 II (BGE *73* II 156; *81* II 447; vorn N. 28 ff).

Der Beseitigungsklage wird die Unterlassungsklage an die Seite gestellt 121
und der gleichen rechtlichen Regelung unterworfen. Sie gewährt sowohl Schutz vor Nachteilen, die zum erstenmal einzutreten drohen, wie auch Schutz vor Wiederholung von Beeinträchtigungen, die in der Vergangenheit schon einmal aufgetreten und in der Zukunft erneut zu befürchten sind.

Auch hier kann (wie im Rahmen der Präventivklage: N. 114) das Rechts- 122
begehren allgemein formuliert und dem richterlichen Ermessen die Wahl der zu treffenden Massnahmen überlassen werden (unzutreffend BlZR *18* Nr. 119, wo der Richter u. a. deswegen sich weigerte, bestimmte Anordnungen zu treffen, weil der Kläger keine tauglichen Vorschläge unterbreitet habe). Das Gericht dagegen hat bestimmt umschriebene Anordnungen zu erlassen (nötigenfalls auf Grund von Sachverständigengutachten: BGE *44* II 34; *55* II 247; *58* II 118) und darf den Vollstreckungsbehörden höchstens die Regelung von Einzelheiten überlassen (BGE *44* II 32; *55* II 247; nach früherer Auffassung war es dem Richter dagegen untersagt, konkrete Massnahmen vorzuschreiben: BGE *40* II 33; SJZ *11* 196).

123 Ein gänzliches Verbot erlässt der Richter nur, wenn andere Massnahmen nicht zum Ziele führen (BGE *51* II 401 f; *56* II 358; *58* II 118; *58* II 340; ZBJV *66* 19 f; SJZ *58* 87 f Nr. 71). Unter Umständen genügt die Anordnung von Einschränkungen der zu beanstandenden Benutzung des Grundeigentums, sei es in räumlicher, sei es in zeitlicher Hinsicht (BGE *45* II 402; *59* II 133; *65* II 155; *83* II 384; SJZ *14* 75 Nr. 24; ZBJV *55* 96; Semjud *1935* 491; VAR *22* 15). Vor allem aber prüft er die Möglichkeit der Anordnung schadensverhütender Vorkehrungen (BGE *40* II 32; *42* II 219; *44* II 30; *55* II 248; *59* II 132; *65* II 155; SJZ *11* 196; *50* 168 f Nr. 86; ZBJV *75* 147; *77* 518).

124 Die vom Richter befohlenen Massnahmen sollen nicht über das unbedingt Erforderliche hinausgehen (BGE *44* II 471; *54* II 135; ZBJV *53* 131; *55* 96). Aber sie müssen auf alle Fälle wirksam sein und geeignet, den Grund der nachbarlichen Streitigkeiten endgültig zu beseitigen (vgl. BGE *55* II 243, wonach eine Lösung, welche künftige Schädigungen mit Sicherheit ausschliesst, einer andern vorzuziehen ist, welche diese Verhinderung nur möglich, aber nicht gewiss macht; ferner BGE *42* II 216; *44* II 30; SJZ *14* 75 Nr. 24; *15* 348 Nr. 228). Wenn die Wirksamkeit von Schutzvorrichtungen nur vom guten Willen des Betriebspersonals abhängt, so wird sich der Richter in der Regel nicht auf diesen guten Willen verlassen dürfen (BlZR *39* Nr. 118).

125 Ob der durch die Eigentumsüberschreitung dem Nachbarn zugefügte Nachteil unverhältnismässig geringer ist als die dem Störer entstehenden Kosten der Behebung, ist ohne Belang (BGE *68* II 374 E. 4). Nicht bei der Frage, ob der Klage aus Art. 679 stattzugeben sei, sondern nur bei der Wahl der zu treffenden Massnahme hat der Richter auch die Interessen des für die Eigentumsüberschreitung Verantwortlichen zu berücksichtigen.

126 Zur Frage der sogenannten Prävention vergleiche die Ausführungen zu Art. 684.

3. Schadenersatzklage

127 Dazu namentlich die allgemeinen Ausführungen vorn N. 2, 9 ff, 12 ff.

128 Gegen vorhandene und gegen bevorstehende Beeinträchtigungen aus Grundeigentumsüberschreitung sind die Abwehransprüche gegeben (vorn N. 120 ff). Der Richter hat – wenn ihre Voraussetzungen erfüllt sind – nicht die Möglichkeit, statt diese gutzuheissen, auf Entschädigung des Beeinträchtigten in Geld zu erkennen. Er kann zwar mit der Gutheissung der Beseitigungs- oder Unterlassungsklage gleichzeitig auch Ersatz des dem Verletzten schon entstandenen Schadens zusprechen. Er kann aber ausserhalb des Enteignungsrechtes (N. 148 ff) nicht gegen Auferlegung einer Entschädigungspflicht dem Störer die Fortsetzung oder Wiederholung der Eigen-

tumsüberschreitung gestatten. Die Schadenersatzklage hat im Rahmen von Art. 679 insofern subsidiären Charakter. Sie tritt in Funktion, wenn und soweit die andern Klagen nicht mehr zum Ziele führen. Sie verschafft Ersatz für den Schaden, welcher durch eine in der Vergangenheit liegende Eigentumsüberschreitung verursacht wurde. Indessen schliesst die Subsidiarität des Schadenersatzanspruches nicht aus, dass der Gestörte – statt auf Beseitigung oder Unterlassung zu klagen – selber das zur Behebung der Mängel Notwendige vorkehrt und auf Ersatz der ihm dadurch entstandenen Auslagen klagt (vorn N. 96).

Die Pflicht zum Ersatz des Schadens (am Grundstück selbst, an den auf ihm befindlichen Mobilien oder an den auf ihm lebenden Personen; vorn N. 95) richtet sich nach den allgemeinen Grundsätzen der Art. 42 ff OR. 129

Der Schadensnachweis obliegt grundsätzlich dem Ersatz Verlangenden; doch werden die damit verbundenen Härten durch Heranziehung von Art. 42 II OR, wonach nicht ziffernmässig nachweisbarer Schaden vom Richter abzuschätzen ist, gemildert (BGE *81* II 515 f; *83* II 164 f; *83* II 383; BlZR *54* Nr. 183 S. 372; berechtigte Kritik an früheren Entscheiden bei OFTINGER, Lärmbekämpfung 18 N. 11). 130

Entscheidende Anhaltspunkte für die Berechnung des Schadens sind (s. u. a. BLUMER 129 f) das Sinken des Verkehrswertes (BGE *17* 555) oder des Ertragswertes (z. B. Mietzinsverlust infolge Lärmimmission: BGE *64* I 380; ZBJV *75* 148). 131

Bei gesundheitsschädlichen Einwirkungen ist OR 46 anzuwenden. 132

Unter den Voraussetzungen von OR 49/ZGB 28 ist auch die Zusprechung einer Genugtuungssumme an den durch die Grundeigentumsüberschreitung in seinen Persönlichkeitsrechten Verletzten in Betracht zu ziehen (OFTINGER, Lärmbekämpfung 18 f, 30). 133

Steht das Grundstück, von dem die Eigentumsüberschreitung ausgeht, in Miteigentum, haften die Miteigentümer für den verursachten Schaden (entgegen L'HUILLIER 68*a* ff) solidarisch (vgl. Art. 646 N. 81). 134

Eine solidarische Haftung ist dagegen zu verneinen, wenn die das Grundstück des Klägers schädigende Einwirkung von einer Mehrheit von selbständigen Grundstücken ausgeht (BGE *68* II 375 f). 135

Über die Regressverhältnisse, wenn neben dem Grundeigentümer noch andere Rechtssubjekte für den gleichen Schaden einstehen müssen, vgl. OR 51 und dazu namentlich STARK 226 f. 136

4. Feststellungsklage

Als weiteres zulässiges, obwohl im Gesetz nicht ausdrücklich vorgesehenes Schutzmittel gegen Grundeigentumsüberschreitungen ist sodann die Fest- 137 stellungsklage anzusehen. Sie wird – das Vorliegen eines rechtlichen Interesses in der vorn Art. 641 N. 87 f umschriebenen Art und Weise vorausgesetzt – dazu dienen können, z. B. feststellen zu lassen

- das Nichtbestehen eines die gesetzlichen Eigentumsbeschränkungen aufhebenden Rechtsverhältnisses,
- die Unzulässigkeit einer Grundeigentumsüberschreitung, von der ein Grundeigentümer behauptet, dazu berechtigt zu sein.

Dazu ROEMER 82 f mit Hinweis auf LEUCH, Art. 174 N. 1.

VI. EINZELFRAGEN

1. Verfahren

138 Die Ansprüche aus Art. 679 werden in den vom kantonalen Prozessrecht vorgesehenen Verfahren geltend gemacht.

139 Dieses kann neben dem ordentlichen ein summarisches Verfahren (Befehlsverfahren) zur Verfügung stellen. Nur dieses vermag bei kurzfristigen Überschreitungen die nötige rasche Hilfe zu gewähren. Besondere praktische Bedeutung kommt dem sogenannten Bauinhibitionsverfahren zu, ~~wie es namentlich dem zürcherischen Recht (§§ 299 ff ZPO) bekannt ist~~ (dazu N. 116). abgeändert in ZPO zu Revision 1976

2. Gerichtsstand

140 Für die Abwehrklagen (und die mit ihnen als Nebenbegehren verknüpften Schadenersatzansprüche) ist nach den kantonalen Prozessrechten und im interkantonalen Verhältnis kraft Bundesrechts der Richter am Ort der gelegenen Sache zuständig (vgl. Art. 641 N. 75 und 52).

141 Nur die Schadenersatzklage aus Art. 679 ist eine «persönliche Ansprache»; der Beklagte, der den Wohnsitz in einem andern Kanton hat, als wo er als Schuldner belangt wird, hat somit nach Art. 59 BV Anspruch auf die Garantie des Wohnsitzgerichtsstandes (vgl. BlZR *39* Nr. 70 E 1).

3. Beweislast

142 Der Kläger hat die Eigentumsüberschreitung und den Kausalzusammenhang mit der Schädigung oder Gefährdung und, wenn Schadenersatz verlangt wird, Existenz und Höhe des Schadens zu beweisen (BGE *88* II 14). Dabei sollten die Gerichte auch im Rahmen von Art. 679 noch vermehrt von der Möglichkeit Gebrauch machen, den nicht ziffernmässig nachweisbaren Schaden nach ihrem Ermessen abzuschätzen (OR 42 II; vorn N. 130).

Wenn die Klage sich gegen die Erstellung von Anlagen richtet, von deren Benutzung der Kläger unzulässige Einwirkungen befürchtet, so ist der Nachweis erforderlich, dass die Anlage aller Voraussicht nach zu Eigentumsüberschreitungen führen werde; die auf die blosse Möglichkeit sich gründende Besorgnis über solche Einwirkungen genügt nicht (darüber vorn N. 111). Für den Erlass einer vorsorglichen Verfügung begnügt sich das kantonale Recht meist mit der blossen Glaubhaftmachung der vom Kläger behaupteten Tatsachen (N. 116 a. E.) 143

Dem Beklagten obliegt demgegenüber der Nachweis, dass ihm weder Eigentum noch Besitz an dem Grundstück zustehe, von dem die schädigende Einwirkung ausgeht (so – nicht nur für den Bereich der Vermutung von ZGB 937 I – zutreffend Stark 209 f) oder der Nachweis, dass ihm ein dingliches oder obligatorisches Recht zur Einwirkung zustehe oder dass sein Verhalten sich im Rahmen des objektiven Rechts bewege (ZBJV *55* 28 f; BlZR *54* Nr. 174). 144

4. Verjährung

Für den Schadenersatzanspruch aus Art. 679 ZGB gilt, weil er aus einer Verletzung ausservertraglicher Pflichten hergeleitet wird, Art. 60 OR, und zwar nicht nur die einjährige (relative), sondern auch für die zehnjährige (absolute) Frist (BGE *68* II 375, *81* II 445 f; SJZ *14* 77 Nr. 24, *58* 185 f Nr. 129; Semjud *50* 318, *65* 616, *67* 412; ZBJV *72* 765; Amtsbericht des Glarner Obergerichtes *1927/28* 13). Solange jedoch das schädigende Ereignis fortdauert und kein abgeschlossener Schaden vorliegt, läuft die Verjährungsfrist für die Schadenersatzklage nicht (BGE *81* II 445 ff). 145

Die Beseitigungs- und Unterlassungsansprüche sind dagegen unverjährbar (vgl. Art. 641 N. 74 und die dort zitierten Entscheide; dazu BGE *81* II 446 f). Jahrelanges widerspruchsloses Dulden einer Grundeigentumsüberschreitung kann ausnahmsweise als stillschweigender Verzicht auf die Abwehrklage gedeutet werden, so dass dem dann unerwartet in Anspruch genommenen Störer die exceptio doli (ZGB 2 II) zuerkannt werden müsste. Doch ist diesbezüglich grösste Zurückhaltung geboten (Oftinger, Lärmbekämpfung 19 f). 146

5. Vollstreckung

Das auf Geldzahlung lautende Urteil im Schadenersatzprozess wird nach SchKG, das auf ein Tun oder Unterlassen lautende Erkenntnis nach kantonalem Recht vollstreckt. Es ist nicht Sache der Vollstreckungsbehörden, sondern des Richters, die im Einzelfall erforderlichen Massnahmen genau zu präzisieren (dazu vorn N. 122). 147

VII. ENTEIGNUNG VON NACHBARRECHTEN

148 Wo immer den Nachbarn eines Gemeinwesens oder eines expropriationsberechtigten Unternehmens die Ansprüche aus ZGB 679 deswegen nicht zur Verfügung stehen, weil eine unvermeidbare Eigentumsüberschreitung vorliegt (vorn N.75), sollte er gerechterweise für die Beeinträchtigung seines Eigentums, für den Verlust nachbarrechtlicher Ansprüche wenigstens entschädigt werden. Eine solche Entschädigungspflicht für die Enteignung von Nachbarrechten ist im eidgenössischen Enteignungsgesetz ausdrücklich vorgesehen. Im kantonalen Recht fehlen derartige gesetzliche Bestimmungen; doch ist – wie auf eidgenössischem Boden vor Inkrafttreten des Enteignungsgesetzes von 1930 (vgl. BGE *4* 72, *9* 238, *18* 59, *34* I 694, *36* I 246, *40* I 451; SJZ *13* 36, *14* 125 Nr.37; BlZR *29* 221) – auch hier eine Entschädigungspflicht durchwegs zu bejahen, wenn sie nicht expressis verbis durch den Gesetzgeber ausgeschlossen wurde (zutreffend BlZR *60* Nr.106 unter Ablehnung der früheren zürcherischen Praxis; vgl. auch Oftinger, Haftpflichtrecht II/1 322 f und II/2 518 f und die dort in N.323 enthaltenen Hinweise).

149 Voraussetzung jeglichen Entschädigungsanspruches aus Enteignungsrecht ist aber, dass eine Überschreitung des Eigentums im Sinne von ZGB 679 vorliegt (darüber vorn N.76 ff). Soweit das zulässige Mass von den Trägern des Enteignungsrechtes nicht überschritten wird, muss der Grundeigentümer sich mit schädlichen Auswirkungen öffentlicher Werke abfinden (BGE *24* II 270; *40* I 453; *47* II 79; *62* I 11; *66* I 140; *79* I 199).

1. Eidgenössisches Recht

150 Nach Art.5 EntG können neben dem Eigentum, andern dinglichen Rechten und bestimmten persönlichen Rechten auch die aus dem Grundeigentum hervorgehenden Nachbarrechte Gegenstand des Enteignungsrechtes sein. Gemeint sind die gesetzlichen Nachbarrechte nach ZGB 684 ff, die wegen des Enteignungsrechtes nicht ausgeübt werden können, um Einwirkungen des Exproprianten abzuwehren.

151 So sind von der Praxis Entschädigungsansprüche bejaht worden bei

- Ansammlung von Grundwasser in einer Kiesgrube als Folge der Erstellung und des Betriebes eines Wasserwerkes (BGE *62* I 9 ff; vgl. auch SJZ *37* 125 f Nr.26);
- übermässigen Einwirkungen (Lärm, Erschütterung, Gefährdung) eines bestimmungsgemäss verwendeten Militärschiessplatzes auf die Nachbar-

schaft (BGE *66* I 140 ff) bzw. eines Gemeindeschießstandes auf ein in der Nähe gelegenes Herrschaftshaus (BGE *87* I 87 ff);

- Schädigung des Fischbestandes eines öffentlichen Flusses durch Abwässer einer Kanalisation (BGE *75* II 120);
- Überschreitung der baugesetzlich zulässigen Gebäudehöhe (VEB *17* 269 ff).

Der Anspruch auf Enteignungsentschädigung wurde demgegenüber abgelehnt 152

- für Einwirkungen von Rauch, Russ, Erschütterung und Lärm auf die einem Güterbahnhof benachbarten Wohnhäuser, weil die Immissionen – soweit sie überhaupt als übermässig zu betrachten seien – wegen Lage und Ortsgebrauch nicht als ungerechtfertigt bezeichnet werden könnten (BGE *40* I 447 ff; vgl. auch BGE *62* I 266 ff);
- für Einwirkungen von einem Fliegerabwehr-Schiessplatz auf ein 3 km entferntes Hotel, weil der durch Schiessübungen verursachte Lärm nicht übermässig sei, und weil die indirekten Auswirkungen (Sperre eines Tourengebietes und der daraus resultierende Ausfall von Skifahrern für das Hotel) Einschränkungen des Gemeingebrauchs an öffentlicher Sache (Allmend) darstellten und der Einzelne keinen Rechtsanspruch darauf habe, dass der Gemeingebrauch durch das hierzu befugte Gemeinwesen nicht eingeschränkt oder aufgehoben werde (BGE *79* I 199 ff).

Das Verfahren bei der Enteignung von Nachbarrechten ist im wesentlichen das gleiche wie bei der Enteignung von Grundeigentum. Bestreitet der Enteigner im Verfahren zur Feststellung der Enteignungsentschädigung den Bestand des Nachbarrechts, in welchem der Betroffene sich verletzt glaubt, so können die Parteien den Entscheid hierüber der Schätzungskommission anheimstellen (EntG 69). Deren Urteil unterliegt in gleicher Weise wie ein gewöhnlicher Schätzungsentscheid dem Weiterzug ans Bundesgericht. Darüber WEGMANN 43 ff; HESS zu Art. 5; WALDIS 49 ff. 153

Vor der Erstellung eines Werkes sind die als notwendige Folgen aus seinem Bau, seinem Betrieb oder seinem Unterhalt sich ergebenden Grundeigentumsüberschreitungen oft noch gar nicht richtig zu erkennen (vgl. z.B. BGE *62* I 9 ff, *62* I 266 ff, *64* I 225 ff, *66* I 160 ff; SJZ *37* 125 Nr. 26). Die Möglichkeit nachträglicher Enteignung ist daher in solchen Fällen von ausschlaggebender Bedeutung. Die Praxis hat von jeher angenommen, dass auch Entschädigungsansprüche für Nachteile, die später auftreten, im Expropriationsverfahren zu erledigen sind (vgl. BGE *40* I 451 f). Und EntG 41 I lit. *c* lässt nun ausdrücklich eine nachträgliche Erhebung von Entschädigungsforderungen zu, «wenn eine im Zeitpunkt der Planauflage nicht oder 154 nicht nach ihrem Umfang vorherzusehende Schädigung des Enteigneten sich erst beim Bau oder nach Erstellung des Werkes oder als Folge seines Gebrauches einstellt». Enteigneter im Sinne dieser Vorschrift kann jedes geschädigte oder mit Schaden bedrohte Rechtssubjekt sein, keineswegs etwa nur (wozu der Wortlaut irreführen könnte) Personen, die in das abgeschlossene Enteignungsverfahren schon einbezogen waren (BGE *88* I 194 ff; GLATZFELDER THEODOR, Die nachträgliche Enteignung nach eidgenössischem und kantonalem Recht, Diss Bern 1952, 24; dort S. 25 ff über die Frist zur Forderungsanmeldung und S. 29 ff über das Verfahren; zu eng in bezug auf die nachträgliche Expropriation: HAAB, Art. 680 N. 24).

155 Die durch Enteignung von Nachbarrechten statuierten Duldungs- und Unterlassungspflichten stellen gewöhnliche Dienstbarkeiten dar, die im Zeitpunkte der Bezahlung, Hinterlegung oder Sicherstellung der Expropriationsentschädigung ausserbuchlich zur Entstehung gelangen (EntG 91; BGE *39* II 63, *49* I 39; VEB *17* 269 ff; HESS, Art. 5 N. 3, 17, 23; LIVER, Art. 731 N. 19).

2. Kantonales Recht

156 Obgleich der kantonalen Gesetzgebung ausdrückliche Vorschriften über die Enteignung von Nachbarrechten fehlen, ist der kantonalen Praxis eine Entschädigungspflicht in solchen Fällen nicht unbekannt (vgl. auch vorn N. 148 a. E.):

SJZ *9* 16: Beeinträchtigung der Nachbarn durch einen Schießstand (Freiburg);

ZBJV *69* 499: Schädigung von an die Strasse anstossenden Grundstücken durch Zufluss von Wasser (Bern);

ZBJV *74* 569 f: Entzug des privatrechtlichen Anspruches auf Einhaltung des gesetzlichen Grenzabstandes bei Errichtung einer öffentlichen Baute (Bern; ebenso SJZ *27* 378 Nr. 74 für Zürich).

157 Das Fehlen klarer gesetzlicher Grundlagen macht sich indessen oft nachteilig bemerkbar, indem Tatbestände zu Unrecht nicht nach Expropriationsrecht behandelt werden (dazu die Kritik von OFTINGER, Lärmbekämpfung 34 N. 84 und 58 N. 14 an BGE *43* II 268; BlZR *17* Nr. 3; *29* Nr. 90; SJZ *25* 10 Nr. 3; eingehende Auseinandersetzung mit BlZR *29* Nr. 90 auch bei HAFTER 73 ff). Es darf dabei aber nicht ausser acht gelassen werden, dass, solange die kantonalen Rechte den Weg der nachträglichen Enteignung nicht kennen, den in ihren Nachbarrechten Verletzten ein Rechtsschutz oft nur durch die Zivilgerichte gewährt werden kann (vgl. dazu GLATZFELDER 93 f).

SACHREGISTER

Zahlen ohne vorangestellten Zusatz verweisen auf die Seiten.

N. = Randnote.

Vergleiche insbesondere auch die der Kommentierung jedes Gesetzesartikels vorausgehende Inhaltsübersicht.

LIC. IUR. URSULA M. FALKNER
DR. IUR. DIETER ZOBL
LIC. IUR. EDI VÖGELI

SUPPLEMENT

ZU

ARTHUR MEIER-HAYOZ

GRUNDEIGENTUM I, ART. 655–679 ZGB

BERNER KOMMENTAR, BAND IV, 1. ABTEILUNG, 2. TEILBAND

BERN, VERLAG STÄMPFLI & CIE AG, 1974

Judikatur und Literatur sind in diesem Supplement bis Herbst 1973 berücksichtigt.

Gesamtherstellung: Stämpfli & Cie AG, Bern
Printed in Switzerland
ISBN 3-7272-0391-2

VORBEMERKUNGEN

Die folgende Übersicht soll den Zugang zur kantonalen und eidgenössischen Praxis sowie zur wichtigsten Literatur seit dem Neudruck der dritten Auflage im Jahre 1964 erleichtern. Entscheide, die in mehreren Periodika wörtlich gleich abgedruckt sind, werden in der Regel nur einmal zitiert. Zum Inhalt der nachgewiesenen Schriften und Entscheidungen wird hier nicht Stellung genommen. In den Verweisen erscheinen Zitate aus der 1. und 2. Lieferung des Teilbandes Grundeigentum II (Bern 1967/1973).

Weitere im Kommentar noch nicht eingearbeitete Dokumentation aus den Jahren 1961–1964 ist im Sachregister (S. 389ff) aufgeführt.

Zürich, Herbst 1973

Ursula M. Falkner
Dieter Zobl
Edi Vögeli

Art. 655

I. GESETZGEBUNG

Eine neue Ziff. 4 wurde durch BG vom 19. Dezember 1963 über die Änderung des 4. Titels des ZGB (Miteigentum und Stockwerkeigentum) dem Abs. II angefügt (AS *1964* 993):

«Grundstücke im Sinne dieses Gesetzes sind:

1. ...
2. ...
3. ...
4. die Miteigentumsanteile an Grundstücken.»

II. LITERATUR

Art. 655 ff

El Jam Mohammed, La règle morale dans le droit de propriété foncière, Etude de législation foncière suisse (Diss Genf 1960); Rechtliche Probleme des Bauens, Berner Tage für die juristische Praxis 1968, veranstaltet von der Rechts- und Wirtschaftswissenschaftlichen Fakultät der Universität Bern (Bern 1969), Besprechung dazu von Georg Gautschi in ZSR *1969* I 504; Hess Walter A., Bibliographie zum Bau-, Boden- und Planungsrecht der Schweiz 1900–1957, hg. von der Schweizerischen Gesellschaft für Koordination und Förderung der Bauforschung (Zürich 1968), Besprechung dazu von P. Liver, ZBJV *1968* 494 ff; Jäggi Peter, Besprechung der 1. Lieferung des vorliegenden Teilbandes (Art. 655–666), SJZ *1961* 308 f; Krummenacher Adolf, Grundeigentum, Ein Leitfaden aus der Praxis (Arbeitsmappe) (Zürich 1973); Merz Hans, Besprechung der 1. Lieferung des vorliegenden Teilbandes (Art. 655–666), ZBJV *1962* 44 ff; Pfister Hans-Rudolf, Der Schutz des öffentlichen Glaubens im schweizerischen Sachenrecht, insbes. Besonderer Teil, 2. Abteilung: Der Schutz des öffentlichen Glaubens im Grundbuch (Diss Zürich 1969) 230 ff; Piotet Paul, Besprechung der 1. Lieferung des vorliegenden Teilbandes (Art. 655–666), ZSR *1962* I 155, 159 ff.

III. PRAXIS

1. Eidgenössische

Art. 655 Abs. II Ziff. 2

BGE *92* I 543 Erw 1, 2 = ZBGR *1968* 292 Erw 1, 2 mit redaktioneller Notiz 298/9. Besprechung von Peter Liver in ZBJV *1968* 34. Zu Lasten

eines als Grundstück in das Grundbuch aufgenommenen selbständigen und dauernden Baurechts kann eine Dienstbarkeit gleichen Inhaltes (sog. Unterbaurecht) errichtet und für diese zweite Berechtigung ebenfalls ein Grundbuchblatt eröffnet werden.

BGE *97* II 25ff. Ersitzung einer an einem öffentlichen Gewässer bestehenden Fischenz: Rechtsnatur der Fischenz und deren Stellung zum kantonalen Recht, das für Privatrechte an öffentlichen Gewässern eine Konzession vorschreibt (Erw 2 S. 28ff).

S. auch unter Art. 662.

Art. 655 Abs. II Ziff. 4

ZBGR *1963* 243, bes. 246. Eidgenössische Rekurskommission für den Erwerb von Grundstücken, Urteil vom 19. Dezember 1962. Grundstücksqualität einer Wohnung (überholt durch BG vom 19. Dezember 1963; zit. unter I).

2. Kantonale

Art. 655 Abs. II Ziff. 1

Luzern

ZBGR *1967* 224. OGer, Urteil vom 1. April 1965. Unterschied zwischen Dauer- und Fahrnisbaute. (Ein Bauhandwerkerpfandrecht kann nur an einer Dauerbaute [Grundstück] errichtet werden.)

Vgl. auch zu Art. 677.

Art. 655 Abs. II Ziff. 2

Luzern

ZBGR *1967* 278. Justizkommission, Urteil vom 30. März 1965. Rechtsnatur eines altrechtlichen Fischereirechtes (Erw 1 S. 278/9).

Vgl. auch zu Art. 664.

Art. 655 Abs. II Ziff. 4

Tessin

ZBGR *1967* 80. Appellationsgericht, Zivilkammer, Urteil vom 20. Oktober 1964 (Auszug), mit eingehender Besprechung von P. Liver. Tatbe-

stand zweier aneinanderstossender Häuser, wobei der Keller des einen, nur von diesem zugänglich, sich ganz auf dem anderen Grundstück befindet: Handelt es sich beim sog. «Kellerrecht» um (altrechtliches) Stockwerkeigentum?

Vgl. auch zu Art. 667 Abs. I, 674 sowie 675 Abs. I und II.

IV. VERWEISE

S. Art. 681 N. 80ff; Bemerkungen zu Art. 682. Zum Miteigentum vgl. auch:

1. Teilband: Systematischer Teil und Allgemeine Bestimmungen, Artikel 641–654 (4. Aufl., Bern 1966) 375–492.

Art. 656

I. LITERATUR

Himmelsbach Wolfram, Die Voraussetzung der Grundbucheintragung nach schweizerischem und deutschem Recht (Diss Basel 1964; vervielfältigt); Teitler Eric, Die Einmann-Immobilien-Aktiengesellschaft, Eine Untersuchung ihrer zivilrechtlichen Besonderheiten, verglichen mit dem direkten Grundeigentum im Rahmen des Kauf- und Erbrechts, insbes. 77ff: Besonderheiten der Immobilien-AG im Rahmen des Kaufrechtes, Zürcher Beiträge n. F. Heft 313 (Diss Zürich 1969).

Art. 656 ff

Araboğlu Mümtaz, Die Schwierigkeiten in der türkischen Praxis bei der Anwendung der Vorschriften des schweizerisch-türkischen Zivilgesetzbuches zum Erwerb des Grundeigentums an Privatgrundstücken (Frankfurt am Main 1965); Hottinger Walter, Über den Zeitpunkt der Entstehung dinglicher Rechte an Grundstücken und zur Frage der Rückziehbarkeit der Grundbuchanmeldung (Diss Zürich 1973); Lutz Gustav, System der Eigentumsübertragung, insbes. über Rechtsnatur und Widerruflichkeit der Anmeldung ins Grundbuch (Diss Zürich 1968).

Art. 656 Abs. II

Boudry François, Le remembrement de la propriété privée (Diss Lausanne 1970); Clopath Gion, Quelques problèmes relatifs à la double vente, spécialement en matière immobilière, SJZ *1970* 49ff, 65ff; HUBER HANS, Die Behandlung der dinglichen Rechte im Güterzusammenlegungsverfahren, Blätter für Agrarrecht Heft 1/2 *1970* 70, insbes. 79ff, 85f; JOST ARTHUR, Grundbuch und Erbteilung, SJZ *1968* 33 (Sonderdruck Zürich 1968); PICENONI VITO, Das Ineinandergreifen güterrechtlicher und erbrechtlicher Vorschriften, ZBGR *1965* 193 (198–202: Aussergrundbuchlicher Erwerb ist auch möglich kraft Ehevertrags. In dieser Hinsicht weist Art. 656 Abs. II ZGB eine [echte] Lücke auf).

II. PRAXIS

1. Eidgenössische

Art. 656 Abs. II

BGE *86* II 425 Erw 3. Gerichtliche Zusprechung des Eigentums an den Käufer «gegen Barzahlung des Kaufpreises».

BGE *95* II 22ff. Art. 656 Abs. II ZGB gilt auch bei der Güterzusammenlegung; der Zeitpunkt, in dem das Eigentum an den neuen Parzellen dasjenige an den alten ersetzt, wird vom kantonalen Recht bestimmt (Erw 4 S. 28). – Folgen für den Eintrag des gesetzlichen Bauhandwerker- und Unternehmerpfandrechts (Art. 837 ZGB) ins Grundbuch: Baut der Eigentümer von in eine Güterzusammenlegung einbezogenen Grundstücken auf einer Liegenschaft, die ihm unter dem neuen Zustande zugewiesen wird, über die er aber im Grundbuch noch nicht verfügen kann (vgl. Art. 656 Abs. II ZGB), so hat der Unternehmer sein gesetzliches Grundpfandrecht auf den Parzellen eintragen zu lassen, die dem Besteller unter dem alten Zustand gehörten. Er hat dabei zu verlangen, dass das Pfandrecht auf das dem Besteller zum Ersatz zugewiesene Grundstück, auf dem er Arbeiten ausführt, übertragen wird (Art. 802 ZGB), sobald die durch die Güterzusammenlegung bedingten Formalitäten im Grundbuch vollzogen sind.

BGE *97* III 89. Voraussetzungen der Entstehung einer Grunddienstbarkeit bei Zwangsvollstreckung. Der mit der Zwangsverwertung eines Grundstücks betraute Beamte ist nicht befugt, im Lastenverzeichnis von sich aus die Errichtung einer neuen Dienstbarkeit zulasten dieses Grundstücks vorzusehen. Eine solche Bestimmung ist wegen Überschreitung der sachlichen Zuständigkeit des Beamten schlechthin nichtig, kann nicht rechtskräftig werden und nicht die Grundlage für die Entstehung der Dienstbarkeit auf dem Wege der Zwangsvollstreckung abgeben (Erw 5 S. 99 ff).

Auswirkungen der Nichtigkeit einer solchen Bestimmung auf den Zuschlag des «berechtigten» Grundstücks (Erw 6 S. 102 f) und auf den übrigen Inhalt des Lastenverzeichnisses (Erw 7 S. 103 f).

S. auch unter Art. 674 Abs. III.

2. Kantonale

Art. 656 Abs. I

Graubünden

SJZ *1961* 189. Kantonsgerichtsausschuss, Urteil vom 22. Januar 1960. Streit um ein nichtvorgemerktes Vorkaufsrecht an einem Hause. Verkauf des Hauses ohne Orientierung des Vorkaufsberechtigten. – Schadenersatzpflicht des alten Eigentümers und Hausverkäufers.

PKG *1961* Nr. 40. Kantonsgerichtsausschuss, Urteil vom 22. Juni 1961. Fehlender Grundbucheintrag, Eigentumserwerb.

Art. 656 Abs. II

Zürich

ZR *1961* 347. OGer, II. Zivilkammer, Urteil vom 1. September 1959; Kassationsgericht des Kantons Zürich, Urteil vom 25. Januar 1960; BGer, I. Zivilabteilung, Urteil vom 10. Mai 1960; OGer, II. Zivilkammer, Urteil vom 25. November 1960; Kassationsgericht, Urteil vom 7. Februar 1961; BGer, I. Zivilabteilung, Urteil vom 21. Februar 1961. Hat die Eigentumsübertragung an einem Grundstück Zug um Zug mit der Gegenleistung zu erfolgen, so kann das Gericht dem Erwerber nicht unmittelbar das Eigentum im Sinne der Art. 656 Abs. II und 665 Abs. I ZGB zusprechen (Erw 5 S. 349 des ersten Urteils des Obergerichtes).

Bern

ZBGR *1966* 212. RR, Beschluss vom 23. Mai 1956. Grundbuchbeschwerde, Güterzusammenlegung. – Ein Eigentumswechsel kann grundbuchlich behandelt werden vor oder nach der Planauflage, nicht aber während derselben. Hat die Güterzusammenlegung begonnen, so müssen für das betreffende Grundstück die Einsprachen erledigt sein.

ZBGR *1967* 276 Erw 4–8. RR, Beschluss vom 10. Juli 1962. Für die Eintragung des Verkaufs einer Liegenschaft im Grundbuch nach durchgeführter Güterzusammenlegung bedarf es der Ausweise gestützt auf den neuen Zustand.

Bern. Notar *1964* 267. Grundbuchinspektorat, Anfrage an den Appellationshof des OGer. Eigentumserwerb durch Scheidungsurteil.

ZBGR *1967* 367. Justizdirektion, Kreisschreiben vom 10. März 1967 betreffend Güterzusammenlegung und Grundbuch.

Vgl. auch ZBGR *1968* 254.

Bern. Notar *1967* 234. Justizdirektion, Meinungsäusserung vom 20. September 1967. Ehescheidungskonvention als Akt der Eigentumsverschaffung?

ZBGR *1968* 254. Direktionen der Justiz, der Landwirtschaft, der Forsten und der Bauten, Instruktion an die Grundbuchverwalter, Ingenieur-Geometer und Notare des Kantons Bern vom 20. Dezember 1967 über das Verfahren bei Güterzusammenlegungen. Bevor die durch Güterzusammenlegung bewirkte neue Eigentumsordnung im Grundbuch aufgenommen ist, ist der dingliche Rechtsverkehr gehemmt.

Vgl. auch ZBGR *1967* 367. Justizdirektion, Kreisschreiben vom 10. März 1967 betreffend Güterzusammenlegung und Grundbuch.

Luzern

ZBJV *1964* 552. Justizkommission, Weisung an die Grundbuchämter vom 15. Juni 1964. Die Anmeldung zur Eintragung dinglicher Rechte im Grundbuch kann nicht einseitig zurückgezogen werden.

Genf

Semjud *1964* 558. Autorité de surveillance des offices des poursuites et des faillites, Entscheid vom 15. März 1963. Eigentumsübertragung im Zeitpunkte, in welchem Urteil in Rechtskraft erwächst.

III. VERWEISE

S. Art. 680 N. 68.

Art. 657

I. LITERATUR

Himmelsbach, zit. bei Art. 656; Teitler, zit. bei Art. 656.

Art. 657 Abs. I

Von Büren Bruno, Schweizerisches Obligationenrecht, Besonderer Teil (Zürich 1972) 72 ff; Droin Jacques, Les effets de l'inobservation de la forme en matière de transfert de la propriété immobilière (Genf 1969); Friedrich Hans-Peter, Praktische Fragen im Zusammenhang mit der Begründung von Stockwerkeigentum, 3. Die Form für die nachträgliche Abänderung der Gemeinschaftsordnung im Falle von Stockwerkeigentum, ZBGR *1966* 321 ff, bes. 327; Grossen Jacques-Michel, L'acte authentique, notion du droit fédéral, ZBGR *1967* 321 ff; Guhl Theo, Das schweizerische Obligationenrecht mit Einschluss des Handels- und Wertpapierrechts (6. Aufl. bearbeitet von H. Merz und R. Kummer, unter Mitarbeit von P. Widmer, Zürich 1972) 296 ff; Huber Hans, Die öffentliche Beurkundung als Begriff des Bundesrechtes, ZBJV *1967* 249 ff; Metzger-Wüest Eva, Zur Form des Liegenschaftsabtretungs- und Verpfründungsvertrages, ASR n. F. Heft 409 (Diss Bern 1971); Paoletto Bruno, Die Falschbeurkundung beim Grundstückkauf (Diss Zürich 1973); Spiro Karl, Grundstückskauf und Formzwang, Replik zu BGE *90* II 154 ff, BJM *1965* 213; ders., Die unrichtige Beurkundung des Preises beim Grundstückskauf, Eine zivilistische Studie, Basler Studien Heft 70 (Basel 1964), Besprechung dazu von Hans Huber in ZBGR *1966* 61; Zobl Dieter, Änderungen im Personenbestand von Gesamthandschaften, Zürcher Beiträge n. F. Heft 418 (Diss Zürich 1973) (beachte die Ausführungen über Eintritt/Austritt).

Art. 657 Abs. II

Picenoni Vito, Die Behandlung der Grundbuchgeschäfte im Erbgang, ZBGR *1972* 129.

II. PRAXIS

1. Eidgenössische

Art. 657 Abs. I

Thematische Übersicht

Form des Grundstückkaufs – Umfang des Formzwangs. Der öffentlichen Beurkundung bedürfen:

- alle objektiv und subjektiv wesentlichen Vertragspunkte. BGE *86* II 400 Erw 1 mit Verweisungen; *87* II 30 Erw 3; *90* II 24 Erw 1, 156 Erw 1; *95* II 310.
- wesentliche Nebenabreden (Nebenpunkte). BGE *90* II 37 Erw 2; vgl. *88* II 159 Erw 1.
- die Bezeichnung des verkauften Grundstücks. BGE *90* II 24 Erw 1; *95* II 310,
  - Wenn jedoch die Kauf- oder Tauschsache aus einer Mehrheit von Grundstücken ausgewählt werden kann, genügt es, wenn aus der Urkunde oder dem Gesetz hervorgeht, welcher Partei die Wahl zusteht und wie das Grundstück beschaffen sein muss. BGE *95* II 310.
- die Angabe des (wahren) Rechtsgundes. BGE *86* II 231/2.
- die wahrheitsgemässe Angabe der Gegenleistung. BGE *86* II 37, 260 Erw 2, 400 Erw 1; *87* II 30 Erw 3; *90* II 156 Erw 1, 296 Erw 4; *94* II 272/3; *95* II 419 (Abänderung des Kaufpreises).
- Nicht erforderlich ist, dass die vereinbarte Gegenleistung dem objektiven Wert der Liegenschaft entspreche. BGE *94* II 273.
- Nicht der öffentlichen Beurkundung bedürfen ferner Leistungen, die zwar im Zusammenhang mit dem Kauf zugesichert, aber nicht im Austausch gegen das Grundstück, sondern für andere Leistungen des Verkäufers zu erbringen sind, und zwar selbst dann nicht, wenn der Kauf ohne diese andern Leistungen und Gegenleistungen nicht abgeschlossen würde. BGE *86* II 37 a.
- Zu Fragen des Formzwanges s. H. Merz, ZBJV *1965* 427 (Besprechung der bundesgerichtlichen Praxis 1964).

Wann ist die Berufung auf den Formmangel eines (erfüllten) Kaufvertrages rechtsmissbräuchlich? BGE *84* II 375 Erw 2, 641 Erw 2; *86* II 232 Erw 6, 261 Erw 3, 400 ff; *87* II 31 Erw 4; *90* II 25 Erw 2, 38 Erw 4, 156 Erw 2 und 3, 298 Erw 5; vgl. BGE *81* II 583/4.

Entscheide im einzelnen

BGE *86* II 221 (bes. 232 Erw 6), besprochen von P. Liver in ZBJV *1961* 375. Sicherungsübereignung: Fall, dass der öffentlich beurkundete Vertrag nicht den richtigen Kaufpreis oder nicht den wahren Rechtsgrund der Eigentumsübertragung angibt. Nach Treu und Glauben unbeachtlicher Formmangel.

BGE *86* II 405 Erw 3; *87* II 33 b. (Rückerstattungspflicht des unrechtmässigen Besitzers; Anwendbarkeit von Art. 938/40 ZGB, nicht 62 ff OR; BGE

84 II 377 Erw 4). – Für Minderungs- und Schadenersatzansprüche ist kein Raum.

BGE *88* II 158. Ist die Einräumung eines Kaufrechts an einem Grundstück nichtig, wenn die Abrede, wonach ein Teil des Kaufpreises sofort anzuzahlen sei, nicht öffentlich beurkundet wird?

BGE *89* II 287. Form des Grenzfeststellungs- und Grenzregulierungsvertrages (Erw 4 S. 295ff).
Vgl. Art. 669; ausserdem Art. 664 Abs. I und II.

BGE *90* II 21. Der Vertrag über einen Grundstückkauf ist ungültig, wenn aus der öffentlichen Urkunde nicht hervorgeht, welches Grundstück Gegenstand des Kaufes sein soll (Erw 1 S. 24). – Unzulässigkeit der Berufung auf den Formmangel wegen Rechtsmissbrauch (Erw 2 S. 25)? – Zulässigkeit einer Feststellungsklage im vorliegenden Fall (Erw 3 S. 33).

BGE *90* II 34. Subjektiv wesentliche Vertragsbestimmung beim Grundstückkauf, die zur Verbindlichkeit der öffentlichen Beurkundung bedarf, sofern ihr Gegenstand seiner Natur nach in den Rahmen eines Kaufvertrages fällt (Erw 2 S. 37). – Gänzliche Nichtigkeit eines Vertrages wegen Formmangels; Feststellung von Amtes wegen; Fehlen eines Rechtsmissbrauches (Erw 3 und 4 S. 38). – Änderung des Klagegrundes (Anspruch aus ungerechtfertigter Bereicherung infolge Nichtigkeit des Vertrages statt Schadenersatz): Frage der Zulässigkeit (Erw 6 ff S. 39).

BGE *90* II 154. Grundstückkauf: Der Vertrag ist nichtig, wenn in der öffentlichen Urkunde nicht der wirkliche Kaufpreis angegeben wird (Bestätigung der Rechtsprechung; Erw 1 S. 156). – Rechtsmissbräuchliche Berufung auf den Formmangel? Zur Beantwortung dieser Frage hat der Richter alle Umstände des konkreten Falles zu berücksichtigen. Bejahung der Frage für den vorliegenden Fall (Erw 2 S. 156 und Erw 3 S. 158).
Vgl. auch Replik von Spiro, BJM *1965* 213 und Besprechung von P. Liver, ZBJV *1968* 194.

BGE *94* II 96, bes. 99 b, Auszug in ZBGR *1969* 258 ff. Eine Eigentumsübertragung im Sinne des Art. 657 ZGB findet dann nicht statt, wenn ein Gesamthandverhältnis durch ein anderes ersetzt wird und die Beteiligten nicht wechseln. Daher genügt eine schriftliche Erklärung der Gesamthänder, um die Berichtigung des Grundbuches zu erwirken.

BGE *95* II 309, Auszug in ZGBR *1971* 99 ff. Kauf oder Tausch von Grundstücken.

Anforderungen an die öffentliche Beurkundung, wenn die Kauf- oder Tauschsache von der einen oder andern Partei aus einer Mehrzahl von Grundstücken ausgewählt werden kann.

BGE *95* II 419, Auszug in ZBGR *1971* 236 ff. Grundstückkauf: Formbedürftige Abänderung des Kaufvertrages in bezug auf den Kaufpreis oder formlos gültiger Vergleich, durch den eine Partei im Hinblick auf bestimmte Versprechen der Gegenpartei auf die Anfechtung eines bereits gültig beurkundeten Grundstückkaufs verzichtet?

BGE *96* II 331 c. Eine Eigentumsübertragung findet nicht statt, wenn ein Gesamthandverhältnis durch ein anderes ersetzt wird und die Beteiligten nicht wechseln: Fall des Fortbestands des Gesamteigentums aufgrund eines andern als des im Grundbuch angegebenen Verhältnisses. Ist die Umwandlung von Gesamteigentum in Miteigentum ein Eigentumswechsel?

Art. 657 Abs. II

BGE *86* II 351 Erw 3. Form des Erbteilungsvertrages (Art. 634).

2. Kantonale

Bern

ZBGR *1961* 99. RR, Beschluss Nr. 3508 vom 23. Juni 1959. Verhältnis der güterrechtlichen Auseinandersetzung zur Nachlassteilung. Tilgung des güterrechtlichen Anspruchs des überlebenden Ehegatten durch Übertragung von Nachlassliegenschaften zu Eigentum. Frage der rechtsgeschäftlichen Eigentumsübertragung nach Art. 657.

Bern. Notar *1967* 234. Justizdirektion, Meinungsäusserung vom 20. September 1967. Ehescheidungskonvention als Ausweis für eine Liegenschaftsübertragung?

Art. 657 Abs. I

Zürich

ZBGR *1969* 361 ff. RR, Beschluss Nr. 4415 vom 8. Oktober 1969 (Auszug). Ist jemand irrtümlich als Eigentümer in das Grundbuch eingetragen worden, so ist dieser Eintrag ohne Rechtsgrund. Der irrtümlich Eingetragene bedarf zum Erwerb des Grundeigentums einer Vereinbarung mit dem wahren Eigentümer, die als Vertrag auf Eigentumsübertragung öffentlich zu beurkunden ist und zur Eintragung im Grundbuch angemeldet werden muss.

Bern

ZBGR *1967* 214. RR, Beschluss vom 8. Januar 1963. Die Formvorschriften für den Grundstückskauf beziehen sich auf alle Vertragsgegenstände, welche einerseits vom Gesetz als wesentliche Vertragsbestandteile bezeichnet sind und anderseits von den Parteien als ausschlaggebend für ihre vertragliche Verpflichtung betrachtet werden.

Luzern

SJZ *1973* 40. Justizkommission des OGer, Entscheid vom 7. Juni 1971. Ein Tauschvertrag über Liegenschaften in zwei verschiedenen Kantonen ist ein einheitlicher Vertrag, der aber in Form zweier getrennter Verträge beurkundet werden kann. (In diesem Fall sind dem Grundbuchverwalter beide Verträge als Rechtsgrundausweise vorzulegen.)

Freiburg

ZBGR *1966* 278. KGer, Appellationshof, Entscheid vom 3. Juli 1963. Übertragung der Rechte und Pflichten aus einem Vorvertrag zu einem Grundstückkauf seitens des Käufers auf eine Drittperson: Ein solcher Austausch der Vertragspartei bedarf der öffentlichen Beurkundung.

Basel-Stadt

BJM *1973* 56 = ZBGR *1973* 234. Appellationsgericht, Urteil vom 31. August 1971. Schliesst die Vereinbarung, für einen Vertrag gelte schweizerisches Recht, auch in sich, dass für einen Liegenschaftskauf öffentliche Beurkundung Formerfordernis sei?

Graubünden

PKG *1961* Nr. 40. Kantonsgerichtsausschuss, Urteil vom 22. Juni 1961. Geltendmachung von Formmängeln im Rechtsgeschäft beim Grundstückkauf. Rechtsmissbrauch.

ZBGR *1967* 287. KGer, Urteil vom 18. und 20. August 1965. Abschluss eines Grundstückkaufes in der Form eines schiedsgerichtlichen Vergleiches (Erw 1 S. 288).
Vgl. auch zu Art. 665.

ZBGR *1967* 78 mit redaktioneller Anm. S. 80. KGer, Urteil vom 16. Dezember 1965. Öffentliche Beurkundung eines Grundstückkaufes: Hat der Verkäufer den Kaufvertrag nicht vor der Urkundsperson unterzeichnet, so ist dieser ungültig.

Tessin

Rep *1963* 24. Appellationsgericht, Urteil vom 3. Juli 1962. Rechtliche Relevanz einer Trennung eines Grundstückes bloss dadurch, dass Marksteine gesetzt wurden. Folgen der Formmängel.

Wallis

ZBGR *1969* 234 ff. Tribunal cantonal, Urteil vom 9. Februar 1966. Vente immobilière. – Distinction entre mandat et promesse de vente. Incidence sur la forme du contrat.

Le mandat par lequel une personne s'engage envers une autre à conclure un contrat avec un tiers n'est soumis à l'observation d'aucune forme, même si le contrat à conclure est subordonné à l'observation d'une forme particulière, comme c'est le cas, par exemple, pour la vente immobilière. De même l'obligation assumée par le propriétaire fiduciaire d'un immeuble d'en transférer la propriété au fiduciant n'exige pas, pour sa validité, l'observation de la forme authentique.

Fausse indication du prix de vente d'un immeuble. Exception d'abus de droit.

La nullité d'un acte juridique simulé a le caractère d'une nullité absolue; elle peut être invoquée en tout temps, tant par voie d'action que par voie d'exception et même par les personnes qui ne sont pas parties au contrat, lorsqu'elles y ont intérêt.

III. VERWEISE

S. Art. 680 N. 98 f, 683 N. 44 ff, 694 N. 71.

Speziell zum vorliegenden Art. 657:

Die in N. 49 vertretene Auffassung, wonach die Übertragung eines Kaufsrechtes nur der einfachen Schriftform bedürfe, ist überholt. Nach Art. 683 N. 53, zusammen mit Art. 681 N. 99 f, ist – da es sich um eine Vertragsübernahme handelt – öffentliche Beurkundung erforderlich.

Art. 660

I. LITERATUR

Art. 660 Abs. I

Besson Charles, 50 ans de registre foncier fédéral, ZBGR *1961* 334, insbes. 339.

II. VERWEISE

S. Art. 684 N. 22.

Art. 661

I. PRAXIS

1. Eidgenössische

BGE *95* II 605 ff. Unter welchen Voraussetzungen ist die ordentliche Ersitzung auf Grunddienstbarkeiten anwendbar (Erw 2a S. 610 ff, Erw 5 S. 616 f)?

2. Kantonale

Graubünden

PKG *1964* Nr. 21. Kantonsgerichtsausschuss, Urteil vom 26. Februar 1964. Ordentliche und ausserordentliche Ersitzung an einer Sache im Gemeingebrauch.

Luzern

ZBGR *1967* 73. OGer, I. Kammer, Urteil vom 27. Januar 1960. Ordentliche und ausserordentliche Ersitzung im Übergangsrecht. Auch Popularservituten können ersessen werden. – Negative Rechtskraft des luzernischen Hypothekarprotokolls; Umfang. – An Grundstücken, die im Hypothekarprotokoll eingetragen sind, ist nur die ordentliche Ersitzung möglich.

II. VERWEISE

S. Art. 680 N. 131.

Art. 662

I. LITERATUR

Bühler Theodor, Der Eigentumserwerb durch ausserordentliche Ersitzung in der Praxis, ZBGR *1966* 129. Sungurbey Ismet/Kaniti Salamon (Übersetzer), Le système d'acquisition par prescription extraordinaire du droit suisso-turc, ZSR *1961* I 269 ff; Nachwort dazu von P. Liver, ZSR *1961* I 286 ff; 2. Nachwort von Sungurbey/Kaniti, ZSR *1961* I 543 f.

Art. 662 Abs. III

Zum Problem der Eintragung in das Grundbuch s. HIMMELSBACH, zit. bei Art. 656.

II. PRAXIS

1. Eidgenössische

ZBGR *1964* 35 mit kritischer Bemerkung der Redaktion (Auszug). BGer, Staatsrechtliche Kammer, Urteil vom 12. Dezember 1962. Die Anwendung dieser Vorschrift ist nicht willkürlich, auch wenn der im Grundbuch eingetragene Eigentümer, der seit 30 Jahren tot oder verschollen ist, bekannte Erben hinterlassen hat.

BGE *97* II 25 ff. Ersitzung einer an einem öffentlichen Gewässer bestehenden Fischenz: Ausserordentliche Ersitzung gegenüber einem früher Berechtigten, insbes. gegenüber einem vor über 100 Jahren säkularisierten Kloster (Erw 3–5 S. 31 ff).

Das Auskündungsverfahren gemäss Abs. III kann unterbleiben, wenn zum vornherein genau feststeht, wer als Berechtigter in Frage kommt, und dieser im ordentlichen Prozess um das Eigentum selber Partei ist (Erw 6 S. 35 ff).

S. auch unter Art. 655 Abs. II Ziff. 2.

BGE *98* II 28 ff. Kann eine Grundlast ausserordentlich ersessen werden? – Frage offengelassen.

2. Kantonale

Zürich

ZBGR *1961* 202, bes. 206 f. OGer, Urteil vom 16. Mai 1960. Rolle des Grundprotokolls im zürcherischen Recht für die ausserordentliche Ersitzung.

ZBGR *1964* 30 mit auszugsweiser Wiedergabe des auf staatsrechtliche Beschwerde hin ergangenen Entscheides des BGer vom 12. Dezember 1962 und einer kritischen Bemerkung der Redaktion. OGer, Urteil vom 24. August 1962. Die ausserordentliche Ersitzung findet auch Anwendung, wenn der eingetragene, gestorbene Eigentümer Erben hinterlassen hat. Sie findet vor allem auch Anwendung, wenn sich der Besitzer auf Erbteilung beruft, eine Zustimmungserklärung sämtlicher Miterben oder einen schriftlichen Teilungsvertrag aber nicht vorzulegen vermag. Die amtliche Auskündung hat nicht zur Voraussetzung, dass Anhaltspunkte für das Vorhandensein berechtigter Ansprecher fehlen.

Bern

ZBJV *1961* 296. Appellationshof, Entscheid vom 29. September 1960. Die ausserordentliche Ersitzung eines Wegrechtes ist nur möglich, wenn das belastete Grundstück nicht im Grundbuch aufgenommen ist oder wenn der Name des Eigentümers aus dem Grundbuch nicht hervorgeht oder der Eigentümer seit mehr als 30 Jahren tot oder für verschollen erklärt war.

Luzern

ZBGR *1967* 73. OGer, Urteil vom 27. Januar 1960. S. unter Art. 661.

Maximen LU *1969* Nr. 540. OGer, Urteil vom 4. Januar 1967. Ausserordentliche Ersitzung. Der allein massgebende Eigenbesitz muss nur glaubhaft gemacht werden.

Graubünden

SJZ *1962* 157. Kantonsgerichtsausschuss, Urteil vom 4. März 1960. Ersitzung von Alpeigentum. – Auskündverfahren. – Anforderungen an die Einsprache einer Gemeinde. – Grundbuchliche Behandlung einer Alp, die auf Gebiet zweier Gemeinden liegt. – Strittige Gemeindegrenzen.

PKG *1962* Nr. 35. Kantonsgerichtsausschuss, Urteil vom 4. Juli 1962. Ausserordentliche Ersitzung einer Wegdienstbarkeit.

PKG *1963* Nr. 33. Kantonsgerichtsausschuss, Urteil vom 7. November 1963. Ersitzung eines Hausvorplatzes.

PKG *1964* Nr. 21. Kantonsgerichtsausschuss, Urteil vom 26. Februar 1964. Ordentliche und ausserordentliche Ersitzung an einer Sache im Gemeingebrauch.

ZBGR *1969* 387. Kantonsgerichtsausschuss, Urteil vom 17. Januar 1967. ZGB Art. 731 Abs. III und 662. Ausserordentliche Ersitzung einer Dienstbarkeit zu Lasten des eigenen ungeteilten Grundstückes möglich?

ZBGR *1969* 388. Kantonsgerichtsausschuss, Urteil vom 21. März 1967. Ausserordentliche Ersitzung von Grunddienstbarkeiten (Art. 731 Abs. III und 662 ZGB). Auskündverfahren (Art. 662 Abs. III ZGB) (Erw 1). Inhalt der ersessenen Grunddienstbarkeit (Erw 2). (N.B. S. 391: Eine gegen dieses Urteil eingereichte staatsrechtliche Beschwerde wies das BGer am 14. Februar 1968 ab.)

Thurgau

RB OGer *1965* Nr. 4. OGer, Entscheid vom 18. November 1965. Aufnahme einer Gemeindestrasse in das Grundbuch.

RB OGer *1969* 49. OGer, Entscheid vom 10. Juli 1969. Ausserordentliche Ersitzung einer Grunddienstbarkeit.

Wallis

Rev. val. *1972* 94. KGer, Urteil vom 25. Mai 1971. Zur Frage der Zulässigkeit der (a. o.) Ersitzung landwirtschaftlicher Dienstbarkeiten nach dem Inkrafttreten des ZGB, wenn die betreffenden Grundstücke ohne Bereinigung der dinglichen Rechte im Register oder Kataster eingetragen sind. Negative Rechtskraft in bezug auf Dienstbarkeiten nach Art. 48 SchlT. Aufschluss darüber, ob und welche Dienstbarkeiten errichtet worden sind (Art. 662 und 731 ZGB).

Strenge Beweisanforderungen an den dreissigjährigen ununterbrochenen und unangefochtenen Besitz, da sich ein landwirtschaftliches Durchgangsrecht durch Obstgärten, Reben und Bauland sehr nachteilig auswirken könne. Wenn der Durchgang nicht genau genug lokalisiert sei, bestehe die faktische Vermutung, dass eine blosse Duldung vorliege (Art. 731 ZGB).

Art. 662 Abs. III

Wallis

ZBGR *1970* 84. KGer, Urteil vom 26. Oktober 1967. Ersitzung einer Dienstbarkeit (Art. 731 ff ZGB). Die Bedeutung des Auskündverfahrens (Art. 662 Abs. III ZGB) bei der ausserordentlichen Ersitzung eines Durchgangsrechts. (Das subsidiär eingeklagte Notwegrecht war nicht Gegenstand des Urteilsspruches und der Berufungsanträge, so dass darauf nicht einzutreten war.)

III. VERWEISE

S. Art. 680 N. 132.

Art. 664

I. LITERATUR

DAETWYLER MAX A., Ausgewählte Fragen zur rechtlichen Behandlung des Grundwassers in der Schweiz, Zürcher Beiträge, n. F. Heft 262 (Diss Zürich 1966); PATOCCHI GABRIELLO, Acque pubbliche e private nel Cantone Ticino, Rep *1972* 78; STEFFEN PETER, Die rechtliche Behandlung des Grundwassers mit besonderer Berücksichtigung der Gesetzgebung des Kantons Luzern (Diss Freiburg/Schweiz 1963); STREICHENBERG MARTIN, Nachbar- und Enteignungsrecht bei Sachen im Gemeingebrauch (Diss Zürich 1969).

II. PRAXIS

1. Eidgenössische

BGE *95* I 243 Nr. 35, Auszug in ZBGR *1970* 162 ff. Nutzung öffentlicher Gewässer.

Ist ein Gewässer nach dem kantonalen Recht öffentlich und steht es im Gemeingebrauch, obwohl der Boden, den es bedeckt (Strandboden, Flussbett), Privateigentum der Anstösser ist, so ist, wenn ein Anstösser durch Ausbaggerung eines Hafenbeckens weitere Teile seines Grundstücks unter Wasser setzt, anzunehmen, dass dieses Wasser ebenfalls Teil des öffentlichen Gewässers ist und im Gemeingebrauch steht (Erw 2 S. 165 ff). Das ständige Stationieren von Booten in diesem Wasser kann dann als konzessionspflichtige Sondernutzung betrachtet werden (Erw 3 S. 167 f).

Gewaltentrennung, Gebühren.

Das Erfordernis der gesetzlichen Grundlage gilt nicht nur für Verwaltungsgebühren, sondern auch für Konzessions- oder Nutzungsgebühren (Erw 4 S. 168 ff).

Vgl. auch Art. 664 kantonale Praxis: Thurgau, Wiedererwägungsentscheid des RR vom 9. Juli 1968.

BGE *95* I 499 Erw 2. Die Kantone können über ihre Regalrechte ähnlich frei wie im Rahmen ihrer zivilrechtlichen Verwaltungstätigkeit verfügen.

BGE *97* II 371 Nr. 53, Auszug in ZBGR *1972* 362 ff Erw 3 S. 367–369. Begründung einer Dienstbarkeit zulasten eines Grundstücks, das im Eigentum des Staates (eines Kantons) steht und entweder zum Finanzvermögen oder zum Verwaltungsvermögen oder zu den Sachen im Gemeingebrauch gehört.

Art. 664 Abs. I

BGE *88* II 502 Erw 3. Ehehafte (althergebrachte) Wasserrechte sind private Rechte an einem öffentlichen Gewässer.

BGE *89* I 43. Zum Begriff des Finanz- und Verwaltungsvermögens bei öffentlichen Sachen.

BGE *89* II 287. Herrenlose Sachen und privatrechtlicher Eigentumsanspruch (Erw 2 und 3 S. 294f). Besprechung von P. Liver in ZBJV *1964* 457.

Vgl. ausserdem Art. 664 Abs. II, 657 und 669.

BGE *91* II 478 Erw 2–4. Besprechung von P. Liver in ZBJV *1967* 7–10. Haftung des Kantons für die Folgen des Überlaufens eines unter seiner Hoheit stehenden öffentlichen Gewässers: Ein Kanton kann nach Art. 679 ZGB oder nach Art. 58 OR für den von einem öffentlichen Gewässer verursachten Schaden verantwortlich sein kraft seiner Hoheit über das Gewässer (Art. 664 ZGB), gleichgültig ob er zudem Eigentümer ist oder ob das Gewässer als herrenloses Gut zu gelten hat.

«Natürlicher Bach» als öffentliches Gewässer nach zürcherischem Recht.

Die Beweislast für das Eigentum Privater am Bachbett trifft den auf Schadenersatz belangten Kanton.

BGE *93* II 176ff. Privates Grundeigentum oder kulturunfähiges, herrenloses Land (Erw 6 a S. 176)? Umfang des Eigentums an einem Grundstück, das an herrenloses Land grenzt (Erw 6 b S. 177). – Abgrenzung zwischen einem privaten Grundstück und einem im öffentlichen Eigentum stehenden Bachbett (Erw 7 S. 177).

Vgl. ausserdem zu Art. 667 Abs. I und II und 668 Abs. I.

BGE *95* I 247. Die Umschreibung der öffentlichen Gewässer ist Sache des kantonalen Rechts; dieses kann auch ein im Privateigentum stehendes Gewässer als öffentlich erklären (auch unter Art. 664 zit.).

BGE *95* I 499 Erw 2. Möglichkeiten der zulässigen Ausnützung des Fischereiregals (die Kantone können über ihre Regalrechte ähnlich frei wie im Rahmen ihrer zivilrechtlichen Verwaltungstätigkeit verfügen). Auch unter Art. 664 zit.

BGE *95* II 19 oben. An einer herrenlosen oder öffentlichen Sache ist eine privatrechtliche Dienstbarkeit zulässig (hier: Fischereirecht an einem öffentlichen Seegrundstück). Besprechung von P. Liver in ZBJV *1971* 97.

Art. 664 Abs. II

BGE *89* II 287. Privatrechtlicher Eigentumsanspruch an herrenlosen Sachen (Erw 2 und 3 S. 294f). Begriff des der Kultur nicht fähigen Landes (Erw 6 S. 300ff).

Vgl. ausserdem Art. 664 Abs. I, 657 und 669.

BGE *89* II 300 Erw 6. Was ist der Kultur nicht fähiges Land im Sinne von Art. 664 Abs. II ZGB?

BGE *93* II 176ff (zit. unter Abs. I hiervor).

Art. 664 Abs. III

BGE *90* II 421 Erw 2. Rechtsnatur der Befugnisse des Staates hinsichtlich der Fischerei in öffentlichen Gewässern.

BGE *97* II 28 Erw 2. Rechtsnatur des von alters her bestehenden Fischereirechts an einem öffentlichen Gewässer, insbes. im Kanton Zug.

Gemeingebrauch

- Anspruch der Anstösser auf Zugang zur Strasse; anwendbares Recht: BGE *83* II 542 Erw 2.
- Umfang des staatlichen Aufsichtsrechts über die dem Gemeingebrauch überlassenen öffentlichen Sachen: BGE *88* I 25/7.
- Beschränkung des Gemeingebrauchs durch Ausscheidung von Parkierflächen mit Parkingmetern: (BGE *81* I 190 b), BGE *89* I 535 Erw 3 und 4.
- Privateigentum an einem Grundstück und Gemeingebrauch schliessen sich nicht von vornherein aus: BGE *95* I 247.
- Gemeingebrauch an öffentlichem Gewässer über privatem Strandboden (Kanton Thurgau): BGE *95* I 247.
- Zur Beschränkung des Gemeingebrauchs durch Einräumung von Sondernutzungen oder beschränkter dinglicher Rechte: BGE *95* II 19 unten.

Gesteigerter Gemeingebrauch

Benützung öffentlicher Gewässer:

- Einfacher und gesteigerter Gemeingebrauch und Verhältnis dieser Benutzungsarten zur Sondernutzung: BGE *88* I 22 Erw 6–8.
  - Anwendung auf das Verhältnis zwischen Schiffahrt (Wasserfahrübungen) und Fischerei: BGE *88* I 22 Erw 6–8.

Benützung öffentlicher Strassen:

- Die Behörde, die die staatliche Aufsicht über die öffentlichen Sachen ausübt, ist auch ohne gesetzliche Grundlage befugt, eine über den Gemeingebrauch hinausgehende Benutzung von einer Bewilligung oder Konzession abhängig zu machen: BGE *95* I 249 Erw 3; *96* I 225 Erw 5.
  - Gilt dieser Grundsatz auch, wenn der gesteigerte Gemeingebrauch zur Ausübung von Freiheitsrechten wie der Versammlungs- oder Meinungsäusserungsfreiheit beansprucht wird? BGE *96* I 225 Erw 5.
- Gesteigerter Gemeingebrauch darf auch ohne gesetzliche Grundlage von einer Bewilligung abhängig gemacht werden: BGE *97* I 897.
- Gesteigerter Gemeingebrauch einer Strasse durch:
  - Stationieren von Fahrzeugen? BGE *89* I 539 (*81* I 18 Erw 3, 4; vgl. *81* I 190 b).
  - Demonstrationsversammlungen und -umzüge: BGE *96* I 224/5.
  - Aufstellen von Taxis; Verhältnis der Bewilligungspflicht zur Handels- und Gewerbefreiheit: BGE *97* I 655.
  - Sammlung von Unterschriften für eine Initiative? BGE *97* I 896 Erw 5.
  - eine Demonstration? BGE *97* I 914 a, b.

Sondernutzung

- Verhältnis der Sondernutzung zum einfachen und gesteigerten Gemeingebrauch (hier: an einem öffentlichen Gewässer): BGE *88* I 22 Erw 6–8.
- s. auch BGE *95* II 19 unten (zit. unter Gemeingebrauch).
- Das ständige Stationieren von Booten in einem Hafenbecken, das Teil eines öffentlichen Gewässers im Gemeingebrauch ist, kann als konzessionspflichtige Sondernutzung betrachtet werden: BGE *95* I 249 Erw 3.
- Das Erheben von Gebühren für die Sondernutzung öffentlicher Sachen im Gemeingebrauch bedarf einer besonderen gesetzlichen Grundlage: BGE *95* I 250 a.
- Die Behörde, die die staatliche Aufsicht über die öffentlichen Sachen ausübt, ist auch ohne gesetzliche Grundlage befugt, eine über den Gemeingebrauch hinausgehende Benutzung von einer Bewilligung oder Konzession abhängig zu machen: BGE *95* I 249 Erw 3; *96* I 225 Erw 5.
  - Gilt dieser Grundsatz auch, wenn der gesteigerte Gemeingebrauch zur Ausübung von Freiheitsrechten wie der Versammlungs- oder Meinungsäusserungsfreiheit beansprucht wird? BGE *96* I 225 Erw 5.
- Der zeitweilige Entzug einer durch Konzession bewilligten Sondernutzung bildet einen Enteignungstatbestand: BGE *96* I 292 Nr. 47.

- Kantonale Konzession zur Benutzung des Wassers eines Baches als Brauchwasser; Verschmutzung des Wassers als Enteignungstatbestand: BGE *96* I 291 c.

2. Kantonale

Zürich

ZBGR *1961* 137, bes. 141f. RR, Beschluss Nr. 4094 vom 24. September 1959. Funktion der Konzession für den Erwerb von Privateigentum an einer Landeanlage.

Luzern

ZBGR *1967* 278. Justizkommission des OGer, Beschluss vom 30. März 1965. Verhältnis von Gemeingebrauch und (altrechtlichem) Fischereirecht (Erw 2 S. 279/80).

Vgl. auch zu Art. 655.

Maximen LU *1966* Nr. 466. OGer, Urteil vom 30. März 1966. Begriff des gesteigerten Gemeingebrauchs an Strassen.

Graubünden

PKG *1963* Nr. 33. Kantonsgerichtsausschuss, Urteil vom 7. November 1963. Hoheit der Territorialgemeinde über öffentliche Sachen im Gemeingebrauch. Begriff der öffentlichen Sache im Gemeingebrauch.

PKG *1964* Nr. 21. Kassationsgerichtsausschuss, Urteil vom 26. Februar 1964. Ordentliche und ausserordentliche Ersitzung an einer Sache im Gemeingebrauch.

SJZ *1973* 342. Kantonsgerichtsausschuss, Urteil vom 13. März 1972. Grenzziehung zwischen einem öffentlichen Gewässer und dem Ufergrundstück.

Thurgau

RB OGer *1965* Nr. 4. OGer, Entscheid vom 18. November 1965. Aufnahme einer «Gemeindestrasse» ins Grundbuch.

RB RR *1969* 364. RR, Wiedererwägungsentscheid vom 9. Juli 1968. Es ist Sache des kantonalen Rechts, die öffentlichen Gewässer, die unter der Hoheit des Kantons stehen, zu umschreiben.

Zur selben Sache s. Art. 664 eidgenössische Praxis BGE *95* I 243 ff.

Wallis

ZBGR *1970* 88 Nr. 20. Staatsrat, Entscheid vom 3. März 1967. Eigentum an öffentlichen und herrenlosen Gütern. Die Vermutung spricht für das Eigentum der Munizipalgemeinde.

Genf

Semjud *1972* 136. Cour de justice civile, Urteil vom 13. Februar 1970. Haftung für den Schaden, welcher ein auf öffentlicher Strasse stehender Baum verursachte, als er umstürzte. Passivlegitimation. Voraussetzungen der Haftung. Beschädigung von parkierten Wagen.

Art. 665

I. LITERATUR

S. Himmelsbach, zit. bei Art. 656; Clopath, zit. bei Art. 656 Abs. 2

II. PRAXIS

1. Eidgenössische

Art. 665 Abs. I

BGE *86* II 425 Erw 3. Gerichtliche Zusprechung des Eigentums an den Käufer «gegen Barzahlung des Kaufpreises». Besprechung von P. Liver in ZBJV *1961* 395.

BGE *87* I 479 = ZBGR *1963* 119 mit kritischer Bemerkung der Redaktion. Anmeldung eines Kaufvertrages zur Eintragung in das Grundbuch. Abweisung der Anmeldung. Rechtsmittel des Käufers. S. auch Besprechung von P. Liver in ZBJV *1962* 429.

ZBGR *1967* 104. BGer, Urteil vom 5. Dezember 1963. Die Erklärung, das Kaufrecht ausüben zu wollen, bildet den Erwerbsgrund, auf den gestützt der Erwerber die gerichtliche Zusprechung des Eigentums verlangen kann, sofern der Grundstückseigentümer die Grundbuchanmeldung verweigert.

Vgl. das Urteil der Cour de justice civile, Genf, vom 31. Mai 1963, ZBGR *1967* 101 Erw 3.

BGE *90* II 137 Erw 2. Besprechung von P. Liver in ZBJV *1965* 404–406 (betrifft nur die Frage, welches der beiden Vorkaufsrechte nach intertemporalem Recht den Vorrang hat).

Konkurrenz eines gesetzlichen (nach EGG) mit einem vertraglichen Vorkaufsrecht. Gerichtliche Zusprechung des Eigentums: Passivlegitimation bei der Klage zur Durchsetzung eines Vorkaufsrechts.

BGE *92* II 155 Erw 4. Kurze Besprechung von P. Liver in ZBJV *1968* 17 Ziff. 4. Ist bei einem Vorkaufsfall der Käufer des Grundstücks bereits als Eigentümer im Grundbuch eingetragen, so hat der Träger eines vorgemerkten Vorkaufsrechts, der das Eigentum am Grundstück beansprucht, seine Klage nur gegen den Käufer (und nicht mehr gegen den Verkäufer) zu richten.

BGE *97* II 48ff. Vorvertrag betr. Grundstückkauf; Weigerung des Versprechenden, den Hauptvertrag abzuschliessen: Der Vorvertrag gestattet, nicht nur auf Schadenersatz, sondern auch auf Verurteilung zum Abschluss des Hauptvertrages zu klagen. Das Urteil gilt in diesem Falle selbst dann als Willenserklärung, die der Versprechende abzugeben sich weigert, wenn keine Bestimmung des kantonalen Prozessrechts das vorsieht.

Abweisung der Klage auf unmittelbare Zusprechung des Eigentums: Die Klage nach Art. 665 Abs. I ZGB setzt einen Hauptvertrag oder ein Urteil voraus, das an seine Stelle tritt.

Art. 665 Abs. II

BGE *98* I b 92ff. Erbbescheinigung als Ausweis für die Eintragung des Eigentums im Grundbuch (Art. 18ff GBV).

Erfordernisse. Der Grundbuchführer ist ausser bei offensichtlichen Fehlern nicht befugt, die materielle Grundlage der Bescheinigung zu überprüfen. Er hat die Anmeldung zur Eintragung abzuweisen, wenn sie den in Art. 11–23 GBV aufgestellten Anforderungen nicht genügt (Erw 2 S. 95ff).

Art. 21 Abs. 1 Ziff. 3 des Grundbuchgesetzes des Kantons Tessin, wonach die Erbbescheinigung stets die allfälligen Pflichtteilserben erwähnen muss, geht über die Anforderungen des Bundesrechts hinaus; dieses Erfordernis rechtfertigt sich nur dann, wenn keine Erbeinsetzung für den ganzen Nachlass vorliegt (Erw 3 S. 97ff).

2. Kantonale

Art. 665 Abs. I

Zürich

ZR *1961* 347. Vgl. Art. 656 Abs. II.

ZBGR *1967* 345 Erw 3. Bezirksgericht Horgen, Urteil vom 15. April 1964. Fall eines rechtswidrig ausgeübten bäuerlichen Vorkaufsrechts: Ist der Vorkaufsberechtigte bereits als Eigentümer im Grundbuch eingetragen, so kann der Drittkäufer die Löschung des ungerechtfertigten Eintrags und Zusprechung des Eigentums an ihn gegen Bezahlung des vertraglichen Kaufpreises verlangen.

Schwyz

ZBGR *1973* 162. Justizkommission, Beschluss vom 14. Dezember 1970. Zusprechung einer Dienstbarkeit nach dem Tode des verfügungsberechtigten Grundeigentümers und nach der Übertragung des Eigentums an einen Erben.

Freiburg

ZBGR *1963* 147. Tribunal Cantonal, Urteil vom 7. April 1960. Kollision eines gesetzlichen Vorkaufsrechts einer Gemeinde mit einem Anspruch auf Eigentumsübertragung aus Veräusserungsvertrag.

Appenzell Ausserrhoden

SJZ *1966* 108. Obergericht, Urteil vom 24. September 1962. Der nach bäuerlichem Bodenrecht Vorkaufsberechtigte hat einen Anspruch auf Zusprechung des Eigentums gemäss Art. 665 ZGB und, sofern er das Gut selbst bewirtschaften will, zum privilegierten Preis nach Art. 12 EGG.

Graubünden

ZBGR *1967* 287. KGer, Urteil vom 18. und 20. August 1965. Klage auf gerichtliche Zusprechung des Eigentums gestützt auf einen Kaufvertrag in Form eines schiedsgerichtlichen Vergleiches (Erw 1 S. 288).

Verlangt der Kläger gestützt auf den Kaufvertrag gerichtliche Zusprechung nur eines Teils der im Kaufvertrag erwähnten Liegenschaften, so hat er gleichwohl den ganzen Kaufpreis zu entrichten und trägt zudem die Gefahr für die gesamten Liegenschaften, nicht bloss für diejenigen, deren gerichtliche Zusprechung er verlangt hat (Erw 2 S. 288/9).

Vgl. auch unter Abs. II von Art. 665.

ZBGR *1967* 289. KGer, Urteil vom 19. Oktober und 16. Dezember 1965. Formgültig abgeschlossener Kaufvertrag über ein Grundstück «zuhanden einer zu gründenden Aktiengesellschaft», für die eine natürliche Person als Vertragspartner auftritt. Klage der letzteren auf gerichtliche Zusprechung des Eigentums an sie selber, da eine Gesellschaftsgründung nicht erfolgt ist.

PKG *1966* Nr. 3. KGer, Urteil vom 12. Mai 1966. Klage auf Abschluss eines Landabtretungsvertrages (Kaufvertrag) zulässig.

Thurgau

RB OGer *1967* Nr. 5. OGer, Entscheid vom 2. November 1967. Zulässigkeit der Klage auf Verpflichtung zur Eigentumsübertragung an einer Liegenschaft.

Tessin

SJZ *1972* 227. Appellationsgericht, Urteil vom 3. Mai 1968. Erbteilung in bezug auf Grundstücke: Die Klage, mit der ein Miterbe, dem durch Teilungsvertrag ein Grundstück zugeteilt ist, die Miterben auf Erteilung ihrer Zustimmung zur Eintragung des Eigentumsübergangs im Grundbuch belangt, ist nicht am forum rei sitae, sondern an dem der Erbschaft zu erheben.

Genf

ZBGR *1967* 101 Erw 3, 4 mit Bem. der Redaktion. Cour de justice civile, Urteil vom 31. Mai 1963. Der Kaufrechtsvertrag bildet in Verbindung mit der Ausübungserklärung den durch Art. 665 ZGB verlangten Rechtsgrund, der dem Kaufrechtsberechtigten die Befugnis gibt, vom Eigentümer des belasteten Grundstücks seine Eintragung im Grundbuch und bei dessen Weigerung die gerichtliche Zusprechung des Eigentums zu verlangen. – Das Urteil auf Zusprechung des Eigentums begründet Eigentum am Grundstück; es stellt nicht ein schon bestehendes dingliches Recht fest.

Vgl. zur gleichen Sache das Urteil des BGer vom 5. Dezember 1963, BGE *90* II 137 = ZBGR *1967* 104.

Art. 665 Abs. II

Zürich

SJZ *1970* 9. Bezirksgericht Meilen, Urteil vom 3. Juli 1969. Anspruch der Erben auf Eintragung ins Grundregister (Grundprotokoll), auch wenn die Lage des geerbten Grundstückes nicht bekannt ist.

Schwyz

ZBGR *1973* 162. S. unter Abs. I hiervor.

Graubünden

ZBGR *1967* 287. KGer, Urteil vom 18. und 20. August 1965. Das Gestaltungsurteil nach Art. 665 Abs. II ZGB ersetzt das Anbieten wie auch den Vollzug der Leistung. Art. 211 Abs. I OR kann daher auf den Fall der Leistungsverweigerung nicht analog angewendet werden (Erw 2 S. 289).

Vgl. auch unter Abs. I von Art. 665.

Genf

Semjud *1964* 305. S. Art. 665 Abs. I.

III. VERWEISE

S. Art. 681 N. 117, 691 N. 61, 694 N. 67.

Art. 667

I. LITERATUR

Liver Peter, Usque ad sidera, usque ad inferos, Zur Geschichte des Art. 667 I ZGB, in: Mélanges Philippe Meylan – Recueil de travaux publiés par la Faculté de Droit, vol. II: Histoire de Droit (Lausanne 1963) 169 ff; ders., Rechtsgutachten (zit. unter Art. 675); Thorens Justin, L'étendue en profondeur de la propriété foncière, La propriété foncière et l'utilisation nouvelle du sous-sol, garage souterrain, etc., ZSR *1970* I 255.

II. PRAXIS

1. Eidgenössische

BGE *92* II 230 Erw 2 = ZR *1967* 118 = ZBGR *1967* 179 Erw 2 mit redaktioneller Anm. S. 183. Besprechung von P. Liver in ZBJV *1968* 25.

S. unter Art. 667 Abs. I.

Art. 667 Abs. I

BGE *93* II 170. Wie weit erstreckt sich das Eigentum an Grund und Boden nach unten auf das Erdreich (Erw 5 S. 175 f)?

Vgl. ausserdem zu Art. 667 Abs. II sowie zu 664 Abs. II und 668 Abs. I.

BGE *95* II 405 b. Interesse an einem Verbot des Überrollens zweier Weggrundstücke und des Überfliegens in so geringer Höhe, dass Menschen und Sachen gefährdet werden. Besprechung von P. LIVER in ZBJV *1971* 89.

BGE *97* II 338 Erw 2. Grenzen des Grundeigentums nach unten.

Art. 667 Abs. II

BGE *93* II 170. Eine Quelle gehört dem Eigentümer des Grundstücks, dem sie entspringt (Erw 3 S. 174).
Vgl. ausserdem zu Art. 667 Abs. I sowie zu 664 Abs. II und 668 Abs. I.

2. Kantonale

Art. 667 Abs. I

Graubünden

ZBGR *1963* 156. KGer, Urteil vom 18./19. Januar 1960. Eigentumsverhältnisse zweier aneinandergebauter Häuser oberhalb des Daches des niedrigeren Hauses.

Tessin

ZBGR *1967* 80. Appellationsgericht, Urteil vom 20. Oktober 1964 (Auszug), mit eingehender Besprechung von P. LIVER. Tatbestand zweier aneinanderstossender Häuser, wobei der Keller des einen, nur von diesem zugänglich, sich ganz auf dem anderen Grundstück befindet: Verhältnis des sog. «Kellerrechtes» zum Grundsatz von Art. 667 Abs. I ZGB.
Vgl. auch zu Art. 655 Abs. II Ziff. 4, 674 sowie 675 Abs. I und II.

Art. 667 Abs. II

Luzern

ZBGR *1966* 364. OGer, Urteil vom 26. Mai 1966. Leitungen als Zugehör des Werkes, von dem sie ausgehen. Haftung für Schäden.

III. VERWEISE

S. Art. 684 N. 23 f, 691 N. 11, 697 N. 15.

Art. 668

I. LITERATUR

Art. 668 Abs. I

BESSON CHARLES, 50 ans de registre foncier fédéral, ZBGR *1961* 334 ff, insbes. 339.

II. PRAXIS

1. Eidgenössische

Art. 668 Abs. I

BGE *93* II 170. Bestimmung der Grenzen eines Grundstücks, für das noch keine Grundbuchpläne gemäss Art. 950 ZGB bestehen und das nicht allseitig vermarkt ist (Erw 4 S. 174 f).

Vgl. ausserdem zu Art. 664 Abs. II und 667 Abs. I und II.

2. Kantonale

Zürich

ZBGR *1967* 146. OGer, Urteil vom 22. Mai 1964 (Auszug). Grenzfestsetzung bei Vorliegen einer amtlichen Vermessung und beim Fehlen einer solchen Vermessung. – Wesen und Rechtswirkung der Hofbeschreibung nach dem früheren zürcherischen Privatrecht.

III. VERWEISE

S. Art. 697 N. 1 ff.

Art. 669

I. LITERATUR

DESCHENAUX HENRI, Les obligations dites réelles et leurs rapports avec le registre foncier, ZBGR *1962* 282; LIVER PETER, Die Realobilgation, ihre klassifikatorische Bedeutung und praktische Verwendbarkeit, ZBGR *1962* 257.

II. PRAXIS

1. Eidgenössische

BGE *89* II 287. Form des Grenzfeststellungs- und Grenzregulierungsvertrages (Erw 4 S. 295 ff).

Vgl. Art. 657 Abs. I; ausserdem Art. 664 Abs. I und II.

III. VERWEISE

S. Art. 697 N. 20.

Art. 670

VERWEISE

S. Art. 697 N. 16, 17.

Art. 671

I. LITERATUR

Liver, Rechtsgutachten (zit. bei Art. 675); Piotet Paul, L'entrepreneur a-t-il droit à l'hypothèque légale en cas de construction sur le fonds d'autrui et de faillite du propriétaire? JT *1970* I 130 ff.

II. PRAXIS

Kantonale

Art. 671 Abs. I

Wallis

Rev. val. *1972* 312. Schiedsgericht, Urteil vom 2. März 1972. Rechtliche Natur des Rechts auf Zuteilung von Eigentum.

Art. 672

I. LITERATUR

Piotet (zit. bei Art. 671).

II. PRAXIS

1. Eidgenössische

ZBGR *1970* 366 = BGE *95* II 221.

1. Bauvertrag, vom dazu nicht ermächtigten Hotelgeranten abgeschlossen und vom Grundeigentümer nicht genehmigt (Art. 38 OR). Dem Bauunternehmer steht neben der vertraglichen Forderung gegen den Besteller eine Entschädigung nach Art. 672 ZGB gegen den Grundeigentümer zu (Erw 1 S. 369).

2. Eine solche Entschädigung ist grundsätzlich immer geschuldet, wenn es nicht zur Trennung des eingebauten Materials nach Art. 671 Abs. II oder III ZGB kommt (Erw 2 a S. 370).

3. Den Rechtsgrund der Entschädigung bildet das Akzessionsprinzip (Art. 667 Abs. II und 671 Abs. I ZGB). Die Regeln betreffend ungerechtfertigte Bereicherung (Art. 62 ff OR) sind nur ergänzend heranzuziehen (Erw 2 b S. 370).

4. Bei Anwendung des Art. 672 ZGB ist ein weiter Begriff des guten Glaubens massgebend. Gegenstand der «angemessenen Entschädigung» nach Art. 672 Abs. I ZGB ist nicht nur das eingebaute Material, sondern der ganze Bauaufwand, soweit sich daraus ein Wertzuwachs für das Grundstück ergibt (Erw 2 c S. 370 f).

5. Für die ihm nach Art. 672 Abs. I ZGB zustehende Entschädigung kann der gutgläubige Bauunternehmer die Eintragung eines Pfandrechts im Sinne des Art. 837 Abs. I Ziff. 3 ZGB verlangen (Erw 3 S. 372 ff).

Art. 672 Abs. I

BGE *95* II 225 Erw 1. Bauvertrag, vom dazu nicht ermächtigten Hotelgeranten abgeschlossen und vom Grundeigentümer nicht genehmigt: Dem Bauunternehmer steht neben der vertraglichen Forderung gegen den Besteller eine Entschädigung nach Art. 672 ZGB gegen den Grundeigentümer zu.

BGE *95* II 226 a. Die Entschädigung ist grundsätzlich immer geschuldet, wenn es nicht zur Trennung des eingebauten Materials nach Art. 671 Abs. II oder III kommt.

BGE *95* II 226 b. Den Rechtsgrund der Entschädigung bildet das Akzessionsprinzip (Art. 667 Abs. II und 671 Abs. I ZGB); die Regeln betreffend ungerechtfertigte Bereicherung (Art. 62 ff OR) sind nur ergänzend heranzuziehen.

BGE *95* II 228 Erw 2. Gegenstand der Entschädigung ist nicht nur das eingebaute Material, sondern der ganze Bauaufwand, soweit sich daraus ein Wertzuwachs für das Grundstück ergibt.

BGE *95* II 228 Erw 3. Für die ihm nach Abs. I zustehende Entschädigung kann der gutgläubige Bauunternehmer die Eintragung eines Bauhandwerkerpfandrechts verlangen.

Art. 672 Abs. II und III

BGE *95* II 227 c. Bei Anwendung des Art. 672 ist ein weiter Begriff des guten Glaubens massgebend.

2. Kantonale

Wallis

Rev. val. *1972* 312. Schiedsgericht, Urteil vom 2. März 1972. Rechtliche Natur des Rechts auf Zuteilung des Eigentums.

Genf

Semjud *1964* 454. Cour de justice civile, Urteil vom 6. August 1963. Entschädigung des Bauhandwerkers.

Art. 673

I. LITERATUR

S. Art. 669: DESCHENAUX, Obligations dites réelles; LIVER, Realobligation. PIOTET, zit. unter Art. 671.

II. PRAXIS

1. Eidgenössische

BGE *95* II 227 c. Begriff des guten Glaubens.

2. Kantonale

Wallis

Rev. val. *1972* 312. Schiedsgericht, Urteil vom 2. März 1972. Pflanzungen auf fremdem Boden (Art. 673–678 ZGB). Vergleich zwischen dem Wert des Bodens und dem Wert der Pflanzung, wenn ihr eine Bodenbearbeitung vorausging.

Art. 674

I. LITERATUR

FRIEDRICH GUNTHER, Der Grenzüberbau auf fremdem Boden nach deutschem, österreichischem und schweizerischem Recht unter Berücksichtigung der geschichtlichen Entwicklung (Diss Würzburg 1965; vervielfältigt); FRIEDRICH HANS-PETER, Baurechts-, Unterbaurechts- und Überbaurechts-Dienstbarkeiten, in: Rechtliche Probleme des Bauens, Berner Tage für die juristische Praxis (Bern 1969) 135 ff; LIVER PETER, Zulässigkeit der Erstellung eines Gebäudes unter teilweiser Einbeziehung des Nachbargrundstückes aufgrund einer Dienstbarkeit (Rechtsgutachten), ZBGR *1973* 193 ff.

Art. 674 Abs. III

DESCHENAUX, Obligations dites réelles (zit. bei Art. 669); LIVER, Realobligation (zit. bei Art. 669); PIOTET PAUL, Besprechung der 2. Lieferung des vorliegenden Teilbandes, ZSR *1967* I 406, bes. 408; PITTET MICHEL, Les servitudes légales, Contribution à l'étude des articles 674 al. 3, 691, 694 et 710 du Code civil suisse (Diss Lausanne 1967).

II. PRAXIS

1. Eidgenössische

BGE *98* II 191. Begriff des Überbaues im Sinne von Art. 674 ZGB. Anwendung des Begriffes auf eine Strasse (Erw 2 S. 194 f).

Art. 674 Abs. III

BGE *95* II 7, Auszug in ZBGR *1970* 26. Recht auf Näherbau. Voraussetzungen (Art. 674 Abs. III in Verbindung mit Art. 685 Abs. II ZGB). Besprechung von P. LIVER in ZBJV *1971* 91.

Für die Rechtzeitigkeit des Einspruchs des Verletzten kommt es nicht auf dessen subjektive Verhältnisse an; vielmehr ist dafür das objektive Moment der äusseren Erkennbarkeit der dem Nachbarrecht zuwiderlaufenden Baute entscheidend.

S. auch PKG *1968* Nr. 5.

BGE *97* III 89ff. Voraussetzungen, unter denen der Ersteigerer eines Grundstücks mit dem Zuschlag diesem Grundstück dienende, im Nachbargrundstück liegende Vorrichtungen (zu einer Tanksäule gehörende Benzin- und Öltanks mit den zur Tanksäule führenden Leitungen) zu Eigentum erwirbt (Überbaurecht; Erw 4 S. 97ff). – Analoge Anwendung auf den Fall, wo die beiden Grundstücke bei Errichtung des Überbaus den *gleichen* Eigentümer hatten (S. 98).

S. auch unter Art. 656 Abs. II.

2. Kantonale

Tessin

ZBGR *1967* 80. Appellationsgericht, Zivilkammer, Urteil vom 20. Oktober 1964 (Auszug), mit eingehender Besprechung von P. Liver. Tatbestand zweier aneinanderstossender Häuser, wobei der Keller des einen, nur von diesem zugänglich, sich ganz auf dem anderen Grundstück befindet: Handelt es sich beim sog. «Kellerrecht» um ein Überbaurecht im Sinne des Art. 674 ZGB?

Vgl. auch zu Art. 655 Abs. II Ziff. 4, 667 Abs. I und 675.

Art. 674 Abs. III

Tessin

Rep *1961* 87. Appellationsgericht, Entscheid vom 16. Februar 1961. Abgrenzung gegen Rechtsmissbrauch (Art. 2 Abs. II ZGB).

Rep *1961* 150. Appellationsgericht, Entscheid vom 5. Oktober 1961. Für den Mindestabstand eines Gebäudes von der Grenze des Nachbargrundstückes ist die Lage der Hausmauer ohne Berücksichtigung allfälliger Vorsprünge ausschlaggebend.

Graubünden

PKG *1968* Nr. 5. KGer, Urteil vom 24./25. Oktober 1968. Einräumung eines dinglichen Näherbaurechtes gegen Entschädigung gemäss Art. 674 ZGB.

Beachte auch den Appellationsentscheid des BGer, BGE *95* II 7.

III. VERWEISE

S. Art. 680 N. 126; 685/6 N. 56, 129ff; 687/8 N. 43; 691 N. 4; 694 N. 8.

Art. 675

I. GESETZGEBUNG

Obwohl das privatrechtliche schweizerische Baurecht durch das BG vom 19. März 1965 über die Änderung der Vorschriften des ZGB und des OR betreffend das Baurecht und den Grundstückverkehr (AS *1965* 445) und das BG vom 19. Dezember 1963 über die Änderung des 4. Titels des ZGB (Miteigentum und Stockwerkeigentum) (AS *1964* 993) materiell ausgebaut wurde, erfuhr Art. 675 ZGB keine formelle Änderung.

II. LITERATUR

Isler Peter, Der Baurechtsvertrag und seine Ausgestaltung, ASR n. F. Heft 423 (Diss Zürich 1973), und die dort zitierte reichhaltige Literatur; Liver Peter, Erstellung von Pavillonbauten im Baurecht auf der Perronplatte des Bahnhofes Bern (Rechtsgutachten), ZBGR *1973* 204ff; ders., Rechtsgutachten (zit. bei Art. 674).

III. PRAXIS

1. Eidgenössische

BGE *89* I 264 Erw 10–12. Beschluss des RR des Kantons Basel-Stadt, durch welchen einer privaten Firma eine Baurechtsdienstbarkeit eingeräumt wird an einem staatlichen Grundstück, auf dem sich bereits ein Gebäude befindet. Schutz der gegen diesen Beschluss erhobenen staatsrechtlichen Beschwerde, weil der Baurechtsvertrag unter anderem die «Veräusserung einer Liegenschaft» im Sinne von § 39 lit. e KV in sich schliesst. Das Eigentum am Gebäude geht für die Dauer des Baurechts auf die Bauberechtigte über.

BGE *90* I 252 = ZBGR *1966* 295 (jedoch ohne Erw 4) mit kritischer Bemerkung der Redaktion. Inhalt der Baurechtsdienstbarkeit (Erw 2 S. 253). Der Baurechtszins ist in der Regel das Entgelt für die Überlassung des Gebrauchs der Liegenschaft auf Zeit. Er unterliegt der Besteuerung des Einkommens (der Einkommenssteuer) und ist bei der Veranlagung des Grundstückseigentümers zur Wehrsteuer als Einkommen zu erfassen (Erw 3 S. 254). Zudem ist bei der Bemessung des steuerbaren Vermögens des Grundstückeigentümers dem im Baurecht zum Ausdruck kommenden Ertragswert der Liegenschaft Rechnung zu tragen (Erw 4 S. 256).

BGE *98* II 199. Die Begründung eines Baurechts ist nach Art. 675 nur für Dauerbauten, nicht dagegen für Fahrnisbauten möglich (Erw 3 S. 202f).

2. Kantonale

Art. 675 Abs. I

Tessin

ZBGR *1967* 80. Appellationsgericht, Zivilkammer, Urteil vom 20. Oktober 1964 (Auszug), mit eingehender Besprechung von P. LIVER. Tatbestand zweier aneinanderstossender Häuser, wobei der Keller des einen, nur von diesem zugänglich, sich ganz auf dem anderen Grundstück befindet: Handelt es sich beim sog. «Kellerrecht» um eine Baurechtsdienstbarkeit im Sinne von Art. 675 Abs. I ZGB?

Vgl. auch zu Art. 655 Abs. II Ziff. 4, 667 Abs. I, 674 und 675 Abs. II.

Art. 675 Abs. II

Tessin

ZBGR *1967* 80. Appellationsgericht, Zivilkammer, Urteil vom 20. Oktober 1964 (Auszug), mit eingehender Besprechung von P. LIVER. Tatbestand zweier aneinanderstossender Häuser, wobei der Keller des einen, nur von diesem zugänglich, sich ganz auf dem anderen Grundstück befindet: Ist der Keller ein Stockwerk oder Teil eines Stockwerkes des Nachbarhauses, so kann er jedenfalls nicht Gegenstand eines Baurechts sein (N. 4 S. 90).

Vgl. auch zu Art. 655 Abs. II Ziff. 4, 667 Abs. I, 674 und 675 Abs. I.

IV. VERWEISE

S. Art. 689/90 N. 8.

Art. 676

I. PRAXIS

1. Eidgenössische

Art. 676 Abs. I

BGE *97* II 37 Nr. 5 in italienischer Sprache, deutsch wiedergegeben (übersetzt von GERHARD EGGEN, Bern) in ZBGR *1972* 358 ff. Vermutung, dass die Leitungen für Wasser, Gas, elektrische Kraft und dergleichen Zugehör des Werkes sind, von dem sie ausgehen. Diese Zugehöreigenschaft ist nicht im Sinne der Definition von Art. 644 und Art. 645 ZGB zu verstehen.

BGE *97* II 39 Erw 3, *97* II 330 Erw 3 und 5. Bedeutung der Zugehöreigenschaft von Leitungen.

BGE *97* II 329 Erw 2. Anwendung von Art. 676 Abs. 1 auf eine Einrichtung zur Beförderung und Lagerung von Material?

BGE *97* III 98. Bedeutung der Zugehöreigenschaft von Leitungen.

Art. 676 Abs. II und III

BGE *97* I 876 Erw 3. Stützt sich das Recht, eine Warenseilbahn über fremdem Grund zu betreiben, auf ein als Dienstbarkeit bestelltes Leitungsrecht (Art. 676 ZGB) oder auf nachbarrechtliche Verhältnisse (Art. 691 ZGB)?

BGE *97* I 876 Erw 3, *97* II 330 Erw 4. Die Entstehung einer Dienstbarkeit setzt den Abschluss eines schriftlichen Dienstbarkeitsvertrages voraus.

BGE *97* II 39 Erw 3. Die Leitungsdienstbarkeit lässt sich als Personaldienstbarkeit errichten, die bei äusserer Wahrnehmbarkeit der Leitung ohne Grundbucheintrag entsteht.

BGE *97* II 330 Erw 4. In welchem Zeitpunkt entsteht die Leitungsdienstbarkeit, wenn die Leitung äusserlich nicht wahrnehmbar ist?

BGE *97* II 380/1 Erw 4 Abs. II, Auszug in ZBGR *1972* 362ff, Erw 4 Abs. II S. 370/1. Kann eine Dienstbarkeit für eine unterirdische Starkstromleitung ohne Grundbucheintrag entstehen?

2. Kantonale

Luzern

ZBGR *1966* 364. OGer, I. Kammer, Urteil vom 26. Mai 1966.
S. Art. 667 Abs. II.

II. VERWEISE

S. Art. 689/90 N. 8; 691 N. 11, 67.

Art. 677

PRAXIS

1. Eidgenössische

Art. 677 Abs. I

BGE *92* II 230 Erw 2 = ZR *1967* 118 = ZBGR *1967* 179 Erw 2 mit redaktioneller Anm. S. 183. Abgrenzung zwischen den der Akzession unterliegenden Dauerbauten und den Fahrnisbauten. Für die Unterscheidung ist neben dem subjektiven Moment objektiv die äussere Verbindung zwischen Baute und Grundstück beizuziehen. = Aufhebung des Entscheides des HGer Zürich vom 21. März 1966, ZR *1967* 104.

BGE *98* II 199. Begriff der Fahrnisbaute (Erw 2 S. 202).

BGE *96* II 183 Erw 3 a = ZBGR *1971* 311, Erw 3 a S. 313f. Eine mit dem Boden verbundene Kegelbahn ist eine Fahrnisbaute.

2. Kantonale

Luzern

ZBGR *1967* 224; Maximen LU *1965* 425 Nr. 392. OGer, Urteil vom 1. April 1965. Hinweise für das Vorliegen einer Fahrnisbaute (an welcher kein Bauhandwerkerpfandrecht errichtet werden kann).
Vgl. auch zu Art. 655 Abs. II Ziff. 1 ZGB.

Art. 677 Abs. I

Zürich

ZR *1967* 104. HGer, Urteil vom 21. März 1966. Objektive und subjektive Kriterien für die Unterscheidung von Fahrnis- und Dauerbauten. Fall eines Fabrikgebäudes (Erw 2 S. 200 ff).
S. dagegen: ZBGR *1967* 268; SJZ *1967* 76. Kassationsgericht, Urteil vom 19. Januar 1967. Begriff der Fahrnisbaute. Es verstösst gegen klares Recht, wenn für die Unterscheidung zwischen Dauer- und Fahrnisbauten die beabsichtigte Dauer der Verbindung von Bau und Boden zum alleinigen Kriterium gemacht wird. Die Intensität der körperlichen Verbindung des Baues mit dem Boden muss mit in Betracht gezogen werden. Eine in

armiertem Beton ausgeführte Fabrikanlage und die in ihren Fundamenten einbetonierten Dampfleitungsrohre sind Bestandteile des Bodens.

Vgl. auch den oben erwähnten BGE *92* II 230 Erw 2.

Art. 678

I. LITERATUR

Art. 678 Abs. II

LIVER PETER, Zur Geschichte und Dogmatik des Eigentums an Bäumen auf fremdem Boden in der Schweiz, in: Festschrift für Karl Siegfried Bader, Zum 60. Geburtstag (Zürich 1965) 281 ff.

II. PRAXIS

Kantonale

Art. 678 Abs. I

Wallis

Rev. val. *1972* 312. Schiedsgericht, Urteil vom 2. März 1972. Pflanzung auf fremdem Boden (Art. 673–678 ZGB). Vergleich zwischen dem Wert des Bodens und dem Wert der Pflanzung, wenn ihr eine Bodenbearbeitung vorausging.

Rechtliche Natur des Rechts auf Zuteilung des Eigentums.

Art. 679

I. LITERATUR

ENGEL PIERRE, Note de droit civil sur l'horreur en matière de constructions immobilières, SJZ *1973* 17 ff (S. 19/20: La responsabilité du propriétaire foncier selon l'art. 679 Code civil suisse); GIGER HANS, Grundsätzliche Überlegungen zum Immissionenschutz, Voraussetzungen und Folgen der Anrufung des privatrechtlichen Immissionenschutzes gemäss Art. 684/679 ZGB, Differenzierung nach dem Subjekt des Eingriffs, Kritische Stellungnahme zu einem bundesgerichtlichen Grundsatzentscheid, SJZ *1969* 201 ff;

Grisel André, Droit administratif suisse (Neuenburg 1970) 311ff, 372ff; Kubat Jörg, Die Enteignung des Nachbarrechtes (Diss Basel 1971; vervielfältigt); Liver Peter, Die nachbarrechtliche Haftung des Gemeinwesens, ZBJV *1963* 241ff; Meier-Hayoz Arthur, Technische Entwicklung und Fortbildung des privatrechtlichen Immissionsschutzes, in: Die Rechtsordnung im technischen Zeitalter, Festschrift zum Zentenarium des Schweizerischen Juristenvereins (Zürich 1961) 35ff; ders., Sachenrechtlicher Immissionsschutz, in: Schweizerisches Umweltschutzrecht, hg. von H.-U. Müller-Stahel (Zürich 1973) 406ff bes. 424ff; Müller-Stahel Hans-Ulrich, Der privatrechtliche Schutz vor Gewässerverunreinigungen und die Haftung, Zürcher Beiträge, n.F. Heft 302 (Diss Zürich 1968); ders., Ziele und Methoden des rechtlichen Umweltschutzes auf lange Sicht, in: Schweizerisches Umweltschutzrecht, hg. von H.-U. Müller-Stahel (Zürich 1973) 532ff, bes. 581ff; Neuenschwander Urs, Die Leistungspflichten der Grundeigentümer im französischen Code Civil und im schweizerischen ZGB unter besonderer Berücksichtigung des Nachbarrechts. Eine rechtsvergleichende Arbeit (Diss Bern 1965), Besprechung von P. Piotet in ZBJV *1968* 77; Oftinger Karl, Lärmbekämpfung in rechtlicher Sicht, ZBJV *1964* 101ff; ders., Lärmbekämpfung, in: Schweizerisches Umweltschutzrecht, hg. von H.-U. Müller-Stahel (Zürich 1973) 271ff, bes. 272; Raissig Walter, Einführung in das schweizerische Nachbarrecht (mit einem Anhang betreffend Bäume, Sträucher und Einfriedigungen) (2. Aufl., Zürich 1969); Rosenstock Peter, Die Haftung des Staates als Unternehmer im Bereiche der Hoheitsverwaltung, Eine Auseinandersetzung mit dem Prinzip der Legalität der Entschädigung und zugleich ein Beitrag zur Systematik des öffentlichen Schadenersatzrechtes, Zürcher Beiträge, n.F. Heft 259 (Diss Zürich 1966); ders., Umweltschutz und Eigentum, in: Schweizerisches Umweltschutzrecht, hg. von H.-U. Müller-Stahel (Zürich 1973) 175ff, bes. 188ff; s. auch Streichenberg, Nachbar- und Enteignungsrecht, zit. bei Art. 664; Wegmann Karl, Grundsätzliche Überlegungen zum Immissionenschutz, Ergänzungen zur Stellungnahme von Hans Giger, SJZ *1969* 369ff (mit Nachschrift von Karl Oftinger daselbst 372f); Wichser Werner, Zur Schadenersatzpflicht des Grundeigentümers gegenüber dem Nachbarn wegen Beeinträchtigung des Grundwassers, insbes. im Kanton Zürich, SJZ *1960* 67ff.

S. auch: Rechtliche Probleme des Bauens, zit. bei Art. 655 (655ff).

Für weitere Ergänzungen s. die zu Art. 684 zit. Literatur.

II. PRAXIS

1. Eidgenössische

BGE *88* II 252 Erw 3, 4. Der Eigentümer und der Inhaber eines Baurechts sind grundsätzlich im Rahmen der geltenden Bauvorschriften in der baulichen Gestaltung des Grundstücks frei. Das blosse Vorhandensein einer Baute oder einer baulichen Anlage erzeugt keine Einwirkungen auf andere Grundstücke i. S. von Art. 684. Aktiv- und Passivlegitimation (Inhaber eines Baurechts) der Ansprüche aus Art. 679. Rechtsnatur und Gegenstand des Beseitigungs- und Schutzanspruches im Verhältnis zu Art. 641 (BGE *81* II 445 Erw 3, 4; vgl. BGE *83* II 198, *88* II 267).

S. auch Besprechung von P. Liver in ZBJV *1963* 353.

BGE *91* I 416 Erw I 3 c, d. *Änderung der Rechtsprechung:* Verhältnis öffentlichrechtlicher Immissionsbeschränkungen zu den entsprechenden Bestimmungen des Bundesrechts. (Der Nachbar ist befugt, gegen die Erteilung der Baubewilligung an einen Dritten staatsrechtliche Beschwerde zu erheben, sofern die Anwendung von kantonalen und gemeindlichen Bauvorschriften auf dem Spiele steht, die neben dem Gemeinwohl auch dem Schutze des Nachbars dienen. Zu diesen Vorschriften können auch Immissionsbeschränkungen gehören.)

BGE *91* II 103 Erw 2. Besprechung von P. Liver in ZBJV *1967* 1–5. Überschreitung des Eigentumsrechts durch unvermeidliche, übermässige Einwirkungen während der Bauzeit.

BGE *91* II 187ff. Besprechung von P. Liver in ZBJV *1967* 5–7. Überschreitung des Eigentumsrechts durch eine Gemeinde, die den Fischbestand eines Fischzuchtbetriebs schädigt durch Abwässer aus Kanalisationsröhren, die in ein die Becken jenes Betriebs speisendes öffentliches Gewässer münden.

BGE *91* II 281. Werkhaftung gemäss Art. 58 OR. Werkeigentümer eines gestützt auf eine Wegdienstbarkeit erstellten öffentlichen Fussweges ist nicht der Eigentümer des belasteten Grundstücks, sondern das dienstbarkeitsberechtigte Gemeinwesen. Analoge Anwendung der bei Art. 679 herausgearbeiteten Regeln.

BGE *91* II 478 Erw 2, 3, 5, 6, 7. Überschreitung des Eigentumsrechts durch einen Kanton, wenn Gewässer, über die er die Hoheit ausübt, Schaden verursachen? Verhältnis von Art. 679 ZGB zu Art. 58 OR (zit. auch bei Art. 664 Abs. I).

BGE *92* I 36, besprochen von P. LIVER in ZBJV *1968* 31. Zum örtlichen Gerichtsstand für nachbarrechtliche Klagen.

BGE *93* I 300 Erw 2 und 3. Voraussetzung der Anwendung von Art. 679: Keine Zivilklage gegenüber dem Staate, wenn die von seinen Grundstücken ausgehenden Einwirkungen sich bei Erfüllung öffentlicher Aufgaben nicht oder doch nur mit unverhältnismässig hohen Kosten vermeiden lassen.

BGE *93* II 230 Erw 3 b. Verantwortlichkeit des Grundeigentümers. Begriff der Überschreitung des Eigentumsrechts i. S. von Art. 679. Eine solche liegt nicht schon im Bestehenlassen eines für die Nachbarn gefährlichen Zustandes des Grundstücks vor, wenn dieser Zustand nicht infolge der gegenwärtigen oder früheren Bewirtschaftung oder Benützung des Grundstücks eingetreten ist, sondern ausschliesslich die Folge von Naturereignissen darstellt. Fall eines Grundstückes, von dem verwittertes Gestein abzustürzen droht. Besprechung von P. LIVER in ZBJV *1969* 1.

SJZ *1972* 227; s. auch Rep *1968* 6. BGer, I. Zivilabteilung, Urteil vom 11. Januar 1968. Verantwortlichkeit des Grundeigentümers für Überschreitung seines Eigentumsrechts: Eindringen von Wasser auf das Nachbargrundstück infolge der Errichtung einer Baute auf dem Grundstück des Verantwortlichen.

BGE *94* I 297 Erw 6; ZBGR *1969* 317. Keine Zivilklage gegenüber dem Staat, wenn die von seinen Grundstücken ausgehenden Einwirkungen sich bei Erfüllung öffentlicher Aufgaben nicht oder nur mit unverhältnismässig hohen Kosten vermeiden lassen. Jedoch ist öffentlichrechtlicher Schadenersatz geschuldet (vgl. auch BGE *93* I 300 Erw 2).

BGE *95* II 405 b. S. bei Art. 667 (667 Abs. I).

BGE *96* II 337. Konkurrenz der Ansprüche aus Art. 679 und 684 mit denjenigen aus Art. 41 ff und 58 OR (Erw 5). (Keine Zivilklage gegenüber dem Staat, wenn die von seinen Grundstücken ausgehenden Einwirkungen sich bei Erfüllung öffentlicher Aufgaben nicht oder nur mit unverhältnismässig hohen Kosten vermeiden lassen.) Wann kann der Nachbar wegen übermässigen und unvermeidlichen Einwirkungen aus einem staatlichen Grundstück auf dem Wege der Enteignung Schadenersatz verlangen (Erw 6)?

S. auch die zu Art. 684 zit. Judikatur.

2. Kantonale

Zürich

ZSGV *1961* 383. Verwaltungsgericht, Entscheid vom 24. Februar 1961. Zur Frage der Enteignung von Nachbarrechten. Im Eigentum enthaltene Abwehrrechte als selbständige Objekte der formellen Enteignung. Entschädigungsanspruch beim Verzicht auf die nachbarrechtlichen Abwehrbefugnisse. Umfang der nachbarrechtlichen Abwehrbefugnisse.

SJZ *1967* 128. Bezirksgericht Uster, Urteil des Einzelrichters im ordentlichen Verfahren vom 26. September 1966. Verstopfung einer Wasserleitung durch Wurzeln. Art. 679 ZGB ist nur anwendbar, wenn sich die Eigentumsüberschreitung auf einem Nachbargrundstück schädigend auswirkt, nicht aber, wenn die Schädigung eine Dienstbarkeitsanlage trifft.

Bern

ZBJV *1967* 408 mit Anm. von P. Liver. OGer, Urteil vom 18. August 1965. Der Streit darüber, ob ein ohne Einwilligung des Nachbarn erstellter Schilfrohrzaun die nach Baugesetz vorgeschriebene Höhe übersteige und auf das zulässige Mass reduziert werden müsse, ist zivilrechtlicher Natur.

ZBJV *1968* 350. OGer, Urteil vom 17. November 1965. Haftung einer Gemeinde für Lärmeinwirkungen aus der Verwendung der Schulhausanlage für Turnen und abendliche Anlässe.

ZSGV *1970* 157. Verwaltungsgericht, Urteil vom 24. Februar 1969. Zur Frage der Abgrenzung des Verwaltungsrechts gegenüber dem Zivilrecht (Art. 679, 684 ff ZGB). Verbreiterung einer Gemeindestrasse; Nachteile der Anstösser.

ZBJV *1970* 285. OGer, Urteil vom 9. Juli 1969. Anwendungsbereich der Bestimmungen von Art. 57 f des (kant.) Gesetzes über Bau und Unterhalt von Strassen und der zivilrechtlichen Haftungsvorschriften der Art. 679 und 685 ZGB.

SJZ *1967* 72. Ein Prozess wegen Gesundheitschädigung durch Baulärm – mit einem Auszug aus einem Gutachten von Sandro Bürgi.

Luzern

Maximen LU *1964* Nr. 301. OGer, Urteil vom 1. November 1964. Haftung des Grundeigentümers für Folgen, die sich aus der Beeinträchtigung eines

Bachlaufes und aus der Wasserverschmutzung infolge einer Erddeponie ergeben.

Freiburg

Semjud *1968* 50. Tribunal Cantonal de l'Etat de Fribourg, Cour d'appel, Urteil vom 2. Oktober 1967. Passivlegitimation der Ansprüche in Übereinstimmung mit der hier vertretenen Auffassung (Art. 679 N. 61f) nicht auf die bloss obligatorisch Berechtigten ausgedehnt.

Basel-Land

BJM *1964* 26. OGer, Urteil vom 22. Januar 1963. Aktivlegitimation des Fischereipächters für Klagen aus Art. 679 ZGB. Passivlegitimation der Gemeinde als Eigentümerin der Kanalisation. Voraussetzungen der Haftung.

Schaffhausen

SJZ *1965* 361. OGer, Urteil vom 11. Dezember 1963. Rechtsstellung eines Grundeigentümers gegenüber einem auf einer Nachbarliegenschaft geplanten öffentlichen Werk (Abwasserkläranlage), von dessen Betrieb er übermässige Einwirkungen auf sein Grundstück befürchtet. Welche Befugnisse stehen dem Zivilrichter zu, bei dem ein solcher Grundeigentümer unter Berufung auf das Nachbarrecht des ZGB Rechtsschutz sucht?

Aargau

ZSGV *1972* 205. Verwaltungsgericht, Entscheid vom 19. August 1971. Zum Umfang der Polizeipflicht des privaten Grundeigentümers. Analoge Anwendung der zivilrechtlichen Verantwortlichkeit des Grundeigentümers. Gewässerschutz. Deponie chemischer Stoffe.

Wallis

Rev. val. *1967* 30. KGer, Entscheid vom 3. März 1966. Nachbarrechtliche Haftung (Art. 679 ZGB) des Eigentümers einer Kehrichtanlage für die Vergiftung von Fischen. Aktivlegitimation; Begriff des Nachbarn.

Rev. val. *1972* 312, KGer, Urteil vom 11. Mai 1971. Übermässige Lärmeinwirkung eines in ein Dancing umgebauten Restaurants auf dessen Umgebung als Eigentumsüberschreitung. Belästigung der andern Stockwerkeigentümer.

Genf

Semjud *1967* 193. Cour de justice civile, Urteil vom 3. Dezember 1965. Verschulden des sein Eigentumsrecht überschreitenden Grundeigentümers als Voraussetzung der Schadenersatzpflicht?

Semjud *1969* 481. Cour de justice civile, Urteil vom 15. Dezember 1967. Der bauende Grundeigentümer haftet nach Art. 679 und 684 ZGB auch dann, wenn die durch den Bau verursachten Störungen von öffentlichem Grund ausgehen. Rolle des Verschuldens. Ersatzzumessung.

Semjud *1972* 136. Cour de justice civile, Urteil vom 13. Februar 1970. Haftung für den Schaden, welchen ein auf öffentlicher Strasse stehender Baum verursachte, als er umstürzte. Beschädigung von parkierten Wagen.

III. VERWEISE

S. Art. 684 N. 5, 9, 11, 14, 217 ff; 685/6 N. 57, 62, 65, 120 ff; 689/90 N. 12 ff, 17, 23; 697 N. 19, 23.